国家哲学社会科学成果文库

NATIONAL ACHIEVEMENTS LIBRARY
OF PHILOSOPHY AND SOCIAL SCIENCES

从户版到纸籍：
战国至唐代户籍制度考论

张荣强　著

科学出版社

内 容 简 介

中国古代户籍制度是国家掌握人口、征调赋役、管控社会秩序的基本手段。以唐代两税法承认客籍为标志，中国古代户籍的著录对象、编制原则乃至管理系统都发生了划阶段的重大变化。本书综合利用出土文献与传世文献，融通简牍学与敦煌吐鲁番学的研究，在全面系统整理战国至唐代中期户籍文书的基础上，以专题形式对这一时期户籍制度的发展演化及其相应的社会结构变化进行实证考察和理论分析，并从简纸更替这一全新视角揭示中古时期伴随着书写材料的改变，国家行政制度和社会控制方式相应发生的重大变化。

本书适合中国古代史、简牍学及敦煌吐鲁番学相关研究者参阅。

图书在版编目(CIP)数据

从户版到纸籍：战国至唐代户籍制度考论/张荣强著. —北京：科学出版社，2023.9
（国家哲学社会科学成果文库）
ISBN 978-7-03-075175-1

Ⅰ. ①从… Ⅱ. ①张… Ⅲ. ①户籍制度-政治制度史-研究-中国-战国-唐代 Ⅳ. ①D691.6

中国国家版本馆 CIP 数据核字(2023)第 045800 号

责任编辑：杨 静 夏 霜 任晓刚 / 责任校对：王晓茜
责任印制：肖 兴 / 封面设计：黄华斌

科学出版社 出版
北京东黄城根北街 16 号
邮政编码：100717
http://www.sciencep.com
北京中科印刷有限公司印刷
科学出版社发行 各地新华书店经销
*
2023 年 9 月第 一 版 开本：720×1000 1/16
2024 年 8 月第二次印刷 印张：32
字数：640 000

定价：198.00 元

（如有印装质量问题，我社负责调换）

《国家哲学社会科学成果文库》出版说明

为充分发挥哲学社会科学优秀成果和优秀人才的示范引领作用，促进我国哲学社会科学繁荣发展，自 2010 年始设立《国家哲学社会科学成果文库》。入选成果经同行专家严格评审，反映新时代中国特色社会主义理论和实践创新，代表当前相关学科领域前沿水平。按照“统一标识、统一风格、统一版式、统一标准”的总体要求组织出版。

全国哲学社会科学工作办公室

2023 年 3 月

序　一

张荣强教授新著《从户版到纸籍：战国至唐代户籍制度考论》入选 2022 年度《国家哲学社会科学成果文库》，即将付梓，邀我作序。我与作者是先读其文、后识其人。21 世纪初，我陆续读到他在《中国史研究》和《历史研究》上发表的多篇有关汉唐户籍研究的出色文章，对这位崭露头角的青年才俊印象颇为深刻。2015 年作者入选教育部首届青年长江学者，2017 年成功申报国家社会科学基金重大项目，我有幸一再领略他在汉唐户籍研究领域的一系列突出成就，深感钦佩，后来才逐渐熟悉。2021 年，作者以“英才教授”调入南开大学历史学院，与我成为同事，令人不胜欣喜，倍感亲切。我对中古户籍制度素无研究，只是在六年前撰写拙文《秦汉以降编民耕战政策模式初探》时较多参阅过相关文献和前贤论著，只能算是略有涉猎。这里就不揣冒昧，谈几句拜读后的感言。

综览《从户版到纸籍：战国至唐代户籍制度考论》全书，我觉得至少有如下三方面可圈可点的建树与特色。

其一，出土文献与传世典籍的相互发明。自商鞅变法强制实施五口之家的“编户齐民”制度，户籍制就充当起秦汉以降帝制国家及郡县官僚直接统辖编民的基本凭借，历来受到学界的青睐重视。特别是 20 世纪末以来，随着张家山汉简、里耶秦简、长沙五一广场东汉简、走马楼吴简等相继出土面世，利用简牍资料研究秦汉魏晋史的学术浪潮勃然而兴。1999 年，作者在武汉大学攻读博士研究生二年级时，较早撰写论文《孙吴〈嘉禾吏民田家莂〉

中的几个问题》(《中国史研究》2001 年第 3 期)，从长沙走马楼三国吴简切入，迈开了新出土简牍与传世典籍综合研究的第一步。而后，作者陆续在《历史研究》《中国史研究》《文物》等刊物上发表了一系列探讨汉唐户籍制度的论文，一发而不可收。譬如，《〈二年律令〉与汉代课役身分》一文检讨“案比”一语的最初含义及《二年律令·户律》相关条文，提出秦及汉初户籍中登载田宅的新见解；《魏晋时期的吏户与吏籍——对“吏户说”争论的回应与反思》等文，利用传世典籍并结合出土简牍，厘清了魏晋时期兵户、吏户的身分地位，纠正了学界认为这两类人户法定身分低贱的传统观点；《甘肃临泽晋简中的家产继承与户籍制度——兼论两晋十六国户籍的著录内容》一文，围绕新出临泽晋简孙氏兄弟争讼田坞案展开深入分析，结合《前秦建元二十年籍》第三栏著录的内容，确认两晋户籍中亦登载田宅的事实；等等。2010 年，作者结集出版了《汉唐籍帐制度研究》，又成为该领域内重要的标志性成果。这种治学路径，显然是受到武汉大学唐长孺先生传世文献与出土资料并重学术传统的熏染。唯有将一代宗师王国维倡导的“二重证据法”切实运用于战国以降户籍制研究的实践，以简牍印证文献，以文献演绎诠释简牍，彼此参考，相互发明，才能最大限度地还原或接近尘封千年的历史真实。这也是该书在汉唐户籍前沿研究中卓有建树的“诀窍”之一。

其二，打破断代藩篱，贯通探研战国至隋唐的户籍、赋役及身分。自班固撰《汉书》开创西汉断代为史，二十四史率多断代史。特别是 20 世纪初西方新的史学理论传入以来，用科学方法深入探研各断代的历史，遂成为治古代史的主流，涌现出一大批秦汉以降断代史的优秀著作，这无疑是值得肯定和赞誉的。然而，数十年来各断代学者之间沟通交流偏少，无形中人为地设置藩篱或界限，某些问题因断代阻隔而悬疑，往往成为当今古代史研究发展繁荣的瓶颈。而在古代历史探研过程中，司马迁倡导的“通古今之变”又须臾不可少。诸如户籍、赋役及身分等，往往不可能截然以断代分离阻隔，更多见到的是前朝与后代的前源后流、彼此衔接。因此，贯通考察在这些领域至为重要。作者恰恰抓住了这个要害命脉，故能够在贯通探研战国至隋唐的户籍、赋役及身分等方面取得诸多学术突破。譬如，《从“岁尽增年”到“岁初增年”——中国中古官方计龄方式的演变》一文，自此前学界未曾措意的财政年度产生原因入手，分析汉唐间造籍日期变动与财政年度变革的内在关联，探讨秦汉和隋唐户籍中民众年龄著录方式上的差异，可喜的是，此结论已为新出材料（《地湾汉简》简 86EDT5H：174）所证实；《从户下奴婢到在籍贱民——中国古代奴婢身分的演变与良贱身分制的形成》一文，以奴婢是否及何时被纳入官府户口数为切入点，深入考察战国迄唐代奴婢身分的变化，澄清了秦汉时期奴婢是否入籍这一长期争论的问题；《新疆吐鲁番新出唐代貌阅文书》一文，根据目前所见唯一一件唐代官府貌阅文书，详细分析当时造籍的程序，对比分析了汉代“案比”与唐代“貌阅”的异同；等等。作者上述卓越的贯通探研，除了主观努力外，还与他的师承渊源和学养经历大有关系。40 多年前，作者的硕士研究生导师、著名历史学家胡如雷先生，曾基于隋唐史的精深研究，撰写出版了《中国封建社会形态研究》一书，被称为“古代史《资本论》”而风靡全国。作者攻读博士学位的武汉大学更是史坛巨擘唐长孺先生开创的“三至九世纪史研究”的重镇。这些在无形之中都给作者带来了非常重要的学术熏陶与影响。应该说，在这方面作者是很幸运的，也是无愧于先师的。

其三，贵在“独断”。清人章学诚《文史通义》曰：“高明者多独断之学，沉潜者尚考索之功，天下之学术，不能不具此二途。”章氏一语道出了历史学的特殊性和治学要诀。历史学不同于自然学科，不能做实验，也不能像自然学科那样可以把前人的学术成果直接拿来作为研究的起点，只能靠我们对原始史料文献的爬梳求索和基于史料的独立辨析思考，去粗取精，去伪存真，由此及彼，由表及里，借以还原或接近历史真实。对基础史料高屋建瓴的理解驾驭和独立思考的深度高度，就是所谓“独断”。无论出土文献与传世典籍的相互发明，还是跨断代的贯通探研，说起来容易，但都不是轻易就能做好的，都离不开作者善于“独断”的良好功底及锲而不舍的努力。这也是作者成功驾驭“二重证据法”和贯通探研的关键所在。譬如《〈西凉建初籍〉与魏晋时期的职役户籍》一文，通过比较该籍与民籍的差异，分析籍注中“散”的确切含义并结合魏晋时期兵户的居住方式，提出《西凉建初籍》是敦煌地方行政机构编造的居住在郡县的兵户户籍，解答了学界长达一个世纪的《西凉建初籍》性质的聚讼。又如《简纸更替与中国古代基层统治重心的上移》一文，最早关注到书写载体对户籍制度的影响，敏锐地指出中国古代户籍书写载体经历了两次变革，一是简册代替木牍，二是纸张代替简册，在此基础上深入分析了这两次变革尤其是简纸更替对户籍管理上移至县官的重要影响。这些都是作者“独断”的丰硕成果。诚然，“独断”作为还原历史真实时的“高明”探索，需要不畏艰险和不懈攀登，需要随着新史料的发掘利用而不断进步发展。期盼作者在贵在“独断”的路途上走得更远，取得更为辉煌的学术成就！

李治安

2023 年 6 月

序　二

荣强同志《从户版到纸籍：战国至唐代户籍制度考论》一书编撰甫竣，即索序于我，我力辞不果，只好不揣冒昧，作序如下。

我与荣强相识于他考取胡如雷先生硕士研究生的1995年。当时，胡先生已调回河北师范学院（今河北师范大学）历史系，而我在河北省社科院工作，原本与荣强接触的机缘不多。不过，这时却有一个特殊的背景，胡先生因就近照顾女儿之需，刚从河北省社科院调回师院历史系不久。我则是1987年7月从武汉大学历史系慕名调至河北省社科院历史研究所以胡先生为主任的隋唐史研究室，后来还被安排任研究室副主任一职，成为胡先生名副其实的下属和学生，开启了在胡先生直接领导下从事研究和工作的一段历程，在胡先生直接领导下从事科研达八年之久。胡先生调回师院后，我虽然失去了以往与胡先生在同一单位同一住地几乎耳提面命、朝夕相处的机会，但仍然会隔三岔五前往师院请安、请教和聊天。自然而然，也就有了与荣强和胡先生其他研究生见面的机会。而更多的是荣强径到社科院大楼见我。历史研究所办公室在社科院大楼八层，胡先生1984年调入社科院时，院里专门在历史研究所设立了隋唐史研究室，专门划出一笔经费交由胡先生购置图书资料，因此历史研究所除了所资料室之外，还另辟了一间专门的隋唐史资料室，一度曾配备专职资料员一人。胡先生调回师院后，历史研究所的领导很开明，这间资料室一直保存了下来。我与荣强的座谈聊天有不少时候就是在这间资料室。时至今日，我仍能回忆起二人在社科院大楼八层隋唐史资料室或隔桌对坐，或并坐促膝，坐拥书城、侃侃而谈的情景。我大概是荣强在读硕士研究生期间除胡先生之外接触最多的老师，荣强则是胡先生的研究生中我接触得最多的学生。荣强好学不厌，上进心强，因此我与荣强谈话聊天的范围不外乎学术学界。我的优势来自武汉大学，来自唐长孺先生亲炙，也来自胡先生仰慕唐师而爱屋及乌，因此语涉唐师、唐门及其学术和唐胡交往的内容较多。也许是耳濡目染，也许是近朱者赤，这都可能在潜移默化中影响荣强对武大和唐门的向往及未来读博方向的选择，当然，这也是我愿意推荐他到武大读博的背景和原因所在。

荣强该书以战国至唐代的户籍制度为研究对象，以四编十六章的篇幅结构，深入考察了战国至唐代户籍制度发展变化的演进轨迹及相关问题。正如作者本人归类，第一编两章“汉唐间财政年度演变新论”和“从‘岁尽增年’到‘岁初增年’——中国中古官方计龄方式的演变”，属于“财政年度·造籍日期与官方年龄”的范畴；第二编七章“湖南里耶所出‘秦代迁陵县南阳里户版’研究”“长沙东牌楼东汉‘户籍简’补说”“长沙吴简中两类户籍簿的功能与性质”“甘肃临泽晋简中的家产继承与户籍制度——兼论两晋十六国户籍的著录内容”“《前秦建元二十年籍》与汉唐间籍帐制度的变化”“《西凉建初籍》与魏晋时期的职役户籍”“新疆吐鲁番新出唐代貌阅文书”，属于“文书考释与研究”的范畴；第三编的四章“‘小’‘大’之间——战国至西晋课役身分的演进”“魏晋时期的吏户与吏籍”“唐代敦煌籍的成年‘中女’与吐鲁番籍的‘丁女’”“从户下奴婢到在籍贱民——中国古代奴婢身分的演变与良贱身分制的形成”，属于“课役与身分”的范畴；第四编的三章“西晋黄籍考——以《太平御览·文部·札》引《晋令》为中心”“中国古代书写载体与户籍制度的演变”“简纸更替与中国古代基层统治重心的上移”，属于“简纸更替与制度演进”的范畴。这四个研究类别和十六个研究专题，既涵盖了户籍制度本身的题中应有之义，也旁及了与户籍制度密切相关的财政制度和身分制度（如“汉唐间财政年度演变新论”和“从户下奴婢到在籍贱民——中国古代奴婢身分的演变与良贱身分制的形成”等），还延伸了户籍制度演进变迁的溢出效应（如“简纸更替与中国古代基层统治重心的上移”等），几乎囊括了从战国时期到唐代一千多年户籍制度演进的所有重要问题，并在广泛吸收前人研究成果的基础上，针对以往文本理解的歧义和研究中的纷争，提出了不少富于创见的独到认识，解决了一系列古代户籍制度的疑难问题，在不少方面推进了战国至唐代户籍制度研究的深入。可以说，该书将战国至唐代户籍制度的研究提升到了一个新的高度。

该书贡献良多，我更感兴趣、印象更深的是其中的两点：一是荣强对战国秦汉简牍与敦煌吐鲁番文书的贯通研究；二是他对战国至唐代户籍由简牍到纸本更替及其意义的系统论述。

有关战国秦汉简牍与敦煌吐鲁番文书的贯通研究。我们知道，战国秦汉简牍与敦煌吐鲁番文书都是近代以来考古新材料的重要发现，也都属于古文书的范畴。就文书形成使用时间而言，简牍材料目前所知最早为战国时期，中经秦汉三国，最晚为西晋时期，敦煌吐鲁番文书最早为十六国时期，中经南北朝隋唐五代，最晚为北宋时期。二者时间前后赓续、上下衔接，但文本载体的材质并不相同，战国秦汉简牍属于木质文书、硬性材料，敦煌吐鲁番文书属于纸质文书，软性材料，二者不仅跨类，而且跨质。材质不同还仅止于表象，关键问题是二者文本的字形内容差异较大，尤其是简牍材料，时间越早字形越接近于篆书，与敦煌吐鲁番文书的差异越大。如果说敦煌吐鲁番文书反映的是纸质写本时代书写行文的习惯，与学者熟悉的宋代以后的印本时代已经有了差距，敦煌吐鲁番文书的释读难于基本属于印本的传世典籍的阅读，那么简牍文书的释读较之于敦煌吐鲁番文书的释读更难，所以跨类跨质的古文书贯通研究门槛很高，具有相当的难度。

战国秦汉简牍和敦煌吐鲁番文书各有其研究领域，也各有其特定的研究对象、研究路径和研究规范，因此形成了两门不同的学问或曰两个不同的学科。对于任何一个学者，掌握一门学问、一门学科的基本内容和学术精义已属不易，跨越两门学问、两个学科的贯通研究谈何容易。对于简牍学和敦煌学的贯通研究，近年学界有渐成风气的趋势，但早在 20 世纪 90 年代简牍新资料喷薄而出简牍学未成显学的初期却鲜有学者涉足，而荣强则是较早进行尝试的少数学者之一。1998—2001 年，他在武汉大学中国三至九世纪研究所读博期间，攻读的是魏晋南北朝隋唐史，论文的选题虽是《魏晋南朝及唐前期财政困境与制度变迁》，但耳濡目染早已谙熟唐长孺先生开创的吐鲁番文书学的方法论要义，并已开始密切关注秦汉三国吴简发掘和研究的最新动态，这也为他2003年北京师范大学博士后出站报告的选题《汉唐籍帐制度研究——以走马楼吴简为中心》埋下了伏笔。他在《北京师范大学学报（社会科学版）》2005年第1期发表的《从计断九月到岁终为断——汉唐间财政年度的演变》一文，就是这一出站报告的主要内容和亮点之一，因此还曾被《新华文摘》2005年第8期转载。该文根据传世文献，提出了中国古代先后采用过两种财政年度的问题：一种是秦汉时期采用的“计断九月”的财政年度，即以当年十月初至来年九月底为一财政年度；另一种是至迟在唐代就已实行的“岁终为断”，即以当年正月初至十二月底为一财政年度。对于这两种财政年度形成的原因和变革的时间，该文即主要基于传世典籍、简牍文书并辅以吐鲁番文书，论述了两种财政年度的形成原因及其演变轨迹，提出汉之“计断九月”，取决于黄河流域作为主谷的粟的成熟时间，至东晋南朝立国江左，收支结算则须适应南方主谷水稻的成熟时节；“岁终为断”的财政年度始于东晋南朝，唐代两税法的实施属于财政年度的南朝化。荣强的另一文《〈前秦建元籍〉与汉唐间籍帐制度的变化》，既是对吐鲁番所出最早纸本户籍研究的专文，也是阐述汉唐两种财政年度和简纸户籍更替内容的重要论文，发表于《历史研究》2009年第3期，都是较早贯通简牍学和敦煌学的研究成果。荣强堪称贯通研究、富于开拓、迭有佳作的先行者。

贯通研究使荣强具有了明显的比较优势，相比于专门从事简牍学和秦汉史研究的学者，他具有熟稔敦煌吐鲁番学和隋唐制度的优势，相比于专门从事敦煌吐鲁番学和隋唐史研究的学者，他又具有熟稔简牍学和秦汉制度的优势。因此对于跨越简牍学与敦煌吐鲁番学两大门类、涉及秦汉魏晋史与隋唐五代两段制度史的研究，他多能得心应手。例如，孙吴户籍简中有“不任役”（或作“不任调”“不任调役”）与“应役民”的统计分类和数据，荣强认为这主要是按能否承担包括口算赋在内的官府赋役所做的划分，这与隋唐典籍和敦煌吐鲁番文书常见的“将民户分为‘课户’‘不课户’一样”。这样的学术敏锐无疑得益于简牍学与敦煌学的贯通研究。又如长沙东牌楼东汉“户籍简”登载有民户的赋役结计内容：“凡口五事/筭三事二/甲卒一人/訾五十”，长沙走马楼孙吴户籍简也有两类赋役结计内容，一类结句简作“右某家口食若干”，还有一类结句简多数作“凡口若干事若干/算若干事若干”。“右某家口食若干”类里计简由两部分内容组成，第一部分是统计一里的现有户口数，第二部分是按照人户身分，分门别类统计该里的所有人户。其方式是先统计籍面所载的全部户数和口数，再减去该年因病物故的户数、口数，最后得出现有户、口数。类似的赋役结计形式在敦煌文书中也能见到，S.0113 号的《西魏大统十三年户籍》因里计部分残缺，而叩延天富一户的家庭结计是“凡口五/口一出除不课老女死/口四见在”，荣强为此指出“其户口统计方式及用语与吴简基本一致”，《西魏大统十三年户籍》除反映出土地、课役制度的时代差异外，仍主要是承袭汉代以来的户籍制度。这种跨出简牍户籍时代的深刻认识同样得益于对敦煌吐鲁番文书的贯通研究。

荣强的贯通研究不仅体现在发现、解决了包括汉唐财政制度（如“计断九月”和“岁终为断”两种财政年度的形成原因及其转换）、户籍制度（如简牍户籍与纸本户籍的转换及其意义）和身分制度（如“从户下奴婢到在籍贱民”的演变轨迹）等在内的一系列长时段宏观性认识问题，将相关研究提升到了一个新的水平，还体现在擅长挖掘细节，从细节分析发现历史现象，在材料与结论之间尽可能构建完整或多重的证据链，从而为结论或整体性认识奠定坚实的资料基础和逻辑严密的证据链。例如，唐代敦煌籍将成年在室女子称为“中女”，吐鲁番籍则称其作“丁女”，池田温先生认为这一差异实际属于书式上的不同，是地域差别的反映。荣强通过追溯、辨析两晋南朝与北朝之间因土地、赋役制度不同造成的课役身分的差异，提出敦煌籍的称谓符合北朝及承此而来的隋唐丁中制度，吐鲁番籍的载录则是西晋、十六国制度的遗存。他进一步指出，北朝隋唐时期的女子课役身分，在出嫁前按年龄划分的只有“黄”“小”“中”，其结婚后所称的“丁妻”“老男妻”等则是因应丈夫的丁中而定；纠正了以往学者依据《唐六典》《通典》《唐会要》的含混记载，认为唐代无论男女皆是按年龄划分丁中的错误认识。再如，《史记》淳于意上书中提到“臣意年尽三年，年三十九岁”，新近岳麓秦简 0552 中有“爽初书年十三岁，尽廿六年年廿三岁”的说法，荣强敏锐地指出此“岁尽”是指秦国后期至汉武帝改定太初历之间以十月为岁首的八九月，这一时间正是官府造籍之时，通过睡虎地秦简所谓“小隶臣妾以八月傅为大隶臣妾，以十月益食”之语架构起官府造籍与官方增岁二者间的桥梁，从而得出官方年龄的增年节点是以著录到户籍上的时间为标准，亦即以著籍为增年标志的结论。荣强这种观察细致入微、分析丝丝入扣，善于从他人习焉不察的历史表相背后深入把握事物本质的做法，深得唐长孺先生“以小见大”这一治学路径的真髓。

有关战国至唐简纸更替亦即户籍由简牍到纸本的更替及其意义，该书第四编有三章篇幅的系统论述，这与从“计断九月”到“岁终为断”的论述一起构成了该书学术创新最突出的两大亮点。对于户籍由简牍到纸本更替的内涵，荣强在《武汉大学学报（哲学社会科学版）》2019 年第 3 期发表的《中国古代书写载体与户籍制度的演变》一文的摘要有自己的概括，称：

> 中国古代户籍的书写载体经历了两次大的变革，一是战国后期以简册取代木牍，二是魏晋之际由简册变为纸质。两次变革对当时的户籍制度都产生了重要影响，尤以后者的影响最著。秦汉时期，简册书写不便，更因形体繁重，运输保管不易，户籍只能在乡制作，副本仅呈报至县。魏晋之际纸张代替简册后，户籍上移至县廷制作，造好的户籍需要上报郡、州，直至中央户部。正、副本的关系也从原来乡掌握正本，变为中央机构对户籍拥有最终审核权。古代书写载体变革带来户籍制度演变的背后，反映了统治者因应技术进步不断加强中央集权的努力。

对于简纸更替的意义，荣强在《中国社会科学》2019 年第 9 期发表的《简纸更替与中国古代基层统治重心的上移》一文中更有自己的发挥，其要点在摘要中也有集中和概括：

> 简纸更替对中国古代地方的行政管理与权力运作模式产生了重要影响。秦汉时期，由于简册书写不便，更因形体繁重，运输保管不易，以致户籍等各类基础帐簿只能在乡制作，最高呈至县级机构。这些文书所

> 负载的管控民众、征发赋役的基层行政功能，也主要是在国家权力末端的乡一级机构展开。但乡吏介于官、民之间的政治身分以及鱼肉百姓的经济行为，向来为统治者所诟病；皇帝也因朝廷并不掌握赖以稽核的基础帐簿，无法遏制地方上计的严重造假而喟叹。纸张代替简册后，在帝国革除乡政弊端以及强化中央集权体制的内在驱动下，各种基础帐簿上移至县廷制作，基层事务亦随之由县令统揽。简纸更替虽为基层统治重心的上移提供了技术条件，但县廷并不具备直接面对分散个体小农的能力，随着唐后期地方社会结构的变化，新兴的士绅阶层逐渐登上乡村政治舞台，从而开启了后世“皇权不下县”的局面。

荣强对于简纸更替内涵的概括无疑是准确和全面的，对于简纸更替意义的把握也极具深刻的洞察力，但我这里更想借简纸更替意义的话题延伸一下它对认识、研究中国古代中央集权制度形成过程中地方权力集于中央的途径、方式所具有的学术意义。

我们知道，秦汉至明清专制主义中央集权制度有两个最基本的内涵，即地方权力集于中央，中央权力集于皇帝。对于中央权力集于皇帝的命题，长期以来都是史学界重点关注的对象和课题，研究成果甚夥，但是对于地方权力集于中央的命题，历来关注度不高，研究成果寥寥。大家熟知的内容无非是春秋战国时期官僚制取代世卿世禄制，此后地方官的任命权和人事权主要操之于中央，地方基本上没有经济上的制税权和军事上的兵权，或者说这类权力越来越趋于弱化。那么地方权力是如何集于中央的，是通过什么方式、什么途径、什么步骤集于中央的，人们所知甚少。荣强有关书写载体简纸更替对户籍制作过程和户籍制度演变过程的描述，为我们勾画了秦汉时期户籍简正本先在诸乡制作、后将副本呈报县廷，魏晋之际纸张取代简册后，户籍上移至县廷制作，户籍多份纸本逐级上报郡、州直至中央，最后由户部审核这样一幅反映户籍文本制作演变全过程的生动图景。户籍制度是中国古代管控人口、征发赋役的一项基本制度，事关人口家庭、土地制度、赋役制度等，与国计民生密切相关，本质上属于古代国家行政管理、社会管理的一项具体制度。荣强通过简纸更替对户籍制作过程和户籍制度演变过程的系统论述，既展现了秦汉隋唐数百年间户籍制作发展变革的完整轨迹，也揭示了户籍制作最初在乡、嗣后上移县廷、最后审定权归于中央的演进路径和内在机制，更提供了地方权力集于中央的过程中户籍制度作为构成之一发挥作用的具体实例，从而丰富了我们对古代中央集权制度形成过程和构成要素的认识。

户籍制度是中国古代王朝的一项重要行政制度，也是统治者通过管控人口征调赋役以维持国家机器运转的重要手段，还是与土地制度和财政制度密切相关的基本内容。近代以来古代户籍制度一直是史学界长盛不衰的研究课题，涌现出了上千项相关的研究论著和各类成果，是近代以来中国史学界取得成就最突出、影响最明显的学术领域之一。《从户版到纸籍：战国至唐代户籍制度考论》之所以能够成为近年古代户籍制度史上半段研究中具有突破意义的成果，相当程度上是因为充分利用了近代以来出土的战国秦汉简牍和敦煌吐鲁番文书提供的新材料。构成古代户籍制度史下半段研究内容的宋元明清户籍制度尽管没有涌现出类似于简牍学、敦煌学那样大批量的新文献，但也陆续有古籍纸背文书作为载体的元代湖州路户籍文书、明代小黄册文献和赋役黄册文献的发现，因此殷切期望荣强专著的出版也能推动下半段户籍制度史研究的迎头赶上、比翼齐飞。

孙继民

2023 年 6 月

前　言

《从户版到纸籍：战国至唐代户籍制度考论》是2017年度国家社会科学基金重大项目“中国古代户籍制度研究及数据库建设”的阶段性成果，也是笔者继《汉唐籍帐制度研究》后出版的第二部讨论中国古代户籍制度的著作。

户籍制度是立国治民的一项基本制度。现代经济学者通常采信“财政乃庶政之母”的说法，认为其源自经济学之父亚当·斯密《国民财富的性质和原因的研究》(亦即《国富论》)一书。我们在该书各种中译本中均未见到相关论述，只是吴汝纶为严复译本作序中有“国之庶政，非财不立”[1]这句话，但这与“庶政之母”的说法有很大差距。无论是古代按人头还是现代以资产为标准征税，归根结底都要落实到民众头上，非唯财政，政府的一切施政措施莫不是以户籍资料为依据。汉末三国之际的徐幹对此就有清醒认识：“庶功兴在事役均，事役均在民数周，民数周，为国之本也。”[2]户籍制度作为统治者掌握人口、征调赋役和管控社会秩序的基本手段，无疑才是经邦治国的根本。所以当年刘邦军队攻入咸阳后，萧何做的第一件事就是“尽收秦丞相府图籍文书”[3]；齐高帝萧道成下诏虞玩之与傅坚意核定户籍，径称黄籍为“民之大纪，国之治端”[4]。

笔者对古代户籍制度产生浓厚兴趣是从接触长沙走马楼吴简开始的。

1　吴汝纶:《〈原富〉序》，见王栻主编《严复集》第5册《附录二：著译序跋》，中华书局，1986，第1552页。

2　(魏）徐幹撰，孙启治解诂：《中论解诂·民数》，中华书局，2014，第364页。

3　《汉书》卷1上《高帝纪上》，中华书局点校本，1962，第23页。

4　《南齐书》卷34《虞玩之传》，中华书局点校本，1972，第608页。

1998 年，笔者进入武汉大学中国三至九世纪研究所攻读博士学位，翌年 10 月参加博士生中期考核时，按照研究所规定，需要提交一篇学术论文。当时，《文物》1999 年第 5 期刊登《长沙走马楼 J22 发掘简报》一文，介绍了长沙走马楼五一广场出土 10 余万枚吴简的经过，以及这批简牍的学术价值，并随文公布两枚《嘉禾吏民田家莂》的图版和释文。整理者的释文存在一些问题，笔者即撰文对这两枚木牍重新做了释读，并在疏释简文中所见的“丘”“主者史”等名词的基础上，进一步讨论了孙吴长沙地区的亩制、亩产量和租税征纳制度。考核通过后，笔者将这篇文章投给《中国史研究》编辑部，12 月接到回信，编辑部建议结合新出版的《长沙走马楼三国吴简·嘉禾吏民田家莂》，对文章涉及的问题再做深入考察。当时武汉地区的所有书店尚未发售这本书，笔者遵照牟发松老师指示，在寒假结束从石家庄返校时，绕道北京，直接从文物出版社购买了《长沙走马楼三国吴简·嘉禾吏民田家莂》上、下册，背回武汉大学。文章经过修改、补充和完善，最终以《孙吴“嘉禾吏民田家莂”中的几个问题》为题，发表在《中国史研究》2001 年第 3 期。这是笔者迈入吴简研究领域的第一步。

2001 年，笔者进入北京师范大学历史学博士后流动站工作，长沙吴简的整理工作已经全面展开。考虑到这批简牍绝大部分内容是各类簿籍，尤以户口簿数量为多，在王素老师的鼓励和支持下，笔者决定将孙吴时期的户籍制度作为博士后的研究方向。2003 年，出站报告《汉唐籍帐制度研究——以走马楼吴简为中心》得到鉴定工作组的一致肯定，王素老师作为组长，认为“本报告材料丰富，考证翔实，历史研究的‘二重证据法’得到活用，在许多问题上都有重要突破”；孙继民老师在书面鉴定意见中写道，该报告具有三个突出特点：“一是新出考古文献与传世文献资料的紧密结合；二是秦汉三国简牍与敦煌吐鲁番文书的紧密结合；三是秦汉三国直至隋唐户籍制度的贯通研究。”

博士后出站后，笔者陆续在《历史研究》《中国史研究》《文物》等刊物上发表了一系列探讨汉唐户籍制度的论文，2009 年申报的“汉唐户籍文书研究”课题成功入选“霍英东教育基金会第十一届高等院校青年教师基金资助项目”；后续研究获批国家社会科学基金一般项目，结项成果被鉴定为优秀。2010 年，结集出版的《汉唐籍帐制度研究》一书荣获北京市第十二届哲学社会科学优秀成果奖二等奖。此前从未有过学术交往的厦门大学杨际平教授、日本立命馆大学鹫尾祐子先生分别在《中国史研究》《东洋学报》上发表长篇书评，对该书给予高度评价的同时，也提出了一些中肯意见。[1]

时至今日，学界尚无一部全面、系统研究中国古代户籍制度的著作。1979 年，池田温先生出版名著《中国古代籍帐研究》，此“古代”系采用东京学派的社会分期，实际上指宋代以前的历史阶段。2000—2002 年，葛剑雄先生领衔的学术团队出版了 6 卷本《中国人口史》，其中设有专门章节讨论各时期的户籍制度，但人口史重点关注人口的调查制度、人口的数量变化、人口的地区分布、人口与社会及历史的关系等问题，与户籍制度史的研究旨趣差别很大。随着研究的继续深入，笔者越来越感觉到撰写一部贯通性质的中国古代户籍制度史的重要性，在王彦辉、杨际平、王晓欣、阿风等先生的帮助和支持下，申报了 2017 年度国家社会科学基金重大项目，并获得立项。

本书如副标题“战国至唐代户籍制度考论”所言，讨论的是战国迄唐代中叶户籍制度的发展演变历程。之所以选取这一时段，不仅与个人的学术背景有关，也反映了笔者对中国古代户籍制度发展阶段的认识。池田温先生注意到，唐代两税法在中国古代户籍制度发展史中具有重要意义。[2]实际上，以唐德宗建中元年（780 年）颁布两税法为界，中国古代的户籍在著录对象、编连方式乃至编制类型和功能上，都发生了阶段性重大变化。唐代中叶以前，官府户籍著录的对象只是土著民，编连方式采用“比地为伍”，即根据居地比邻原则将民户按五家为伍的方式编连起来。两税法实行后，“户无土客，以见居为簿”[3]，承认了客户的合法性，户籍著录的对象就变成了由本地土著和有

1 杨际平：《评〈汉唐籍帐制度研究〉》，《中国史研究》2011 年第 4 期；〔日〕鷲尾祐子：《張栄強著『漢唐籍帳制度研究』》，《東洋学報》第 95 卷第 1 号，2013。

2 池田温说：“在唐朝前期以前，全国一律采用以丁中男为对象的、均一的租调役来征税的理念下的计帐，完全转变为异质而复杂化的帐簿体制。唐后期两税法时代降及五代及宋，一般的连续性较强，籍帐制亦有必要基本上以其与后代的关联加以探求。”参见〔日〕池田温：《中国古代籍帐研究》，龚泽铣译，中华书局，2007，第 11 页注 2。

3 （宋）王溥撰：《唐会要》卷 83《租税上》，上海古籍出版社，2006，第 1820 页。

赀客户组成的两税户。有赀客户不仅包括在本地的寄居者，也包括大量不住本地但在当地拥有土地的寄庄户。是故户籍的编连方式不像以前那样采用居地比邻原则，转而按照税产、物力多少也就是户等高低的方式依次排列。[1]户籍编制的类型和官府管理民众的方式也随之发生变化。两税法以前，户籍著录的土著民是官府统计户口、征调赋役的对象，因而这一时期的户籍兼具统计人口和征调赋役两种功能。虽然这两种功能由不同的籍簿承担，但无论是吴简中承继前代而来的"右某家口食""凡口若干"两类户籍簿，还是南朝刘宋时期出现的三年一造户籍、一年一造的计帐，著录的都是同一类人群。唐后期以降，情况不同。两税法代替租庸调制后，"人无丁中，以贫富为差"[2]，居住在当地的无赀客户无须承担两税，承担赋役的人户并非全部居住在当地，形成了赋役户籍和户口统计管理的双轨制。在宋代，前者体现为每至闰年（后亦改为三年一造），乡书手、耆长、户长按户等高低编排的五等丁产簿；后者体现为每年春季，"本村三大户长就门通抄"[3]，也就意味着按居地比邻原则编排的包含主户、客户在内的丁籍[4]。在宋人眼中，五等丁产簿和丁籍都属于户籍。

与前辈学者相比，今天从事户籍制度的研究有着优越条件。池田温先生撰写《中国古代籍帐研究》时，只能见到西北地区出土为数不多的十六国北朝和唐代户籍及相关实物。现在可以利用的户籍材料就非常多了。继1981—1996年出版的《吐鲁番出土文书》公布一大批唐代户籍后，近几年吐鲁番地区陆续出土了《前秦建元二十年（384年）三月高昌郡高宁县都乡安邑里籍》《唐龙朔二年（662年）西州高昌县思恩寺僧籍》《唐神龙三年（707年）正月

1 关于五等丁产簿的编排方式，《续资治通鉴长编》卷474"元祐七年六月"条称："户部看详，所造丁产文簿，自合将耆、户长当官供过人户税产物力与旧簿比对，依次等品量，于簿内逐等下鼠尾排定。"参见（宋）李焘撰：《续资治通鉴长编》，上海师范大学古籍整理研究所、华东师范大学古籍整理研究所点校，中华书局，2004，第11306页。陈傅良也指出："五等簿者，以通县计之，自第一至[第五等]，以其户强弱，各自为簿。"参见《止斋先生文集》卷21《转对论役法札子》，《四部丛刊初编》第236册，商务印书馆，1936，第119页。

2 （宋）王溥撰：《唐会要》卷83《租税上》，第1820页。

3 （宋）梁克家撰：《淳熙三山志》卷10《版籍类·户口》，《景印文渊阁四库全书》第484册，台湾商务印书馆，1986，第211页。

4 这不是说宋代的丁籍就不用于征发赋役，只是说此时的丁籍著录了"在地"的全部男子数。

西州高昌县开觉等寺手实》等纸本户籍。令人兴奋的是，随着里耶秦简、悬泉置汉简、东牌楼东汉简、五一广场东汉简的相继公布，我们有幸目睹前人从未得见的一批简牍户籍资料。十万余枚走马楼吴简中，数量最多的也是各类户口簿籍。这在很大程度上改变了以往学者只能借助睡虎地秦简《封守》篇，居延汉简中的候长礼忠、隧长徐宗简，以及士卒家属廪食名籍推测秦汉户籍样态的做法。不过，在数量如此繁多的简牍中，我们没有发现一件如后世那样自名为“户籍”的实物，以至学界对秦汉习称的“名数”与户籍的关系、户籍泛指一类还是特定一种簿籍、户籍是否著录田宅，乃至造籍材料采用木牍还是简册等基本问题，聚讼纷纭。本书也会花费大量笔墨讨论这些问题，但缺乏相关记载和实物佐证，个人观点也带有很大推测成分。

笔者这些年一直关注古代户籍及其相关赋役、身分制度，侧重从制度层面讨论中国古代社会阶段性特征。当然，制度史的研究不应也不能忽视普通民众的历史作用。以中国古代户籍制度为例，早在战国秦汉时期，就不断有民众为了反抗和逃避王朝统治，脱离户籍成为流民；社会承平时期，这类人群数量有限，遇到自然灾害或战争侵扰，流民的规模就相当庞大。唐代均田制被破坏后，随着土地流转加速，失去土地的客户已然成为人数最多的群体，由此引发了这一时期土地、赋役制度乃至国家管理方式上的一系列变化。就整个中国古代社会而言，流民是形塑古代社会面貌的一支重要力量，这也是笔者今后关注的课题。

目　录

第二编　文书考释与研究

CONTENTS

PART IV REPLACEMENT OF BAMBOO-SLIP AND PAPER AND INSTITUTIONAL EVOLUTION

第一编　财政年度·造籍日期与官方年龄

第一章

汉唐间财政年度演变新论

财政年度作为现代财政学的基本概念，在古代可称之为上计年度或计帐[1]年度，后者最直接的表现形式就是中央与地方各级行政机构在每年编制计簿时遵循的财政收支起讫时间。与现代财政年度往往由人为规定不同，古代财政年度主要取决于国家租税尤其是田赋收入最丰饶的时间[2]，只有这样，官府才能对下一财政年度的各项支出做出准确的规划和调度。

根据传世文献的记载，中国古代先后采用过两种财政年度：一种是秦汉时期的“计断九月”，即以上年十月初至当年九月底为一财政年度（简称九月制）；另一种是至迟唐代就已实行的“岁终为断”，即以正月初一至十二月底的日历年度为一财政年度（简称历年制）。财政年度的这种变革是何时发生的？笔者此前讨论过汉唐财政年度形成的原因及其演变轨迹，提出东晋南朝实际上已开始使用日历年度，唐代的做法不过是继承江南旧制。[3]笔者当初撰写旧文时，长沙吴简只公布了“吏民田家莂”部分，现在走马楼吴简全部公布，加上近几年先后出土了几批秦汉乃至西晋时期的上计材料，笔者的一些观点有必要做出修订。本章只是在此前论述基础上，对汉唐财政年度演变

1　为保持与史籍引文一致，本书“帐”表示“钱物收支”时一律不改为现代通行的“账”，沿用旧称。

2　清末宣统三年（1911 年），度支部引入西方预算制度，规定以每年正月初一起至十二月底为一财政年度，受到多方面的批评。梦幻指出：“以法理上言之，则预算年度应按照征完租税时期。查我国租税以田赋为大宗，若照现在章程以元旦日始除夕日止为预算之一年度，则一切地丁、漕赋年内既不能扫数征解，又不能提早催收，则预算岁入之数，即不能正确。”（《论各督抚电商预算年度问题》，《大公报》1911 年 5 月 29 日，第 1 版）两广总督张鸣岐也声明：“会计年度开始之期，宜值国家收入丰饶之时，因之亦必与民间决算之期相近，此固最要之一原则。”（《广东张督主张七月为会计年度》，《大公报》1911 年 8 月 25 日，第 5 版）

3　可参张荣强：《从计断九月到岁终为断——汉唐间财政年度的演变》，《北京师范大学学报（社会科学版）》2005 年第 1 期；后收入《汉唐籍帐制度研究》，商务印书馆，2010，第 187—221 页。

的几个节点做深入探析，不再详细勾勒整个演变过程。

一 问题的提出

长沙吴简公布的仓库帐簿中，除了大量按月编制的“月旦簿”、按季编制的“四时簿”外，也可以见到按日编制的帐簿。《长沙走马楼三国吴简·竹木牍》(以下简称《竹木牍》)收录了8件嘉禾五年(236年)十月至十二月州中仓编制的按天数汇总的受米帐，如“嘉禾五年十月十三日仓吏潘虑白州中仓当月十一日讫十三日领受当年租税杂限米帐”载：

1. 州中仓吏郭勋、马钦、张曼、周栋起十月十一日讫十三日，受五年租税杂限米合七百五十九斛二斗五升

2. 其七百一十五斛七斗五升五年税米

3. 其五斛五年租米

4. 其卅二斛五年佃帅限米

5. 其六斛五斗五年吏帅客限米　十月十三日仓吏潘虑白

(《竹木牍》229)[1]

这8件帐簿中，汇总的天数多则四天，少则两天，多数是三天。大约成书于战国时期的《周礼》提到当时帐簿有“日成”“月要”“岁会”[2]，这批帐簿大概属于“日成”。显然，这批帐簿是州中仓根据临湘侯国[3]民众在此期间缴纳的各种米分类汇总来的。与上举租税杂限米帐相对应，我们也可以发现嘉禾五年十月十一日至十三日民众向州中仓纳米的记录：

1. ‖林渂丘男子朱□，佃田八町，凡十六亩……定收十一亩，为米十三斛二斗……其米十三斛二斗，五年十月十一日付仓吏张曼、周栋。

(《嘉禾吏民田家莂》5·351)

2. ‖尽丘大女烝□，佃田三町，凡九亩……定收一亩，为米一斛二斗……其米一斛二斗，五年十月十二日付仓吏张曼、周栋。

(《嘉禾吏民田家莂》5·847)

---

1 整理者提供。

2 (汉)郑玄注，(唐)贾公彦疏《周礼注疏》卷3《天官·宰夫》载：“岁终则令群吏正岁会，月终则令正月要，旬终则令正日成。”见(清)阮元校刻《十三经注疏》，中华书局影印本，2009，第1413页上栏。

3 一般认为，临湘侯国的建置始于孙吴黄武二年(223年)，至凤凰元年(272年)废国为县。

3. ☒五年税米三斛‖嘉禾五年十月十三日上俗丘朱□关邸阁马统付仓吏张曼周栋受　　（捌·5276）

4. ☒嘉禾五年税米九十六斛‖嘉禾五年十月十三日□桃奇丘男子五郡关邸阁马统付仓吏郭勋马钦受　　（捌·5288）[1]

5. ‖石下丘男子烝众，佃田四町，凡五亩一百七十步……其四亩五十步旱败不收布。……亩收布二尺。……凡为布二尺，准入米一斗八升，五年十月十二日付仓吏张曼、周栋。　　（《嘉禾吏民田家莂》5·203）[2]

前四例缴纳的是“租税杂限米帐”中的“税米”，最后一例属于“杂米”中的“田亩钱布贾米”。除了这批帐簿记载的仓吏受米时间，我们更关注仓吏将收到的这些米计入了哪年的帐簿。上举木牍中，州中仓吏将嘉禾五年（236年）十月十一日至十三日收到的759斛2斗5升米总称为“五年租税杂限米”，在总额下又逐一条列其中有“五年税米”若干、“五年租米”若干，等等。也就是说，这些米都被分门别类地记到了嘉禾五年的帐簿里。不仅上举木牍，《竹木牍》收录的其他7件嘉禾五年州中仓领受米帐的表述方式无不如此。同样，我们熟知的嘉禾四年（235年）尤其是嘉禾五年吏民田家莂中，也基本上记录的是临湘侯国民众当年十月至十二月缴纳的田租米布。这种官府在十月之后，仍将征收上来的稻米租税计入当年帐簿的方式，显然与战国以降“计断九月”的旧制有很大不同。

二　秦汉“计稻后年”与孙吴财政年度变化

有关秦及汉初“计断九月”的原因，东汉末年经学家卢植有一种解释：“（汉制）计断九月，因秦以十月为正故。”[3]笔者在旧文中指出，“计断九月”的制度是随着战国时期上计制度的出现而出现的，是由当时居于政治统治重心、

1　走马楼简牍整理组编著：《长沙走马楼三国吴简·竹简［捌］》，文物出版社，2015，第775页。说明：《长沙走马楼三国吴简·竹简》及《长沙走马楼三国吴简·嘉禾吏民田家莂》的编著者是长沙市文物考古研究所、中国文物研究所、北京大学历史学系走马楼简牍整理组，为行文方便，正文脚注中均写作“走马楼简牍整理组”。

2　以上出自《嘉禾吏民田家莂》者，分别见走马楼简牍整理组编著：《长沙走马楼三国吴简·嘉禾吏民田家莂》上册，文物出版社，1999，第206、261、189页。

3　《续汉书·百官志五》刘昭注引卢植《礼注》，见《后汉书》，中华书局点校本，1965，第3622页。

经济重心地位的黄河流域的主谷生产，也就是粟的成熟时间决定的，与秦及汉初以十月为岁首没有关系。[1]中国古代尤其早期的财政预算基本上遵循“量入为出”的原则，粟作为田租本色在七月成熟，官府只有到九月将全部田租征收上来后，才能据此分配来年国用，所以重在反映一年财政收支状况的上计簿登载的各项数据就要截止到九月底。但在秦及汉初以十月为岁首的时期，在“计断九月”的情况下，地方又是如何上计中央的？当时由于缺乏资料，加上受到学界通说影响，笔者一度推测，郡国上计吏恐怕只能采用翌年上计的方式赶赴京师参加岁首朝会。随着新材料的出土，我们意识到学界认为秦及汉初郡国十月上计京师的说法恐怕是错误的[2]，2015 年出版的《岳麓书院藏秦简［肆］》公布了一条令文：

> •县官上计执法，执法上计冣（最）皇帝所……恒令令史官吏各一人上攻劳吏员，会八月五日。上计冣（最）、志、郡〈群〉课、徒隶员簿，会十月望。……上计冣（最）者，柀兼上志∟、群课、徒隶员簿。•议：独令令史上计冣（最）、志、群课∟、徒隶员簿，用令史四百八十五人，而尽岁官吏∟上攻者。[3]（肆•346—352）

岳麓秦简所载律令，大致抄录于秦王政时期及秦统一后一段时间，其下限不晚于秦始皇三十五年（前 212 年）。[4]学者对“执法”的性质有不同看法，但大致认为是指与郡并列、管辖内史地区的二千石官吏。[5]这里只提到内史地区的上计情况，想必郡也参照这一规定。按照令文的说法，最初规定县向内史（郡）

---

1 参见张荣强：《从计断九月到岁终为断——汉唐间财政年度的演变》，《北京师范大学学报（社会科学版）》2005 年第 1 期。杨际平提出秦及西汉初年是“计断九月”，汉武帝改革历法后，财政年度就变成了“岁终为断”（叶振鹏主编：《中国财政通史》第 2 卷《秦汉财政史》，湖南人民出版社，2013，第 461—462 页）。但《周礼•秋官•司寇》郑玄注“若今计文书断于九月”，郑玄是东汉末年著名的经学家，不可能对财政年度变化这么重要且明显的事不清楚，况且“计断九月”与八月造籍密不可分，东汉灵帝时的《张迁碑》说“八月算民”，《三国志•吴书•薛综传》记载东汉末年的交州“八月引户”，由此看来，直到东汉末年都是八月造籍。

2 镰田重雄将汉代郡国向中央上计分为三个阶段，第一个阶段即高祖时期至武帝元鼎年间（前 206—前 111 年）是在岁首的十月，以后这一观点成为学界通说。参见〔日〕镰田重雄：《秦漢政治制度の研究》第 10 章“郡国の上計”，日本学術振興会，1962，第 384—386 页。

3 陈松长主编：《岳麓书院藏秦简［肆］》，上海辞书出版社，2015，第 209—211 页。

4 陈伟：《论岳麓秦简法律文献的史料价值》，《武汉大学学报（哲学社会科学版）》2019 年第 2 期。

5 最新研究成果参见唐俊峰：《秦代“执法”中央二千石官泛称性质申论》，见邬文玲、戴卫红主编《简帛研究 二〇二一》（秋冬卷），广西师范大学出版社，2022，第 67—83 页。

呈报功劳的时间和上计日期不同，前者是在八月五日，后者在十月十五日；最后经过集议，将呈报功劳的时间推迟到年终也就是十月之后。这实际上意味着将两者的时间合而为一了。西北边塞出土的汉代《功令》规定“诸自占功劳皆讫其岁，与计俱。新视事若有相前后其等，不上功，来岁并数上”[1]，可以证明这一点。我们在里耶秦简 9-2289 中，也见到了秦始皇三十二年（前 215 年）十月迁陵县司空派遣刑徒跟随官吏上计的事例。[2]县向郡上计结束后，郡就要根据属县计簿汇总一郡垦田、赋税、户口等数据向中央上计，肩水金关出土的一件汉文帝时期的朝仪诏书载：

> •乐府卿言，斋□后殿中□□以不行……迫时入行亲以为□常，诸侯王谒拜，正月朝贺及上计，饬钟张虡，从乐人及兴卒。制曰：可。孝文皇帝七年九月乙未下。（肆•73EJT37：1573）[3]

汉文帝刘恒在位 23 年，后世将其分为前元 16 年、后元 7 年。汉文帝死于后元七年（前 157 年）六月，景帝继位当年仍用汉文帝纪年。据李忠林所定秦至汉初朔闰表，文帝前元七年（前 173 年）九月庚子朔，当月无乙未日；后元七年九月戊辰朔，乙未为二十八日。[4]因此，这件诏书颁布的七年九月应该是指后元七年。诏书中提到诸侯国的上计随着正月朝贺一起进行，全国的郡级机构想必也是如此。《汉书•武帝纪》记载刘彻太初元年（前 104 年）的行程：“十二月，禬高里，祠后土。东临勃海，望祠蓬莱。春还，受计于甘泉。二月，起建章宫，夏五月，正历，以正月为岁首。”汉武帝甘泉受计的具体时间也是在正月，这还是当年五月颁布太初历之前的事。此外，我们也能见到此前两年也就是元封五年（前 106 年），汉武帝因巡游天下，推迟到三月才在泰山“朝诸侯王列侯，受郡国计”的记载。[5]由此看来，即使在秦至汉武帝改定太初历之前岁首十月这段时间，地方上计吏仍遵循战国旧制，在正月上计。这进一步说明计断时间与岁首没有任何关系。

1　甘肃简牍博物馆等编：《肩水金关汉简［叁］》，中西书局，2013，第 31 页。此据姚磊的新释文，参见其著《肩水金关汉简释文合校》，中国社会科学出版社，2021，第 384 页。

2　陈伟主编：《里耶秦简牍校释》（第 2 卷），武汉大学出版社，2018，第 457—458 页。

3　甘肃简牍博物馆等编：《肩水金关汉简［肆］》，中西书局，2015，第 244 页。

4　李忠林：《秦至汉初（前 246 至前 104）历法研究——以出土历简为中心》，《中国史研究》2012 年第 2 期。

5　《汉书》卷 6《武帝纪》，第 199、196 页。

战国秦汉时期“计断九月”，但许多经济活动诸如官府远距离输送财物、向刑徒发放冬衣等，要么无法确保在九月底前完成，要么其活动本身就需要跨越两个财政年度。睡虎地《金布律》对此做出规定，“官相输者，以书告其出计之年，受者以入计之。八月、九月中其有输，计其输所远近，不能逮其输所之计，□□□□□□移计其后年”（简 70—71），“冬衣以九月尽十一月禀之，过时者勿禀。后计冬衣来年”（简 90），就要等这些活动结束后再计入下一财政年度。“计断九月”以黄河流域粟作生产为依据，这一制度显然不符合江南的稻作生产。水稻成熟时间通常在九月左右，官府征敛入仓则更晚，孙吴《嘉禾吏民田家莂》记载民众缴纳租米的时间集中在每年的十至十二月。对于广大南方地区来说，租谷的收入情况无法反映在当年的计簿中。睡虎地《仓律》对此也做了专门说明，“稻后禾孰（熟），计稻后年”（简 35），稻谷的征收情况同样是记录到下一财政年度。[1]

秦汉时期的财政年度与日历年度并非一回事，尤其是汉武帝曾改定历法，这就导致两者的关系前后有很大变化。秦至汉武帝太初元年（前 104 年）以前岁首十月，其时财政年度与日历年度一致；这一时期的“计后”或“后计来年”说的是计入下一财政年度，同时也是下一日历年度。我们不妨看一下走马楼西汉简记载的具体事例：

> 五年九月丙辰朔壬申，都乡胜敢言之，狱移劾曰：复移五年计□口四千二百廿七，案阅实四千二百七十四，其卌九口计后。[2]

这里的“五年”是长沙王刘庸纪年，相当于汉武帝元朔五年（前 124 年）。秦汉时期采用逐级上计的方式，县上计郡国，郡国上计中央。县上计簿中的许多内容也是由辖乡申报来的，里耶秦简就提到乡每年要向县廷呈报“户计”。[3]按

1 睡虎地秦墓竹简整理小组编：《睡虎地秦墓竹简》，文物出版社，1990，“释文”，第 37、41、28 页。

2 〔日〕西林昭一：《簡牘名蹟選》2《湖南篇二》，二玄社，2009，第 34—35 页。原释文有误，此处参考胡平生《新出汉简户口簿籍研究》一文，见中国文化遗产研究院编《出土文献研究》（第 10 辑），中华书局，2011，第 274 页。最近宋少华先生对这枚简文重新做了释读，参见《长沙走马楼西汉简牍所见年代、疆域琐议——以走马楼西汉简牍为中心》，见中国文化遗产研究院编《出土文献研究》（第 20 辑），中西书局，2022，第 286 页。此处仍从旧释。本书后面引用这条简文，不再详注。

3 县廷“户曹计录”中就有“乡户计”，参见陈伟主编：《里耶秦简牍校释》（第 1 卷），武汉大学出版社，2012，第 167 页。

照上引简文，都乡啬夫向临湘县呈报的五年口数是4227人，但经过上级核实应该有4274人，其中49人（简文计算有误，实为47人）需要记入下一年的户口数。[1]这一时期以十月为岁首，都乡五年九月向县廷申报的“五年计”指代的时间范围与日历年度一致，都是指元朔五年十月（前124年11月）至次年九月（前123年10月）这段时间，下月就进入了新的日历年度和财政年度。但汉武帝推行太初历，恢复正月为岁首后，“计断九月”指代的时间范围就跨越了两个日历年度。这就有个问题：财政年度是如何命名的？具体来说，汉武帝太初元年（前104年）之后，“计断九月”的财政年度是按起始年还是截止年命名的？我们看一下悬泉汉简记载上计中央的例子：

甘露三年十一月辛巳朔乙巳，敦煌大守千秋、长史奉憙、丞破胡谓过所县、河津，遣助府佐杨永视事，上甘露三年计最丞相、御史府，乘用马一匹，当舍传舍，从者如律令。十一月丙辰东　　（简Ⅱ0213②：139）[2]

阳朔二（元）年十一月丁卯，遣行丞事守部侯强奉上阳朔元计最行在所，以令为驾乘传，奏卒史吏所奉上者。敦煌大守贤、长史谭，以次为驾，如律令。五月□　　（简Ⅱ90DXT0112③：108）[3]

敦煌上计吏通常要提前一个多月出发，才能赶在元会前到达长安。第一枚简记载甘露三年（前51年）十一月，敦煌郡派遣属吏赴长安呈报甘露三年计；第二枚简说阳朔二年（前23年）十一月丁卯属吏动身，呈报阳朔元年（前24年）计，但阳朔二年十一月戊辰朔，此月无丁卯日；阳朔元年十一月甲辰朔，丁卯是二十四日，故此“二年”当为元年之误。需要注意的是，无论是“甘露三年计”还是“阳朔二（元）年计”，说的都不是日历年度，而是指上年十月初至当年九月底的财政年度。从甘露三年十一月上报甘露三年计、阳朔元年十一月上报阳朔元年计可以看出，当时的财政年度是根据计簿截至年份命名的。

1　秦汉八月开始造籍，这49人大概是在造籍后新生或迁入的，无法反映在当年的户籍上，所以要放到下一财政年度统计。

2　张俊民：《敦煌悬泉置出土汉简所见人名综述（一）》，《陇右文博》2006年第2期；后收入张俊民：《悬泉汉简：社会与制度》，甘肃文化出版社，2021，第15—16页。

3　甘肃简牍博物馆等编：《悬泉汉简〔贰〕》，中西书局，2020，第256页。

明白上计簿中“年”的含义后，我们就可以理解秦汉帐簿中一些看似不合理的说法了。青岛土山屯汉墓出土的《堂邑元寿二年（前 1 年）要具簿》（以下简称《要具簿》）背面，是一份“元寿二年十一月见钱及逋薄（簿）”：

见赋钱三万二千六十二

见税鱼钱千二百一十

• 凡见钱三万三千二百七十二

逋二年口钱三万九千七百八十二

逋二年罢癃卒钱十五万七百五十

逋二年所收事它郡国民秋赋钱八百

逋二年所收事它郡国民口钱四百八十三

逋二年所收事它郡国民更卒钱九千二百

逋二年所收事它郡国民冬赋钱四百

逋二年冬赋钱八十四万二千八百六十六

逋二年过更卒钱五十九万六百

逋二年罢癃卒钱千二百

逋三年戍卒钱八十一万六百五十

• 凡逋钱二百卌五万五千七百卌一[1]

西北汉简中有十一月上报四时簿的例子[2]，但从这枚木牍的标题看，我们还是应该将其视作一份按月统计的帐簿。“见钱”一词好理解，指十一月扣掉支出后剩余的钱；“逋钱”税目涉及“口钱”“秋赋钱”“冬赋钱”“更卒钱”等，几乎涵盖了汉代人头税的所有内容。令人费解的是，这份帐簿即便在元寿二年（前 1 年）十一月底编制，其距离年终至少还有一个月的时间，官府为什么就将民众尚未来得及缴纳的“二年”赋税径自视作逋欠了呢？其实，

1　青岛市文物保护考古研究所、黄岛区博物馆：《山东青岛土山屯墓群四号封土与墓葬的发掘》，《考古学报》2019 年第 3 期，第 428 页。个别简文，据图版改。

2　如居延新简 E.P.F22：460A 载：“汉元始廿六年十一月庚申朔甲戌，甲渠鄣候获敢言之，谨移十月尽十二月完兵出入簿一编。敢言之。”（马怡、张荣强主编：《居延新简释校》，天津古籍出版社，2013，第 798 页）出现这种情况，笔者怀疑是因为帐簿中记载的事项十一月后就不会再发生变动，所以提前编好呈报了。这里也有一个佐证，E.P.F22：54A 载：“建武四年五月辛巳朔戊子，甲渠塞尉放行候事，敢言□☑谨移四月尽六月赋钱簿一编。敢言之☑。”（马怡、张荣强主编：《居延新简释校》，第 758 页）官吏俸钱通常在上个月发放，所以甲渠塞尉在五月就提前做好了第二季度的赋钱簿。

这里的“元寿二年”指的也是财政年度，而非日历年度。根据岳麓秦简所载《田律》：

> 租禾稼、顷刍稿，尽一岁不賫（毕）入及诸貣它县官者，书到其县官，盈卅日弗入及有逋不入者，赀其人及官啬夫、吏主者各一甲，丞、令、令史各一盾。逋其入而死、亡有罪毋（无）后不可得者，有（又）令官啬夫、吏代偿。[1]　（肆·106—108）

此时岁首十月，财政年度与日历年度一致。律文规定，田租及刍稿税应于岁末前交完，如果岁末后一个月即十月底还未缴纳，就要处罚欠税民户和乡吏。这里说的是田租，其他赋税也当如此，“元寿二年十一月见钱及逋薄（簿）”反映的就是这种情况。[2]由此看来，我们在秦汉帐簿中见到的“某某年”除帐簿的编制时间外，与财政数据相联系的往往不是日历年度，而是指从上年十月至当年九月的财政年度。[3]

1　陈松长主编：《岳麓书院藏秦简[肆]》，第103页。

2　需要说明的是，逋钱簿中的“二年口钱”“二年罢癃卒钱”“二年冬赋钱”等，实际上是在元寿元年（前2年）十月之后，根据元寿元年而非元寿二年（前1年）所造籍簿上的户口数据向民众征纳的人头钱。道理其实很简单，官府八月开始造籍，九月底造籍结束后把户口数据反映到上计簿中，当年的财政年度至此已经结束。到了十月也就是新的财政年度开始后，官府才能根据户口数据征收口算赋。

3　居延汉简也保存了一份西汉后期十一月的会计帐簿：

> 十一月己卯，掾彊所收五年余茭钱二千五十五。
> 元年茭钱万四千五百廿八。•凡万六千五百八十三。
> 出钱五千七百廿五，偿故掾车给官费。
> 出钱三千八百六十六，偿居延责钱。
> □□□□出钱千，以腊门户。
> 凡出万五百九十一。
> 今余钱五千九百九十二。
> 出钱四百五十，十一月壬辰付[令史]根☐。
> 出钱三百☐士吏☐。　（简209.2）

（参见简牍整理小组编：《居延汉简（贰）》，“中央研究院”历史语言研究所，2015，第255页。）杨际平、李孝林对该简记载的“五年”“元年”有所讨论，但两位先生无一例外地将这里的“年”理解成了日历年度（参见杨际平：《四柱结算法在汉唐的应用》，《中国经济问题》1991年第2期，修订后的观点见杨际平：《评〈汉唐籍帐制度研究〉》，《中国史研究》2011年第4期；李孝林等：《基于简牍的经济、管理史料比较研究：商业经济、兵物管理、赋税、统计、审计、会计方面》，社会科学文献出版社，2012，第384页）。如此，也就存在一个与“元寿二年十一月见钱及逋薄（簿）”同样的困惑，官府怎么提前一个多月就进行了年度财务结算呢？实际上，这里的“五年”“元年”是指财政年度，茭作为西北地区的牛马饲料，与刍稿性质相同，秦律规定在官府用度充足的情况下，民众要将刍稿折钱缴纳。官方在元年十一月也就是财政年度结束30天后统计茭钱的使用及剩余情况，完全符合岳麓秦简《田律》的规定。

了解秦汉“计稻后年”及当时财政年度的命名规则后，我们就会知道，如果孙吴遵循“计断九月”的旧制，上举州中仓受米簿将嘉禾五年（236 年）十月及其以后收纳的租税只能计入六年而非现在的五年帐目。这些仓库受米簿的入帐记录表明，孙吴至迟在嘉禾年间就已经采用新的财政年度，由原来的九月制转为了历年制。

我们在长沙走马楼吴简中也可以见到官府直接采用历年制编制或记录的钱米帐：

〼[右]□□起六年正月讫十二月当食□□受 □□为稟斛米一百一斛九斗四升嘉禾元年十一月十三日司马邓铜关邸阁郭据付郡吏区胄受（壹·3162）

〼□今年正月一日讫十二月卅日为钱六千应捐除名（贰·7601）

〼起四年正月二日讫十二月卅入布（？）……〼（叁·1628）

出仓吏黄讳、潘虑所领黄龙二年税吴平斛米卅四斛五斗六升为稟斛米卅六斛，邸阁左郎中郭据被督军粮都尉移右节度府黄龙三年十一月九日乙巳书，给大仓丞五裕一年稟，起黄龙二年正月讫十二月，月三斛，嘉禾二年三月廿日付临湘吏烝若（捌·3434+3440+3441）[1]

《竹木牍》收录了几枚题署如“中仓吏黄讳、潘虑嘉禾二年月旦簿”“库吏殷连、潘琦嘉禾二年杂领钱月旦簿”“库吏殷连嘉禾二年杂钱月旦簿”（《竹木牍》168—170）的签牌，以往刊布的《长沙走马楼三国吴简·竹简》中也能见到属于这些签牌的相应内容。从崔启龙复原的“州中仓嘉禾二年月旦簿”中可以看出，这一帐簿中包含了嘉禾二年（233 年）一月至十二月全部的月旦簿。[2]目前长沙吴简已经全部公布，我们在其中没有见到一份标举当年十月至来年九月的帐簿。

1　走马楼简牍整理组编著：《长沙走马楼三国吴简·竹简［壹］》，文物出版社，2003，第 960 页；走马楼简牍整理组编著：《长沙走马楼三国吴简·竹简［贰］》，文物出版社，2007，第 872 页；走马楼简牍整理组编著：《长沙走马楼三国吴简·竹简［叁］》，文物出版社，2008，第 755 页；走马楼简牍整理组编著：《长沙走马楼三国吴简·竹简［捌］》，第 735 页。“《竹简［捌］》”三枚简的编连，详参邬文玲：《〈长沙走马楼三国吴简·竹简（捌）〉所见州中仓出米簿的集成与复原尝试》，见中国文化遗产研究院编《出土文献研究》（第 16 辑），中西书局，2017，第 341—363 页。

2　崔启龙：《长沙吴简出米帐研究——以州中仓为中心》第一章“州中仓出米简的文书学考察——兼论州中仓月旦簿的制作、收藏及相关问题”，北京师范大学博士学位论文，2022。

不只仓库帐簿，孙吴户籍簿的编造时间也反映出当时财政年度发生的变革。

汉代八月造籍的制度也源于战国时期，并且直接受到“计断九月”财政年度的影响。《周礼·地官·小司寇》载：

孟冬，祠司民。献民数于王，王拜受之，以图国用而进退之。[1]

小司寇十月呈报户口数，造籍工作此前已经结束。《管子·度地》篇引用了一条早期的造籍法令：

常以秋岁末之时，阅其民，案家人比地，定什伍口数，别男女大小。[2]

学者对《管子·度地》篇的成书时代有很大争议，友于主张是汉武帝晚年，罗根泽推测为西汉初年，胡家聪、张固也等根据该篇问答体形式和论述内容力主是战国时代的作品。[3]杜正胜推测令文中的“岁末之时”是后人对“秋”的注释，认为该法令不会晚于秦始皇时期。[4]由此看来，所谓“秋岁末之时”就是指八九月。我们以往解释这一时期之所以八月造籍，通常只是强调当时上计簿登载的包括户口数在内的各种数据截止到九月底，户籍必须在此前造好。这种解释不够周全。上引《周礼》说王接受民数后，“以图国用而进退之”，唐人贾公彦就此解释说：“国家所用财物由民上而来，是以国用多少要由民众寡，故民众则益丰用之，民寡则损俭用之。”[5]中国古代早期除了按田亩征收租谷，赋役征发主要依据人头，统治者只有掌握了户口数据，才能计算出可供征派的赋税和徭役，进而对来年赋役调度做出安排。所以官府在确立造籍时间时，一方面要保证户籍必须在计簿截止时限内造好；另一方面为了追求数据的准确性，户籍编造的时间也不能太早。

秦汉户籍每年编造一次，户籍的所有异动都需要等到八月造籍时才能反

1 （汉）郑玄注，（唐）贾公彦疏：《周礼注疏》卷35《地官·小司寇》，见（清）阮元校刻《十三经注疏》，第1888页下栏。

2 黎翔凤撰：《管子校注》卷18《度地》，梁运华整理，中华书局，2004，第1059页。

3 参见友于：《管子度地篇探微》，见中国农业科学院、南京农学院中国农业遗产研究室编《农史研究集刊》（第1册），科学出版社，1959，第4页；罗根泽：《诸子考索·管子探源》，人民出版社，1958，第427页；胡家聪：《管子新探》，中国社会科学出版社，2003，第357—358页；张固也：《〈管子〉研究》，齐鲁书社，2006，第339—342页。

4 杜正胜：《编户齐民——传统政治社会结构之形成》，联经出版事业股份有限公司，1990，第27页。

5 （汉）郑玄注，（唐）贾公彦疏：《周礼注疏》卷35《地官·小司寇》，见（清）阮元校刻《十三经注疏》，第1888页下栏。

映到户籍上。西汉早期的《二年律令·户律》规定：

诸（？）民皆自占年……产子者恒以户时占其▨▨罚金四两。

（简325—327）

又说：

所分田宅，不为户，得有之，至八月书户。（简335）

民欲别为户者，皆以八月户时，非户时勿许。（简345）[1]

诸如人口新生析附、田宅转让买卖、民户分家析居等事项，著录到户籍上后才能得到官府的认可。秦汉简牍中记载了大量八月前后户籍事项变动的实例，如秦始皇三十五年（前212年）八月初一，迁陵县贰春乡为一位来自酉阳盈夷乡的女子办理了入籍手续[2]；东汉永初七年（113年）八月十二日，逢门里女子路英向所在乡的乡吏提出了单独立户的请求[3]。我们讨论过长沙五一广场东汉简中的"连道奇乡受占南乡民逢定本事"，简文记载逢定在落籍临湘县后，又于永元十四年（102年）七月向连道县请求迁回原籍。[4]当然，并非说所有的户籍著录事项只有在八月发生变动[5]，而是说这些变动只有等造籍时才能统一著录到户籍上。但这一切在孙吴时期发生了变化。

我们以往习惯举《三国志·吴书·薛综传》记载交州"八月引户"之事，说明孙吴时期仍在沿用汉代旧制。但薛综上书孙权说："自臣昔客始至之时，珠崖除州县嫁娶，皆须八月引户，人民集会之时，男女自相可适，乃为夫妻，父

1 张家山二四七号汉墓竹简整理小组编著：《张家山汉墓竹简［二四七号墓］》（释文修订本），文物出版社，2006，第53、54、56页。简325"诸（？）"，参见彭浩、陈伟、〔日〕工藤元男主编：《二年律令与奏谳书——张家山二四七号汉墓出土法律文献释读》，上海古籍出版社，2007，第222页。此后不再注明。

2 简8-1565载："卅五年八月丁巳朔，贰春乡兹敢言之：受酉阳盈夷乡户隶计大女子一人，今上其校一牒，谒以从事。敢言之。"参见陈伟主编：《里耶秦简牍校释》（第1卷），第362页。

3 简2010CWJ1①：25-3载："永初七年八月乙丑朔十二日丙子，南乡有秩选、佐均、助佐褒敢言之：逢门里女子路英诣□□……别为户，谨爰书听受如牍。选、均、褒叩头死罪敢言之。"参见长沙市文物考古研究所等编：《长沙五一广场东汉简牍［壹］》，中西书局，2018，第9页。

4 张荣强、张俊毅：《五一广场东汉简"连道奇乡受占南乡民逢定本事"文书的复原与研究》，见邬文玲、戴卫红主编《简帛研究 二〇二〇》（秋冬卷），广西师范大学出版社，2021，第305—315页。

5 岳麓秦简《尉卒律》载："为计，乡啬夫及典、老月辟其乡里之入穀（谷）、徙除及死亡者，谒于尉，尉月牒部之，到十月乃比其牒，里相就殹（也）以会计。"（陈松长主编：《岳麓书院藏秦简［肆］》，第114页）"入"为迁入，"谷"为新生，"徙"指迁徙，"除"当指绝户或因犯罪之类而除籍，"死亡"分别指死亡和逃走。乡啬夫会同里吏每月将户口异动情况呈报给县尉，县尉每年年初对上一年度的相关情况进行汇总统计。

母不能止。”[1]讲的是他幼年跟随族人逃到交州时的见闻。此时尚值东汉末年，不能用来证明孙吴的情况。走马楼吴简公布过几件嘉禾四年（235年）八月诸乡劝农掾条列辖区内州吏、军吏家属状况的文书，这是诸乡应县廷要求专门针对吏户家庭男性成员进行的统计，统计的范围除了土著民，还包括居住在当地的寄寓人口。这些工作不属于编造户籍的范畴。不过，《长沙走马楼三国吴简·竹简[肆]》收录的一枚木牍提到了都乡搜括外来人户占籍的事：

1. 都乡劝农掾郭宋叩头死罪白：被曹敕，条列乡界方远核居民占上户籍
2. 分录别言。案文书，辄部岁伍五京（京）、廖鼠、毛常等隐核所部，今京（京）关言：州吏姚达、
3. 诚裕、大男赵式等三户口食十三人居在部界。谨列人名口食年纪，右别为簿如牒。谨
4. 列言。宋诚惶诚恐叩头死罪死罪。
5. 诣户曹
6. 十二月十八日白（肆·4523）[2]

这件文书没有纪年，有人推测是嘉禾二年（233年）。[3]东汉末年，北方流民为了躲避战乱纷纷南下，根据长沙吴简记载，当时临湘侯国境内居住着来自南阳、汝南、南郡、陈留等地的人。孙吴嘉禾二年，坐镇武昌的太常潘濬为此下达丁卯书，要求“☐诸郡生子受居比郡县者及方远客人，皆应上户籍”（肆·4490）。[4]都乡接到临湘侯国的命令后，对居住在本地的外来人口展开调查，乡吏向县廷复命的时间是十二月十八日，这些搜括出的人户想必不久就被著录到了当地户籍上。如果说这可能是一次因官府大规模括户而临时编造户籍的活动，我们不妨再看一下“嘉禾五年春平里吏民人名年纪口食簿”。该户口簿由两部分组成，前面是登录土著民的黄簿，后面记载的是新占民户数

1 《三国志》卷53《吴书·薛综传》，中华书局点校本，1959，第1251—1252页。

2 徐畅对这枚木牍的释文做过订正，参见徐畅：《走马楼吴简竹木牍的刊布及相关研究述评》，见武汉大学中国三至九世纪研究所编《魏晋南北朝隋唐史资料》（第31辑），上海古籍出版社，2015，第36—37页。个别标点据文义改。

3 凌文超：《走马楼吴简隐核新占民簿整理与研究——兼论孙吴户籍的基本体例》，见北京大学中国古代史研究中心编《田余庆先生九十华诞颂寿论文集》，中华书局，2014，第174—201页。

4 走马楼简牍整理组编著：《长沙走马楼三国吴简·竹简[肆]》，文物出版社，2011，第729页。

的口食簿[1]：

右一户口食三人湘西县民以嘉禾二年移 来部界 佃种过年十二月廿一日占上户牒（陆·1386）

右一户口食四人本罗县界民以过嘉禾三年移来部界佃种过年十二月廿一日占上户牒（陆·1424）

右一户口食四人刘阳县民以嘉 禾三年中移来部界佃种过年十二月廿一日占上户牒（陆·1635）[2]

“过年”指嘉禾四年（235年），这些新占民都是在十二月二十一日这天占上户籍的。与新占民口食簿同属一坨的竹简中也有“□□无大小皆 占上过年十二月……以列上户牒”（陆·1607）的记载。民众自占后，官府就展开造籍工作。下文还要提到十六国时期户籍的编制时间，与孙吴一样，也是在岁末年初这段时间。

孙吴造籍时间从原来的八月改成了岁末年初，进一步印证当时财政年度发生的变化。前面已经说过，秦汉时期“计断九月”不适合稻作生产，孙吴政权作为江南“六朝”之首，如果仍遵循原来“计稻后年”的操作模式，不仅不利于树立江东自身的正统地位，更意味着统治者只有等到一年后才能掌握上一自然年度的租赋收入情况，也就失去了据此编制来年国用预算的意义。秦汉时期江南地区经济落后，这一问题对统治者造成的困难不大，但孙吴立国江南，情况就完全不同了。水稻九月成熟，官府经过三个月，到了十二月就足以将租谷征敛完毕。这样，孙吴统治者摒弃秦汉“计断九月”的旧制，转而采用符合本地农业生产的日历年度作为财政年度，就是很自然的事了。

三　郴州晋简与西晋预算体制的初步确立

我们感兴趣的是，西晋灭孙吴再度统一全国后，是沿承汉魏旧制继续实行“计断九月”的制度，还是经过东汉以来尤其是孙吴时期江南经济的发展，

1　崔启龙：《走马楼吴简所见“黄簿民”与“新占民”再探——以嘉禾五年春平里相关籍簿的整理为中心》，见中国文化遗产研究院编《出土文献研究》（第18辑），中西书局，2019。

2　走马楼简牍整理组编著：《长沙走马楼三国吴简·竹简[陆]》，文物出版社，2017，第759、760、764页。

统治者制定中央政策时也会考虑江南地区的实际情况呢？2004 年，湖南省文物考古研究所在郴州苏仙桥发掘了一批晋惠帝时期的木简，为我们探讨这一问题提供了重要线索。根据考古工作者介绍，郴州木简总共 909 枚，大部分内容是晋惠帝太安年间桂阳郡的上计资料。在已公布的部分简文中可以见到以下记载：

1-73 大安二年七月癸酉朔廿日壬辰桂阳大守臣君

1-66 丞臣滕预顿首死罪上

1-67 尚书臣君顿首顿首死罪死罪谨案文

1-54 书谨表

1-68 桂阳郡上城邑户口田租绵绢贾布计阶上书

1-70 付御史台大尉司徒司空府江州治所谨副言

1-71 城邑户口田租乡亭邮驿米谷绵绢贾布

1-72 上左民曹吏部属臣潘兴邓叹区鉴黄勉黄厚

2-57 伏遣上计掾贵谨上臣君诚惶[1]

桂阳郡在西晋太安二年（303 年）七月二十日派遣上计掾赴洛阳呈报计簿，也就是说计簿在此前就做好了。这显然和秦汉地方上计中央的时间不同。秦汉“计断九月”，县级机构只有等计簿制作好后才能上计郡国，《续汉书·百官志五》记县道“秋冬集课，上计于所属郡国”，刘昭注引胡广曰：“秋冬岁尽，各计县户口垦田，钱谷入出，盗贼多少，上其集簿。”[2]县道上计郡国的时间在十月或稍后，郡国入计京师的时间显然更晚。[3]悬泉汉简记载敦煌郡上计中央的例证，除前引两枚简外，还有：

1　本章所引郴州晋简皆据湖南省文物考古研究所、郴州市文物处：《湖南郴州苏仙桥遗址发掘简报》，见湖南省文物考古研究所编《湖南考古辑刊》（第 8 集），岳麓书社，2009，第 93—117 页。个别简文据图版改。相关简文的编连，详参孔祥军：《西晋上计簿书复原与相关历史研究——以湖南郴州苏仙桥出土晋简为中心》，见董劭伟主编《中华历史与传统文化研究论丛》（第 1 辑），中国社会科学出版社，2015，第 141 页。

2　《续汉书·百官志五》，见《后汉书》，第 3622—3623 页。

3　汉代上计时间非常紧张，按照规定，从县级机构十月初造计簿，到十二月底郡国上计吏必须赶到京师，总共只有两三个月时间，所以在实际操作中，一些地方会提前编造计簿。东海尹湾汉简记载“况其邑左尉宗良九月廿三日守丞上邑计”（连云港市博物馆等编：《尹湾汉墓简牍》，中华书局，1997，“释文”，第 97 页），表明况其邑完成计簿的时间更早。

初元年十一月癸亥朔庚辰，敦煌大守千秋、守部千人章行长史事、丞破胡谓过所河津，遣守卒史……上狱计最边县□，乘用马二匹，当舍传舍，从者如律令。正月癸丑东。（简IIT0213③：114）

☐河平元年十一月丁未朔己未，敦煌大守贤、守部骑千人爱行丞事☐友上计丞相府，当舍传舍，从者如律令。六升　（简IIT0313②：1+10）[1]

十一月癸亥朔，庚辰是十八日；十一月丁未朔，己未是十三日。据悬泉汉简V1611③：39B记载，敦煌到长安的距离为“四千八十”里[2]，上计吏乘传路上走 40 多天，完全可以在正月元会前赶到京师。[3]在“计断九月”的时代，七月尚未开始制作计簿，又怎么能携带去上计呢？对比秦汉与晋惠帝时地方赴京上计的日期，就可以看出西晋统一后采用的财政年度不会是九月制，只能是历年制。[4]

史籍中没有西晋编造户籍的相关记载，但我们目前见到三件十六国时期的纸本户籍实物，《前秦建元二十年（384 年）三月高昌郡高宁县都乡安邑里籍》标注造籍时间是在三月[5]，《西凉建初十二年（416 年）正月敦煌郡敦煌县西宕乡高昌里籍》在正月[6]，《北凉承阳二年（426 年）十一月籍》在十一月[7]。东晋时期一共进行过四次土断，除第一次史籍记载“咸和中”，年月不详外，其余三次土断分别在咸康七年（341 年）四月、兴宁二年（364 年）三月和义熙九年（413 年）三月。“土断”就是将北来的侨流民众著录到寄寓地的户籍上，所以史籍也

1　张俊民：《悬泉汉简：社会与制度》，第 18—19、25 页。

2　胡平生、张德芳编撰：《敦煌悬泉汉简释粹》，上海古籍出版社，2001，第 59 页。

3　悬泉汉简 I 90DXT0112②：18 载：“建平四年五月壬子，御史中丞臣宪承制诏侍御史曰：敦煌玉门都尉忠之官，为驾一乘传，载从者。御史大夫延下长安，承书以次为驾，当舍传舍，如律令。　六月丙戌西。”（甘肃简牍博物馆等编：《悬泉汉简［壹］》，中西书局，2019，第 132 页）忠受中央派遣出任玉门都尉，五月壬子从长安出发，六月丙戌到达敦煌悬泉置，路上一共走了 34 天。

4　太安二年（303 年）正值八王之乱，但战争主要是在洛阳及其周边展开，郴州并未受到太大波及。我们在郴州晋简中也见到此前上计吏完成上计任务后，从京师带回的皇帝五条诏书，这说明当时上计工作仍在正常进行。退一步说，即使战乱会影响各地上计，也只能使地方上计时间推迟而非提前。

5　荣新江、李肖、孟宪实主编：《新获吐鲁番出土文献》，中华书局，2008，第 176—179 页。

6　录文参见〔日〕池田温：《中国古代籍帐研究·录文》，龚泽铣译，第 3—5 页。

7　录文参见 Yamamoto Tatsuro et al. *Tun-huang and Turfan Documents，Concerning Social and Economic History，Supplement*：（A）*Introduction& Texts*，The Toyo Bunko，2001，p.9.

将土断与“实编户”“大阅户人”等编造户籍的过程联系起来。[1]户籍编造日期与计断时间有着密切关系，适可佐证西晋财政年度发生的变化。

这就产生了一个令人困惑的问题。古代中央对地方的考课都是在日历年度结束即岁终时进行。秦汉“计断九月”，郡国做好上计簿后能够在岁末（十二月底）赶到京师参加考课和元会；西晋以岁终为断，又是如何在岁末上计中央的呢？其实这并非西晋一朝，而是此后所有王朝共同面临的问题。我们不妨看一下唐代的解决方案。唐人习惯将当时的朝集制比附为汉代的上计，但学者研究指出，唐代朝集使的任务实际上只是携考簿入京应对考课和参加元会，地方长吏考簿中虽然也会涉及户口、垦田内容，但主要功能不在“上计”，唐代承载了汉代上计簿经济功能的是计帐。[2]与具有基础台帐性质的户籍三年一造不同，作为户口帐的计帐是一年一造。按照《新唐书·食货志》“乡成于县，县成于州，州成于户部”[3]的说法，计帐是在民户申报的手实基础上依次攒造而成。民户岁末年初申报手实，地方编制计帐的时间在此之后，我们在吐鲁番文书中也见到了“贞观十六年三月”三名里正共同编造的乡帐残片。至于计帐入省时间，根据《旧唐书·职官志》：

> 凡天下制敕计奏之数，省符宣告之节，率以岁终为断。京师诸司，皆以四月一日纳于都省。其天下诸州，则本司推校，以授勾官。勾官审之，连署封印，附计帐，使纳于都省。常以六月一日，都事集诸司令史对覆，若有隐漏不同，皆附于考课焉。[4]

开头一句话明确指出，唐代包括上计文书在内的公文书都是“岁终为断”。这里“常以六月一日，都事集诸司令史对覆”，似乎说的只是尚书省与在京诸司覆核计帐的时间，实际上参考依据唐令而来的日本《养老令》，当时诸州计帐使与在京诸司一起接受尚书省审核。这就是说，诸州计帐必须在五月底前送

1　分见《晋书》卷7《成帝纪》、卷8《哀帝纪》，中华书局点校本，1974，第183、208页。

2〔日〕曽我部静雄：《中国社会経済史の研究》第6章《上計吏と朝集使》，吉川弘文館，1976，第371—403页；〔日〕渡辺信一郎：《天空の玉座：中国古代帝国の朝政と儀礼》第Ⅱ章第3節《元会儀礼の展開—第三期·隋唐期》，柏書房，1996，第163—193页。

3《新唐书》卷51《食货志一》，中华书局点校本，1975，第1343页。

4《旧唐书》卷43《职官志二》，中华书局点校本，1975，第1817页。

至尚书省，下引大津透复原的《仪凤三年（678 年）度支奏抄、四年金部旨符》可以证实这一点。州计帐经尚书省校核无误，就转交户部，参据北宋天圣令复原的唐代《赋役令》规定：

诸课，每年计帐至户部，具录色目，牒度支配[来]年事，限十月三十日以前奏讫。若须折受余物，亦豫支料，同时处分。若是军国所须，库藏见无者，录状奏闻，不得即科下。[1]

所谓“户部具录色目”，《仪凤三年（678 年）度支奏抄、四年金部旨符》（一）A' 24—31 行说得比较详细：“[诸州]所申计帐……[五月卅]日以前申到户部，户[部　]应支配丁租庸调数，七月[　　]到度支，不须更录。”[2]户部司依据诸州呈报的计帐编制全国计帐，据此推算出全国当年的租庸调等赋税收入，再交由度支安排来年国用计划。我们可以从《通典》卷 6《食货六·赋税下》考见天宝年间测算当年赋税和支配来年国用的过程：

按天宝中天下计帐，户约有八百九十余万，其税钱约得二百余万贯。大约高等少，下等多，今一例为八等以下户计之。其八等户所税四百五十二，九等户则二百二十二。今通以二百五十为率。自七载至十四载六七年间，与此大数，或多少加减不同，所以言约，他皆类此。其地税约得千二百四十余万石。两汉每户所垦田不过七十亩，今亦准此约计数。课丁八百二十余万，其庸调租等约出丝绵郡县计三百七十余万丁，庸调输绢约七百四十余万匹，每丁计两匹。绵则百八十五万余屯，每丁三两，六两为屯，则两丁合成一屯。租粟则七百四十余万石。每丁两石。约出布郡县计四百五十余万丁，庸调输布约千三十五万余端。每丁两端一丈五尺，十丁则二十三端也。其租：约百九十余万丁江南郡县，折纳布约五百七十余万端。大约八等以下户计之，八等折租，每丁三端一丈，九等则二端二丈，今通以三端为率。二百六十余万丁江北郡县，纳粟约五百二十余万石。大凡都计租税庸调，每岁钱粟绢绵布约得五千二百三十余万端匹屯贯石，诸色资课及句剥所获不在其中，据天宝中度支每岁所入

1　天一阁博物馆等校证：《天一阁藏明钞本天圣令校证：附唐令复原研究》，中华书局，2006，第 474 页。说明：责任人名称较长，为行文方便，正文脚注采用简写形式。

2 〔日〕大津透：《唐律令国家の予算について：儀鳳三年度支奏抄・四年金部旨符試釈》，《史学雜誌》第 95 卷第 12 号，1986；中译文收入刘俊文主编：《日本中青年学者论中国史・六朝隋唐卷》，上海古籍出版社，1995，第 442 页。

端屯匹贯石都五千七百余万，计税钱地税庸调折租得五千三百四十余万端匹屯，其资课及句剥等当合得四百七十余万。其度支岁计，粟则二千五百余万石，三百万折充绢布，添入两京库。三百万回充米豆，供尚食及诸司官厨等料，并入京仓。四百万江淮回造米转入京，充官禄及诸司粮料。五百万留当州官禄及递粮。一千万诸道节度军粮及贮备当州仓。布绢绵则二千七百余万端屯匹，千三百万入西京，一百万入东京，千三百万诸道兵赐及和籴，并远小州使充官料邮驿等费。钱则二百余万贯。百四十万诸道州官课料及市驿马，六十余万添充诸军州和籴军粮。[1]

朱雷指出“天宝中”实际是天宝十四载（755 年），同时详细分析了唐代依据计帐“量入”的过程和方式。[2]简要地说，这段文字以“其度支岁计”为界分为两部分，前一部分是户部司推算全国天宝十四载赋税收入的过程，后一部分是度支司计划天宝十五载（756 年）国用的工作。唐代前期的赋税项目主要有租庸调和户税、地税，租庸调以丁身为本，户税按户等缴纳，只有地税依据的耕田数似乎和户口数无关，但也可以借助每户平均垦田数推算出来。所以说，唐代的户部司一旦掌握了当年计帐中的户口尤其是课户、课口数，就可以推算出全国赋税收入的大概；然后负责安排全国财政支出的度支司根据赋税收入，再加上在京诸司及其他部门上报的财政收支报告，编制下一年国用计划，最后经尚书省长官和尚书户部长官同意后，在十月三十日之前上报皇帝批准颁行。[3]如果不考虑财政支出，唐代与秦汉时期财政体制最大的不同就在于，前者的各项财政收入并非等租税特别是田租征缴完后实际算出，而是预估出来的。当然，这种预算收入不可能也不必与实际结算数额严丝合缝，只能示其大概，所以上引《通典》这段话大凡提到数字时都用“约”，并且只精确到十万位，万位及以下数字就忽略不计了。

唐代利用年初所造计帐就可以做出当年收入预算，西晋能不能做到这

1 （唐）杜佑撰：《通典》卷 6《食货》，王文锦等点校，中华书局，1988，第 110—111 页。

2 朱雷：《唐代“乡帐”与“计帐”制度初探——吐鲁番出土唐代“乡帐”文书复原研究》，《敦煌吐鲁番文书论丛》，甘肃人民出版社，2000，第 178—186 页。朱先生认为推算赋税收入的工作也由度支部做，恐不确。

3 参见李锦绣：《唐代财政史稿》（上卷）第一编第一章“唐前期的财务行政”中“支度国用（预算）”一节，北京大学出版社，1995，第 15—54 页。

点？魏晋时期的户调是从汉代口算赋演变而来，《汉书·高帝纪》记汉王四年（前203年）“八月，初为算赋”，官府在每年八月编造户籍的同时，还要编制用于征收下一财政年度人头税的籍簿，走马楼吴简就有一类结句简作“凡口若干事若干/算若干事若干”的户籍簿。青岛土山屯汉简《要具簿》中也有：

复口三万三千九十四

定事口九万九千一十，少前五百卌四

凡筭[1]六万八千五百六十八，其千七百七十九奴婢

复除罢瘁（癃）筭二万四千五百六十五

定事筭四万四千三，多前六百廿二

《要具簿》中的“事口”“算口”“事算”等用语与走马楼吴简的表述完全一致，这些数据应该来源于“凡口若干事若干/算若干事若干”类帐簿。《要具簿》登载的这些口算数额只能是根据当年八月造籍的户口数据推算出来的结果，因而也是预计，不是实征的。[2]西晋太康元年（280年）颁布户调式，规定“丁男之户，岁输绢三匹、绵三斤，女及次丁男为户者半输”[3]，实际操作中遵循“九品混通”原则，户等高的多缴，户等低的少缴，每户平均所缴达到规定数量即可。和唐代一样，西晋完全可以根据户数推算出全国户调收入。苏仙桥出土的桂阳郡上计材料中，记载了属县征纳户调的情况：

1-65 四年五年六年七年八年九年永康元

2-363 年永宁元年二年户调绵绢贾

1-24 定余三万九千四百廿八匹六寸二分半

1-31 其出一百六十四匹依丙寅诏书雇募市银贾

1-44 今年户调锦（绵）绢贾布一万七千六百七十三匹别收责

晋惠帝永宁二年（302 年）十二月改元太安，“今年”也就是太安二年（303

1　说明：竹简文献中保留此字的用法，正文中作者自己的阐述则用简化字“算”。

2　实际征收过程中，一定会出现如“元寿二年十一月见钱及逋薄（簿）”记载的那样，存在大量逋欠的情况。

3　《晋书》卷26《食货志》，第790页。

年）。[1]走马楼吴简有“田亩钱米贾布”一说，是指民众将佃种土地应缴纳的钱、米折成布缴纳；这里的“户调绵绢贾布”意思差不多，也是指将户调规定的绵、绢折成布。从吴简的记载看，临湘民众向官府纳布的时间通常在八月之后，北朝及隋唐官府征收户调的时间也在每年的八九月。前已指出，桂阳郡太安二年（303 年）上报计簿的时间是在七月，“今年户调锦（绵）绢贾布一万七千六百七十三匹别收责”应该是预计而非实征数额。

再看田租。西晋占田课田制规定，“丁男课田五十亩，丁女二十亩，次丁男半之，女则不课”[2]，看起来是按丁征收田租。但《初学记》卷 27《宝器部·绢》引《晋故事》说“凡民丁课田，夫五十亩，亩收租四斗”[3]，又似乎是按田亩收租。如果计丁收租，就和唐代的情况一样；而按亩征税也未尝不可在作物收获前就能做出预算。苏仙桥晋简著录了桂阳郡下辖耒阳县的田租情况：

1-53 县领水田八百一十八顷一亩六十步

2 387 今年应田租者八百四顷五十六亩六十步定入租谷三万二

1-30 千一百八十二斛五斗依丁亥诏书稻穬一斛

1-20 入米四斗五升合为米一万四千四百八十二斛

1-32 一斗二升五合别收责输付耒阳氐阁

耒阳县有田 80 456.25 亩，需纳租 32 182.5 斛，每亩收稻 4 斗。水稻成熟时间在九月之后，此处登载的太安二年田租额不可能是征收上来的实际数额，只能是根据垦田数和每亩税额测算出的结果。在官府实际征收田租的过程中，也一定存在各种各样的逋欠行为，民户不可能悉数按时缴纳。简文中特别注明“定入”，意义正在于此。

1　孔祥军：《西晋上计簿书复原与相关历史研究——以湖南郴州苏仙桥出土晋简为中心》，见董劭伟主编《中华历史与传统文化研究论丛》（第 1 辑）。

2 《晋书》卷 26《食货志》，第 790 页。

3 《初学记》这条佚文讹误较多，周国林对此做过订正，郴州西晋简证明这一释读是正确的。参见周国林：《曹魏西晋租调制度的考实与评价》，《华中师院学报（哲学社会科学版）》1982 年增刊。

事实上，西晋计簿中登载预征田租额的做法是江南旧规。前面说过，秦汉“计断九月”是以粟作为标准制定的，这一时期北方地区的上计簿如东海尹湾汉简《集簿》中有“一岁诸谷入五十万六千六百卅七石二斗二升少□升，出卌一万二千五百八十一石四斗□□升”[1]的记载，这里的“谷入”自然是当年实际征收数额。南方上计簿遵循“计稻后年”的规定，含义就不一样了。但汉代江南上计簿中也登录了当年田租额的情况，如《要具簿》载：

提封三万五千五百六顷廿七亩

其七千七百九十八顷六十六亩邑居不可豤（垦）

八千一百廿四顷卌二亩奇卅二步群居不可豤（垦）

千七百卅九顷卌亩奇廿步县官波湖溪十三区

可豤（垦）不豤（垦）田六千卌顷九十八亩奇六十八步

豤（垦）田万一千七百七十五顷卌一亩

它作务田廿三顷九十六亩

凡豤（垦）田万一千七百九十九顷卅七亩半

其七千一百九十一顷六十亩租六万一千九百五十三石八斗二升灾害

定当收田四千六百七顷七十亩租三万六千七百廿三石七升

百四顷五十亩租七百卅一石五升园田[2]

堂邑治所在今南京市六合区西北，现在当地农作物仍以水稻为主。[3]简文中说当年堂邑县受灾田地 719 160 亩，免除田租 61 953.82 石，每亩纳租约 8.6 升米；如果按照定收田的田亩总数和缴租总额计算，每亩租率 8 升，两者相差无几。《要具簿》的各项数据截止到当年九月底，此时当地水稻刚成熟，民众还来不及交租；对照“元寿二年十一月见钱及逋薄（簿）”列出的各种逋欠税钱，就会清楚“定当收田四千六百七顷七十亩租三万六千七百廿三石

1 连云港市博物馆等编：《尹湾汉墓简牍》，“释文”，第 78 页。

2 青岛市文物保护考古研究所、黄岛区博物馆：《山东青岛土山屯墓群四号封土与墓葬的发掘》，《考古学报》2019 年第 3 期，第 427 页。

3 《要具簿》中也有“民种宿麦七千四百二顷五十九亩，多前百顷”的记载，当地现在还种小麦。

七升”登载的，只能是元寿二年（前 1 年）额定而非实征的田租数额[1]，简文中的“当”字也说明了这一点。

古代官府本来就是根据上一财政年度末编制的户籍来征发徭役。前引《管子·度地》篇“常以秋岁末之时，阅其民，案家人比地”云云，“秋岁末”指八九月，也就是战国时期的财政年度之末。官府在编造户籍时，要将符合应役标准的人群统计出来，制成专门的帐簿供下一年征发徭役。郴州西晋简中就有“口八冶民”“口一十四郡县医工”“口廿三酒工”“口九十七南戍武吏”

1　秦汉时期除秋冬之际上计外，县道每年五月也要向郡国汇报当地的垦田和田租数额。张家山汉简《二年律令·田律》规定：“县道已豤（垦）田，上其数二千石官，以户数婴之，毋出五月望。”参见张家山二四七号汉墓竹简整理小组编著：《张家山汉墓竹简[二四七号墓]》（释文修订本），第 42 页。律文只提到呈报垦田和户口数，但根据里耶秦简《迁陵卅五年垦田租簿》（陈伟主编：《里耶秦简牍校释》（第 1 卷），第 345—347 页），简 8–1519 正：

1. 迁陵卅五年豤（垦）田舆五十二顷九十五亩，税田四顷□□
2. 户百五十二，租六百七十七石。衔（率）之，亩一石五；
3. 户婴四石四斗五升，奇不衔（率）六斗。

简 8–1519 背：

1. 启田九顷十亩，租九十七石六斗。
2. 都田十七顷五十一亩，租二百卅一石。
3. 贰田廿六顷卅四亩，租三百卅九石三。
4. 凡田七十顷卅二亩。·租凡九百一十。（上栏）
1. 六百七十七石。（下栏）

走马楼西汉简中也有《都乡七年垦田租簿》（有关释文见陈松长：《长沙走马楼西汉古井出土简牍概述》，《考古》2021 年第 3 期，第 105 页）：

1. ·都乡七年豤（垦）田租簿
2. 豤（垦）田六十顷二亩，租七百九十六石五斗七升半，率亩斗三升，奇十六石三斗一升半。
3. ·凡豤（垦）田六十顷二亩，租七百九十六石五斗七升半。
4. 出田十三顷卌五亩半，租百八十四石七斗，临湘蛮夷归义民田不出租。
5. 出田二顷六十一亩半，租卅三石八斗六升，乐人婴给事柱下以命令田不出租。（上栏）
1. ·凡出田十六顷七亩，租二百一十八石五斗六升。
2. 定入田卌三顷九十五亩，租五百七十八石一升半。
3. 提封四万一千九百七十六顷七十亩百七十二步。
4. 其八百一十三顷卅九亩二百二步可豤（垦）不豤（垦）。
5. 四万一千一百二顷六十八亩二百一十步群不可豤（垦）。（下栏）

同时上报的还有应予征收的田租数额。我们在走马楼吴简中也见到了嘉禾四年（235 年）五月，临湘侯国诸乡上报当年种植粢田亩数及应纳租额情况的帐簿。但在五月时节，江南的水稻播种不久，北方的粟还未抽穗，所以上举两份“垦田租簿”中均没有记载当年农作物的受灾情况。长江中下游地区夏伏季节（公历的 7、8 月）通常干旱少雨、蒸发量大，此时对稻作物的危害最严重，孙吴《嘉禾吏民田家莂》中就经常有“旱败不收”的记录。按照《要具簿》记载，堂邑县当年受灾农田达到 719 160 亩，约占全县垦田总数 1 179 937.5 亩的 60%，如此大规模的灾害显然是当年伏旱造成的后果。《要具簿》登载的因大量农田受灾获得蠲免后应征的田租额，应该是堂邑县在水稻向熟待收时的统计，而非五月的调查结果。

此类记载[1]，这些承应的是比较固定的职役，而对于大量不承担职役的丁男，官府会在下一年根据实际需要随时科派徭役。我们在《西魏大统十三年（547年）瓜州效穀郡（？）户籍》B卷部分及唐代计帐中也可以见到这方面的内容。

以上，我们结合郴州简分析了西晋统一后的户调、田租和徭役情况，意在说明这一时期上计簿中著录的赋役数据本身就是预算而非实征，中央财政机构汇总后就可以编制出下一年的财政调配计划。

西晋财政体制的发展，也突出体现在当时财政机构的设置上。黄惠贤指出，魏晋时期中央财政管理体制的重要变化就是度支尚书的设立，相较于秦汉时期以大司农为代表的主要服务于京师、宫廷的保守型管理制度，度支尚书代表一个面向军国、统筹全国财政收支管理的新体制。[2]度支尚书始创于曹魏初期。《晋书·司马孚传》说“魏文帝置度支尚书，专掌军国支计”[3]，但《北堂书钞》卷60《设官部·诸曹尚书》“军粮校计”条引朱凤《晋书》作：“文帝立度支尚书，军粮校计，一由之，以司马孚为度支尚书。”[4]陈明光指出，曹魏的度支尚书实际上只是主管军费特别是军粮调度安排，西晋时期才成为负责全国财政支出和物资调配的最高财政长官。[5]西晋初年，杜预、张华先后出任过度支尚书，根据二人本传记载，其时度支尚书之职基本涵盖了唐代“掌天下租赋、物产丰约之宜，水陆道途之利，岁计所出而支调之”[6]的范围。除度支尚书外，西晋还有一个重要的财政管理机构。上举郴州简说桂阳郡将上计簿正本呈报“御史台，大尉、司徒、司空府，江州治所”，副本上“左民曹、

1　参见湖南省文物考古研究所、郴州市文物处：《湖南郴州苏仙桥遗址发掘简报》，见湖南省文物考古研究所编《湖南考古辑刊》（第8集），第99、100页。

2　黄惠贤：《魏晋南北朝时期财政管理制度的变革》，《武汉大学学报（哲学社会科学版）》1995年第5期。补充说明的是，秦汉“计断九月”，中央在当年年末收到地方上计簿时，新的财政年度已经过去了三个月，当然无法做出有效预算。所以《续汉书·百官志三》记汉代大司农的职责为：“掌诸钱谷金帛诸货币。郡国四时上月旦见钱谷簿，其逋未毕，各具别之。边郡诸官请调度者，皆为报给，损多益寡，取相给足。”（见《后汉书》，第3590页）主要是根据地方财政收支情况，随时进行物资调拨。

3　《晋书》卷37《司马孚传》，第1082页。

4　（隋）虞世南撰：《北堂书钞》，天津古籍出版社，1988，第236页。

5　陈明光、王万盈：《中国财政通史》第3卷《魏晋南北朝财政史》，湖南人民出版社，2015，第59、293页。

6　《新唐书》卷46《百官志一》，第1193页。

吏部”。[1]前者做法是承袭东汉旧规，后者显然属于西晋新制。呈吏部是为了考课，呈左民曹出于何种考虑呢？汉代尚书郎有四，其一就是民曹，蔡质《汉旧仪》说东汉时期的民曹“典缮治功作，监池、苑、囿、盗贼事”[2]，似乎主要负责工程建设。此后曹魏改民曹为左民曹，晋惠帝时又增设右民曹，但史籍皆未记其职掌。东晋南朝的左民曹职责很明确，“掌户籍，兼知工官之事”[3]。从郴州简记载看，至迟在西晋时左民曹就已经负责全国的户籍、租调收入事宜了。由此看来，西晋实际上存在着执掌财政收入的左民尚书和负责财政支出的度支尚书两套中央财政管理机构。当时编制财政预算的过程想必与唐代一样，也是由州郡通过上计簿将地方财政收支情况（收入是预算来的，支出是实际发生的）呈报给左民曹，左民尚书据此测算出当年全国财政收入后，再转交度支尚书编制来年财政预算。只不过西晋州郡上报的计簿内容比较繁杂，不仅著录户口、赋税等财政内容，还包括邮驿、吏员设置、地方特产等民政信息；此时上计簿分送左民曹、吏部，反映上计簿仍兼具上计与考课功能的同时，也暗示出两者的分离趋向。

“唐代南朝（江南）化”是中古史研究领域的一个经典命题。陈寅恪在《隋唐制度渊源略论稿·财政篇》中最早提出这一说法，并将其归结为南朝社会经济较北朝发达的结果。[4]唐长孺《魏晋南北朝隋唐史三论——中国封建社会的形成和前期的变化》着眼于魏晋之后南北方历史发展路径的差异，认为这是北方胡族固有制度、风习消解融入华夏制度文化后的必然走向。[5]牟发松继承并引申唐先生的观点，进一步将北朝仿效江南制度文化的源头追溯到北魏孝文帝改革。[6]王素继而指出，在西晋平吴后颁布的户调式中，实际上已经包

1　张文强认为，魏晋南北朝时期中央受计由尚书省不同尚书曹分掌，如西晋时期户口归左右民曹，垦田归左右民曹及屯田曹，赋调归度支曹等，见《魏晋北朝考课制度述略》，《北京师范大学学报（社科版）》1988 年第 5 期，第 85—93 页。从郴州晋简记载看，当时尚书省受计的只有左民曹和吏部。

2　《续汉书·百官志三》，见《后汉书》，第 3597 页。

3　（唐）李林甫等撰：《唐六典》卷 3“户部尚书”条，陈仲夫点校，中华书局，1992，第 63 页。

4　陈寅恪：《隋唐制度渊源略论稿》第七《财政》，生活·读书·新知三联书店，2001，第 156—174 页。

5　唐长孺：《魏晋南北朝隋唐史三论——中国封建社会的形成和前期的变化》，武汉大学出版社，1992，第 491 页。

6　牟发松：《从南北朝到隋唐——唐代的南朝化倾向再论》，《南京晓庄学院学报》2007 年第 4 期。

含了江南地区的内容。[1]中国历史上的南方和北方，无论在地理环境、族属人群还是生产方式、社会风俗方面都有很大差异。在古代社会早期，立足于黄河流域的统一王朝制定中央政策时端视北方情况而定，随着此后江南社会经济的发展，以及由此带来的地位上升，制定中央政策的地域倾向性必然随之发生变化。由于历年制完全可以容纳北方粟谷的成熟时间[2]，在此情况下，汉代江南地区基于稻作生产采用的田租预算方式和孙吴因此创设的财政年度，共同构成了西晋统一后全国财政预算体制的基础性来源，西晋财政年度"江南化"是这一时期社会经济变动在中央政策上的必然反映。

1 王素：《长沙吴简中的佃客与衣食客——兼谈西晋户调式中的"南朝化"问题》，《中华文史论丛》2011年第1期。

2 西晋财政年度采用历年制，在每年年末，南方稻租已征收完毕，北方谷租也收缴后不久，正是国家财政收入最丰盈的时刻。

第二章

从“岁尽增年”到“岁初增年”

——中国中古官方计龄方式的演变

现代中国人常用的年龄计算方法有两种：周岁是以出生时为零岁，每过一次公历生日增一岁；虚岁是出生当年为一岁，每过一个农历新年即我们通常说的春节就增加一岁。除了始生计数的差异，两者最大的区别就是增年时间节点不同；由于计龄方法不同，周岁与虚岁往往相差一至两岁。[1]在现行法律制度下，无论是户籍档案还是其他官方文件中，原则上民众登录的都是周岁；但在民间尤其是农村，虚岁使用的场合非常普遍。因此谈到中国人的年龄问题时，不仅外国人如堕五里雾中，中国人往往也大伤脑筋。[2]

但年龄问题不仅是个人私事，也关涉国家政策和民众生活的方方面面，尤其是在面临节点的时候，年龄的意义显得更为突出。举一个明显的例子。《中华人民共和国义务教育法》第十一条：凡年满六周岁的儿童，其父母或者其他法定监护人应当送其入学接受并完成义务教育。各地教育部门据此规定，只有当年 8 月 31 日年满六周岁的儿童可以报名就读小学一年级，即使 9 月 1 日出生，差一天不满六周岁的也要等到下一年方能入学。在现实社会中，大到国家有关入学、结婚、参军、退休、刑事判决等法律文件，小到教育部门各类评奖规定，都对年龄有具体要求。

现代如此，古代更是这样。在中国中古时期[3]，无论是国家的政治统治借

---

1 实际上，虚岁与周岁没有严格的对应关系。就同一人来说，在一年的不同时段里，其虚岁与周岁的对应关系是不断变动的。春节前后出生的人在个别时段甚至会出现虚岁与周岁相同或者虚岁比周岁大 3 岁的现象。

2 张培瑜专文讨论过今人计龄的问题，参见其《关于历史年代计数的规范化问题》，《历史研究》1991 年第 4 期。根据百度搜索的结果，网上有成千上万个帖子讨论诸如“周岁与虚岁的区别”“周岁、虚岁怎么算”等问题。

3 本章中的“中古时期”，指的是秦汉魏晋南北朝隋唐时期。

以实现的名籍户版制作，还是被视为“国家存在的经济体现”[1]的赋税徭役征发，编民的年龄都是不可或缺的要素和考量标准。如西嶋定生所谓“皇帝对民众实行个别人身支配”的秦汉时期[2]，其赋役包括算赋、口赋在内的人头税和兵役、力役的征发，几乎完全以年龄为标准。即使到了中古后期，在两税法实施之前以丁身为本的赋役体系中，年龄仍是最基本的征发依据。职是之故，探讨中国中古时期与人身控制、赋役征发密切相关的官方年龄的确定及其变化，对研究这一时期的政治和经济制度具有重要意义。遗憾的是，这一问题并未引起学界充分重视。中国古代的官方年龄与民间年龄是否一致？如果不一致，两种年龄方式是如何计算的？各自增年的时间节点是什么？其间又有怎样的发展变化？这里拟对上述问题一一做出探讨。

一　“岁尽增年”与周岁、虚岁之争

明末清初顾炎武（1613—1682 年）最早提出古代“岁尽增年”的说法，但并未引起时人重视。偶有学者谈起这种说法，也往往将其误认为周岁或虚岁的一种。因此，在讨论这个话题之前，我们有必要先就古代是以虚岁还是周岁计年的问题做出说明。

现代的周岁以公历生日作为增年时间节点，自然是近代西历传入中国后的产物。中国古代实行的农历是阴阳历，一年的天数并不固定，平年有 354—355 天，闰年有 383—384 天。但这并不妨碍古代也会产生以农历某个具体时间点到下一个同样时间点为一周岁的观念。事实上，我们在唐代后期的确见到了以“周岁”称呼过一岁生日小孩的事例。[3]那么，中国古代究竟是否存在以阴历生日

1 〔德〕马克思、恩格斯：《马克思恩格斯全集》（第 4 卷），中共中央马克思恩格斯列宁斯大林著作编译局译，人民出版社，1965，第 342 页。

2 〔日〕西嶋定生：《中国古代帝国的形成与结构——二十等爵制研究》序章“关于中国古代社会结构的特殊性质的问题”，武尚清译，中华书局，2004，第 34 页。

3　白居易《金銮子晬日》一诗云：“行年欲四十，有女曰金銮。生来始周岁，学坐未能言。”参见（唐）白居易著，朱金城笺校：《白居易集笺校》卷 9《金銮子晬日》，上海古籍出版社，1988，第 480 页。此诗作于元和五年（810 年）。“周岁”作为一个时间概念出现得更早，《魏书》卷 21《献文六王・北海王传》元详向孝文帝上疏中，就有“谨寻夺禄事条，班已周岁”一语；同书卷 59《刘昶传》记载刘辉与兰陵长公主离婚后，亦谓“公主在宫周岁”云云。（《魏书》，中华书局点校本，1974，第 560、1312 页）

为增年时间节点的周岁计年呢？关于这个问题，从清代开始就有激烈争论。如清人钱大昕[1]、俞樾[2]就以贾逵所载孔子享年为例，认为古代有周岁计年的现象；但近人钱穆质疑钱大昕的说法，并举多例说明古人是以“相距之年”也就是我们说的虚岁计年[3]；吕思勉折中两说，认为在上古时代流行周岁计年的现象，“历法通行后稍弃之，皆以相距之年计矣”[4]。

远古时代的人是否有周岁计年的习惯，我们不得而知。但是从秦王政十六年（前231年）“初令男子书年”[5]开始，直到清溥仪宣统三年（1911年）颁布《户籍法》之前，官府的户籍和档案只记载民众的生年或年龄，而不记出生的月和日。[6]所以从制度上说，中国古代两千多年里不可能出现周岁计年。官方层面如此，民间习俗又怎样呢？生日计年的前提是民众普遍有了生日记忆尤其是重视生日的意识。有关古人过生日的问题，古今学者已有充分论述。[7]大致来说，南北朝后期民间已经有庆祝生日的现象，到唐玄宗之后生日过寿的风气流行开来。按道理说，随着生日祝寿的盛行，民间也应该出现生日增岁的观念。但事实上，唐宋之后的绝大多数民众只是将生日作为个人的节日，在这一天庆生祝贺，而并没有把生日作为增年的节点。[8]所以除了特指刚满周

1 （清）钱大昕：《十驾斋养新录》卷2“绛县人七十三年”条、“孔子生年月日”条，陈文和、孙显军校点，江苏古籍出版社，2000，第37、43页。

2 （清）俞樾：《九九消夏录》卷9“孔子生年”条，崔高维点校，中华书局，1995，第94页。

3 参见钱穆：《先秦诸子系年》卷1《孔子卒年考》，中华书局，1985，第58—59页。

4 吕思勉：《吕思勉读史札记》甲帙“先秦·古人周岁增年”条，上海古籍出版社，1982，第268页。近年也有学者如周国林、王佳伟等对古人周岁计年的问题进行过讨论，但基本上是沿袭前人说法，新意不多。参见周国林：《古代计岁法略说》，《历史档案》1988年第4期；王佳伟：《古人年龄都是以虚岁算的？》，《阅读与写作》2011年第1期。一些治秦汉史的学者认同当时有周岁计年的做法，如睡虎地秦墓竹简整理小组根据云梦秦简《编年记》“今元年，喜傅”的记载，指出“据简文，本年喜十七周岁”，参见睡虎地秦墓竹简整理小组编：《睡虎地秦墓竹简》，“释文”第6页、“释文·注释”第9页。而高敏、黄今言推测喜傅籍时的年龄是十五周岁，参见高敏：《关于秦时服役者年龄问题的探讨——读〈云梦秦简札记〉》，《云梦秦简初探》，河南人民出版社，1979，第16—25页；黄今言：《秦代租赋徭役制度初探》，见中国秦汉史研究会编《秦汉史论丛》（第1辑），陕西人民出版社，1981，第61—82页。张金光对“秦人周岁说”提出批评，参见其《秦制研究》，上海古籍出版社，2004，第211—212页。

5 《史记》卷6《秦始皇本纪》，中华书局点校本，1959，第232页。

6 侯旭东：《秦汉六朝的生日记忆与生日称庆》，《中华文史论丛》2011年第4期。

7 相关研究成果参见侯旭东：《秦汉六朝的生日记忆与生日称庆》。有关生日问题的研究史，亦可参见文中相关论述。

8 今天在广大农村地区仍是如此。

岁的婴儿，我们在明清文献中偶尔见到的以周岁计年的事例，适用对象也都是小孩。[1]与之相反，以虚岁计龄的现象则是常态，即如下面提到的顾炎武、陈澧等学者，甚至否认当时有生日计年的现象存在。民国教育部1930年下发的《就旧历虚岁推算国历实足年龄用表》中，第一句话就说："我国旧习，计算年岁，都用旧历，所以所说的年岁，都是虚的，不是实足的。"[2]

明白了古人的计年方式，我们再来看顾炎武的命题。顾炎武在《日知录》卷32《岁》中提到了古人"岁尽增年"的说法，他说：

> 今人以岁初之日而增年，古人以岁尽之日而后增之。《史记·仓公传》："臣意年尽三年，年三十九岁也。"[3]

淳于意是西汉初年有名的医生。汉文帝下诏询问他一些问题，他在给汉文帝的上书中提到了自己的年龄，说自己"年尽三年，年三十九岁"。顾炎武仅据淳于意一语，就得出了古人"岁尽增年"的结论，可谓卓识。但钱大昕（1728—1804年）不同意顾炎武的说法：

> 绛县人生于文公十一年，至襄公三十年当为七十四年，而传称七

1 "周岁"最初可能只是特称。据颜之推《颜氏家训》卷2《风操》记载，南朝时民间已经有父母在小孩满周岁时举行"试儿"的风俗，参见王利器撰：《颜氏家训集解》（增补本）卷2《风操》，中华书局，1993，第115页。唐宋之际，这一风俗流行于大江南北，俗称"试周"，参见（宋）叶寘撰：《爱日斋丛抄》卷1，孔凡礼点校，中华书局，2010，第25页。大概在此前后，民间就出现了称满岁的小孩为"周岁"的说法。但在"周岁"之前冠以"一"以上的数字来称呼不同年龄段的小孩，我们目前所见最早的是15世纪初刊印的《普济方》。该书卷373《婴孩惊风门》提到乳麝丸的用量时，说"三周岁以下小儿一饼，一周岁下半之"，参见（明）朱橚等编：《普济方》（第9册），人民卫生出版社，1958，第446页。明朝晚期用"周岁"的记载就多一些，如邓原岳给门人舒孺立的信中写道："小儿生已十二周岁，顽钝懒散，酷似其父。"参见（明）邓原岳：《西楼全集》卷18《尺牍·与门人舒孺立编修》，明崇祯元年（1628年）邓庆采刻本，第4页。冯梦龙讲的《杨八老越国奇逢》故事，说杨八老入赘檗家，"二月檗氏怀孕，期年之后生下一个孩儿……不觉住了三年，孩儿也两周岁了"，参见（明）冯梦龙编：《古今小说》卷18《杨八老越国奇逢》，许政扬校注，人民文学出版社，1958，第258页。民间之所以出现儿童用周岁计龄的事例，笔者认为，除了受"抓周"等风俗的影响，恐怕也和他们正处于快速生长阶段，虚岁难以反映其个体生理、心智水平的实际差异有关。随着年龄的增长，这种差异越来越小，人们就又回到用虚岁计龄的习惯上来了。现在河北、河南农村，人们称3、4周岁以内的小孩也经常用周岁，过了这个年龄就不再用了。

2 参见民国教育部：《就旧历虚岁推算国历实足年龄用表》，《浙江教育行政周刊》1930年第36期。20世纪50年代，姜亮夫修订的《历代人物年里碑传综表》收录上古至1919年以来12 000人，其在"订补历代人物年里碑传综表序例"中也指出："碑传书年及生卒常例都用虚数，生的那年即算一岁。"参见姜亮夫纂定：《历代人物年里碑传综表》"订补历代人物年里碑传综表序例"，陶秋英校，中华书局，1959，第6页。即如他举出的可能是使用"实岁"即周岁的几个特例，事实上用的也是虚岁。

3 （清）顾炎武著，（清）黄汝成集释：《日知录集释》（全校本），栾保群、吕宗力校点，上海古籍出版社，2006，第1811页。

十三年者，古人以周一岁为一年。绛县人生正月甲子朔，于周正为三月，至是年周正二月癸未，尚未及夏正月朔故也。仲尼生于襄廿一年，至哀十六年卒，亦是七十四年，而贾逵《注》云七十三年，正以未周岁故，与绛县人记年一例。《史记·仓公传》：“臣意年尽三年，年三十九岁也。”盖仓公生于冬末。顾亭林谓古人以岁尽之日而后增年，亦无它据。[1]

钱大昕举出绛县老人和孔子年龄的例子，认为古代实行周岁计年，怀疑淳于意也属于此类。绛县老人和孔子的年龄问题，是古人周岁计年一说的主要论据。“绛县老人疑年”的典故出自《春秋左传·襄公三十年》，传称绛县老人“不知纪年”，只知自己“生之岁，正月甲子朔，四百有四十五甲子矣，其季于今三之一”。师旷推算出他生于“鲁叔仲惠伯会郤成子于承匡之岁”，即鲁文公十一年（前 616 年），时年 73 岁。绛县老人出生的日期比较特殊，他的生日“正月甲子朔”即夏正的岁首。这样，周岁、虚岁的增年节点在同一天；但在计龄上，周岁因为不算出生的这一年，就比虚岁少一年。到鲁襄公三十年（前 543 年）二月，表面上已经过了岁首和绛县老人的生日；但当时行的是周正，三十年二月即夏正的二十九年十二月，实际上距岁首和绛县老人的生日还差几天。所以按照周岁算，绛县老人只有 72 岁；师旷说 73 岁正是虚岁即加上出生那一年的算法。[2]至于孔子的年龄，古今学者分歧很大。孔子的生年有两说，《春秋公羊传》《春秋穀梁传》谓生于鲁襄公二十一年（前 552 年），《史记·孔子世家》的记载晚一年。目前学界更倾向于司马迁的说法[3]，谓孔子生于鲁襄公二十二年（前 551 年），至哀公十六年（前 479 年）卒，正好是虚岁 73 岁。

钱大昕认为“古人以周一岁为一年”即周岁计年，但没有说明什么理由。

1　（清）钱大昕：《十驾斋养新录》卷 2“绛县人七十三年”条，陈文和、孙显军校点，第 37 页。

2　北周时期的数学家甄鸾在《五经算术》卷下《推绛县老人生经四百四十五甲子法》中对绛县老人的年龄做过详细推算，算出的结果是差 3 天不到 73 岁，并解释说：“算法，半法以上收成一，为七十三年。据多而言也。”参见钱宝琮校点：《算经十书》，中华书局，1963，第 479 页。甄鸾用数学方法推算年龄，算出的只能是周岁；而其又以四舍五入法来弥合“七十二岁”与“七十三岁”的差异，更不合常识。

3　如现代一些学者提倡的“孔历”即以鲁襄公二十二年作为元年，近来每年一度的祭孔大典都在公历 9 月 28 日举行，也是根据孔子生于鲁襄公二十二年的说法换算来的。但也有学者坚持认为，孔子生于鲁襄公二十一年，参见毕宝魁：《孔子生年生日详考》，《辽宁大学学报（哲学社会科学版）》2011 年第 2 期。

这恐怕和他所处的时代盛行生日祝寿有关。[1]时代稍后的陈澧（1810—1882年）就谈到了生日祝寿和周岁计年的关系，他在《东塾集》卷4《与人论祝寿书》中说：

> 自唐以来，以生日祝寿，澧尝推其故，当由尔时人之纪年以生日为增一岁，故于是日行此礼。今人既不以生日增一岁，则此礼不必于生日行之。今京官多择日为亲寿者，不知起自何时？近者平定张穆为《亭林年谱》，考亭林之母六月二十六日生日，而称觞乃在五月朔，盖即生日不受贺之义。然则亭林固已择日为母寿矣。[2]

陈澧字兰甫，是清代中后期的著名学者。按照他的说法，清代的人没有生日计岁的习惯，甚至当时存在择日祝寿的现象。这种说法也和前引顾炎武“今人以岁初之日而增年”相呼应。但是陈澧怀疑唐代之所以兴起生日做寿，是因为当时有生日计岁的做法。唐代中期朝野上下开始流行生日祝寿，主要是受唐玄宗设立诞节的影响。从逻辑上说，生日计岁也只能是在民众有了生日祝寿的活动后才出现的，不可能相反。无论是唐代还是此前，在官方或民间的记载中都见不到生日计岁的做法。所以同时代的文廷式（1856—1904年）对陈澧的说法提出疑问：

> 陈兰甫师《东塾文集·与人论祝寿》一篇……云自唐以来以生日祝寿，澧推其故，当由尔时人之纪年以生日为增一岁，则恐未然也。《魏志·朱建平传》云夏侯威为兖州刺史，年四十九，十二月上旬得疾，念建平之言，自分必死。至下旬转差，垂以平复，三十日日昃，请纪纲大吏设酒，曰“吾所苦渐平，明日鸡鸣，年便五十，建平之戒，真必过矣”。疾动，夜半遂卒，是古人岁尽增年之证。白香山《七年元日对酒诗》云：“众老忧添岁，余衰喜入春，年闻第七秩，屈指几多人。”元微之《除夜酬乐天》云：“莫道明朝始添岁，今年春在岁前三。”是唐人亦以岁尽增

1　有关明清江南做寿之风，参见邱仲麟：《诞日称觞——明清社会的庆寿文化》，《新史学》第11卷第3期，2000；后收入蒲慕州主编：《台湾学者中国史研究论丛·生活与文化》，中国大百科全书出版社，2005，第451—494页。

2　（清）陈澧：《陈澧集[壹]》，黄国声主编，上海古籍出版社，2008，第158页。

年也。[1]

文廷式举的朱建平例子，见于《三国志》卷29《魏书·方技·朱建平传》。传称朱建平预言夏侯威49岁有劫，但如果能顺利度过这一年，就可以活到70岁；结果夏侯威死在了49岁最后一天（即十二月三十日的半夜），最终没能熬到50岁（即第二天元旦鸡鸣时分，相当于凌晨1—3点）。这是三国时期的例子。元稹、白居易的酬唱进一步表明，唐代后期的人也是以元日作为增年的节点。奇怪的是，无论是《朱建平传》还是白居易、元稹的诗，明显说的都是“岁初（首）增年”；但文廷式全部将它们视作“岁尽增年”的例证。大概在他的意识中，当年年末和第二年岁初首尾衔接，所以就把“岁尽增年”和“岁初增年”混为一谈了。[2]但顾炎武说的“岁初”和“岁尽”是就同一年的岁首、年末而言，这就不是相邻的时间段，而是差了一年的时间。

看来，无论是顾炎武的批评者还是赞成者，都没有真正理解“岁尽增年”的说法，“岁尽”的含义到底指什么？遗憾的是，顾炎武没有做出进一步解释。

二　“岁尽增年”与“著籍增年”

钱大昕批评顾炎武仅以淳于意的例子立说，没有其他证据。2009年，陈松长介绍湖南大学岳麓书院收藏的秦简时，披露了一枚编号为0552的简文：“爽初书年十三岁，尽廿六年年廿三岁。”[3]简0552的说法与淳于意的表述如出一辙。陈伟根据这枚简的内容，确认了《史记·秦始皇本纪》秦王政十六年（前231年）“初令男子书年”记载的准确性。[4]我们感兴趣的是，爽在秦王政十六年13岁，按照传统的算法，其进入秦始皇二十六年（前221年）就是23岁，简文为什么要说“尽廿六年，年廿三岁”呢？

1（清）文廷式:《纯常子枝语》卷3，见顾廷龙主编《续修四库全书》第1165册，上海古籍出版社，1996，第57页。

2　事实上，即使在岁末年初首尾相连的情况下，在以元日为增年时间节点时两者仍有实质区别，所以民俗对除夕之夜有“一夜连双岁，五更分二年”的形象说法。

3　陈松长:《岳麓书院所藏秦简综述》,《文物》2009年第3期，第77页。

4　陈伟:《岳麓书院秦简考校》,《文物》2009年第10期。

“尽”，《小尔雅·广言》曰：“止也。”《玉篇·皿部》曰：“终也。”其常与日、月、年等时间词连用，表示一个时间段的结束。这种用例在秦汉简牍中极为常见，如睡虎地《秦律十八种·仓律》载：

1. 有米委赐，禀禾稼公，尽九月，其人弗取之，勿鼠（予）。（简41—42）

2. 隶臣田者，以二月月禀二石半石，到九月尽而止其半石。（简51）

3. 日食城旦，尽月而以其余益为后九月禀所。城旦为安事而益其食，以犯令律论吏主者。减舂城旦月不盈之禀。（简57—58）[1]

睡虎地秦简和张家山汉简《金布律》中，均有“以四月尽六月”授夏衣、“九月尽十一月”授冬衣的规定。这里的“尽月”“尽某月”，都是到月底的意思。而里耶秦简“卅年十月尽九月，群往来书已事仓曹□笥”（简8-1777+8-1868）[2]，居延汉简“肩水候官地节三年十月以来尽四年九月吏卒廪食名”（简13·1）、“建昭元年十月尽二年九月大司农部丞簿录簿算及诸簿十月旦见”（简82·18B）诸如此类记载[3]，正是秦汉“计断九月”即以上年十月初至当年九月底为一财政年度的直接体现。

淳于意“年尽三年”的“三年”，顾炎武提出原文脱“十”，应该是汉文帝十三年（前167年）[4]；梁玉绳坚持就是汉文帝三年（前177年）[5]。无论如何，这条材料与岳麓秦简0552都是秦始皇统一全国（前221年）之后到汉武帝改定太初历（前104年）之前这段以十月为岁首的事。十月为岁首，“岁尽”应该是指九月或与之相近的时间。对当时人来说，这一时间段有着什么样的特殊意义呢？

古代官府通过户籍掌握民众年龄，户籍上的年龄原则上先由民众自行申报。根据早期帝国的法律，民众并非随时，而只有在每年造籍的时候才向官府申报年龄。张家山汉简《二年律令·户律》简325—327规定：“诸（？）民皆自占年。小未能自占，而毋父母、同产为占者，吏以□比定其年……产子者恒以户时占其☒。”简328规定：“恒以八月令乡部啬夫、吏、令史相杂案户，

1　睡虎地秦墓竹简整理小组编：《睡虎地秦墓竹简》，“释文”，第29、32、34页。本章凡引用睡虎地秦简，皆见此书，不再出注。

2　该简出土时断为两截，此处录文据陈伟缀合的结果，参见陈伟主编：《里耶秦简牍校释》（第1卷），第389页。

3　谢桂华、李均明、朱国炤：《居延汉简释文合校》（上册），文物出版社，1987，第20、145页。

4　（清）顾炎武著，（清）黄汝成集释：《日知录集释》卷27，栾保群、吕宗力校点，第1527页。

5　（清）梁玉绳：《史记志疑》卷33《扁鹊仓公列传》，中华书局，1981，第1368—1369页。

户籍副臧（藏）其廷。”[1]“户时”也就是每年的八月。民众申报年龄后，官府经过核实再登录到户籍上。这是西汉初年的史料，但八月造籍的做法显然是沿承秦代，睡虎地《秦律十八种·仓律》简 53 规定：“小隶臣妾以八月傅为大隶臣妾，以十月益食。”“傅”即傅籍，“言著名籍，给公家徭役也”[2]。这里还是说奴婢的著籍时间，《里耶秦简[壹]》公布的简 8-731 载：

□八月□□□

□春乡户计。□

简背载：

□以邮行，不求报，敢言之。□[3]

里耶秦简中常见“贰春乡”。推测简文的意思，当是贰春乡在八月造籍结束后，向县署呈报民户的户口数。里耶秦简的年代在秦王政二十五年（前 222 年）至秦二世二年（前 208 年）。[4]《史记》卷 6《秦始皇本纪》载：“十六年九月……初令男子书年。”官府造籍通常要持续两个月的时间，秦王政之所以在九月下令，恐怕也与此时国家正在编造户籍有关。被认为成书于战国时期的《管子·度地》篇引述了一条早期的造籍法令，说：“常以秋岁末之时，阅其民，案家人比地，定什伍口数。”杜正胜认为这里的“岁末之时”是后人的注释[5]，无论此说是否正确，都不妨碍我们得出当时造籍时间是在秋季的结论。这样看来，八月造籍的制度甚至可以追溯到战国时期。[6]

上引张家山汉简说“户时占其□”，同出《户律》又说“八月书户”。造籍是一个复杂的过程，包括民户自占、官府案比、编定户籍等一系列活动，

1　张家山二四七号汉墓竹简整理小组编著：《张家山汉墓竹简[二四七号墓]》（释文修订本），第 53、54 页。按图版，“户”下有重文符，原释文漏释。此据邬文玲意见，参其《张家山汉简〈二年律令〉释文补遗》，见卜宪群、杨振红主编《简帛研究 二〇〇四》，广西师范大学出版社，2006，第 166—168 页。有关这段简文的释读意见，此后不再注明。

2　《汉书》卷 1 上《高帝纪上》，第 38 页。

3　录文据陈伟主编：《里耶秦简牍校释》（第 1 卷），第 211 页。

4　湖南省文物考古研究所编著：《里耶发掘报告》，岳麓书社，2007，第 179 页。

5　杜正胜：《编户齐民——传统政治社会结构之形成》，第 27 页。

6　这显然和当时的计帐年度有关。有记载表明，战国时期就已采用“计断九月”的制度，参见张荣强：《从计断九月到岁终为断——汉唐间财政年度的演变》，《北京师范大学学报（社会科学版）》2005 年第 1 期。计簿所载的各种数据截止到当年的九月，八月开始编造户籍，九月底完成，正好可以保证户口数及时且准确地反映到当年的计簿上。

八月不过是编造户籍的起始时间。那什么时候造籍结束？秦汉“计断九月”，计簿记载的包括户口统计在内的各种数据截止到当年的九月，为计簿提供户口数据的造籍作业就必须在九月底前完成。[1]下文所引里耶秦简 8-183+8-290+8-530 提到次年年初（十月四日），迁陵县已经做好上一年的户计；另一枚走马楼汉简也说本年年末（九月十七日）审核完了当年都乡的户计，皆可证明这一点。秦及汉初八月造籍，九月结束，其时已经到年终岁尾，也就是《管子·度地》篇所说的“秋岁末之时”。

如果以上论证仅能说明“岁尽”与造籍时间重合，未能确证两者就是同一件事，我们不妨再来看睡虎地《秦律十八种·仓律》的规定：“小隶臣妾以八月傅为大隶臣妾，以十月益食。”秦代按身高标准将刑徒分为“小”“大”两种课役身分，并据此发放不同数额的口粮，同出《仓律》就有“小城旦、隶臣作者，月禾一石半石”“小妾、舂作者，月禾一石二斗半斗”“隶臣月禾二石，隶妾一石半”的规定。“八月傅为大隶臣妾”，是说小隶臣妾并非在岁初，而是要等到八月著籍后，在官府看来才算完成了向大隶臣妾身分的转换。[2]以身高为标志的战国时代如此，到了以年龄为标志的秦汉时期也是这样。《续汉书·礼仪志》“案户条”载：“仲秋之月，县道皆案户比民。年始七十者，授之以王杖，餔之糜粥。八十九十，礼有加赐。”“案比”就是造籍。高年授王杖、廪米的制度，至少可以追溯到汉代初年。[3]“年始七十”云云，也明确说的是将著籍作为增年之始。

户籍登录的各种数据反映的是一个特定时间点的情况。秦汉八月造籍[4]，

1　参见本书第二编第四章“长沙东牌楼东汉‘户籍简’补说”。

2　睡虎地秦简《封诊式·封守》篇有“子小男子某，高六尺五寸”的记载。按照秦律的规定，“隶臣、城旦高不盈六尺五寸”“为小”；换言之，六尺五寸就应该称为“大”了。这里将“六尺五寸”仍称为“小”的做法，以往学者习惯上将之归结为平民和刑徒傅籍的标准不同；但在以身高为傅籍标准的情况下，平民和刑徒能否有如此细致的区分，大有疑问。这名男子之所以仍被称为“小”，更可能是其身高达到了成年人的标准但还未到傅籍时间。

3　张家山汉简《二年律令·傅律》记载了官府根据爵位对老年人廪米、授杖的规定，参见张家山二四七号汉墓竹简整理小组编著：《张家山汉墓竹简[二四七号墓]》（释文修订本），第 57 页。这里的“二年”，学界通常认为是指吕后二年（前 186 年）。

4　前引《二年律令·户律》只是说八月“案比”，“案比”实际上是官府造籍之前对民户自占户籍资料审核的一道程序，正式造籍是此后的事。

八月就是造籍的标准时间[1]，亦即民众要以当年八月的户口数据为标准，将之申报并经官府核实后著录到户籍上。从官方操作的层面上看，这些数据也只有著录到户籍上后，才能成为官府征免赋役、定罪量刑、赐廪养老的依据。前引睡虎地《秦律十八种·仓律》《续汉书·礼仪志》说的都是这个意思。因此，著籍时间事实上就成了官方年龄的增年节点。也就是说，官方年龄的增年节点不是以传统的岁首为标志，过了这一天就增一岁；而是以著录到户籍上的时间，也就是造籍的标准时间作为一岁的开始[2]，简言之即以著籍为增年的标志。在每年造籍的情况下，民众的一岁实际上就成了两个相邻著籍时间点之间的时段。[3]

汉代八月造籍的说法，除上引《二年律令》外，也见诸汉代人的注疏及东汉时期的史料。看来，整个两汉时期官府都在八月造籍。[4]秦及汉初以十月为岁首的这段时期，造籍时间在八九月，故民众是“岁尽增年”。汉武帝改定太初历后，造籍时间没有变化；但正月成了岁首，就不能再说“岁尽增年”了。[5]

三　古代礼俗上的“岁首增年”

中国古代官方年龄因应户籍制度的设计，采用的是著籍增年的方式；《史

1　本章所用“标准时间”，借鉴的是现代人口统计学上的术语。如第六次全国人口普查的标准时间是 2010 年 11 月 1 日零时，就是说此次登记的人口及各种特征反映的都是 2010 年 11 月 1 日零时的情况。通过这个时间，所有普查员普查登记完成后，经过汇总就可以得到 2010 年 11 月 1 日全国人口的总数和各种人口状况的数据。秦汉“八月造籍”实际上是一个笼统说法，它指的是从八月开始到九月结束造籍这段时间；在官方操作层面，当时也可能是从中择取一个具体的时间点作为造籍的标准时间。

2　造籍与著籍是一件事的两面，对官府来说是造籍，对民众来说是著籍。实际操作中，每个民户具体的著籍时间也会有差异，早的在八月初，晚的可能到九月了。这里说的著籍时间指的也是造籍的标准时间。

3　《里耶秦简[壹]》收录了一枚编号为 8-550 的简：“嫱皙色，长二尺五寸，年五月，典和占。浮皙色，长六尺六寸，年卅岁，典和占。”参见陈伟主编：《里耶秦简牍校释》（第 1 卷），第 178 页。里典占民众时，既登记年龄，也登记身高。而嫱的年龄被占为五个月，其意恐在强调年龄与身高的对应关系，但户籍正式登录时只能注“一岁”。

4　相关论述，可参本书第二编第七章“《前秦建元二十年籍》与汉唐间籍帐制度的变化”。

5　需要补充说明的是，本文原发表于 2015 年。2017 年出版的《地湾汉简》公布了一枚编号为 86EDT5H：174 的木简，其载：“□癸卯除，年廿二；讫九月，年廿三。”（甘肃简牍博物馆等编：《地湾汉简》，中西书局，2017，第 87 页）同一探方出土的纪年简有新莽时期的居摄、始建国年号。这枚简应该是官吏的阀阅簿，简文中的“九月”未标明年代，与前面的“癸卯”当为同一年，足以证明本书所谓中国古代官方年龄以著籍时间为增年标准的说法。

记·仓公列传》记录的是淳于意向皇帝的上书[1]，岳麓简 0552 提到的“爽”应该是一位官吏[2]，所说的年龄都是官方算法。但在民间习俗乃至国家礼仪层面上并非如此。

户籍上的年龄来自民众“自占”，民间计年当然出现得更早。按照《礼记·曲礼下》的说法，上古时代在问及“天子”“国君”“大夫之子”“庶人之子”的年龄时，人们还经常借用所穿衣服的尺寸、掌握的技能、能承担的工作等回答来间接表示各自的年龄。[3]但既然有问年龄的习惯，说明这一时期的人至少贵族阶层已经有了年龄概念。而前述绛县老人的故事中，人们之所以“有与疑年，使之年”，想让绛县老人报出自己的年龄，说明当时民众普遍有计年的习惯。有了计年，就一定有增年的节点。上古时代的先民在没有掌握历法知识之前，通常是根据自然景物的变换尤其是农作物的成熟、收获周期来纪年的。所以卜辞中的“年”从禾从人，《说文》训为谷孰（熟）[4]，其表示一个时间周期也是“取禾一熟”之意[5]。这在上古时代的文献中也有反映。《诗经·豳风·七月》描写十月的风俗时，说“嗟我妇子，曰为改岁，入此室处”，又说此时“朋酒斯飨，曰杀羔羊。跻彼公堂，称彼兕觥，万寿无疆”。对华北黄河流域来说，这个时节农作物全部收获完毕，旧的农业生产周期已经结束，新的生产周期即将到来。所以当时的人们把十月作为一岁之始，举行盛大的节日仪式，大家互相祝贺长命百岁。这种饮酒贺岁的热闹场面和后世元旦的情景几无二致。

《诗经》反映的是上古时代的情况，随着历法知识的普及，增年的节点就与天文历法联系起来。按照《史记·天官书》的说法，在秦汉尤其是汉武帝以后的岁时节日中，有四个与岁首有关的节日：“岁始或冬至日，产气始萌。

---

1 《史记·仓公列传》“臣意”云云，“臣某”为古代臣民向皇帝上书的自称，相关论述参见〔日〕尾形勇：《中国古代的“家”与国家》第二章“从自称形式看君臣关系”，张鹤泉译，中华书局，2010，第91—118页。

2 根据陈松长介绍，岳麓秦简中另有两枚简记载“爽”在秦王政二十四年（前223年）、二十五年（前222年）先后担任“司空史”“令史”，参见陈松长：《岳麓书院所藏秦简综述》，《文物》2009年第3期。

3 （汉）郑玄注，（唐）孔颖达疏：《礼记注疏》卷5《曲礼下》，见（清）阮元校刻《十三经注疏》，第2745页上栏。

4 （汉）许慎撰，（清）段玉裁注：《说文解字注》卷7上《禾部》，上海古籍出版社，1981，第326页下栏。

5 （宋）李昉等撰：《太平御览》卷17《时序部·岁》引《尔雅》郭璞注，中华书局影印本，1960，第88页上栏。

腊明日，人众卒岁，一会饮食，发阳气，故曰初岁。正月旦，王者岁首；立春日，四时之始也。”[1]冬至日、腊明日、正月旦及立春日都可以视为一岁之始。按照阴阳五行的说法，冬至是阴阳交替、昼夜消长的关键，是历法之始。腊明日即腊日的第二天，汉武帝之后的腊日是冬至后的第三个戌日[2]，应劭说：“腊者，接也，新故交接，故大祭以报功也。”[3]故腊日的第二天称为“初岁”或“小新岁”（也就是民间说的“小年”）。立春作为二十四节气之首，也是一年四季的开始。官方在这一天要举行祭祀、迎春活动。[4]根据崔寔《四民月令》的说法，民众在冬至日、腊明日也会“进酒尊长，及修刺谒贺君、师、耆老”，但节日的热闹、隆重程度远比不上“正月旦”。崔寔《四民月令》“正月”条详细记载了“正日”的习俗：

> 正月之旦，是谓“正日”。躬率妻孥，洁祀祖祢……及祀日，进酒降神。毕，乃家室尊卑，无小无大，以次列坐于先祖之前；子、妇、孙、曾，各上椒酒于其家长，称觞举寿，欣欣如也。[5]

西晋周处的《风土记》亦云：“正元日，俗人拜寿，上五辛盘、松柏颂、椒花酒、五熏炼形。”[6]传统节日的核心内容无非是祭祀祖先、饮酒祝贺等，但元日饮酒的方式非常独特，崔寔描写了当时的场景：“进酒次弟，当从小起——以年少者为先。”[7]《太平御览》卷29《时序部·元日》引《李膺家录》记载了一个具体事例：“膺坐党事，与杜密、荀翊同系新汲县狱，时岁日翊引杯曰：‘正朝从小起。’”年少者先饮、年长者后饮的习俗，显然不合尊老敬长的传

1 《史记》卷27《天官书》，第1340页。

2 （汉）许慎撰，（清）段玉裁注：《说文解字注》篇4下《肉部》“腊”字，第172页上栏。

3 （汉）应劭撰，王利器校注：《风俗通义校注》卷8《祀典·腊》，中华书局，1981，第379页。

4 根据《淮南子·时则训》及《续汉书·礼仪志》的记载，立春之日，天子要亲率三公九卿大夫“迎岁于东郊”。

5 （汉）崔寔撰，石声汉校注：《四民月令校注》“十一月”“十二月”“正月”条，中华书局，2013，第71、74、1页。

6 （宋）陈元靓：《岁时广记》卷5《元旦上》“五辛盘”条引，见王云五主编《丛书集成初编》第179册，商务印书馆，1985，第54页。

7 按：《太平御览》卷29《时序部·元日》引《四民月令》，记腊明日习俗时亦有“进椒酒从小起”之语。石声汉指出，此系《太平御览》转引自《荆楚岁时记》，而后者在抄引《四民月令》时将“元日”“腊明日”内容相混致误的结果。参见（汉）崔寔撰，石声汉校注：《四民月令校注》“十一月”条，第71页。

统礼仪。为什么元日有这种特殊习俗呢？西晋时人董勋有解释：

> 晋海西公又问董勋曰："俗人正日饮酒，先饮小者，何也？"勋云："俗人小者得岁，先酒贺之，老者失岁，故后与酒。"[1]

元日对老、少群体来说有着不同含义：对年轻人来说是年龄增长一岁；对老年人来说就是寿命减少一岁。年少者先饮的做法体现的是对年轻人成长的羡慕与庆祝，但无论是先饮还是后饮，都反映了时人对岁首增年的认识。

汉代民间有元旦贺岁的风俗，朝廷元日的礼仪更为隆重。《太平御览·时序部》引应劭《汉官仪》卷下曰："元日朝贺，三公拜璧殿上，献寿觞。"《续汉书·礼仪志》记载得更为详细："每岁首[正月]，为大朝受贺。其仪：夜漏未尽七刻，钟鸣，受贺。及贽，公、侯璧，中二千石、二千石羔，千石、六百石雁，四百石以下雉。百官贺正月。二千石以上上殿称万岁。举觞御坐前。"朝廷在元日举行盛大庆典的初衷，无非是给皇帝献酒贺岁。[2]因为朝野上下都有元日增岁的礼俗，汉代的冠礼通常也是在正月举行。[3]

汉武帝改定太初历后，以正月为岁首，民间流行的是以元旦为增年节点的礼俗。在此之前，很难说就不是这样。在秦统一至汉初这段时期，以十月为岁首，但未改变岁正。前引肩水金关出土的朝仪诏书，表明汉文帝时期就在正月举行朝贺大典。《史记·天官书》称元旦为"四始"[4]，在这一天通过占风卜问一岁之美恶；睡虎地出土的《日书》揭示当时人们仍是在正月朔日卜问年景、有无战争[5]。前引《左传·襄公三十年》记载的故事中，绛县老人出生的时间正好是正月初一。种种迹象表明，以元旦为增年节点的习俗可能要追溯到更早。

---

1 （宋）李昉等撰：《太平御览》卷29《时序部·元日》，第138页下栏、137页下栏。

2 东晋的成帝就说，元日之礼"事之大者，不过上寿酒，称万岁"，参见《晋书》卷23《乐志下》，第718页。

3 《续汉书·礼仪志中》，见《后汉书》，第3130页；（汉）崔寔撰，石声汉校注：《四民月令校注》"正月"条，第6页。

4 张守节《史记正义》谓："正月旦岁之始，时之始，日之始，月之始，故云'四始'。"见《史记》卷27《天官书五》，第1340页。

5 如"正月以朔，岁善，毋（无）兵"（简35正），"正月以朔，旱，又（有）岁，又（有）小兵，毋（无）大兵"（简41正）等。参见睡虎地秦墓竹简整理小组编：《睡虎地秦墓竹简·日书甲种》，"释文·注释"，第185页。

无论如何，在汉武帝太初年间以后长达两千多年的岁月里，元旦作为年首大节，一直是以民间增年时间节点的形象出现的。无论是南北朝时期庾信元日赋诗“正旦辟恶酒，新年长命杯”[1]时的喜悦，还是唐代白居易除夕夜发出“火销灯尽天明后，便是平头六十人”[2]的感慨，都是这方面的真实写照。旧时民间除夕贴挂的“天增岁月人增寿”对联一直流传到现在。[3]

四 唐代的手实申报与“岁首增年”

古代官方年龄采用的是著籍增年，但不同朝代的造籍时间，准确地说是造籍的标准时间不同，官方增年的时间节点也会随之发生变化。

与秦汉八月造籍不同，魏晋南北朝时期的户籍编造日期发生了很大变化。前引《三国志·魏书·朱建平传》提到夏侯威的事可以作为岁首增年的例证，但占卜本就是民间流行的方术，这种增年方式未必符合官方标准。长沙走马楼吴简出土后，我们对孙吴时期的户籍制度有了进一步了解。第一章中，笔者根据嘉禾年间临湘侯国搜括人户的时间及邻县民众占上户牒的事例，指出孙吴造籍日期调整到了岁末年初。西晋统一后，郴州简记载桂阳郡七月上计京师，显然户籍此前就造好了，东晋土断的时间也可以证明这一点。敦煌吐鲁番地区出土的三件十六国时期的户籍实物中，《前秦建元二十年（384年）三月高昌郡高宁县都乡安邑里籍》在三月，《西凉建初十二年（416年）正月敦煌郡敦煌县西宕乡高昌里籍》在正月，《北凉承阳二年（426年）十一月籍》在十一月。北朝史籍有两处提到造籍日期：一是根据《魏书·高祖纪下》的说法，北魏孝文帝改制时编制户籍的时间在二月，这显然是指整个造籍程序启动的时间；二是《隋书·食货志》载开皇年间，文帝接受高颎的建议，“每年正月五日，县令巡人，各随便近，五党三党，共为一团，依样定户上下”。

---

1 （北周）庾信撰，（清）倪璠注：《庾子山集注》卷4《正旦蒙赵王赉酒》，许逸民校点，中华书局，1980，第343页。

2 （唐）白居易著，朱金城笺校：《白居易集笺校》卷28《除夜》，第1971页。

3 相传此联为明代嘉靖年间的状元林大钦所作，参见（明）顾鼎臣、顾祖训撰：《明状元图考》卷3“状元林大钦”条，汉阳叶氏平安馆藏本，第8页。

如下所述，诸如貌阅（团貌）、定户等都是基于民户所报手实进行的，则隋代民户申报手实的时间至少是在正月初，更可能是上一年年末。

魏晋南北朝时期政权更替频繁，制度的制定不排除有其偶然性，但以上种种记载表明，这一时期的造籍活动基本上是围绕着岁末年初这段时间进行的。造籍日期的变动必然会引起官方增年标准的调整。裴松之注《三国志》时，对魏明帝曹叡享年36岁的说法提出异议：

> 魏武以建安九年八月定邺，文帝始纳甄后，明帝应以十年生，计至此年正月，整三十四年耳。时改正朔，以故年十二月为今年正月，可强名三十五年，不得三十六也。[1]

曹叡生于建安十年（乙酉，205年），死于景初三年（己未，239年）正月[2]，粗算起来享年35虚岁。但明帝景初元年（237年）改以建丑月为正，三年正月实为夏正的二年十二月，严格计，其享年不过34岁。有关曹叡享年的差异可置不论，我们注意到，裴松之在讨论年龄时完全是以岁首为增年节点计算的。裴松之所论未见得符合曹魏时期的计龄方式，但至少反映了其所处刘宋时代的官方增年标准。

关于唐代的造籍日期，史籍中有明文规定。《唐六典》卷3“户部郎中、员外郎”条载：

> 每一岁一造计帐，三年一造户籍。县以籍成于州，州成于省，户部总而领焉。（诸造籍起正月，毕三月，所须纸笔、装潢、轴帙皆出当户内，口别一钱）[3]

《唐会要》卷85《籍帐》记载得更详细：

> 开元十八年十一月敕：“诸户籍三年一造，起正月上旬，县司责手实、计帐，赴州依式勘造。……三月三十日纳讫，并装潢一通，送尚书省，州县各留一通。所须纸笔装潢，并皆出当户内口，户别一钱。”[4]

1　《三国志》卷3《魏书·明帝纪》，第115页。

2　由于大小月天数、正朔及置闰的不同，皇帝年号与公元纪年并非一一对应，有时一个皇帝年号可以对应两个公元纪年，反之亦然。本书在讨论具体的日期差异时，往往会在帝王年号后标注公元纪年的同时，再注干支纪年。

3　（唐）李林甫等撰：《唐六典》卷3“户部郎中、员外郎”条，陈仲夫点校，第74页。

4　（宋）王溥撰：《唐会要》卷85《籍帐》，第1848页。标点根据文义，略有调整，后同。

唐前期户籍三年一造，编造时间从造籍年的正月初开始，至三月底结束。我们注意到一个细节。《唐六典》《唐会要》造籍“起正月”云云，这里的“正月”是指县司赴州正式造籍的时间，和前面说的汉代八月造籍是从民户自占年算起不一样。我们知道，唐代从民户报手实后，还要经过里正汇总上报，县令貌阅核实、定户等等一系列基础作业，才能进入正式造籍的环节。如果正月上旬正式造籍，民户报手实的工作至少要提前到上年年末完成，所以《新唐书・食货志》中说：

> 凡里有手实，岁终具民之年与地之阔狭，为乡帐。乡成于县，县成于州，州成于户部。[1]

学者对“乡帐”的性质有争论，但对岁末报手实这点并无异议。这里的“岁终”也是一种笼统的说法，有迹象表明，民户申报手实的时间甚至早到十一月。2010 年中央民族大学博物馆入藏一批吐鲁番文书，其中一件被整理者命名为《十一月十五日交河县帖盐城为入乡巡貌事》，根据张铭心的介绍：

> 《十一月十五日交河县帖盐城为入乡巡貌事》是交河县下发给盐城的一件关于“入乡巡貌”的帖式（下行）文书。所谓“入乡巡貌”，就是隋唐时期实行的检查户口的“大索貌阅”制度中的一个程序。文书中首先书写了八十名需要被核实户口的人名，然后书写了命令城主于当月十七日“火急点检排比，不得一人前却，中间有在外城逐作等色，仍仰立即差人往追”等内容。[2]

县令十一月十七日到盐城貌阅，显然民户此前已经报完手实。县令在貌阅手实后，接着要做的工作就是定户等。日本《令集解》引唐令说：“收手实之际，作九等定簿。”[3]“九等定簿”就是唐代的户等簿。《唐六典》卷 30“京畿及天下诸县令”条载：“所管之户量其资产，类其强弱，定为九等。其户皆三年一定，以入籍帐。”定户等的时间，《唐六典》卷 3“户部郎中、员外郎”条也有明确规定：“每定户以仲年（子、卯、午、酉），造籍以季年（丑、辰、未、戌）。”

---

1 《新唐书》卷 51《食货志一》，第 1343 页。

2 张铭心：《敦煌学：吐鲁番学研究新资料》，《光明日报》2010 年 12 月 16 日，第 10 版。

3 〔日〕黑板勝美、国史大系編修会編：《令集解》卷 14《賦役令・応役丁条》，吉川弘文館，1982，第 423 页。

县令必须在造籍的前一年完成定户等的工作。阿斯塔那509号墓出土的《唐开元二十一年（733年）西州蒲昌县定户等案卷》[1]表明，蒲昌县定完户等的时间在十二月十五日，依此反推，民户申报手实的工作至少十二月上旬就完成了。

由此产生一个问题，通常情况下，民户申报手实的时间也就是造籍的标准时间，唐代的手实要在上年年末申报，那以此为基础编造的户籍不就是以上年年末为标准登录的吗？这不就又成“岁尽增年”了吗？当然不是。我们看吐鲁番所出《唐残手实》，其牒尾曰：

> 3. 牒被责当户来年手实，件通如前，无有加减；若后虚妄，求依法□罪。谨牒。[2]

残片拆自阿斯塔那152号墓内女尸纸鞋，其中有纪年者为唐贞观十九年（645年）。在两件明确为贞观年间的手实中，也有类似的保证词，《唐贞观年间（640—649年）西州高昌县手实一》载：

> 11. [　　　　]来年手实，具注如前，并皆依实[　　　]

《唐贞观年间西州高昌县手实二》载：

> 8. □□通当户来年手实，具注如前，并皆依实，
> 9. □妄，依法受罪。谨牒。
> 　　　　　　　　　　贞□□□年　月　日户[3]

文书说得很清楚，年末申报的手实上登录的不是当时的数据，而是预报的来年情况，所以唐代户籍仍应视作以正月为标准登录的。

但我们也见到了正月报手实的例证。唐前期有两件手实[4]注明了民户申报时间，其中《武周载初元年（690年）西州高昌县宁和才等户手实》（以下简称《宁和才等户手实》）末尾标明的时间为：

1　中国文物研究所等编：《吐鲁番出土文书[肆]》（图录本），文物出版社，1996，第311—312页。

2　中国文物研究所等编：《吐鲁番出土文书[贰]》（图录本），文物出版社，1994，第146页，文书编号为72TAM152：327（a）、34（a）。

3　中国文物研究所等编：《吐鲁番出土文书[叁]》（图录本），文物出版社，1996，第56页，文书编号分别为69TKM39：9/6（a）与69TKM39：9/9（a），9/5（a），9/1（a）。

4　另一件《唐贞观十四年（640年）西州高昌县李石住等户手实》注明申报的时间是九月，该件手实申报的背景比较特殊，下文有分析。

载初元年一月　日[1]

宋家钰认为这里的载初元年一月实际上是正月，也就是永昌元年（689 年）的十一月。[2]但笔者根据武则天《改元载初敕》的记载，并结合诏书从洛阳传至高昌需要的时间，指出《宁和才等户手实》所署的载初元年一月，只能理解成诏书中所说的“来年正月”即载初改元之后的第三个月（庚寅年正月，690 年 2 月 15 日至 3 月 15 日），绝不会是载初元年正月即永昌元年十一月（己丑年十一月，689 年 12 月 18 日至 690 年 1 月 15 日）。[3]近年出土的《唐秦举墓志》中也有“载初元年岁次庚寅一月己卯朔四日壬午”的记载[4]，而载初元年正月（永昌元年十一月）是庚辰朔[5]，此年的第三个月即庚寅年正月才是己卯朔。这可以进一步证实笔者的观点。为什么这件手实是正月申报的呢？前文提到，唐代前期“造籍以季年（丑、辰、未、戌）”。载初元年为庚寅，是非造籍年；既然年末报手实是为了赶上第二年正月造籍的提前作业，而这一年无须造籍，本应以正月为标准登录的手实自然就不用提前申报了。也正因为《宁和才等户手实》是年初申报的，所以这件文书第 8 片第 4 行有“男思安年壹岁”等字样，而这在唐代户籍中是不可能出现的。[6]这个问题后面还会谈到。唐代三年一造籍，每年都要报手实，从工作频率上讲，毋宁说正月报手实才是常态。[7]

唐代不仅民户籍，其他特殊身分的籍也是以正月为标准登录的。当时有

1　中国文物研究所等编：《吐鲁番出土文书[叁]》（图录本），第 498—516 页。原文书用武周新字，径改。

2　宋家钰：《唐朝户籍法与均田制研究》，中州古籍出版社，1988，第 98—101 页。孟宪实也赞成宋家钰的说法，参见孟宪实：《论唐朝的佛教管理——以僧籍的编造为中心》，《北京大学学报（哲学社会科学版）》2009 年第 3 期。

3　参见张荣强：《唐代造籍日期辨正》，《河北学刊》2010 年第 1 期；后以《也谈唐代的造籍日期问题》为题，收入《汉唐籍帐制度研究》，第 267—276 页。

4　赵君平、赵文成编：《秦晋豫新出墓志搜佚》（第 1 册），国家图书馆出版社，2012，第 278 页。

5　《旧唐书》卷 22《礼仪志二》曰：“载初元年冬正月庚辰朔。”（第 864 页）《资治通鉴》卷 204 亦载永昌元年“十一月，庚辰朔”（中华书局点校本，1956，第 6462 页）。

6《唐贞观十四年（640 年）西州高昌县李石住等户手实》中也有一岁的登录：第 5 片第 9 行“男屈知年壹　黄男”，第 6 片第 1 行“女端莫年壹　黄女”，参见中国文物研究所等编：《吐鲁番出土文书[贰]》（图录本），第 46、47 页。该手实是在贞观十四年（640 年）八月唐朝攻灭高昌国之后不久，为对高昌旧境实行有效管辖而进行的人口统计。民户申报的时间是在九月，其所申报的数据为当时的情况，既非年末申报，亦非为来年造籍服务。

7　金代的户籍制度仿照唐代，《金史·食货志》载：“凡户口计帐，三年一籍。自正月初，州县以里正、主首……诣编户家责手实，具男女老幼年与姓名，生者增之，死者除之。正月二十日以实数报县，二月二十日申州，以十日内达上司，无远近皆以四月二十日到部呈省。”（《金史》卷 46《食货志一》，中华书局点校本，1975，第 1032 页）这里虽然说的是手实与计帐的关系，但也可以看出在非造籍年，手实都是在正月上报的。

官奴婢籍，据大历十四年（779 年）八月都官上奏："伏准格式：官奴婢，诸司每年正月造籍二通，一通送尚书，一通留本司，并每年置簿，点身团貌，然后关金、仓部给衣粮。"[1]池田温对比日本保留下来的《养老令》条文，指出早在永徽年间，官奴婢及官户就是正月造籍。[2]《唐会要》卷 49《僧籍》也提到僧籍的编造，"每三岁，州县为籍，一以留州县，一以上祠部"。2004 年吐鲁番巴达木 113 号墓出土了一件定名为《唐龙朔二年（662 年）正月西州高昌县思恩寺僧籍》的文书，龙朔二年是壬戌年，也是官府编造民籍的年份；其注记的"正月"云云，说明唐代编造僧籍的时间也是以正月为准。[3]户籍制度的设计是著籍增年，唐代造籍的标准时间是正月。看来从唐代开始，官方的增年方式已经变成了"岁初增年"，制度与礼俗最终实现了统一。

五　秦汉与唐代官方年龄及户籍记载上的差异

无论是秦汉还是唐代，其赋役征除、赐廪养老、定罪量刑等都是以年龄为依据，准确地说，是以官方年龄为据。[4]唐代的著籍时间与民间的增年节点一致，无所谓官方年龄与民间年龄的差异，但秦汉时期就不同了。

秦汉时期户籍上的年龄来自民众自占，但民间是岁首增年，官方八月著

---

1 （宋）王溥撰：《唐会要》卷 86《奴婢》，第 1860—1861 页。

2 〔日〕池田温：《中国古代籍帐研究·概观》，龚泽铣译，第 102 页。

3 参见孟宪实：《吐鲁番新发现的〈唐龙朔二年西州高昌县思恩寺僧籍〉》，《文物》2007 年第 2 期。这件僧籍标明的"正月"，与《前秦建元二十年（384 年）三月高昌郡高宁县都乡安邑里籍》《西凉建初十二年（416 年）正月敦煌郡敦煌县西宕乡高昌里籍》《北凉承阳二年（426 年）十一月籍》一样，指的也是造籍的标准时间。这里需要搞清楚两个不同的概念，即申报手实的时间和手实中反映的数据时间，后者实际上也就是造籍的标准时间。民户在造籍年要提前申报手实，这就导致民户申报手实的时间与手实中反映的数据时间不一致，寺院手实不存在这个问题。一个县境内寺院数量有限，加上寺院手实不需要经过民户申报、乡里案比等一系列程序，而是直接呈报县廷。故即使在造籍年，寺院手实也无须提前至上年年末申报。2006 年，新疆吐鲁番地区阿斯塔那 607 号墓出土了一件唐神龙三年（707 年）高昌县开觉寺的手实，神龙三年是造籍年，该手实申报的时间就在正月。参见《唐神龙三年（707 年）正月西州高昌县开觉等寺手实》，见荣新江、李肖、孟宪实主编《新获吐鲁番出土文献》，第 53 页。

4 即使官方户籍上登录的年龄有问题，原则上也要以官方年龄为准。一个有名的例子就是《宋书·孝义·何子平传》载，何子平母亲户籍上的年龄不实，当时人劝何子平无须恪守错误的记载而辞官回家侍养母亲，但何子平说："公家正取信黄籍，籍年既至，便应扶侍私庭，何容以实年未满，苟冒荣利。"（《宋书》卷 91《孝义·何子平传》，中华书局点校本，1974，第 2257 页）

籍增年，这就使官府掌握的民众年龄比民间的虚岁“慢半拍”。我们看一下新生儿的著籍情况。按照民间计岁的习惯，小孩出生时就为一岁，如果是八月以前出生的，他（她）在当年著籍时被注为一岁；若是八月以后出生，赶不上当年造籍，一转年他（她）就两岁，该年八月著籍时记为两岁。直到下一年再造新籍，官方才能掌握并使用新一轮年龄数据。如果不考虑新生儿的情况，官方与民间因增年时间节点不同而出现的年龄差异就是：在每年年初至八月造籍前，官方掌握的年龄比民间的虚岁小一岁；八月造籍后到年末这段时间，官方、民间年龄就统一了。明白了官方年龄与民间年龄的差异，我们就可以解释史籍中有关汉代人年龄记载的一些疑问。例如，《三国志·魏书·文帝纪》注引曹丕《典论·自叙》曾提到自己的早年经历，说建安二年（197年）张绣反叛，“时余年十岁，乘马得脱”。徐绍桢《三国志质疑》提出异议：“据本纪，文帝生于中平四年冬，而张绣既降复反，事在建安二年春，上距中平四年已十一年，而《典论》自云十岁者，盖自中平四年之冬距至建安二年之冬，始实周十岁也。”[1]但张绣反叛的时间是在春季，没有到曹丕的十月生日，其说的十岁显然不是指周岁。《典论》是曹丕的自述，他记自己的年龄不应该有错。那该如何理解曹丕这里说的十岁呢？曹丕生于中平四年（187年）冬，第二年八月他完成第一次著籍时是2岁；到建安二年春，当年的著籍时间还未到，按照官方的增年标准，曹丕就应该是10岁。[2]

表面上看，秦汉时期官方八月增年，民间岁首增年，官方年龄只比民间年龄晚了8个月。但正如上文所说，八月仅是民众申报年龄的开始，官府只

1　张舜徽主编：《二十五史三编》第4分册《后汉书之属》，岳麓书社，1994，第945页。

2　需要说明的是，秦汉史籍中记载人物的享年不存在“著籍增年”的方式。按道理说，人一旦死亡，就不再涉及国家规定的权利和义务问题，也就不存在所谓的官方年龄了。这点也可以从户籍制度方面做出解释：秦汉法律规定每年八月造籍，新生儿只有在造籍时才能被登录到户籍上；但对于人口死亡，因为涉及蠲除赋税（主要是每月征收的人头税）、徭役的问题，就需要及时上报官府，所以在孙吴户籍简中，人的死亡时间被详细注到了月、日，如“台侄子男唐适年卅九给限佃客以嘉禾三年九月十日被病物故”（叁·3053）、“口父意年七十以 嘉禾三年正月九日被病物故”（叁·3074）、“平阳里户人公乘黄监年五十　六年三月廿三日物故死　訾　五　十”（叁·4298）等（参见走马楼简牍整理组编著：《长沙走马楼三国吴简·竹简[叁]》，第789、817页）。这样，官府往往无须等到造籍就能掌握民众死亡的年龄。退一步说，即使官府造籍时才得知民众已死亡，其登记到户籍上的年龄也是民间报的死亡时的虚岁。

有等到造籍结束后才能确认民众年龄，并据此开展一系列活动。所以睡虎地秦简《仓律》谓“八月傅为大隶臣妾，以十月益食”，官府按照户籍上的年龄赐给廪食只能是十月之后的事了。这样一来，从实际操作的角度上讲，秦汉的官方年龄就比民间年龄差了将近一岁（十个月）。对比一下汉代人和唐代人的处境，即使汉代和唐代规定的各种权利、义务的年龄一致，汉代人享受权利、承担义务的时间也比唐代人晚将近一年。

秦汉和唐代同样是著籍增岁，但由于造籍时间不同，二者户籍上登录的年龄数据有不同含义，记载形式也有区别。

秦汉时期民户自占的时间在八月，这也是造籍的标准时间，所以户籍上登录的年龄就是当时的数据。这可以纠正笔者一个错误认识。笔者以前根据睡虎地《仓律》“小隶臣妾以八月傅为大隶臣妾，以十月益食”的记载，结合吐鲁番出土的唐代手实牒尾“责当户来年手实”之语，推测秦汉户籍中记载的年龄不是当年八月的数据，而可能是下一年的预计。[1]这种解释似乎疏通了《仓律》的文义，但实际上带来了更大的困惑。如果户籍是预报来年数据，那么在此基础上做成的各种户口统计也只能是来年的情况了。但江陵松柏 1 号墓出土了一批汉武帝时期的简牍，其 48 号木牍载：

·二年西乡户口薄（簿）

户千一百九十六

息户七十

秏户卅五

相除定息卌五户

大男九百九十一人

小男千卌五人

大女千六百九十五人

小女六百卌二人　　（上栏）

1　参见张荣强：《说孙吴户籍简中的“事”》，见北京吴简研讨班编《吴简研究》（第 1 辑），崇文书局，2004，第 203—221 页。

息口八十六人

秏口卅三人

相除定息口卅三

•凡口四千三百七十三人[1]　（下栏）

“息户（口）”“秏户（口）”分别指与去年相比，繁衍滋生和减耗的户、口数。除此之外，安徽天长出土的西汉中期某县《户口簿》[2]、朝鲜平壤贞柏洞出土的《乐浪郡初元四年（前45年）县别户口多少集簿》[3]，以及江苏尹湾汉墓出土的《集簿》[4]中也有诸如“多前”“少前”“如前”等统计。这些数据只能解释为当年相比上一年的户口增减情况，不可能是来年的预计情况。新公布的里耶秦简中也有县署向上级呈报户计的实例：

卅四年十月戊戌朔辛丑，迁陵守[丞]说敢言之：上卅三年黔首息耗八牒。敢言之。　（简8-183+8-290+8-530）[5]

此时十月为岁首，戊戌朔，辛丑是四日。这是第二年年初呈报上一年户计的例子，而西林昭一披露了长沙走马楼出土的一枚汉简：

五年九月丙辰朔壬申，都乡胜敢言之，狱移劾曰：复移五年计□口四千二百廿七，案阅实四千二百七十四，共卌九口计后。[6]

这里的“五年”是长沙王刘庸纪年，大致相当于汉武帝元朔五年（前124年）。丙辰朔，壬申是十七日。这两个例子中，迁陵县三十四年（前213年）初呈报的是三十三年（前214年）户计，长沙县都乡五年底呈报的是“五年计”，

1　朱江松最早公布这枚木牍的图版（《罕见的松柏汉代木牍》，见荆州博物馆编著《荆州重要考古发现》，文物出版社，2009，第211页）。彭浩对其进行了释读，参见《读松柏出土的西汉木牍（二）》，http://www.bsm.org.cn/?hanjian/5215.html，2009年4月4日。

2　天长市文物管理所、天长市博物馆：《安徽天长西汉墓发掘简报》，《文物》2006年第11期。简报推测《户口簿》属于东阳县之物，胡平生提出不同意见，参见《天长安乐汉简〈户口簿〉“垣雍”考》，http://www.bsm.org.cn/?hanjian/5413.html，2010年2月3日。

3〔韩〕尹龙九：《平壤出土〈乐浪郡初元四年县别户口簿〉研究》，《木簡與文字》（韩国）第3号，2009；杨振红、〔韩〕尹在硕：《韩半岛出土简牍与韩国庆州、扶余木简释文补正》，见卜宪群、杨振红主编《简帛研究二〇〇七》，广西师范大学出版社，2010，第277—299页。

4　连云港市博物馆等编：《尹湾汉墓简牍》，“释文”，第77—81页。

5　陈伟主编：《里耶秦简牍校释》（第1卷），第106页。

6〔日〕西林昭一：《簡牘名蹟選》2《湖南篇二》；释文并参胡平生：《新出汉简户口簿籍研究》。

并非笔者原来推想的来年即“三十四年计”或“六年计”。

明白官方著籍增年的做法后，就能澄清所谓预计的问题了。在秦始皇统一全国到汉武帝改定太初历这段时期，十月为岁首，编定户籍又在岁末，两者首尾衔接，很容易给人造成预先造籍的假象。真实情况恰恰相反，这一时期官府登记、确认民众年龄的时间比我们预想的晚了大半年。[1]正因为秦汉户籍中的年龄以当年八月的数据为标准登录，我们才能在长沙尚德街出土的东汉“户籍简”中见到“子士伍官一”的记载[2]。魏晋南北朝时期的造籍时间发生变化，但在孙吴嘉禾六年（237 年）二月呈报的临湘都乡高迁里户籍簿中有“兰子男当年一岁”（捌·1588）、“跑子男侯年一岁”（捌·1733）[3]，前秦建元二十年（384年）三月编造的高宁县都乡安邑里籍中也有“生男弟麴（？）年一新上”“明男弟平年一新上”[4]等新生婴儿的记载。

唐代情况就不同了。唐代造籍的标准时间是正月，但为了能赶上县令正月上旬赴州正式造籍，民户申报手实的工作需要在上一年年末进行。职是之故，唐代为造籍做准备的手实上申报的是来年数据，这就导致这一时期户籍上登录的最小年龄只能是两岁，不可能出现一岁。所以我们在唐代户籍中，可以见到许多登载两岁的例子[5]，却没有一例登载一岁者。如果这一现象尚不足以说明问题，我们再来看唐代户籍中登录的“四岁”年龄的注记，《唐天宝六载（747 年）敦煌郡敦煌县龙勒乡都乡里籍》“程智意”户：

185. 女妙光载肆岁　　小女　　天宝三载籍后附空[6]

《唐开元四年（716 年）西州柳中县高宁乡籍》“索住洛”户：

---

1 秦及汉初岁首十月，如果当时民间也以十月增岁，官方年龄就比民间年龄差整整一岁。

2 长沙市文物考古研究所编：《长沙尚德街东汉简牍》，岳麓书社，2016，第 113 页。需要说明的是，本书中使用的“户籍簿”“户籍简”等说法，如果在不讨论具体性质时，通常是泛指编造户籍过程中形成的一系列籍簿，除了正式户籍外，还包括民户为造籍自占的名数，以及官府基于户籍编制的专门帐簿等。

3 参见走马楼简牍整理组编著：《长沙走马楼三国吴简·竹简[捌]》，第 695、698 页。有关都乡高迁里户籍簿的复原结果，参见连先用：《走马楼吴简所见吏民簿的复原、整理与研究——以发掘简为中心》第二章“‘嘉禾六年都乡吏民簿’家庭简的复原与研究”。

4 荣新江、李肖、孟宪实主编：《新获吐鲁番出土文献》，第 179 页。

5 如在《唐天宝六载（747 年）敦煌郡敦煌县龙勒乡都乡里籍》中，我们可以见到“郑恩养”“程思楚”“程什住”“程大忠”“程大庆”“程智意”及某不知名户等至少 7 户有登载两岁者。其中，“程思楚”户甚至有两例，参见唐耕耦、陆宏基编：《敦煌社会经济文献真迹释录》（第 1 辑），书目文献出版社，1986，第 161—188 页。

6 唐耕耦、陆宏基编：《敦煌社会经济文献真迹释录》（第 1 辑），第 181 页。

35.　男仁惠年肆岁　　小男　　先天贰年帐后新生附[1]

《唐开元四年（716 年）西州柳中县康安住等户籍》第 2 片不知名户：

7.　女修戒年肆岁　　小女　　先天贰年帐后新生附[2]

《唐开元廿九年（741 年）西州天山县南平乡户籍》不知名户：

4.　男惠一年肆岁　　小男　　开元贰拾陆年帐后新生附[3]

唐先天二年（713 年）干支癸丑，是造籍年，目前也发现了这一年的户籍实物。[4]但从开元二十三年（735 年）开始，形成了一个新的造籍年次（寅、巳、申、亥）；开元二十六年（738 年）干支戊寅，也是造籍年。[5]所以文书注称的“先天二年（开元二十六年）帐后”也就是“先天二年（开元二十六年）籍后”。[6]户籍注记有严格的书写规范，凡作“籍后漏附”指未在规定的造籍之年登录，前籍有脱漏者；而作“籍后附”则指新生儿在造籍之年的正常登录。[7]唐代三年一造籍，四岁均注“籍后附”或径作“新生附”，亦可反证唐代户籍不可能登录一岁之事实。

汉唐造籍日期的变化，固然是因应民间习俗的做法，但也是这一时期社会经济制度变化的结果。秦汉时期因应黄河流域主谷的收获时间，官府采用“计断九月”之制；为了能及时且准确地掌握户口数据并将其记入当年的计簿

---

1 〔日〕池田温：《中国古代籍帐研究・录文与插图》，龚泽铣译，第 102 页。

2 Yamamoto Tatsuro et al. *Tun-huang and Turfan Documents, Concerning Social and Economic History, Supplement:（A）Introduction& Texts*，p.31. 原文书整理者将其定名为“《唐开元二年（714 年）帐后西州柳中县康安住等户籍》”，见《吐鲁番出土文书[肆]》（图录本），第 128 页。

3 北京大学图书馆、上海古籍出版社编：《北京大学图书馆藏敦煌文献②》，上海古籍出版社，1995，图版见第 227 页，录文见“附录”第 29 页；并参见荣新江：《〈唐开元二十九年西州天山县南平乡籍〉残卷研究》，《西域研究》1995 年第 1 期。

4 P.2822 号《唐先天二年（713 年）沙州敦煌县平康乡籍》，见唐耕耦、陆宏基编：《敦煌社会经济文献真迹释录》（第 1 辑），第 135—137 页。

5 荣新江：《〈唐开元二十九年西州天山县南平乡籍〉残卷研究》，《西域研究》1995 年第 1 期。

6 池田温指出，敦煌与吐鲁番户籍的书式有所不同：“沙州（敦煌）于造籍之年，在户口异动注记中写作‘某年籍后’，其他则记为‘某年帐后’，相反，西州（吐鲁番）则全部使用‘某年帐后’。”参见〔日〕池田温：《中国古代籍帐研究・概观》，龚泽铣译，第 95 页。

7 也有一个特例，《唐天宝六载（747 年）敦煌郡敦煌县龙勒乡都乡里籍》第 3 片第 67 行载：“忠男元奉载参（三）岁　黄男　天宝四载帐后漏附空。”元奉 3 岁本是新生儿新附，却被注为“漏附”，但如果对照本件第 63 行“女妃妃载参岁　黄女　天宝四载帐后附空”的记载，就可以确定第 67 行的“漏附”是误书。事实上，此“漏”字旁边有一墨点，看来校籍者也注意到了这一错误。

中，编造户籍的时间只能放在八九月。随着江南经济地位的上升，以及中央制定政策的倾向性变化，魏晋以后财政年度“岁终为断”，转而采用日历年度。这一时期的造籍日期经过岁末年初的不断调适，为什么最终确定在作为财政年度初始的正月，而非像以往那样放在财政年度之末的十一、十二月呢？笔者认为，有两点原因值得考虑。一是表面上十一、十二月与作为民间增年节点的元日十分接近，但由于官方与民间计龄方式的不同，两者实际上差了一岁，如果仍在岁末造籍，官方年龄就比民间年龄整整“慢一拍”，而这也就意味着国家赋役的大量流失。二是与魏晋之后财政体制的变化有关。随着魏晋财政预算体制的初步形成，这一时期计簿登载的赋税并非像秦汉那样是实征而是预征的，地方也并非在本财政年度结束后才编制计簿。相反，因为实行财政预算，地方必须在本财政年度结束之前将计簿呈报到中央。同时，为了给户部尤其是度支司留下编制预算的充裕时间，呈报工作往往要提前数月完成。郴州晋简记载桂阳郡上计洛阳的时间是在七月，唐代则要求各地计帐在五月底报到尚书省，与此相应，地方官府也就要在年初编造计帐。

结　语

中国古代尤其是中古时期，不存在周岁计年的方式，但有官方年龄与民间年龄的区别。我们以往谈到官方年龄时，会不自觉地将其与民间年龄等同起来，认为如果没有民众弄虚作假或官吏上下其手，官方年龄与民间年龄就应该保持一致。但实际上，官方年龄与民间年龄采用的是两种不同的计年方式，两者的分合也有一个长期的发展过程。由于官府掌握户籍中的年龄原则上是由民众自行申报，官方年龄与民间年龄在始生计数（增年起点）时一样，但在增年的时间节点上有很大差异。最迟从汉武帝时代开始，民间年龄就固定以岁首元日为增年的时间节点，每过一个春节增一岁。但官方年龄不同，按照户籍制度的设计，其是以民众每年的著籍时间来计算的。换句话说，就是官府造籍的标准时间为增年的时间节点。秦汉时期，官府造籍标准时间在八月，官方年龄的增年时间节点也在八月。明乎此，我们就可以理解为什么秦及汉初的人说“岁尽增年”，以及睡虎地秦简、《续汉书·礼仪志》谓八月著籍才是官府认可的课役（优免）身分转换的节点了，由此也就能更好地把握秦汉户籍上登录的年龄数据的真实含义。经过魏晋南北朝时期的调整，官府造籍的标准时间确定在了正月。唐代的情况非常清楚，在非造籍年，唐代民众可以正常在正月申报手实；而到造籍年，为了能赶上官府编制户籍的时间，就需要提前在上一年年末预报手实。所以唐代户籍中登载的最小年龄是两岁，没有一岁的事例。分析官方年龄增年时间节点的演变，就成为我们观察中古时期户籍制度的一个新视角。魏晋以后造籍标准时间的调整，使官方与民间增年的时间节点合而为一，从而改变了以前官方年龄较诸民间年龄“慢半拍”的弊端；这种调整不仅是古代造籍制度的一大变化，也是统治者日益加强对民众控制的必然结果。

补记

陈伟先生最近撰文，认为秦及西汉早期，官府采用不将出生之年算入的“实岁”或“实龄”计算民众年龄，倾向于支持笔者最初提出秦汉官方户籍中登载的年龄是来年预计的说法。[1]陈先生赖以立论的材料主要是长沙走马楼西汉简 0109：“北平大女南。母姊占：定王四年产，尽今五年年廿八。”陈先生认为“尽某某年年若干岁”有两种含义：一种如笔者所说，指在年末这个时间点增加至多少岁；另一种指在全年这一期间保持为多少岁。但对“尽”这两种解释不可共容。如果以“岁尽”为增年之始，则“岁尽”与接踵而至的下一年为同一年龄，与“岁尽”的同年就相差了一岁，不存在“某某年”与“某某年年尽”是同一年龄的情况。陈先生对简 0109 的解释也存在这种矛盾：“（南）在出生当年（定王四年，相当于景帝前元五年，前 152 年）八月记一

1 陈伟：《新见简牍与秦及西汉早期的傅籍制度》，《“中央研究院”历史语言研究所集刊》第 93 本第 4 分，2022。

岁，次年生效，逐年递增，至‘今’（刘庸）四年（相当于武帝元朔四年，前125年）八月著录为28岁，至次年即‘今（刘庸）五年’（相当于武帝元朔五年，前124年）岁初生效，并在全年使用这一年龄。”按他自己的计算结果，也只能是“尽（刘庸）四年”“八月著录为28岁”，而非简文记载的“尽今五年年廿八”。陈先生为了弥合这一矛盾，解释前者是预报，后者是实际年龄。但无论民众个人申报还是官方户籍著录，“尽某某年年若干岁”的含义应该一致，不能说“四年”著录的是预报，到了“五年”就指实际年龄。这里的“尽”究竟做何解释呢？前揭地湾汉简86EDT5H：174：“□癸卯除，年廿二；讫九月，年廿三。”相较于“尽”而言，“讫”的语意更明确，只能解释为到某一时间结束的意思。地湾汉简86EDT5H：174说得很清楚：在九月底这个时间点前，某人是22岁，到九月底增加一岁，变成了23岁。同样，走马楼西汉简0109南“尽今五年年廿八”，在五年九月底前只能是27岁，而非陈先生算的28岁。

走马楼西汉简0109记载“南”的年龄有误，我们也可以举出一个计算正确的例子，2022年刊布的乌程汉简中有：

故仕五（伍），永光二年袭父后蛮夷（夷）冬可左庶长。

☑可左席（庶）长乌程羡里茎上。

元康二年年一，　尽阳朔三年年卌三。[1]

秦及汉初岁首十月，官府八月造籍，故这一段时期民众是“岁尽增年”；汉武帝改定太初历后，造籍日期没有变化；但这时岁首正月，从日历年度上讲，就不能再说“岁尽增年”了。我们不清楚这里的“尽阳朔三年”是沿用旧称还是指财政年度，但茎上的年龄记载是清楚的。茎上元康二年（前64年）出生，当年九月底初次著籍，官府将其登记为一岁；每年著籍增加一岁，至阳朔三年（前22年）九月底著籍时，正好是43岁。

实际上，只要户籍从一岁开始著录，每过一年就增加一岁，我们无法据

1　中国美术学院汉字文化研究所编：《乌程汉简》，上海书画出版社，2022，第17页。说明：为方便排版，双行字作小字处理。

此判断当时是预报年龄还是实报年龄。但如果认为秦及汉初八月造籍时预报的是来年年龄，当时仍是采用“岁首（十月）增年”的标准，这就意味着“岁尽”不过是官方造籍的程序，并不涉及增年标准问题。当时的人恐怕不会因此说自己“尽某某年某某岁”，将“岁尽”作为增年的标准。如同唐代民众在造籍年前一年的年末申报手实，唐人也没有说自己“岁尽增年”。如果说，秦及汉初以十月为岁首，民众增年节点在九月，容易给人以预报来年年龄的假象；但汉武帝改革太初历以正月为岁首后，如前揭地湾汉简 86EDT5H：174，此时仍以九月为增年节点，这与岁首差了 3 个月，恐怕就无法解释成预报年龄了。

第二编　文书考释与研究

第三章
湖南里耶所出“秦代迁陵县南阳里户版”研究

“户籍”一词，最早见于《史记·秦始皇本纪》。在此之前，根据普遍认为成书于战国时代的《周礼》中《宫伯》《司会》等记载，各家户籍是写在版上的，所以称为“户版”。这一称呼汉代还在沿用。这些年来，随着考古材料的不断出土，我们已能见到东汉末年[1]及格式、内容几近相同的孙吴初期的户籍实物[2]。2005 年 12 月，湖南省文物考古研究所在里耶古城北护城壕的凹坑（编号 K11）中，发掘出一批户口残简。2006 年 11 月，整理者张春龙在中国社会科学院历史研究所主办的“简帛学国际论坛”上提交论文，公布了这批残简缀合复原后的录文，推测其为秦代户籍简，并就其著录格式和相关问题提出了有价值的意见。2007 年，湖南省文物考古研究所编著的《里耶发掘报告》一书收录了这篇论文的修改稿，书末附有部分户籍简的彩版。[3]这批简牍是我们目前所见最早的户籍实物，为探讨秦代的户籍内容及战国以来籍帐制度的发展演变提供了重要材料。

1　长沙市文物考古研究所、中国文物研究所编：《长沙东牌楼东汉简牍》，文物出版社，2006，“释文”，第 107—108 页；相关研究参见王素：《长沙东牌楼东汉简牍选释》，《文物》2005 年第 12 期。

2　有关孙吴户籍简的研究文章，可参阅汪小烜：《走马楼简“吏民簿”研究》，北京大学硕士学位论文，2001；〔日〕安部聡一郎：《试论走马楼吴简所见名籍之体式》，见长沙市简牍博物馆、北京吴简研讨班编《吴简研究》（第 2 辑），崇文书局，2006，第 14—24 页；张荣强：《孙吴简中的户籍文书》，《历史研究》2006 年第 4 期，后收入《汉唐籍帐制度研究》，第 89—122 页。

3　张春龙：《里耶秦简校券和户籍简》，“中国简帛学国际论坛 2006”提交会议论文，2006 年 11 月；修改稿参见湖南省文物考古研究所编著：《里耶发掘报告》第二章第四节，岳麓书社，2007，第 203—210 页。本章涉及整理者的意见，皆出此文。

一　户籍简的著录格式

这批木简出土时有 51 个残段，拼接缀合后计有整简 10 枚、残简 14 枚（段）。整简的长度相同，宽度不一，文字毛笔墨书，具有秦和汉初的古隶特点。以下移录一枚完整的简文，简 K27：

（1）南阳户人荆不更蛮强　（2）妻曰嗛　（3）子小上造□　（4）子小女子驼（5）臣曰聚

伍长[1]

第一栏为户主，其名前冠以籍贯（南阳）和爵位，以下分栏记载家庭成员、家内奴婢甚至"伍长"之类职役。整理者指出，这批木简书写分为 5 栏，分栏符多为墨线，仅 22 号简 2、3 栏线为硬物刻画。实际上，根据家庭人员的构成和著录格式，这些户籍简最典型的是书为 5 栏，少者也见 2 栏（简 K33）、3 栏（简 K43）、4 栏（简 K28/29、简 K17、简 K26）者。关于户籍简的著录格式，整理者认为：第一栏为户主籍贯、爵位、姓名；第二栏为户主或兄弟的妻妾名；第三栏为户主儿子之名，且其前多冠以"小上造"；第四栏为户主女儿之名，一概称"小女子"；第五栏与今日档案的备注一栏相当，一般记录的是"臣"名、母名和是否担任伍长。姑不论作为奴隶身分的"臣"，户主的母亲当然属于家庭人口，与担任"伍长"职役的注记不同，不能视为档案的备注。整理者归纳的上述格式还有以下问题：

其一，第一栏除登录户主外，还可登录其兄弟（简 K30/45、简 K2/23）、儿子（简 K17、简 K4）；

其二，第二栏除登录户主或兄弟妻子外，还可登录户主母亲（如上举简 K30/45），以及依附身分的"隶"（简 K4）、"妾"（简 K30/45）；

其三，第三栏除登录户主儿子外，还可登录户主兄弟的儿子（简 K2/23）；

其四，第四栏除登录户主女儿外，还可登录户主兄弟的女儿（简 K2/23）。这批户籍简的著录格式，需要进一步研究。

1　湖南省文物考古研究所编著：《里耶发掘报告》，第 203 页。本章所引里耶户籍简皆出此书，原简为上下分栏，为排版方便，此处改为横排。

我们目前所见东汉末年的户籍简，仅有零散的几枚，不能复原出一个完整的家庭。长沙走马楼出土的户籍简中，有一类家庭成员连记简，从中或可推测当时户籍的著录格式。如“义成里户人陈市年卅一 妻□年廿三 子男儿年□岁☑”（壹·4131），“□女弟宜年二岁 宜男弟☑”（壹·4132）等[1]，户主、妻子以下，子女不按性别，而以年龄长幼的顺序排列。西北居延地区的戍卒家属廪名籍及云梦睡虎地所见的“封守”爰书中，子女的著录顺序大致也是如此。里耶所出这批户籍简中，所有家口皆未注明年龄或身高，但其第三、四栏所载户主子女（包括其兄弟的子女）身分均有“小”的注记，如简 K27：

（3）子小上造□ （4）子小女子驼

简 K1/25/50：

（3）子小上造台 （4）子小女虖
子小上造宁 子小女移
子小上造定 子小女平

简 K2/23：

（3）子小上造传
子小上造逐 （4）熊子小女子阿
□子小上造□
熊子小上造剽

简 K2/23 第一栏记有户主宋午和他的两个兄弟熊、卫，第三栏第三行“子小上造”前一字非“卫”即“熊”。上引诸简中的“小”，显然是指小男、小女之类的课役身分。[2]我们知道，课役身分制度中的“小”“大”，是国家征发赋役或兵役与否的依据，所以户籍中要特别注明。根据睡虎地秦简的说法，小隶臣的标准为身高六尺五寸以下，小隶妾是六尺二寸以下[3]；身高折算成年龄，是 16、17 岁。这是隶臣妾的规定，平民“小”的年龄标准相差不大。这批简

1 走马楼简牍整理组编著：《长沙走马楼三国吴简·竹简[壹]》，第 980 页。

2 邢义田将“小上造”连读，推测是《二年律令》中提到的“小爵”的一级，即未成年而有的爵（参见《龙山里耶秦迁陵县城遗址出土某乡南阳里户籍简试探》，http://www.bsm.org.cn/?qinjian/4954.html，2007 年 11 月 3 日）。这种理解也是可以的。

3 睡虎地秦墓竹简整理小组编：《睡虎地秦墓竹简·仓律》，“释文·注释”，第 32 页。

与睡虎地秦简所处时代大致相当，其“小”的身分或可参看。

户主的子女主要写在第三、四栏，但也见与户主并列写在第一栏者，如上举简 K17：

（1）南阳户人荆不更黄□

子不更昌

简 K4：

（1）南阳户人荆不更繎喜

子不更衍

里耶所见户籍简中，户主皆为已婚且育有子女的成年男子，其爵位几乎均作“荆不更”[1]；小男的爵位均为“上造”。这里的昌和衍都未标注“小”的身分，其爵位与父亲相同。前已提及，写在第一栏中也见有户主的兄弟，其爵位亦为不更，并且多已成婚（简 K43、简 K2/23），毫无疑问在当时已经属于成年人。上举简中的昌、衍应该也是成年的户主长子。看来，这批户籍简的第一栏所记均为家庭中的成年男子，亦即战国文献中常说的“大男”。

接下来看第二栏的内容。第二栏记载的主要是户主或户主兄弟的妻子，另外也见到“母”“隶”“妾”身分各 1 例。战国时期女子的结婚年龄，诸书记载各有不同，但都认为女子 15 岁就应当出嫁。如《墨子 • 节用上》载：“昔者圣王为法曰：‘丈夫年二十，毋敢不处家。女子年十五，毋敢不事人。’”[2]《韩非子 •外储说右下》载齐桓公下令：“丈夫二十而室，妇人十五而嫁。”[3]后世成书的《孔子家语 • 本命解》甚至说：“男子十六精通，女子十四而化，是则可以生人矣。”[4]这是从生理角度说的。汉代政府规定，女子 15 岁不出嫁要征收五倍算赋。15 岁更是课役身分的重要分界点，根据汉制，到了这个年龄就进入了“大”的行列。里耶所出完整的户籍简中，第二栏所载的妻子多数都有两个以上小孩；简 K4 径载“妻大女子媐”，简 K4 也载“隶大女子华”，明确标出其身分为“大

1 关于“荆”的含义，下文论述。

2 （清）孙诒让撰：《墨子间诂》卷 6《节用上》，孙启治点校，中华书局，2001，第 161 页。

3 （清）王先慎撰：《韩非子集解》卷 14《外储说右下》，钟哲点校，中华书局，1998，第 344—345 页。

4 （清）陈士珂辑：《孔子家语疏证》卷 6《本命解》，崔涛点校，凤凰出版社，2017，第 188 页。

女”。需要说明简 K30/45 第二栏母亲的身分：

（1）南阳户人不更彭奄　（2）母曰错　（3）子小上造状☐

弟不更说　　　　　　　妾曰☐

这枚简宽 2 厘米，第三栏仅登录 1 名幼男，其下再无家口。引人注意的是，该户是所有简中唯一不载户主妻子的家庭。根据文献记载，至少从先秦到两汉时期，楚地的男女人口比例呈女多男少的状况[1]，长沙走马楼吴简也反映当时许多家庭存在着多妻现象[2]。即以这批户籍简为例，简 K5 的户主之下，第二栏分明就登录有“妻曰缚☐　☐妻曰☐　下妻曰婺”[3]。结合上引简 K30/45 家内有妾无妻的情况，户主很可能是妻子死后未续娶。当然，这只是推测。笔者讨论过战国至西晋时期课役身分的变化，指出战国时期的课役身分仍以“小男（女）”“大男（女）”名之，“老”不过是“大”之下的二级名目[4]；里耶秦简中就有六七十岁的人称“大男”或“大女”的例子，如简 8-894 所载“故邯郸韩审里大男子吴骚，为人黄皙色，隋（椭）面，长七尺三寸☐年至今可六十三、四岁”，简 8-2098 所载“丹子大女子巍（魏）婴姽，一名☐年可七十岁，故居巍（魏）箕李☐”。[5]所以简 K30/45 中该户主母亲无论年老还是年轻，其身分都是“大女”。

第三、四栏分别登载的是户内“小男”“小女”身分，这点应该没有疑问。不过，我们在简 K42/46 第四栏也见到了登录母亲的例子：

（1）南阳户人荆不更☐☐（2）妻曰义（3）……（4）母睢（5）伍长

整理者对“母”字的释读恐怕是错误的。“母”“毋”形体相近，传世文献中这两个字经常混淆。如胡毋是复姓，秦朝有胡毋敬，西汉有胡毋生，东汉有胡毋班，但史籍经常将上述人名写作胡母敬、胡母生、胡母班。我们比较一下

1　史籍对此记载很多，如《周礼·职方》言及荆州“其民一男二女”，《汉书·地理志下》载淮南之地“多女而少男”等。

2　参王子今：《论走马楼简所见“小妻”——兼说两汉三国社会的多妻现象》，《学术月刊》2004 年第 10 期；后收入其著《古史性别研究丛稿》，社会科学文献出版社，2004，第 254—265 页。

3　张家山汉简《二年律令·置后律》谈到继承人的顺序时，说“其毋適（嫡）子，以下妻子、偏妻子”。是正妻之下，还有偏妻、下妻，简 K5“妻”前“☐”字，或系“偏”。

4　参本书第三编第十章“‘小’‘大’之间——战国至西晋课役身分的演进”。

5　陈伟主编：《里耶秦简牍校释》（第 1 卷），第 244、429 页。

这批户籍简中“母”和“毋”字的写法，上举简 K30/45 的“母”字确切无误，其写作；“毋”字则见于简 K28/29：

（1）南阳户人荆不更黄□（2）妻曰负刍（3）子小上造□（4）子小女子女祠（5）毋室

整理者指出，“毋室”字体稍大，并与前面的内容隔开。此处“毋”写作。从写法上看，“母”内是两点，“毋”内是一斜线；简 K42/46 所谓的“母”字则作，虽有木纹扰乱，但还是能看出该字是斜线而非两点。更明显的是，由于“母”“毋”在户籍简中有不同的含义和性质，两者书写方式差异很大。从图版可以看出，凡简中登录的家庭成员皆是紧接在栏线下书写，简 K30/45 中的“母”字也是如此；而简 K28/29 中的“毋室”是二次书写，故其书写的位置距栏线较远，字体也偏大。简 K42/46 所谓的“母”字体现的正是后一种特征，故也应释成“毋”。与之相应，“毋”后的字也非“睢”。笔者曾赴湖南省文物考古研究所目验原简，发现该字墨迹晕散，但仍可以看出是“室”字。何谓“毋室”呢？从字面意思看，“毋（无）室”可以指没有家庭，但这显然不符合户籍简的情况。整理者就简 K28/29 做过一个说明：“是指女祠无房宅还是户主一家无房宅，不得而知。”秦及汉初实行国家授田制或者说以爵位名田宅制，官府授田宅的前提必须是单独立户，这里的“毋室”应当是指该户没有住宅。[1]

第五栏除标注“毋室”外，还记载了“伍长”和“臣”。“伍长”与“毋室”一样，也是字体偏大，明显是二次书写。记载“臣”也就是男奴的地方有两处，分别是简 K27 中的“臣曰聚”和简 K2/23 中的“臣曰𧞤”，都写在最后的第五栏。古代尤其是战国、秦汉时期的奴婢与自由民泾渭分明，不具备法律上的人格。睡虎地秦简《法律答问》说：“‘家人之论，父时家罪殹（也），父死而誧（甫）告之，勿听。’可（何）谓‘家罪’？‘家罪’者，父杀伤人及奴妾，父死而告之，勿治。”（简 106）“人及奴”的说法也见于《汉书·王子侯表》，汉武帝天汉元年（前 100 年），邵侯刘顺“坐杀人及奴凡十六人，以

1　简 K42/46 中的“毋室”标注在第四栏而非第五栏，应该是因为这两户家庭成员中没有小女身分，“毋室”得以前提一栏书写。

捕匈奴千骑，免”。这里的“人”“奴”并列，显然奴婢不是法律地位上的人。我们在秦汉简牍及传世典籍中，鲜见奴婢称男子、女子的例子；而在表示身分尤其是庶民与奴婢对举的场合中，男子、女子仅就庶民而言，奴婢只能称大奴（婢）、小奴（婢）。奴婢在法律上作为主人的财产，不能与家庭成员一样称大男、大女、小男、小女，所以简文就将其与“毋室”“伍长”等书写在第五栏。

至此，我们可以归纳出这批户籍简的著录格式：第一栏大男，第二栏大女，第三栏小男，第四栏小女，第五栏登载奴婢及“毋室”“伍长”等备注项目。里耶户籍简这种著录格式与当时的户口统计方式完全一致。《管子·度地》篇记载了一条早期的造籍法令：

> 令曰：常以秋岁末之时，阅其民，案家人比地，定什伍口数，别男女大小。其不为用者辄免之。有锢病不可作者疾之，可省作者半事之。并行，以定甲士当被兵之数，上其都。[1]

有关《管子·度地》篇的成书年代，现代学者多认为是在战国时期。令文中的“案家人比地”是古代“案比”即造籍一语的最早出处，“定什伍口数”指的是什伍编制，“别男女大小”说的就是将当时的户口数按男、女、大、小四项指标分类统计。这批户籍简没有家庭户口集计，但我们在里耶一号井所出简牍中可以见到这样的记载，如简 9-1530：

（1）☑伍长

（2）大女二人

小男一人

小女一人

（3）四人

简 9-2295：

南里户人官大夫布☑

口数六人☑

大男子一人☑

1　黎翔凤撰：《管子校注》卷 18《度地》，梁运华整理，第 1059 页。

大女子一人☑

小男子三人☑[1]

这里完全是按照“大男”“大女”“小男”“小女”的顺序分类统计家庭人口，我们在汉武帝时期的江陵松柏汉简中仍能见到县、乡按此方式进行户口统计的情况。

二 户籍简的制作年代

关于这批户籍简的制作年代，整理者的意见较为谨慎：

> 秦代对爵位的控制相当严格，简文所反映的情况（指男子都有爵位）当不可能发生。也许这批简牍属于大规模赐爵的汉文帝以后，说它们属于汉文帝以后的证据也不充分，也有疑问，首先是考古发掘发现的同出实物的年代特征……更接近于楚秦时期；其次是汉简在使用“大”“小”等表示年龄的名称时，也同时标出实际年龄，而这些简无一枚一人标出年龄……因此它们的年代当与一号井简牍同时，以秦朝时为宜。[2]

笔者同意这一判断。从书写风格、著录格式及反映的编造制度来看，这批户籍简只能是秦占领楚地后不久之物，不会晚至西汉初年。但简牍中反映的男子普遍授爵现象，确实与我们所知的秦代制度有很大差距。这批户籍简中，除文字残泐无法识别者，其成年男子皆有爵位，一人作“荆（大）夫”，其余均作“荆不更”。而著录在第三栏的小男，爵位无一例外皆是“上造”。商鞅制定的二十等爵，主要是为军功所授，这点《商君书 • 境内》篇记载得非常清楚。同书《去强》篇曾提出“粟爵粟任”即纳粟拜爵的举措，具体事例秦王政四年（前 243 年）出现过一次。[3]《史记 • 秦始皇本纪》说秦始皇二十七年（前 220 年）、三十六年（前 211 年）有两次普赐民爵，但记载极其简略，不知道具体内容。这两次赐爵的时间相隔 9 年，但里耶户籍有一户三名甚至四名小男被授予“上造”的情况（简 K1/25/50、简 K2/23），不可能都是在该时

1 陈伟主编：《里耶秦简牍校释》（第 2 卷），武汉大学出版社，2018，第 322—323、465 页。

2 此据前揭张春龙《里耶秦简校券和户籍简》一文。相比原文，《里耶发掘报告》相关部分表述比较含混。

3 《史记》卷 6《秦始皇本纪》，第 224 页。

间段授爵，何况这批户籍的制作时间似不应晚至秦始皇三十六年（前 211 年）。

我们注意到，每位户主的爵位前皆注明“荆”。整理者认为“荆”指楚国，所谓“荆不更”，应是秦占领楚地后对居民登记时录下其原有爵位，而不是“楚地的秦不更”，简文的“上造”和“荆（大）夫”也应是楚爵位。我们对战国楚的爵制了解不多，史籍中见到有“五大夫”“执帛”“执珪”等爵称，显然与秦的爵位体系不同。若说秦占领楚地后，会承认与之英勇作战受封而来的敌国民众的爵位，也不太可能。简文所载的爵位还是应理解为秦政府赐予为好。

笔者认为此处的“荆”是指秦占领后的楚国地区，而非政治上的楚国。里耶一号井所出简 J1⑧记载了竟（竟）陵县一个叫狼的人，曾借迁陵县官船“以求故荆积瓦”的事。马怡认为，“故荆”指楚旧都郢（江陵）。[1]但这种推测有一些问题：其一，楚顷襄王二十年（前 279 年），秦攻克郢鄢即江陵，楚迁都陈（今河南淮阳）；考烈王二十二年（前 241 年），又迁都寿春（今安徽寿县）。也就是说，秦灭楚时，楚国都城是寿春，而非江陵。其二，竟陵与江陵毗邻，同属南郡。迁陵县属洞庭郡，据里耶所出的地名里程简，迁陵到江陵有 1375 秦里，约合今 506 千米。[2]狼要到江陵运积瓦，怎么会到数百千米外的迁陵借船？何况迁陵到江陵的这段路程也不全是水路。看来，此处的“故荆”还是泛指旧楚国境内，具体到该简文，应当是指迁陵县一带。

户籍简反映男子普遍授爵的情况，或许与秦灭楚后当地的形势有关。秦攻占楚境后很长一段时期，楚地民众的反秦斗争仍十分激烈。[3]传世文献之外，新出简牍也有这方面的具体反映。张家山汉简《奏谳书》案例 17，记载了秦始皇二十八年（前 219 年）苍梧县民反秦的史实，判案引用的令文言及“所取荆新地多群盗”的严峻局面。[4]里耶一号井出土的秦简中，也记载了秦占领

1　马怡：《里耶秦简选校》，见中国社会科学院历史研究所学刊编委会编辑《中国社会科学院历史研究所学刊》（第 4 集），商务印书馆，2007，第 140 页。

2　据简 16—52 载，“江陵到孱陵百一十里，孱陵到索二百九十五里，索到临沅六十里，临沅到迁陵九百一十里”（湖南省文物考古研究所、湘西土家族苗族自治州文物处：《湘西里耶秦代简牍选释》，《中国历史文物》2003 年第 1 期），按秦里 1600 尺，每尺合今 23 厘米计，每秦里合今 368 米。

3　田余庆《说张楚——关于“亡秦必楚”问题的探讨》（原载《历史研究》1989 年第 2 期；后收入其著《秦汉魏晋史探微》，中华书局，1993，第 1—23 页）一文对此已有深入阐释。

4　“南郡卒史盖庐、挚田、叚（假）卒史瞗复攸庳等狱簿”，参见张家山二四七号汉墓竹简整理小组编著：《张家山汉墓竹简〔二四七号墓〕》（释文修订本），第 103—105 页。

楚地后不久，迁陵县境内“越人”的一次反叛：

> 廿六年六月癸丑，迁陵拔（？）讯榱蛮、衿☐ [简 J1（12）10A]
>
> 鞫之：越人以城邑反，蛮、衿、害弗智（知）☐ [简 J1（12）10B][1]

虽然学者对个别字词的释读或有不同，但简文大致意思还是清楚的。秦始皇二十六年（前 221 年），是秦攻灭楚国的第三年；联系前引二十八年还在强调“荆新地多群盗”的事实，这样的反叛在迁陵县恐怕也多有反复。在这种形势下，当地成年男子参军平叛，获得政府赐予爵位的机会自然就比较多。至于小男授爵，也不排除和军事行动有关。有记载表明，秦国的男女老幼在战事紧急时，都要参与守城。《商君书·兵守》篇载：

> 三军：壮男为一军，壮女为一军，男女之老弱者为一军，此之谓三军也。壮男之军，使盛食厉兵，陈而待敌。壮女之军，使盛食负垒，陈而待令。客至而作土以为险阻及耕格阱。发梁撤屋，给从，从之；不洽，而熯之；使客无得以助攻备。老弱之军，使牧牛、马、羊、彘，草水之可食者，收而食之，以获其壮男女之食。[2]

《墨子·备城门》篇也有女子、老小守城的记载。同书《号令》篇又云：“男子有守者爵，人二级，女子赐钱五千，男女老小先分守者人赐钱千，复之三岁，无有所与，不租税。”[3]这里说的守城男子赐爵两级，其中也应当包括老、小者。联系前引“越人以城邑反”的史实，户籍简中成年男子几乎皆是不更（第四级），小男则全为上造（第二级）的现象，确也与《号令》篇所载暗合。但无论如何，战功一说不能解释户内所有小男的授爵问题。秦占领楚地后，为安抚民心，取得他们的支持，对降地民众普遍授爵的情况也很有可能。[4]

---

1 原录文个别文字、符号有误，此据前揭马怡《里耶秦简选校》录文。

2 蒋礼鸿撰：《商君书锥指》，中华书局，1986，第 74—75 页。

3 （清）孙诒让撰：《墨子间诂》卷 15《号令》，孙启治点校，第 596 页。

4 秦汉时期的史籍中不乏类似记载，可任举两例。其一，如《史记·赵世家》记载战国后期，韩上党守冯亭愿以城邑归附赵国，赵国表示若上党来归，“吏民皆益爵三级”。其二，如《后汉书》卷 86《南蛮西南夷传》云：“及秦惠王并巴中，以巴氏为蛮夷长，世尚秦女，其民爵比不更，有罪得以爵除。”刘攽认为“其民爵比不更”句衍“民”字：“巴氏之君可有爵耳，民何故辄得之。”现代学者徐复认为“民”字不误：“此当在‘其民’二字处一逗，直冒下‘爵比不更’二句，不更，秦官爵名，言不豫更卒之事。”参见徐复：《后读书杂志》，上海古籍出版社，1996，第 50—51 页。

现在的问题是，户籍中在这些爵位之前注明“荆”有什么特别用意？笔者以为，其目的就在说明这些爵位是秦政府在特定时间段授予原楚地民众的，与秦管理下的其他地区至少是与“故秦”的爵位有别。试想在爵制还很严格的秦代，每级爵位都代表着一定的经济、政治待遇，怎么会普遍赐予迁陵县男子呢？只能解释为，这里的“不更”“上造”等都是特定阶段的产物，并不享受其爵位原有的种种待遇。[1]笔者之所以做此推测，也有汉初的事例佐证。张家山汉简《奏谳书》案例 16 记载了一件事：新郪长吏信、髳长苍等人合谋杀害狱史武，校长丙、求盗赘抓获苍后又将其放跑。此案的判决书中提到：

诊问苍、信、丙、赘，皆关内侯。信，诸侯子，居洛阳杨里，故右庶长，以坚守荧（荥）阳，赐爵为广武君，秩六百石。苍，壮平君，居新郪都隐（？）里；赘，威昌君，居故市里；丙，五大夫，广德里，皆故楚爵，属汉以比士，非诸侯子。[2]　（简 88—90）

“诸侯子”之语，亦见于《汉书·高帝纪》汉高祖五年（前 202 年）五月诏：“诸侯子在关中者，复之十二岁。”王先谦《汉书补注》卷 1 下引宋祁说：“诸侯子谓诸侯国人，若楚子之类。”[3]周寿昌《汉书注校补》云：“窃谓楚子、诸侯子之类，大约楚国与各诸侯支系、宗戚之从军者，非泛泛国人，故书子以别之。”[4]李开元认为所谓“诸侯子”，就是户籍在诸侯王国的人。[5]这里说的“诸侯”，特指楚汉战争时奉汉为盟主的各路诸侯。信家居洛阳，是投降刘邦的河南王申阳的国人[6]；苍、赘、丙等人居淮阳新郪，是西楚项羽的国人[7]，所以“非诸侯子”。简文所载的“广武君”“壮平君”“威昌君”“五大夫”等，“皆故楚爵”，其

1　里耶秦简中，我们也可以见到“不更”作邮卒的例证，如简 J1（16）9 就有“不更成里午以来”的记录。

2　张家山二四七号汉墓竹简整理小组编著：《张家山汉墓竹简［二四七号墓］》（释文修订本），第 99 页。

3　（清）王先谦：《汉书补注》卷 1 下，见顾廷龙主编《续修四库全书》第 268 册，上海古籍出版社，2001，第 49 页上栏。

4　（清）周寿昌：《汉书注校补》，见顾廷龙主编《续修四库全书》第 267 册，第 423 页上栏。

5　李开元：《汉帝国的建立与刘邦集团——军功受益阶层研究》，生活·读书·新知三联书店，2000，第 26 页。

6　《史记·项羽本纪》载，楚立申阳为河南王，都洛阳。

7　淮阳，《汉书·地理志》王先谦《补注》引全祖望云：“故属秦楚郡，楚汉之际属楚国。”

授予的具体时间，据简文称，信是在汉高祖三年（前 204 年）四月坚守荥阳有功受封，苍、丙、赘受封时间、性质或与之相当。关于刘邦遵用楚制的时限，中日学者有不同意见。[1]就上引简文看，至少在汉高祖三年四月，刘邦仍有封赐楚爵的举措。李开元认为，汉高祖元年（前 206 年）四月之后，刘邦集团不再颁赐楚爵。[2]上述爵位或许仅授予原项羽分封下的诸侯国，以及投靠来的楚人。颜师古注《汉书・樊哙传》，说："楚汉之际，权设宠荣，假其位号，或得邑地，或空受爵。"[3]这些战时所授的高爵听起来非常荣宠，但实际上与其原爵位蕴含的政治、经济地位有霄壤之别。所以简文说"属汉以比士"，也就是说，不过相当于汉王朝的"士"爵，亦即不更以下爵称。里耶户版中爵位之前注明"荆"，其目的也是在提示这一点。

里耶所出这批户籍简反映的家庭结构，似乎也与我们对秦代的认识有些差距。商鞅变法规定，"民有二男以上不分异者，倍其赋"[4]，百姓有两个以上的成年儿子，如果不分家，政府要加倍征收税赋。也就是说，秦代排斥成年兄弟同居。但里耶出土的这批户籍简中，家庭结构完整的 9 例，除核心家庭 6 例（简 K27、简 K1/25/50、简 K28/29、简 K17、简 K4、简 K48）、主干家庭 1 例（简 K30/45）外，还有 2 例已婚成年兄弟同居的联合家庭（简 K43、简 K2/23）。这种情况在云梦秦简中也有反映。《日书甲种》载："凡为室日，不可以筑室。筑大内，大人死。筑右圿，长子妇死。筑左圿，中子妇死。筑外垣，孙子死。筑北垣，牛羊死。"这里的已婚兄弟就是与父母居住在一起的。从睡虎地 4 号墓出土的 6 号与 1 号木牍书信内容看，学者认为其发信人惊、黑夫是与其兄衷及母亲同居共财的，该户是一个以衷为户主的三代同堂的联合家庭。[5]考虑到这批户籍简的年代，成年兄弟同居的现象自然就更多了。

我们认为这批户籍简是秦代，具体来说，应该是秦占领楚地后不久之物。

1　李开元：《汉帝国的建立与刘邦集团——军功受益阶层研究》，第 37—38 页。

2　李开元：《汉帝国的建立与刘邦集团——军功受益阶层研究》，第 39 页。

3　《汉书》卷 41《樊哙传》，第 2069 页。

4　《史记》卷 68《商君列传》，第 2230 页。

5　参见〔韩〕尹在硕：《睡虎地秦简〈日书〉所见"室"的结构与战国末期秦的家族类型》，《中国史研究》1995 年第 3 期；李根蟠：《从秦汉家庭论及家庭结构的动态变化——兼与杜正胜先生商榷》，《中国史研究》2006 年第 1 期。

正如上文所说，这批户籍简中无一人标明年龄、身高等信息。云梦秦简中隶臣妾的“大”“小”身分，是用身高来表示的；战国时期的文献中，已经有按年龄征役、免役的记载。根据《史记·秦始皇本纪》的记载，秦王政十六年（前231年）“初令男子书年”，此后年龄就成了户籍登记的必备项目。诏令首先从男子开始试点，表明政府掌握年龄的首要目的是征发赋役。大概时隔不久，无论男女老幼都要“书年”了。秦的“书年”也是民户先自行申报，睡虎地《编年记》载喜就在该年下注“自占年”[1]，而此时秦占领江陵已有四十多年。有证据表明，秦占领楚地不久，就开始推行“书年”的制度。里耶一号井出土的简J1（16）9A载：

（1）[廿]六年五月辛巳朔庚子，启陵乡庫敢言之。都乡守嘉言：渚里不☒

（2）劾等十七户徙都乡，皆不移年籍∟。令曰：移言。·今问之劾等徙☒

（3）书，告都乡曰启陵乡未有枼（牒），毋以智（知）劾等初产至今年数☒

（4）[皆自占]，谒令都乡自问劾等年数，敢言之。☒。

简J1（16）9B：

（1）□□迁陵守丞敦狐告都乡主：以律令从事。/逐手。即☒

（2）甲辰，水十一刻刻下者十刻，不更成里午以来。/貄手。☒[2]

二十六年指秦始皇二十六年（前221年）。睡虎地秦简《法律答问》、张家山汉简《二年律令·户律》都有民户迁徙移送户籍的规定，《二年律令·户律》明确提到随同移送的还有“年籍”。从庫回答“启陵乡未有枼（牒），毋以智（知）劾等初产至今年数”的说法看，所谓“年籍”应该就是记录民众出生时间和现今年龄的籍簿。简J1（16）9A记载，启陵乡所辖渚里民户迁徙都乡，未按规定移送年籍，都乡呈请县司过问此事；启陵乡询问有关情况后回复说，本乡没有年籍，也不知道这些人的生年及现在的年龄，请都乡自行查问（并登记造籍）。都乡要求启陵乡移送迁徙民户的年籍，县廷也下令迁陵乡“移言”，表明迁陵县已经开展登记年龄、编造年籍的工作，至少都乡是有这类

1　李零根据印台、松柏汉墓出土的类似文献，主张将其定名为“叶书（牒书）”，见《视日、日书和叶书——三种简帛文献的区别和定名》，《文物》2008年第12期。

2　里耶秦简博物馆等编著：《里耶秦简博物馆藏秦简》，中西书局，2016，第208页。

籍帐的。但由于秦占领楚地伊始，这项工作还没有全面展开，所以迁陵县听从了启陵乡的请求，令都乡自行查问移民年龄。随着秦的统治走上正轨，“书年”制度就会全面严格执行。里耶出土的这批户籍简，应该就是这种过渡阶段的产物。[1]

三　南阳里户版的性质

里耶为秦代迁陵县旧治，其一号井所出简牍属于县级官府档案，这些户籍简出土于北护城壕，性质应当有所不同。从形制上看，这批户籍简实际上是一种比较特殊的木版，版的完整长度为 46 厘米，即秦代的二尺。版的宽度视各户家口尤其是课役身分情况有很大不同，有一栏登录一两行者，也有一栏登录三四行者，实际宽度 0.9—3 厘米不等。根据此前报道，里耶一号井所出木简有“两道编绳或无编绳，编绳系书写后再编联，尚未见到先编联后书写”[2]的情况。这批木版出土时未见编绳，登录的文字之间也不见预留容编绳穿过的空格。以往学界有一种说法，认为只有长、宽规格相同的简牍方能编连成册，1996 年长沙出土的《吏民田家莂》打破了这种认识，据整理者介绍：

> 约二千枚简长短宽窄差别甚大，嘉禾四年莂券中最长的有五五·四厘米，最短的仅有四二·二厘米；最宽的有五·五厘米，最窄的仅一厘米；最厚的有一·五厘米，最薄的仅〇·一厘米多，相差很大。每简容字少则数十，多则二百六七十。从固定编绳的契口与残留的编绳痕迹看，木简原有两道编绳，写好后编联成册。[3]

1　有学者认为秦汉时期有专门的年籍，故户籍中无须再注年龄，参见王彦辉：《秦汉户籍管理与赋役制度研究》，中华书局，2016，第 90 页；王准：《战国秦代的乡里组织与地方社会：以简牍资料为中心的考察》，武汉大学出版社，2021，第 209 页。由于制作目的和各自功能不同，古代不同帐簿著录的内容彼此有交叉是很正常的事，如果仅以当时存在“年籍”为据，尚不足以证成户籍中不登载年龄的结论。

2　湖南省文物考古研究所、湘西土家族苗族自治州文物处、龙山县文物管理所：《湖南龙山里耶战国——秦代古城一号井发掘简报》，《文物》2003 年第 1 期，第 18 页。本章所引里耶一号井所出简文，未注明来源者，均出于此文。

3　《嘉禾四年吏民田家莂解题》，见走马楼简牍整理组编著《长沙走马楼三国吴简·嘉禾吏民田家莂》，第 71 页。

里耶新出这批木版未见契口，但书写的笔迹相同，内容一致，著录的又都是同一籍贯的民户。秦献公十年（前 375 年）“为户籍相伍”[1]，制定户籍什伍之法。这批木版中，简 K36、简 K42/46、简 K1/25/50 及简 K27 第五栏都载有“伍长”的注记，这就表明诸民户之间原是有顺序排列的。笔者在湖南省考古所近距离观察实物时，发现简 K27、简 K33 中仍隐约可见编绳的痕迹。看来这批木版也是先写后编，只是年代久远，且又是被废弃在护城壕中，编绳的痕迹现在看不清楚了。

这种将一户所有家口写在一枚木版上的情况，我们在东牌楼及走马楼出土的户籍简[2]中均未见到；仅西北居延所出的汉代合家符传、戍卒家属廪名籍有类似的著录方式。但《周礼》卷 35《秋官·司民》说：

> 司民掌登万民之数，自生齿以上，皆书于版，辨其国中，与其都鄙，及其郊野。异其男女，岁登下其死生。

汉儒郑玄注：

> 版，今户籍也。

《周礼》卷 3《天官·宫伯》有“掌王宫之士庶子，凡在版者”之语，郑众注释得更为明确：

> 版，名籍也，以版为之。今时乡户籍谓之户版。[3]

同书卷 23《春官·大胥》郑注同。学者通常认为《周礼》成书于战国时期，中国古代户籍制度也大致确立于这一时期。从文献记载看，当时各家户籍就是写在“版”上。木版形制宽大，容字量较多，一户所有家口大抵皆能著录在一枚木版上，所以当时的户籍被称为“户版”。中国古代的户籍制度是官府统治民众的基本手段，早期的户籍形制使用木版而非简册，显然和当时文书制度不成熟及官府对户籍要求的准确性有关。《周礼》记载战国的户籍用版制作，参诸郑玄尤其是郑众的注说，东汉时期的民众仍习惯上把乡户籍称作“户

1 《史记》卷 6《秦始皇本纪》，第 289 页。

2 孙吴户籍简中，有一类属于家庭成员连记简，这种简一枚所载最多者三名人员，也不是家庭全部人口。

3 （汉）郑玄注，（唐）贾公彦疏：《周礼注疏》卷 35《秋官·司民》、卷 3《天官·宫伯》，见（清）阮元校刻《十三经注疏》，第 1897 页下栏、1415 页下栏。

版”[1]，这就进一步说明了历史上用木版制作户籍的普遍性。

这批里耶户版中，户主的籍贯皆作“南阳”。张春龙最初的文章推测，这是指民户所居的南阳里；但他在后来出版的《里耶发掘报告》中修改了观点，认为“南阳”表示郡名的可能性更大。2007年10月，在湘西龙山举办的“中国里耶古城·秦简与秦文化国际学术研讨会”上，有的学者推论这些人都是南阳郡的移民。但按照秦汉时期的制度，户籍由乡编制，户主的籍贯必须注明里，无须标注乡，更不用说郡县了。长沙东牌楼所出的东汉末年户籍简、走马楼所出的孙吴时期的户籍简，充分证明了这一点。官府编制户籍的主要目的是著民户于当地以征发赋役，若说户籍中仅标出原籍贯，而不注明现居地，显然与事实不符。我们目前所见的汉晋简牍中，里名确实多如“吉阳”“富贵”之类的嘉名，但也见以当时郡、县地名为里名者，居延汉简15·2载“济阴郡成阳县南阳里狄奉”，居延新简EPT56·68载“父城第一车父南阳里执毋适”等[2]，更是以“南阳”为里名之实例。可以肯定地说，这批户籍简中标注的“南阳”只能是里名。

春秋战国里的户数，史籍中有二十五家、五十家及百家的不同说法。[3]一般根据《周礼》卷10《地官·大司徒》中“令五家为比，使之相保；五比为闾，使之相受”，以及卷15《地官·遂人》中“五家为邻，五邻为里”的记载，认为一里（闾）的规模是二十五户。里耶一号井所出秦始皇三十二年（前215年）的简文说，迁陵县启陵乡成里有二十七户（简J1⑧157背[4]）；上引简J1（16）9记载渚里迁往都乡的十七户，或许不是该里的全部。这批木简是单独出土的，除拼接复原所得的24枚户籍简外，其余皆为无字残简。24枚户籍简

1　前引郑众谓“今时乡户籍谓之户版”，唐代孔颖达进一步引申说：“汉之户籍皆以版书之，故以汉法况云。”认为汉代的户籍仍在沿袭战国形制，用版制作。但名词变化要比实物变化缓慢得多。即以“版”为例，自从战国时期“版”具有户籍的含义后，历代典籍就一直使用“版籍”这个词，直到今天我们仍在用“版图”指代国家管理的疆域。汉代的人称户籍为户版，如果不是沿用旧称，就可能是指乡里编制的民户名数。详参本书第四编第十五章“中国古代书写载体与户籍制度的演变”。

2　谢桂华、李均明、朱国炤：《居延汉简释文合校》，第23页；甘肃省文物考古研究所等编：《居延新简——甲渠候官》，中华书局，1994，第135页。

3　《国语·齐语》记管子制国“五家为轨”“十轨为里”，楚人所作《鹖冠子·王鈇》设想“五家为伍”“十伍为里”，银雀山汉简《田法》径载“五十家而为里”，《管子·度地》云“百家为里”。

4　原文简号误作“T1⑧157背”。

（整简 10 枚、残简 14 枚），一简一户，应当就是南阳里的所有民户。由此，我们可以将里耶出土的这批户籍简定名为迁陵县南阳里户版。

应该如何看待秦占领楚地后制作的这批户版？有学者视其为当时秦国的典型户籍，笔者有不同看法。这批户版的形制及其编连方式引人注目。学者讨论过作为书写材料的简册与木牍的区别，角谷常子指出“牍的本质为单独使用，即不编缀的简”，认为简和牍的根本区别在于编连而不在形制。[1]这一说法或许有所偏颇，但编连与否的确是判断简、牍的重要标准。战国时期《仪礼·聘礼》说：“百名以上书于策，不及百名书于方。”郑玄注：“名，书文也，今谓之字；策，简也；方，板（版）也。”贾公彦疏：“方若今之祝版，不假连编之策，一板书尽，故言方板也。”[2]“策”是竹简编成的册书，“方”与“版”一样，都是指木牍。《仪礼·聘礼》提出木牍以百字为限，也与其形制有关。战国时期文字修长，字与字的间距较大，100 个字通常要书写五行，所以蔡邕《独断》说“文多用编两行，文少以五行”[3]，“五行”就是指木牍。无论是《仪礼·聘礼》还是《独断》，这里都是将简册和木牍对比，说明一枚木牍本身就是一份完整的文件，不需要编连。与户版相对的“户籍”就不同了。传世典籍对“户籍”一词的最早记载见于《史记·秦始皇本纪》，秦献公十年（前 375 年）“为户籍相伍”。“籍”从竹，竹简的形制一般较窄，通常不会写下一户所有的家口。所谓“为户籍相伍”，不是说这一年秦国才制定了户籍制度，而是说从此时开始，官府按五家连保的方式对民户进行编制管理，其结果自然会要求将一伍的户籍编连在一起。由此看来，当时秦国的户籍已经采用简册的形制了。我们也可以举出佐证。战国中后期[4]的包山楚简将县里保管

1 〔日〕角谷常子：《论里耶秦简的单独简》，见武汉大学简帛研究中心主办《简帛》（第 8 辑），上海古籍出版社，2013，第 161—178 页。

2 （汉）郑玄注，（唐）贾公彦疏：《仪礼注疏》卷 24《聘礼》，见（清）阮元校刻《十三经注疏》，第 2318 页上栏。

3 （汉）蔡邕撰：《独断》卷上，《景印文渊阁四库全书》第 850 册，第 79 页。

4 陈伟指出，包山楚简涉及的年代，最早者为公元前 322 年，最晚者为公元前 316 年，参见陈伟：《包山楚简初探》，武汉大学出版社，1996，第 19 页。

的名籍称作“典”，《说文·丌部》释“典”：“从册在丌上，尊阁之也。”[1]名籍采用简册，户籍也当如是。这种在制度上编连成册的户籍显然和本质上不编连的木牍不同。[2]

里耶户版标注的内容也存在异于正常户籍的地方。根据整理者介绍，K2/23第二栏本来有宋午妻子的名字，但被削掉了。《商君书·境内》篇说“四境之内，丈夫女子皆有名于上，生者著，死者削”[3]，所谓“生著死削”指的是官府在编造户籍的过程中，如实标注上次造籍以来的户口增减情况，增添新生、去除已故，而非对造好的户籍进行削改。这批户版中，K27、K1/25/50、K42/46和K36标注有字体粗大的“伍（五）长”，K28/29、K42/46标注了同样字体的“毋室”。前引《管子·度地》篇指出，当时官府案比的重要内容是“定什伍口数，别男女大小”，就是将民户编入什伍组织，并按照男女大小统计家庭人口。里耶户版中二次书写的“伍长”显然属于“定什伍”的环节，我们并未在其中见到如上举简9-1530、9-2295那样以户为单位的家口集计。未标注“伍长”前的里耶户版，其性质又是什么呢？

官府编造户籍的基本依据来自民户申报的家庭资料。秦王政十六年（前231年）“初令男子书年”，睡虎地秦墓主人喜就在《编年记》中记载此时“自占年”。所谓“自占”，《汉书·宣帝纪》云“流民自占八万余口”，颜师古注释说：“占者，谓自隐度其户口而著名籍也。”[4]考虑到战国秦汉时期民众的识字、书写能力，“占”通常被解释为口授[5]，但也不能排除民众自书的情况。刘邦称帝后，为恢复统治秩序，下诏“民前或相聚保山泽，不书名数，今天下已定，令各归其县，复故爵田宅”[6]，张家山汉简《奏谳书》收录了这条诏令：

1 （汉）许慎撰，（清）段玉裁注：《说文解字注》篇5上，第200页上栏。

2 需要说明的是，木牍作为单独的文件不用编连，但为了方便文书传递，尤其是便于文件归档后保存，有时也会将内容相关或性质类似的多枚木牍缠缚或编连起来。上举孙吴嘉禾年间的《吏民田家莂》就是如此。但这种编连是出于同一类文件的归档、集中，以便利用，与必须通过编连来写完一份文件相比，有本质区别。

3 蒋礼鸿撰：《商君书锥指》，第114页。

4 《汉书》卷8《宣帝纪》，第248页。

5 《后汉书》卷45《袁敞传》载“（张俊）自狱中占狱吏上书自讼”，李贤注曰：“占谓口授也，《前书》曰‘陈遵凭几口占书吏’是也。”

6 《汉书》卷1《高帝纪下》，第54页。

·令曰：诸无名数者，皆令自占书名数，令到县道官，盈卅日，不自占书名数，皆耐为隶臣妾，锢，勿令以爵、赏免，舍匿者与同罪。

（简 65—67）[1]

秦汉时人习惯上称户籍为名数，所谓“不书名数”“自占书名数”，说明民户申报实际上包括“自占”“自书”两种方式。根据《二年律令·户律》简 331 的说法，汉代初年官府编制的基本簿籍有“宅园户籍、年细籍、田比地籍、田命籍、田租籍”[2]，其中“宅园户籍”与“年细籍”皆可称为名数。“年细籍”又被称为“年籍爵细”，从名称上看，重点著录年龄和爵位情况。上引里耶秦简 J1（16）9A 也提到了“年籍”，根据简文记载，“年籍”主要登记民众的生年和现今年龄。长沙走马楼西汉简就披露了一件“年籍”：

北平大女南。母姊占：“定王四年产，尽今五年年廿八。”[3]

（简 0109）

木简长 21.5 厘米、宽 0.9 厘米。[4]《二年律令·户律》简 325—327 说：“诸（？）民皆自占年。小未能自占，而毋父母、同产为占者，吏以□比定其年。”[5]法律规定民众个人自占年，只有在“小未能自占”的情况下，才允许他人代占。南现年 28 岁，我们不清楚他人代其占年的背景。秦汉时期的女性通常不授予爵位，2022 年公布的乌程汉简 011 记载了一名男子的年龄和爵位情况：

故仕五（伍），永光二年袭父后蛮夷（夷）冬可左庶长。

☑可左席（庶）长乌程羡里茎上。

元康二年年一，　尽阳朔三年年卌三。[6]

1　张家山二四七号汉墓竹简整理小组编著：《张家山汉墓竹简〔二四七号墓〕》（释文修订本），第 97 页。

2　“年细籍”中的“细”，整理者原释作“细”，今据陈剑意见改。见陈剑《读秦汉简札记三篇》，《出土文献与古文字研究》（第 4 辑），上海古籍出版社，2011，第 358—366 页。陈剑亦释“宅园”为“宅图”，古代“园”“图”两字易混，但《户律》所列这几种文簿皆作“某某籍”，中国古代也没有见过专门著录民众住宅的簿籍，故不取。此外，彭浩等人也将“田命籍”释为“田合籍”，见彭浩、陈伟、〔日〕工藤元男编：《二年律令与奏谳书——张家山二四七号汉墓出土法律文献释读》，第 223 页。有关此处简文的释读意见，本书不再注明。

3　转引自杨芬：《读长沙走马楼西汉简札记——纪年与证律》，见邬文玲、戴卫红主编《简帛研究 二〇一八》（秋冬卷），广西师范大学出版社，2019，第 231 页。标点据陈伟《新见简牍与秦及西汉早期的傅籍制度》，《“中央研究院”历史语言研究所集刊》第 93 本第 4 分，2022，第 709 页。

4　数据由长沙简牍博物馆雷长巍先生提供，谨此致谢！

5　张家山二四七号汉墓竹简整理小组编著：《张家山汉墓竹简〔二四七号墓〕》（释文修订本），第 53 页。

6　中国美术学院汉字文化研究所编：《乌程汉简》，第 17 页。

木牍上端略残，全长约 22.4 厘米、宽 2.7 厘米。简文登记了“芎上”生年、现今的年龄，也著录了其傅籍时的爵位及现爵位[1]的授予时间，比较符合“年细籍”也就是“年籍爵细”的特征。与走马楼西汉简 0109 不同，乌程汉简 011 可能是芎上自占的年细籍。

如果说“年细籍”属于个人身分资料，同样被称为名数的“宅园户籍”著录的应该是整个家庭情况。《二年律令·户律》规定民户迁徙时，需要将“宅园户籍”与“年细籍”一同送往迁入地。1999 年，湖北荆州高台汉墓出土过一件模仿现实户籍实物的“名数”：

新安户人大女燕，关内侯寡

大奴甲

大奴乙

大婢妨。家优，不筭不顾[2]

笔者曾撰文讨论过“宅园户籍”的主要内容，推测其应该著录户内家口和田宅情况。[3]我们目前没有发现“宅园户籍”的实物，但悬泉置汉简有民户申报户口、土地的帐簿：

	妻真田年廿七	子男宗年三☐
	子男音年十一	•凡口六其三人任☐
☐□	子男忠年十	田廿六亩自占□☐
	子男立年六	

（II90DXT0112③：20）

六　卩 凡口八其四不任作□

　　卩 田廿亩尊自占谨　（Ⅱ90DXT0112③：44）[4]

1　芎上傅籍时仍是没有爵位的士伍，不可能仅通过继承父亲的爵位就一跃成为左庶长。所谓“蛮荑（夷）冬可左庶长”，很可能是指被授予蛮夷首领冬可的左庶长之爵。蛮夷的爵位听起来高大上，实则其权益与国家正式爵位体系有很大差异，荆州胡家草场西汉简 2597 抄录的《蛮夷律》就规定“蛮夷君当官大夫，公诸侯当大夫、右大夫、左大夫，肎啙彻公子当不更”（荆州博物馆、武汉大学简帛研究中心编著：《荆州胡家草场西汉简牍选粹》，第 92 页），蛮夷“左庶长”的爵位还要在“不更”以下。

2　湖北省荆州博物馆编著：《荆州高台秦汉墓——宜黄公路荆州段田野考古报告之一》，科学出版社，2000，第 223—224 页。文书最后一个字，考古报告疑作“颢”；李学勤释作“顾”，见《初读里耶秦简》，《文物》2003 年第 1 期。有关这枚木牍的释文，此后不再注明。

3　张荣强：《孙吴简中的户籍文书》，《历史研究》2006 年第 4 期。

4　甘肃简牍博物馆等编：《悬泉汉简［贰］》，第 245、249 页。

“任作”“不任作”，也就是有无劳动能力。这两枚木牍著录了家口、田亩尤其是将家庭成员按“任作”“不任作”分类，性质与江陵凤凰山 10 号汉墓出土的《郑里廪簿》有些类似。[1]悬泉置也出土了一件汉代民户自占家庭情况的实物，简Ⅴ1210③：96：“骊靬武都里户人大女高者君自实占家当乘物□。□□年廿七□□、次女□□□□□……”[2]“自实占”，也就是如实自占，高者君自占的内容除了家庭成员，还有“家当乘物”亦即家庭财产，这就和汉代户籍著录的内容接近。

秦汉时人经常将户籍称为“名数”，仔细分析两者的使用语境，参据前引张家山汉简《奏谳书》“自占书名数”及武威旱滩坡东汉简“民占数以男为女，辟更徭，论为司寇”等说法[3]，“名数”更多情况下指的是民户自占的户籍资料。民众无论个人还是以家庭为单位自占的名数，都是一件单独的文书。官府要求自占者对申报的内容承担法律责任，为了保证自占的准确和完整性，以及防止他人割裂篡改，这一时期民户的自占通常写在一枚木牍上。[4]如果文字内容较少，也会如走马楼西汉简 0109、悬泉简Ⅴ1210③：96 那样，写在一枚单独的简上。

里吏对编民自占的名数负有审核之责，睡虎地《秦律杂抄·傅律》简 32—33 就有“匿敖童，及占瘩（癃）不审，典、老赎耐，·百姓不当老，至老时不用请，敢为酢（诈）伪者，赀二甲；典、老弗告，赀各一甲；伍人，户一盾，

1　湖北省文物考古研究所编：《江陵凤凰山西汉简牍》，中华书局，2012，第 106 页。

2　胡平生、张德芳编撰：《敦煌悬泉汉简释粹》，第 61 页。

3　简文见钟长发：《甘肃武威旱滩坡东汉墓》，《文物》1993 年第 10 期。

4　官吏自占材料也是如此。秦汉的官吏每年需要自占功劳，如里耶秦简 8-1450：“冗佐八岁上造阳陵西就曰駋，廿五年二月辛巳初视事上衍。病署所二日。·凡尽九月不视事二日，·定视事二百一十一日。（正）廿九年后九月辛未行计，即有论上衍。丗年□不视事，未来。（背）”参见陈伟主编：《里耶秦简牍校释》（第 1 卷），第 329 页。肩水金关简 73EJT26：88A：“肩水候官驷望隧长公乘杨殷自占书功劳，讫九月晦日为肩水候官驷望隧长四岁十一月十日，凡为吏四岁十一月十日。其六日，五凤三年九月戊戌病尽癸卯，不为劳。·能书会计治官民颇知律令文☑，年廿七岁。”参见甘肃简牍博物馆等编：《肩水金关汉简［叁］》，上册，第 83 页。新出张家山 336 号汉墓《功令》明确要求，官吏自占功劳要“放（仿）式以二尺牒各为将（状），以尺三行皆参（三）折好书”，即写在二尺长的木牍上。见荆州博物馆编，彭浩主编：《张家山汉墓竹简［三三六号墓］》，文物出版社，2022，“释文·注释”，第 96 页。

皆䙴（迁）之”[1]的记载。里吏审核无误后，就要提交乡案比造籍。前引《管子·度地》记载战国法令：“常以秋岁末之时，阅其民，案家人比地，定什伍口数。”这里没有说明负责编造户籍的机构，但令文接着说：“以定甲士当被兵之数，上其都。”杨宽、韩连琪等认为齐国实行“都县制”，“都”是县的上级机构[2]；但臧知非、赵庆淼指出，齐国的“都”并非一级行政区划，只不过是对县的通称[3]。从“上其都”一语看，战国时期的户籍也是在乡编造。里耶户版中的“伍长”“毋室”等标注及相关删削，如果不是出自里吏之手，就是乡案比后标注的。考虑到这批户版缺少家庭人口结计部分，我们推测其是经乡里审核后，尚未进入正式造籍环节的民户名数。[4]这批户版出土于北护城壕，而非文书集中处理的一号井，说明当时就被废弃了。

民户自占的名数与官方编造的户籍性质有别，但前者作为后者编造的基础，两者著录的内容基本一致，汉魏之际的人甚至将民户自占的名数称为“副籍”。[5]无论是官方编造的正式户籍还是乡里汇总的民户名数，里耶户版都反映了户籍的本质特征，其形制和书写方式甚至保留了简册之前的样态，从而为我们探讨战国早期的户籍制度提供了实物佐证。

以上我们就里耶出土这批户版的著录方式、制作时代及性质做了初步探讨。由于史料所限，我们对战国时代的户籍制度了解很少。按《周礼》记载，当时各户的人口都是写在户版上，各国普遍推行的“书社”制度也是以里社

1　睡虎地秦墓竹简整理小组编：《睡虎地秦墓竹简》，“释文·注释”，第 87 页。

2　杨宽：《战国史》，上海人民出版社，1980，第 212—213 页；韩连琪：《春秋战国时代的郡县制及其演变》，《文史哲》1986 年第 5 期。

3　臧知非：《齐国行政制度考源——兼谈〈国语·齐语〉的相关问题》，《文史哲》1995 年第 4 期；赵庆淼：《齐国置“五都”说刍议》，《中国历史地理论丛》2009 年第 4 期。

4　我们不妨参考后世的造籍程序。唐代县廷负责编造户籍，其具体程序是：第一，民户申报手实，里正审核后将民户手实粘连起来（或重新抄录）制成里手实，然后呈报到县廷；第二，县令负责对重点人群貌阅后，将貌阅结果注定在县手实上，再携带县手实和计帐赴州攒造户籍。

5　南朝刘宋陆修静《陆先生道门科略》提到道教徒的编籍问题，说：“道科宅录，此是民之副籍。男女口数，悉应注上。守宅之官，以之为正，人口动止，皆当营卫，三时迁言，事有常典。若口数增减，皆应改籍。”《陆先生道门科略》，见《道藏》第 24 册，上海书店出版社、文物出版社、天津古籍出版社，1988，第 780 页中栏。学者认为这些内容来自汉魏之际的“三张”旧法，这里的“宅录”说的就是民众自占的家口簿籍，其内容与正式户籍无异，故也被称为“副籍”。相关研究，参冻国栋：《道科“命籍”、“宅录”与汉魏户籍制的一个侧面——读陆修静〈道门科略〉札记之一》，见武汉大学历史系魏晋南北朝隋唐史研究室编《魏晋南北朝隋唐史资料》（第 12 期），武汉大学出版社，1993，第 89—94 页。

为户口统计单位。从史籍经常记载赐社多少看，里社之上未见其他户籍编制。《史记·秦始皇本纪》载秦献公十年（前375年）“为户籍相伍”，这是说制定户籍什伍之法，秦国建立户籍制度的时间要更早。张家山汉简《二年律令·户律》简328说：“恒以八月令乡部啬夫、吏、令史相杂案户，户籍副臧（藏）其廷。”[1]参据居延汉简“户籍藏乡”一语，可以知道汉代的户籍由县廷主导编造，乡负责实施，造好的户籍一式两本，正本放乡，副本呈县。战国时期的造籍制度与此不同。根据《管子·度地》篇征引的法令，当时的户籍也是在乡编造；但从里耶秦简J1（16）9A看，迁陵县应都乡所请，要求启陵乡呈报“年籍”，启陵乡回复没有“年籍”，说明县廷并不了解辖乡户籍情况，不参与辖乡户籍编造事宜，也不掌握户籍副本。这种情况大概在秦统一后发生了变化。

附录　秦代迁陵县南阳里户版[2]

户版是上下分栏，此为排版方便，径自改为横栏。

（1）简K27：

南阳户人荆不更蛮强　妻曰嗛　子小上造□　子小女子驼　臣曰聚

伍长

完整。宽1.6厘米。“伍长”字体稍大。

（2）简K1/25/50：

南阳户人荆不更黄得　妻曰嗛　子小上造台　子小女虖　五长

子小上造宁　子小女移

子小上造定　子小女平

完整。宽3厘米。“五长”字体稍大且偏左。

（3）简K43：

南阳户人荆不更大□　妻曰婴　子小上造视

1　张家山二四七号汉墓竹简整理小组编著：《张家山汉墓竹简〔二四七号墓〕》（释文修订本），第54页。

2　释文见湖南省文物考古研究所编著《里耶发掘报告》第2章第4节，第203—208页；个别文字参里耶秦简博物馆等编著《里耶秦简博物馆藏秦简》（第73—74页）及据笔者目验原简改。

弟不更[庆]　　　　　　庆妻规　子小上造□

完整。宽 1. 8 厘米。

（4）简 K28/29：

南阳户人荆不更黄□　妻曰负刍　子小上造□　子小女子女[祠]　毋室

完整。宽 1.6 厘米。第四栏“毋室”字体稍大而隔开。

（5）简 K17：

南阳户人荆不更黄□　妻曰不实　子小上造悍　子小女规

子不更昌　　　　　　　　　　子小上造□　子小女移

完整。宽 1. 9 厘米。

（6）简 K8/9/11/47：

南阳户人荆不更五□□　妻曰缯　……　……　……

……

完整。宽 2. 2 厘米。

（7）简 K42/46：

南阳户人荆不更□□　[妻]曰义　……　毋室　伍长

完整。宽 1. 6 厘米。“毋室”“伍长”字体稍大。

（8）简 K30/45：

南阳户人不更彭奄　母曰错　子小上造状☑

弟不更说　　　　　妾曰□

残长 32 厘米，宽 2 厘米。

（9）简 K4：

南阳户人荆不更繺喜　妻大女子媐　子小上造章　子小女子赵

子不更衍　　　　　　隶大女子华　子小上造𤞤　子小女子见

残长 32. 8 厘米，宽 2. 9 厘米。

（10）简 K2/23：

南阳户人荆不更宋午　　子小上造传　　　　　　　　臣曰𥛚

弟不更熊　　熊妻曰□□　子小上造逐　熊子小女子阿

弟不更卫　　　卫妻曰有　　□子小上造□
　　　　　　　　　　　　　熊子小上造剽

完整。宽 2. 3 厘米。第二栏第一行应是宋午妻名，被削去。

（11）简 K48：

南阳户人荆不更郑不实　妻曰有　　子小上造虒　　毋☑

残长 32.8 厘米，宽 1.7 厘米。“毋”字稍大。

（12）简 K36：

☑……　　　伍长☑

上下均残，残长 17. 6 厘米，宽 1. 5 厘米。

（13）简 K3：

☑子小上造□　　……☑
子小上造失

上下均残，残长 16 厘米，宽 1. 2 厘米。

（14）简 K5：

☑献　　　　妻曰缚☑
　　　　　　□妻曰□
　　　　　　下妻曰婺

上下均残，残长 14 厘米，宽 1. 5 厘米。

（15）简 K38/39：

南阳户人荆不更□☑

残长 9 厘米，宽 1. 5 厘米。

（16）简 K15：

□妻曰差

上下均残，残长 5 厘米，残宽 1. 2 厘米。

（17）简 K18：

南 阳户人荆夫☑

残长 4. 9 厘米，残宽 0. 9 厘米。

（18）简 K6：

妻曰□□ ……

上下均残，残长 15 厘米，残宽 0.9 厘米。

（19）简 K7：

☐吏□ …… …… …… ……

上残，残长 41 厘米，宽 1.9 厘米。

（20）简 K26：

…… …… 子小女子□
□小女子□

残长 35 厘米，宽 1.9 厘米。

（21）简 K31/37：

南阳户人荆不更李獾 妻曰耱 子小上造□ …… ……
子小上造□ ……

完整。宽 1.3 厘米。

（22）简 K33：

南阳户人荆不更□疾 疾妻曰姽

完整。宽 2.5 厘米。

（23）简 K35：

…… ……

残长 15 厘米，宽 2 厘米。

（24）简 K51：

☐□☐

残长 10 厘米，宽 1.1 厘米。

第四章
长沙东牌楼东汉“户籍简”补说

2004 年，湖南长沙市东牌楼 7 号古井出土了一批东汉灵帝时期（168—189 年）的简牍，其中几枚“户籍简”引起了整理者的注意。王素最早对东牌楼“户籍简”加以详细介绍，深入探讨了其中的“算卒”制度及其与孙吴户籍简的沿承关系。[1]日本明治大学东牌楼汉简研读会、北京简牍研读班的同仁分别对包括“户籍简”在内的简牍释文有所校订[2]，东牌楼汉简研读会的广濑薰雄进一步撰文考察了“户籍简”的形制问题[3]。本章拟就东牌楼发现的这几枚“户籍简”再谈一些看法，附带探讨一下汉代的造籍程序。

一 “算卒”释义

按照整理者的分类，东牌楼所出“户籍简”计 6 枚，编号依次为 79—84。王素谨慎地称这 6 枚简牍为“户口簿籍文书”，但指出其中的简 79—82 应该是户籍。简 83 载“右五户同伍”，简 84 载“文后家今又六户”[4]，从内容上看，至少不是民户户籍本身的构成；而简 83 右侧下端有契口，简 84 左右两侧中部有契口，与简 79 的契口位置（右侧上端）不一致，也表明它们不属于同一卷册。我们暂不考虑这两枚简。现在核对图版，并参据中、日学者的意

1 王素：《长沙东牌楼东汉简牍选释》，《文物》2005 年第 12 期。本章所引王素先生的观点，凡不注明者，皆见该文。

2 日本明治大学东牌楼研读会的部分成果见广濑薰雄《里耶秦简户籍简刍议》，“中国里耶古城·秦简与秦文化国际学术研讨会”会议论文，2007 年 10 月；北京简牍研读班的有关成果，参长沙东牌楼东汉简牍研讨班：《〈长沙东牌楼东汉简牍〉释文校订稿》，见卜宪群、杨振红主编《简帛研究 二〇〇五》，广西师范大学出版社，2008，第 145—165 页。

3 〔日〕广濑薰雄：《里耶秦简户籍简刍议》。

4 简 84 另有一行倒书：“贾　口戊月八。”

见，将简79—82重新释文。简79为木简，下端与右侧残缺，长约23.4厘米、宽1.5厘米，右侧上端有契口。残剩三行：

（1）　　建宁四年益成里户人公乘某卅九筭卒笃夅　子公　乘　石……

（2）□其

（3）　　……卅　七　筭　卒　笃　夅

简80亦为木简，下端微残，长18.8厘米、宽1厘米，仅一行：

区　益　　子　公　乘　朱　年卌□筭卒九十复

简81为木牍，上、下部残断，宽2.8厘米，残剩一行：

▨年卅筭卒　▨

简82亦是木牍，上、下部残断，残长23.7厘米、宽2.1厘米，三行，“中”字为朱笔：

（1）　　凡口五事▨

（2）中　筭三事二　　　　　訾五十▨

（3）　　甲卒一人▨[1]

王素指出，这几枚户籍简的登载内容与走马楼出土的孙吴户籍简基本相同。即如简79户主身分之前标注年代的情况，我们在走马楼孙吴户籍简中也可以见到：

嘉禾六年东扶里户人公乘李果卅一筭　　　　　　　（肆·406）

这种文例在走马楼孙吴户籍简中不太多见，但我们目前所知最早的纸本户籍——《前秦建元二十年（384年）三月高昌郡高宁县都乡安邑里籍》[2]，以及《西凉建初十二年（416年）正月敦煌郡敦煌县西宕乡高昌里籍》[3]中，每户资料的结尾皆载有“××年籍”的字样。笔者认为，最规范的户籍大概就是在每户家口资料之前标有造籍年代。上引“户籍简”有“筭卒”的注记，似乎不见于孙吴户籍简。所谓“算卒”，王素理解为“算甲卒”，并引东汉郑玄的说法，认为“汉代确有算卒之制”；东牌楼简整理者将其注释为：“当

1　长沙市文物考古研究所、中国文物研究所编：《长沙东牌楼东汉简牍》，“图版”，第42页；“释文”，第107、108页。简82第二行原作“算三事”，凌文超据图版，认为“事”后可补“二”字，参见《汉晋赋役制度识小》，见武汉大学简帛研究中心主办《简帛》（第6辑），上海古籍出版社，2011，第486—487页。有关简82的释读意见，本书不再说明。

2　有关此件户籍的介绍，参见荣新江：《吐鲁番新出〈前秦建元二十年籍〉研究》，《中华文史论丛》2007年第4期。

3　唐耕耦、陆宏基编：《敦煌社会经济文献真迹释录》（第1辑），第109—111页。

时筭赋之一种。”[1]“算卒”之语，仅见于《周礼·地官·大司徒》“宽疾”条郑玄注：

宽疾若今癃：不可事，不算卒；可事者，半之也。

我们很难从这句话中判定“算卒”的准确含义。唐代贾公彦对此作疏：

云“宽疾若今癃：不可事，不算卒”者，汉时癃病不可给事，不算计以为士卒，若今废疾者也；云“可事者，半之也”者，谓不为重役，轻处使之，取其半功而已，似今残疾者也。[2]

按贾公彦的理解，“算卒”就是“算计以为士卒”的意思。“不可事，不算卒”云云，就是说残疾严重者，不纳入服兵役的对象；若残疾程度较轻，则要承担轻（半）役。此处将“卒”解释为“士卒”，有点问题。汉代的“卒”有狭义、广义之分。狭义如《汉书·食货志》云“令民有车骑马一匹者，复卒三人”，特指士卒而言。广义上，凡是隶属官府供其役使的皆称为卒[3]，汉代常见“更卒”“正卒”“戍卒”的说法。在汉代人的观念中，兵役是包括在徭役之内的，郑玄所说的“卒”应当泛指服行徭役的男子，不专指士卒。除此之外，贾公彦的解释还是符合汉家制度的。《管子》卷18《度地》篇：

令曰：常以秋岁末之时，阅其民，案家人比地，定什伍口数，别男女大小。其不为用者辄免之。有锢病不可作者疾之，可省作者半事之。并行，以定甲士当被兵之数，上其都。

学者对这条法令的时间有不同意见，大多数学者认为是战国时期的规定。“锢病不可作者疾之”，丁士涵谓“疾”乃“废”字误，“废之”也就是“免之”，意即伤残严重者，不服徭役；“可省作者半事之”，俞樾解释说，“此言虽有疾病，不能多作，犹可少作，故半事之也”。[4]张家山汉简《二年律令·徭律》规定得更详细：

金痍、有□病，皆以为罢瘩（癃），可事如睆老。其非从军战痍也，作县官四更，不可事，勿事。　　（简408—408）[5]

1　长沙市文物考古研究所、中国文物研究所编：《长沙东牌楼东汉简牍》，“释文”，第107页。

2　（汉）郑玄注，（唐）贾公彦疏：《周礼注疏》卷10《地官·大司徒》，见（清）阮元校刻《十三经注疏》，第1521页下栏。

3　（汉）许慎撰，（清）段玉裁注：《说文解字注》篇8上《衣部》：“隶人给事者为卒。”第397页上栏。

4　黎翔凤撰：《管子校注》卷18《度地》注引，梁运华整理，第1059、1061页。

5　张家山二四七号汉墓竹简整理小组编著：《张家山汉墓竹简［二四七号墓］》（释文修订本），第64页。本章所引《二年律令》，如无特殊说明，皆见此书。

“睆老”，同出《徭律》简 407 有“睆老各半其爵繇（徭），□入独给邑中事”，睆老只应半役，限于“给邑中事”，亦即地方杂役。所谓“作县官四更”，汉制“月为更卒”，也就是分四番轮役，一次一个月。律文提到了致残原因不同，享有的给复标准也略有差异，但都是说伤残轻者，服轻役（半役或“作县官四更”）；严重者“不可事，勿事”，就要全免徭役。[1]湖北荆州纪南松柏汉墓出土的“南郡罢痒（癃）簿”中，就有“可事”“不可事”的分类统计。[2]凡此种种，都直接印证了贾公彦的说法。

我们也可以从郑玄的另一处注释中追寻“算卒”的真义。《周礼·地官·乡大夫》提到的“疾者”复除，也就是“宽疾”，郑玄注释说：“疾者，谓若今癃不可事者复之。”[3]“复之”也就是“不算卒”，亦即免除兵役在内的徭役。看来，东牌楼“户籍简”中的“算卒”不应理解为固定术语，也不会是“算赋之一种”。

笔者以为，简中的“算卒”实际是指“算”“卒”两种赋役名目。按汉代制度，15—60 岁的男女都要缴纳算赋[4]，每人 120 钱。走马楼孙吴户籍简中，适龄男女通常都有“算一”的注记；但也可以见到省作“算”的简例，如“☐□筭刑左足复☐”（叁·3417）、“☐里户人公乘谢达年廿六筭给县吏訾五十”（贰·4504）等。“算”之后照例是标注徭役的地方，我们通常见到“给县吏”“给州吏”“给驿兵”等之外，也有“给卒”的事例，如“高迁里户人公乘文□年卌六筭一给县卒”（壹·10056）、“☐……给州卒☐”（壹·8965）[5]等，这些都是充任各种名目的色役。最为普遍的“更卒”之役，或筑路，或修桥，根

---

1 整理者标点有误，律文似应点作“金痍、有□病，皆以为罢痒（癃），可事如睆老；其非从军战痍也，作县官四更。不可事，勿事”。

2 荆州博物馆：《湖北荆州纪南松柏汉墓发掘简报》，《文物》2008 年第 4 期。

3 （汉）郑玄注，（唐）贾公彦疏：《周礼注疏》卷 12《地官·乡大夫》，见（清）阮元校刻《十三经注疏》，第 1543 页上栏。

4 参见张荣强：《〈二年律令〉与汉代课役身分》，《中国史研究》2005 年第 2 期；后收入《汉唐籍帐制度研究》，第 37—66 页。

5 本章所引走马楼孙吴户籍简除特别注明外，皆见走马楼简牍整理组编著的《长沙走马楼三国吴简·竹简［壹］》《长沙走马楼三国吴简·竹简［贰］》《长沙走马楼三国吴简·竹简［叁］》。

据官府临时需要充任各种杂使，是无法预作标注的。[1]东牌楼“户籍简”的“卒”是狭义还是泛指？王素根据简 82 的记载，指出此处的“卒皆是指甲卒”。裘锡圭认为这种说法“恐怕有问题，至少不够全面”[2]，黄今言怀疑“卒”前的“算”字应该释为“更”[3]。揆诸图版，“算”字的释读没有问题。这里的“卒”是否就特指甲卒呢？青岛土山屯 M147 号墓出土 11 枚简牍，其中自题为《堂邑元寿二年（前 1 年）要具簿》记载了该县一组服役人口数据：

> 凡卒二万一千六百廿九，多前五十一；罢癃、睆（睆）老卒二千九十五，见甲卒万九千五百卅四，卒复除繇使千四百卅一，定更卒万七千三百八十三，一月更卒千四百卅六。[4]

简文表明汉代的“卒”“甲卒”“更卒”是不同含义的群体。“卒”泛指符合服役年龄的成年男子，如果用汉昭帝及其以后的傅籍标准，就是指 23—60 岁的成年男子。这一群体减去“罢癃”“睆老”等因年老或身体残疾而免除徭役或只能承担轻役者，就是承担正式徭役和兵役的“甲卒”。在“甲卒”基础上，再减去因各种原因而免除本年徭役的人，剩下的就是本年的“更卒”。具体用图 4-1 表示：

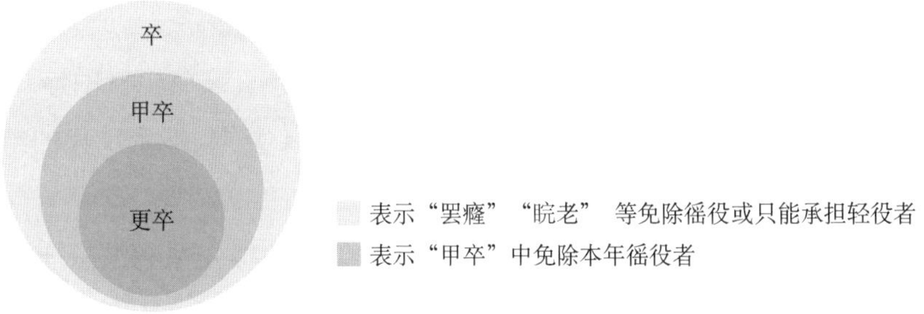

图 4-1 “卒”“甲卒”“更卒”示意图

1 这点我们在唐代用来征发徭役的差科簿中看得更清楚。敦煌吐鲁番出土的大量差科簿中，其丁（中）男除注明“白直”“执衣”“卫士”等色役或特殊身分免役外，其余一概不做标注。

2 裘锡圭：《读〈长沙东牌楼 7 号古井（J7）发掘简报〉等文小记》，见陈建明主编《湖南省博物馆馆刊》（第 3 期），岳麓书社，2006，第 340—344 页；后收入裘锡圭：《裘锡圭学术文集》第 2 卷《简牍帛书卷》，复旦大学出版社，2012，第 526—529 页。

3 黄今言：《〈长沙东牌楼东汉简牍〉释读的几个问题》，《中国社会经济史研究》2008 年第 2 期。

4 青岛市文物保护考古研究所、黄岛区博物馆：《山东青岛土山屯墓群四号封土与墓葬的发掘》，《考古学报》2019 年第 3 期，第 427 页。

所以东牌楼“户籍简”标注的“卒”，性质与“算”一样，就是指符合服役年龄的成年男子。至于是否服役，以及服轻役还是正役，还要根据个人的身体条件、年龄及相关制度而定。

明确“算卒”的意思后，我们再来解释简79、简80的内容。简79载：

（1）　　建宁四年益成里户人公乘某卅九筭卒笃夅　子公乘石……

（2）□其

（3）　　……卅七筭卒笃夅

“□其”两个字顶格，浓笔大写，是户主“其”的全名。“笃夅（癃）”意为重疾，按汉制，应该免除包括算赋及兵役在内的所有徭役。但这枚简在“笃夅”之后，并未看到复除的注记。我们在走马楼孙吴户籍简中，也经常见到残疾后未注“复”的现象。举两个例子：“军妻大女惕年五十五筭一盲两目”（壹·10233）、“□侄子男□年廿筭一盲两目”（壹·10368）。“二目盲”在唐代“三疾令”中属于“笃疾”[1]，全免课役并给侍丁，但这两枚简皆未注明免算的字样。笔者曾探讨过走马楼孙吴户籍简中残疾后注“复”与不注“复”的问题，认为未注“复”的简例实际上只是漏书，并无特别含义。[2]东牌楼“户籍简”显然也是如此。简80载：

区益　　子公乘朱年卅□筭卒九十复

“区益”顶格大写，显然也系户主。简文中的“九十复”，涉及汉代的给侍制度。《周礼·地官》载乡大夫之职曰：

以岁时登其夫家之众寡，辨其可任者。国中自七尺以及六十，野自六尺以及六十有五，皆征之。其舍者，国中贵者、贤者、能者、服公事者、老者、疾者皆舍。

郑众注：

征之者，给公上事也。舍者，谓有复除舍不收役事也……老者，谓

1　（唐）白居易：《白氏六帖事类集》卷9引唐《三疾令》，民国二十二年（1933年）吴兴张氏影傅增湘藏宋刻本。

2　参见张荣强：《说“罚估”——吴简所见免役资料试释》，《文物》2004年第12期；后收入《汉唐籍帐制度研究》，第123—143页。需要说明的是，该文认为吴简中的“复”指免役，现在看来，应该指免除算赋。

若今八十、九十复羡卒也。[1]

老者“复羡卒”，也就是年老给侍，此制已见于先秦时期的《荀子》。[2]汉代给侍制度似乎有一个变化过程。《汉书·贾山传》说汉文帝礼高年“九十者一子不事，八十者二算不事”，颜师古解释说：“一子不事，蠲其赋役。二算不事，免二口之算赋也。”[3]但汉武帝建元元年（前 140 年）诏有“年八十复二算，九十复甲卒”[4]，似乎此时侍丁仅享有免除兵役的权利。东汉的给侍标准据前引郑众注，年过八十就享有给侍，侍丁免除全部徭役。[5]走马楼孙吴户籍简中也有这方面的反映：“宗妻大女妾年卅二筭一八十一复”（壹·2971）、“子公乘宗廿四筭一八十□复”（壹·2993）、“素寡妇大女思年卅六筭一八十可复”（壹·3322）等，这三人都是作为“侍丁”登录的。上引东牌楼简 80 载区朱“筭卒九十复”，也就是说其家有 90 岁的老人，区朱作为侍丁免除包括算赋及兵役在内的所有徭役。

东牌楼简 82 提到了“甲卒”：

（1）　　凡口五事☐

（2）　中　筭三事二　　　訾五十☐

（3）　　甲卒一人☐

所谓“算三事二”，是指该户有三人符合征收算赋的年龄，按照规定只征收二人，免除者很可能就是“甲卒一人”。[6]自战国以来，“甲卒”就是兵士的称谓，上引《堂邑元寿二年（前 1 年）要具簿》中的“甲卒”也是指符合服兵役条件的成年男子。按照汉代通行制度，成年男子一生要服两年兵役，一年为州

1 （汉）郑玄注，（唐）贾公彦疏：《周礼注疏》卷 12《地官·乡大夫》，见（清）阮元校刻《十三经注疏》，第 1543 页上栏。

2 《荀子》卷 19《大略》载：“八十者一子不事，九十者举家不事。”见（清）王先谦撰：《荀子集解》，沈啸寰、王星贤点校，中华书局，1988，第 500 页。

3 《汉书》卷 51《贾山传》，第 2335、2336 页。

4 《汉书》卷 6《武帝纪》，第 156 页。

5 郑众仅说“今八十、九十复羡卒”，但八十、九十享有侍丁的人数是否相同，我们不得而知。据唐制，年八十给侍丁一人，九十给侍丁两人。

6 孙吴简中，诸如郡县吏、县卒这些承担职役者照例免除算赋，甲卒应该也是如此。不过，除了甲卒，还可能有其他原因导致该户免算。如下引长沙尚德街东汉简 068+069 也有“甲卒一人”，但其免算是因为新产子。

郡兵，一年驻守京师（卫士）或外戍边疆（戍卒）。这主要是指西汉，学界对东汉的兵制有不同认识。《后汉书·光武帝纪》建武七年（31 年）诏："今国有众军，并多精勇，宜且罢轻车、骑士、材官、楼船士及军假吏，令还复民伍。"清代学者何焯指出："此制一罢，则兵、农遂分，不可合一，有养军之患矣。"[1]现代学者也多认为，此后东汉以募兵制代替了征兵制。[2]但光武帝之后，史书多次记载了调发郡国兵的事例，几乎涉及章帝至灵帝之间的各个时段。劳榦[3]、臧知非[4]理解这些郡国兵仍是征兵，熊铁基认为皆是募兵[5]。从东牌楼"户籍简"著录"甲卒一"尤其是甲卒蠲免算赋的情况看，这里反映的仍是征兵制，但不清楚这名甲卒充当的是中央兵还是郡国兵。我们注意到，简 82 载该户"赀五十"，却要出"甲卒一人"。汉代征发兵役甚或徭役也要考虑户等赀产，后人指责秦始皇暴政，有一条就是征发"闾左"贫民戍守渔阳[6]。简 82 的"赀五十"作为赀产税，在孙吴户籍简中是最低，也是占户数最多的一个额度。看来，长沙郡征发兵役的范围已经波及了贫民。这也与当时长沙及其周边地区战乱频繁的情况一致。[7]

二 "户籍简"的形制与著录格式

近些年，随着新材料不断公布，我们对汉代户籍制度有了深入的认识。张家山《二年律令·户律》规定："恒以八月令乡部啬夫、吏、令史相杂案户，户籍副臧（藏）其廷"（简 328），"民宅园户籍、年细籍、田比地籍、田命籍、

---

1 （清）何焯：《义门读书记》卷 21《后汉书·纪》，中华书局，2007，第 353 页。

2 如贺昌群：《东汉更役戍役制度的废止》，《历史研究》1962 年第 5 期；漆侠等：《秦汉农民战争史》，生活·读书·新知三联书店，1962，第 124 页；张晋藩、张希坡、曾宪义编著：《中国法制史》（第 1 卷），中国人民大学出版社，1981，第 182 页。

3 劳榦：《汉代兵制及汉简中的兵制》，见"中央研究院"历史语言研究所集刊编辑委员会编辑《历史语言研究所集刊》（第 10 册），中华书局，1987，第 23—56 页。

4 臧知非：《论刘秀罢兵的几个问题》，《南都学坛》1989 年第 1 期。

5 熊铁基：《秦汉军事制度史》，广西人民出版社，1990，第 73—74 页。

6 关于"闾左"，史籍有不同解释，《史记》卷 48《陈涉世家》注引司马贞《索隐》曰："闾左谓居闾里之左也。秦时复除者居闾左。今力役凡在闾左者尽发之也。又云，凡居以富强为右，贫弱为左。秦役戍多，富者役尽，兼取贫弱者也。"（第 1950 页）

7 史籍外，东牌楼东汉简所见"荆南频遇军寇文书"也反映了这一情况，见王素：《长沙东牌楼东汉简牍选释》（《文物》2005 年第 12 期）一文。

田租籍，谨副上县廷”（简 331）。下令“乡部啬夫、吏、令史相杂案户”的只能是县廷，所以《续汉书·礼仪志中》说“仲秋之月，县道皆案户比民”[1]。由此看来，汉代的户籍由县廷主导，在乡案比编造，一式两份，正本留乡，副本呈县。我们目前没有见到秦汉时期真正的户籍实物，即如学界经常提到的湖南里耶所出秦代迁陵县南阳里户版，根据笔者前文的分析，其更可能是民户自占的名数。

走马楼出土的孙吴户籍简大致可以分为两类，第Ⅰ类结句简作“右某家口食若干”，第Ⅱ类结句简作“凡口若干事若干/算若干事若干”，前者主要用于统计户口数，后者旨在征收口算赋。两类户籍简的形制基本一致，均为较窄的竹简，长度基本在 22.7—23.6 厘米[2]，也就是当时的一尺左右，与史籍记载作为户籍的“尺二竹牒”有点差距。[3]从编连方式上看，走马楼孙吴户籍简有两道编绳，仔细分析简中的文字空格，特别是户主简内容较多有时会越过第一道编绳的空档，可以清晰地看出这些户籍简是先编后写。[4]古代的户籍被视为“民之大纪，国之治端”[5]，在没有编号的情况下，先编后写无疑是确保户与户之间、户内家庭成员之间编排不致错乱的有效方式。东牌楼出土的这几枚简从登载内容上看，属于走马楼的第Ⅱ类户籍简；从材质上看，均为木质简牍，但因数量很少，仅见的 4 枚简又有不同程度的残断，难以看出具体形制。广濑薰雄认为东牌楼一枚完整的户籍简应该由户主+其他家庭成员+赋役总计三部分组成，鉴于简 79（残长 23 厘米）、简 82（残长 23.7 厘米）保留的内容可以互补，推论户籍简原来的形制就是两者拼合后的长度 46 厘米。[6]但简 82 残长 23.7 厘米，登载赋役总计的文字长度不过 10 厘米，不是一个理想

---

1 《续汉书·礼仪志中》，见《后汉书》，第 3124 页。

2 日本学者谷口建速对多类吴简的尺寸做了具体测量，详见其《竹簡の大きさについて》，《長沙走馬楼出土呉簡に関する比較史料学的研究とそのデータベース化》（平成 16 年度—平成 18 年度科学研究費補助金〈基盤研究 B〉研究成果報告書），2007。

3 有关汉代户籍的形制，据《汉书·元帝纪》颜师古注引应劭曰：“籍者，为二尺竹牒，记其年纪名字物色，县之宫门，案省相应，乃得入也。”（第 286 页）“二尺竹牒”，晋崔豹引作“尺二竹牒”。这里虽然说的是门籍，但据《太平御览》卷 606 引《晋令》：“郡国诸户口黄籍，籍皆用一尺二寸札，已在官役者载名。”（第 2726 页下栏）户籍的形制也当如此。

4 从图版上看，如壹·4998、5234、7420、7432 体现得尤为明显。我们发现，一些家庭成员简编绳下有压字的现象，推测是编绳滑脱所致。

5 《南齐书》卷 34《虞玩之传》，第 608 页。

6 参见〔日〕广濑薰雄：《里耶秦简户籍简刍议》。

的参照对象，以简 79、简 82 拼合后的长度来推测“户籍简”的形制是行不通的。下面提到的长沙尚德街东汉简 068+069，简文内容或可以分为五部分；五一广场东汉简 2010CWJ1③：270，整枚简的长度是 53 厘米。广濑先生这种猜想无疑是受了湖南里耶所出户版形制的影响，但东牌楼“户籍简”与里耶秦代户版的性质不同，下面还要详细说明。东牌楼所见“户籍简”中，简 79 右侧上端有明显的契口，表明这些简牍也是编连成册，只是无法判断其具体的编连方式。[1]

东牌楼“户籍简”的著录格式比较特殊。走马楼孙吴户籍简中，属于“凡口若干”类者除少数家庭成员连记简外，无论户主还是家庭成员，多数都是一人一简。这些竹简被事先编就的编绳自然分为 3 栏，无论成员连记简还是每人一简，户主写在第一栏，其他成员写在第二或第三栏，每栏仅书写一名家庭成员；每户家口之后的赋役集计，也是按“口若干事若干”（第一栏）、“算若干事若干”（第二栏）、“訾若干”（第三栏）的顺序排列，不存在一栏登录两种事项的可能。数万枚走马楼孙吴户籍简无一例外遵循着这种格式。东牌楼“户籍简”有很大不同，简 79 户主“其”与另一家庭成员并排写作两行，简 82 则是三种不同的事项并列在一起。这种著录方式与里耶秦代户版有点类似。但里耶户版是在沿承战国时期末“书年”的情况下，按照各个家庭成员的课役身分分类著录，每类亦即各栏之间有明显的栏线。东牌楼“户籍简”显然不属于这种情况，我们也看不出诸简尤其是简 79 有栏线的迹象（表 4-1）。前面一章推测里耶出土的户版是民户自占的名数，其采用一户一版的形制，是为了保证民户自占户籍资料的准确性。出土东牌楼“户籍简”的 7 号古井位于古代长沙城的中心区域，距出土十万余枚孙吴临湘侯国官府文书[2]的走马楼古井不过 95 米。[3]秦汉时期户籍在乡编造，这几枚简与民户名数还有差异。

1　简 83 载“右五家同伍”，该简契口的位置就在“伍”字的右侧，如果能确定简 83 与这四枚户籍简的内在关联，则可证实这批简牍是先写后编。

2　学界对走马楼吴简的性质有不同争论，但对其主体是临湘侯国官府文书这一点则无疑义。有关论述见王素：《中日长沙吴简研究述评》，见故宫博物院编《故宫学刊》第 3 辑，紫禁城出版社，2007，第 528—560 页。

3　长沙市文物考古研究所：《长沙东牌楼七号古井发掘报告》，见长沙市文物考古研究所、中国文物研究所编《长沙东牌楼东汉简牍》，第 5 页。

表 4-1　走马楼孙吴户籍简、里耶户版与东牌楼“户籍简”对照表

分类	形制	著录格式	编连方式	性质
走马楼孙吴户籍简（第Ⅱ类）	竹简，长 23 厘米、宽 1 厘米	分三栏，户主为第一栏，其他家庭成员占第二或第三栏，一栏一人；赋役集计是每项一格	先编后写	乡吏呈报的口算簿
里耶户版	木版，长 46 厘米、宽 0.9—3 厘米	分五栏，各家庭成员按“大男”“大女”“小男”“小女”等顺序排列	先写后编	民户自占的名数
东牌楼“户籍简”	木简或木牍，长、宽不等	户主之名顶格大写，看不出有无栏线和固定著录格式	不详	

东牌楼出土的“户籍简”没有一定的形制与固定的著录格式，尤其从简 79、简 80 户主姓名顶格大写看，这几枚简显然不是严格意义上的户籍。

三　“户籍简”的性质

这几年又陆续出土了几枚形制、内容与东牌楼“户籍简”类似的简牍，如长沙尚德街出土的简 068+069：

（1）[□□] ▨□里户人士伍□年□□算 卒十四年产子复。

▨妻大女姜年十八，算一，十四年产 子复。

（2）子士伍官一。

（3）新□

（4）凡口三事

算二复

甲卒一人

（5）　訾二千六百[1]

这枚木牍出土于 J531，整理者根据同出器物，判断古井的时代为东汉晚期至孙吴早中期。[2]凌文超进一步推测简文中的“十四年”指建安十四年（209

1　长沙市文物考古研究所编：《长沙尚德街东汉简牍》，第 113 页。这枚简出土时断为两截，凌文超拼接并校订简文的结果见《长沙尚德街东汉户口简考释》，《文物》2021 年第 3 期。

2　长沙市文物考古研究所编：《长沙尚德街东汉简牍》上编《长沙尚德街出土简牍古井发掘报告》，第 81 页。

年）。[1]从图版上看，简文第三栏仅残存一个“亲”的笔画，凌文超推补为“新户”，认为其含指新占民户和析分户。但户籍著录中的“新户”通常指新附籍户，官府为了招徕外来人口入籍，照例会给予其减免赋役的恩惠，我们在简文中没有看出这一点。“新□”标注的位置在“子士伍官一”之后，其应该指新生儿“官”的入籍，亦即“新上”。从简068+069的著录格式和内容看，该户户主的名字“□□”顶格大写，简文或可分五栏，记载的事项除了家庭成员、赋役集计，还包括户赀数额。后者不见于东牌楼简，但常见于孙吴第Ⅱ类户籍简。2020年出版的《长沙五一广场东汉简牍[陆]》也有一枚完整的“胡刚”简（简2010CWJ1③：270）：

凡口一事

胡刚　长成里户人公乘刚年十六筭一　中　赀二百五十

筭一事[2]

与东牌楼简82一样，该简也有朱笔“中”字注记，标注的位置一致。“胡刚”户只有年仅16岁的户主一人。汉代男子15岁被称作“大男”，表示已经到可以分家别户的年龄；江苏仪征胥浦出土的西汉《先令券书》就记载老妪的儿子“公文年十五，去家自出为姓，遂居外”[3]，“自出为姓”也就是分家立户。由此看来，“胡刚”户很可能是新立户。

与长沙走马楼出土的上万枚孙吴户籍简不同，东牌楼及尚德街、五一广场出土的“户籍简”数量少且零散。东牌楼简著录了“笃夅”“九十复”“甲卒一人”等特定人员，长沙尚德街和五一广场简登载的不是“产子复”就是新立户的情况，这些都是官府编制户籍时需要重点审核的特殊身分或事项。

古代官府正式造籍之前，有一个民户“自占”即自行申报的阶段，秦汉时期也不例外。《汉书》卷8《宣帝纪》谓“流民自占八万余口”，后汉明帝曾多次颁布“流人无名数欲自占者”赐“爵一级”的诏令，颜师古注曰：“占者，谓自隐度其户口而著名籍也。”[4]当然，官府造籍并非全以民户自占为依据，

1　凌文超：《长沙尚德街东汉户口简考释》，《文物》2021年第3期。
2　长沙市文物考古研究所等编：《长沙五一广场东汉简牍[陆]》，中西书局，2020，“红外图版”，第70页。
3　陈平、王勤金：《仪征胥浦101号西汉墓〈先令券书〉初考》，《文物》1987年第1期。
4　《汉书》卷8《宣帝纪》，第248页。

而是要对民户申报的内容进行核实。睡虎地《秦律杂抄·傅律》有“百姓不当老，至老时不用请，敢为酢（诈）伪者，赀二甲”（简 32—33）的规定，同出秦律也专门制定了对“匿敖童”“占㾡不审”等情形处罚的条文。汉代法律规定更具体，《二年律令·户律》简 325—326 谓：“诸（？）民皆自占年。小未能自占，而毋父母、同产为占者，吏以□比定其年。自占、占子、同产年，不以实三岁以上，皆耐。”同条律文规定了官府案比也就是检核民户资料的内容：

恒以八月令乡部啬夫、吏、令史相杂案户。（简 328）

李贤解释“案户”说“案验户口，次比之也”，将其视作唐代的貌阅。[1]实际上，“案比”的范围比貌阅广，前者还包括核查土地的事项。[2]邢义田指出，《户律》提到的“吏”和“令史”都是指县廷的吏员。[3]但这条律文下面谈到整治户籍，说“令史、吏主者完封奏（凑）令若丞印，啬夫发，即杂治为”，案户的“吏”显然就是此处的“吏主者”。考虑到县廷负责户籍的吏员只有署理户曹的“令史”，且秦汉律条中记载与乡啬夫一同出现的“吏”通常指乡吏[4]，这里的“吏”（吏主者）还是应当理解为乡啬夫属吏。汉代的案比由县吏、乡吏共同负责，案比的地点在县城还是乡呢？邢义田根据汉代县的面积、当时的交通条件及地方行政能力等情况，推测汉代案比只能在乡，不会在县城举行。[5]邢先生的说法无疑是正确的。《二年律令·户律》在“恒以八月令乡部啬夫、吏、令史相杂案户”之后，接着说“户籍副臧（藏）其廷”，“民宅园户籍、年细籍、田比地籍、田命籍、田租籍，谨副上县廷”（简 331）。户籍正本留乡，副本呈报县廷，说明当时户籍在乡攒造；案比作为造籍工作的前置

1 《后汉书》卷 5《安帝纪》李贤注，第 227 页；卷 39《江革传》李贤注，第 1302 页。

2 《管子·度地》篇引战国时期的“令曰”：“常以秋岁末之时，案家人比地。”这是目前所见“案比”一词的最早来源。见黎翔凤撰：《管子校注》卷 18，梁运华整理，第 1059 页。

3 邢义田：《张家山汉简〈二年律令〉读记》，见《燕京学报》新 15 期，北京大学出版社，2003，第 11 页。

4 详细论述见本书第四编第十六章“简纸更替与中国古代基层统治重心的上移”。

5 邢义田：《汉代案比在县或在乡？》，《“中央研究院”历史语言研究所集刊》第 60 本第 2 分，1989，第 451—485 页。需要说明的是，邢先生否认汉代的案比地点在县，但仍根据《后汉书·江革传》“每至岁时，县当案比，革以母老，不欲摇动，自在辕中挽车，不用牛马，由是乡里称之曰‘江巨孝’”，肯定了江革送母亲赴县城一事，并推测此举很可能是为了接受县廷给予高年的赏赐。细绎史料，本传也只是说当县廷组织案比之时，江革亲自挽车送母亲接受案比，并未说他们就是去的县城。

作业，自然也是在乡完成。

如何解释传世典籍如《续汉书·礼仪志中》谓“县道皆案户比民”及《后汉书·江革传》“县当案比”的说法呢？这强调的实际上是案比的负责机构，而非案比地点。也就是说，汉代的案比在乡举行，但是由县廷负责组织实施的。为了加深对汉制的理解，我们不妨先看一下唐代的情况。史籍对唐代的貌阅制度记载非常详细，据武周延载元年（694年）八月敕：

> 诸户口计年将入丁、老疾应免课役及给侍者，皆县亲貌形状，以为定簿。一定以后，不得更貌。疑有奸欺者，听随事貌定，以付手实。[1]

《唐六典》卷30“京畿及天下诸县令之职”条，记县令的职掌：

> 所管之户，量其资产，类其强弱，定为九等。其户皆三年一定，以入籍帐。若五九（谓十九、四十九、五十九、七十九、八十九）、三疾（谓残疾、废疾、笃疾）及中、丁多少，贫富强弱，虫霜旱涝，年收耗实，过貌形状及差科簿，皆亲自注定，务均齐焉。[2]

赋役是国家赖以存在的经济基础，上举“五九”“三疾”云云，皆是关涉课役征免的特定年龄和身分，所以唐代要求县令亲自进行貌阅。但这规定的仍是县令的职责，并不意味着当时的貌阅就在县廷举行。隋开皇年间，杨坚接受高颎的建议，“每年正月五日，县令巡人，各随便近，五党三党，共为一团，依样定户上下”。[3]与汉代八月造籍不同，后世造籍时间在正月。从“各随便近”一语可以看出，县令貌阅时要亲赴民间，而非让民众齐聚县城。笔者整理过吐鲁番出土的一件《唐开元年间西州交河县帖盐城为令入乡巡貌事》，文书明确记载了交河县令准备于当年十一月赴盐城乡貌阅。[4]历代官府对赋役蠲免的控制极为严格，上引《管子·度地》篇“常以秋岁末之时，阅其民，案家人比地……其不为用者辄免之。有锢病不可作者疾之，可省作者半事之”，战国时期就对民众的残疾程度有了细致的划分和区别对待。睡虎地《秦律杂

1　（宋）王溥撰：《唐会要》卷85《团貌》，第1843页。

2　（唐）李林甫等撰：《唐六典》卷30“京畿及天下诸县令之职”条，陈仲夫点校，第753页。

3　《隋书》卷24《食货志》，第681页。

4　详见本书第二编第九章“新疆吐鲁番新出唐代貌阅文书”。

抄·傅律》有专门针对“匿敖童”、“占癃不审”及百姓诈老等情形处罚的条文，湖北荆州纪南松柏汉墓也出土了“南郡新傅簿”“南郡免老簿”“南郡罢癃簿”等专门籍，这些都是当时官府案比的重点内容。

与唐代貌阅一样，汉代的案比也是县廷主持。《汉书》卷44《淮南王刘长传》谈及官吏各坐其所主，说“诸从蛮夷来归谊及以亡名数自占者，内史、县令主”，而“相欲委下吏，无与其祸，不可得也”。[1]不仅招徕少数民族和流亡人口，大凡涉及赋役变动诸如田宅流转、民户迁徙、人丁课役身分变化等事项，原则上都要报县廷批准。笔者讨论过五一广场东汉简中的“连道奇乡受占南乡民逢定本事”，逢定原籍连道，中间一度落籍临湘，后又提出回原籍占籍，这件事就由连道县廷做出最终处理。[2]东汉灵帝时的《张迁碑》歌颂碑主任谷城长期间，“八月算民，不烦于乡，随就虚落，存恤高年”[3]，像张迁这样亲自下乡案比的事迹毕竟是个例，通常情况应该就是《二年律令·户律》规定的，由县廷派遣令史与乡吏共同承担此事，结果报经县令审批而已。四川渠县城坝遗址出土了一件西汉爰书，或可为我们了解汉代官府的案比程序提供帮助：

> 河平二年七月癸巳朔壬子，都乡有秩安（？）、佐□爰书：长年里户人大女第君自□：年卌八，算一，产五子复。以实，徙夫酒（？）利里户人大夫牧辅汉户下。请为（？）宅亲（新？），它如书。（简T1⑧：4正）[4]

凌文超提出“自□”应补作“自言”，认为这是第君向乡吏请求徙籍的文书，“年卌八，算一，产五子复”就是第君的户籍。[5]第君作为户主，自称“产五子复”，说明该户户籍中至少有五名年幼甚至刚出生的子女。第君丈夫牧辅汉

1 颜师古注：“言诸侯王之相欲委罪于在下小吏，而身不干豫之，不可得也。”

2 张荣强、张俊毅：《五一广场东汉简“连道奇乡受占南乡民逢定本事”文书的复原与研究》，邬文玲、戴卫红主编《简帛研究 二〇二〇年》（秋冬卷），第305—315页。

3 毛远明校注：《汉魏六朝碑刻校注》第2册，线装书局，2008，第64页。

4 这份爰书的图版和录文最早见于四川省文物考古研究院、渠县历史博物馆：《四川渠县城坝遗址》，《考古》2019年第7期。凌文超对简文做了考释，见《四川渠县城坝遗址出土“爰书”与西汉户籍》，《出土文献》2020年第4期。我们在此基础上，根据照片重新做了录文。

5 凌文超：《四川渠县城坝遗址出土“爰书”与西汉户籍》。

居住在迺（？）利里，里前不书乡名，当与第君所在的长年里同属都乡。秦汉时期官府编造的户籍正本藏乡，副本呈县，民众在乡内迁徙应该无须移籍。[1]即使乡内人口流动要办理相关手续，也应由乡吏查核第君户籍后做出，不会由她“自言”。我们无法判断简文中的“自□”指“自言”还是“自占”，但可以肯定的是，所谓“年卅八，算一，产五子复”只是摘录了第君户籍中的相关内容。第君的陈述中不仅涉及迁徙，更多说到她享有复除的事。汉代为鼓励人口生育，专门制定了奖励政策，汉高祖七年（前200年）曾颁布“民产子，复勿事二岁”的规定[2]，汉文帝时期的虎溪山汉简有“复算百七十，多前四，以产子故”的记载[3]，长沙尚德街东汉简抄录的诏书则说“民两产满五女，复卒一人”（简048）[4]。我们不清楚第君说的“产五子”是否符合“两产满五女”的条件，但她既然提出“产五子复”，至少可以享受某项赋税优免。爰书记载的时间为河平二年（前27年）七月癸巳朔，壬子是二十日，官府已经开始为造籍做准备。故第君向乡吏提出复除要求，乡“以实”即经过审核后，制作爰书向县廷汇报。我们不清楚这份爰书是否有附件，如果有，或许与东牌楼等地出土的“户籍简”形制类似。

东牌楼等地出土的“户籍简”登载的基本上是关涉赋役征免的特定身分或事项。东牌楼简79、80分别是“笃夅”、“九十”免除算赋及包括兵役在内的徭役，简81“算卒”后残断，推测也会涉及“复”的内容。简82登载民户的赋役结计，但与走马楼孙吴户籍简相比，简82多出了“甲卒一人”的内容。兵役的征免历来是官府关注的重点。我们注意到，简82记载的内容上有一个

---

1 战国时期的《周礼·乡大夫》“比长”一职记载了民户迁徙时的不同情况：“徙于国中及郊则从而授之，若徙于他则为之旌节而行之，若无授无节则唯圜土内之。”郑玄注释说，“或国中之民出徙郊，或郊民入徙国中，从而付所处之吏”，“徙于他谓出居异乡也，授之者有节乃达”，“乡中无授，出乡无节，过所则呵问，系之圜土”。一乡之内迁移，不需要办理相关手续，由比长“从而授之”就可以。参见（汉）郑玄注，（唐）贾公彦疏：《周礼注疏》卷12《地官·乡大夫》，见（清）阮元校刻《十三经注疏》，第1550页上栏。

2 《汉书》卷1下《高帝纪下》，第63页。

3 湖南省文物考古研究所编著：《沅陵虎溪山一号汉墓》，文物出版社，2020，第119页。

4 长沙市文物考古研究所编：《长沙尚德街东汉简牍》，第220页；释文修订参见杨小亮：《长沙尚德街084号东汉“诏书”木牍补征》，《文物》2021年第3期。

朱笔标注的“中”字，与孙吴户籍简的“中”字通常标注在户赀上不同，该“中”字标注在赋役上。孙吴户籍简的“中”字作为县廷对户赀核实的标识，东牌楼简 82 的“中”字应是官府对赋役，更可能是重点对兵役核实后的注记。[1]尚德街与五一广场出土的“户籍简”也是如此。前者涉及“产子复”，即民众因生子免除父母算赋的问题；后者著录的胡刚户作为新立户，直接关乎官府户赀的征收。[2]

包括东牌楼在内的这几枚简牍没有按照户籍的标准制作，其将户主姓名浓笔大书于简牍首端，明显起着标题的作用。这几枚简牍或用木简，或用木牍，主要是根据其登录内容的多少来选择的。简牍著录的皆是有关“癃”、“侍丁”、“产子复”及新立户等特定身分或事项的户籍资料，且直接涉及下一年的赋役征免问题，这必定是要经过官府案比的内容。而从简文标注“复”尤其是朱笔“中”字看，这一过程显然已经完成。我们推测，东牌楼及此后尚德街、五一广场出土的这几枚简应该是临湘县案比民户后形成的籍簿。案比是对民户自占情况的审核，这些籍簿就是根据民户自占的名数制作的，很可能就是将案比的结果直接标注在民户自占的名数上。[3]明白了这一点，也就可以理解这些“户籍简”为什么与里耶户版类似，也是采用一户一简的形制了。这几枚简出土在临湘县廷附近，说明吏员在乡完成案比后，需要将结果呈报县廷。官府经过案比后才能正式造籍，造完籍就到九月底了。汉代案比的时间在八月，东牌楼同出与这几枚简性质相关的简 84 所载倒书“八月”，也可以印证我们的推测。

1　两者性质也有所不同。走马楼孙吴户籍简的“中”字是县司对造好后的户籍的平时校核，东牌楼“户籍简”的“中”字则是造籍之前，县司对民户申报资料的案比。有关这一问题，详参张荣强：《走马楼户籍简的“中”字注记》，《中国历史文物》2009 年第 5 期；后收入《汉唐籍帐制度研究》，第 177—186 页。

2　孙吴户籍简中所见赀数，通常有“五十”“一百”“二百”“一千”“五千”等额度，这里的户赀显然不是指家赀，只能是一种赀产税。五一广场 2010CWJ1③：270 所载的“赀二百五十”也是如此。

3　学者对唐代是否有专门的“貌定簿”也有争论。《唐会要》卷 85《团貌》引武周延载元年（694 年）敕：“诸户口计年将入丁、老疾应免课役及给侍者，皆县亲貌形状，以为定簿。”朱雷据此认为唐代有专门的貌定簿，“以为定簿”即指制定“貌定簿”，参见《唐代“手实”制度杂识——唐代籍帐制度考察》，见武汉大学历史系魏晋南北朝隋唐史研究室编《魏晋南北朝隋唐史资料》（第 5 期），1983，第 27—36 页。宋家钰不同意这种说法，认为令文中的“定簿”不是名词，而是指将团貌结果注定于簿籍，具体就是手实上，见《唐朝户籍法与均田制研究》，第 91 页。

第五章
长沙吴简中两类户籍簿的功能与性质

1996 年出土的走马楼吴简，内容绝大部分是帐簿和名籍。其中名籍简细分起来，可能有很多种，但最常见、讨论也最多的有两类：第Ⅰ类简长 22.7—23.6 厘米、宽 0.6—1.2 厘米[1]，结句简通常作“右某家口食若干”（以下简称“右某家口食”类简）；第Ⅱ类简长度相同，宽度也相差不大，结句简写作“凡口若干事若干/算若干事若干”（以下简称“凡口若干”类简）。2006 年，笔者发表《孙吴简中的户籍文书》[2]一文，就当时所见《长沙走马楼三国吴简・竹简[壹]》（以下简称《竹简[壹]》）的资料，对第Ⅱ类简的内容及性质做过分析。此后，随着《长沙走马楼三国吴简・竹简[贰]》（以下简称《竹简[贰]》）、《长沙走马楼三国吴简・竹简[叁]》（以下简称《竹简[叁]》）陆续出版，越来越多的学者包括笔者本人围绕着第Ⅱ类简中“事”的含义和第Ⅰ、Ⅱ类简的性质及功用等问题展开了讨论。笔者现在有了新的认识，拟从结计简的角度对这两类简再做分析，相当一部分内容是修订个人旧说。

一　“右某家口食”类简的“不任调”与“应役民”

“右某家口食”类简的情况比较复杂。从家庭结计简看，“口食”后有注“赀若干”的，有注“若干男
若干女”的；从名籍部分尤其是户主的著录格式看，户主

1　相关尺寸数据参见〔日〕谷口建速：《竹簡の大きさについて》，收入《長沙走馬楼出土呉簡に関する比較史料学的研究とそのデータベース化》（平成 16 年度—平成 18 年度科学研究費補助金〈基盤研究 B〉研究成果報告書），2007 年。

2　张荣强：《孙吴简中的户籍文书》，《历史研究》2006 年第 2 期。

前有冠以“里名”“户人”“爵位”的，也有书“民男子”或“吏”“卒”身分的，还有仅注“大男”或“大女”的。尽管有种种细微差别，这类简的里结计简统计的内容基本一致。贰·1661—1799 属于广成乡广成里“右某家口食”类简的成坨简，其户主简作如“民男子杨明年八十六给驿兵　明妻大女敬年六十二”（贰·1778），家庭结句简作如“右士家口食六人”（贰·1661），侯旭东复原的该里结计简顺序：

（1）右广成里领[吏]民五十户口食二百九[十]□[人]　（贰·1671）

·其五户尪羸老顿贫穷女户　（贰·1705）

☑　·定应役民廿户　（贰·1704）

其一户给朝丞　（贰·1702）

其二户给郡园父　▼　（贰·1701）[1]

叁·4269—4360 是成坨的“右某家口食”类简，其户主简作如“宜阳里户人公乘烝阳年五十四”（叁·4359），结句简作如“右觅家口食五人其三人男二人女”（叁·4345），其中几枚里的结计简为：

（2）其一户给军吏　下品　（叁·4303）

其五户□□民　[下]品　（叁·4302）

其七户□□女户不任调　下品之下　（叁·4301）

定领役民卅七户　（叁·4300）

《长沙走马楼三国吴简·竹简[肆]》（以下简称《竹简[肆]》）中也有一些序号相连，不知户主简、家庭结计简的格式但明确属于“右某家口食”类的里结计简：

（3）其七户贫□民不任调　（肆·533）

其一户[县]市王须　（肆·532）

其一户郡佃卒　（肆·531）

其一百□口男人　（肆·530）

其一百廿□女人　（肆·529）

其五户私学新吏　（肆·528）

1　侯旭东：《长沙走马楼吴简〈竹简〉[贰]“吏民人名年纪口食簿”复原的初步研究》，《中华文史论丛》2009 年第 1 期。

其三户郡县吏卒　　　　　　　　　　（肆・527）

以上 3 组里结计简都属于成坨简，由于其各自所属的简册受到不同程度的挤压，已经散乱失序，再加上相关整理者的认识不同，这 3 组里结计简排列的次序不尽一致。但就里结计简主要内容看，都是在总计一里户数、口数后，再分项列举该里各种“吏”“卒”“民”户。值得注意的是，上述里结计简中出现了对“不任调”“应役民”户数的统计。按“应役民”既称“民”，自然排除了“吏”“卒”之类服行职役的人户。所谓“不任调”户，如下所说是指“穷”“老”“刑踵”“女户”等，其户内没有壮年男子，不可能承担职役；在第（2）组里结计简中，“不任调”户又与“应役民”对举，自然也属于民户范围。[1]也就是说，“不任调”“应役民”户只是对里中的民户做分类统计。第（2）组里结计简中，该里民户被划分为“不任调”和“定领役民”两类。而在第（1）组中，表面只记了“应役民”户数，但贰・1705 所云“其五户尪羸老顿贫穷女户”，据下文分析，也属于对“不任调”户数的统计。第（3）组仅载有“不任调”的户数，据整理者介绍，在这几枚简的后面也见“凡领应役民册户”等简例。由此我们认为，在“右某家口食”类里结计简中，一里的民户都是被分作“不任调”户、“应役民”户两类。

除上举贰・1705 尤其是叁・4301、肆・533 外，我们在刊布的三册竹简中还发现一些“不任调”“不任调役”“不任役”的统计简：

〼□女户下品之下不任调〼　　　　　　　　（壹・4233）

……八户穷独（？）不任役　　　　　　　　（壹・959）[2]

1　本章所用的“人户”泛指所有的居民户，而“民户”仅指与“吏”“卒”等职役户相对的户口类别。

2　原释文作“……其八户罚估不注役”。其倒数第 2 个字图版为，应该释作“任”。原释“罚”的字，图版为。该字的上部分似乎不是“四”，而是“穴”；下部左半边依稀可辨为“身”，右半边或是“弓”的草写，这个字当释作“窮（穷）”。目前所见“不任（调）役”的简中，与“穷”固定搭配的有两种：一为“穷老”，其例如下举叁・6327、叁・6375、贰・3153“〼　其四户穷老女户一人□□物　故 〼”、贰・7835“〼右一人单蜀（独）穷老 〼”等；二为“穷独”，例证有下引贰・539、贰・557、贰・634、贰・799、贰・828 及贰・604“〼　其八户老顿穷独女户　〼”等。原释“估”的字，图片为。左半边更像“犭”，右半边从笔势判断，似乎是“罒虫”，亦即被洗掉了外框的“蜀”，这就成了“獨（独）”字。无论将“罚估”释为“穷独”还是“穷老”，壹・959 都是对“不任役”户数的统计。

笔者此前曾从文字学的角度，将“罚估”疏通为“废痼”亦即残疾（见《说“罚估”——吴简所见免役资料试释》），这一释读看来是错的。

▨　其卌四户各穷老及刑踵女户下品之下不任调役　（叁・6327）

其[卌]户各穷老及刑踵女户下品之下不任调役　（叁・6375）

还有一些残缺或未注“不任调”“不任役”，但从统计的户别看，也可判断属于此类的：

▨其五户尪羸老□□▨　（壹・4257）

其卌三户□羸老钝□▨　（壹・9879）

其五户尪羸老顿贫穷女户　（贰・1705）

□六户尪羸老顿贫穷女户　（贰・1861）

其七户尪羸老顿贫穷女户▨　（贰・2036）

其七户尪羸老顿贫穷女户　（贰・2307）

《竹简[壹]》《竹简[贰]》《竹简[叁]》都是被施工扰乱后的散简，在这些简周围散布的多是“右某家口食”类简。按吴简一里五十户的标准（详下），壹・959、壹・4257及贰・1861、贰・2036、贰・2307可看作以里为单位的统计，壹・9879及叁・6327、叁・6375 可能是乡的统计。这里提到的“穷”“老”“刑踵”“尪羸”“女户”等户别，不仅是按户主身分做划分，还有特定的含义。

汉晋史籍对这些户别缺乏记载，我们可以看一下唐代的情况。阿斯塔那 78 号墓出土的《唐西州高昌县顺义乡户别计数帐》有按户主丁中对民户的分类：

1. 顺□

2. 老［　　］

3. 次户［　　］

4. 小户尚［　　］

5. 和[平]

6. 老[户]　尚　　　寡户丨

7. 丁户尚尚尚尚尚尚尚尚　　　小户尚

8. 次户丨

9. 礼让　　　　老尚

10. □□[尚][尚]尚尚尚尚尚尚　　　寡尚

11. 　　　　　　　　小尚[1]

1　中国文物研究所等编：《吐鲁番出土文书[贰]》（图录本），第 50 页。

这件文书与唐代的计帐有密切关系。这里统计的“老”“丁”“次”“小”“寡”，不仅指以老男、丁男、次丁、小男、寡妻为户主的民户，同时也具有课户与不课户的区分。按开元二十五年（737年）户令：“诸户主皆以家长为之。户内有课口者为课户，无课口者为不课户。诸视流内九品以上官及男年二十以上（应为‘下’）、老男、废疾、妻妾、部曲、客女、奴婢，皆为不课户。”[1]这条令文显然沿袭的是唐初的规定。仁井田陞认为，此句的“不课户”当作“不课口”[2]；但是参照唐代律令而来的日本延喜大帐式，在不课户之下分明列有：

户若干耆老

户若干笃疾

户若干小子

户若干寡妇[3]

吐鲁番出土的《唐某乡户口帐》“残片一”也记载：

1. ▭不课

2. 户五十六老男

3. 户五四笃疾男[4]

看来，上引《唐西州高昌县顺义乡户别计数帐》中的“老”“小”“寡”等户，不仅表明户主的丁中身分，更说明了它们的户内没有承应课役的人口。

上举吴简中也提到了“老”户。孙吴入“老”的年龄，有60岁和61岁之说。[5]于振波根据《竹简[壹]》的资料，发现孙吴的户主基本上都是15—60岁，超过60岁的男性往往以户主父亲的身分登录。[6]也就是说，男子通常一过60岁就要放弃户主的身分，改由户内其他成年男子担任，故老人做户主的家

1 （唐）杜佑撰：《通典》卷7《食货・丁中》，王文锦等点校，第155页。

2 〔日〕仁井田陞：《唐令拾遗》，栗劲、霍存福、王占通，等编译，长春出版社，1989，第132页。

3 〔日〕虎尾俊哉編：《延喜式》卷25《主計寮下》，集英社，2007，第924页。

4 中国文物研究所等编：《吐鲁番出土文书[叁]》（图录本），第232页。

5 笔者曾撰文认为汉代61岁“入老”（见《〈二年律令〉与汉代课役身分》）；于振波认为是60岁（《略说走马楼吴简中的“老”》，《史学月刊》2007年第5期，后收入其著《走马楼吴简续探》，文津出版社，2007，第153—158页）。

6 前揭于振波《略说走马楼吴简中的“老”》。张朵此后又根据《竹简[壹]》《竹简[贰]》《竹简[叁]》的资料印证了这一点，参见其《走马楼吴简吏民籍的复原与研究》，北京师范大学硕士学位论文，2011年。

庭很少有成年男子。但笔者怀疑这里的“老”户与唐代一样，也有特定含义，并非泛指以老人为户主的家庭。秦汉及前代的文献中也有类似“老”户的记载。《周礼·秋官·大司寇》云：“以肺石达穷民，凡远近惸独老幼之欲有复于上而其长弗达者，立于肺石。”郑玄注：“无兄弟曰惸，无子女曰独。”[1]“老”“幼”并举，自然都是家内无成壮男女依恃的民户。此外，古代官府在救济民户时也有不同表述，如汉代诏令通常说“赐鳏、寡、孤、独”，东晋南朝的诏书则说赐“鳏寡、孤、老”[2]。“老”在这里相当于下文所说的“独”户。这样看来，“老”户实际上就是以老人为户主，并且户内无壮年男女的民户。

唐开元二十五年（737年）户令所举不课户中有“废疾”，延喜大帐式与西州乡户口帐列的则是“笃疾”。唐代有“三疾”之说[3]，“废疾”“笃疾”是比较重的伤残，官府不仅免除赋役甚至要给侍丁。吴简“不任调（役）”的户别中也有“尪羸”“刑踵”。“尪羸”，注家有多种解释，大体是指身体残疾而造成的体质羸弱，“刑踵”则是吴简常见的残疾病症。这里“尪羸”“刑踵”户也并非仅指户主的身体状况，其性质大概相当于东汉诏令屡次给予赈济的“笃癃”户。[4]

“不任调（役）”简中，多次提到“女户”。传世文献中的“女户”一词，最早见于唐人注释。《后汉书·章帝纪》元和二年（85年）五月下诏“加赐河南女子百户牛酒”，李贤注：“此女子百户，若是户头之妻，不得更称为户；此谓女户头，即今之女户也。”[5]“女子百户”是否指女户可以讨论，但李贤不考虑时代差异，将汉代“女户头”与唐代“女户”等同，是有问题的。按唐

---

1 （汉）郑玄注，（唐）贾公彦疏：《周礼注疏》卷34《秋官·大司寇》，见（清）阮元校刻《十三经注疏》，第1880页下栏、1881页上栏。

2 《晋书》卷7《成帝纪》载太宁三年（325年）闰八月，成帝即位，“赐鳏寡孤老帛，人二匹”；咸和元年（326年）二月丁亥改元，“赐鳏寡孤老米，人二斛”。《宋书》卷6《孝武帝纪》载大明七年（463年）二月壬寅，“鳏寡、孤老、六疾不能自存者，厚赐粟帛”。北朝史籍中也屡见赐“鳏寡、孤老”的诏令。

3 （唐）白居易：《白氏六帖事类集》卷9《疾》，第19页。

4 根据《后汉书》卷1下《光武帝纪下》建武六年（30年）正月辛酉诏，“给稟高年、鳏、寡、孤、独及笃癃无家属、贫不能自存者，如《律》”，“笃癃”是当时国家法定的救济对象。我们注意到，仅此次诏令中提到了“笃癃无家属”，后来的诏令中就只提“笃癃”了。

5 《后汉书》卷3《章帝纪》，第152页。

代“若户内并无男夫，直以女人为户”[1]，只有在家中无男子的情况下，女子才可以做户主。所以唐代的“女户”不仅表现为女性做户主，更反映着全户无男子的事实。但汉代女子立户条件宽松得多，1986 年出土的张家山汉简《二年律令·置后律》规定：

> 死毋子男代户，令父若母，毋父母令寡，毋寡令女，毋女令孙，毋孙令耳孙，毋耳孙令大父母，毋大父母令同产子代户。（简 379—380）[2]

女性完全可以在户内有男子的情况下代为户主。这是汉初的法令。里耶秦简中也能发现这方面的实例，如简 8-237：

> 南里户人大女子分☐
>
> 子小男子施☐

简 8-1623：

> 南里户人大夫：寡茆☐
>
> □□【公士】□☐[3]

走马楼吴简中，也有“民大女郭思年八十三　思子公乘□年六十一给子弟”（贰·1818）、“民大女唐聿年七十三　聿子男徐年十□　……年九岁（贰·1892）”等记录。看来从秦汉至少到孙吴，女子立户的情况没有发生太大变化。问题是，“女户”的含义究竟是什么？我们固然可以认为，唐代“若户内并无男夫，直以女人为户”的规定是法律儒家化后导致女子地位下降的反映，但不能反过来说秦汉时期的“女户”就是仅指以女子为户主。张家山汉简说“死毋子男代户，令父若母”，女子如以原户主母亲的身分代户，只有在作为原户主的儿子、自己的丈夫都死亡后才能实现，但不排除户内会有自己的其他儿子（即原户主的兄弟）。上引里耶秦简、走马楼吴简的例证中，作为家庭成员的男子也都是以户主儿子的身分出现的；除“聿子男”年龄不明外，其他均为小男或老男。但据《二年律令·户律》简 342—343：

> 寡夫、寡妇毋子及同居，若有子，子年未盈十四，及寡子年未盈十

1　刘俊文撰：《唐律疏议笺解》卷 12《户婚律》“诸脱户者”条，中华书局，1996，第 915 页。

2　张家山二四七号汉墓竹简整理小组编著：《张家山汉墓竹简［二四七号墓］》（释文修订本），第 60 页。

3　陈伟主编：《里耶秦简牍校释》（第 1 卷），第 120、370 页。

八，及夫妻皆瘁（癃）病，及老年七十以上，毋异其子；今毋它子，欲令归户入养，许之。[1]

母亲为户主，在户内没有子女的情况下，有权让已经分家另居的儿子还户归养。能够分家立户的儿子自然都是成年人。看来女子做户主时，家内可以有成年男子。这样的家庭不可能与“穷”“老”诸户并列，官府更不可能允许其“不任调（役）”。笔者认为，“女户”即使不像唐代那样指户内全无男子者，也至少是户内没有成年男子、以女子为户主的民户。[2]古代家庭主要靠男子担负生计，以女子为主、没有男劳动力的“女户”无疑是典型贫困户。[3]

吴简所列户别中，也有“穷”户。“穷”户，古代有两说。《周礼・地官・大司徒》郑玄注，“穷者有四：曰矜、曰寡、曰孤、曰独”[4]，“矜”也就是“鳏”[5]。《孟子・梁惠王下》对这四者有解释，即“老而无妻曰鳏，老而无夫曰寡，老而无子曰独，幼而无父曰孤”[6]，说法过于宽泛。《管子・轻重己》篇讲得更清楚：“民生而无父母，谓之孤子。无妻无子，谓之老鳏。无夫无子，谓之老寡。”[7]甘肃武威出土的汉代诏令明确记载：“（男子）六十以上毋子男为鲲（鳏），女子年六十以上毋子男为寡……夫妻俱毋子男为独寡。”[8]汉代律条中的“子男”仅指儿子[9]，但女儿到了成年就要出嫁，所以“鳏”“寡”“独”户户内除老人外，能存在的只有幼女。汉律“毋子男为鲲（鳏）”云云，是就当时社会上最常见的核心和主干家庭而言，若考虑到联合家庭的存在，情

1 张家山二四七号汉墓竹简整理小组编著：《张家山汉墓竹简［二四七号墓］》（释文修订本），第 55 页。

2 近年来，一些研究秦汉史尤其是吴简的文章，常将女子为户主的家庭径视作“女户”，显然有失审慎。

3 《后汉书》卷 96《陈蕃传》陈蕃上疏中提及时人谚语，有“盗不过五女门”之说，以“女贫家也”。语亦见《东观汉记》卷 21《陈蕃传》。

4 （汉）郑玄注，（唐）贾公彦疏：《周礼注疏》卷 10《地官・大司徒》，见（清）阮元校刻《十三经注疏》，第 1521 页下栏。又，《吕氏春秋・季春纪》高诱注：“鳏寡孤独曰穷。”

5 《诗・周南・桃夭》“诗序”曰“国无鳏民也”，孔颖达疏：“鳏或作矜，同，盖古今字异。”

6 （汉）赵岐注，（宋）孙奭疏：《孟子注疏》卷 2 上《梁惠王章句下》，见（清）阮元校刻《十三经注疏》，第 5821 页下栏。

7 黎翔凤撰：《管子校注》卷 24《轻重己》，梁运华整理，第 1529 页。

8 武威县博物馆：《武威新出土王杖诏令册》，见甘肃省文物工作队、甘肃省博物馆编《汉简研究文集》，甘肃人民出版社，1984，第 34—61 页。

9 张家山汉简《二年律令》中“子男”多与女儿对言，如《置后律》说父死子男袭爵，“毋子男以女”；立户顺序则是“死毋子男代户，令父若母，毋父母令寡，毋寡令女”。

况就复杂得多。但有一点可以肯定，凡“鳏寡孤独”户户内是没有壮年男女的。这类民户因为丧失了劳动力，孤苦无依，即所谓“天民之穷者”，自古以来，就是统治者救济的首要对象。[1]根据王文涛的统计，仅西汉朝就先后颁布过30次赐“鳏寡孤独”谷、帛的诏令，东汉政府也有28次。[2]

“穷”也有可能是指缺少或没有赀产的贫穷户。吴简“贫穷”连称的用例已见上举，其中肆·533中的“贫□民”也被列为“不任调”。秦汉尤其是汉代史籍中，经常有减免贫户租赋的记载。《汉书》卷10《成帝纪》鸿嘉四年（前17年）正月诏，“被灾害什四以上，民赀不满三万，勿出租赋”；卷11《哀帝纪》绥和二年（前7年）诏，“其令水所伤县邑及他郡国灾害什四以上，民赀不满十万，皆无出今年租赋”。[3]蠲免的只是灾区的贫户。汉平帝元始二年（2年）四月下令，“天下民赀不满二万，及被灾之郡不满十万，勿租税”[4]，这就惠及全国范围内的贫户了。我们不知道这是权宜之举还是就此成为常制，但《风俗通》解释汉代负责征发赋役的乡“啬夫”之职时说：“啬者，省也。夫，赋也。言消息百姓，均其役赋。”所谓“均其役赋”，按《续汉书·百官志五》的说法：“主知民善恶，为役先后，知民贫富，为赋多少，平其差品。”[5]就是说征收赋税时要斟酌贫富，富者多征、贫者少征甚或不征。《后汉书》卷39《刘平传》记载了这样一件事，传主“拜全椒长。政有恩惠，百姓怀感，人或增赀就赋，或减年从役”[6]。或以为句中的“增赀就赋”主要指赀产税，但汉代的“赋”多指口算赋，赀产税并不是当时固定的税目。该句“就赋”与“从役”对举，联系“知民贫富，为赋多少”的记载，其意更可能是指当时贫困户为报答传主恩惠，采用虚报赀产的方式来达到缴纳算赋的标准。如此，可以反证东汉时期贫户仍享受蠲免赋税的政策。并且至少从光武帝开始，官府就把“贫不能自存者”纳入了赈济的对象。[7]

---

1 约成书于战国晚期的《周礼·地官·大司徒》谓养民之法有六，“三曰振穷”。

2 王文涛：《秦汉社会保障研究——以灾害救助为中心的考察》，中华书局，2007，第141—146页。

3 《汉书》卷10《成帝纪》，第318页；《汉书》卷11《哀帝纪》，第337页。

4 《汉书》卷12《平帝纪》，第353页。

5 《续汉书·百官志五》，见《后汉书》，第3624页。

6 《后汉书》卷39《刘平传》，第1296页。

7 参上引《后汉书》卷1下《光武帝纪下》建武六年（30年）正月辛酉诏。

无论“穷”怎么解释，其和“老”户、“尪羸”户、“刑踵”户、“女户”都是指家中无劳动力、生计艰难，多数是需要政府救济的贫穷户，所以吴简说这些民户是“下品之下”，给其“不任调（役）”的优待。但我们也见到吴简将这些民户记作“下品”的例证：

〼顿穷独女户三户下品　（贰·539）

〼其六户穷独女户下品　（贰·557）

〼其八户[老]顿穷独女户〼　（贰·604）

其十六户老顿穷独女户下品　（贰·634）

□[老]顿穷独女户八户下品　（贰·799）

贰·828“〼　其四户穷独女户下□”，末尾所缺字亦当是“品”。如何理解这一歧异呢？我们认为，孙吴的户等实际上就分上、中、下三品，所谓“下品之下”是指下品中赀产最少、最贫穷的那部分民户，而非一个独立的户等。[1]这里说的“下品”与上引诸简记的“下品之下”并不矛盾，两者表述各有侧重，前者用于统计户等，后者说得具体，意在强调免“调役”的依据。

东汉时，“穷”户、“老”户、“尪羸”户、“刑踵”户乃至“女户”就是固定的救济对象，孙吴免除他们的赋役是很自然的事。上引壹·4233、叁·4301说这些民户“不任调”，叁·6327、叁·6375称“不任调役”，壹·959又谓“不任役”，实际上，这些民户是既“不任调”也“不任役”的。有关“调”的含义，中日学者发表过不同看法。王素、高敏就吴简中的“调”是指作为赋税的“户调”，还是作为动词用的调发、征调，有过激烈争论。[2]杨际平对《竹简[壹]》所见调布、调皮简逐一做了分析，认为吴简中的“调”基本上属于财政调度范畴。[3]阿部幸信系统探讨了《竹简[壹]》《竹简[贰]》《竹简[叁]》所见“入调”简的类型及纳入者的身分，再次肯定了调

1　可参见张荣强：《吴简中的“户品”问题》。

2　王素观点具体见王素、宋少华、罗新：《长沙走马楼简牍整理的新收获》，《文物》1999年第5期；王素：《吴简所见“调”应是“户调”》，《历史研究》2001年第4期。另高敏文章分见《读长沙走马楼简牍札记之一》，《郑州大学学报（哲学社会科学版）》2000年第3期；《长沙走马楼吴简中所见“调”的含义——兼与王素同志商榷》，《中华文史论丛》2007年第1期。

3　杨际平：《析长沙走马楼三国吴简中的“调”——兼谈户调制的起源》，《历史研究》2006年第3期。

具有定制化赋课的特征。[1]就“不任调”“不任役”“不任调役”等表述看，这里的“调”显然是名词，而其与“役”连言，也只能作赋税解。[2]笔者也不同意“调”是指户调的观点，吴简中确实没有发现孙吴征收户调的坚实证据，民众当时缴纳的赋税主要还是口算赋。

大家对“役”的解释不太关注，认为就是指狭义的徭役。但上引3组尤其是第（2）组、第（3）组的里结计简中，“应役民”与“不任调”户对举，看来这里的“役”至少包含了“调”的内容。汉代广义上的“役”除指徭役外，还包括同样基于人身的口算赋。《汉书》卷1下《高帝纪下》载高帝五年（前202年）五月诏：

其七大夫以上，皆令食邑，非七大夫以下，皆复其身及户，勿事。

如淳、颜师古注：

如淳曰：“事谓役使也。”师古曰：“复其身及一户之内皆不徭赋也。”[3]

“役”“事”同义，其对象包括徭役和口算。汉代的史籍及出土文献中都有将“算赋”与“事”连称的用例，如下引《汉书·贾山传》载汉初给侍“九十者一子不事，八十者二算不事”；安徽天长出土的“算簿”也有“事算”之说。无论是“事算”还是“算不事”，都说明“事”即役使的内容涵盖了口算赋。[4]

还可以提出一种解释，就是“不任调”与“应役民”都是省略的写法，完整者应该写作“不任调役”“应调役”。无论如何，在“右某家口食”类里结计简中，“穷”“老”“刑踵”“尪羸”“女户”等都属于“不任调”，即免除

---

1 〔日〕阿部幸信：《长沙走马楼吴简所见的“调”——以出纳记录的检讨为中心》，见长沙简牍博物馆、北京大学中国古代史研究中心、北京吴简研讨班编《吴简研究》（第3辑），中华书局，2011，第262—261页。

2 就传世文献看，“调役”一词最早见于东晋、刘宋的史籍。如《宋书》卷2《武帝纪中》载东晋义熙八年（412年）十一月己卯刘裕建议，“凡租税调役，悉宜以见户为正”；卷5《文帝纪》元嘉八年（431年）闰六月乙巳，“遣侍御史省狱讼，申调役”；卷53《张茂度传》载卢循叛乱，“茂度及建安太守孙蚪之并受其符书，供其调役”等。这里的“调役”都是泛指赋税徭役，《武帝纪》的用例还出于东晋末年刘裕的上书。是故《资治通鉴》卷99“永和七年十月”条载“（桓温）八州士众资调殆不为国家用”，胡三省注：“调，赋也。”从出土吴简看，用作赋役解的“调役”一语，至少可以追溯到三国孙吴时期。

3 《汉书》卷1下《高帝纪下》，第54、55页。

4 “役”含指赋役甚至横调的例子，还可见《后汉书》卷96《南蛮传》载汉武帝末“珠崖太守会稽孙幸调广幅布献之，蛮不堪役，遂攻郡杀幸”。后代史籍中的例证更多，如《魏书》卷110《食货志》载“魏初不立三长，故民多荫附。荫附者皆无官役，豪强征敛，倍于公赋”；《南史》卷5《东昏侯纪》载“诸郡役人，多依人士为附隶，谓之‘属名’……凡属名多不合役”，无论南朝还是北朝，荫附豪强者逃避官府的不仅是徭役，还有赋税。

以口算赋为主体的赋税及徭役的民户；与之相对的“应役民”，就是指承担赋役的民户。

二 “凡口若干”类结句简中的“事”

第Ⅱ类家庭结句简作“凡口若干事若干/算若干事若干”。学者通常认为，这里的“口若干”指户内总口数，“算若干”指户内符合缴纳算赋年龄的人数[1]；但对前后两个“事”如何理解，有很大争议。概括起来，大致有四种不同说法：（1）前、后两个“事”都指徭役或与徭役有关。罗新最早推测“事也许与役有关”；王子今进而提出：“前一个‘事’，是说按照制度规定应当服役的人数，后一个‘事’，则是说实际服役的人数。”[2]（2）两个“事”分别指口算赋和徭役。持这种观点的学者，具体认识也有差异。如笔者曾主张前一“事”指应缴纳口钱、算赋的人数，后一“事”指应征发徭役的人数[3]；孟彦弘理解前一“事”指服力役的人数，后一“事”指实际要纳的算数[4]。（3）前一“事”指有劳动能力的人，后一“事”表示应当服役的人口。于振

1 杨振红撰文，认为这里的“算”不仅是指成年人缴纳的算赋，也包括成年人服行的徭役（见《从出土“算”、“事”简看两汉三国吴时期的赋役结构——“算赋”非单一税目辨》，《中华文史论丛》2011 年第 1 期）。这种理解恐怕有问题。秦汉时期的“算”无论是指口算还是訾算，其特征都是计人或物征钱，并没有将徭役计入“算”的情况。即如杨先生所引的《九章算术·衰分》，记载的也是对符合纳算年龄的人派征徭役的事，而非说“算”本身就有徭役的含义。我们知道，汉代至少到东汉，女子不服更徭，仅服小役；即使把女子计入服徭之列，缴纳算赋和服行徭役的人群也仅是大致相同而已。由于蠲免算赋和徭役的场合不同，户内纳算和服役的人数经常是不一致的。如按杨先生的理解，“凡口若干”类家庭结计简中的“算×”到底是指承担算赋还是徭役抑或既承担算赋又服行徭役的人数？指代如此不清，当时的基层官吏又怎么能据以准确征发赋役呢？

如下所说，走马楼“凡口若干”类简中，其里的结计通常作“其若干人小口口收钱五合若干”“其若干人大口口收钱廿八合若干”“其若干人算人收钱一百廿合若干”，而没有统计多少人服役的记载。这里的“算人收钱一百廿”和“算×事×”的“算”指代一致，就是成年人所纳的算赋。

2 王子今：《走马楼“凡口若干事若干”简例试解读——以对“事”的理解为中心》，《长沙简牍研究》，中国社会科学出版社，2017，第 337—347 页。

3 参见张荣强：《说孙吴户籍简中的“事”》，见北京吴简研讨班编《吴简研究》（第 1 辑）；后以《孙吴户籍结句简中的“事”》为题，收入《汉唐籍帐制度研究》，第 144—162 页。

4 孟彦弘：《吴简所见“事”义臆说——从“事”到“课”》，见长沙市简牍博物馆、北京吴简研讨班编《吴简研究》（第 2 辑），第 201—213 页。

波[1]、胡平生[2]均有类似看法。（4）凌文超提出前一“事”指缴纳“小口”“大口”钱和“算赋”的总人数，后一“事”指实际缴纳的算数。[3]

就“算若干事若干”的表述看，首先应该考虑“事”与算赋的关系。但除孟彦弘、凌文超外，多数学者包括笔者在内最初都认为这个“事”与徭役有关。究其原因，恐怕要归结为传世文献带给我们的印象：汉代除徭役的场合很多，少有免口算者。而根据《竹简[壹]》《竹简[贰]》《竹简[叁]》做的统计，“算若干事若干”两个数字明确的简文有 169 例，其中“算”的总数字为464，“事”的总数字为343，后者约为前者的74%。若将“事若干”解释为征收算赋的人数，免算的比例就高达 26%。这显然与传统认识有很大差距。吴简中免“事”者都是什么人呢？“凡口若干”类结句简有时径写作“算若干事复”，具体到户内家口注“复”的人主要有残疾者、充役者、给侍者等[4]。《周礼·地官》记载乡大夫职掌：“以岁时登其夫家之众寡，辨其可任者。国中自七尺以及六十，野自六尺以及六十有五，皆征之。其舍者，国中贵者、贤者、能者、服公事者、老者、疾者皆舍。”东汉郑众注曰：“征之者，给公上事也。舍者，谓有复除舍不收役事也……服公事者，谓若今吏有复除也。老者，谓若今八十、九十复羡卒也。疾者，谓若今癃不可事者复之。”[5]《周礼》说的“舍者”与吴简注“复”的人群基本一致。依据郑众“舍”谓“不收役事”的观点，吴简“复”的似乎也应是徭役，而非算赋。

---

1 于振波：《“算”与“事”——走马楼户籍简所反映的算赋和徭役》，《汉学研究》第 22 卷第 2 期，2004；后收入其著《走马楼吴简续探》，第 129—152 页。

2 胡平生：《〈长沙走马楼三国吴简〉第二卷释文校证》“口若干，事若干；算若干，事若干”条，见中国文物研究所编《出土文献研究》（第 7 辑），上海古籍出版社，2005，第 112—133 页。

3 凌文超：《走马楼吴简采集简“户籍簿”复原整理与研究——兼论吴简“户籍簿”的类型与功能》，见长沙简牍博物馆、北京大学中国古代史研究中心、北京吴简研讨班编《吴简研究》（第 3 辑），第 9—64 页；主要内容亦见其著《考信于簿：走马楼吴简采集簿书复原整理与研究》第一章，北京大学博士学位论文，2011 年。

4 参见前揭张荣强《说“罚估”——吴简所见免役资料试释》所列孙吴注“复”的例证，原文认为这里的“复”指徭役，这点应予订正。

5 （汉）郑玄注，（唐）贾公彦疏：《周礼注疏》卷 12《地官·乡大夫》，见（清）阮元校刻《十三经注疏》，第 1543 页上栏。

传统认识受到了出土材料的挑战。2004 年 11 月，安徽天长市纪庄 M19 汉墓出土了 34 枚木牍，其中编号为 M19：40-1 的木牍背面为“算簿”：

集八月事算二万九，复算二千卌五。

都乡八月事算五千卌五；

南乡八月事算三千六百八十九；

垣雍北乡八月事算三千二百八十五；

垣雍南乡八月事算二千九百卌一；

鞠（？）乡八月事算千八百九十；

杨池乡八月事算三千一百六十九。

•右八月

•集九月事算万九千九百八十八，复算二千六十五。[1]

木牍登载了某县八、九月征收算赋的情况。“复算”意谓免除算赋；“事算”与之对举，再联系下引“二算不事”的说法，自然指实际征纳的算赋。[2]依“算簿”所载，某县八月事算 20 009，复算 2045；九月事算 19 988，复算 2065，免除算赋的人数占符合缴纳算赋年龄（即“事算”+“复算”）人数的 9%强。这一数字低于吴简的免“事”比例，却足以动摇我们认为汉代很少免算的看法。而天长汉简的“事算”“复算”与吴简“算若干事若干”“算若干事复”用语的一致性，也使我们不得不重新考虑“事”指算赋的观点。

凌文超[3]、张朵[4]曾就《竹简[壹]》所附“揭剥图一”“揭剥图二”，对第Ⅱ

1　木牍释文参天长市文物管理所、天长市博物馆：《安徽天长西汉墓发掘简报》，并据上引杨振红《从出土“算”、“事”简看两汉三国吴时期的赋役结构——“算赋”非单一税目辨》的录文修订。

2　袁延胜撰文认为，牍文中的“事”指徭役，“算”指算赋，“事算”一语就是徭役、算赋的合称，表示承担徭役和算赋者的一致性（见《天长纪庄木牍〈算簿〉与汉代算赋问题》，《中国史研究》2008 年第 2 期）。问题是，徭役与算赋作为汉代不同的役使名目，两者征纳尤其是蠲免的范围不可能完全一致，如本小节所引的《汉书·贾山传》载汉初给侍制度“九十者一子不事，八十者二算不事”，免除侍丁的徭役（兵役）、算赋有不同的条件。“事算”指徭役和算赋的说法显然不能成立。前揭杨振红《从出土“算”、“事”简看两汉三国吴时期的赋役结构——“算赋”非单一税目辨》一文，也是将“事”理解为动词。

3　参见凌文超：《走马楼吴简采集简“户籍簿”复原整理与研究——兼论吴简“户籍簿”的类型与功能》。

4　参见张朵：《走马楼吴简吏民籍的复原与研究》。

类简册做过复原。这两份简册过于残破，我们除发现一枚“右平阳里领吏民卅六户口食□百□□人”（壹・10248）的简外，再没有见到其他类似的里结计简。但考虑到第Ⅱ类家庭结句简的书式及户内家庭成员注重登录“算一”的注记，其所属里或乡的结计中必定有算赋之类的统计。《竹简[壹]》4436—4980 号计 500 余枚简中，除分布着大量的纳钱、纳布简外，也散乱着一些属于宜都、宜阳及东阳等里的“凡口若干”类简。其中有几枚简引人注目：

其三百卅四人小口々收钱五合一千六百七十　（壹・4436）

其六百八人大口々收钱廿八合一万七千廿四钱　（壹・4464）

其二百五十二人筭人收钱一百廿合三万二百卌　（壹・4980）

从人数上看，这可能是某乡而非某里的结计简。无独有偶，贰・4512—4659 夹杂着一些东阳里的“凡口若干”类简，其中也有：

・其廿八人小口　（贰・4513）

其七十三人筭人　（贰・4643）

其一百六十五人大口　（贰・4653）

・右黄簿吏民卌户口食一百八十人　（贰・4659）

这应当是里的结计（但非同一个里的）。在“凡口若干”类简中，多次出现诸如“小口”“大口”“算人”的总计，恐怕很难用巧合来解释。笔者就此请教过长沙简牍博物馆的宋少华。据宋先生介绍，在目前已完成整理的简中，发现属于某里的成坨“凡口若干”类简，该里结计简统计的就是“小口”“大口”“算人”等项内容。

明确“凡口若干”类乡或里结计简统计的项目后，我们再来对照“凡口若干事若干/算若干事若干”的表述，自然会想到后一个“事若干”指该户内缴纳算赋的人数。为验证这一说法，我们不妨再看几例侍丁给复的简文：

宗妻大女妾年卅二筭一八十一复　（壹・2971）

子公乘宗廿四筭一八十□复　（壹・2993）

素寡妇大女思年卅六筭一八十可复　（壹・3322）

西汉初年就对年老给侍有明确规定。《汉书·贾山传》说汉文帝礼高年“九十者一子不事，八十者二算不事”，颜师古解释说：“一子不事，蠲其赋役。二算不事，免二口之算赋也。”[1]但对照汉武帝建元元年（前 140 年）颁布“年八十复二算，九十复甲卒”[2]的赦令看，“一子不事”应当与“复甲卒”同义，指免除“甲卒”的兵役。80 岁免两人算赋、90 岁免一人兵役的给侍标准至少延续到东汉，郑众注《周礼·地官》乡大夫职掌仍在说：“八十、九十复羡卒。”上举三枚简中，“妾”“宗”“思”家的老人都是 80 岁的高龄，三人作为侍丁被“复”的也只能是算赋。[3]

既然“算若干事若干”的“事”指缴纳的算赋，那么“口若干事若干”的“事”也应该与口钱有关。但吴简所见口钱与汉代文献记载有很大出入。汉代口钱的起征年龄和征收数额不同时期也有变化，大致情况是：汉武帝以前 3—14 岁征口钱 20 钱，武帝时增加到 23 钱；汉元帝提高了起征年龄，此后定制 7　14 岁征口钱 23 钱。[4]而根据上举“凡口若干”类乡或里的结句简，孙吴时期的口钱又分为“大口”“小口”，其“大口”纳钱 28 钱，“小口”5 钱。笔者过去拘泥于《后汉书·南蛮西南夷传》“岁令大人输布一匹，小口二丈”[5]的记载，推测这种分大、小口征税的制度主要针对“长沙蛮”。[6]现在看来，这套标准适用于孙吴至少是长沙境内的普通民众。吴简中的“小口”“大口”是怎样划分的？按照汉代的课役身分，“小”是 14 岁以下，结合汉代纳口钱的年

---

1 《汉书》卷 51《贾山传》，第 2336 页。

2 《汉书》卷 6《武帝纪》，第 156 页。

3 现在看来，免除算赋的人群除以上提及的残疾、充吏和给侍者，还应该包括服兵役者。同是长沙出土的东牌楼汉简 82 载：

　　　凡口五事　　　　　　　　〼
中　筭三事[二]　　訾五十　　〼
　　　甲卒一人　　　　　　　　〼

（长沙市文物考古研究所、中国文物研究所：《长沙东牌楼东汉简牍》，“释文”，第 108 页；“彩版”，第 62 页）

该结句简与孙吴“凡口若干”类简相同，该户“筭三事[二]”，免除的很可能就是这份甲卒的算赋。看来，汉代蠲免算赋的情形远比我们知道的多。

4 参诸《汉书》卷 7《昭帝纪》如淳注引《汉仪》、同书卷 72《贡禹传》等记载。

5 《后汉书》卷 86《南蛮西南夷传》，第 2831 页。

6 参见张荣强：《说孙吴户籍简中的“事”》。

龄，孙吴的“小口”钱也应当是 7—14 岁所纳。“大口”的界定颇费斟酌。汉代尤其是汉初，“大”泛指 15 岁以上，“小”“大”之上并不存在一个“老”的名目。[1]但如果将孙吴“大口”钱定为 15 岁以上所有人缴纳的，也有一个困惑：孙吴家庭结计简“口若干事若干”中，“事”指缴纳口钱即“大口”与“小口”钱的人数合计；假如不能确知“小口”或“大口”其中一个的人数，是无法推算出乡里集计中“大口”“小口”相应的人数来的。汉代没有一个与“小”“大”并列的“老”的身分称谓[2]，但《晋书·食货志》载平吴之后，西晋颁布的户调式明确规定了“正丁”“次丁”“老”“小”等课役身分。而在吴简中，我们也见到诸如“老男胡公年六十一踵两足”（壹·5162）、“老男□□年七十二踵两足”（壹·5199）及“老男陈州年六十一”（壹·5312）等简例，尤其是叁·4332：

□母老女妾年六十二　□妻大女巡年十五

“老女”“大女”并列。看来在孙吴时期，“老”已逐渐开始从“大”中分离出来，成为一个单独的课役身分。就目前公布的吴简看，孙吴的“老”指 61 岁

1　这一点，2004 年荆州纪南镇松柏 1 号墓出土的木牍中体现得最为明显。其 48 号木牍自题“二年西乡户口簿”，上栏为：

户千一百九十六
息户七十
秏户卅五
相除定息卅五户
大男九百九十一人
小男千卅五人
大女千六百九十五人
小女六百卅二人

“二年”前未书年号，但该墓同时出土了墓主汉景帝至汉武帝时期的“升迁记录和升调文书”，则“二年”当为景帝前元二年（前 155 年）、中元二年（前 148）、后元二年（前 142 年）、武帝二年（前 139 年）中的一个。这份乡户口簿中，所有男女被分为“大”“小”两种身分，而无“老男”“老女”之说。此外，同墓所出的 53 号木牍分别记载了江陵、宜成、临沮、安陆、沙羡、州陵、显陵、便侯国、邔侯国、襄平侯中庐等县（侯）国的人数，和“二年西乡户口簿”分类一样，也是按照“大男”“小男”“大女”“小女”做的统计。这两枚木牍的图版，详见朱江松：《罕见的松柏汉代木牍》；发掘情况详见荆州博物馆：《湖北荆州纪南松柏汉墓发掘简报》。

2　汉代也有“睆老”“免老”的说法，具体可见张家山汉简《二年律令·傅律》。但无论“睆老”还是“免老”，都是服行徭役的名目，面向的仅是大夫（含）以下爵位的男子，进入“睆老”“免老”的标准又视爵位的高低各异；这和以征收口算为目的，面向全部男女且以年龄为统一标准划分的“小”“大”课役身分明显不同。

以上；相应地，这一时期的“大”是指 15—60 岁这一阶段，而这也就是承担算赋的年龄段。[1]

吴简中，看不到 7—14 岁中有复除“小口”钱的迹象；15—60 岁中有没有如疾病、罢癃、给役或其他原因像复算那样也免除“大口”钱的呢？我们注意到以下“凡口若干”类结句简：

凡口四事　筭二事一　中訾　五　十　（壹・2944）

凡口四事　筭二事一　訾　五☐　（壹・2963）

凡口四事　筭二事一　訾　五　十　（壹・10266）

凡口五事　筭三事一　訾　五　十　（壹・10305）

凡口六事　筭四事二　訾　五　十　（壹・10429）

在“凡口若干事若干”中，“事”前、后两个数字一致，后一个数字就省略了。从“算若干事若干”反映的情况看，以上诸户缴纳算赋的人数少于符合纳算年龄的人数，亦即家内都有免算的人。但“凡口若干事”的书式告诉我们，诸户中免除算赋的人也要缴“大口”钱。也就是说，大凡 15—60 岁者都要缴“大口”钱，缴“大口”钱的人数就是符合纳算年龄的人数。在“口若干事若干/算若干事若干”的结计中，确定了缴纳“大口”“小口”钱的总人数（前一个“事若干”）和符合纳算年龄的人数（算若干）后，进而就可以计算出“小口”的人数了。

孙吴民众 7—14 岁都要缴“小口”钱，15—60 岁缴“大口”钱；也就是说，只有 1—6 岁、61 岁以上的人不缴口钱。根据目前对已公布吴简做的统计，“口若干事若干”两个数字完整者 219 例，“口”“事”的总数分别是 1116 和 888，“事”数约为“口”数的 80%。免口钱者约占总口数的 20%，这也和于振波根据《竹简[壹]》统计的 1—6 岁及 61 岁以上所占全部人口的比例之和大致相当。[2]

还有一个问题，前后两个“事”到底指实际还是应征收的口、算钱人数？笔者此前从户籍功能的角度出发，提出户籍作为下一财政年度征收的依据，这里的

1　参见张荣强：《〈二年律令〉与汉代课役身分》。

2　于振波：《走马楼户籍简性别与年龄结构分析》，《走马楼吴简初探》，文津出版社，2004，第 123 页。

“事”只能是预计征收的数额。现在再从征税实态方面做一点考察。汉代的口算尤其是算钱是按月多次征收的，如江陵凤凰山10号汉墓出土的4号木牍载：

市阳二月百一十二算算卅五钱三千九百廿正偃付西乡偃佐缠吏奉受正忠二百卌八

市阳二月百一十二算算十钱千一百廿正偃付西乡佐赐　口钱

市阳二月百一十二算算八钱八百九十六正偃付西乡偃佐缠传送

市阳三月百九算算九钱九百八十一正偃付西乡偃佐赐

市阳三月百九算算廿六钱二千八百卅四正偃付西乡偃佐赐

市阳三月百九算算八钱八百七十二正偃付西乡偃佐赐

市阳四月百九算算廿六钱二千八百卅四正偃付西乡偃佐赐

……[1]

甚至一个月内有几次征收。上举天长汉简也记载了某县八、九月征收算赋的情况。吴简中亦见分次征收口算钱的迹象：

入都乡口筭钱五百一十Ж‖嘉禾元年十一月五日僳□丘何诚付库[吏]⧄　　（壹·1623）

入模乡口筭钱一千九百Ж‖嘉禾元年十二月九日□丘□□付库吏[殷]⧄　　（壹·1677）

入模乡嘉禾二年口筭钱四千四百　　（壹·5212）

入广成乡嘉禾二年口筭钱四千　　（壹·5214）

入南乡嘉禾二年口筭钱一千三百五十　　（壹·5229）

入广成乡嘉禾二年口筭钱一千　　（壹·5244）

前两例缴纳口算钱的时间分别是十一、十二月，后几例没有标明具体月份，但根据各乡缴纳的数额，也只能是该年某次而非全部缴纳的口算钱。实际征税过程中，由于不可避免会有人口的生死迁移，每个月征纳的口算钱也会随之发生变化。如市阳里二月征 112 算，三月就减少到 109 算；天长简记载的八、九月口算数字也有不同。这样，每年征收的实际算额就很难是120钱的倍

1　裘锡圭：《湖北江陵凤凰山十号汉墓出土简牍考释》，《文物》1974年第7期，第50页。

数。而在“凡口若干事若干/算若干事若干”以乡或里为单位的赋税统计项目中，我们看到的都是“其二百五十二人筭人收钱一百廿合三万二百卌”（壹・4980）、“其□百廿人筭人收钱百卅（当为“廿”）☐”（壹・9791）等记载。考虑到民众实际缴纳算赋时不可避免会有逋欠行为，这只能解释为预计而非实际征纳的算赋数额。

至此我们可以得出结论：“凡口若干事若干/算若干事若干”中，前一“事”释为“口”，指应缴纳口钱的人数；后一“事”释为“算”，指应缴纳算赋的人数。但逻辑上还有一点问题。既然“算若干”是指符合纳算年龄的人数，与之相对应，“口若干”也当解释为合乎缴纳口钱年龄的人数，而不应该是全家的人口数。但上文提到，孙吴实际上缴纳口钱的是户中包括残疾、给吏等在内所有7—60岁的人；那较之范围更大、理论上要缴纳口钱的不就是户内所有成员了吗？学界对“右某家口食”类家庭结计简统计的是户内全部人口这一点没有疑问，但我们在“凡口若干”类家庭结计简中，也发现了“凡口若干”与“口食若干”混用的现象。如壹・10245—10495是成坨的“凡口若干”类简，主要登录的是吉阳里、高迁里及平阳里等人户，其中有几枚简：

吉阳里户人公乘李奇年六十一　　（壹・10405）

右奇家口食五人　　訾　五　十　　（壹・10396）

右石家口食三人　筭一　中訾　五　十　　（壹・10478）

壹・10396可能是“李奇”一家的集计简，壹・10478为某“石”的家庭集计简。这两枚结句简的书式完全与“右某家口食”类简相同。看来，在家庭结计简中，“凡口”与“口食”用语不同，但统计口径没有实质区别。但如何解释孙吴政府把全部在籍人口视作理论上应缴纳口钱的人呢？这种制度设计的依据是什么？我们只能做一推测。“口钱”顾名思义，就是率口出钱，至于几岁起征，端视国家财政状况和皇帝意志而定。东汉末年甚至有生子即纳口钱的规定，《零陵先贤传》载郑产为里啬夫，“汉末多事，国用不足，产子一岁，辄出口钱，民多不举子。产乃敕民勿得杀子，口钱当自代出。产言其郡、县，为表上言，钱得除”[1]。我们经常指责这是地方暴政，但正常情况

1（北魏）郦道元注，杨守敬、熊会贞疏：《水经注疏》卷38《湘水》，段熙仲点校，陈桥驿复校，江苏古籍出版社，1989，第3130页。

下，有权调整税制的恐怕只有中央政府；此处既言“国用不足”，又说郡县“为表上言”，只能将1岁开征口钱理解为国家行为。考虑至此，我们若认为孙吴政府一方面袭承旧制，规定全部在籍人口理论上都在承担口钱之列；另一方面又将实际起征年龄恢复到汉代定制的7岁以笼络民心，恐非无据。

三　“凡口若干”与“右某家口食”类简的功用

笔者曾对第Ⅰ类与第Ⅱ类简的功用做过分析，指出第Ⅰ类即“右某家口食”类简主要是统计人口，第Ⅱ类即“凡口若干”类简是为了征发赋役。现在随着对“事”的重新解释，笔者的看法也相应修正为第Ⅱ类简的目的是征纳以口算赋为主体的人头税[1]，并不涉及徭役。这里再从里结计简的角度，对第Ⅰ、Ⅱ类简的功用做进一步论述。

史籍对汉代里的规模，说法不一。同是记述后汉时期的史料，《续汉书·百官志五》云“里魁掌一里百家”，注引《风俗通》则说“里有司，司五十家”。[2]就目前公布的吴简看，涉及里的规模也有两种不同的记载。一是一里五十户，如：

右广成里领吏民五十户口食二百九十□人　（贰·1671）

·右弦里领吏民五十户口食三百卌人　（贰·1947）

·右□里领吏民五十户口食……　（贰·2320）

·集凡五唐里魁周□领吏民五十户口食二百八十九人　（肆·380）

·集凡小赤里魁黄仨领吏民户五十口食四百卅五人　（肆·495）

·集凡曼溲里魁□忽领吏民五十户口食二（？）百五十七人　（肆·568）

壹·4102“……界所正领□□□五十户口食二百☒”、壹·4123“☒□□五十

1　还有更赋。“凡口若干”类简中登录“更”注记者，见诸壹·3939“斗弟公乘床年廿八筭一更一”，属于乡总计的则有壹·4985“☒右小武陵乡领四年吏民一百九十四户□九百五十人收更□筭钱□合□□一千三百卅四钱”、壹·9407“□□年领吏民户二百五十五户□一千一百一十三人收更□筭钱合六万二千一百一十八钱”（原释文有误，此据凌文超前揭文意见修正）。此处的“更”，据壹·9786“其□人更人收钱三百□☒”，显即汉代文献所说的更赋。

2 《续汉书·百官志五》，见《后汉书》，第3625页。

户口食合二百六十七人☐”及贰·1663“☐五十户口食[四]□□☐”，所记也应是一里的户数。此外，贰·2529“□凡广成乡[领][吏][民]□□[五]十户口[食]二千三百一十人”，广成乡户数亦是五十的倍数。各里的户数如此整齐划一，似乎提示我们：吴简的里很可能仅是一个户口统计单位，而不具有汉代那样的空间区划功能。另一记载是一里领二三十户甚或十余户，如：

☐□中里领吏民卅八户☐　（壹·8162）

·右平阳里领吏民卅六户口食□百□□人　（壹·10248）

·右吉阳里领吏民卅六户口食一百七十三人　（壹·10397）

右石门里领吏[民]十一[户]口食卌五人　（叁·6073）

和一里五十户明显不同。这种差异是不是由于各里实际规模不同造成的呢？我们看一下高迁里的例子：

右高迁里□□□领吏民五十户……口食二百五十七人　（叁·4460）

·右高迁里领吏民卅八户口食一百八十人　（壹·10229）

同是一里，记载的户数和口数差别很大。这就排除了不同的里之间的差异，恐怕也和反映的具体年份无关。我们注意到，凡记载一里五十户的结计简，其周围都是“右某家口食”类简；而记载一里二三十户的结计简，周围分布的无不是“凡口若干”类简。这点在成坨简中体现得更清楚，如《竹简[壹]》中，简10245—10464属于“凡口若干”类简，涉及吉阳里、高迁里、东阳里、平阳里等人户，其中两枚里结计简为：

右平阳里领吏民卅六户口食□百□□人　（壹·10248）

右吉阳里领吏民卅六户口食一百七十三人　（壹·10397）

而前揭广成乡广成里的“右某家口食”类简，该里结计则是：

右广成里领[吏]民五十户口食二百九[十]□[人]　（贰·1671）

看来，“右某家口食”类简的里结计中统计的是里内所有人户，而“凡口若干”类简统计的只是其中部分人户。

“凡口若干”类简统计的是哪部分人户呢？上举侯旭东复原广成里名籍册时，推测贰·1671之下的几枚里分计简顺序为：

·其五户尪羸老顿贫穷女户　（贰·1705）

☑ ·定应役民廿户　（贰·1704）
其一户给朝丞　（贰·1702）
其二户给郡园父　▼　（贰·1701）

而凌文超的排列顺序为：

其一户给朝丞　（贰·1702）
其二户给郡园父　▼　（贰·1701）
·其五户尪羸老顿贫穷女户　（贰·1705）
☑ ·定应役民廿户　（贰·1704）[1]

前已述及，贰·1705也是对该里“不任调”户数的统计。如果将贰·1702、1701置于1704之下，实际上就是把“给朝丞”“给郡园父”等户当成了应役民。这一理解显然有问题，凌文超的排列更符合实际。上面引用过的叁·4269—4360中的四枚里结计简载：

其一户给军吏　下品　（叁·4303）
其五户□□民　下品　（叁·4302）
其七户□□女户不任调　下品之下　（叁·4301）
定领役民卅七户　（叁·4300）

“□□民”应该是承担职役的人户。1户“给军吏”，5户“□□民”，还有7户“不任调”，总共有13户不属于“应役民”；再加上“应役民”37户，正好符合每里50户的标准。前面说过，这里的“应役民”也是承担口算赋的民户。“尪羸老顿贫穷女户”“□□女户”本身“不任调”，自然不属于“应役民”；但上引“给朝丞”“给郡园父”“给军吏”，以及属于此类的“给郡吏”“给县吏”等，与“不任调”户的情况又有不同。这些服行各类职役的家庭中，其户主固然因“给吏”而免除算赋，但本人要缴纳“大口”钱；再从下引诸简看，其家庭成员也有“算一”的注记，亦即要纳算。他们被排除在“应役民”的范围内，只是因为他们不属于郡县民户，实际上他们是要缴纳口算赋的。

如上举壹·10397、壹·10248所示，“凡口若干”类里结计简统计的也是

1　见前揭凌文超：《走马楼吴简采集简“户籍簿”复原整理与研究——兼论吴简“户籍簿”的类型与功能》。

“吏民”若干户、若干口，除民户外，也包括吏户。[1]我们也可以发现“凡口若干”类简登载“州吏”“县吏”户的例证。上举壹·10245—10464简册中就有：

1. 吉阳里户人公乘区张年廿八筭一给州吏　（壹·10367）
　张妻大女□年十九筭一　（壹·10359）
　张父□年七十五　（壹·10349）
2. 高迁里户人公乘张乔年卅筭一给县吏　（壹·10412）
　乔妻大女健年廿五筭一　（壹·10415）
　乔子女土年二岁　（壹·10399）
　乔兄□年廿八筭一刑左足　（壹·10400）

目前没有发现登载“不任调”户的现象。考虑到“凡口若干”类简用于征发口算赋的目的，笔者认为该类简著录的主要是该里承担口算赋的人户，亦即“应役民”和各种吏卒户；里结计简统计的就是这两类人户的总户数，相应的口食数或为两类人户的总口数，但更可能是其中应纳人头税的总人数。[2]

如果简单总结一下孙吴“右某家口食”与“凡口若干”类简的功用，就是前者著录的是一里内所有人户，并对其中的“应役民”、吏卒户和“不任调”户进行分类统计；后者著录的大概是一里要承担口算赋的“应役民”和吏卒户，进而推算一里应纳的人头税额。相较而言，“右某家口食”类简更具有基础帐簿的性质。

附带谈一下孙吴“凡口若干”类户籍簿的性质。从目前掌握的资料看，“凡口若干”类户籍簿出现的时间可以追溯到西汉前期。我们前面讨论过长沙东牌楼、尚德街及五一广场出土的“户籍简”，青岛土山屯《堂邑元寿二年（前1年）要具簿》中有“复口三万三千九十四，定事口九万九千一十”“凡筭六万八千五百六十八……定事筭四万四千三”[3]，无论用语还是统计方式，都与孙吴户籍简如出一辙。我们甚至也能在江陵松柏汉墓出土的“复事算簿”中窥见“凡口若干”类户籍簿的影子。

我们目前所见比较系统的户籍制度见于张家山汉简《二年律令·户律》，

1　“吏民”名籍中的“吏户”是泛称，实际上包含了“给朝丞”“给郡园父”等各类职役人户。

2　实际上就是该里缴纳“大口”钱和“小口”钱的总人数。

3　青岛市文物保护考古研究所、黄岛区博物馆：《山东青岛土山屯墓群四号封土与墓葬的发掘》，《考古学报》2019年第3期。

其记载当时县、乡分别保存着“宅园户籍、年细籍、田比地籍、田命籍、田租籍”的正、副本，前两种被称为名数，并且要随着人户迁移办理移籍手续。“宅园户籍”既冠以“宅园”二字，籍中当登载田园和宅舍的内容；律文提到民户立遗嘱，“所分田宅，不为户，得有之，至八月书户”，要把田宅变动结果反映到户籍上。“年细籍”又写作“年籍爵细”，根据里耶秦简的说法，并参考长沙走马楼、浙江乌程出土的西汉实物，“年细籍”重点著录民户的年龄、爵位等信息。[1]毫无疑问，年龄和爵位是秦汉时期征发赋役的直接依据。我们也见到了与《二年律令》颁行时代非常接近的“名数”实物。1990年江陵高台汉墓出土了四方木牍，其编号 M18：35-丙的木牍即为汉文帝七年（前 173 年）“燕”迁往冥世的名数：

> 新安户人大女燕，关内侯寡
>
> 大奴甲
>
> 大奴乙
>
> 大婢妨。家优，不筭不顾

同出木牍载有“七年十月丙子朔[庚子]，中乡起敢言之：新安大女燕自言，与大奴甲、乙，大婢妨徙安都，谒告安都受[名]数，书到为报，敢言之”，这完全是模拟现实世界中的迁籍制度。[2]所谓“不算不顾”，“算”指口算赋，“顾（雇）”指自身不服役的情况下雇人代役；“燕”的丈夫生前为关内侯，故其家得到优复，无须缴纳口算，也无须服徭役。燕的名数与宅园户籍的内容相差很大，可能是仿照年细籍而来；从其家口之下书写“家优，不算不顾”一语看，这类名数通常需要注明该户应纳或免除口算、徭役的情况，这就与“凡口若干”类户籍簿比较一致。

补论 “右某家口食”户籍簿的性质

学界经过一段时间的讨论，目前已对“凡口若干”类简中前后两个

---

1 参见本书第二编第三章“湖南里耶所出‘秦代迁陵县南阳里户版’研究”。

2 湖北省荆州博物馆编著：《荆州高台秦汉墓——宜黄公路荆州段田野考古报告之一》，第222—224页。文书最后一个字，考古报告疑作“颢”；李学勤释作“顾”，见《初读里耶秦简》，《文物》2003 年第 1 期。有关这枚木牍的释文，此后不再注明。

“事”的含义及此类简的性质基本达成共识，前一个“事若干”指户内应该缴纳口钱的人数；后一个“事若干”则指户内应该缴纳算赋的人数，官府编制此类简的目的是征收口算赋兼及更赋。但对“右某家口食”类简的性质还存在不同认识，一些学者主张是官府为了派役制作的户口簿[1]，笔者认为其旨在统计全部的户口数。这一分歧进而引发了吴简中究竟哪类户口簿属于户籍，甚至有没有户籍之类的疑问。现在走马楼吴简已经全部公布，这就为我们进一步讨论“右某家口食”类简的性质提供了便利条件。

目前学者成功复原的“右某家口食”类简册，计有：“嘉禾六年广成乡广成里、弦里吏民人名年纪口食簿”“嘉禾四年南乡吏民人名年纪口食簿”“嘉禾六年都乡、中乡、小武陵乡吏民簿”“嘉禾五年都乡春平里吏民人名年纪口食簿”。[2]参据以上复原成果，我们可以将“右某家口食”类简中里的总计格式大致拟合为：

集凡××里魁××领吏民××户口食××人

　　其××户前后被病物故[3]

　　定领见户××户

　　其××人前后被病物故

　　定领见人××其××口男人

1　持此观点者，有侯旭东《长沙走马楼吴简“嘉禾六年（广成乡）弦里吏民人名年纪口食簿”集成研究——三世纪初江南乡里管理一瞥》，见邢义田、刘增贵主编《第四届国际汉学会议论文集——古代庶民社会》，“中央研究院”，2013，第 103—147 页；凌文超《走马楼吴简采集簿书整理与研究》第三章“户籍簿及其类型与功能”，广西师范大学出版社，2015，第 136 页；连先用《吴简所见临湘“都乡吏民簿”里计简的初步复原与研究——兼论孙吴初期县辖民户的徭役负担与身份类型》，见邬文玲主编《简帛研究　二〇一七》（秋冬卷），广西师范大学出版社，2018，第 239—314 页；等等。

2　相关复原成果，参见侯旭东：《长沙走马楼吴简〈竹简〉［贰］“吏民人名年纪口食簿”复原的初步研究》，《长沙走马楼吴简“嘉禾六年（广成乡）弦里吏民人名年纪口食簿”集成研究——三世纪初江南乡里管理一瞥》；凌文超：《走马楼吴简采集簿书整理与研究》第二章“嘉禾四年南乡户籍与孙吴户籍的确认”；连先用：《走马楼吴简所见吏民簿的复原、整理与研究——以发掘简为中心》，吉林大学博士学位论文，2018，第 16—156、187—194、250—275 页；崔启龙：《走马楼吴简所见“黄簿民”与“新占民”再探——以嘉禾五年春平里相关籍簿的整理为中心》，见中国文化遗产研究院编《出土文献研究》（第 18 辑），第 348—387 页。

3　我们见到的里计简中只有物故的口数，但从“书言料核合领户二千六百卌五户，其卌七户苦贫穷流移比县吴　昌”（陆・4744）、“罗、刘阳、醴陵、攸县，□三百卅七户前后被时气病物故，户乏卌三□”（陆・4746）、“其卌户□一百九十五□本地民，别属□府，县不　领□”（陆・2025）、“属泄府，不随县，定领户二千二百廿二□女……”（陆・4732）这组内容密切关联的简文来看，每年物故中也有户数，吴简中也有“右楧家□食□人　死户定”（肆・232）的记载。

其××口女人

其××户吏户

其××户卒户

……

其××户不任役

定领役民××户[1]

大致说来，“右某家口食”类里计简由两部分内容组成。第一部分统计一里的现有户口数，其方式是先统计籍面所载的全部户数和口数，再减去该年因病物故的户数、口数，最后得出现有户、口数。《西魏大统十三年（547年）瓜州效穀郡（？）户籍》（以下简称《西魏大统十三年户籍》）A卷中也可以见到这种统计方式：

户主叩延天富壬辰生年叁拾陆　白丁　课户中

母白乙升水亥生年陆拾伍　死

妻刘吐归丁酉生年叁拾壹　丁妻

息男黄口甲子生年肆　黄（小）男

息男黄口甲子（丙寅）生年两　黄男　凡口五｛口一出除不课老女死／口四见在[2]

《西魏大统十三年户籍》B卷里集计部分残缺，这是叩延天富户的家庭结计，其户口统计方式及用语与吴简基本一致。

“右某家口食”类里计简的第二部分是按照人户身分，分门别类地统计该里的所有人户。具体方式为：首先依次列举各类特殊人户，如×户郡吏、×户县吏、×户县卒；其次统计里内数量最多的普通民户。与秦汉时期泛称编户齐民不同，魏晋统治者为稳定社会秩序，更为了与豪强大族争夺足够的劳动力，将治下编户划分为多种人户，我们熟知的主要有郡县民、屯田户、兵户、吏户等。吴简中记载的人户种类更多，除了经常见到的州郡县吏卒，还有步侯还民、佃帅、佃吏、限佃民、邮卒、卫士、私学，等等。需要说明的是，这些人

1　这里拟定的只是基本格式，有的里计中也有户品如“××户中品”“××户下品”的统计。有人认为编制这种帐簿的目的是征收户税，这种说法也和认为“右某家口食”类简属于派役的思路一样，值得商榷。

2　唐耕耦、陆宏基编：《敦煌社会经济文献真迹释录》（第1辑），第116页。有关《西魏大统十三年户籍》性质的论述，参见张荣强：《孙吴简中的户籍文书》。

户是就其承担的官府义务而非仅据徭役做的划分，如屯田户主要佃种国家土地，按五五或四六分成向官府缴纳田租；兵户世代为兵，行军作战；吏户父子相继，承担官府杂役；人数最多的郡县民耕种私田，承担国家常规的赋税和徭役。上举“右某家口食”类籍簿里计中对人户分类统计的做法，在孙吴末年的全国户口帐簿中也有体现，孙皓呈交王濬的图籍中除了统计孙吴总户口数外，也分别记载了当时最有代表性的吏户和兵户的户数。

“右某家口食”类里计简将民户分成了两类：不任役户、应役民户。与上举对各类人户的分类依据一样，笔者也不同意有些学者将这里的“役”理解成徭役并据此认为“右某家口食”类简是官府用于派役的帐簿的说法。传世典籍中，“役”作泛指的用例很多。如《后汉书》卷86《南蛮传》载汉武帝末年，“珠崖太守会稽孙幸调广幅布献之，蛮不堪役，遂攻郡杀幸”；《魏书》卷110《食货志》载“魏初不立三长，故民多荫附。荫附者皆无官役，豪强征敛，倍于公赋”；《南史》卷5《东昏侯纪》称依附士人的民户为“属名”，其“并是役荫之家”。第一例《后汉书》中的“役”包括调布，后两例说的是荫附者无官役。依附豪强者不仅不承担国家徭役，也不向官府缴纳赋税。“役”泛指赋役的最明显例子是《太平御览》卷606引《晋令》：

郡国诸户口黄籍，籍皆用一尺二寸札，已在官役者载名。

笔者对这句话做过分析：所谓“诸户口”，指包括吏户、士家、郡县民在内的各种人户，“已在官役者载名”就是说著录在黄籍上的人户都是国家正户，需要承担官府赋役。[1]吴简“不任役”“定领役”中的“役”说的也就是官役。[2]“不任役”户并非本身就无须承担赋役，而是说这些民户由于各种原因缺乏生计，官府特恩放免了他们的赋役。

吴简举出的“不任调（役）”户主要指“尪羸老顿贫穷女户”[3]，“尪羸”

1　可参本书第四编第十四章“西晋黄籍考——以《太平御览·文部·札》引《晋令》为中心”。

2　吴简中“不任役”有时写作“不任调”（壹·4233“☐□女户下品之下不任调☐”）、“不任调役”（叁·6327“☐其卅四户各穷老及刑踵女户下品之下不任调役”、叁·6375“其[卌]户各穷老及刑踵女户下品之下不任调役”），“定领役民”也写作“领事役民”（肆·5175“领事役民廿三户”、柒·5513“定领事役民卅七户”）、“领使役民”（肆·5147“领[使]役民廿三户☐”）等。吴简中“调”常见有“调布”“调皮”等记载，这里“调”的不是徭役，而是各种物资和杂税；而“凡口若干事若干/算若干事若干”中的“事”则分别指口钱和算钱。“应役”“事役”与“不任调”“不任调役”对举，也说明“应役”中的“役”实际上包含“事役”“调役”等各种赋役在内。

3　如“·其五户尪羸老顿贫穷女户”（贰·1705）、“·□六户尪羸老顿贫穷女户”（贰·1861）等。

是身体残疾，“老顿”指老年，“女户”是户内无成年男子，这三者实际上是指户内无丁男而以残疾、老小、女子为户主的家庭。他们因缺少劳动力而生计困难，不仅无须缴纳赋役，历来还是官府救济的对象。“贫穷”不任役的具体例证，也见于“嘉禾五年都乡春平里黄民口食簿”：

凡十二户口食五十一人本乡民各贫穷展转部界庸赁为业不任调役

（陆・1619）

这十二户贫穷家庭能够在临湘侯国境内以庸赁为生，显然家内有劳动人手，他们无力承担的更应该是官府的各种赋税而非徭役。汉代史籍中经常有皇帝下令减免贫户租赋的记载[1]，但未提及徭役；唐代天宝五载（746 年）规定，将每乡放免“贫不能自济者”租庸的范围从原来的十丁扩大到三十丁[2]，这里的“庸”也是税目而非实际的服役。“右某家口食”与“凡口若干”类户口簿的最大区别就是，前者著录一里全部人户，后者只登载其中承担口算赋的人户，包括民户中的“应役户”和特殊人户，不著录不纳口算赋的“不任役户”。据此可以看出，吴简中的“不任役”与“应役民”主要按是否能承担包括口算赋在内的官府赋役进行划分，这实际上就和后世将民户分为“课户”“不课户”一样。

古代官府征发徭役也会考虑民户的赀产状况，但征发的对象毫无疑问要落实到个人，具体说是成年男子的头上。我们目前见到记载派役内容的籍簿，可以举出前面提到的《西魏大统十三年户籍》B 卷赋役集计部分：

60. 都合课丁男叁拾柒人
61. 　　五人杂任役
62. 　　　一人猎师
63. 　　　一人□□
64. 　　　一人防阁
65. 　　　二人虞侯
66. 　　叁拾两人定见

1　如《汉书》卷 10《成帝纪》鸿嘉四年（前 17 年）正月诏，“被灾害什四以上，民赀不满三万，勿出租赋”；卷 11《哀帝纪》绥和二年（前 7 年）诏，“其令水所伤县邑及他郡国灾害什四以上，民赀不满十万，皆无出今年租赋”；卷 12《平帝纪》元始二年（2 年）四月诏，“天下民赀不满二万，及被灾之郡不满十万，勿租税”。从后两条诏令中的“皆”或者“及”看，贫穷不中赀者与受灾严重者是并列关系，两者都属于免租赋的对象。

2　《新唐书》卷 51《食货志一》，第 1346 页。

67.　　　　六丁兵卅人

68.　　　　乘二人

第 61—65 行统计的是承担杂任也就是固定色役的人数，第 67—68 行是可以派发的分番服役的丁男。《周书·苏绰传》说苏绰在大统初年，“始制文案程式，朱出墨入，及计帐、户籍之法”[1]。《西魏大统十三年户籍》反映的是苏绰改制以前的户籍形态。[2]吐鲁番出土的唐代乡户口帐中也可以见到民众承担徭役的详细统计。[3]无论是《西魏大统十三年户籍》B 卷还是唐代的计帐，都只是统计了可供派发徭役的数据，真正具有派役性质的则是唐代的差科簿：

1. 曹敬侄英峻载卌九　　　　卫士

　　亡兄男加琬载卅五　　　　品子捉钱

2. 孟伏爱男业成载卅八　　　　白丁土镇

　　男光嗣载廿九　　　　白丁郡典狱

　　男庭宾载廿八　　　　白丁

3. 唐怀贞载卌九　　　　白丁终服

……

10.　弟光仙载十八　　　　中男

11. 索思礼载卌七　　　　上柱国军典[4]

唐代实行纳庸代役后，官府能够差派的徭役只有兵役、色役和杂徭。上举差科簿中标注的“军典”属于流外官，即吏，“卫士”“土镇”是兵役，“郡典狱”“捉钱”是色役，这些都是固定的差使；“终服”是因服丧而免役，未承担差使的“庭宾”和“光仙”是县令随时派遣杂徭的对象。因为差科簿著录的是全部达到服役年龄的丁男和中男，学者一度将其称为男子籍或丁籍。孙吴时期具有明显的户役特征，但法定服役的对象也只是男子，所以临湘侯国诸乡在调查军吏、州吏这类身分的家属时，重点统计其“父兄子弟”的情况，不涉及家庭女性。郴州苏仙桥晋简的性质与晋惠帝时期的上计簿有关，其中“口八治民”“口一十四郡县医工”“口廿三酒工”“口九十七南戍武吏”

1 《周书》卷 23《苏绰传》，中华书局点校本，1971，第 382 页。

2 张荣强：《孙吴简中的户籍文书》，《历史研究》2006 年第 2 期。

3 参见唐长孺：《唐西州诸乡户口帐试释》，《敦煌吐鲁番文书初探》，武汉大学出版社，1983，第 126—216 页。

4 唐耕耦、陆宏基编：《敦煌社会经济文献真迹释录》（第 1 辑），第 208—209 页。

等简文，也是对丁男承担色役的记载。[1]

“右某家口食”类籍簿著录了里内所有人户的基本信息，包括每个人的年龄、残疾状况、职业身分等，其自然可以为官府征发赋税和徭役提供依据。但这种籍簿只是对人户进行分类统计[2]，并不关注男子尤其是年及役龄男子的情况。多位学者注意到这类簿籍记载年龄混乱的问题[3]，连先用复原的“嘉禾六年中乡吏民簿”中甚至包含了“嘉禾五年绪中里”和“嘉禾六年东扶里”两种不同年份的户口簿[4]。年龄是官府征发徭役的基本依据，“右某家口食”户籍簿著录年龄不一，同一户中也存在不同年份的年龄数据，其功能显然不是为了派役。

实际上，与“右某家口食”类简相比，“凡口若干”类简与派征徭役的关系更密切。从目前掌握的情况看，孙吴编制的“凡口若干”类籍簿沿承汉代，最近公布的五一广场东汉简就有简 2010CWJ1③：270：

凡口一事
胡刚　长成里户人公乘刚年十六筭一　中　赀二百五十
算一事[5]

胡刚户仅户主一人，其缴纳口算赋的情况应当是“口一事一 算一事一”；“事”前、后数字一致，所以后面的数字就省略了。这种著录内容和书写方式与吴简完全一致。五一广场简反映的时代是东汉和帝至安帝时期，我们在同出简牍中也可以见到永元七年（95 年）临湘县广成乡呈报该乡应缴纳的口算赋数据。[6]

1　参见湖南省文物考古研究所、郴州市文物处：《湖南郴州苏仙桥遗址发掘简报》，见湖南省文物考古研究所编《湖南考古辑刊》（第 8 集），第 99、100 页。

2　这种分类统计人户的方式也见于崔启龙复原的“嘉禾五年平乐里吏民户数品中人名年纪簿”，而该簿的功能是统计该里人户的户品情况，参见《走马楼吴简“嘉禾五年平乐里吏民户数品中人名年纪簿”的整理与解析》，见邬文玲、戴卫红主编《简帛研究 二〇二〇》（春夏卷），广西师范大学出版社，2020，第 298—335 页。

3　侯旭东最早在复原“嘉禾六年广成乡吏民人名年纪口食簿”时发现这一情况，见氏著《长沙走马楼吴简“嘉禾六年（广成乡）弦里吏民人名年纪口食簿”集成研究——三世纪初江南乡里管理一瞥》，第 129—131 页。

4　连先用：《走马楼吴简所见吏民簿的复原、整理与研究——以发掘简为中心》，第 194—220 页。

5　长沙市文物考古研究所等编：《长沙五一广场东汉简牍[陆]》，“红外图版”，第 70 页。

6　简 2010CWJ1③：279 A 面：

回永元七年广成乡回

B 面：

凡口四百五十　事筭百七十九☑
户百　□□三百六十三☑
□□□百五十二　□☑

细审图版，B 面第二行的“□□”，当作“事□”；第三行的“□□□”，照简文体例，前两个字当为“凡算”，后面的数字可推定为“二”。见长沙市文物考古研究所等编：《长沙五一广场东汉简牍[陆]》，“红外图版”，第 74 页。

胡刚只有 16 岁，还不到汉代服役的年龄，所以简文没有登载徭役的情况，但东汉末年的东牌楼汉简可以见到：

（1）　建宁四年益成里户人公乘某卅九筭卒笃夅　子公乘石……

□其

……卅七筭卒笃夅　（简 79）

（2）　凡口五事▨

中　筭三事二　訾五十▨

甲卒一人▨　（简 82）[1]

笔者前面讨论了“筭卒”的含义，指出“筭卒”是两种名目，其中“筭”指算赋，此处具体指符合缴纳算赋年龄的人；“卒”指符合服徭役年龄的成年男子。[2]简 79 的“□其”因身体残疾而被免除了算赋和徭役。“甲卒”则是指承担现役的兵士，简 82 某户内符合纳算年龄的有三个人，按照服兵役者免除算赋的规定，“甲卒一人”免算，所以就是“筭三事二”。既然口算赋和徭役都是基于人身，汉代的“凡口若干”类简自然兼具征纳口算赋和徭役的功能。

吴简无论是“右某家口食”类还是“凡口若干”类籍簿，除了标注“给郡吏”“给县卒”等特定职役，未见标注“卒”的普通身分，但我们在“凡口若干”类籍簿中见到了“吏一”的记载。《竹简[陆]》集中收录了一批吉阳里的“凡口若干”类简，其中有：

□男弟米年四岁　□男弟□年卅筭一吏一人　（陆・1299）

凡口十五事十一　筭七事六吏一　（陆・1283）

这些都是成坨的简，但无法确定这两枚简记载的是否是同一户。吴简中的“吏”纳钱三百，这与如淳解释后汉的“更赋”是“出钱三百入官”一致[3]，但“吏”的具体含义，需要进一步探究。我们现在对“凡口若干事若干/筭若干事若干”的理解是：“口若干”指该户内的人口数，也是理论上达到缴纳口钱年龄的人数；其后紧接的“事若干”是指除去官府规定蠲免口钱者后，应该缴纳口钱的人数；“筭若干”指年龄符合缴纳算赋的人数；后面的“事若干”则是指

1　长沙市文物考古研究所、中国文物研究所编：《长沙东牌楼东汉简牍》，“释文”，第 107—108 页。

2　参本书第二编第四章“长沙东牌楼东汉‘户籍简’补说”。

3　《汉书》卷 7《昭帝纪》注引“如淳曰”，第 230 页。

除去官府规定免除算赋者后，应该缴纳算赋的人数。从吴简的记载看，当时免除算赋的群体有残疾、给侍及各种承担职役身分的人，免除口钱的都是什么人？与汉制不同，孙吴全部在籍人口理论上都要纳口钱，口钱又分大口钱、小口钱两种，大口纳 28 钱，小口纳 5 钱。笔者曾根据吴简中“事”数约为“口”数 80%这一比例，推测孙吴时期的小口钱是 7—14 岁所纳，大口钱是 15—60 岁所纳，也就是说 1—6 岁及 61 岁以上免除口钱。但连先用复原了一组小武陵乡缴纳口算钱的数据：

> ▨右小武陵乡领四年吏民一百九十四户口九百五十人收更口筭钱□合□□一千三百卅四钱　（壹·4985）[1]
>
> ▨其八人更人收钱三百合二千四百　（壹·4755）
>
> 其六百八人大口々收钱廿八合一万七千廿四钱　（壹·4464）
>
> 其三百卅四人小口々收钱五合一千六百七十　（壹·4436）
>
> 其二百五十二人筭人收钱一百廿合三万二百卌　（壹·4980）

这里缴纳大口钱、小口钱与更钱三者人数相加之和，正好是小武陵乡的总口数。[2]连先用据此认为缴纳更钱的人就免予交口钱，这种说法明显有不合理的地方。吴简中纳更钱的记载很少，就以上举小武陵乡为例，纳更钱者不过区区 8 人，其比例尚不及总口数 950 人的 1%，这与吴简中免口钱者占全部口数的 20%相比差距太大。再者说，如果缴纳代役钱就不用交口钱，岂不意味着所有亲身应役的人也无须再纳口钱了？这与汉制不合，也与吴简中的实例不符。笔者曾举过“凡口四事　筭二事一　中　訾五十”“凡口四事　筭二事一　訾五十”此类简例，说明孙吴时期诸如吏卒、侍丁等可以免算赋，但照样要交口钱；上举东牌楼汉简某户的甲卒免除了算赋，但其家“凡口五事”，一家五口人全部要缴纳口钱。连先用上面这几枚简的复原是否成功，需要进一步

1　简文经过复原者订正。

2　大口+小口+更三者总人数为 950 人，比原整理者的释文“九百五十一人”少一人，连先用认为原释文有误，应该就是“九百五十人”。参见《走马楼吴简所见吏民簿的复原、整理与研究——以发掘简为中心》，第 292—295 页。

讨论。[1]我们无法确认纳更钱者就不纳口钱，但可以肯定的是，纳更钱者不用缴纳算赋。上引简陆·1283“筭七事六更一”，因一人缴纳更赋就减少了一个纳算的记载，连先用复原的嘉禾六年（237年）都乡高迁里徐就户：

高迁里户人公乘军吏徐就年卅三　　（柒·4780）

就妻男侄生年九岁　沮病　　（捌·1401）

右就家口食十一人　更一　訾五十　　（捌·1428）

该里每户结计简均写作“右某家口食若干，算若干，赀若干”，而徐就户登记的“更一”代替了其他户注“算”的位置。纳更钱免算的问题很好解释：既然服役者可以免除算赋，纳钱代役者当然也是如此。

学者对汉代更赋的性质、应纳钱数聚讼不已。[2]我们见到的材料也有抵牾之处。青岛土山屯出土的“元寿二年十一月见钱及逋薄（簿）”中，列举的逋税项目除了口算赋，还有“逋二年所收事它郡国民更卒钱九千二百”“逋二年过更卒钱五十九万六百”“逋三年成卒钱八十一万六百五十”。[3]“过更卒钱”

1　除连先用复原的这组竹简外，《长沙走马楼三国吴简·竹简[伍]》中也有两组不知名乡应收口算钱的记载：

（1）·集凡乡领吏民六十三户□三百卅一人收更口筭钱二　万五千一百廿九钱　　（伍·2265）

其五十一人小口口收钱五合二百五十五钱　　（伍·2240）

其二百九十人大口口收钱廿八合八千一百廿　　（伍·2266）

其一百一十八人筭筭收钱一百廿合万四千一百六十　　（伍·2267）

（2）·乡领吏民一百一户口食六百廿五人收更口筭钱合四万一千□□□六钱……　　（伍·1702）

其三百七十一人大口人收钱廿八合一万四百七十六钱　　（伍·2295）

其二百五十四人小□人收钱五合一千二百七十钱　　（伍·2298）

在这两组简周围，还有一枚简记有“其二人更吏收钱三百合六百”（伍·2260），不清楚应归属第1组还是第2组。以上两组乡计中，缴纳大口与小口钱者两项合计就是乡计中的总口数，缴纳更钱与缴纳算赋的人一样，都是被包含在缴纳大口钱者之内的。需要指出的是，考虑到“事”数与“口”数之间的差距，这里“凡口若干”类乡计中的总口数只能解释为应纳口钱的总人数，而非应承担口算赋人户中的所有口数。笔者曾提出吴简“凡口若干”类乡里集计中所载户数并非乡里总户数，而是其中需要承担口算赋的户数；乡里集计中记载的口数，同样应当只是承担口算赋的人数，具体表现为就是缴纳口钱的人数。上述两组简可以证实这一推测。

2　相关学术史参见王彦辉：《秦汉户籍管理与赋役制度研究》第六章第一节“徭役兵役制度研究述评”，第221—241页。

3　青岛市文物保护考古研究所、黄岛区博物馆：《山东青岛土山屯墓群四号封土与墓葬的发掘》，《考古学报》2019年第3期，第428页。

与“更卒钱”表述略异，但实际一样，其与“戍卒钱”一起构成更赋。[1]从堂邑县一年逋欠的数额看，汉哀帝时更赋俨然已经是民众的沉重负担。我们也可以见到反证。根据《刘熊碑》《鲁阳都乡正卫弹碑》《昆阳都乡正卫弹碑》等记载，东汉后期，在地方官府的大力支持下，各地纷纷成立专门的民间组织敛钱代役，“上供正卫，下给更贱”。[2]这种民间组织具有官方背景，但毕竟披着一层自愿的外衣，与国家强制征收赋税的性质不同。孙吴时期实行世袭兵制，普通郡县民不再承担兵役，吴简中也没有见到其服徭役的记载。即使一些特殊人户如郡县吏、军吏等需要雇人代役，通常也自行解决，不通过官府。嘉禾四年（235 年）八月，临湘侯国下令调查境内州吏父兄子弟的状况，东乡劝农掾殷连回复说，“辄料核乡界州吏三人，父兄二人，刑踵叛走，以下户民自代”（简 J22–2543）[3]；简伍・3100 也有“六人县吏兄各假一人自代，三人如本主，三人不如本主”[4]的记载。“自代”就是民众自行雇人代己服役。孙吴嘉禾年间通货膨胀严重，雇人代役要支付一笔巨额钱款。简伍・3104 说“二人郡县吏兄弟前假依自代细小，还奴，入钱人卌万”[5]，吏户出身的两人打算让家奴代为服役，但家奴身体状况不合格被退回，官府要求每人缴纳 40 万钱代役。自行雇人代役的价格想必也是如此。但吴简中记载的“更”纳钱三百，按照当时的钱、米折算标准，三百钱折米 2—6 斗[6]，不过相当于官府雇

---

1 “元寿二年十一月见钱及逋薄（簿）”也提到了“罢癃卒钱”，在《堂邑元寿二年（前 1 年）要具簿》中，“罢癃”与“睆老”并列，特指“罢癃可事”者。这一群体只需服轻役，所纳代役钱应当比正式更卒少，故帐簿将其单独列出。

2 相关研究见俞伟超：《中国古代公社组织的考察——论先秦两汉的“单一僤一弹”》，文物出版社，1988，第 135—155 页。

3 长沙市文物考古研究所等：《长沙走马楼二十二号井发掘报告》，见走马楼简牍整理组编著《长沙走马楼三国吴简・嘉禾吏民田家莂》，第 32 页。

4 走马楼简牍整理组编著：《长沙走马楼三国吴简・竹简［伍］》，第 793 页。

5 走马楼简牍整理组编著：《长沙走马楼三国吴简・竹简［伍］》，第 793 页。

6 整理者指出：嘉禾四年一斗米 160 钱，嘉禾五年（236 年）一斗米在 50—150 钱，见《嘉禾四年吏民田家莂解题》《嘉禾五年吏民田家莂解题》，走马楼简牍整理组编著：《长沙走马楼三国吴简・嘉禾吏民田家莂》，第 72、165 页。

人运输粮食每月给付直米二石的 1/10[1]。显然，吴简记载的“更”与普通民众的代役钱有很大不同。吴简记载缴纳更钱的事例很少，可以提供分析的也只有上举徐就户。从结计简“右就家口食十☐人　更一　訾五十”看，该户有十一口人，但家中只有一个因缴更钱免除算赋的人，此外再无适龄纳算者。换句话说，徐就户只有户主一个 15 岁以上 60 岁以下的成年男子。我们知道，通常情况下，单丁兵户无须服现役。[2]该户家庭集计中的“更一”表明，徐就作为单丁兵户在免除现役的情况下，仍需缴纳更赋。西汉末年，王莽指责“汉氏减轻田租，三十而税一，常有更赋，罢癃咸出”[3]，残疾无论可事、不可事，按法律规定可以减免徭役，但仍要缴纳更赋。结合徐就的例子看，孙吴的更赋恐怕并非所有成年男子而是指符合免役条件的民众，尤其是吏、卒等特殊群体向官府缴纳的代役钱。

汉代“凡口若干”类籍簿中著录“卒”也就是服常规徭役者，为什么吴简中没有此类记载呢？这个问题比较复杂。从走马楼吴简看，临湘侯国辖下的人户中除专门承担国家兵役的兵户和任职官府杂役的吏户外，还有“养官牛”户、“府县樵炭民”、“官樵民”、“县☐役（？）民”、“官门僰民”、“官☐业民”、“船师”等种种名目，意味着这些差使都由专门的人户来承担。古代最常见也最紧要的徭役是运输之役，张家山汉简《二年律令》甚至提到如果运送租粮时人手不足，可以役及未成年男子。与汉代不同，吴简记载民众自行输送租赋到临湘侯国境内的三州仓或州中仓，而三州仓向州中仓或者州中仓向外地的转输，通常由官府征发兵士或者雇用民间船师来完成。这样看来，汉代原本从民众中征发的各种徭役，孙吴都由专门的人户来承担，我们在吴简中见到雇人代役的事例，身分明确的也都是州郡吏、军吏等特殊人群。这是否意味着孙吴时期的郡县民就无须服徭役？一时难以回答。

1　简肆・4980+肆・4976+肆・5137“出仓吏黄讳、潘虑所领民还黄龙二年租吴平斛米六斛二斗四升，为稟斛米六斛五斗，被督军粮都尉黄龙三年十二月四日壬寅书，给监运掾章礼所领书史尹仕等三人三年十一月直：其一人二斛五斗、二人人二斛，三年十二月四日付士陈双、翁激”，简文校订、缀合结果见崔启龙：《长沙走马楼吴简出米帐研究——以州中仓为中心》第 3 章“出米简所见孙吴粮食转运体系”。

2　参见本书第二编第八章“《西凉建初籍》与魏晋时期的职役户籍”。

3《汉书》卷 24 上《食货志上》，第 1143 页。

与“凡口若干”类户籍簿相比，“右某家口食”类户籍簿著录的是里内所有人户，并对其中的“应役民”、吏卒户和“不任调”户进行分类统计，无疑具有基础台帐的功能。这类簿籍是不是户籍呢？凌文超、侯旭东及连先用的观点大同小异，均将其解释成派役的户口簿[1]。前面对此进行了分析，但他们做的大量文书复原工作为我们进一步讨论这类簿籍的性质提供了坚实基础。“右某家口食”简与我们以往理解的户籍制度有很大差异，主要体现在两个方面：其一，攒造单位不同。长沙走马楼吴简基本上是临湘侯国的官府档案，“右某家口食”简通常被称为“人名年纪口食簿”。从“广成里谨列领任吏民人名年纪口食为簿”（贰·1797）、“广成乡谨列嘉禾六年吏民人名年纪口食为簿”（贰·1798）、“春平里魁唐升谨列所主黄簿□户数口食人名簿”（陆·1498）、“中乡谨列嘉禾五年所领吏民人名年纪为簿”（柒·575）[2]等标题简看，这类簿籍由各里编制好后，再经乡汇总呈报上去。学者复原了嘉禾六年（237年）广成乡广成里、弦里人名年纪口食簿及同一年份的都乡、中乡吏民簿，同一乡下辖各里的“右某家口食”简无论简册形制还是著录内容、书写格式，都存在许多差异[3]，说明这些帐簿没有经过乡吏统一编制。这与战国秦汉时期户籍在乡攒造不同，也不符合魏晋以后户籍编造权上移县廷的趋势。其二，编造程序不同。官府编制户籍的资料基于民户自占，户主在规定的造籍时间（秦汉时期在八月，魏晋以后大概是岁末年初）如实呈报户口情况，所以户籍登载的各项资料反映的是民户在造籍时间的现状。“右某家口食”类的情况并非如此。我们在连先用复原的“嘉禾六年都乡吏民簿”中见到以下简文：

高迁里户人公乘雷与年七十九　以六年正月五日被病物故

（捌·1278）

1　凌文超：《走马楼吴简采集簿书整理与研究》，第136—137页；侯旭东：《长沙走马楼吴简“嘉禾六年（广成乡）弦里吏民人名年纪口食簿”集成研究——三世纪初江南乡里管理一瞥》；连先用：《走马楼吴简所见吏民簿的复原、整理与研究——以发掘简为中心》，第70—71页。

2　以上引文分见走马楼简牍整理组编著：《长沙走马楼三国吴简·竹简［贰］》，第754页；《长沙走马楼三国吴简·竹简［陆］》，第761页；《长沙走马楼三国吴简·竹简［柒］》，第744页。

3　侯旭东：《长沙走马楼吴简“嘉禾六年（广成乡）弦里吏民人名年纪口食簿”集成研究——三世纪初江南乡里管理一瞥》；连先用：《走马楼吴简所见吏民簿的复原、整理与研究——以发掘简为中心》第一章“‘嘉禾六年都乡吏民簿’里计简的复原与研究”、第三章“‘嘉禾六年中乡吏民簿’的整理与研究”，第16—72、187—226页。

变中里户人公乘黄条年五十七条　以今年五月十日被病物故应除（柒・5176）

变中里户人公乘石双年六十一　以过年八月廿六日被病物故（柒・5610）

吉阳里户人公乘吴盛（？）年六十九　以过年十一月廿日病物故（柒・5785）

夫秋里户人公乘潘沙年廿二踵足二月死　（柒・5574）[1]

除此之外，还有诸如“宜阳里户人公乘杨升年五十一　苦腹病　叛走”（捌・2350）、“吉阳里户人公乘陈迪年卌三盲左目　以十一月卅日叛走”（柒・5741）等叛逃记录。[2]不同的里对物故时间的写法略有差异，有写“嘉禾五年”“嘉禾六年”，或作“过年”“今年”。这些旧户主死后，随即会有新户主产生，官府造籍时，自当由新户主向官府申报家口情况。为反映上次造籍年以来的户口变化情况，官府编造新户籍时，也会将旧户主注明物故后登载到家庭成员中，但不可能在户主的位置上仍登载死去或逃亡的旧户主，不记新户主。[3]连先用提出“嘉禾六年都乡吏民簿”中包含了不同年份的户口数据，并认为嘉禾六年（237 年）小武陵乡吏民簿（其称作“小武陵乡吏民簿Ⅱ”）反映的人口信息主体是嘉禾四年（235 年）的。[4]从著录的人口物故时间范围看，都乡与小武陵乡完全一致。我们推测“嘉禾六年都乡吏民簿”也是以嘉禾四年编制的户籍为底本，其上再标注此后至编造户籍簿时为止这几年[5]

1　走马楼简牍整理组编著：《长沙走马楼三国吴简・竹简［捌］》，第 689 页；《长沙走马楼三国吴简・竹简［柒］》，第 854、862、866、862 页。

2　走马楼简牍整理组编著：《长沙走马楼三国吴简・竹简［捌］》，第 709 页；《长沙走马楼三国吴简・竹简［柒］》，第 865 页。

3　不妨举一个后世的例证，《唐天宝六载（747 年）敦煌郡敦煌县龙勒乡都乡里籍》（唐耕耦、陆宏基编：《敦煌社会经济文献真迹释录》第 1 辑，第 185 页）：

248. 户主卑二郎载贰拾玖岁　白丁　代父承户下下户空　课户见输

249. 父思亮载伍拾捌岁　卫士　天宝三载籍后死空

天宝三载户籍中，卑二郎的父亲卑思亮是户主，到天宝六载造籍时，其父已死，卑二郎代为户主。

4　连先用：《走马楼吴简所见吏民簿的复原、整理与研究——以发掘简为中心》，第 69—70、278 页。

5　孙吴时期财政年度发生变化，官府造籍时间也调整为岁末年初，嘉禾四年户籍在当年年末编制，所以嘉禾六年“凡口若干”类户籍簿中不会出现嘉禾四年物故者。

人口物故、逃亡及新生等异动情况，编制而成。[1]物故、逃亡已见上举，籍簿中著录的新生儿有：

造男弟开年一岁　　（捌·1544，浦里潭着户）
兰子男当年一岁　　（捌·1588，高迁里邓兰户）
愁男弟儿年一岁　　（捌·1689，常迁里刘檐户）
子女赤年一岁　　（捌·1839，富贵里郑盘户）[2]

古代儿童生下来即为一岁，"右某家口食"类簿籍旨在统计现有户口数，这些标注"一岁"者应该是嘉禾六年而非四年、五年的新生儿。也就是说，"凡口若干"类户籍簿中登载了不同年份的年龄数据，但反映的户口数据是同一年的（户籍编造那年）。

孙吴"右某家口食"类简与户籍性质也有一致的地方。中国古代的户籍制度产生于春秋战国之际。《管子·度地》篇说得非常清楚，户籍的基本功能是统计户口和征发赋役，前面讨论了"凡口若干"类籍簿产生的时间及其功能，"别男女大小"也就是户口统计的簿籍出现得更早。我们在里耶秦简、松柏汉简中可以见到按"大男""大女""小男""小女"分类统计的家庭集计及乡、县户口统计；由于课役身分体系的变化，这种分类统计大概在西汉后期就简化成了"男子""女子"两项。[3]这一功能是由户籍承担还是另外编制专门的帐簿？我们见到的秦代迁陵县南阳里户版可能是民户自占的名数，故其分栏著录了家庭成员，没有家口统计。但南朝刘宋陆道静《陆先生道门科略》谈到道徒的编籍问题时说：

> 道科宅录，此是民之副籍。男女口数，悉应注上。守宅之官，以之为正，人口动止，皆当营卫，三时迁言，事有常典。若口数增减，皆应改籍。[4]

学者认为这来自汉魏之际的"三张"旧法，"宅录"就是教徒向道教机构自占

1　参照"嘉禾六年中乡吏民簿"中包括嘉禾五年绪中里、嘉禾六年户口簿的情况，也不排除"嘉禾六年都乡吏民簿"中，有的里是以嘉禾五年的户籍为底本，有的则以嘉禾六年的户籍为底本，其上再注明最近一年或几个月来物故、逃亡、新生等人口异动情况。

2　走马楼简牍整理组编著：《长沙走马楼三国吴简·竹简［捌］》，第694、695、697、700页。

3　参见本书第三编第十章"'小''大'之间——战国至西晋课役身分的演进"。

4《道藏》第24册，第780页中栏。

的如后世手实一类的家口簿籍。[1]因为“宅录”的内容与正式户籍基本一致，故被称为“副籍”。道教这套做法显然源于汉魏世俗社会的户籍制度，“宅录”登载的内容就是“男女口数”。目前所见最早的纸本户籍《前秦建元二十年籍》，其第二栏也著录了每户的丁中统计及总口数。由此看来，孙吴“右某家口食”简的攒造单位、编制方式不同，但其编造的目的、功能与户籍一致。[2]

为什么吴简采取了不同于秦汉时期的造籍方式呢？这恐怕与吴地的社会状况有很大关系。东汉末年，北方流民为了躲避战乱纷纷南下，吴简记载，当时的临湘境内就居住着南阳、汝南、南郡、陈留等地大量的外来人口。孙吴嘉禾二年（233 年），负责荆州政务的潘濬下令“☑诸郡生子受居比郡县者及方远客人，皆应上户籍”（肆·4490）[3]，我们也可以见到临湘都乡派岁伍调查在本乡居住的外来人口的具体事例。搜括流民是一个长期的过程，《长沙走马楼三国吴简·竹简[肆]》中也有嘉禾四年（235 年），湘西、刘阳、罗等邻县民众因佃种土地，在临湘占籍的记载。我们注意到，“右某家口食”类简册涉及嘉禾四年、五年和六年三个年份，其中连先用复原的“嘉禾六年都乡富贵里吏民簿”和崔启龙复原的“嘉禾五年都乡春平里吏民簿”中都是由“黄簿民”和“新占民”两部分构成，“嘉禾六年小武陵乡吏民簿”中也有对“新占民户”和“故户”的统计。这显然是临湘侯国括户的结果。为应对频繁的人口流动，官府放弃民户自占的旧制，转而采用由里吏或者“岁伍”挨家挨户调查民众，最大限度将“在地”人口编入户籍，不失为一种有效做法。由于里吏人手有限，又不熟悉户籍制度，不同里的具体操作方式、户籍著录格式及内容也存在种种差异。

1　参冻国栋：《道科“命籍”、“宅录”与汉魏户籍制的一个侧面——读陆修静〈道门科略〉札记之一》。

2　侯旭东分析过长沙走马楼吴简的性质，推测这些是临湘侯国主簿与主记史经手、处理过的部分文书及簿册，其中不存在户籍。（侯旭东：《湖南长沙走马楼三国吴简性质新探——从〈竹简（肆）〉涉米簿书的复原说起》，见长沙简牍博物馆编《长沙简帛研究国际学术研讨会论文集》，中西书局，2017，第 92 页）但张家山汉简《二年律令·户律》记载乡将包括户籍在内的基础帐簿呈报县廷后，“官恒先计雠，□籍□不相（？）复者，毄（系）劾论之”（简 333—334）。宋家钰根据日本《养老令》复原的唐《户令》也规定“其籍至省，并即先纳后勘”（宋家钰：《唐朝户籍法与均田制研究》，第 46—47 页），汉代的县廷本身就有校核户籍的职责。

3　走马楼简牍整理组编著：《长沙走马楼三国吴简·竹简[肆]》，第 729 页。

第六章
甘肃临泽晋简中的家产继承与户籍制度
——兼论两晋十六国户籍的著录内容

2010年，考古工作者对甘肃省张掖市临泽县城西南的黄家湾滩墓群进行考古发掘时，在编号为M23的墓葬中发现了一批保存较为完好的西晋木简。2012年，杨国誉率先公布了这批木简的释文，并对其进行了解读。[1]随后，学界根据杨国誉的释文，对西晋时期的占田课田制度，以及西晋乃至十六国河西地区的乡里制度、民间基层社会等问题展开了一系列研究。[2]笔者此前亦蒙甘肃省文物考古研究所允准，利用这批简牍的照片，对杨国誉的释文一一做过订正。[3]本章在此基础上，就这批木简反映的遗产继承、户籍制度等问题提出一些看法。

一　简册释文与内容分析

这批木简有27枚，900多字，内容是西晋建兴元年（313年）临泽县廷对孙氏兄弟争讼田坞案的审理记录。为便于研究，我们将重新校订后的简文移录如下：

1. 十二月四日，故郡吏孙香对：薄佑九岁丧父母，为祖母见养。年十七，祖丧亡，香单弱，嘱从兄发、今龙见（应为“具”）偶居城西旧坞，（6300）

1　杨国誉：《“田产争讼爰书”所展示的汉晋经济研究新视角——甘肃临泽县新出西晋简册释读与初探》，《中国经济史研究》2012年第1期。

2　相关学术史，参张荣强：《甘肃临泽新出西晋简册考释》，见武汉大学中国三至九世纪研究所编《魏晋南北朝隋唐史资料》（第32辑），上海古籍出版社，2015，第187—202页。

3　参见张荣强：《甘肃临泽新出西晋简册考释》。

2. 以坞西田借发、今龙耕佃。发、今龙自有旧坞在城北，今龙中自还居城北，发住未去。发有旧田坞卖与同县民苏腾，今因名香所（6301）

3. 借田，祖母存时与买，无遗令及讬[1]子侄券书以田与发之文。祖父母存时为香父及叔季分异，各有券书，发父兄弟分得城北田　（6303）

4. 坞二处。今自凭儿子强盛，侮香单弱，辞诬祖母，欲见侵夺。乞共发、今龙对共校尽，若不如辞，占具装二具入官，对具。　（6313）

5. 十二月六日，老民孙发对：被召当与从庶弟香了所居坞田。亡父同产兄弟三人，庶叔三人共同居同籍，皆未分异。荒毁之中，俱皆亡没，唯祖母　（6298）

6. 存在，为发等分异。弟今龙继从伯得城北坞田，发当与香（6296）

7. 共中分城西坞田。祖母以香年小，乍胜田，二分，以发所得田分少，割今龙田六十亩益发，坞与香中分，临稾坞各别开门。居山作坝塘，种桑榆杏梌，　（6309）

8. 今皆茂盛。注列黄籍，从来卌余年。今香横见诬言，云发借田寄居，欲死诬生，造作无端。事可推校，若不如对，占人马具装入官。（6305）

9. 对具。到，立下重自了，里令分割。　（6319）

10. 十二月七日，民孙今龙对：被召当了庶从弟香所争田。更遭荒破，父母亡没。唯有祖母存在，分异，以今龙继养亡从伯后，得城北田，祖　（6307）

11. 母割今龙田六十亩益发，分居以来卌余年。今香、发诤，非今龙所知。有从叔丞可问，若不如对，占人马具装入官，对具。　（6315）

12. 建兴元年十二月壬寅朔十一日壬子，临泽令髦移孙司马：民孙香、孙发、孙今龙兄弟共诤田财，诣官纷云，以司马为证，写　（6294）

13. 辞在右。司马是宗长，足当知尽，移达，具列香兄弟部分券书，会月十五日，须得断决如律令。　（6292）

14. 建兴元年十二月壬寅十五日丙午（应为“辰”），户民孙丞敢言之。

---

1 《甘肃临泽新出西晋简册考释》误写作“托”。

临泽廷被（应为“移”）[1]壬子书：民孙香、孙发讼田，丞是宗长，足知尽。香、发早各　（6288）

15. 自有田分。香父兄弟三人，孙蒙、孙弘、孙翘皆已亡没。今为平决，使香自继其父蒙。祖母存时命发息为弘后，无券，香所不知。（6290）

16. 翘独无嗣，今割香、发田各卌亩及坞舍分，命亲属一人以为翘祠。平决已[2]了，请曹理遣，敢言之。　（6311）

17. 户曹掾史王匡、董惠白：民孙香、孙发、孙今龙共诤田坞相（6323）

18. 诬冒，求问从叔丞，移丞列正。今丞移报：香、发早自有田（6327）

19. 分。香父兄弟三人，孙蒙、孙翘、孙弘皆亡没。今为平决，（6325）

20. 使香自继其父蒙。祖母存时命发息为弘后，无券　（6321）

21. 书，香不知。翘无嗣，今割香、发田各卌亩及坞舍分，命亲（6286）

22. 属一人为翘继。香、发占对如丞所断，为了。香、发兄弟（6317）

23. 不和，还相诬言，不从分理，诣官纷云，兴长讼，诉平官法。（6281）

24. 请事诺，罚香、发鞭杖各百五十，适作（？）事一月。听如丞，（6280）

25. 移使香、发人出田卌亩及坞舍分，与继者。又今龙本（应作“未”）相（6284）

26. 争，田为香所认，前已罚卌，差不坐。谨启如前。□□　（6282）

27. 教诺　如□□□□不出　……钱
田钱□但五十鞭断□□　□□□　（6283）

从文本构成看，整个简册实际上由四份文件组成：第一，建兴元年（313 年）十二月十一日县令移文（简 1—13）；第二，十二月十五日孙丞对县廷的回复（简 14—16）；第三，县户曹掾史拟判（简 17—26）；第四，县令最终判决（简 27）。其中，第一份文件又包含了十二月四日孙香上诉、十二月六日孙发应对及十二月七日孙今龙证言三份文书。

本案涉及的当事人有孙香、孙发和孙今龙，我们看一下这三个人之间的

1 《甘肃临泽新出西晋简册考释》径自释作“移”，笔者后来目验原简，即“被”字，当为“移”字之误。

2 《甘肃临泽新出西晋简册考释》误写作“巳”。

关系。综合简文的说法，祖母有子三人，即孙蒙、孙弘和孙翘[1]；孙辈又有三人，即孙香、孙发和孙今龙。可以明确的是，孙香是孙蒙的儿子。从孙香、孙发、孙今龙三人相互称谓看，孙香称孙发、孙今龙为从兄，孙发、孙今龙称孙香为从庶弟，孙发又称孙今龙为弟，可知孙发与孙今龙为亲兄弟，孙香之父孙蒙为庶生子。再根据孙丞“祖母存时命发息为弘后”“（孙）翘独无嗣”的说法，可推知孙发与孙今龙兄弟二人皆为孙弘之子。另有从伯死后无嗣，本着长子不出继的惯例[2]，孙今龙过继给了从伯。当事人关系可列图如下（图6-1）：

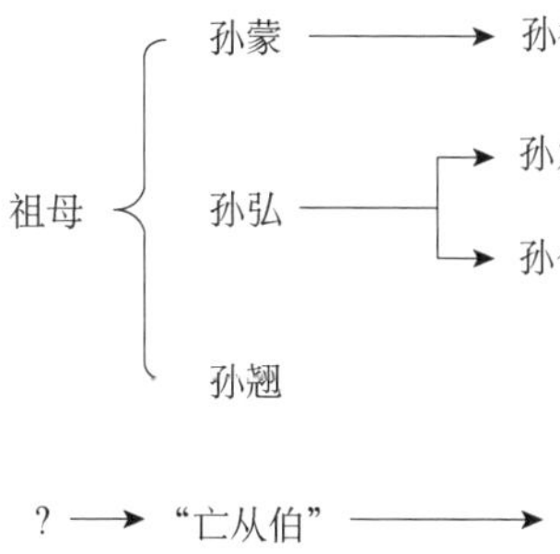

图 6-1　孙氏兄弟争讼田坞案涉及的当事人关系图

弄清了人物之间的关系，我们简要介绍一下案件的来龙去脉。原告孙香诉称：祖父母当年在世时，其父辈兄弟三人已经分家，父亲孙蒙分得城西的全部坞田，两个叔叔孙弘、孙翘分到城北的两处坞田。但堂兄孙发、孙今龙长期寄居城西旧坞，借种城西土地；后来孙今龙返回城北，孙发则把城北的坞舍和土地卖给一个叫苏腾的人。现在孙发想侵吞借种的这块城西土地，原本是祖母在世时给孙香买的。孙发断然否认这一指控，辩称：父辈兄弟三人生前同居共籍，他们死后，在祖母主持下，为孙发和孙香等人分了家。因为当时孙今龙已经过继给从伯，继承了从伯的城北土地，祖母就把城西的坞舍

1　简 6298 孙发说“亡父同产兄弟三人，庶叔三人”，这里的“同产”是指同父而非同母的兄弟，所谓“同产兄弟三人”和“庶叔三人”实际是一个意思：老大孙蒙是庶生，老二是孙发的父亲孙弘，老三孙翘，庶伯、叔叔加上孙发的父亲就是“庶叔三人”（参见张荣强《甘肃临泽新出西晋简册考释》一文）。

2　至迟宋代的法律判例中就有嫡长子不能出继的规定，如《名公书判清明集》卷 7《户婚门·孤寡》“正欺孤之罪”条云“诸为人后者，不以嫡子”（中国社会科学院历史研究所宋辽金元史研究室点校，中华书局，1987，第 235 页）；（宋）黄震《黄氏日抄》卷 78《乐县尉绝户业助和粜榜》也说“长者，法不出继”（《景印文渊阁四库全书》第 708 册，第 803 页）等。这无疑是民间长期以来形成的立继传统。

和土地平均分配给了孙香、孙发。但考虑到孙香年龄尚小，如果和孙发完全平分，也有失公平，祖母就又割了孙今龙城北的 60 亩土地给孙发。官府对此案做出初次批示，责令孙香、孙发二人自行和解；在调解无效的情况下，进行了审理。官府就此传讯孙今龙，孙今龙的说法和孙发基本一致，并提出宗长孙丞可以作证。临泽县令就将此案交与孙丞处理，孙丞提出新的分家方案：将祖母的家产按父辈人数分成三份，其中孙香继承其父孙蒙的份额，孙发及其子嗣继承孙弘的份额，另择亲属一人过继给孙翘，由孙香、孙发从现有家产中切割一定数量的田坞交与孙翘的继承者。孙丞的方案呈报给县廷，县廷据此做出了判决。

二　案件争讼焦点与汉晋分家制度

本案争论的焦点有三：其一，孙香的父辈即孙蒙、孙弘和孙翘三人生前究竟是同居共财还是已经分异？其二，城北的坞田是祖母及其子孙共有的家庭财产，还是孙今龙承受从伯而归其个人所有？其三，祖母当年制定的分家方案与孙丞后来提出的分家原则有什么不同？我们接下来围绕这三个问题并结合汉晋时期的分家制度，对孙氏兄弟争讼田坞案进行深入分析。

中国古代有关民间分家的法令有一个演变过程。秦国商鞅变法规定“民有二男以上不分异者，倍其赋”[1]，试图通过加重税收的方式，强行达到促使成年男子与父母分居的目的。东汉以后，随着官方对儒家孝道观念的提倡，同居共财的大家庭逐渐增多。曹明帝制定《新律》，规定“除异子之科，使父子无异财”[2]。学者对“异子之科”有不同认识，但法律转而禁止父母生前分家析产这点是明确的。在本案中，无论是根据孙发、孙今龙的供词还是孙丞的证言，都能确认孙蒙兄弟三人在世时并未分家。当时全家共有的财产中，除城西的坞田外，是否还在城北拥有两处坞田呢？对此，孙香与孙发的说法大相径庭，孙丞评判时也未做具体说明。不过，依据我们对汉晋时期什伍制度的理解，还是可以做出判断。《史记·秦始皇本纪》载秦献公十年（前

1 《史记》卷 68《商君列传》，第 2230 页。

2 《晋书》卷 30《刑法志》，第 925 页。

375 年）“为户籍相伍”，编户齐民此后就被纳入了严密的什伍组织。两晋时期也有实行什伍编制的证据，如《晋书·刑法志》规定：“谋反之同伍，实不知情，当从刑。”有人谋反，同伍之人都要受到牵连。2002 年玉门市花海乡毕家滩 24 号墓出土的《晋律注》，也有“同伍罪二等”之语。[1]永和末年，王羲之指出官府为防止民众逃亡，课捕“其家及同伍”的做法，反过来进一步导致了“课捕不擒，家及同伍寻复亡叛”的恶果。[2]我们知道，什伍组织是按照“比地为伍”亦即民户住宅的相邻关系编制的，所以古代统治者不允许一户民众拥有两处及以上的住所。《二年律令·户律》提到民众继承、买卖田宅时，特别指出：

> 它子男欲为户，以为其□田予之。其已前为户而毋田宅，田宅不盈，得以盈。宅不比，不得。（简 313）
>
> 欲益买宅，不比其宅者，勿许。（简 320）

《二年律令·置后律》也规定：

> 女子为户毋后而出嫁者，令夫以妻田宅盈其田宅。宅不比，弗得。（简 384）[3]

民众购买或继承住宅必须遵循“宅不比，不得”的规定。如果民户在不同的地方拥有住宅，完全有可能脱离什伍组织的控制，国家自然要明令禁止。当然，实际情况不像法律规定那样铁板一块，随着汉武帝以后土地买卖频繁，相关限制也会逐渐松弛。但就本案看，孙发、孙今龙都说他们分家前仅有城西的坞田，城北坞田是孙今龙继承从伯的；而孙丞重新分割家产时，也只要求孙香、孙发各划 40 亩土地及相应坞舍分给孙翘的继承者，丝毫没有触动孙今龙的财产。由此看来，孙香诉称祖父母生前在城西、城北各有田坞的说法不合事实。

汉代规定民户分家立遗嘱时，乡吏要到场作证并代立券书。张家山汉简

1　曹旅宁、张俊民：《玉门花海所出〈晋律注〉初步研究》，《法学研究》2010 年第 4 期。

2　《晋书》卷 80《王羲之传》，第 2098 页。

3　张家山二四七号汉墓竹简整理小组编著：《张家山汉墓竹简［二四七号墓］》（释文修订本），第 52、53、61 页。本章所引《二年律令》皆出此书，不再注明。

《二年律令·户律》规定：

> 民欲先令相分田宅、奴婢、财物，乡部啬夫身听其令，皆参辨券书之，辄上如户籍。有争者，以券书从事；毋券书，勿听……留难先令，弗为券书，罚金一两。（简334—336）

江苏仪征胥浦101号汉墓出土的《高都里朱凌先令券书》开头就说："请县、乡三老，都乡有秩、左、里师（师）田谭等，为先令券书。"[1]邢义田也从居延汉简中复原了一份由乡啬夫代立先令的资料。[2]法律强调乡吏在民众分家场合时的作用，但我们在具体实践中看到更多的是宗族的身影。民户分家时，为防止日后出现家族纠纷，通常会邀请宗族乡里一起商议；订立分家券书时，也要请宗族亲属出席作证。《后汉书》卷81《独行·李充传》记载李充妻子鼓动丈夫分家，"充伪酬之曰：'如欲别居，当酝酒具会，请呼乡里内外，共议其事'"[3]。前引胥浦汉墓出土的《高都里朱凌先令券书》也提到当时立券书的情形："时任知者：里师（师）、伍人谭等及亲属孔聚、田文、满真。"见证人除有官府色彩的里正、伍人外，还有一干亲属即内外宗族成员。如果家内尊长已经过世，甚至可由宗长主持分家事宜，《太平御览》卷841就记载戴昱"兄弟同居二十余年，及为宗老所分，昱持妻子逃旧业，入虞泽"[4]。正因为宗族往往参与分家的整个过程，所以一旦日后出现财产争讼，宗族也有义务出面调停纠纷。《汉书·韩延寿传》说韩延寿任左冯翊太守，"行县至高陵，民有昆弟相与讼田自言，延寿大伤之……于是讼者宗族传相责让，此两昆弟深自悔……终死不敢复争"[5]。就我们讨论的这一案件而言，县令之所以命孙丞提出解决方案，恐怕就在于孙丞作为孙香等人的宗长，见证了他们当时的分家过程。

汉律规定民户分家要立券书，同时又说，如果日后出现家产纠纷，"毋券书，勿听"。这等于默认了当时民间分家析产往往只做口头约定的事实。我们在汉代

1 扬州博物馆：《江苏仪征胥浦101号西汉墓》，《文物》1987年第1期。

2 参见邢义田：《汉代案比在县或在乡？》，《"中央研究院"历史语言研究所集刊》第60本第2分，第451—485页。

3 《后汉书》卷81《独行·李充传》，第2684页。

4 （宋）李昉等撰：《太平御览》卷841《百谷部·豆》，第3761页上栏。

5 《汉书》卷76《韩延寿传》，第3213页。

史籍中见到的这些兄弟争讼田产的案例，恐怕也和分家时未立券书不无关系。即如本案，孙香说分家时立下券书，孙丞称未立[1]，不过是口头约定而已。

祖母的三个儿子中，孙蒙是庶生子，孙弘和孙翘是嫡生子。以往论者认为，秦汉乃至魏晋南北朝时期，嫡子与庶子除身分地位上的差异外，在继承家产方面也有很大差别。[2]这种说法找不到太多证据。既如论者所举《汉书·景十三王传》，传称景帝之子常山宪王刘舜“有不爱姬生长男棁，棁以母无宠故，亦不得幸于王。……宪王雅不以棁为子数，不分与财物”。史家说得很清楚，刘舜之所以不分刘棁财产，主要是因为不喜欢刘棁的母亲；而且这种做法明显不合常规，所以史书记载刘舜死后，“郎或说太子、王后，令分棁财”。[3]汉代初年实行按爵位“名田宅制”，《二年律令·户律》谈到民户分家析产时，说：“不幸死者，令其后先择田，乃行其余。它子男欲为户，以为其□田予之。其已前为户而毋田宅，田宅不盈，得以盈。”（简 312—313）又说：“诸（？）后欲分父母、子、同产、主母、叚（假）母，及主母、叚（假）母欲分孽子、叚（假）子田以为户者，皆许之。”（简 340）确实，为户“后者”通常是嫡长子，但其优先得到田宅是由宗祧身分决定的；除“后者”之外，“它子男”无论是嫡子还是庶子，如果要单独立户，都可以根据自己的爵位获得相应田宅，并不考虑嫡子、庶子的区别。就本案反映西晋时期的分家情况看，无论是祖母最初指定的家产分配还是孙丞后来主持的田宅分割，庶孽与正嫡获得的份额

1　或以为孙丞说的“无券”是仅就“发息为弘后”而言，但立后继产本来是古代整个家产分配中的重要环节，孙丞既然说当年立后没有券书，这不也就等于说整个分家没有立券吗？如果当时定下明确的分家券书，（与孙香诉词矛盾的）孙发、孙今龙乃至宗长的证词不就全部不成立了？孙丞有什么权力能改变券书规定重新分配家产？县廷又如何能同意孙丞的新方案？

2　吕思勉说，秦汉时期“正嫡之与庶孽，进取之途，大有殊异也，以财产论亦然”（《吕思勉读史札记》乙帙“嫡庶之别”，第 558 页）；邢铁赞同此说，进而认为魏晋南北朝时期大致仍是如此（《家产继承史论》，云南大学出版社，2000，第 28 页；又见《唐宋分家制度》，商务印书馆，2010，第 34 页）。

3　《汉书》卷 53《景十三王传》，第 2434 页。即使在后世法律明确规定诸子均分家产的情况下，这种因家长好恶、不分给个别子孙财产的事例也时有发生。《新五代史》卷 45《袁象先传》载：“象先二子，正辞官至刺史，襄周世宗时为横海军节度使。象先平生所积财产数千万，邸舍四千间，其卒也，不以分诸子，而悉与正辞。”（《新五代史》卷 45《袁象先传》，中华书局点校本，1974，第 495 页）《名公书判清明集》卷 4《户婚门·争业上》“随母嫁之子图谋亲子之业”条甚至有这样的案例：谭念华生前喜欢继妻带来的义子李子钦，讨厌自己的亲生子谭友吉，而“尽以田产归之于李子钦”（第 124 页）。

也没有什么差别。

祖母主持家产分配时，三个儿子已经死去，三个孙子中的孙今龙也被过继给了从伯。按照孙发的说法，祖母把全部的城西坞田平分给了孙发和孙香二人，只是由于孙香年少“乍胜田”，祖母才把孙今龙的 60 亩土地割给了孙发。无论孙发所说是否反映了祖母的真实意图，至少他表面上认可财产平分的做法，并未因自己是嫡孙就提出比孙香多分家产的主张。至于孙发多分的 60 亩土地，因其性质属于孙今龙继承自从伯而非本生家庭的财产[1]，祖母的做法也没有破坏财产均分的原则。后来孙丞主持的分家方案，是将全部家产按父辈三人做了分配，孙发和孙香在原先各自获得的一半家产基础上，分别拿出 40 亩土地及相应的坞舍交与孙翘的继承者。这一分家方案在不分嫡庶、平均析产上体现得更为明显。看来，唐代《户婚律》规定“应分田宅及财物者，兄弟均分”[2]，这种只认兄弟、不论嫡庶的分家原则，至少在魏晋时期已经是民间惯例了。

但祖母与孙丞的分家方式有很大不同。相较而言，祖母在儿子（第二代）全部去世的情况下，按孙辈（第三代）人数平分家产的做法，更符合唐代法律的规定。《宋刑统》卷 12《户婚律》所引唐代“户令”，明确了第二代死亡的情形下家产的继承方式：

1　孙发与孙今龙接受官府问询时，均提到祖母分割孙今龙 60 亩田产的事。如孙今龙说“唯有祖母存在，分异，以今龙继养亡从伯后，得城北田，祖母割今龙田六十亩益发”，孙今龙出继与祖母分家，这两件事孰前孰后？弄清这一问题，就成了我们判断孙今龙被割的 60 亩土地究竟是祖母分给他的家产，还是他作为嗣子独自继承从伯的家产的关键。根据民间习惯，作为嗣子出继他支的人，应当是在家长之下或者和兄弟同居共财、尚未单独分家立户的人。如果孙今龙先分家立户，再出继从伯，该户不也就成绝户了吗？所以只能是孙今龙出继在前，祖母分家在后，祖母割的 60 亩土地就是今龙承受从伯的。

但也有个疑问。按照我们通常的理解，出继子一旦被送给他支为嗣，就失去了对亲生之家的财产继承权，同时亲生之家亦不得染指其对嗣父的财产继承事宜。但这里祖母为什么可以支配孙今龙继承自从伯的家产呢？我们很难从法律层面上给出合理解释。不过，滋贺秀三在探讨嗣子与亲生之家的财产关系时，提到《判语录存》中的一个案例：清代道光年间王林升出继堂伯为嗣，继产微薄；林升之父遂留下遗嘱，令长子允升将继承的家产和林升过继的家产合在一起，在两个兄弟间进行平等分配（见〔日〕滋贺秀三：《中国家族法原理》，张建国、李力译，商务印书馆，2013，第 358 页）。这个事例说的是亲生家长对出继子的财产资助，但相反的事应该也存在。孙今龙出继从伯时，从伯已经户绝；在这一前提下，祖母因为孙今龙继承的家产比较丰厚，要求他割让一些田地给嫡亲兄长，倒也符合情理。

2　刘俊文撰：《唐律疏议笺解》卷 12《户婚律》，第 959 页。

兄弟亡者，子承父分（继绝亦同）；兄弟俱亡，则诸子均分。[1]

如果第二代（儿子）在第一代（家长）之前死去，第三代（孙子）可以代父继承，这就是通常法律上说的“代位继承”。但当第二代在第一代分家前全部死去，第三代就越过第二代房系，直接从第一代手中按人数平均分配家产。这一方式被现代学者称为“越位继承”。唐律规定明确，但邢铁根据民间实践指出，当家中第二代全部缺位时，第三代究竟是代位继承还是越位继承，主要靠自行协商解决。[2]我们看到，本案中祖母主持的分家方式是越位继承，而孙丞后来的分配方案就是代位继承。

还有一处细节值得讨论。在新的分配方案中，孙丞提出“使香自继其父蒙”，意即由孙香继承孙蒙的份额，这没有问题；但为什么又说让孙发的儿子继承孙弘的财产，并声称这是祖母当年就定好的规矩？按道理，孙发本人在世的情况下，不可能让他的下一代越位继承孙发父亲的份额，祖母做出这一举动确实令人费解。但如果我们对中国古代民间兄弟争财竞产惯用的伎俩有所了解，就可以参透其中的玄机。孙香的诉状称自己“单弱”，很可能没有子嗣或仅有一个儿子；而孙发这边则是“儿子强盛”，人丁兴旺。祖母分家时，孙香 17 岁，已经到了娶妻生子的年龄[3]，孙发年龄更大。如果两人日后争讼要求重新分配家产，很可能会出现孙香因子嗣问题仅能继承孙蒙那份家产，而孙发可以凭借将儿子过继给孙翘的方式，实际得到孙弘和孙翘的双份家产。为了避免出现这种情况，祖母未雨绸缪，特别约定孙发的儿子只能继承孙弘的份额。这样，即使日后重新分配财产，孙翘的继承人也只能从两个家庭之外产生，就不会打破孙香、孙发之间的财力均衡。事实上，孙丞很好地贯彻了祖母的意图，在为孙翘立嗣时，并没有按亲疏原则从“儿子强盛”的孙发诸子中选定，而是“命亲属一人”，选择了其他宗族亲戚。看来，祖母为防止

1　仁井田陞认为此条是开元七年（719 年）或二十五年（737 年）户令，参见〔日〕仁井田陞：《唐令拾遗》，栗劲、霍存福、王占通，等编译，第 155 页。

2　邢铁：《唐宋分家制度》，第 30 页。

3　魏晋南北朝时期，北方民间男子的结婚年龄一般是十五六岁，详见朱大渭等：《魏晋南北朝社会生活史》第六章“婚姻”（梁满仓撰写），中国社会科学出版社，1998，第 245 页。

孙香与孙发日后财产相竞而出此策略，真可谓用心良苦！[1]

整个案件的审判结果也耐人寻味。本案中，孙香首先提起诉讼，但其指称孙发强占田坞一事完全不成立；孙发被迫应诉，两位证人（孙今龙、孙丞）也都证明涉案的田坞确系孙发分家所得。经过案件的审理，事情的原委已经非常清楚，县户曹史拟定的判词却说“香、发兄弟不和，还相诬言，不从分理，诣官纷云，兴长讼，诉平官法”。通篇充斥的是对孙香、孙发兄弟失和这种违反儒家伦理行为的批判，没有一点厘清是非、追究过错方的意思。其判决建议也是“罚香、发鞭杖各百五十，适作（？）事一月”，虽然县令最终减轻了鞭杖的次数，但判决的结果仍旧是不分是非曲直，对孙香、孙发处以同样的惩罚。[2]再联系官府刚接手案件，就责令争讼双方自行和解一事看，我们对古代官员在处理亲族间的财产纠纷时，唯以平息诉讼、维持亲族和睦为目的，往往强行折中调和的做法就有了充分了解。[3]

三　两晋十六国户籍的著录内容

唐代户籍是家口籍与田地籍合一，其内容除登载家口外，也著录田地四至及园宅情况。但秦汉魏晋时期的户籍是否登录田宅，学者对此有不同认识。韩树峰提出秦汉至魏晋南朝的户籍中均以登载每户家口状况为主，并不包括田宅在内的财产内容。[4]韩树峰这一说法，值得我们重视并认真讨论。

这里重点讨论两晋十六国时期户籍是否登载田宅的问题，附带谈及汉初的情况。孙氏兄弟争讼田坞一案中，孙香诉称孙发侵吞了自己城西的坞田；孙发予以断然否认，并指出：

发当与香共中分城西坞田。祖母以香年小，乍胜田，二分，以发所

1　祖母当年之所以割孙今龙 60 亩土地给孙发，恐怕也是考虑到孙发后代的情况。

2　判决中不处罚孙今龙，也是因为其“未相争”，没有介入纠纷中。

3　如果我们能判定 M23 号墓葬主人的身分是县吏，这批简册表达的意图就更容易理解了。汉代史籍如《汉书·韩延寿传》《后汉书·循吏·许荆传》等，记载地方官在处理兄弟争财的案件时，也常常采取自认教化无方，以引咎自责的方式感化争讼双方，最终促成案件的和解。

4　韩树峰：《论汉魏时期户籍文书的著录内容》，见杨振红、邬文玲主编《简帛研究 二〇一四》，广西师范大学出版社，2014，第 248—264 页。本部分所引韩树峰的观点，皆出此文，不再出注。

> 得田分少，割今龙田六十亩益发，坞与香中分，临稾坞各别开门。居山作坝塘，种桑榆杏棕，今皆茂盛。注列黄籍，从来卌余年。

祖母当年分家时，把城西坞田平分给了孙香和孙发，同时考虑到两人的年龄（和后嗣情况）差异，又割了孙今龙 60 亩土地给孙发。这些析分的田宅，已经在“黄籍”上著录了 40 余年。[1]孙发说的“黄籍”，也见于《太平御览》卷 606 所引《晋令》“郡国诸户口黄籍，籍皆用一尺二寸札，已在官役者载名”。齐高帝在建元二年（480 年）的诏书中，把“黄籍”称为“民之大纪，国之治端”[2]。毫无疑问，这一时期作为国之根本的“黄籍”就是户籍。[3]孙发说自己分得的田宅“注列黄籍，从来卌余年”，根据《晋书·刑法志》记载，晋武帝泰始三年（267 年）贾充等人删定《晋令》四十卷，泰始四年（268 年）颁行。孙氏兄弟争讼田坞案发生在建兴元年（313 年）底，上推四十多年，正好在晋令颁行之后。

民户分家后，要将分予的田宅著录到户籍上，这种做法不始于西晋。前引汉初《二年律令·户律》也可以见到相关记载：

> 民欲先令相分田宅、奴婢、财物，乡部啬夫身听其令，皆参辨券书之，辄上如户籍。有争者，以券书从事；毋券书，勿听。所分田宅，不为户，得有之，至八月书户。（简 334—335）

笔者和邢义田、韩树峰对“辄上如户籍”展开过争论；现在看来，张家山汉简这条律文有明显的脱漏，2018 年公布的睡虎地西汉简《户律》写作“辄上县道廷。徭使、吏官属欲先令，自言官及过在所县道官若稗官有印者，听券书上其廷”[4]，这样意思就非常清楚了。但“所分田宅，不为户，得有之，至

1　“从来”一语，直接意思就是说从田宅著录到黄籍上算起，到当时已经过了四十余年。这句话可以有两种理解，一是侧重事件本身，指四十余年前田宅被著录到了黄籍上；二是强调事件状态，即田宅已经在黄籍上著录了四十余年。笔者倾向于后一种解释。1940 年山西大同出土的北魏延兴二年（472 年）东宫莫堤申洪墓志所附买地券中有“买地廿顷，官纳百匹，从来廿一年”，强调的也是保有这块土地的时间，而非 21 年前的买地行为。参见〔日〕池田温：《中国歴代墓券略考》，《東洋文化研究所紀要》（86），1981，第 229—230 页。

2　《南齐书》卷 34《虞玩之传》，第 608 页。

3　据《通典》卷 3《食货·乡党》的记载，“梁武帝时所司奏，南徐、江、郢逋两年黄籍不上”，尚书令沈约提议用尚书下省保存的晋代旧籍作为校籍的标准。看来，两晋南朝都把户籍称作“黄籍”。

4　熊北生、陈伟、蔡丹：《湖北云梦睡虎地 77 号西汉墓出土简牍概述》，《文物》2018 年第 3 期。

八月书户”这句，无论是张家山汉简还是睡虎地西汉简记载都是如此。中日学界对这句话的解释本来也没有歧义，如冨谷至等人将其译作“已分配的田宅，即使没形成户也可以保持，至八月把它记入户籍”[1]，池田雄一译为“已分配的田宅，即使没有独立成户，也可以保有。八月案比之际，把它登记到户籍”[2]。都理解为在八月造籍时将分家所得田宅著入户籍。但韩树峰为证成汉初户籍不载田宅的说法，把“八月书户”解释为“田宅要等到八月立户时，置于各户名下，制成财物簿”。汉初官府是否有专门统计每户财物的簿籍，暂置不论，但其将“书户”解释成“立户”，与“书户”的本义（著录于户籍）[3]有一定差距。

汉初法律规定，民户要将分家后所得的田宅著录到户籍上；西晋临泽简中，孙发则说他们兄弟二人当年所分的田宅“注列黄籍，从来卌余年”。两者说法如出一辙。[4]

孙发称“黄籍”著录田宅的说法，也可以为出土实物所证实。2006 年新疆吐鲁番洋海墓地出土的《前秦建元二十年（384 年）三月高昌郡高宁县都乡安邑里籍》（以下简称《前秦建元二十年籍》），是我们目前所见最早的纸本户籍。该籍登载了五户人家，其中保存最为完整的张晏户如下[5]：

6. 高昌郡高宁县都乡安邑里民张晏年廿三

7. 叔聪年卅五物故　　奴女弟想年九　　桑三亩半

8. 母荆年五十三　　晏妻辛年廿新上　　城南常田十一亩入李规

---

1 〔日〕冨谷至编：《江陵張家山二四七號墓出土漢律令の研究（訳注篇）》，朋友書店，2006，第 218 页。

2 〔日〕池田雄一：《秦漢時代の戸籍について》，见東洋文庫中国古代地域史研究编《張家山漢簡『二年律令』の研究》（東洋文庫論叢 77），東洋文庫，2014，第 76 页。

3 岳麓秦简记载了“识劫娺案”：原告娺曾经是沛的妾，后因产子被放免。就其身分改变一事，“卿（乡）唐、佐更曰：沛免娺为庶人，即书户籍曰‘免妾’”。“书户籍”就是著录于户籍的意思。参见朱汉民、陈松长主编：《岳麓书院藏秦简[叁]》，上海辞书出版社，2013，第 35 页。

4 这不意味着整个汉晋时期的户籍都会著录田宅等内容。汉代将造籍称为“案比”，其语意本身就包括“案家人”“比地”两项内容，但至郑众为“比”作注时，就解释成“五家为比，故以比为名，今时八月案比是也”。这说明至少到东汉时期，“案比”似乎就只是案查户口，推测户籍中不再著录田宅了。参见张荣强：《读岳麓秦简论秦汉户籍制度》，《晋阳学刊》2013 年第 4 期。

5 原录文详见荣新江、李肖、孟宪实主编：《新获吐鲁番出土文献》，第 176—179 页；笔者录文修订，见本书第二编第七章中的补论“有关《前秦建元二十年籍》的录文问题”。本书后文引用这段录文时，不再详注。

9.	叔妻刘年卌六	丁男一	得张崇桑一亩
10.	晏女弟婢年廿物故	丁女三	沙车城下道北田二亩
11.	婢男弟隆年十五	次丁男三	率加田五亩
12.	隆男弟驹[年　]	[小女二]	[舍一区]
13.	驹女弟[□年　]	凡口九	[建元廿年三月籍]
14.	聪息男[奴年　]		

该籍分三栏，第一栏登录户内的家庭成员情况，第二栏分类统计家庭丁中。[1]关于第三栏内容，荣新江认为当属田宅转移记录。[2]正如该籍第一栏家庭成员中需标明“新上”“物故”等注记，旨在说明两次造籍年之间的人口异动一样；第三栏标明其间的田宅出入变化也是应有之义，但不能因此就说第三栏记载的仅是田宅转移情况。[3]事实上，除“城南常田十一亩入李规”“得张崇桑一亩”涉及土地流转外，诸如“桑三亩半”“沙车城下道北田二亩”“率加田五亩”“舍一区”等都不存在转移问题。[4]所以笔者认为《前秦建元二十年籍》第三栏实际上记录的是民户的田宅等主要赀产情况。孙发所谓“注列黄籍，从来卌余年”意即分来的田坞已经在户籍上著录了四十余年，也可以证明这一点。

除荣新江和笔者外，王素[5]、关尾史郎[6]等中日学者也对《前秦建元二十年籍》做过讨论，但没有人怀疑过该籍的性质。韩树峰则提出，“该籍没有‘户

1　张晏户家庭成员较多，第一栏容纳不下，“想”“辛”就写在了第二栏。

2　荣新江：《吐鲁番新出〈前秦建元二十年籍〉研究》。关尾史郎也倾向这种说法，详见其文《「前秦建元廿（三八四）年三月高昌郡高寧縣都鄉安邑里戶籍」新釈》，《東方学》（127），2014。

3　民户的田宅每年都会发生买卖、转让，在数年一造籍的情况下，户籍仅仅登录田宅的异动情况也是不可思议的。

4　可参本书第二编第七章“《前秦建元二十年籍》与汉唐间籍帐制度的变化”。

5　王素：《荣新江、李肖、孟宪实：〈新获吐鲁番出土文献〉》，见中国敦煌吐鲁番学会等编《敦煌吐鲁番研究》（第11卷），上海古籍出版社，2009，第507—515页；《吐鲁番新获高昌郡文书的断代与研究——以〈新获吐鲁番出土文献〉为中心》，原载〔日〕土肥義和編纂：《敦煌・吐魯番出土漢文文書の新研究》，東洋文庫，2009，又见郑欣淼主编《故宫学刊》（第5辑），紫禁城出版社，2010。

6　〔日〕関尾史郎：《トゥルファン新出「前秦建元廿（384）年三月高昌郡高寧縣都鄉安邑里戶籍」試論》，《人文科学研究》（123），2008；前揭《「前秦建元廿（三八四）年三月高昌郡高寧縣都鄉安邑里戶籍」新釈》一文。

人'或'户主'的著录，而这正是户籍必不可少的要素"，以此否认《前秦建元二十年籍》是户籍的说法。遗憾的是，他没有对自己的观点做进一步论证。韩先生的表述有些含混，我们不太清楚他想说《前秦建元二十年籍》中没有著录"户主"或"户人"的情况，还是籍中没有对"户主"或"户人"做出标注。如果是前者，我们可以清楚看到，《前秦建元二十年籍》中每户第一行写作"高昌郡高宁县都乡安邑里民××"就是该户户主。如果是后者，该籍确实没有注出"户主"或"户人"字样，但这丝毫不会影响时人乃至后世对户主的判定。在中国古代户籍中，户主与家庭成员的书写方式有明显不同。从内容上说，户主前面必须冠以籍贯，简牍时代的户籍仅保存在乡、县，户主籍贯注明里名就可以了；但到了纸本时代，户籍因为最后要上呈中央，所以户主籍贯必须一一注明郡、县、乡、里。[1]在书写格式上，户主一定是位列本户第一行顶格书写，家庭成员紧随其后或在其下一行退格书写。在走马楼孙吴户籍简中，无论"凡口若干事若干/算若干事若干"还是"右某家口食"类简，通常都是分为三栏，如果是家口连记简即一枚简分写2—3名家庭人口，户主写在第一栏，家庭成员分占二、三栏。更多情况下是一人一简，即使第一栏空白，家庭成员也只能写在第二栏。这一点绝不会混淆。孙吴户籍简中，户主姓名前冠以"户人"，唐代户籍中也在户主姓名前注明"户主"，那为什么《前秦建元二十年籍》没有此类标注呢？我们注意到，该籍在户主前标以"民"的身分，大致同一时期的《西凉建初十二年（416年）正月敦煌郡敦煌县西宕乡高昌里籍》（以下简称《西凉建初籍》）则注以"兵""大府吏""散"等，这种突出户别的做法恰恰体现了魏晋十六国时期民户与吏户、兵户分野的事实。[2]

---

1 参见本书第二编第七章"《前秦建元二十年籍》与汉唐间籍帐制度的变化"。

2 与魏晋十六国时期相似，明代的身分制度也十分复杂，人户按类别分为民户、军户、匠户、灶户等。而在明代赋役黄册即户籍中，户主的著录项如"一户余拴系遂安县拾都上一图，民籍""一户王叙系直隶徽州府休宁县里仁乡二十七都第五图，匠籍"（以上录文转引自栾成显：《明代黄册研究》，中国社会科学出版社，1998，第60、337页），除籍贯外，突出的同样是人户类别而非"户主"标识。只不过明代将籍贯与户别著录到户主姓名之后了。

我们之所以认为《前秦建元二十年籍》是户籍，最直接的依据就是该籍在每户之下注明了“建元廿年三月籍”。这种书写方式和唐代户籍一致，只不过后者为了简便起见，将每户户主前标注的籍贯和每户之下记载的造籍时间统一注到了纸缝处，写作“某郡某县某乡某里某年籍”，但书写性质和目的没有发生任何变化。需要说明的是，所谓“建元廿年三月”与其说是此次造籍的起始时间，不如说是造籍的标准时间，它反映的是该籍所有数据都是以建元二十年（384 年）三月这一时间点为标准登录这一事实。如同现在全国每十年进行一次人口普查，每次开展前必须确定一个普查的标准时间点，无论普查员在哪天入户登记,登记的人口及其各种特征反映的都是这个标准时间点的情况。[1]在中国古代，这种由中央政府统一下令、全国大规模按照某个时间点对民众进行户口、赀产登记而编制的基础台帐，如果不是户籍又会是什么呢？所以不仅《前秦建元二十年籍》是户籍，《西凉建初籍》[2]、《北凉承阳二年（426 年）十一月籍》也都是户籍。

韩树峰之所以认为两晋南朝的户籍中不著录田宅，主要是采信了傅克辉的观点。依据他总结的傅克辉说法是，“由于有单独的资产簿存在，而这种资产簿是纳税的基本依据，所以两者是不会登入户籍的”[3]。这种说法似是而非。中国古代官府编造的籍簿名目繁多，不能因为它们内容上有交叉，就怀疑某

1　例如，《第六次全国人口普查方案》规定：人口普查的标准时点是 2010 年 11 月 1 日零时。普查登记完成后，经过汇总，就可以得到 2010 年 11 月 1 日零时全国和各地人口数量、人口状况的资料。

2　《西凉建初籍》与《前秦建元二十年籍》的性质稍有不同，笔者认为前者是专门的职役户籍。参见本书第二编第八章“《西凉建初籍》与魏晋时期的职役户籍”。

3　事实上，傅克辉在《魏晋南北朝籍帐研究》第六篇“赀簿考释”之“魏晋南朝时期资产与户籍的关系”中，主要从三个方面论证魏晋南朝户籍不著录赀产这一观点：第一，《公元四世纪晋户口簿稿》和《西凉建初籍》中，均没有财产和赋役方面的内容。第二，东晋南朝为整理户籍多次实行土断，但其实质在于把无贯之人编入户籍，并没有涉及户赀不实的问题。第三，从当时户籍伪滥的种种表现及官员检籍的内容上，看不出户籍中有登录赀产的迹象。也就是说，傅克辉并非立足于东晋南朝有单独的赀簿这一事实来否认当时户籍著录赀产；恰恰相反，傅克辉在该节结束语中说：“既然魏晋南朝的户籍籍注中没有财产和赋役方面的内容，那么可以肯定，在这个时期，赀簿始终表现为一份独立的政府文件。”（《魏晋南北朝籍帐研究》，齐鲁书社，2001，第 159 页）当然，傅克辉举出的论据也存在问题。如就第一项而言，其所举的《公元四世纪晋户口簿稿》并非户籍，《西凉建初籍》则是特殊的兵户户籍，我们不能据此来判断普通民籍中的内容。至于傅克辉的第二、第三项依据，土断本身的目的就是将民户编入户籍，与户赀无关；当时存在专门的赀薄，户籍中登录的田宅等赀产并非国家征税的依据，官员指控的户籍伪滥现象及检籍中不涉及赀产内容也是可以理解的。

类籍簿是否存在。最明显的例子就是我们前面提到的长沙走马楼吴简中的两类户籍简，第Ⅰ类结句简通常作“右某家口食若干”，第Ⅱ类结句简则作“凡口若干事若干/算若干事若干”。这两类简著录的是同一类人群[1]，简文的主体部分亦即登录的家口内容大同小异，我们甚至很难区分彼此。再如，唐代有专门记载男子年龄、身分、疾病、服役等状况的差科簿，但当时户籍的家口簿中并没有因此就只著录女子的资料；唐代户等簿中记载了民户的宅园，青苗簿中登记了民户的田地，这些内容也照样著录在户籍上。不同种类的簿籍登载内容难免会有重复，但各自著录的重点和编制的目的还是有很大差异。既如上举《前秦建元二十年籍》第三栏记载的是民户的主要赀产状况，其与当时专门的赀簿也有明显不同。我们不妨看一下《北凉承平年间（443—460年）高昌郡高昌县赀簿》（以下简称《北凉承平赀簿》）冯照户的记录：

1. 冯照蒲陶二亩半　桑二亩
2. 常田十亩半
3. 无他田十五亩
4. 田地枯枣五亩破为石田亩二斛
5. 兴蒲陶二亩半桑二亩
6. 常田十八亩半　无他田七亩
7. 泮桑二亩半
8. 得张阿典（兴）蒲陶二亩半
9. 得阚衍常田七亩
10. 得韩千哉田地沙车田五亩
11. 得张绪无他田四亩半　瓜二亩半
12. 赀合二百五十七斛[2]

与前引《前秦建元二十年籍》张晏户的第三栏对比，我们除了注意到《北凉承平赀簿》第四行“田地枯枣五亩破为石田亩二斛”这一不同寻常的表述及最后一行有每户计赀总额的统计外，似乎看不出二者有多大区别。但朱雷研究指出：当时

1　本书第二编第七章“《前秦建元二十年籍》与汉唐间籍帐制度的变化”中，曾举出两类户籍简著录同一户家庭的例子。

2　录文据朱雷《吐鲁番出土北凉赀簿考释》（《武汉大学学报（哲学社会科学版）》1980年第4期）一文。下引朱雷观点，亦出此文。

的赀簿把田分为“常田”“卤田”“潢田”“石田”“无他田”“沙车田”等主要类型，并构成计赀的不同等级：如“常田”“无他田”每亩计赀三斛；“潢田”“石田”及“沙车田”每亩计赀二斛；种植园包括葡萄、桑、枣等，每亩计赀三斛。由此看来，上引冯照一户的赀簿如果不厌其烦地记录，就应该写作：

1. 冯照蒲陶二亩半赀七斛半　桑二亩赀六斛
2. 常田十亩半赀三十一斛半
3. 无他田十五亩赀四十五斛

……

在每一类土地或种植园后面都要标出相应的赀额。也只有这样，最后才能汇总出“赀合二百五十七斛”的结论。我们上面见到的书写方式，不过是官府省略的写法。明白这一点，我们就会了解《前秦建元二十年籍》第三栏与《北凉承平赀簿》的明显差异了。简言之，前者登录田宅、奴婢等，主要表示的是对这些财产的所有权；后者的目的则是据此计算赀额，以供国家征收赋税。

临泽晋简记载的孙氏争讼田坞案为我们提供了丰富的历史信息，许多学者也据此讨论过西晋的田制问题，笔者这里仅做一点说明。在孙丞的分家方案中，孙翘的继承者一共分得 80 亩土地。前已说明，此次采取的仍是平均析产的做法[1]；孙香分割后剩余的土地同样应该是 80 亩，如果不把城北土地考虑在内，孙发保留下来的城西土地也是 80 亩。由此推知，祖母生前全家共有 240 亩土地。而祖母在最初分家时，孙发除与孙香平分这 240 亩外，又额外获得了城北 60 亩土地。这样一来，孙香有土地 120 亩，孙发共有土地 180 亩。按西晋占田制规定“男子一人占田七十亩，女子三十亩”[2]，如果这里的“男子”“女子”是指男户主和户主妻子，那么孙发、孙香分的土地数额明显超过了国家允许的占田数额。张学锋认为西晋的占田不是对民间私田的限制，而是“旧典农官分让旧屯田之际，对旧屯田民所能占有的最高土地额的原则性规定”[3]，这一见解值得重视。

1　孙翘的继承者虽是孙翘死后若干年才过继的，但根据前引唐令“继绝亦同”的规定，其亦应得到原属孙翘的财产份额，即祖母全部家产的 1/3。

2　《晋书》卷 26《食货志》，第 790 页。

3　张学锋：《西晋の占田・課田・租調制の再検討》，《東洋史研究》第 59 卷第 1 号，2000；后中文版《西晋占田、课田、租调制再研究》收入其著《汉唐考古与历史研究》，生活・读书・新知三联书店，2013，第 192 页。

第七章
《前秦建元二十年籍》与汉唐间籍帐制度的变化

我们目前所见早期的纸本户籍有三件，都是十六国时期之物。按照学界刊布的先后顺序，分别是收藏在大英图书馆的 S.113《西凉建初十二年（416 年）正月敦煌郡敦煌县西宕乡高昌里籍》（以下简称《西凉建初籍》）[1]，写在德藏吐鲁番文书 Ch.6001 残片背面的《北凉承阳二年（426 年）十一月籍》（以下简称《北凉承阳籍》）[2]，以及最新公布的吐鲁番文书 2006TSYIM4：5（1-2）《前秦建元二十年（384 年）三月高昌郡高宁县都乡安邑里籍》（以下简称《前秦建元二十年籍》）[3]。这三件纸本户籍[4]与近些年陆续出土的秦汉乃至孙吴时期的户籍简一起，为探讨中古时期户籍格式、内容及其造籍制度发生的一系列变化，提供了至为重要的文本基础。

三件十六国的户籍写本中，《西凉建初籍》最早公布，学界的研究也较为充分。从著录格式看，该籍首书户主的籍贯、身分、姓名、年龄，其后分为两栏：上栏分行登录户内各个家庭成员，下栏是家庭成员丁中的分项统计、全家人口合计及户口所在地。户籍的最后一行标注具体的造籍年月。需要注意的是，《西凉建初籍》注明的户主身分皆是“兵”“散”“大府吏”之类，多

1　录文参见〔日〕池田温：《中国古代籍帐研究・录文》，龚泽铣译，第 3—5 页。

2　最初由西脇常記公布在《ベルリン・トルファン・コレクション漢語文書研究》中，京都大学総合人間学部国際文化学科日本・中国文化・社会論講座西脇研究室，1997，図版 11，第 81 页；后被收入 Yamamoto Tatsuro et al. *Tun-huang and Turfan Documents，Concerning Social and Economic History，Supplement：（A）Introduction& Texts*，p.9.

3　荣新江、李肖、孟宪实主编：《新获吐鲁番出土文献》，第 176—179 页。

4　关尾史郎曾撰文提出，圣彼得堡收藏的“Дx08519v”文书也应当是一件高昌郡时期的户籍文书，参见《从吐鲁番带出的“五胡”时期户籍残卷两件——柏林收藏的“Ch6001v”与圣彼得堡收藏的“Дx08519v”》，见新疆吐鲁番地区文物局编《吐鲁番学研究：第二届吐鲁番学国际学术研讨会论文集》，上海辞书出版社，2006，第 180—189 页。但此件文书仅存“高昌郡高昌县都乡□[　　　]”一行，很难判定其具体性质。

数学者理解该籍属于吏兵籍，不是普通的民籍。[1]我们将在后面讨论这件户籍的性质。第二件即《北凉承阳籍》由日本的西胁常记刊布后，经关尾史郎、王素、荣新江等学者的介绍和研究，已逐渐为国内学者所熟悉。[2]该籍目前仅存一栏，残存的内容和《西凉建初籍》的下栏相当，但缺少登记户口居住地这一项。较诸前两件户籍，新出土的《前秦建元二十年籍》反映的时代最早，内容最为丰富，其作为民籍的性质也最具代表性。所以本章重点以《前秦建元二十年籍》为例，探讨纸本时代初期的户籍面貌。

一　《前秦建元二十年籍》内容分析

据整理者介绍，该件户籍系 2006 年在吐鲁番洋海赵货墓中发现，原本有三个断片，后经整理小组缀合为两片。其中一片编号为 2006TSYIM4：5-1，残计 13 行文字，尺寸为 25.2×16.7 厘米；另一片编号为 2006TSYIM4：5-2，残计 20 行文字，尺寸为 24.8×25 厘米。[3]为便于研究，我们在原录文的基础上，对照《新获吐鲁番出土文献》一书所附图版，将该件户籍重新过录。与原录文不同之处，下面一一说明。[4]

第一片

（前缺）

1.　奴妻扈年廿五　小男一　[得] [孙]畚[坞]下田二亩

2.　奴息男郍年八　凡口七　虏奴益富年卅入李洪安

虏婢益心年廿入苏计

1　关于《西凉建初籍》的性质，浜口重国理解为兵户籍（《秦漢隋唐史の研究（上）》，第 447—454 页）；池田温主张是郡县掌握的普通民户籍（《中国古代籍帐研究·概观》，第 52 页）。近年来，国内学者如杨际平（《敦煌吐鲁番出土经济文书杂考（三题）》，《中国社会经济史研究》1987 年第 1 期）、王永兴（《王永兴学述》，浙江人民出版社，1999，第 228—234 页）等均认为是不包括一般民户的兵吏籍。

2　参见〔日〕関尾史郎：《"承陽" 備忘—「吐魯番出土文書」劄記再補》，《東洋史苑》（大谷光瑞師五十回忌記念号），1998，第 253—265 页；《从吐鲁番带出的 "五胡" 时期户籍残卷两件——柏林收藏的 "Ch6001v" 与圣彼得堡收藏的 "Дx08519v"》；王素：《高昌史稿（统治编）》，文物出版社，1998，第 208 页；荣新江：《吐鲁番新出〈前秦建元二十年籍〉研究》，《中华文史论丛》2007 年第 4 期。

3　荣新江：《吐鲁番新出〈前秦建元二十年籍〉研究》，《中华文史论丛》2007 年第 4 期。本部分凡引整理者观点，皆出此文。

4　有关文书的释读，多承王素、陈国灿两位先生指教。

3. 郍女弟蒲年七新上 舍一区
4. 贺妻李年廿五[新上] [建元廿年三月藉]
5. 高昌郡高宁县都乡安邑里民崔奣[年]
6. 弟平年[ ] [ ] [ ]
7. 奣妻□年[ ] [ ] [ ]
8. 平妻郭年卅[ ][ ] □□□田□□亩
9. 奣息女颜年廿一从夫[ ] 得阚高桑园四亩半
10. 颜男弟仕年十四 得江进卤田二亩以一亩为场地
11. 仕女弟训年十二 得李亏（？）田地桑三亩
12. 平息男生年三 新 上 舍一区
13. 生男弟麴（？）年一新上 建[元廿年三月藉]

（后缺）

第二片

（前缺）

1. [ ][ ]三 埽坞下[ ]
2. 女々弟素年九新上凡口八 得猛季常田四亩
3. 素女弟训年六新上 西塞奴益富年廿入李雪
 虏婢巧成年廿新上
4. 勋男弟明年三新上 舍一区
5. 明男弟平年一新上 建元廿年三月藉
6. 高昌郡高宁县都乡安邑里民张晏年廿三
7. 叔聪年卅五物故 奴女弟想年九 桑三亩半
8. 母荆年五十三 晏妻辛年廿新上 城南常田十一亩入李规
9. 叔妻刘年卌 六 丁男一 得张崇桑一亩
10. 晏女弟婢年廿物故 丁女三 沙车城下道北田二亩
11. 婢男弟隆年十五 次丁男三 桽加田五亩
12. 隆男弟驹[年][小女二] [舍一区]
13. 驹女弟[□年]凡口九 [建元廿年三月藉]

14. 聪息男[奴年]
15. 高昌郡高宁县都乡安邑里民[□□年]
16. 妻朱年五十 丁男一 沙车城下田十亩入赵□
17. 息男隆年卅三物故 丁女一 埽坞下桑二亩入杨抚
18. 隆妻张年廿八□□ 小女一 埽坞园二亩入□□
19. 隆息女颜年九 小男一 舍一区
20. 颜[男弟□年] [凡口四] [建元廿年三月籍]

(后缺)

文书第一片第3行“郝女弟蒲年七”之“七”，原录文作“一”，“一”应为“七”之误。其兄“郝年八”，而女弟“蒲年一”，年龄差距很不合理。文书第一片第8行“平妻郭年卅”之“卅”，原录文作“廿”，“廿”应为“卅”之误。户主畜长女颜年廿一，畜本人年龄亦应四十左右。畜弟平年龄不会与畜相差太远，平妻年龄亦应相当。文书第二片第18行“隆妻张年廿八”后面还有两个字，原录文作“还姓”。从图版可以看出，第一个字上半部分写作“四”，其余难以辨识。“还姓”的意思是恢复旧姓，出嫁的女儿回归娘家通常称为“归宗”。此处对这两个字疑而不释。

重点要说明文书第二片张晏一家的丁中统计部分。先看原录文：

9. 丁男二
10. 丁女三
11. 奴丁男三
12. [小女二]
13. [小男二]
14. 凡口九

第12、13行所录“小女”“小男”人数，是整理者据张晏一家口数所做的推补。从图版上看，文书第9行“二”字上面的一横明显有涂抹的痕迹，故应释为“一”，具体指23岁的户主“张晏”。第10行“丁女三”，原录文没有问题，这里应是指53岁的“母荆”、46岁的“叔妻刘”和新过门20岁的“晏妻辛”。问题主要在第11行，整理者释该行第一个字为“奴”，并将“奴丁男”解释为通常说的丁奴。问题是，古代文献中从未见过“奴丁男”这种称呼。而从《前秦建元二十年籍》可以看出，奴婢是同土地、宅园等其他财产一起列入第三栏，并非计入家庭成员之列，这是秦汉以来的传统，属于第二栏的丁中分项统计自然也不会包含奴婢在内。[1]更何况我们从第三栏的赀产登记中，也看不出张晏一家有奴婢的存在。仔细审视图版，此字左半侧残缺，右侧作“欠”而非“又”，故当释为“次”。而“次丁”与“丁”一样，是西晋开始设立的法定课役身分。《晋书》卷26《食货志》：

> （平吴之后）又制户调之式：丁男之户，岁输绢三匹，绵三斤，女及次丁男为户者半输……男女年十六已上至六十为正丁，十五已下至十三、六十一已上至六十五为次丁，十二已下六十六已上为老小，不事。[2]

太康年间制定的丁中制度并非只推行于西晋一朝。东晋孝武帝时，范宁曾上表“今宜修礼文，以二十为全丁，十六至十九为半丁”[3]，“全丁”“半丁”也就是“正丁”和“次丁”。这次上表的结果，史籍说“帝善之”，实际上没有被采纳。所以到刘宋时，王弘再次上书批评“民年十三半役，十六全役”的旧制，建议“十五至十六，宜为半丁，十七为全丁”，最终为宋文帝所接受。[4]十六国时期的丁中制度比较混乱，但课役身分在名目上还是沿袭西晋。据《西凉建初籍》所载裴保一户的丁中统计：“丁男二　次男一　小男一　女口三。”女子不分丁中，笼统称为“女口”，这和《西凉建初籍》的性质有关。[5]从男子课役分类来看，也是有“丁男”、“次男”和“小男”，“次男”也就是次

1　整理者也意识到这个问题，解释说：“奴婢是不作为一户人家的正式人口列名的，也不计入‘凡口几’的一户人口总计中。……但是却也要在一户人口的分类记录中列出，以明了这户人家的劳动力多少。”问题是，奴婢既然连家庭人口都不算，又怎么会被官府计入家庭的劳动力中？《周礼·地官·小司徒》有云：“上地家七人，可任也者家三人；中地家六人，可任也者二家五人；下地家五人，可任也者家二人。”郑玄注：“可任，谓丁强任力役之事者。出老者一人，其余男女强弱相半，其大数。”这里的家口都包括什么人呢？以占比例最高的五口之家来说，据何休《春秋公羊经传解诂》宣公十五年载：“是故圣人制井田之法而口分之，一夫一妇受田百亩，以养父母妻子，五口为一家。”《春秋井田记》又说：“人年三十，受田百亩，以食五口，五口为一户，父母妻子也。”可见这里的家口数也好，“可任者”也好，计算的范围都是家庭的正式人口，不含奴婢在内。

2　《晋书》卷26《食货志》，第790页。

3　《晋书》卷75《范汪传附范宁传》，第1987—1988页。

4　《宋书》卷42《王弘传》，第1321页。

5　《西凉建初籍》作为兵户籍，其关注的重点是男子服兵役、吏役的问题，所以要详注男子的丁中身分；女子不服役，也就可以忽略不注了。

丁男。《西凉建初籍》记载的户数和人口较少，我们很难据此比定其具体的丁中制度。仅是从“阴怀”户可以看出，男子十五岁已为正丁；而在“裴晟”户中，六十五岁仍为次丁。看来西凉丁中的起役点较两晋要低，也意味着当时民众受到的剥削更重。

明确《前秦建元二十年籍》的“奴丁男”当为“次丁男”后，我们再回到录文上来。张晏一户的“次丁男三”，显然是指15岁的“婢男弟隆”，以及低于15岁但具体年龄不详的“隆男弟驹”和“聰息男[奴]”。15岁恰恰是西晋次丁的最高年龄，所以笔者推测《前秦建元二十年籍》所载的丁中制度，至少有关次丁的规定，应该和西晋一致。明确了第9行“丁男一”、第10行“丁女三”、第11行为“次丁男三”后，根据张晏户“凡口九”，可推补其第12行当为“小女二”，具体指年龄不详的“驹女弟”和九岁的“奴女弟想”。整理者推补的第13行“小男二”，实际上是不存在的。

从著录格式上看，《前秦建元二十年籍》分为三栏，第一、第二栏分别和《西凉建初籍》的上、下栏内容相当，只是没有户口居住地的标注。值得注意的是第三栏。整理者认为该栏记载的是该户奴婢和土地的转移情况，并非该户拥有的赀产状况。笔者对此有不同看法。从有关文献看，早在战国时期，户籍中似乎就登载财产。被认为成书于战国时期的《周礼·地官·小司徒》条载：

> 乃颁比法于六乡之大夫，使各登其乡之众寡、六畜、车辇，辨其物，以岁时入其数，以施政教，行征令。及三年，则大比，大比则受邦国之比要……及大比六乡四郊之吏，平教治，正政事，考夫屋及其众寡、六畜、兵器，以待政令。

郑玄注：“众寡，民之多少；物，家中之财。”贾公彦疏：“众寡据人民。六畜者，马牛羊豕犬鸡。车谓革车及大车。辇，人挽行。”按照郑玄的说法，“岁时入其数”即如汉制四时言事；而按照郑众的注释：“三年大比”，“今时八月案比是也”。[1]“八月案比”亦即八月登记造籍。当时进行财产调查，是否连鸡

1 （汉）郑玄注，（唐）贾公彦疏：《周礼注疏》卷11《地官·小司徒》，见（清）阮元校刻《十三经注疏》，第1531页上、下栏。

犬这样的小家畜也算在内？值得怀疑。[1]但无论大比、小比，其所调查、登记的事项除家口外，还包括主要财产这一点，殆无疑义。随着张家山汉简的出土，我们对汉代的户籍制度有进一步了解。《二年律令·户律》简 334—336：

> 民欲先令相分田宅、奴婢、财物，乡部啬夫身听其令，皆参辨券书之……有争者，以券书从事；毋券书，勿听。所分田宅，不为户，得有之，至八月书户，留难先令，弗为券书，罚金一两。[2]

这是民户立遗嘱的规定。“为户”就是单独立户、建立新户头，同出《户律》有“民欲别为户者，皆以八月户时，非户时勿许”之语，民众在八月造籍时才能单独立户。“所分田宅”“至八月书户”云云，就是说民众所分田宅财产，只有等到造籍时才能反映到户籍上。提请注意的是，上引《户律》并非意味着汉代户籍仅记载田宅的变动情况，具体到新立户，情况更非如此。汉代户籍登录财产的实例，我们可以参看西北居延出土的有名的隧长徐宗、候长礼忠简，其文曰：

三堠隧长居延西道里公乘徐宗年五十　徐宗年五十

妻妻	宅一区直三千	妻	妻一人
子男一人	田五十亩直五千	男子一人	子男二人
男同产二人	用牛二直五千		子女二人
女同产二人			男同产二人
			女同产二人

（简 24·1B）

候长觻得广昌里公乘礼忠年卅

小奴二人直三万	用马五匹直二万	宅一区万
大婢一人二万	牛车二两直四千	田五顷五万

1　睡虎地秦简《封诊式·封守》查封士伍甲某的财产有“臣妾、衣器、畜产”，其畜产仅涉及“牡犬一”。东汉也有将“衣履釜鬵”计入家赀的现象，但诏书说，这是刻削贫民之举（《后汉书》卷 4《和帝纪》“永元五年二月诏”，第 175 页）。

2　张家山二四七号汉墓竹简整理小组编著：《张家山汉墓竹简[二四七号墓]》（释文修订本），第 54 页。需要说明的是，张家山汉简这条律文缺了一枚简，完整内容则见于睡虎地西汉墓出土的《户律》，参见熊北生、陈伟、蔡丹：《湖北云梦睡虎地 77 号西汉墓出土简牍概述》，《文物》2018 年第 3 期。本章所引《二年律令》，如无特殊说明，皆参见《张家山汉墓竹简[二四七号墓]》（释文修订本）一书。

轺车二乘直万 服牛二六千 •凡訾直十五万（简37•35）[1]

关于这两枚简的性质，中外学者聚讼纷纭。陈槃最先提出礼忠简和徐宗简是军吏名籍[2]，国内学者一度支持这一观点，进而将其视为汉代的户籍。平中苓次推测这两枚简为财产税和人头税的申报书[3]；米田贤次郎、佐藤武敏、宇都宫清吉及楠山修作等或赞成或批评平中氏之说[4]。汪桂海近年撰文指出，礼忠简和徐宗简应该是"登记边塞亭长、隧长以上官吏的功劳、资历及其家属、赀产等情况的簿书"，即"累重訾直官簿"。[5]正如批评者所指出，礼忠简不载家口，徐宗简载家口又不注年龄及丁中，若将其直接视作户籍实物，确实有诸多可疑之处。我们特别注意到徐宗简。劳榦观察到这枚简的墨色有浓淡之别[6]；永田英正据此指出，该简是写废后又被当作练字之用[7]。除去练字的重复内容之外，徐宗简户主之下实际上就有两栏内容。第一栏是按照与户主的关系分项统计其家庭成员，第二栏则详细条列该户的田宅、奴婢数及相应的赀产额。从这方面看，徐宗简与《前秦建元二十年籍》颇有相似之处。

《前秦建元二十年籍》第三栏并非仅记奴婢、田地的买卖情况。张晏一户的相关记载最为完整，我们看其内容：

---

1 谢桂华、李均明、朱国炤：《居延汉简释文合校》，第34—35、61页。

2 陈槃：《由汉简中之军吏名籍说起》，《大陆杂志》第2卷第8期，1951。

3 〔日〕平中苓次：《居延漢簡と漢代の財産税》，《立命館大學人文科學研究所紀要》1953年第1期，后收入其著《中國古代の田制と税法：秦漢経済史研究》第8章，東洋史研究会，1967。

4 〔日〕米田賢次郎：《居延漢簡とその研究成果（下）》，《古代學》第3卷第2号，1954；〔日〕佐藤武敏：《漢代の戸口調查》，《集刊東洋學》第18号，1967，中译文见中国社会科学院历史研究所战国秦汉史研究室编《简牍研究译丛》（第2辑），中国社会科学出版社，1987，第295—322页；〔日〕宇都宮清吉：《僮約研究》，《名古屋大学文学部研究論集》第5卷，1953，后收入《漢代社会経済史研究》，弘文堂，1955；〔日〕楠山脩作：《漢代の賦の意味について—平中說批判》，《和歌山県高等学校社会科研究協会会報》21，1968。

5 汪桂海：《汉简丛考（一）》，见李学勤、谢桂华主编《简帛研究 二〇〇一》，广西师范大学出版社，2001，第382—383页；李天虹赞同这一说法，见《居延汉简簿籍分类研究》，科学出版社，2003，第149页；永田英正也持这一观点，见《礼忠简、徐宗简研究的展开——以居延新简的发现为契机》，张学锋译，《安作璋先生史学研究六十周年纪念文集》，齐鲁书社，2007，第362—365页。

6 此据〔日〕藤枝晃《釈「見署用穀」ほか—「長城のまもり」訂誤》（《東洋史研究》第14卷第1、2号合刊，1955）记录的劳榦访日时的谈话内容。

7 〔日〕永田英正：《禮忠簡と徐宗簡について—平中氏の算賦申告書説の再檢討》，《東洋史研究》第28卷第2、3号，1969。中译文《论礼忠简与徐宗简——平中苓次氏算赋申报书说的再探讨》，见中国社会科学院历史研究所战国秦汉史研究室编《简牍研究译丛》（第2辑），第35—57页。

7. 桑三亩半

8. 城南常田十一亩入李规

9. 得张崇桑一亩

10. 沙车城下道北田二亩

11. 率加田五亩

12. ［舍一区］

整理者提出，第 7 行与第 8 行，第 9 行与第 10 行、第 11 行应分别连读为“桑三亩半、城南常田十一亩入李规”“得张崇桑一亩、沙车城下道北田二亩、率加田五亩”，并以《北凉承平年间（443—460 年）赀簿》（以下简称《北凉承平赀簿》）的记录方式为例，试图说明“该户田地的转移是两三块田地合并起来注记的”。我们目前所见的《北凉承平赀簿》与《前秦建元二十年籍》同出自吐鲁番地区。《北凉承平赀簿》中对连续购买自或出售给同一户土地的事项，记录方式通常有两种。其一，如北京大学图书馆所藏〈一〉（a）第 6 行记“田地桑一亩空地二亩入田地▭”[1]，两块不同类型、不同面积的田地都卖给了田地县的某户。购买的例子则如赵星缘旧藏〈一〉（a）第 11 行记“〔得〕王腊桑、蒲〔陶〕”[2]。这种记载的特点，是因为购入方或卖出方是同一户，而将两项或多项买卖记录以省略的方式连续写在同一行。其二，则如北京大学图书馆所藏〈三〉（a）第 2—5 行：

2. 出蒲陶二亩入黄良

3. 出桑四亩入黄良

4. 出常田七亩入黄良

5. ▭入黄良[3]

这四块田地虽然卖给同一户，但因为是分行著录，所以需要各自写明卖与方。无论采用以上哪种书写方式，其表述的意思都是明白无误的，不会影响读者对帐簿内容的判断。我们在目前出土的赀簿中并没有见到如整理者所说的分

1 朱雷：《吐鲁番出土北凉赀簿考释》，《武汉大学学报（哲学社会科学版）》1980 年第 4 期，第 40 页。

2 王素：《吐鲁番出土北凉赀簿补说》，《文物》1996 年第 7 期，第 76 页。

3 朱雷：《吐鲁番出土北凉赀簿考释》，《武汉大学学报（哲学社会科学版）》1980 年第 4 期，第 41 页。

行著录却省略卖与方（买与方）的现象。[1]再看本件文书的书写方式。我们注意到，图版中“桑三亩半”之下有大量空白，若“城南常田十一亩入李规”与其连读，就应径直写在第7行后面；而如“沙车城下道北田二亩”“率加田五亩”和第9行一样，都是从张崇处购得，则第10行、第11行理应低格书写[2]，实际上却并非如此。所以前举张晏户中的“桑三亩半”“沙车城下道北田二亩”“率加田五亩”等，不能理解为应与其他买卖的地块连读，而只能是该户原在籍的赀产登记。此外，《前秦建元二十年籍》记载每户第二栏最后一行皆为“舍一区”，住宅历来为民户赀产的重要内容，更不是买卖记录。所以《前秦建元二十年籍》该栏登录的实际是每户的主要赀产（当然也包括赀产转移）状况，与上举徐宗简相比，只是少了相应的计赀数额。

二 造籍日期与财政年度的调整

《前秦建元二十年籍》第三栏最后一项是造籍日期“建元廿年三月籍”。“三月”是指造籍的起始时间。[3]三月造籍之说，似乎也见于汉代的史料。《淮南子・时则》篇有“三月官乡”的记载，汉代高诱注释说：“三月料民户口，故官乡也。”但其他汉代或记载汉代的文献如《吕氏春秋・仲秋纪》高诱注、《续汉书・礼仪志中》、《后汉书・安帝纪》注引《东观记》及《后汉书・皇后纪》

---

1 整理者所举赵星缘旧藏〈一〉（a）第2—4行、北京大学图书馆藏D214号□预一户第13—15行，也不能作此解释。尤其是赵氏所藏〈一〉（a）第2行作“□张琐常田强三亩”，按赀簿体例，其第一字可补为“得”，即从张琐处所购田地，与第4行“卤田二亩入盖□”自然无关。不仅如此，其第3行“常田强一亩半赀五斛”，也应理解为该户固有土地，而不能将其和第4行连读，解释为这两块田地都卖给了“盖□”。如果按照整理者这种思路，则整个赀簿所载的内容都可以算作土地买卖转移的记录，这与赀簿的性质不合。

2 事实上，从文书第一片第9行“得阚高桑园四亩半”、第10行“得江进卤田二亩以一亩为场地”及第11行“得李亏（?）田地桑三亩”的书写看，《前秦建元二十年籍》记载得非常明确，并无省写的体例。

3 汉制“八月书户”或称“八月案比”，此“八月”显然指造籍的起始时间。后世唐代造籍“起正月上旬”，“三月三十日纳讫”，参照唐令制定的日本养老《户令》则规定：“凡户籍六年一造，起十一月上旬……五月卅日内讫。”日本明法家对此有解释：“案元年十一月始造者，以元年为籍年名，以七年十一月后造籍”，“穴云，问：称籍年者，始年欤？为当终年欤？答：今说始之年是”（〔日〕黑板勝美、国史大系編修会編：《令集解》卷9《戸令・造戸籍條》，吉川弘文館，1982，第283页）。可见，有唐乃至前代户籍中标注的造籍日期，都应当指的是造籍的起始时间。而户籍中之所以标出造籍日期，主要目的在于说明其所载各项资料的截止时间。所以《西凉建初籍》注明“建初十二年正月籍”，池田温就此指出：“可以认为（该籍）是以建初十二年正月时间为标准所登录的。”（《中国古代籍帐研究・概观》，第52页）

等明确记载，汉制八月案比造籍。[1]佐藤武敏对此有一个折中解释："西汉户口调查的时期尚未固定下来，有时在八月，有时在三月，但到了东汉，方固定在八月。"[2]但有史料表明，八月造籍之制可以追溯得更早。《管子·度地》记载了一条齐国法令："令曰：常以秋岁末之时，阅其民，案家人比地，定什伍口数，别男女大小。"这里的"秋岁末"，也就是八九月。睡虎地秦简《秦律十八种·仓律》简 53 曰："小隶臣妾以八月傅为大隶臣妾，以十月益食。""傅"也就是著籍。这里针对的是官奴婢，料想编户齐民也是如此。汉代初年的张家山汉简《二年律令·户律》的记载非常明确，简 345："为人妻者不得为户。民欲别为户者，皆以八月户时，非户时勿许。"前引《户律》提到先令的内容，也有"八月书户"的规定。《二年律令》中的"二年"，通常认为是吕后二年（前 186 年）。八月造籍的制度至少持续到了东汉末年。《三国志·吴书·薛综传》谓薛综避难交州，亲见该地"八月引户""人民集会"之机，男女自相婚配。交州为边鄙远域，尚承此制，内地自不待言。

东汉的高诱为什么说"三月料民户口"呢？前已交代，这句话原是对《淮南子·时则》篇"三月官乡"的注释。《时则》一篇是讲月令的，今天能见到的同类性质的文献还有《礼记·月令》《吕氏春秋·十二纪》《管子·四时》等篇。这些篇章均提到春季，或者更具体说是三月，官府有赈济鳏寡、救助贫困的举措。如《管子·四时》篇"是故春三月，以甲乙之日发五政。一政曰：论幼孤，舍有罪"，《禁藏》篇"当春三月……赐鳏寡，振孤独，贷无种，与无赋，所以劝弱民"[3]；《礼记·月令》季春之月条"天子布德行惠，命有司发仓廪，赐贫穷，振乏绝；开府库，出币帛，周天下，勉诸侯，聘名士，礼贤者"[4]；等等。这种说法更多出于当时学者的制度设计。但杨振红认为，从

---

1 《吕氏春秋·仲秋纪》高诱注："今之八月，比户赐高年鸠杖粉粢是也。"《续汉书·礼仪志中》载："仲秋之月，县道皆案户比民。"《后汉书》卷 5《安帝纪》元初四年（117 年）注："《东观记》曰：'方今八月案比之时。'谓案验户口，次比之也。"同书《皇后纪·序》载："汉法常因八月算人。"

2 〔日〕佐藤武敏：《漢代の戸口調査》，《集刊東洋学》第 18 号，1967。中译文《汉代的户口调查》，见中国社会科学院历史研究所战国秦汉史研究室编《简牍研究译丛》（第 2 辑），第 295—322 页。国内学者孙筱持类似意见（《秦汉户籍制度考述》，《中国史研究》1992 年第 4 期），马新径言西汉案比是在春间进行（《编户齐民与两汉王朝的人口控制》，《东岳论丛》1996 年第 5 期）。

3 黎翔凤撰：《管子校注》卷 14《四时》、卷 17《禁藏》，梁运华整理，第 843、1017 页。

4 （汉）郑玄注，（唐）孔颖达疏：《礼记注疏》卷 15《月令》，见（清）阮元校刻《十三经注疏》，第 2952 页。

西汉文帝开始就把战国时期的月令精神和行事付诸现实政治。[1]两汉赈济鳏寡贫困的实例很多，著名者如汉文帝元年（前179年）三月下诏及相关部署：

“方春和时，草木群生之物皆有以自乐，而吾百姓鳏寡孤独穷困之人或阽于死亡，而莫之省忧。为民父母将何如？其议所以振贷之。”又曰：“老者非帛不暖，非肉不饱。今岁首，不时使人存问长老，又无布帛酒肉之赐，将何以佐天下子孙孝养其亲？今闻吏禀当受鬻者，或以陈粟，岂称养老之意哉！具为令。”有司请令县道，年八十已上，赐米人月一石，肉二十斤，酒五斗。其九十已上，又赐帛人二匹，絮三斤。赐物及当禀鬻米者，长吏阅视，丞若尉致。不满九十，啬夫、令史致。二千石遣都吏循行，不称者督之。[2]

朝廷制定的赈济、救助措施十分具体，为保证实施效果，甚至委派州郡属吏监督县道进行。据《续汉书·百官志五》本注，凡郡国“常以春行所主县，劝民农桑，振救乏绝”，说明三月官府存恤孤老，已成为两汉时期的固定制度。笔者认为，“三月官乡”实际上就是指此事而言；高诱所说的“三月料民户口”，是指官府进行赈济时，对鳏寡孤独穷困、老年等特定人群的统计[3]，而并非大规模的案户造籍。

战国秦汉之所以选择八月造籍，至少有以下两点考虑。其一，不会耽误农时。有唐之前，国家的政治重心、经济重心在黄河流域，主谷生产以粟为主。粟于七月收获，八月已是农闲时节，《礼记·月令》因此提议此月征发民众“筑城郭，建都邑”，兴建土功。其二，与当时的财政年度适应，这也是最主要的原因。汉代沿承秦制“计断九月”，即以当年十月至来年九月为一财政年度。户籍最根本的功能就是统计人口，并据此征发赋役。八月已是财政年度之末，此时造籍，县道可以掌握最新的户口、赀产信息并据此确定下一财政年度应征纳赋役的情况。当时造籍通常需要两个月时间，八月始造，九月

1 杨振红：《月令与秦汉政治再探讨——兼论月令源流》，《历史研究》2004年第3期。

2 《汉书》卷4《文帝纪》，第113页。

3 尹湾汉简《集簿》就记有“以春令成户七千卅九，口二万七千九百廿六”，以及相应的用谷数字。这应当就是当年春季赈济民户的统计。

底就可以结束。这一方面正好赶上征收下一财政年度的赋役[1]；另一方面也能够及时制成计簿，经郡国，在“秋冬岁尽”之际上计京师[2]。无论从哪一方面考虑，三月都不是合适的造籍时间。

魏晋南北朝时期财政年度发生变化，不同政权的造籍日期也会受到各种各样因素的影响，但始终围绕着岁末年初这段时间进行。比如，北魏孝文帝改制把编制户籍的时间放在了农忙季节的二月，《魏书·高祖纪下》载太和十年（486年），“二月甲戌，初立党、里、邻三长，定民户籍”。同书卷53《李冲传》对此事的原委记载得比较清楚：

> 旧无三长，惟立宗主督护，所以民多隐冒，五十、三十家方为一户。冲以三正治民，所由来远，于是创三长之制而上之。文明太后览而称善，引见公卿议之。中书令郑羲、秘书令高祐等曰：“冲求立三长者，乃欲混天下一法。言似可用，事实难行。”……咸称方今有事之月，校比民户，新旧未分，民必劳怨，请过今秋，至冬闲月，徐乃遣使，于事为宜。冲曰：“民者，冥也，可使由之，不可使知之。若不因调时，百姓徒知立长校户之勤，未见均徭省赋之益，心必生怨。宜及课调之月，令知赋税之均。既识其事，又得其利，因民之欲，为之易行。”……遂立三长，公私便之。[3]

前一年的十月，北魏开始颁布均田制。[4]为保证均田制的实施，需要彻底清查人口、编制户籍，所以就有了李冲的这次上书。所谓“方今有事之月”，是

1　口、算赋是汉代的重要税目。江陵凤凰山汉简记载有郑里、市阳、当利诸里正月至六月口、算钱的征收情况（黄盛璋：《江陵凤凰山汉墓简牍及其在历史地理研究上的价值》，《文物》1974年第6期；弘一：《江陵凤凰山十号汉墓简牍初探》，《文物》1974年第6期；裘锡圭：《湖北江陵凤凰山十号汉墓出土简牍考释》，《文物》1974年第7期）。近年安徽天长又出土了东阳县诸乡八月、九月的算簿（天长市文物管理所、天长市博物馆：《安徽天长西汉墓发掘简报》，《文物》2006年第11期），这表明汉代的口、算赋并非集中固定在某一时间，而是分月征收。天长出土的算簿记载之所以截止到九月，自然是因为汉代以九月为财政年度之末；算赋的征收很可能从本财政年度的第一个月即上一年的十月就开始了。关于汉代财政年度的问题，参见张荣强：《从计断九月到岁终为断——汉唐间财政年度的演变》，《北京师范大学学报（社会科学版）》2005年第1期。

2　《续汉书·百官志五》引“胡广曰”，见《后汉书》，第3623页。

3　《魏书》卷53《李冲传》，第1180页。

4　关于北魏实行均田制、三长制的时间先后问题，中外学界多有争论。池田温（《中国古代籍帐研究·概观》，第54页）、韩国磐（《北朝隋唐的均田制度》，上海人民出版社，1984，第86—88页）等认为行均田早于三长制，唐长孺（《北魏均田制中的几个问题》，《魏晋南北朝史论丛续编》，生活·读书·新知三联书店，1959，第16—28页）、缪钺（《北魏立三长制年月考》，《读史存稿》，生活·读书·新知三联书店，1963，第49—50页）等主张立三长先于均田制。据《魏书·高祖纪下》的记载，立三长是与定民户籍联系在一起的。西魏及唐代户籍中均有田籍的内容，从这方面考虑，实行均田制自当在造籍亦即立三长之前。

指二月正值春耕、播种时节。大臣们反对此时造籍，主要担心的是影响农时；李冲坚持的理由，更多是从制度推行的层面考虑。大臣提议造籍最好放在“冬闲月”，丝毫没有恢复汉魏旧制的打算，这自然是由于当时财政年度已经发生变革。从《李冲传》的有关争论来看，二月造籍是制度草创期的权宜之计，但据北魏均田制的有关内容分析，这一制度似乎也延续过一段时间。[1]

总起来说，十六国北朝战乱和朝代更替频繁，这一时期造籍会更多地受到不确定因素的影响。除《前秦建元二十年籍》注明三月造籍外，我们还发现《西凉建初籍》是正月造籍，《北凉承阳籍》是十一月造籍。后世的《唐贞观十四年（640年）西州高昌县李石住等户手实》[2]（以下简称《唐贞观十四年手实》）情况更特殊，其末尾保白所署的时间是在九月，正式造籍当在此后不久。由于相关史料缺乏，我们很难判断上述诸籍各自编造的具体背景，仅知道《唐贞观十四年手实》是在唐朝此年八月灭掉高昌国之后一个月，为了对高昌旧地民户实施有效统治而下令编造的。传世文献中没有留下与前秦造籍有关的任何记载，我们也无从得知《前秦建元二十年籍》的造籍时间是沿承本朝旧例，还是受制于当时的特殊情况。如果能确定是后者，不排除建元二十年（384年）三月编造户籍与正好在此时兴起的后秦政权有内在关联。[3]

十六国北朝的造籍时间变动不居，但最晚到隋唐时期固定下来。《隋书·食货志》提到开皇年间，高颎建议“每年正月五日，县令巡人，各随便

---

1 北魏均田制有云：“诸还受民田，恒以正月。若始受田而身亡，及卖买奴婢牛者，皆至明年正月乃得还受。”（《魏书》卷110《食货志》，第2854页）但文献中没有载明土地还授的截止时限，据《唐六典》卷30“京畿及天下诸县令之职”条，唐代从最基层的胥吏勘造应授、应还帐簿到全县还授土地结束，要三个月的时间。北魏的还授程序即使没有这么复杂，最少也需要两个月。按照北魏均田制的规定，正月开始还授土地，还授结束也就到了二月。继承均田制的西魏和唐代前期的户籍中均有田地四至的内容，北魏均田制时期的户籍自是如此，其编造时间也必定在田地还授完毕之后，大致就是在二三月之间。不过，农时造籍的现象也不会坚持很长时间。《通典》卷2《食货志·田制下》载北齐授田令“每年十月普令转授”（第26页），土地还授时间发生变化，造籍时间也必然相应调整。《通典》说北齐授田之制“仍依魏朝”，武建国推测是北魏迁都洛阳之后做的变革（《均田制研究》，云南人民出版社，1992，第84页）。如此，二月造籍的制度不过持续了十几年时间。

2 中国文物研究所等编：《吐鲁番出土文书[贰]》（图录本），67TAM78：16（a），第43页。

3 前秦淝水之战大败后，建元二十年春夏之间，羌人姚苌建立后秦，年号白雀。王素根据吐鲁番所出“白雀元年（384年）九月八日随葬衣物疏”推测，在此年的五月或稍后，前秦凉州刺史羌人梁熙即率高昌奉用后秦年号（《高昌史稿（统治编）》，第144页）。古代政权通常将呈交人民、土地等簿籍作为臣服另一政权的标志。凉州三月造籍其意或在于此。当然正史记载姚苌建元是在建元二十年的四月，但以梁熙与姚苌的关系（相关论述参见吴震：《吐鲁番文书中的若干年号及相关问题》，《文物》1983年第1期；〔日〕関尾史郎：《“白雀”臆説—「吐魯番出土文書」劄記補遺》，《上智史学》（32），1987；王素：《高昌史稿（统治编）》，第143页），亦不能排除其在建元之前即与姚氏暗自通款的可能。

近，五党三党，共为一团，依样定户上下”。貌阅、定户等是官府造籍前的最后环节。唐代造籍的起始时间，据《唐会要》卷85《籍帐》载开元十八年（730年）敕：“诸户籍三年一造，起正月上旬，县司责手实、计帐，赴州依式勘造。……三月三十日纳讫。”[1]宋家钰认为，这是开元十八年的新规定，此前造籍的起始时间可能是十一月。[2]但唐代均田制规定：“若应收授之田，皆起十月，里正勘造簿历；十一月，县令亲自给授，十二月内毕。”[3]从田地还授的时间看，至少是沿承北齐旧制[4]。田地还授十二月底结束，登录田地四至的户籍不可能在此之前就开始编造。所以笔者还是赞成仁井田陞提出的开元十八年敕实际是沿袭武德旧制的观点。[5]这里需要注意的是，我们上面所说的汉代八月造籍，实际上是从官府造籍之前的基础工作，亦即从民户自占、官府案比的阶段算起的。唐代所谓正月造籍，据上引《唐会要》，说的是县司赴州正式勘造的起始时间；如果也从民户申报手实阶段算起，时间就要从上一年年末开始。《新唐书·食货志》就说：“凡里有手实，岁终具民之年与地之阔狭，为乡帐。”学者对手实与乡帐的关系多有争论，但有关岁终申报手实这点无可置疑。[6]整个造籍过程中，最扰动民间的就是民户自报手实及随后进行的官府案比工作，所以唐代放在年终冬闲季节进行；来年的正式造籍具体由官府来操作，放在春耕季节也无扰乱农时之虞。隋唐确定正月造籍后，一直到明清时期，中原王朝的造籍日期再不见变动。

三　户籍文书类型及其功用的转变

户籍作为国家控制和管理民众的基本手段，其功能主要有两点：对户口进行统计和据此征科赋役。《管子·度地》篇载战国时期的“令曰”：

---

1 （宋）王溥撰：《唐会要》卷85《籍帐》，第1848页。

2 宋家钰：《唐朝户籍法与均田制研究》，第98页。

3 （唐）李林甫等撰：《唐六典》卷30“京畿及天下诸县令之职”条，陈仲夫点校，第753页。

4 《通典》卷2《食货志·田制下》载：“北齐给授田令，仍依魏朝。每年十月普令转授成丁而授，丁老而退，不听卖易。”（第26页）

5 〔日〕仁井田陞：《唐令拾遗》，栗劲、霍存福、王占通，等编译，第149页。

6 吐鲁番出土的唐代手实，其保白中有“申报来年手实”之语，亦可为证，见72TAM152：27（a）、34（a），参见中国文物研究所等编：《吐鲁番出土文书[贰]》（图录本），第146页。

常以秋岁末之时，阅其民，案家人比地，定什伍口数，别男女大小。其不为用者辄免之。有锢病不可作者疾之，可省作者半事之。并行，以定甲士当被兵之数，上其都。[1]

“定什伍口数，别男女大小”，说的是户口统计；后面“不为用者”云云，谈的是派征徭役，包括兵役的功能。战国时期尚未出现人头税，故这里只提到了徭役。在汉代赋役体系中，口算赋占据重要地位，《汉书·高帝纪》记汉王四年（前 203 年）“八月，初为算赋”，此后户籍除徭役外，也就兼具了征发口算赋的功能。

户籍这两类功能是否由同一种簿册承担呢？事实恐非如此。户口统计和征发赋役的目的不同，各自的统计口径和著录事项也应有所差距。我们引用过张家山汉简《二年律令·户律》所载的造籍条文：

恒以八月令乡部啬夫、吏、令史相杂案户，户籍副臧（藏）其廷。有移徙者，辄移户及年籍爵细徙所，并封。留弗移，移不并封，及实不徙数盈十日，皆罚金四两；数在所正、典弗告，与同罪。乡部啬夫、吏主及案户者弗得，罚金各一两。（简 328—330）

民宅园户籍、年细籍、田比地籍、田命籍、田租籍，谨副上县廷。（简 331）[2]

笔者以前的文章中，是径自将律文中的“宅园户籍”当作户籍来把握的。[3]杨振红认为，汉代的户籍并非指某一种簿籍，而是由律文所列的“民宅园户籍”“年细籍”“田比地籍”“田命籍”“田租籍”等五个“子簿籍”构成。[4]岳麓秦简记载的“识劫婉案”中，婉曾经是沛的妾，后被放免；官府对婉的身分展开调查，“卿（乡）唐、佐更曰：沛免婉为庶人，即书户籍曰‘免妾’。”[5]乡吏说的书写家庭成员的“户籍”恐怕不能解释成泛指。《史记·秦始皇本纪》记载秦献

1 黎翔凤撰：《管子校注》卷 18《度地》，梁运华整理，第 1059 页。

2 张家山二四七号汉墓竹简整理小组编著：《张家山汉墓竹简［二四七号墓］》（释文修订本），第 54 页。

3 参见张荣强《孙吴简中的户籍文书》（此文原为笔者 2003 年博士后出站报告《汉唐籍帐制度研究——以走马楼吴简为中心》的一部分）。王彦辉也有类似意见，详参《从张家山汉简看西汉私奴婢的社会地位》，见中国秦汉史研究会编《秦汉史论丛》（第 9 辑），三秦出版社，2004，第 235 页。

4 杨振红：《龙岗秦简诸“田”“租”简释义补正——结合张家山汉简看名田宅制的土地管理和田租征收》，见卜宪群、杨振红主编《简帛研究 二〇〇四》，第 79—98 页。

5 朱汉民、陈松长主编：《岳麓书院藏秦简［叁］》，第 159 页。

公十年（前 375 年）“为户籍相伍”，这种以五家为伍编连起来的户籍显然与“田比地籍、田命籍、田租籍”没有关系。实际上，战国时期官府掌握的主要簿籍就有户籍、田籍两大类。《管子·禁藏》：“户籍田结者，所以知贫富之不訾也。”尹知章注：“谓每户置籍，每田结其多少，则贫富不依訾限者可知也。”尹知章将户籍解释成动词，显然是以“田结”的“结”立论的；清代丁士涵认为“田结”即如《周礼·秋官·司约》郑玄注中提到的“地约”[1]，也就是田土文书。今人陈剑指出，这里的“结”当为“细”之误，与《二年律令·户律》提到的“年细籍”“年籍爵细”一样，也是一种籍簿。[2]如此，《管子·禁藏》说的户籍、田细是两类并列的籍簿。1989 年出土的龙岗秦简，也有“田及为詐（诈）伪写田籍皆坐臧（赃），与盗□☐”的规定。[3]“田比地籍、田命籍、田租籍”显然属于田籍之列，上引《二年律令·户律》说，民户“有移徙者，辄移户及年籍爵细徙所”，民户迁徙时要移送户籍，而田籍是无须移送的。

一些学者如高敏、朱绍侯、臧知非等人推测，“宅园户籍”可能是每户所授田宅地的总数籍或者说住宅园圃的综合登记簿。[4]我们前面讨论过秦汉时期的户籍内容，认为其除了著录家口外，也登记田宅。古代的宅大抵都有园。张家山汉简提到一宅“方卅步”，约合今 1713.96 平方米，其范围除了居室，还应当包括大面积的庭园。[5]在后世的均田制中，也是将授予民众的宅基地合称为“园宅”。这种园宅不仅作为民户的住居，同时也是性质最接近私有的土地，将户籍称为“宅园户籍”是很自然的事。南朝陆修静《陆先生道科门略》中，就将汉魏之际奉道民户自占的名数称为“宅录”。[6]与下面说的年细籍不同，宅园户籍登载家庭赀产，所以由户主代表民户申报。

---

1 黎翔凤撰：《管子校注》卷 17《禁藏》注引，梁运华整理，第 1026 页。

2 陈剑：《读秦汉简札记三篇》，见刘钊主编《出土文献与古文字研究》（第 4 辑），第 358—366 页。

3 中国文物研究所、湖北省文物考古研究所编：《龙岗秦简》，中华书局，2001，第 123 页。

4 参见高敏：《从张家山汉简〈二年律令〉看西汉前期的土地制度——读〈张家山汉墓竹简〉札记之三》，《中国经济史研究》2003 年第 3 期；朱绍侯：《论汉代的名田（受田）制及其破坏》，《河南大学学报（社会科学版）》2004 年第 1 期；臧知非：《秦汉“傅籍”制度与社会结构的变迁——以张家山汉简〈二年律令〉为中心》，《人文杂志》2005 年第 1 期。

5 杨振红：《秦汉“名田宅制”说——从张家山汉简看战国秦汉的土地制度》，《中国史研究》2003 年第 3 期。

6 《道藏》第 24 册，第 780 页中栏。

退一步说，如果“宅园户籍”并非户籍，能称得上户籍的又是什么呢？从律文所列诸籍看，最有可能就是“年细籍”。《二年律令·户律》又称“年细籍”为“年籍爵细”，我们根据里耶秦简 JI（16）9A 记载的“年籍”特征，并对照长沙走马楼西汉简 0109、乌程汉简 011，可以看出年细籍最主要的特征就是重点著录民众的年龄和爵位。不过，走马楼西汉简与乌程汉简只是民众个人申报的身分信息，正式的“年细籍”应该是官府对个人资料进行案比、整理后，攒造的以户为单位的簿籍。需要注意的是，与户籍制度形成于战国时期不同，“年细籍”是秦王政十六年（前 231 年）“初令男子书年”的产物，在此之前，官府并不掌握民众年龄。换句话说，秦献公十年（前 375 年）“为户籍相伍”时，也只有“宅园户籍”。此外，上引《二年律令·户律》谈及民户迁移时，说“有移徙者，辄移户及年籍爵细徙所，并封”。这里的“户”无疑指户籍，因为与“年籍”连言，所以省略了“籍”字；“户籍”与“年细籍”对举，也表明二者并非一物。但《户律》接着说，如果官吏不严格执行移籍规定，“留弗移，移不并封，及实不徙数盈十日，皆罚金四两；数在所正、典弗告，与同罪”。“数”亦即“名数”，是秦汉时人对户籍的常用称谓，这里的“数”除了户籍，也包括年细籍。笔者由此认为，汉代狭义的户籍就是指“宅园户籍”，广义的户籍应该包括“年细籍”在内。

在汉代赋役体系中，口算赋和徭役的剥削最重，上举《二年律令·户律》列举的五种簿籍中，提到了田籍，不见征发口算赋和徭役的簿籍，似乎有些不可思议。[1]秦国最初“书年”的对象只是男子，其目的显然是最大限度地征发包括兵役在内的徭役，汉代征收口算赋也是以年龄为标准。荆州高台汉墓中出土的汉文帝时期“燕”的名数，其末尾明确标注“不算不顾”，也就是不缴纳口算，不服行徭役。这件名数与“宅园户籍”关系不大。基于以上种种理由，笔者认为“年细籍”与赋役征发有关。[2]无独有偶，东汉经学家郑众注

1 多数学者认为《二年律令》记载的各项律章制定年代不一，高敏推测其中的《户律》制定于汉高祖五年（前 202 年）五月（见《〈张家山汉墓竹简·二年律令〉中诸律的制作年代试探》，《史学月刊》2003 年第 9 期），而这也是汉高祖四年刘邦下令征收算赋之后的事。古代征发徭役的时代就更早了。

2 详参本书第二编第五章“长沙吴简中两类户籍簿的功能与性质”。

释《周礼》一书时也提到了两种籍，《周礼》卷3《天官·冢宰》“小宰之职”提到统治者治理国家的八种手段：

以官府之八成经邦治：一曰听政役以比居……三曰听闾里以版图。

郑众解释说：

政谓军政也，役谓发兵起徒役也，比居谓伍籍也。比地为伍，因内政寄军令，以伍籍发军起役者，平而无遗脱也……版，户籍；图，地图也。听人讼地者，以版图决之。司书职曰“邦中之版，土地之图”。

按照郑众的说法，当时除了作为户籍的户版之外，还有一种伍籍。户籍登载土地内容，可以与地籍配合使用，解决土地纠纷，伍籍则用来派征兵役和徭役。郑众将“政役”中的“政”理解成“军政”亦即兵役，郑玄则说“政谓赋税”，唐代贾公彦进一步解释“赋则口率出泉”。[1]看来，当时的伍籍不仅派征徭役，也用于征发口算赋。这就和我们对“年细籍”的理解一致。

走马楼孙吴户籍簿也有两种类型。第Ⅰ类简长22.7—23.6厘米、宽0.6—1.2厘米[2]，其结句简通常写作“右某家口食若干”[3]；第Ⅱ类简长度相同，宽度相差不大，但结句简作“凡口若干事若干/算若干事若干”。关于这两类户籍简各自的性质，有学者猜测第Ⅰ类简是民籍，第Ⅱ类则是吏户籍。[4]但随着资料的进一步公布，我们发现这两类户籍简著录的对象其实是同一类人群，也

1（汉）郑玄注，（唐）贾公彦疏：《周礼注疏》卷3《天官·冢宰》，见（清）阮元校刻《十三经注疏》，第1407页上栏、1408页上栏。

2　日本学者谷口建速对多类孙吴简的尺寸做了具体测量，见《竹簡の大きさについて》，收入《長沙走馬楼出土呉簡に関する比較史料学的研究とそのデータベース化》（平成16年度—平成18年度科学研究費補助金〈基盤研究B〉研究成果報告書），2007。有关孙吴这两类户籍简的尺度，此后不再注明。

3　我们最初根据《竹简［壹］》所刊资料，认为这一类户籍结句简的基本书式为“右某家口食若干　赀若干”；随着新材料的陆续公布，该类结句简不注赀税的例子越来越多。正如下文所说，我们甚至发现同卷户籍中，也有注赀或不注赀的现象，这说明注赀与否不是第Ⅰ类户籍简的必要项目（事实上，我们在同类户籍简中，经常可以看到书写体例、著录事项不一，甚至内容重复、错误的现象，这一部分可以解释为各里造籍上的差异，而更多的可能就是书手疏忽、随意所致）。而从目前所见的成卷户籍简看，其结句简注明家口食数后，通常还要分列男口、女口数。

4　孟彦弘：《吴简所见“事”义臆说——从“事”到“课”》，见长沙市简牍博物馆、北京吴简研讨班编《吴简研究》（第2辑），第201—213页。主张孙吴实行吏、民分籍的，还有王素、宋少华、罗新：《长沙走马楼简牍整理的新收获》；〔日〕安部聡一郎：《長沙呉簡にみえる名籍の初歩的検討》，见長沙呉簡研究会編《長沙呉簡研究報告（第2集）》，2004；〔日〕関尾史郎：《長沙呉簡中の名籍について—史料群としての長沙呉簡・試論（2）》，《唐代史研究》（9），2006。

就是说都是“吏民”籍。[1]不妨对比以下各组简例：

（1）	常迁里户人公乘五腾年七十二　☑	（壹・2680）
	常迁里户人公乘五腾年七十一	（叁・3375）
（2）	常迁里户人公乘朱仓年卅一　筭☑	（壹・2694）
	常迁里户人公乘朱仓年卅一　筭一☑	（叁・6956）
（3）	常迁里户人公乘何练年六十一肿两足	（壹・2910）
	常迁里户人公乘何练年六十一　踵两足	（叁・6981）
（4）	常迁里户人公乘胡豪年六十四	（壹・2913）
	常迁里户人公乘胡豪年六十四　☑	（叁・6985）
（5）	高平里户人公乘鲁开年卅二筭一刑左手复	（壹・3017）
	高平里户人公乘鲁开年卅一筭一刑右手　中	（叁・2998）
（6）	高平里户人公乘鲁　礼☑	（壹・4041）
	高平里户人公乘鲁礼年卌二　筭一腹心病	（贰・3064）
（7）	义成里户人陈市年卅一　妻□年廿三　子男儿年□岁☑	（壹・4131）
	义成里户人公乘陈市年卅九	（叁・6119）
（8）	平阳里户人公乘朱硕年卅一筭一	（壹・10246）
	平阳里户人公乘朱硕年卅一　訾　五　十	（叁・4287）
（9）	东阳里户人公乘烝敦年卌一筭一刑左手	（壹・10269）
	东阳里户人公乘烝敦年卌一筭一荆左手　　訾五十	（贰・4492）
（10）	大成里户人公乘梅敬年卌四荆左手☑	（贰・3313）
	大　成里户人公乘栂[2]敬年六十二……☑	（叁・3380）

1　汪小烜将孙吴户籍简称为“吏民簿”（《走马楼简“吏民簿”研究》，北京大学硕士学位论文，2001）。王素进一步认为，汉代的户籍也可称为“吏民籍”（《说“吏民”——读长沙走马楼三国吴简札记（一）》，《中国文物报》2002年9月27日，第7版）。按汉代的“吏民”即编户齐民，走马楼吴简包括户籍简中所见的“吏民”也是这个意思，而非吏户、民户的合称。但魏晋南北朝时期，除郡县民之外，又有兵户、吏户等特定人户。我们注意到，孙吴户籍简的乡里集计中，“吏民”总户口数之下往往分列吏户若干、民户若干，一方面表明当时吏户、民户有别，另一方面也说明吏户仍旧与民户统编在一起（参见前引《孙吴简中的户籍文书》有关论述）。侯旭东对《竹简［贰］》公布的成卷的“右某家口食”类户籍简做了复原（《长沙走马楼吴简〈竹简［贰］〉“吏民人名年纪口食簿”复原的初步研究》，《中华文史论丛》2009年第1期），从中可以看出，属于嘉禾五年（236年）广成里“吏民簿”中，除注明“民”的身分外，还分列着“吏”（州吏、郡吏、县吏）、“卒”（州卒、郡卒、县卒）等诸种身分。

2　“栂”同“梅”。

同一组简例中，户主的籍贯、爵级、姓名甚至残疾症状无不相同，毫无疑问为同一人。其中第（2）（3）（4）（8）（9）组，记载的户主年龄又彼此一致，明显属于同一年的户口统计。由于第Ⅰ类与第Ⅱ类户籍简形制相差不大，在简册散乱的情况下，很难判断各简例相应的归属。所幸的是，我们注意到烝平一家：

平阳里户人公乘烝平年卌□　第一　踵两足　（叁 • 4275）

平母大女委年七十　平妻大女取年廿八筭一　（叁 • 4274）

平子男右年四岁　□侄子男机年七岁一名喜　（叁 • 4273）

右平家口食五人　其三人男
二人女　（叁 • 4278）

平阳里户人公乘烝平年卅二筭一肿两足　（壹 • 10480）

平母大女妾年七十　（壹 • 10479）

平妻大女取年廿八筭一　（壹 • 10481）

平子男各年七岁　（壹 • 10488）

凡口五事　筭二事　訾五十　（壹 • 10489）

第二组资料还缺一名家庭成员。根据《竹简[叁]》《竹简[壹]》书后所附简牍揭剥图，叁 • 4268—4360、壹 • 10423—10495 分别是成卷简册，前者属于“右某家口食”类，后者属于“凡口若干”类。从两组资料记载“平母”“平妻”的年龄来看，二者是同一年的户口统计。[1]两组记载烝平年龄（“卅”“卌”）及烝平母亲名字（“妾”“委”）的差异，是《竹简[壹]》和《竹简[叁]》整理者的释读问题。[2]烝平的资料可以说明，“右某家口食”和“凡口若干”两类户籍简统计的是同一类户口对象，只是侧重点有所不同。

孙吴“右某家口食”类简记载该户口食总数之外，有时也注明各自的男口、女口情况，上引叁 • 4278 外，类似的诸如“右礼家口食合四人　其三人男 一人女”（壹 • 6）、“右风家口食五人　其三人男 二人女”（叁 • 4268）、“右硕家口食五人　其二人男 三人女”（叁 • 4291）、“右豪家口食八人　其五人男 三人女”（叁 • 4335）等例子很多。而在以里为单位的户口

1　目前所见标有明确纪年的户籍简均为嘉禾年间之物。同属一卷的叁 • 4298 载：“平阳里户人公乘黄监年五十　六年三月廿三日物故死　訾　五　十。”烝平这两组户籍资料也应当是嘉禾六年（237 年）的。

2　此外，我们还可以发现这两组简例其他矛盾的地方。如《竹简[叁]》记载烝平的儿子“右年四岁”，侄子机（喜）“年七岁”；但《竹简[壹]》说烝平的儿子“各年七岁”，并且在其家庭成员简附近有“□男弟喜年四岁☑”（壹 • 10436），笔者怀疑这些都是书手抄录户籍时出错所致。整理者也观察到，壹 • 10488（“平子男各年七岁”）中有朱笔涂痕。

统计中，我们也可以见到：

• 集凡[五][唐]里魁周□领吏民五十户口食二百八十九人 （肆 • 380）

其一百[六]十二人男 （肆 • 379）

其一百廿七人女 （肆 • 378）

• 集凡东[䟣]里魁邓（？）□领吏民户五十五口食二百七十七人 （肆 • 428）

其一百五十二口男人 （肆 • 427）

其一百廿五口女人 （肆 • 426）

这种统计方式与前引《管子》法令“定什伍口数，别男女大小”的说法吻合，也与尹湾汉墓《集簿》总列东海郡口数之后，再分列男、女口数的书式一致。从编制单位、攒造程序上看，孙吴“右某家口食”简与秦汉户籍制度有所不同，但其担负着户籍户口统计的基本功能。[1]

“凡口若干事若干/算若干事若干”中的前一“事”释口，指应缴纳的口钱，后一“事”释算，指应缴纳的算赋；简中有标注“更一”的记录，其乡总计简则写作如“☒右小武陵乡领四年吏民一百九十四[户]口九百五十[人][收][更][口][筭]钱□合□□一千三百卅四钱”（壹 • 4985），表明这类简的目的是征收口算赋兼及作为代役钱的更赋。孙吴“凡口若干”类户籍簿不见征发徭役的记载，但长沙东牌楼所出汉灵帝时期同类户口簿中标注有“算卒”字样，其结计简也有“甲卒一人”的统计。[2]我们有理由相信，“凡口若干”类原本是用于征发口算赋和徭役，只是孙吴情况发生变化，户籍簿就不再标注也不统计徭役了。

前面讨论过“凡口若干”类户籍簿与“年细籍”的关系。[3]秦汉时期，年龄和爵位是征发口算赋和徭役的基本标准，官府制定“年细籍”并规定必须由民众个人自占，其目的无非是确保民众年龄、爵位的准确性，以此最大限度地征发赋役。到了东汉末年，随着人头税被户调所取代，户主的法律地位和承担的国家义务愈发凸显，“年细籍”就退出了历史舞台。

1 参见本书第二编第五章中的补论“‘右某家口食’户籍簿的性质”。

2 长沙市文物考古研究所、中国文物研究所编：《长沙东牌楼东汉简牍》，“释文”，第108页。

3 本书第二编第五章“长沙吴简中两类户籍簿的功能与性质”。

笔者分析过秦汉及孙吴户籍的造籍年限问题。[1]“凡口若干”类户籍簿旨在征发口算赋，自然只能一年一造；我们在孙吴“右某家口食”类简中，也可以见到诸如“嘉禾四年南乡吏民人名年纪口食簿”“嘉禾五年都乡春平里吏民人名年纪口食簿”“嘉禾六年广成乡广成里吏民人名年纪口食簿”等纪年相连的籍簿。至少在南朝刘宋时期，户籍的编造年限发生了变化。《南齐书》卷34《虞玩之传》传主谈到南齐户籍伪滥时说：

> 宋元嘉二十七年八条取人，孝建元年书籍，众巧之所始也。元嘉中，故光禄大夫傅隆，年出七十，犹手自书籍，躬加隐校……自泰始三年至元徽四年，扬州等九郡四号黄籍，共却七万一千余户……愚谓宜以元嘉二十七年籍为正。民惰法既久，今建元元年书籍，宜更令明科，一听首悔，迷而不反，依制必戮。[2]

虞玩之提到的“泰始三年至元徽四年”四号黄籍，池田温认为分别是指泰始三年（467年）、泰始六年（470年）、元徽元年（473年）及元徽四年（476年）籍，并据此指出刘宋已如后世的唐代，也是三年一造籍。[3]我们注意到，虞玩之提到这四号黄籍后，接着说“今建元元年书籍”，表明建元元年（479年）是造籍之年，这和元徽四年也正好相隔三年。但若说三年造籍已成当时定制，笔者还是心有疑虑。虞玩之上表中也提出“宜以元嘉二十七年籍为正”，因为“宋元嘉二十七年八条取人，孝建元年书籍，众巧之所始也”，说明元嘉二十七年（450年）与孝建元年（454年）是相邻的两个造籍年。但这之间相隔四年。自孝建元年造籍到以后的泰始三年造籍相隔十三年，其间也未完全遵循三年造籍的制度。我们只能说，从刘宋时期开始，造籍制度大致定式为三年一造。

我们在《前秦建元二十年籍》中，可以见到许多家庭成员甚至奴婢有“物故”“新上”之类的注记。“物故”是死亡的意思，“新上”指新登入户籍，这些显然是与上一次造籍之间发生异动的注记。具体分析标注“新上”的情况：

---

1 参见张荣强：《孙吴简中的户籍文书》。

2 《南齐书》卷34《虞玩之传》，第608—609页。

3 〔日〕池田温：《中国古代籍帐研究·概观》，龚泽铣译，第47页。

"贺妻李""晏妻辛"应当是新娶的妻子上籍,"虏婢巧成"可能是新买来的;而第二片开头的一户,残存的四名家庭成员皆注"新上",整理者推测是新迁来的民户。[1]不考虑这些特殊情况,注有"新上"的还有三例,其中"生男弟䴷(?)"1岁、"平息男生"3岁及"郍女弟蒲"7岁;而"蒲"的哥哥"郍"年8岁,不注"新上"。这说明前秦建元二十年(384年)的上一次造籍至少是在6年之前,也就是建元十四年(378年)。[2]此时距前秦灭掉前凉不到两年的时间。由此推测,从建元十二年(376年)八月,前秦占领高昌算起,到建元二十年五六月,凉州刺史梁熙投靠后秦姚苌政权,九年之间也不过只有这两次造籍。前者是前秦占领高昌不久,后者则是高昌转投后秦之前。这反过来进一步证明《前秦建元二十年籍》是在特定情况下造的籍。

《前秦建元二十年籍》标注的"新上"表明该籍至少是多年一造,其与旨在征发赋役因而只能是一年一造的"凡口若干"类简有本质区别。《前秦建元二十年籍》著录的内容中,第二栏按"丁""次丁"等课役名目分类统计,下面再列户内家口总数,也明显具有户口统计的功能。南朝尤其刘宋以后的户籍基本上是三年一造,从《前秦建元二十年籍》看,其与上次造籍至少相差数年。既然此时的户籍只能反映两个相邻造籍年之间的变化,而国家为掌握每年的户口情况及征发赋役,必须要有一年一造的及时反映每年变动的帐簿。笔者推测《前秦建元二十年籍》至少南朝户籍的背后,已经有计帐类的文书存在。

以上我们以《前秦建元二十年籍》为中心,梳理了汉唐间籍帐制度发生的一些变化。唐长孺指出,由于晋末动乱和北方少数民族政权的建立,北方封建社会的发展走上了一条特殊道路,从而与直接继承汉末魏晋传统的南朝出现了显著的差异。[3]由于文献记载的缺乏,我们主要是立足于东晋南朝的历史进程来探讨这一时期的籍帐制度。北朝方面,我们见到的唯一一件户籍实物就是西魏大统十三年(547 年)文书。这件文书由A、B两卷组成,其中A

---

1 但按照唐代户籍法规定,"有析生新附者,于旧户后以次编附"(《唐会要》卷85《籍帐》引开元十八年敕),如果该户为新户,似乎不应置于旧户张晏之前。

2 古代户籍登录中,小孩始生即为1岁,"蒲"建元十四年出生,至建元二十年已为7岁。

3 唐长孺:《魏晋南北朝隋唐史三论——中国封建社会的形成和前期的变化》,第491页。

卷是各户别的户口、课役、田地的记录，B卷则是33户上述各项的总集计。对这件文书的性质，中外学者聚讼不已，有户籍、计帐及户籍计帐等多种说法。学者对A、B两卷所载的户口对象是否相同，意见不尽一致，但对A、B卷同属一件文书这点没有多少异议。我们注意到，西魏大统十三年（547年）文书除反映出土地、课役制度的时代差异外，其仍主要是承袭了战国以降户口统计、征发赋役的功能。只不过在简牍时代，这两种功能由两种不同的籍簿承担，而在纸本时代，两者就合而为一了。A、B两卷尤其是B卷所载的户口、课役及田土集计，每年都会发生变化，表明大统籍与秦汉时期一样，也是一年一造，而与南朝三年一造籍的制度差异很大。根据《周书·苏绰传》的记载，传主在大统二年（536年），“始制文案程式，朱出墨入，及计帐、户籍之法”[1]。胡三省就此做注说，“计帐者，具来岁课役之大数，以报度支。户籍者，户口之籍”[2]。看来，苏绰改革户籍制度的主要目的就是剥离户籍中的赋役集计部分，从而实现户籍与计帐的分离。据上引《苏绰传》，大统十年（544年）苏绰奏施六条诏令后，宇文泰下令“其牧守令长，非通六条及计帐者，不得居官”。这表明计帐作为一种新生事物，为地方接受并在全国范围内贯彻实施是一个缓慢的过程。敦煌地处边陲，从著录内容、造籍年限看，《西魏大统十三年户籍》处在汉魏户籍制度的延长线上，反映的仍是苏绰改革前的形式。

补论　有关《前秦建元二十年籍》的录文问题

《前秦建元二十年籍》是我们目前所见最早的纸本户籍，也是可以确认的最早户籍实物，其一经公布，就引起中古史学者的高度重视并被广泛征引。迄今为止，有关这件户籍的释文前后有三个不同版本，我们有必要对其中的异同进行分析，从而为学界提供一个更为准确且完善的录文。

《前秦建元二十年籍》出土于吐鲁番洋海赵货墓，原本有三个断片，后经整理小组缀合为两片，编号分别为2006TSYIM4：5-1和2006TSYIM4：5-2。2007年，荣新江作为整理者之一发表《吐鲁番新出〈前秦建元二十年籍〉研究》一文，

---

1 《周书》卷23《苏绰传》，第382页。

2 （宋）司马光编著，（元）胡三省音注：《资治通鉴》卷157“梁大同元年三月壬申”条，第4865页。

率先刊布了《前秦建元二十年籍》的释文。[1]2008年，荣新江、李肖、孟宪实主编《新获吐鲁番出土文献》一书，公布了这件文书的完整图版，录文基本上用的是荣先生的释文。[2]2009年，笔者发表《〈前秦建元籍〉与汉唐间籍帐制度的变化》一文，对照图版对该文书重新做了过录，订正了原释文的若干处错误。[3]除几处字、词外，笔者重点修订的是张晏一家的丁中统计部分。为便于说明问题，我们先将整理者有关张晏户的释文抄录如下：

6. 高昌郡高宁县都乡安邑里民张晏年廿三
7. 叔聪年卅五物故 奴女弟想年九
8. 母荆年五十三 晏妻辛年廿新上
9. 叔妻刘年卌六 丁男二
10. 晏女弟婢年廿物故 丁女三
11. 婢男弟隆年十五 奴丁男三
12. 隆男弟驹[年] [小女二]
13. 驹女弟[□年] [小男二]
14. 聪息男[奴年] 凡口九[4]

文书共有三栏，第三栏登录的是民户赀产情况，与论题无关，不录。文书第一栏著录的是家庭成员，第二栏为丁口统计，因为张晏户家口较多，故将“想”“辛”写在了第二栏。整理者释读该户丁中统计项共6行，其中第12、13行是根据张晏一家口数所做的推补。笔者通过观察图版上的涂抹痕迹、残存的笔画，结合中古时期奴婢身分和西晋的丁中制度，指出第9行的“二”当作“一”，第11行的“奴”当作“次”，并根据张晏户“凡口九”的记载，推补第12行当为“小女二”，具体指年龄不详的“驹女弟”和九岁的“奴女弟想”；整理者推补的第13行“小男二”，实际是不存在的。如此，笔者对张晏一户丁中统计的修订是：

9. 丁男一
10. 丁女三

1 荣新江：《吐鲁番新出〈前秦建元二十年籍〉研究》。
2 荣新江、李肖、孟宪实主编：《新获吐鲁番出土文献》，第177—179页。
3 参《〈前秦建元籍〉与汉唐间籍帐制度的变化》，《历史研究》2009年第3期。
4 前揭荣新江《吐鲁番新出〈前秦建元二十年籍〉研究》一文。

11.　[次]丁男三

12.　[小女二]

13.　凡口[九][1]

需要说明的是，拙文尚未发表，王素就《新获吐鲁番出土文献》发表的书评中提到了笔者对文书第 9、11 行的意见。[2]荣先生据此对自己的释文做了相应修改，并进一步分析说既然张隆、张驹、张奴都是次丁男，则夹在中间的张驹女弟张□就应是次丁女。这些确定后，第 12 行当改原来复原的“小女二”为“次丁女一”；而第 13 行原来复原的“小男二”当改为“小女一”。荣先生修改之后的释文是：

9.　丁男一

10.　丁女三

11.　[次]丁男三

12.　[次丁女一]

13.　[小女一]

14.　凡口[九][3]

与笔者释文相比，荣先生的新释文还是有两点不同，如认为张驹妹张□是次丁女，而非小女；张晏一户的丁中栏有六行而非五行。这两点其实是一个问题，因为 9 岁的“奴女弟想”无疑是小女，如果“张□”是次丁女，张晏户的丁中统计只能是六行；反之，如果确认张晏户丁中项有 6 行，“张□”就一定是次丁女。

张晏户的丁中统计中，可以确知的是“丁男一”指户主张晏，“丁女三”分别指张晏母“荆”、张晏叔妻“刘”和张晏妻“辛”；“次丁男三”则指 15 岁的张晏弟张隆，以及不知年龄的张晏弟张驹、张晏叔叔的儿子张奴。对“张□”的丁中判断，荣先生认为，张驹、张奴都是次丁男，夹在中间的“张□”就应当是次丁女。这种说法似是而非。通常情况下，古代户籍中的家庭成员是按照亲属称谓和年龄从大到小排列的，《前秦建元二十年籍》处于从简牍户籍向纸本户籍的过渡阶段，其家庭成员的称谓并非以户主为中心，而是体现

1　参《〈前秦建元籍〉与汉唐间籍帐制度的变化》，《历史研究》2009 年第 3 期。

2　王素：《荣新江、李肖、孟宪实：〈新获吐鲁番出土文献〉》，见中国敦煌吐鲁番学会等编《敦煌吐鲁番研究》（第 11 卷），第 507—515 页。

3　荣新江：《吐鲁番新出〈前秦建元二十年籍〉的渊源》，原载〔日〕土肥義和編：《敦煌・吐鲁番出土漢文文書の新研究》（東洋文庫論叢 72），2009，第 201—212 页；后收入孟宪实、荣新江、李肖主编：《秩序与生活：中古时期的吐鲁番社会》，中国人民大学出版社，2011，第 464—476 页。

着与上一行家庭成员的关系。户籍中登载的张晏户是一个主干—联合家庭，其家庭结构中除了一个由张晏母亲、妻子及兄弟姊妹组成的主干家庭，还包括一个由张晏的叔叔张聪及其子女组成的核心家庭。按照中古户籍登录的惯例，这两个家庭的成员应该分别排列，而非以年龄大小混排。我们举一个明显的例子，《唐天宝六载（747 年）敦煌郡敦煌县龙勒乡都乡里籍》所载程思楚户：

56. 户主程思楚载肆拾柒岁　　卫士武骑尉
57. 　母白载柒拾叁岁　　老寡
58. 　妻马载叁拾陆岁　　职资妻
59. 　妻常载叁拾贰岁　　职资妻
60. 　妻郑载肆拾壹岁　　职资妻
61. 　男进子载贰岁　　黄男
62. 　女仙儿载壹拾柒岁　　小女
63. 　女妃妃载叁岁　　黄女
64. 　弟思忠载叁拾玖岁　　卫士
65. 　忠妻郑载贰拾柒岁　　卫士妻
66. 　忠妻郑载贰拾贰岁　　卫士妻
67. 　忠男元奉载叁岁　　黄男
68. 　忠女妃王载贰岁　　黄女
69. 　弟思太载叁拾伍岁　　白丁
70. 　太妻李载壹拾玖岁　　丁妻
71. 　太妻白载贰拾捌岁　　丁妻[1]

程思楚与弟弟程思忠、程思太都已结婚，并且前面二人育有子女，程思楚户实际上是由程思楚这个主干家庭和程思忠、程思太两个核心家庭组成的主干—联合家庭。在户籍登录格式上，这三个家庭明显分成了三组排列。唐代的户籍如此，较前秦时代更近的《西魏大统十三年（547 年）瓜州效穀郡（？）户籍》所载白丑奴户也是这样：

59. 户主白丑奴丁亥生年肆拾壹　　白丁　　课户中
60. 　母乔阿女壬寅生年捌拾陆　　老妻
61. 　妻张丑女丙申生年叁拾两　　丁妻

1 唐耕耦、陆宏基编：《敦煌社会经济文献真迹释录》（第 1 辑），第 171—172 页。

62. 息男显受庚戌生年拾捌 白丁进丁
63. ［ ］（息女□□丙辰生年拾两 中女）
64. 息男阿庆丙辰生年拾两 中男
65. 息男安庆丁已（巳）生年拾壹 中男
66. 息女未客壬戍（戌）生年陆 小女
67. 息女未丑戊午生年拾 中女
68. 息女晕庚申生年捌 小女
69. 弟武兴壬寅生年叁拾陆 白丁
70. 兴妻房英英已（己）亥生年两拾究（九）丁妻
71. 兴息女阿晕甲子生年肆 小女
72. 兴息女男英甲子生年肆 小女
73. 兴息女续男乙丑生年两（叁） 黄女 上[1]

白丑奴的妻、子也与其弟白武兴的妻、子分别排列。明白了这一点，我们就会知道，虽然张晏弟张□排在了张聪儿子张奴的前面，但实际上无法判断两者的年龄大小，自然也无从得出张□是次丁女的结论。在中国古代，兄弟姐妹确实有相差一岁的事例；但张隆 15 岁，作为其弟、妹的张驹、张□也只有分别在 14 岁、13 岁的情况下，才能达到西晋 13 岁以上为次丁的标准。这种三年连续生三个子女的现象，恐怕比较少见。

既然无法直接确定“张□”的丁中，我们不妨试着从张晏户丁中统计的行数寻找答案。“凡口［九］”是一件小残片，从《新获吐鲁番出土文献》一书公布的图版看，这一残片被放在 2006TSYIM4：5-2 正面第 14 行的位置，与第 12 行残存的“次丁男三”之间有两行的距离。若果真如此，说明张晏户除丁男、丁女、次丁男项外，还有两种课役名目，这就只能是次丁女一、小女一了。2006TSYIM4：5-2 背面倒书《论语 • 雍也》篇第六，起“子曰：回也。其心三月不违仁”，止“中人以下，不可以语上矣”；整理者摆放的残片位置，只能是根据残片背面残存的《论语》字句确定的。但从《新获吐鲁番出土文献》公布的 2006TSYIM4：5-2 背面图版可以看出，这件残片在背面摆放的位置与正面明显不合。如果将 2006TSYIM4：5-2 正反图片（见附图 7-1 及 7-2）比对，我们就会发现残片所处正面的位置明显要比背面的位置偏左、偏下。

1 唐耕耦、陆宏基编：《敦煌社会经济文献真迹释录》（第 1 辑），第 118—119 页。

如果与背面对齐，残片正面的位置要向右移动约 7 毫米，而这正好是一行字的距离。也就是说，“凡口九” 在 2006TSYIM4：5-2 中的位置原本应在第 13 行，大概整理者在反转文书拍照时，不小心移动了残片的位置。既然“次丁男三”与“凡口九”之间仅空一行，就只能是笔者前面推补的“小女二”了[1]。

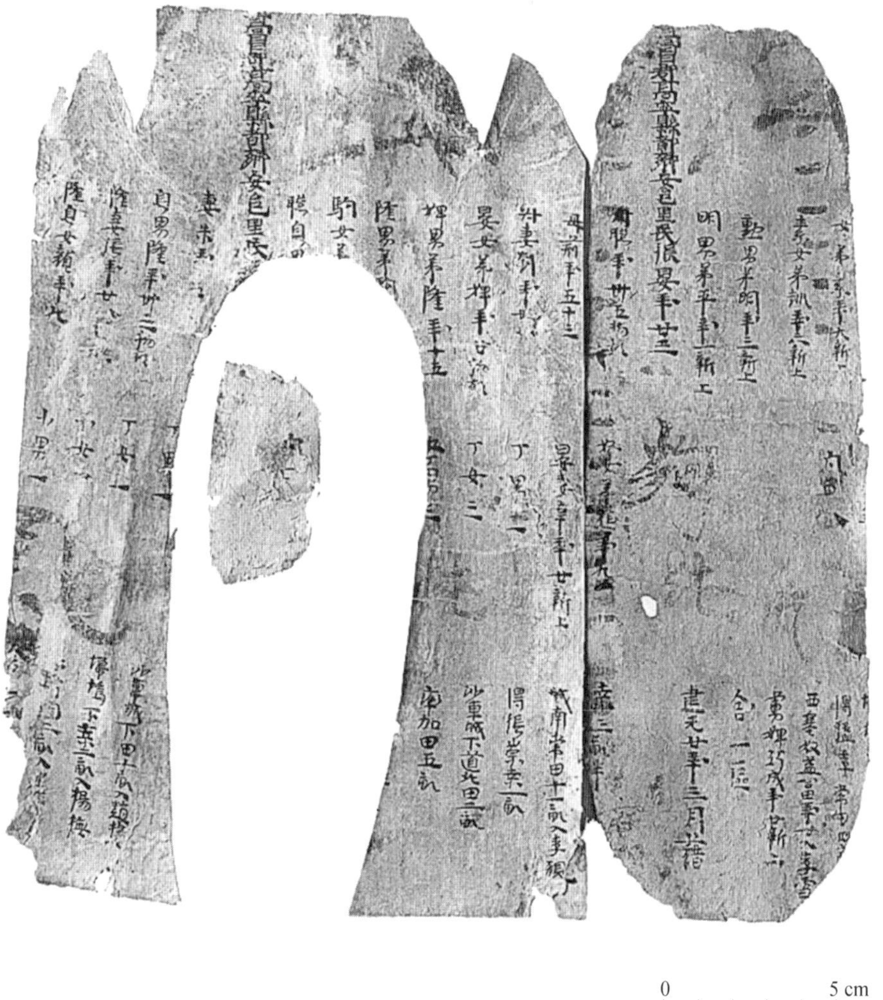

附图 7-1 2006TSYIM4：5-2 正面

1 《新获吐鲁番出土文献》公布的录文中未做推补，但释文作：“13 □ 14 □。”亦应删除第 14 行的缺文号。

附图 7-2　2006TSYIM4：5-2 背面

第八章

《西凉建初籍》与魏晋时期的职役户籍

1915年，翟林奈首次公布了入藏英国国家图书馆的《西凉建初十二年（416年）正月敦煌郡敦煌县西宕乡高昌里籍》（以下简称《西凉建初籍》）[1]，此后很长一段时间，该籍作为最早的纸本户籍受到学界高度关注。一批著名学者如陈垣、杨联陞、浜口重国、池田温、仁井田陞等先后对《西凉建初籍》的性质发表过意见，提出了包括"民籍""兵籍""吏兵籍"在内的不同观点。这些年，"吏兵籍"的说法逐渐占据了学界主流。2006年，吐鲁番洋海赵货墓地又出土了一件同属十六国时期，时间比前者早三十余年的《前秦建元二十年（384年）三月高昌郡高宁县都乡安邑里籍》（以下简称《前秦建元二十年籍》）。《前秦建元二十年籍》的出现，不仅取代了《西凉建初籍》原来作为最早纸本户籍的地位，同时也为我们进一步讨论《西凉建初籍》的性质提供了新的契机。

一 《西凉建初籍》非民籍、吏兵籍

《前秦建元二十年籍》原本有三个断片，后经整理小组缀合为两片，编号2006TSYIM4：5-1残存文字13行，编号2006TSYIM4：5-2（参见第七章附图7-1及7-2）残存文字20行。我们看保存比较完整的张晏户：

6. 高昌郡高宁县都乡安邑里民张晏年廿三
7. 叔聪年卅五物故　　奴女弟想年九　　桑三亩半
8. 母荆年五十三　　晏妻辛年廿新上　　城南常田十一亩入李规
9. 叔妻刘年卌 六　　丁男一　　得张崇桑一亩

---

1 Lionel Giles. "A census of Tun-huang", *T'oung Pao*, Vol.16, 1915, pp.468-488. 中译文参〔英〕齐尔士:《千五百年前之敦煌户口册与中国史籍上户口数之比率》，王庸译，《东方杂志》第25卷第4号，1928，第33—40页。

10.	晏女弟婢年廿物故	丁女三	沙车城下道北田二亩
11.	婢男弟隆年十五	次丁男三	率加田五亩
12.	隆男弟驹[年]	[小女二]	[舍一区]
13.	驹女弟[□年]	凡口九	[建元廿年三月籍]
14.	聪息男[奴年][1]		

《西凉建初籍》现存 11 户人家，完整或基本完整的共 8 户，按户主的身分标注，计有“兵”3 户、“散”4 户及“大府吏”1 户。我们不妨各举一例：

1. 敦煌郡敦煌县西宕乡高昌里兵裴晟年六十五

息男醜年廿九	丁男二
醜男〔弟〕溱年廿五	次男一
溱妻马年廿九	女口一
	凡口四
	居赵羽坞

建初十二年正月籍

2. 敦煌郡敦煌县西宕乡高昌里散阴怀年十五

母高年六十三	丁男一
	女口一
	凡口二
	居赵羽坞

建初十二年正月籍

3. 敦煌郡敦煌县西宕乡高昌里大府吏随嵩年五十

妻曹年五十	丁男二
息男寿年廿四	女口三
寿妻赵年廿五	凡口五
姊皇年七十四附籍	居赵羽坞

建初十二年正月籍[2]

1 原录文参见荣新江、李肖、孟宪实主编：《新获吐鲁番出土文献》，第 176—179 页；笔者录文修订见本书第二编第七章中的补论“有关《前秦建元二十年籍》的录文问题”。

2 最新录文参见郝春文等编著：《英藏敦煌社会历史文献释录》（修订本）第 1 卷，社会科学文献出版社，2018，第 321—322、324 页。

公元400年，河西大姓李暠占据敦煌，建立西凉政权；405年遣使奉表东晋，并迁都酒泉。西凉的基本政治架构和制度模式直接脱胎于北凉，但主要因袭两晋，这从《西凉建初籍》记载的丁中身分也能看出来。对比《前秦建元二十年籍》,《西凉建初籍》明显不同的地方有：

其一，前者分为三栏，第一栏著录家庭人口，第二栏统计丁中身分，第三栏登载田宅等赀产；后者只有前两栏，没有第三栏。

其二，前者户主名字前标注的身分无一例外是“民”；后者在同样位置分别标注了“兵”“散”“大府吏”等。

其三，前者在丁中统计中，无论男女都严格按照“丁”“次丁”“老”“小”的身分分类；后者只对男子如此，女子泛称女口，不再详分丁中。

其四，后者除一户特殊外，其余诸户凡户籍末尾完整者均注明了居住地；前者没有这项内容。

学者对《西凉建初籍》有不同看法,“吏”“兵”尤其是“兵”的身分好理解，分歧主要集中在对“散”的认识上：

其一，浜口重国认为“散”是“非番之兵”，亦即不值班的士兵，故将该籍理解为兵户籍。[1]

其二，陈垣以为“散者，无常职,《周礼》所谓‘闲民无常职，转移执事’者也”，倾向将该籍解释成一般民籍。[2]池田温赞同陈垣的解释，进一步指出：“本籍的兵和散的记事，是记在汉代名籍中标明爵的位置上，而另一方面，被视为劳役的驿子之注，则记在人名和年龄的下方。若是将这一点加以考虑，那么，与其谓散为兵而不值班，不如以非兵即不担负劳役者解为散，岂不较为妥当些吗？当时，散吏虽亦存在，但以本籍之散为散吏，按散吏所限定的人数来考虑，恐亦有困难吧。”从而将该籍明确判定为郡县掌握的一般民户的籍。[3]关尾史郎 2014 年撰写的文章中，也有将《西凉建初籍》与《前秦建

1〔日〕濱口重國:《呉·蜀の兵制と兵戶制—附説建初十二年正月籍》,《山梨大学学芸学部研究報告(9)》,1958；后收入其著《秦漢隋唐史の研究（上）》，東京大学出版会，1966，第454页。

2 陈垣：《跋西凉户籍残卷》,《北京师范大学学报（社会科学版）》1963年第2期，第2页。

3〔日〕池田温：《中国古代籍帐研究·概观》，龚泽铣译，第52页。池田温所说“视为劳役的驿子”是指《西凉建初籍》a片不知名户下“道男弟德年廿一　驿子”的记载。

元二十年籍》一体把握的倾向。[1]

其三，更多学者如杨际平、王永兴[2]等撰文指出，籍中的“散”即散吏的简称，认为《西凉建初籍》是不包括一般民户的兵吏籍。杨际平说过一段有代表性的话：“本籍所见的‘散’，并非闲民无常职者，因为倘若本籍所见的‘兵’、‘吏’是指各户户主本人，那么该籍裴丑、裴溱、裴金、裴隆、吕元、吕昊、随寿等七丁男都是非兵非吏，故亦当注为‘散’。然而，实际上，此七丁男无一注为‘散’。可见，‘散’者并非闲民无常职者。若谓‘散’者为‘非番之兵’，那么，此籍番上之兵皆45岁以上，而45岁以下的又悉不番上，这与常理又显然不合。”[3]

陈垣释“散”为“闲民”，出自《周礼》卷2《天官》载大宰之职：

> 以九职任万民：一曰三农，生九谷；二曰园圃，毓草木；三曰虞衡，作山泽之材；四曰薮牧，养蕃鸟兽；五曰百工，饬化八材；六曰商贾，阜通货贿；七曰嫔妇，化治丝枲；八曰臣妾，聚敛疏材；九曰闲民，无常职，转移执事。

根据《周礼》的划分，民众的职业有农业、园艺业、商业、牧业等九种，“无常职”的“闲民”是做什么的呢？贾公彦对此解释说：“其人为性不营已业，为闲民，而好与人佣赁，非止一家，转移为人执事，以此为业者耳。”[4]闲民就是没有固定职业、以雇佣为生的流动人口。所以汉代史籍常将流民称为“流散”，走马楼吴简中也有“收散”或“散民”一说：

> 南乡劝农掾番琬叩头死罪白：被曹敕，摄召私学刘银将送诣廷言。案文书，辄部岁伍李[孙]等录银。孙今关言：“银[本]乡正户民，不为收散。”愿曹列言府。琬诚惶诚恐叩头死罪死罪。
>
> 诣功曹
>
> 十一月廿四日庚戌白（伍·3726）[5]

---

1 〔日〕关尾史郎：《“五胡”时代户籍制度初探——以对敦煌·吐鲁番出土汉文文书的分析为中心》，见饶宗颐主编《敦煌吐鲁番研究》（第14卷），上海古籍出版社，2014，第224—225页。

2 王永兴：《读敦煌吐鲁番文书札记》，《北京大学学报（哲学社会科学版）》1994年第1期。

3 杨际平：《敦煌吐鲁番出土经济文书杂考（三题）》，《中国社会经济史研究》1987年第1期，第29页。

4 （汉）郑玄注，（唐）贾公彦疏：《周礼注疏》卷2《天官·大宰》，见（清）阮元校刻《十三经注疏》，第1392页上栏、1393页上栏。

5 走马楼简牍整理组编著：《长沙走马楼三国吴简·竹简[伍]》，文物出版社，2018，第806页。

☐……乡郎中陈最举散民 （肆·4573）[1]

走马楼吴简有多例举私学的材料。王素指出，孙吴嘉禾年间的私学是一种特殊身分的人口，多从流亡户口产生。[2]这种判断是否准确，暂不讨论，但上举走马楼吴简中说的“收散”“散民”，无疑是指流民。《西凉建初籍》作为户籍，其著录的“散”自然不是脱籍的流民。

对比作为民籍的《前秦建元二十年籍》，我们显然无法将《西凉建初籍》视作民籍，其中除户主标注的身分为吏、兵外，至少还有两个重要原因。

其一，魏晋时期的户调制建立在按赀产划分户等的基础上，西晋户籍上登载家庭赀产正源于此。[3]有迹象表明，十六国时期继续实行户调制，如后赵征赋税的标准为“户赀二匹，租二斛”[4]，成汉是“其赋男丁岁谷三斛，女丁半之，户调绢不过数丈，绵数两”[5]，北魏前期也有“户收绢一匹、绵一斤、租三十石”[6]的记载。西凉政权直接继承北凉，我们也能见到吐鲁番出土的北凉赀簿和计赀献丝帐。如果《西凉建初籍》属于民籍，其不登载民户赀产状况似乎不可思议。

其二，西凉基本上沿用西晋的丁中制度，但无论是秦汉时期作为课役身分的“大”“小”还是西晋创立的新的丁中身分，毫无疑问都是涵盖男子、女子的。我们从《北凉承阳二年（426年）十一月籍》中，也可以看到北凉时期对“丁女”“小女”的统计。[7]《西凉建初籍》只统计男子丁中，并非说当时女子不划分丁中；而是表明在这件户籍中，女子的丁中无关紧要，所以就忽略不计了。我们在湖南郴州出土的晋惠帝时期的计簿数据中，也可以见到类似情况：

---

1 走马楼简牍整理组编著：《长沙走马楼三国吴简·竹简［肆］》，第731页。

2 王素：《长沙走马楼三国孙吴简牍三文书新探》，《文物》1999年第9期。

3 有关西晋户籍登载家产的讨论，可参本书第二编第六章“甘肃临泽晋简中的家产继承与户籍制度——兼论两晋十六国户籍的著录内容”。

4 《晋书》卷104《石勒载记上》，第2724页。

5 《晋书》卷121《李雄载记》，第3040页。

6 《魏书》卷7上《高祖纪上》，第139页。

7 Yamamoto Tatsuro et al. *Tun-huang and Turfan Documents, Concerning Social and Economic History, Supplement:（A）Introduction& Texts*, p.9. 荣新江进一步探讨了该籍的格式问题，参见《吐鲁番新出〈前秦建元二十年籍〉研究》，《中华文史论丛》2007年第4期。

（1）其口二百六十二老男　（简 1-11）
口二百卌八年六十一以上六十五以还老男　（简 2-33）
口五千五百六十三小男　（简 2-96）
口六百卅四年十三以上十五以还小男　（简 2-139）
凡丁男二千六百七　（简 1-21）
（2）口三千六小女　（简 1-57）
口一百卌六老女　（简 2-327）
口二千一百九十六丁女　（简 1-51）[1]

西晋户调式中，民众的课役身分按年龄分成“老”“次丁”“丁”“次丁”“小”五个阶段。第一组数据中的“六十一以上六十五以还老男”和“十三以上十五以还小男”，分别对应的就是介于“丁”与“老”、“小”与“丁”之间的“次丁男”。与之不同的是，第二组资料中的女子仅分为“丁女”、“老女”和“小女”，未像男子一样对“老女”“小女”做进一步划分。这是因为按照西晋户调式的规定，次丁女没有课田的义务，即使做户主也无须缴纳户调，其和老女、小女一样，属于“不事”的人群；所以简文只对“老女”“小女”加以笼统统计，没有再细分“六十一以上六十五以还老女”和“十三以上十五以还小女”。这一现象在奴婢统计上体现得更突出，郴州简中有“口七百八十三老小奴”（简 2-130）、“三百九十八老小奴”（简 2-376）等记载，对不承担国家义务的“贱口”索性连“老”“小”都不分了。

《西凉建初籍》中，只统计男子丁中、不及女子的做法，表明这件户籍著录的是只有男子承担国家义务的特殊人户，性质既非一般民籍，也非郡县编制的包括民户在内各种人户的基本户籍，应该属于专门的职役户籍。

如果将《西凉建初籍》理解成兵户与吏户的合籍，也有问题。我们看一下该籍所载各户的排列顺序。b 片：裴晟（兵）、阴怀（散）、裴保（兵）；c 片：吕沾（散）、吕德（兵）、随嵩（大府吏）、随杨（散）；d 片：唐黄（散）。从吕沾与吕德、随嵩与随杨同姓比邻这点，可以看出各户并非按兵、吏（包

1　湖南省文物考古研究所、郴州市文物处：《湖南郴州苏仙桥遗址发掘简报》，见湖南省文物考古研究所编《湖南考古辑刊》（第 8 集），第 93—117 页。个别简文系张春龙先生提供，谨致谢意。

括散）的身分分别排列，而是按居地比邻的原则混编在一起。唐长孺最早提出吏户的概念，其主要论据来自《三国志》卷48《吴书·孙休传》永安元年（258年）十一月壬子诏：

诸吏家有五人三人兼重为役，父兄在都，子弟给郡县吏，既出限米，军出又从，至于家事无经护者，朕甚愍之。其有五人三人为役，听其父兄所欲留，为留一人，除其米限，军出不从。[1]

这是研究孙吴吏户的关键材料。学者如唐长孺、黎虎、王素等对这条诏令有不同的解释，笔者对此也专门做过分析。[2]诏书说得很清楚，吏户平日承担的主要任务是按照三五发丁的原则，在中央、郡县各级行政机构服役，只有大规模战事爆发时，才会被额外抽调随军服役。就管理职役户籍的机构而言，吏户的户籍应当归属于民政系统，它们与属于军事系统的兵户户籍不可能混编在一起。我们注意到，在走马楼吴简中，临湘侯国广成乡劝农掾区光在嘉禾四年（235年）八月廿六日这一天，分别上报了“军吏父兄子弟状、处、人名、年纪簿”和“州吏父兄子弟状、处、人名、年纪簿”两份簿籍。[3]军吏作为下层军官，身分性质与兵户类似；临湘属荆州，州吏是荆州府的吏户，这两份身分性质不同的簿籍也没有编在一起。

二　“大府吏”“散”的身分

《西凉建初籍》中明确标注吏的，就是随嵩作为户主身分的“大府吏”。陈垣解释说：“大府即太府，掌财赋之所，太府吏者给事财赋所者也。”[4]王永兴怀疑仿照中原分官设职的西凉不会设立掌财赋的太府机构。[5]但西凉有太府

1　《三国志》卷48《吴书·孙休传》，第1157页。

2　可参本书第四编第十四章“西晋黄籍考——以《太平御览·文部·札》引《晋令》为中心”。

3　前枚简收录于长沙简牍博物馆编著：《长沙简牍博物馆藏长沙走马楼吴简书法研究》，西泠印社出版社，2019，第29—32页；后枚简文字考释及研究参见王素：《长沙吴简劝农掾条列军州吏等人名年纪三文书新探》，见武汉大学中国三至九世纪研究所编《魏晋南北朝隋唐史资料》（第25辑），武汉大学出版社，2009，第1—18页。

4　陈垣：《跋西凉户籍残卷》，《北京师范大学学报（社会科学版）》1963年第2期，第2页。

5　王永兴：《读敦煌吐鲁番文书札记》，《北京大学学报（哲学社会科学版）》1994年第1期。

的说法确实见诸史籍，《晋书》卷87《凉武昭王李玄盛传》：

隆安四年，晋昌太守唐瑶移檄六郡，推玄盛为大都督、大将军、凉公、领秦凉二州牧、护羌校尉。……（玄盛乃以）张林为太府主簿。[1]

不过，这里说的“太府”显然并非掌管财赋的机构，而是李暠的凉州都督府。以凉州都督府为太府的说法应该沿承前凉，《晋书》卷86《张轨传》记载张轨僚属中有太府主簿、少府司马，胡三省注曰：“盖以都督府为太府，凉州府为少府也。”[2]太府、少府实际上就是大府、小府，对应的分别是作为军府的都督府和主管行政的州府。西凉的“大府吏”也就是凉州都督府的军事人员。十六国时期的后秦同样实行兵户制度，姚苌亲自率领的军队称作“大营”，《晋书》卷116《姚苌载记》载姚苌下书：

兵吏从征伐，户在大营者，世世复其家，无所豫。[3]

这些与兵并称的吏，也携带家属居住在兵营中；他们的具体服役内容与士兵或有不同，但身分性质差不多。[4]东晋南朝的军镇中除士兵外，还拥有数额庞大的吏。东晋孝武帝时，范宁批评迎亲送故的弊端：“方镇去官，皆割精兵器仗以为送……送兵多者至有千余家，少者数十户。既力入私门，复资官廪布。兵役既竭，枉服良人，牵引无端，以相充补。若是功勋之臣，则已享裂土之祚，岂应封外复置吏兵乎！”[5]前面言兵户，后面说“吏兵”，“吏”的身分同样属于兵户。《宋书》卷99《刘劭传》记刘劭为平定四方起义，下令“自永初元年以前，相国府入斋、传教、给使，免军户，属南彭城薛县”，这些从事入斋、传教、给使等职任的吏，身分也都属于军户。同书卷61《刘义恭传》记载了这样的事例：

---

1 《晋书》卷87《凉武昭王李玄盛传》，第2259页。

2 《资治通鉴》卷86“晋怀帝永嘉二年二月”条，第2736页。

3 《晋书》卷116《姚苌载记》，第2972页。

4 魏晋南朝史籍中的“吏”含义很复杂，同是军府中的吏，也有“兵吏”“将吏”之分。《宋书》卷2《武帝本纪中》载义熙十一年（415年）三月，刘裕平定荆州司马休之后，下书云：“荆、雍二州，西局、蛮府吏及军人年十二以还，六十以上，及扶养孤幼，单丁大艰，悉仰遣之。穷独不能存者，给其长赈。府州久勤将吏，依劳铨序。”（第35页）享受依劳铨序的“将吏”中的“吏”指下级军官，而到了年龄要被遣还及需要救济的“吏及军人”中的“吏”，身分就和兵户一样。

5 《晋书》卷75《范汪传附范宁传》，第1987页。

（大明）三年，省兵佐，加领中书监，以崇艺、昭武、永化三营合四百三十七户给府，更增吏僮千七百人，合为二千九百人。[1]

宋孝武帝刘骏担心宗王力量过大，一度裁撤他们的领兵数量；刘义恭兼任中书监后，刘骏为了表示优宠，给刘义恭调拨了400多兵户，以此增加可供刘义恭驱使的役力，增置的1700名吏僮显然就来自这些兵户。唐长孺指出，东晋南朝的吏许多其实是以吏的名义编制的兵。[2]《西凉建初籍》中的大府吏在凉州都督府服役，其性质仍当属于兵户。

持兵吏籍论者认为，《西凉建初籍》中的"散"就是史籍中记载的散吏。按《晋书》卷24《职官志》有"郡国户不满五千者，置职吏五十人，散吏十三人；五千户以上，则职吏六十三人，散吏二十一人；万户以上，职吏六十九人，散吏三十九人"，下面又接着说"郡国及县，农月皆随所领户多少为差，散吏为劝农"。[3]"散吏"与"职吏"相对，是指如祭酒、从史位、从掾位等无实际执掌的吏员。[4]无论是《晋书·职官志》说的"职吏"还是"散吏"，都是国家机构正式在编的吏员，其身分仍属于"治民人者"[5]的统治阶层，与职业世袭且身分卑微的吏户恐怕有区别。再说，官吏的"职"与"散"不过是其个人当时的职业状态，即如论者常引以为据的《西凉建初二年（406年）功曹书佐左谦奏为以散翟定□补西部平水事》：

1. 谨案严归忠传口
2. 令：以散翟定□□补西部平水。请奉
3. 令具刺板题授，奏诺纪识奉行。
4. 建初二年岁在庚午九月廿三日功曹书佐左谦奏
5. 扬武长史 来 子

1 《宋书》卷61《刘义恭传》，第1650页。

2 唐长孺：《魏晋南北朝时期的吏役》，《江汉论坛》1988年第8期。

3 《晋书》卷24《职官志》，第746页。

4 严耕望：《中国地方行政制度史》甲部《秦汉地方行政制度》，"中央研究院"历史语言研究所，1997，第115—116页。

5 汉末曹魏时期徐幹就说："今自斗食、佐吏以上，至诸侯王，皆治民人者也。"参见（魏）徐幹撰，孙启治解诂：《中论解诂·佚篇二》，第388页。《晋书·愍帝纪》卷末史臣曰，也将出身青齐豪族、在本州任职的王弥称为"青州之散吏"（《晋书》卷5《愍帝纪》，第134页）。

6. 功曹史 安[1]

“平水”一职也见于P.3018《唐天宝年代（750年）敦煌郡敦煌县差科簿》[2]和敦煌莫高窟第98窟五代供养人题记[3]，是一种负责农田水渠灌溉的职役。翟定以前的身分属于《晋书·职官志》说的散吏，现在被版授为“西部平水”，随之也就从散吏变为了职吏。“散吏”与“职吏”的身分可以随着个人任职经常转换，这显然与以户役为特征作为人户类别的“散”不同。上引池田温也从人数限定方面，质疑将《西凉建初籍》中的“散”解读成散吏的合理性。《西凉建初籍》记载的完整8户中，“散”占了4户，如果再加上大府吏1户，吏户总数已超过兵户。与保家卫国的兵户不同，吏户主要在官府服杂役。《三国志》卷48《吴书·孙晧传》裴注引《晋阳秋》，说晋武帝太康元年（280年）平吴时，孙吴有：

户五十二万三千，吏三万二千，兵二十三万，男女口二百三十万。[4]

这里的“吏三万二千”“兵二十三万”无论是指户数还是口数，兵户数额都是几倍于吏户，如果说西凉拥有的吏户远远超过兵户，显然不正常。

我们又该如何理解“散”呢？《说文解字》卷7《宀部》有对“冗”的解释：“㪔（散）也，从宀儿，人在屋下，无田事也。”[5]冗与散的本义就是指不从事本业，闲散无事。以前学者将《西凉建初籍》的“散”释作散民或者散吏，取的也都是无实际职任的意思。浜口重国将“散”解释为不上番的士兵，表述确实有些含混。所以池田温质疑说，如果这是指单个士兵而言，其是否上番应标注于本人之下而非户主的身分上。前引杨际平对浜口重国的批评，也是这个意思。标注在户主姓名前的“散”，与标注在户主姓名前的“兵”“大府吏”性质一样，当然不应该指个人身分，只能是人户身分。我们知道，在兵户制度下，并非全部的兵户都会被抽调服役；即使在其境遇最悲惨的两晋时期，也存在着一部分军户因不符合征发条件而被免除现役的情况。晋武帝

1 中国文物研究所等编：《吐鲁番出土文书[壹]》（图录本），文物出版社，1992，第87页。

2 唐耕耦、陆宏基编：《敦煌社会经济文献真迹释录》（第1辑），第253、256页。

3 敦煌研究院编：《敦煌莫高窟供养人题记》，文物出版社，1986，第35、45页。

4 《三国志》卷48《吴书·孙晧传》，第1177页。

5 （汉）许慎撰，（清）段玉裁注：《说文解字注》篇7下《宀部》，第340页上栏。

咸宁五年（279 年）伐吴，在全国范围内征发士兵，据《文馆词林》卷 662《晋武帝伐吴诏》载：

> 今调诸士，家有二丁三丁取一人，四丁取二人，六丁以上三人，限年十七以上，至五十以还，先取有妻息者。[1]

抽调的对象限于家中有两丁以上且适龄的兵户，家中仅有一丁或达不到年龄标准的兵户不在征发之列。东晋明帝讨伐王敦时，下诏揭露其罪状：

> 敦之将士，从敦弥年，怨旷日久，或父母陨没，或妻子丧亡，不得奔赴，衔哀从役，朕甚愍之，希不凄怆。其单丁在军无有兼重者，皆遣归家，终身不调，其余皆与假三年，休讫还台，当与宿卫同例三番。[2]

朝廷为瓦解王敦叛军军心，示以恩惠，下令单丁军户一生不被征发入伍。需要说明的是，这只是优免他们不用再服现役，而非解除其兵户身分。刘裕平定司马休之后，也下令："荆、雍二州，西局、蛮府吏及军人年十二以还，六十以上，及扶养孤幼，单丁大艰，悉仰遣之。穷独不能存者，给其长赈。"[3]免除单丁士兵现役外，还对孤苦无依的士兵给予赈济。当时，各个政权为了保证兵户自身的繁衍生息，不征发单丁服役是通行做法。吐鲁番出土的《北凉玄始十二年（423 年）兵曹牒》为我们提供了一份士兵的替补名单：

1. ______范晟□佃，请以外军张成代晟______
2. ______隗休身死，请以外军王阿连代______
3. ______张安明一人补。箭工董祖□身死，请______
4. ______明〻代媚入外军，以李子强代祖子。外______
5. ______称：卒□属以强补隤，一身不______
6. ______强信单身，请如事脱；以外军______
7. ______称：李蒙子之下（近）白芳还，求具______
8. ______纪，请如解○簿。（后略）[4]

针对以李子强"补隤"的建议，兵曹经过调查核实，发现其确实属于单丁兵

1 （唐）许敬宗编，罗国威整理：《日藏弘仁本文馆词林校证》，中华书局，2001，第 221—222 页。

2 《晋书》卷 98《王敦传》，第 2562—2563 页。

3 《宋书》卷 2《武帝纪中》，第 35 页。

4 中国文物研究所等编：《吐鲁番出土文书[壹]》（图录本），第 30—31 页。

户，“请如事脱”，也就是按照制度放免他的现役。

浜口重国注意到了“散”的家庭结构。《西凉建初籍》保存完整的8户家庭中，3户“兵”及1户“大府吏”户内均拥有两名丁男；而标明“散”的四户中除吕沾户外[1]，只有一个丁男，这显然属于晋明帝诏令中说的不被征发的范围。史书说李暠统治期间，“深慎兵战，保境宁民，俟时而动”[2]，故当时大体上还能遵循不征单丁的原则；等到建初十三年（417年）李歆继位后，西凉与北凉战争连绵，这一制度恐怕就形同虚设了。

三　魏晋兵户居住状态与《西凉建初籍》的性质

明白“大府吏”“散”的身分后，《西凉建初籍》的性质也就显而易见了。但这里还有一个问题，就是如何理解该籍著录的兵户与其标注的郡县乡里之间的关系？

《西凉建初籍》中这些兵户多数居住在赵羽坞。翟林奈根据服虔《通俗文》“营居曰坞”的说法，将赵羽坞解释为由一个名叫赵羽的人负责建的兵营。坞最初是从西北边境兴起的一种军事防御设施，汉末尤其是西晋永嘉乱后，地方大族为了对抗频繁的战争侵扰，往往率领宗族部曲结坞自保，坞的性质随之发生变化。《魏书·释老志》说十六国时期在张轨之后，河西地区“村坞相属”[3]，表明这时坞已经从单纯的军事城堡逐渐演变成乡村聚落。翟林奈将坞解释成兵营，言外之意，是说这些人属于营居的兵户。浜口重国说的兵户籍，也是这样理解。魏晋时期兵户携带家属随营居住的现象确实非常普遍，前引《晋书·姚苌载记》记载的大营，《宋书·刘义恭传》提到的崇艺营、昭武营、永化营等，都是兵户集中驻扎所在。营居兵户与郡县民最大的不同，就是他

1　吕沾户有两丁，除56岁的户主外，还有17岁的儿子吕元。西凉时期起役点较西晋低，15岁就算正丁，《西凉建初籍》标明的造籍时间是建初十二年（416年）正月，亦即籍中的全部数据都是以建初十二年正月为标准登载的，则此时的吕元成为丁男不过一年的时间。不过，与之情况类似的吕德户被标注成了兵户。相较而言，吕德户虽然也有一个17岁的儿子，但户主吕德只有45岁，比吕沾年轻，还有一个更接近次丁年龄的10岁的儿子（吕沾的二儿子只有7岁）。

2 《魏书》卷99《李暠传》，第2202页。

3 《魏书》卷114《释老志》，第3032页。

们直接隶属军府，拥有单独的户籍，不属郡县管理。东晋后期经常可以见到朝廷为了鼓舞军队士气，下诏放免兵户、改设郡县管理的举措。[1]以往学者认为魏晋时期实行兵、民分治政策，兵户不属州县管辖，其实说的就是这些营居兵户。

《西凉建初籍》显然不是这样，其登载的每户户主身分前均标注“敦煌郡敦煌县西宕乡高昌里”，说明这些兵户居住在地方郡县，与民户一样被纳入了地方行政管理体制。[2]

事实上，魏晋时期的兵户并非全部随营居住，也有一部分居住在原籍，隶属郡县管理。我们先看几个具体事例，《晋书》卷36《张华传附刘卞传》:

> 刘卞字叔龙，东平须昌人也。本兵家子，质直少言。少为县小吏，功曹夜醉如厕，使卞执烛，不从，功曹衔之，以他事补亭子。有祖秀才者，于亭中与刺史笺，久不成，卞教之数言，卓荦有大致。秀才谓县令曰:“卞，公府掾之精者，卿云何以为亭子？”令即召为门下史，百事疏简，不能周密。令问卞:“能学不？”答曰:“愿之。”即使就学。无几，卞兄为太子长兵，既死，兵例须代，功曹请以卞代兄役。令曰:“祖秀才有言。”遂不听。[3]

刘卞兄长是太子卫率府的兵士，应该在京师服役。刘卞在本县先后做过小吏、

---

1 如《宋书》卷35《州郡志一》“南徐州”条载:“蕃令，义旗初，免军户立遂诚县，武帝永初元年，改从旧名。薛令，义旗初，免军户为建熙县。”（第1043页）上引《宋书·刘劭传》载，刘劭也下令:“自永初元年以前，相国府入斋、传教、给使，免军户，属南彭城薛县”，“焚京都军籍，置立郡县，悉属司隶为民”。

2 也许有人提出，这些兵户身分前标注的郡县乡里可能是原籍，他们实际上是集中居住在兵营的。这一推测不能成立。且不说这件文书本身出土于这些兵户的户籍所在地，即便是“大府吏”“兵”“散”这几种身分服役或居住的具体地点也不在一起。建初十二年（416年）时，李暠的凉州都督府已经迁到酒泉，时任“大府吏”的兵户如果营居就应该驻扎在酒泉附近的兵营，其他未标明服役机构的“兵”即使服行现役恐怕也不在凉州都督府。而放免现役的“散”，据前引晋明帝下诏，“其单丁在军无有兼重者，皆遣归家，终身不调”，不被征发的“散”要被遣散返回本籍。我们不清楚两晋时期营居兵户的户籍上是否会注原籍或以何种形式注原籍，但隋文帝开皇十年（590年）五月的诏书说，北朝后期“兵士军人，权置坊府，南征北伐，居处无定。家无完堵，地罕包桑，恒为流寓之人，竟无乡里之号”（《隋书》卷2《高祖纪下》，中华书局点校本，1973，第34—35页），当时营居的府兵不存在乡里籍贯称谓。因此，刘宋放免兵户后，也通常是将军营就地改设郡县，而非让兵士返回原籍。不过，我们在长沙走马楼吴简中，也可以见到临湘侯国编制的本地私学名籍上同时标注籍贯与居住地的情况，如“□□长沙李俗年廿 状俗白衣居临湘东乡茗上丘帅郑各主（肆·3991）”（走马楼简牍整理组编著:《长沙走马楼三国吴简·竹简[肆]》，第718页）等。

3 《晋书》卷36《张华传附刘卞传》，第1077—1078页。

亭子、门下史，刘卞兄长死后，县功曹想借补代的机会，征发刘卞服兵役，结果被县令拒绝。显然，刘卞家就住在须昌县。名士王尼也出身兵家，史书说他原籍城阳，以后寓居洛阳，实际上他已经在洛阳落了籍。《晋书》卷 49《王尼传》载：

初为护军府军士，胡毋辅之与琅邪王澄、北地傅畅、中山刘舆、颍川荀邃、河东裴遐迭属河南功曹甄述及洛阳令曹摅请解之。摅等以制旨所及，不敢。辅之等赍羊酒诣护军门，门吏疏名呈护军，护军叹曰："诸名士持羊酒来，将有以也。"尼时以给府养马，辅之等入，遂坐马厩下，与尼炙羊饮酒，醉饱而去，竟不见护军。护军大惊，即与尼长假，因免为兵。[1]

曹摅在齐王冏执政之前，曾两度出任洛阳令。功曹一职本主选举，但结合上引《刘卞传》的例子看，郡县功曹也负有发遣、落实补代所在地兵士的职责。胡毋辅之等人一再请求曹摅、甄述，原本是希望王尼所在的郡县在征兵之始就将其从征发名单中剔除，但这个想法没有实现，最终还是由王尼服役的军府出面放免了他的兵役。[2]再如学界周知的士家赵至，《晋书》本传说：

赵至字景真，代郡人也。寓居洛阳。缑氏令初到官，至年十三，与母同观。母曰："汝先世本非微贱，世乱流离，遂为士伍耳。尔后能如此不？"至感母言，诣师受业。闻父耕叱牛声，投书而泣。师怪问之，至曰："我小未能荣养，使老父不免勤苦。"师甚异之。[3]

"寓居洛阳"中的"洛阳"是大的地理概念，赵至实际居住在河南郡缑氏县。《晋书》这段史料来源于嵇绍《赵至叙》："至字景真，代郡人。汉末，其祖流宕客缑氏。令新之官，至年二十，与母共道傍看……"[4]与王尼一样，代郡不过是赵至的原籍，他祖父这一代就已经迁到缑氏县并在当地落籍。[5]赵至随母亲目睹缑氏令

1　《晋书》卷 49《王尼传》，第 1381 页。

2　唐修《晋书》说"即与长假，因免为兵"，语意稍有模糊；王隐《晋书》谓"因与尼长假，遂得离兵"，就更清楚了。参见（唐）徐坚等：《初学记》卷 20《政理部·假》引王隐《晋书》，中华书局，2004，第 483 页。

3　《晋书》卷 92《文苑·赵至传》，第 2377 页。

4　（南朝宋）刘义庆著，（南朝梁）刘孝标注，余嘉锡笺疏：《世说新语笺疏》卷上之上《言语》，周祖谟、余淑宜、周士琦整理，中华书局，2007，第 88 页。

5　西晋初年，盛彦批评当时士人高标郡望的风气，指出虽然他们籍贯已改，但习惯上仍称本籍而将新籍说成寓居，"今日侨居之族，其先人始祖不出是国，枝叶播越，居之数代，公实编户而私称寓客，营家则号为借壤，进官则名曰寄通"。参见（唐）杜佑撰：《通典》卷 68《礼·嘉礼》，王文锦等点校，第 1891 页。盛彦卒于太康中。西晋尚未出现白籍，流民如果不返回原籍，就必须在现居地著籍。所以赵至应该是在缑氏县落了籍。

上任时的浩大场面，说明他全家一直生活在缑氏县，并没有住在专门的兵营。

以上是史籍记载的具体事例，再如 2009 年公布的郴州苏仙桥西晋简：

定丁男一千九百八十九军将州郡县吏民士卒家丁（简 1-35）

定丁男八百三军将郡县吏民士卒家丁（简 3-402）[1]

这是晋惠帝时期的上计簿。秦汉时期的"吏民"泛指编户齐民，吴简中也有沿用旧称，将登载包括士卒、吏、民在内的人口簿称为"吏民"簿的情况；但此处既称"军将郡县吏民士卒家"，也就意味着"军将家""吏家""民家""士卒家"分列。由此可以看出，当时郡县除统计、掌握郡县民、吏户等一干人户外，还有"士卒"即兵户。我们在走马楼孙吴户籍简中，也可以见到户主身分前标注"郡卒""县卒"，其所在的里集计中有若干户给卒的记载。[2]这里的郡县卒户也就是兵户。[3]走马楼吴简保存了两份标有"黄簿"字样的户籍簿，崔启龙对《嘉禾五年（236 年）春平里黄簿民户口食人名簿》做了复原，其拟定属于里结计简的统计项目有：

集凡春平里魁唐升领吏民〇〇户口食〇〇人

其〇〇户县吏〇品

其〇〇户郡县卒〇品

……

定应役民〇〇户[4]

学界普遍认为此处说的黄簿就是西晋的黄籍。春平里黄簿除载录郡县民户外，也载录了包括郡县士卒户在内的各类人户。

为了加强对重点人户的管理和控制，地方郡县在编制当地包括各类人户在内的基本户籍的同时，也会再编造各类专门的职役户籍。走马楼吴简除了

1 第一条简文参见湖南省文物考古研究所、郴州市文物处：《湖南郴州苏仙桥遗址发掘简报》。第二条简文由整理者提供。

2 如梨下里吏民簿中，就有"其一户给州卒"（肆・294）、"其二户给县卒"（肆・297）等。参见走马楼简牍整理组编著：《长沙走马楼三国吴简・竹简[肆]》，第 628 页。

3 走马楼吴简柒・770 有"草言府大男五杭不是卒子弟不应给卒事　八月卅日兼兵曹潘掾因（?）白"一语，只有士卒子弟才能承担兵役，普通的郡县民不能被征发为兵。参见走马楼简牍整理组编著：《长沙走马楼三国吴简・竹简[柒]》，第 748 页。

4 崔启龙：《走马楼吴简所见"黄簿民"与"新占民"再探——以嘉禾五年春平里相关籍簿的整理为中心》，见中国文化遗产研究院编《出土文献研究》（第 18 辑），第 353 页。

上引著录各种人户在内的黄簿，还有多种属于专门人户的户口簿籍。我们先看孙吴时期身分性质与兵户差不多的军吏。《三国志·吴书·张温传》提到了营居的军吏[1]，走马楼孙吴户籍简也著录了居住在郡县的军吏。我们不仅见到诸如“☐□□□□军吏父兄子弟人名年纪簿”（贰·7091）、“☐模乡谨列军吏父兄人名年纪为簿”（叁·3814）、“集凡南乡领军吏父兄弟合十九人　中”（叁·464）等记载[2]，同时也发现嘉禾四年（235 年）广成乡劝农掾区光条列军吏父兄子弟人名、年纪的帐簿：

1. 〼广成乡劝农掾区光言：被书条列军吏父兄子弟状处人名年纪为簿。辄料核乡界军吏

2. 〼五人，父兄子弟合十七人：其四人老钝刑盲踵病；一人官限佃客；一人为禽狩所害煞；一人给郡吏；九人

3. 〼细小；一人给限佃客，下户民代。隐核人名年相应，无有遗脱，若后为他官所觉，光自坐。嘉禾四年八月廿六

4. 〼日破莂保据。　（J22-2546）[3]

此处只保留了乡吏的呈文，毫无疑问，呈文前还应附有登录军吏相关家庭成员的户口簿。广成乡呈报户口簿的时间是八月二十六日，我们也见到同一天都乡、南乡、平乡等上报调查军吏父兄子弟情况的呈文。多数学者主张此类户口簿与编造户籍相关。王素认为秦汉及承汉而来的孙吴都是三年一造籍，嘉禾四年非造籍年，认为此类文书属于括户文书。[4]事实上，秦汉及孙吴时期都是一年一造籍，我们在吴简中见到标注嘉禾四年、嘉禾五年（236 年）、嘉禾六年（237 年）的户口籍，其中就有嘉禾四年广成乡平乐里的吏民人名年纪

1 《三国志·吴书·张温传》说选曹郎暨艳“弹射百僚，核选三署，率皆贬高就下，降损数等，其守故者十未能一，其居位贪鄙，志节污卑者，皆以为军吏，置营府以处之”（第 1330—1331 页），说明军吏与兵户一样，也有携带家属随营居住者。举一个具体例子，《三国志·吴书·孙晧传》裴松之注引《吴录》就记载孟仁“初为骠骑将军朱据军吏，将母在营”（第 1169 页）。

2 走马楼简牍整理组编著：《长沙走马楼三国吴简·竹简〔贰〕》，第 862 页；《长沙走马楼三国吴简·竹简〔叁〕》，第 808、728 页。

3 长沙简牍博物馆等编著：《长沙简牍博物馆藏长沙走马楼吴简书法研究》，第 29—32 页。标点据文义，有调整。

4 相关学术史及王素的观点，参见王素：《长沙吴简劝农掾条列军州吏等人名年纪三文书新探》。

口食簿。[1]笔者也不赞同此类户口簿就是户籍之说，从乡吏调查、统计的名目看，这些簿籍只登载家庭内的男性成员，著录对象除土著人口外，还包括外来人口。这与《西凉建初籍》的情况有所不同，但编制目的是一样的。具有专业技术才能的工匠同样是古代管控的重点群体，孙吴户籍简也著录有专门的师佐户，如“其一户给锻佐下品之下”（壹·5429）、“领锻佐一户下品”（贰·836）等。[2]这些工匠除隶属郡县行政管理以外，也接受作部的发派调遣，吴简多次提到“监作部都尉王暭”（捌·3303、3730）[3]，从“都尉”的官称看，作部与军府关系密切。我们也可以发现如下简文：

兵曹言部诸乡典田掾蔡忠等重复隐核锻师事

嘉禾六年三月十四日书佐吕承封 （柒·2585）[4]

吴简中负责诸乡事务的官吏最初称劝农掾，嘉禾五年（236年）后称典田掾，两者职责一样。从简文看，诸乡乡吏调查工匠的结果需由兵曹向上汇报。在分裂割据时期，工匠最主要的工作大概就是为军队制造兵器，所以官府对工匠户采用与兵户同样的管理体制，《南齐书·百官志》就记载大凡“兵士百工补役死叛考代年老疾病解遣”等事宜由尚书右丞一体负责。[5]学者对吴简所见的两套“作部工师簿”做了复原[6]，从这两套尤其是《长沙走马楼三国吴简·竹简[壹]》收录的工师簿中可以看出，其应当是县廷在辖乡呈报专门登载师佐家庭的簿籍的基础上编造全县的师佐籍，再按照派役需要，在簿籍上分别注明“见”“留”“别使”“屯将行”等注记，最后上报郡府。这种操作步骤和上

1 相关简文如：“嘉禾四年平乐里户人公乘侯□年廿筭一”（肆·1973）、“嘉禾四年平乐里户人公乘邓□年卅二腹心病”（肆·1974）、“嘉禾四年平乐里户人公乘谷兕年九十二”（肆·2720）等。参见走马楼简牍整理组编著：《长沙走马楼三国吴简·竹简[肆]》，第668、686页。

2 走马楼简牍整理组编著：《长沙走马楼三国吴简·竹简[壹]》，第1007页；《长沙走马楼三国吴简·竹简[贰]》，第735页。

3 走马楼简牍整理组编著：《长沙走马楼三国吴简·竹简[捌]》，第731、741页。

4 走马楼简牍整理组编著：《长沙走马楼三国吴简·竹简[柒]》，第792页。

5 《南齐书》卷16《百官志》，第321页。

6 韩树峰：《长沙走马楼三国吴简所见师佐籍考》，见北京吴简研讨班编《吴简研究》（第1辑），第167—189页；沈刚：《〈长沙走马楼三国吴简（竹简[壹]）〉所见师佐籍格式复原及相关问题探讨》，《人文杂志》2008年第6期；凌文超：《走马楼吴简两套作部工师簿比对复原整理与研究》，见卜宪群、杨振红主编《简帛研究 二〇〇九》，广西师范大学出版社，2011，第162—237页。

引《晋书·张华传附刘卞传》《晋书·王尼传》反映的征兵程序差不多。

当然，与孙吴时期的户籍简册相比，西晋户籍使用纸张，两者在造籍制度及因应而来的籍贯书写方式上会有一些不同。[1]两晋史籍缺少郡县编制兵户户籍的相关记载，后世情况比较清楚。明代的人户分军、民、匠、灶等籍，其赋役黄册虽称民黄册，但实际上载有各种人户；地方在十年大造民黄册的同时，还要将民黄册所载包括军户在内的其他重要人户摘出，分类编造军黄册等专门职役户册籍，编好后再上呈中央机构。[2]

《太平御览》卷606引《晋令》载："郡国诸户口黄籍，籍皆用一尺二寸札，已在官役者载名。"[3]"诸"修饰"户口"，"诸户口"就是多种户口、多种人户。除与郡县民分治、独立于地方行政机构的屯田民、营居兵户之外，魏晋时期郡县也管理多种人户。地方在编造辖内包括各类人户的基本户籍的同时，也分类编制特定人户的户口簿籍，此后逐渐发展成专门的职役户籍。从著录的"兵""散""大府吏"的身分及丁中统计内容看，《西凉建初籍》显然是一件兵户户籍。该籍在户主前标明了郡县乡里，说明这些兵户被纳入了地方户籍管理体制。如果用一句话表述，《西凉建初籍》应该是敦煌地方行政机构编造的居住在郡县的兵户户籍。

1 参见本书第二编第七章"《前秦建元二十年籍》与汉唐间籍帐制度的变化"。

2 栾成显：《明代黄册研究》，第35—38页。

3 （宋）李昉等撰：《太平御览》卷606《文部·札》，第2726页下栏。

第九章
新疆吐鲁番新出唐代貌阅文书

2010年，中央民族大学民族博物馆入藏十余件吐鲁番地区出土的唐代文书，其中一件是交河县要求盐城民众在指定日期接受县令貌阅的帖文。文书由两片纸黏接而成，纸高28.5厘米、宽67.5厘米，首尾基本完整；正面盖四方朱印，末尾有县令的签名，接缝背面也有押署、盖印的痕迹。这是目前见到的唯一一件有关唐代貌阅的官方文书，具有重要的史料价值。

一　文书释读与定名

承中央民族大学民族博物馆授权，现将文书移录并标点如下：

1. 交河县　帖盐城
2. 东都思义 焦胜娘 冯义姉　陈小娘 房法言 张长寿
3. 张承璟　蔡黑奴 索思达　张策母 画达　张策　左义
4. 东都运　房义融 赵尽忠　焦发馥 东慎之 画如愷
5. 蔡自谦　左珣　张立春　唐绍先 张闻　康瓩　陈义 张方
6. 康弼　白如琼 左文善　焦贞谅 焦馨　蔡奚　焦寿
7. 焦臣　唐国　令狐祀　唐虔祐 陈思忠 贾思招 张大辿
8. 杜敬宾　张南阳 令狐真宝 焦发荄 焦阿真 赵如遂
9. 冯仁德　焦小直 唐嘉禾　焦受禄 张惟暹 张文成 张六志
10. 张义琮　索空成 杜宋直　龙耆客 唐贞　翟壬良
11. 张昌受　重元　蔡庭之　利元璋 焦从真 陈忠寿
12. 弟干寿　白虵儿 白仁意　白玄德 唐师奴 房礼
13. 阴楷　张小草 张为虵　杜怀宝 焦受相 贾思钊

14. 冯仁憙　左安子

15. 右奉处分：令今月十七日的入乡巡貌。前件

16. 色帖至，仰城主张璟、索言等火急

17. 点检排比，不得一人前却，中间有在外

18. 城逐作等色，仍仰立即差人往追，使

19. 及应过。若将小替代，影名假代，察获一

20. 人以上，所由各先决重杖卌，然后依法推

21. 科。或称身死，虚挂籍帐，□已检并无

22. 公案可凭，仰勒父嬢火急陈下死牒，

23. 申州然得破除。团日仍得父嬢过，官

24. 府拟凭处分。十一月十五日典□□帖

25. 令杜礼[1]

全文25行，共380字。文书正面所钤朱印模糊不清，但联系帖文的性质，并与吐鲁番阿斯塔那322号墓所出《唐西州交河县残籍帐》及232号墓《唐西州交河县籍》、《唐垂拱三年（687年）帐后西州交河县亲侍、废疾等簿帐》保存的朱印比对，可辨识出这四方皆为“交河县之印”[2]。文书第1行称“交河县帖盐城”，第16、17行则谓“仰城主张璟、索言等火急点检”，完全符合白居易所说“符下县，县帖乡，乡差所由”[3]的唐代典制。“盐城”一名，屡见于吐鲁番阿斯塔那—哈拉和卓古墓群出土的高昌文书，从《高昌章和十一年（541年）都官下柳婆、无半、盐城、始昌四县司马主者符为检校失奴事》[4]中，可知盐城是麴氏高昌国的一个县。唐灭高昌设置西州后，高昌国原有郡县均降一级为县乡。如下所述，无论这件文书说的是县令“入乡巡貌”还是民众入乡接受貌阅，都能证明唐代的盐城也是乡一级的行政单位。文书第2—14行列

1　录文参考了张铭心先生的释读结果，并经王素先生最终审订。

2　张铭心最初推测是“岸头府之印”，参见张铭心、凌妙丹：《中央民族大学收藏吐鲁番出土文书初探》，《中央民族大学学报（哲学社会科学版）》2013年第6期。

3　（唐）白居易著，朱金城笺校：《白居易集笺校》卷68《钱塘湖石记》，第3668页。

4　中国文物研究所等编：《吐鲁番出土文书[壹]》（图录本），第128页。

举了从“东都思义”到“左安子”80 个人的名字。其中一些名字也见于中央民族大学同批入藏的其他文书，如“蔡黑奴”见于《第四团下盐城纳行官仗身钱历》，“房义融”“焦阿真”“索思达”见于《配役文书》。此外，下文提到的“城主索言”即“索顺言”，则见于同批入藏的《开元十八年（730 年）八月城主索顺言牒》和《开元十八年城主索顺言牒为失火相争事》。[1]由此推断，这件文书的年代也是唐开元时期。

第 15 行称“右奉处分：令今月十七日的入乡巡貌”，或以为“令”是动词，这句话是说下令前述人等在十一月十七日赶到乡里接受巡貌。这种说法恐怕不妥，原因有两点：第一，盐城本身即是乡城，这些人原本就住在城里，下文提到有些人可能在“外城逐作”，但毕竟是少数。“入乡”者不应当是指这些民众。第二，“入乡”与“巡貌”是并列动宾词组，如果将前者理解为民众入乡，后者解释成民众被巡貌，也不合语法习惯。唐代公文中，县令可以简称为“令”，如阿斯塔那 35 号墓出土的《唐永淳元年（682 年）西州高昌县下太平乡符为百姓按户等贮粮事》所载高昌县下太平乡符中，就有“令判准家口多少各贮一年粮，仍限至六月十五日已来了”一语[2]，“令”即指县令。我们认为，“令今月十七日”云云，其实是说县令入乡巡貌。这就不仅符合唐代的貌阅制度和语法规范，也使该句中“的”（确定之意）字有了着落。

根据吐鲁番文书的定名原则，中央民族大学这件文书可定名为《唐开元年间西州交河县帖盐城为令入乡巡貌事》（以下简称《入乡巡貌事》）。

二　唐代的貌阅时间与貌阅年龄

巡貌，就是巡行貌阅。“貌阅”一词，首见于隋代史籍。根据史书的记载，隋代在开皇三年（583 年）、大业五年（609 年）有两次大规模的貌阅举动。[3]学

1　张铭心、凌妙丹：《中央民族大学收藏吐鲁番出土文书初探》，《中央民族大学学报（哲学社会科学版）》2013 年第 6 期。

2　中国文物研究所等编：《吐鲁番出土文书[叁]》（图录本），第 487 页。

3　《隋书》卷 24《食货志》，第 681 页；《隋书》卷 67《裴蕴传》，第 1575 页。

界对这两次事件有不同认识。[1]根据《隋书·食货志》的记载，隋文帝接受高颎的建议，“每年正月五日，县令巡人，各随便近，五党三党，共为一团，依样定户上下”[2]。“巡人（民）”一语，古籍唯此一见；考虑到唐代县令定户等与貌阅这两件事在同一天进行，“貌”（皃）字又常常被误释[3]，笔者怀疑这里的“巡人（民）”或为“巡貌”之误。无论如何，隋代已经形成固定的县令貌阅制度，这点是无疑的。实际上，貌阅制度可以追溯到更早。

战国时期创立户籍制度之初，就是由民众自行申报年龄、疾病等事项；但官府并非完全依据民户的呈报，而是要经过案比后再著录到户籍上。[4]章怀太子李贤为《后汉书》作注，径自将汉代的案比解释成唐代的貌阅。[5]今人钱剑夫也认为两者就是一回事。[6]实际上，案比与貌阅还是有些差异。“案比”亦即“案户比民”[7]，泛指造籍之前官吏（包括乡吏乃至县的长官）对民户申报情况的整个调查、审核工作；而貌阅特指县令对特定民众亲貌形状[8]。不过，无论是案比还是貌阅，两者核实的重点内容都是一致的。战国晚期的《秦律杂抄·傅律》简32—33载：“匿敖童，及占瘩（癃）不审，典、老赎耐，·百姓不当老，至老时不用请，敢为酢（诈）伪者，赀二甲；典、老弗告，赀各

1 《隋书·食货志》与《隋书·裴蕴传》记载开皇、大业两次大索貌阅的结果，其新进的丁口数基本相同。故志田不动麿、砺波护、唐长孺等先生认为，隋代只在大业五年（609年）推行过大索貌阅（〔日〕志田不動麿：《北朝時代の郷党制》，《史潮》第5卷第2号，1936；〔日〕礪波護：《隋の貌閲と唐初の食実封》，《東方学報》（37），1966；唐长孺：《读〈隋书〉札记》，《山居存稿》，中华书局，1989，第293—309页）。但金井之忠、池田温、冻国栋等学者主张，开皇与大业年间各有一次大规模貌阅活动（〔日〕金井之忠：《隋の高熲の政術と通典の食貨典》，《文化》第3卷4号，1936；〔日〕池田温：《中国古代籍帐研究·概观》，龚泽铣译，第84—87页；冻国栋：《唐代人口问题研究》，武汉大学出版社，1993，第73—79页）。

2 《隋书》卷24《食货志》，第681页。

3 如清代德聚堂刻本《樊南文集详注》与文渊阁四库全书本《李义山文集笺注》就将“貌阅”写作“见阅”，参见（唐）李商隐撰，（清）冯浩注：《樊南文集详注》卷2，乾隆德聚堂刻本；（唐）李商隐撰，（清）徐树榖笺，（清）徐炯注：《李义山文集笺注》卷5，《景印文渊阁四库全书》第1082册，第344页。下引《唐西州高昌县下太平乡符为检兵孙海藏患状事》，整理者则将“巡貌”释作“巡儿”。

4 参见本书第二编第四章“长沙东牌楼东汉‘户籍简’补说”。

5 李贤注“案比”，谓“案验以比之，犹今貌阅也”，参见《后汉书》卷39《江革传》，第1302页。

6 钱剑夫：《汉代“案比”制度的渊源及其流演》，《历史研究》1988年第3期。

7 《续汉书·礼仪志中》载：“仲秋之月，县道皆案户比民。”（《后汉书》，第3124页）

8 参见本书第二编第四章“长沙东牌楼东汉‘户籍简’补说”。事实上，唐代仍在使用“案比”一词，如《唐律疏议》卷12《户婚律》“里正不觉脱漏增减”条疏议：“里正之任，掌案比户口，收手实，造籍书。”与县令貌阅相对，唐代的“案比”就仅指乡吏对民户的审核了。

一甲；伍人，户一盾，皆署（迁）之。”[1]“敖童”是达到傅籍标准的成年人。对“敖童”“老”“癃”等关涉赋役征免的课役身分，官府要重点审核，一经发现不实，除申报者要受严厉惩罚外，基层乡吏、同伍之人也要受到牵连。湖北荆州纪南松柏汉墓出土有“南郡免老簿”“南郡新傅簿”“南郡罢癃簿”等专门簿籍[2]，足见官府对这些课役身分的重视和控制程度。传世文献中也有一个具体例证。《后汉书·江革传》记载江革每年亲自挽车送母亲赴乡接受县廷案比。[3]《东观汉记》谓当时“（江革）母年八十”[4]，按照郑众“今八十、九十复羡卒”[5]的说法，东汉时期年至 80 就享有给侍，所以县廷每年要查看江革母亲是否在世，以防出现脱免赋役的现象。从上述事例看，战国以降，官府审核民众的重点就是与赋役减免、给侍相关的事项。

唐代史籍对貌阅的内容有详细规定，武周延载元年（694 年）八月敕：

> 诸户口计年将入丁、老疾应免课役及给侍者，皆县亲貌形状，以为定簿。一定以后，不得更貌。疑有奸欺者，听随事貌定，以付手实。[6]

县令除每年的常规貌阅外，还有针对奸欺者的“随事貌定”。年常貌阅的对象“计年将入丁、老疾应免课役及给侍者”，无疑遵循的是战国以来的传统。《唐六典》对貌阅事项记载得更具体：

> 所管之户，量其资产，类其强弱，定为九等。其户皆三年一定，以入籍帐。若五九（谓十九、四十九、五十九、七十九、八十九）、三疾（谓残疾、废疾、笃疾）及中、丁多少，贫富强弱，虫霜旱涝，年收耗实，过貌形状及差科簿，皆亲自注定。[7]

县令貌阅的重点是“五九”和“三疾”。朱雷曾对此做过详细考察，指出这些

1 睡虎地秦墓竹简整理小组编：《睡虎地秦墓竹简》，“释文·注释”，第 87 页。

2 荆州博物馆：《湖北荆州纪南松柏汉墓发掘简报》，《文物》2008 年第 4 期，第 29—32 页。

3 《后汉书》卷 39《江革传》，第 1302 页。

4 （汉）刘珍等撰，吴树平校注：《东观汉记校注》卷 15《江革传》，中州古籍出版社，1987，第 648 页。

5 （汉）郑玄注，（唐）贾公彦疏：《周礼注疏》卷 12《地官·乡大夫》郑玄注引，见（清）阮元校刻《十三经注疏》，第 1543 页上栏。

6 （宋）王溥撰：《唐会要》卷 85《团貌》，第 1843 页。

7 （唐）李林甫等撰：《唐六典》卷 30“京畿及天下诸县令之职”条，陈仲夫点校，第 753 页。

“年状”均与减免赋役、给侍有关。[1]史籍归纳的“五九”不过是原则性规定，这与我们在敦煌吐鲁番出土的唐代户籍中见到的貌阅实例不尽一致：

（1）《武周万岁通天二年（697年）帐后柳中县籍》第3行载：

□拾陆岁，中男。证圣元年籍，玖岁。万岁通天贰年帐后，貌加□[2]

（2）《武周大足元年（701年）西州柳中县籍》（第一片）第24行载：

岁。久视元年帐后，貌加从实。[3]

（3）《武周西州柳中县户籍残卷》第2行载：

□二年帐后，貌加从实。[4]

（4）《唐开元四年（716年）沙州敦煌县慈惠乡籍》第二片第12行载：

户主董思勖年贰拾贰岁，白丁，残疾。转前籍，年廿。开元二年帐后，貌加就实。[5]

（5）《唐开元四年（716年）西州高昌县安西乡安乐里籍》“郑××”户第3行载：

男无忌年拾陆岁，中男。先天贰年籍，拾贰。开元叁年帐□□□入拾陆从实。[6]

（6）《唐开元七年（719年）沙州敦煌县龙勒乡籍》第三片第3行载：

男仁本年壹拾柒岁，中男。转前籍，年十四。开元五年帐后，貌加就实。[7]

（7）《唐开元十年（722年）沙州敦煌县悬泉乡籍》第二片“郭玄昉”户第4行载：

---

1 朱雷：《唐代“手实”制度杂识——唐代籍帐制度考察》，见武汉大学历史系魏晋南北朝隋唐史研究室编《魏晋南北朝隋唐史资料》（第5期）。

2 中国文物研究所等编：《吐鲁番出土文书[叁]》（图录本），第402页。荣新江将该文书命名为《武周圣历元年（698年）西州柳中县籍》，参见《〈唐开元二十九年西州天山县南平乡籍〉残卷研究》，《西域研究》1995年第1期。

3 中国文物研究所等编：《吐鲁番出土文书[肆]》（图录本），第56页。

4 柳洪亮：《新出吐鲁番文书及其研究》，新疆人民出版社，1997，第100页。

5 唐耕耦、陆宏基编：《敦煌社会经济文献真迹释录》（第1辑），第140页。

6 中国文物研究所等编：《吐鲁番出土文书[肆]》（图录本），第145页。

7 Yamamoto Tatsuro，Dohi Yoshikazu. *Tun-huang and Turfan Documents，Concerning Social and Economic History，Vol. II，Census Registers（A），Introduction& Texts*，the Toyo Bunko，1985，p.25.

男思宗年贰拾贰岁，卫士。转前籍，年廿一。开元八年帐后，貌加就实。

第四片“杨义本”户第12行载：

男大绚年拾玖岁，中男。转前籍，年廿。开元七年籍后，貌减就实。[1]

（8）《唐开元十九年（731年）西州柳中县高宁乡籍》不知名户第7行载：

姑汉足年柒拾玖岁，老寡。开元拾陆年籍，柒拾玖。其帐后，貌减叁年就实。[2]

（9）《唐天宝六载（747年）敦煌郡敦煌县龙勒乡都乡里籍》“程大忠”户第134行载：

男思璟载壹拾陆岁，小男。转前籍，载廿。天宝五载帐后，貌减就实。

“程智意”户第178行载：

男庭环载壹拾伍岁，小男。转前籍，载廿。天宝五载帐后，貌减就实。

“卑二郎”户第251行载：

弟仙昭载壹拾玖岁，中男。转前籍，载十六。天宝四载帐后，貌加就实。[3]

（10）《唐大历四年（769年）沙州敦煌县悬泉乡宜禾里手实》“赵大本”户第6行载：

男明奉年贰拾陆岁，白丁。转前籍，年廿。大历二年帐后，貌加就实。[4]

朱雷根据（1）（8）两例，指出所谓“××年帐后”，并非上引敕文规定的年常貌阅，而应是在造籍帐后，发现有可疑之处的“随事貌定”。[5]但我们目前发现的所有貌阅实例，其注记无一例外写作“××年帐（籍）后貌加（减）就实”，看来“××年帐（籍）后”是一种固定的书写格式，这些都应视作年常貌阅的结果。“××年帐（籍）后”只是表明貌阅行为发生的大致时间，但记载的是被貌者哪一年的年龄呢？池田温没有对此进行专门讨论，但就其所

1　唐耕耦、陆宏基编：《敦煌社会经济文献真迹释录》（第1辑），第146、148页。其中“杨大绚”条，既称“转前籍，年廿”，又说“貌减就实”，则所记貌阅后的实际年龄“贰拾玖岁”必误。文中“贰”字旁有墨点，表示此字当删，杨大绚应为“拾玖岁”。

2　中国文物研究所等编：《吐鲁番出土文书[肆]》（图录本），第193页。

3　唐耕耦、陆宏基编：《敦煌社会经济文献真迹释录》（第1辑），第177、180、185页。

4　唐耕耦、陆宏基编：《敦煌社会经济文献真迹释录》（第1辑），第189页。

5　朱雷：《唐代“手实”制度杂识——唐代籍帐制度考察》，见武汉大学历史系魏晋南北朝隋唐史研究室编《魏晋南北朝隋唐史资料》（第5期）。

列《现存籍帐貌定事例一览表》看，他认为貌阅的就是××年当年的年龄。[1]即如例（4）中董思勖开元四年（716年）“转前籍，年廿”，就是说依据上次造籍即开元元年（713年）籍的记载，推算董思勖本次造籍时应当是二十岁。[2]池田温先生据此认为，开元二年（714年）帐后，董思勖就是以18岁的名义接受貌阅的。[3]这种理解是否正确？我们知道，貌阅是针对手实而来，有关手实与户籍、计帐三者的关系及手实编造年限问题，学界有不同看法。笔者同意朱雷的意见，认为唐代的手实一年更造，其不仅是户籍也是计帐的基础。[4]在造籍年，造籍的整个程序就是：民户首先报手实，县令貌阅确定后，再携带手实和计帐赴州正式造籍，简单如下所示：

手实 ——> 貌阅 ——> 手实和计帐 ——> 户籍

而在非造籍年，民户报手实后，经县令貌阅再编定计帐，如下所示：

手实 ——> 貌阅 ——> 计帐

貌阅必须在编定户籍或计帐之前完成。我们先来看造籍年的貌阅。唐代造籍时间是从造籍年的正月开始，三月底结束。[5]这样，貌阅及同天进行的定户等就要在上一年年底做完。开元二十一年（733年），西州蒲昌县的貌阅日期是在十二月十五日（论证详下）。民户岁末所报手实上登录的不是当时的数据，而是预报来年情况[6]，县令据以貌阅的自然就不是当年，而是下一年年龄。文书中也有这方面的直接例证，上引例（5）：

男无忌年拾陆岁，中男。先天贰年籍，拾贰。开元叁年帐□□□入拾陆从实。

1 〔日〕池田温：《中国古代籍帐研究·概观》，龚泽铣译，第97页。

2 高明士则将转前籍年龄误认作貌阅时的籍面年龄，故其所列《敦煌文书所见籍帐貌定事例一览表》的内容与貌阅注记颇多抵牾。详参高明士：《唐代的籍年与貌定》，见荣新江主编《唐研究》（第20卷），北京大学出版社，2014，第131—143页。

3 〔日〕池田温：《中国古代籍帐研究·概观》，龚泽铣译，第97页。

4 详见张荣强：《〈新唐书·食货志〉所载“手实”、“乡帐（计帐）”关系考》，《史学史研究》2009年第4期。

5 《唐会要》卷85《籍帐》载开元十八年（730年）十一月敕：“诸户籍三年一造，起正月上旬，县司责手实、计帐，赴州依式勘造。……三月三十日纳讫。”（第1848页）

6 文书见中国文物研究所等编：《吐鲁番出土文书[叁]》（图录本），第498—516页。相关研究见本书第一编第二章“从‘岁尽增年’到‘岁初增年’——中国中古官方计龄方式的演变”。

参照相关格式，空格内可补入“后貌加”三字。无忌在先天二年（713年）籍上的年龄是12岁，开元三年（715年）末，他接受了貌阅，貌阅的结果是“貌 加入拾陆从实”，被修正为16岁。需要注意的是，根据开元四年（716年）户籍的记载，这个16岁正是无忌“从实”后开元四年（716年）户籍上的年龄，而非貌阅后开元三年（715年）的年龄。由此看来，“开元叁年帐后”貌阅的并非当年而是下一年的年龄。

以上说的是造籍年的貌阅即“大团”的时间，但非造籍年的貌阅即“小团”恐怕不是在上年年末，而是在当年年初进行。我们目前尚未发现确切的“计帐”文书，但阿斯塔那103号墓出土了一批与计帐有关的乡户口帐，其68TAM103：20/4文书残片有“贞观十八年三月”三名里正共署之题款[1]，说明这些乡户口帐是在三月完成的。而《武周载初元年（690年）西州高昌县宁和才等户手实》表明，民户通常在非造籍年的正月申报手实。[2]这就意味着，貌阅只能在稍后的二三月进行。我们也可以从史籍中找到这方面的佐证。《唐会要》卷85《团貌》记天宝四载（745年）七月二十日敕：

> 今载诸郡，因团貌宜便定户。自今已后，任依常式，应缘察问，对众取平，准今载三月五日敕处分。[3]

同卷《定户等第》也收录了上文说的“三月五日敕”：

> 今欲审其户等，拯贫乏之人；赋彼商贾，抑浮惰之业。……顷以人不欲扰，法贵从宽，所以比来未全定户。今已经数载，产业或成，适可因兹，平于赋税。[4]

唐前期造籍以“丑、辰、未、戌”年，但开元二十二年（734年）后，造籍年次变成了“寅、巳、申、亥”。[5]天宝三载（744年）干支甲申，是造籍年，我们也见到了《唐天宝三载（744年）敦煌郡敦煌县神沙乡弘远里籍》的实

1《唐贞观十八年（644年）西州高昌县武城等乡户口帐》，见中国文物研究所等编：《吐鲁番出土文书[贰]》（图录本），第121页。相关研究成果，参见朱雷：《唐代“乡帐”与“计帐”制度初探——吐鲁番出土唐代“乡帐”文书复原研究》。

2　参见本书第一编第二章“从‘岁尽增年’到‘岁初增年’——中国中古官方计龄方式的演变”。

3　（宋）王溥撰：《唐会要》卷85《团貌》，第1844页。

4　（宋）王溥撰：《唐会要》卷85《定户等第》，第1846页。

5　参见荣新江：《〈唐开元二十九年西州天山县南平乡籍〉残卷研究》。

物。[1]既然天宝三载刚造过籍，第二年本不应定户，但唐玄宗鉴于“比来未全定户”，下令在团貌的同时趁机定户。这年的团貌也是在三月进行的。至于玄宗天宝九载（750 年）十二月二十九日敕：“天下郡县，虽三年定户，每年亦有团貌，计其转年，合入中男、成丁。五十九者，任退团貌。”[2]从下诏时间和诏令内容上看，也应当视为对即将到来的团貌做的指示。

如果说非造籍年的“小团”是在年初，造籍年的“大团”是在上一年年末，这就意味着，貌阅注记中所说的“××年帐（籍）后”实际上包括两种情形：“大团”时，貌阅的具体时间是在××年当年的年末；而“小团”时，貌阅的具体时间就在××年的下一年年初。因为“大团”貌阅的是来年年龄，所以无论貌阅的时间是在当年年末还是下年年初，“××年帐（籍）后”貌阅的都是××年下一年的年龄。明白了这点，我们就可以根据前举登载貌阅事项比较完整的（4）—（10）例，推算出当时貌阅前后的具体情况（表 9-1）。

表 9-1　唐代户籍中所见“貌阅”实例[3]

人名	被貌年代（大、小团）	貌前籍面年龄	貌前丁中身分	貌后实际年龄	貌后丁中身分
董思勖	开元三年（小团）	19 岁	中男	21 岁	丁男
无忌	开元四年（大团）	15 岁	小男	16 岁	中男
仁本	开元六年（小团）	13 岁	小男	16 岁	中男
郭思宗	开元九年（小团）	20 岁	中男	21 岁	丁男
杨大绚	开元八年（小团）	18 岁	中男	17 岁	中男
汉足	开元十七年（小团）	80 岁	老寡（给侍）	77 岁	老寡
程思璟	天宝六载（大团）	20 岁	中男	16 岁	小男
程庭环	天宝六载（大团）	20 岁	中男	15 岁	小男
卑仙昭	天宝五载（小团）	15 岁	小男	18 岁	中男
赵明奉	大历三年（小团）	19 岁	中男	25 岁	丁男

以上貌阅实例中，只有两例年龄（19 岁）符合“五九”的规定；但这些貌阅基本上是围绕着入“中”“丁”“老”，以及给侍这些关键年龄进行的，在貌阅前后，除杨大绚外，被貌者的丁中身分或给侍待遇都发生了变化。

1 〔日〕池田温：《中国古代籍帐研究·录文》，龚泽铣译，第 47 页。

2 （宋）王溥撰：《唐会要》卷 85《团貌》，第 1844 页。

3 表中所列“被貌年代”并非指貌阅行为发生的时间，而是指貌阅年龄指向的年代，也就是“××年帐（籍）后”中“××年”的下一年。与之相应，表中所列的“貌前籍面年龄”和“貌前丁中身分”也是根据旧籍记载和当时的丁中标准推算出来的。

三　貌阅的重点对象及对不法行为的处罚

《入乡巡貌事》第2—8行条列的貌阅名单中，至少涉及“焦胜娘”“冯义姊”“陈小娘”“张策母”四名女性。官府貌阅的重点是影响国家赋役征收的特定人群，唐代女子不纳赋役，所以我们见到的貌阅实例中，被貌者基本是男性。表9-1也列有一名女性，例（8）中的汉足之所以被貌阅，是因为其籍面年龄已及八十，按照唐开元二十五年（737年）《户令》：

> 诸年八十及笃疾，给侍丁一人，九十二人，百岁三人，皆先尽子孙，次取近亲，皆先轻色。[1]

无论男女，年过八十及笃疾者，均可享受给侍的优遇。吐鲁番文书涉及女子给侍的实例，有《唐开元四年（716年）西州柳中县高宁乡籍》“江义宣”户第3行“户主江义宣年贰拾贰岁，白丁亲侍”，第8行“叔母俎渠年伍拾柒岁。丁寡笃疾两目盲”。[2]

江义宣因叔母身患笃疾，被列为侍丁。阿斯塔那187号墓所出《唐垂拱三年（687年）帐后西州交河县亲侍、废疾等簿帐》第1片第2行“张尾奴母卫垂拱二年帐□”，第3片第1、2行“索父师母李垂拱二年帐，男父师，卫士，亲侍，三年依旧侍”，“索行达母垂拱二年帐，男行达，白丁，亲侍，三年依旧侍”。[3]这里的张尾奴、索父师、索行达都是作为母亲的“侍丁”身分登录的。“侍丁”取白丁充任，“依令免役，唯输调及租”，影响到国家的赋役收入，所以符合给侍条件的女子也要被纳入貌阅的范围。

文书第15—19行：“前件色帖至，仰城主张璟、索言等火急点检排比，不得一人前却，中间有在外城逐作等色，仍仰立即差人往追，使及应过。”要求这80人在十一月十七日全部到场，即使身在外地，届时也必须赶回接受貌阅。[4]可见，唐前期的貌阅制度非常严格。我们这里还可以举出孙海藏的例子，

---

1 （唐）杜佑撰：《通典》卷7《食货》，王文锦等点校，第155页。

2 〔日〕池田温：《中国古代籍帐研究·录文》，龚泽铣译，第100页。

3 中国文物研究所等编：《吐鲁番出土文书[肆]》（图录本），第201、202页。

4 “应过”与文书第23行“团日仍得父孃过”的“过”，都是接受县令过貌的意思。

阿斯塔那35号墓所出《唐西州高昌县下太平乡符为检兵孙海藏患状事》：

1. 高昌县
2. 孙海藏患风痫（瘸）及冷漏状当残疾
3. 太平乡主者，得上件人辞称：先患风痫，坐底
4. 冷漏。昨为差波斯道行，~至蒲昌，数发动。检
5. 验不堪将行，蒙营司放留，牒送柳中县安养
6. 并给公验。营司后更牒建忠曲僧~，患如得损
7. 即令勒赴军所，追来相随，行至交河，患犹未
8. 除，交河复已再检不堪前进，得留交河安养，
9. 并牒上大军知。今有大军牒，具患状牒州，~符
10. [下]县收伇（役？）讫。今造手实，巡儿恃（持？）至，谨连营司
11. [患]公验如前，并请检大军牒，患状验检入疾请
12. 裁者。依状检营司牒，患状与孙藏状同者，又
13. 检波斯道军司牒，得高通达辞称：今知上件
14. 见患风痫及冷漏，不堪行动，见留西州交河
15. 县将息，情愿替行者，依检交河县牒，患状与状
16. 同。侍郎判：依请，县宜准状者。又责保问乡勒
17. ______[保]人张丑是等五人，里正杜定护、医
18. ______[风][痫][冷]漏有[年][1]

第10行有两处释字错误。“役？”，图版作“”，当释为“促”[2]；“巡儿”，朱雷怀疑是造手实的胥吏，但“儿”字图版作“”，实即古“貌”字。孙海藏系高昌县太平乡人，仪凤四年（679年）受招募参加波斯道行军，途中旧疾发作，被军营就地安置到交河县休养。按照军司文牒和乡吏的说法，孙海藏“风痫冷漏有年”，而“久漏”被列为“三疾令”中的“残疾”[3]，自然就成了县令貌阅的对象。孙海藏辞称“昨为差波斯道行”“今造手实，巡貌持至”，从

1　中国文物研究所等编：《吐鲁番出土文书[叁]》（图录本），第488页。
2　此字承王素先生在邮件中提示。
3　（唐）白居易：《白氏六帖事类集》卷9引唐“三疾令”。

文书描述的时间用语推测孙海藏接受貌阅和波斯道行军是同一年的事。[1]仪凤四年（679年）干支己卯，正是大团及定户等之年。如上所述，在定户等之年，团貌和定户等皆在年底进行。大概在仪凤四年年末，高昌县令赴太平乡巡貌，当地就派人把孙海藏从交河县带回接受貌阅。

文书所谓“若将小替代，影名假代，察获一人以上，所由各先决重杖卌，然后依法推科”，如果找人冒名顶替参加貌阅，一经发现，先打四十杖，再按罪论处。这里说的是对“所由”也就是城主的惩罚。唐律对民户增减年状的行为有专门规定：

> 脱口及增减年状，以免课役者，一口徒一年，二口加一等，罪止徒三年。

对涉事里正及相关官吏的处罚是：

> 诸里正不觉脱漏增减者，一口笞四十，三口加一等，过杖一百，十口加一等，罪止徒三年。若知情者，各同家长法。
>
> 诸里正及官司，妄脱漏增减以出入课役，一口徒一年，二口加一等。[2]

其中区分为不知情、知情和故意三种情形。“里正及官司”，《唐律疏议》谓“里正及州、县官司”，笔者推测，在西州也应该包括负有组织貌阅之职的城主。这种“将小替代，影名假代”的行为，也明显属于“妄脱漏增减”。

文书提到民户的欺瞒行为还有“身死，虚挂籍帐”。唐令对人口死亡的上报时限有清楚规定：

> 诸户口中男以上及给侍老疾人死者，限十日内，里正与死家注死时日月，连署，经县申记，应附除课役者，即依常式。[3]

这是《赋役令》的内容，所以仅提到上报“中男以上”及侍丁死亡的时限。我们见到两件申报奴婢死亡的牒文，户主都是在其死亡当月就向官府做了呈报。[4]但也会有民户为了个人私利，故意隐瞒家口死亡，从而造成虚挂籍帐的

1 朱雷将这件文书的时间定为永淳元年（682年）。但吐鲁番文书中，追述前几年发生的事往往称“去+某具体年号”，不称“昨”。不过，永淳元年干支壬午，亦为定户等之年。

2 刘俊文撰：《唐律疏议笺解》卷2《户婚律》，第915、920、929页。

3 天一阁博物馆等校证：《天一阁藏明钞本天圣令校证：附唐令复原研究》，第475页。

4 其中《武周证圣元年（695年）牒为申报婢死事》，见中国文物研究所等编《吐鲁番出土文书[叁]》（图录本），第517页；《唐开元某年奴小德除籍牒》，见中国文物研究所等编《吐鲁番出土文书[肆]》（图录本），第36页。

情况。冻国栋对唐代前期“丁口虚挂”的现象做过深入、细致的研究[1]，笔者在这里仅对个别问题提出不同看法。唐代户籍中经常有“××年帐（后）死”的注记，如《武周天授三年（692年）西州籍》第3—6行：

户主大女史女辈（？）年叁拾陆岁　丁寡　代男贯▭（不课户）

男那你盆年玖岁小男永昌元年帐后死

女迦勒年拾叁岁小女永昌元年帐后死

女谷施年拾肆岁小女[2]

唐代户籍三年一造，所以当年户籍中就要反映上次造籍以来三年的异动情况。永昌元年（689年）干支己丑，正是上一个造籍年；那你盆、迦勒死亡的时间是“永昌元年帐（籍）后”，就发生在两个相邻造籍年之间，天授三年（692年）户籍著录这种情况是应有之义，恐不能算虚挂籍帐。此外，《武周大足元年（701年）沙州敦煌县效谷乡籍》中注明的诸如“圣历二年（699年）帐后死”“圣历三年（700年）帐后死”[3]，也属于这种情况。

冻国栋认为唐代之所以出现“丁口虚挂”现象，主要是州县官吏为迎合考课标准而采取的欺瞒朝廷的行为。这与本件文书反映的不是一回事。事实上，不仅这件文书，敦煌吐鲁番地区出土的唐代户籍中，凡是公然注明“丁口虚挂”者，恐怕都不能视作地方官吏坦承自己欺骗朝廷的证据，而应理解为其查处属下或民众不法行为的政绩。阿斯塔那42号墓所出的《唐勘问计帐不实辩辞》：

1. □被问既称：比人计帐先除，▭

2. ▭犹存见在，仰更具答者，前▭

3. ▭未归虚实，仰更具答者。

4. ▭：身是高昌，不闲宪法，

5. ▭日摩咄妻多然

1　冻国栋：《关于唐代前期的丁口“虚挂”——以敦煌吐鲁番文书为中心》，见武汉大学魏晋南北朝隋唐史研究室编《魏晋南北朝隋唐史资料》（第16辑），武汉大学出版社，1998，第85—91页；后收入其著《中国中古经济与社会史论稿》，第182—194页。

2　〔日〕池田温：《中国古代籍帐研究·录文》，龚泽铣译，第95页。

3　唐耕耦、陆宏基编：《敦煌社会经济文献真迹释录》（第1辑），第130—134页。

6. ▭柱：乃即依旧籍转写为

7. 定，实是错悞，不解脚注。摩咄[身][死]

8. 错为见在，今更子细勘当，实▭

9. 隐没，直是不闲[公][法]，□□[者]▭[1]

里正在籍帐上将死去的摩咄注为“见在”，县司勘问其中缘由，里正以“不闲公法”“不解脚注”来推脱。我们不知道里正与涉事民户之间是否有隐情，但对于民户来说，有些情况下，隐瞒家属死亡的确有利可图。唐朝均田制规定：

> 丁男给永业田二十亩，口分田八十亩，其中男年十八以上亦依丁男给，老男、笃疾、废疾各给口分田四十亩，寡妻妾各给口分田三十亩……黄、小、中、丁男女及老男、笃疾、废疾、寡妻妾当户者，各给永业田二十亩，口分田二十亩。[2]

永业田身没不还，口分田死后要归还给官府。民户在受田人口尤其是老男、笃疾、废疾、寡妻妾这类无须服纳赋役的人死后，往往会采取隐瞒不报的方式，以达到继续保有土地的目的。普通民众如此，特权阶层中“身死虚挂”的现象恐怕更多。唐《赋役令》规定：“诸文武职事官三品以上若郡王父祖兄弟子孙，五品以上及勋官三品以上有封者若国公父祖子孙，勋官二品若郡县公侯伯子男父子，并免课役。”[3]这些人都是受田不纳赋役的群体。我们在阿斯塔那187号墓出土的《唐天宝二载（744年）西州高昌县勘定诸乡品子、勋官见在、已役、免役、纳资诸色人名籍》中见到，18名五品子孙中就有“四人虚存”的现象。[4]

此外，前文提到年满八十及笃疾者依令享有给侍，因为侍丁优先从本户选取，民户在上述人死后，也可能不及时上报官府，继续骗取赋役蠲免的优待。

文书对虚挂籍帐的处置意见是：“□[已]检并无公案可凭，仰勒父孃火急陈下死牒，申州然得破除。团[日]仍得父孃过，官府拟凭处分。”唐代的“孃”与

1　中国文物研究所等编：《吐鲁番出土文书[叁]》（图录本），第127页。

2　（唐）杜佑撰：《通典》卷2《食货二》，王文锦等点校，第29页。

3　天一阁博物馆等校证：《天一阁藏明钞本天圣令校证：附唐令复原研究》，第476页。

4　中国文物研究所等编：《吐鲁番出土文书[肆]》（图录本），第211—212页。

“娘”是两个字，前者称呼母亲，后者则称少女。[1]“团日”也就是团貌之日。[2]如果民户有丁口虚挂的行为，家长要尽快呈交死亡报告，经州审核后，再注销死者户籍。貌阅这一天，家长仍须到场说明情况，由官府根据实际情况予以惩处。“拟凭”一词也见于唐代典籍，如《唐会要》卷68《刺史上》记载唐太宗高度重视州刺史的人选，“故屏风上录其姓名，坐卧常看，在官如有善恶事迹，具列于名下，拟凭黜陟”[3]。“拟”，《说文·手部》“度也”，段玉裁注：“今所谓揣度也。”[4]唐律中没有处罚虚挂籍帐此类行为的条文，所谓“拟凭处分”，推测和《户婚律》“脱漏户口增减年状”条一样，也是视民户是否因此获得实际利益而给予不同惩戒。

我们可以根据文书提到的县令赴盐城貌阅的时间，推测当年是大团还是小团的问题。按唐玄宗开元二十九年（741年）三月二十六日敕：

> 天下诸州每岁一团貌，既以转年为定，复有籍书可凭，有至劳烦，不从简易，于民非便，事资厘革。自今已后，每年小团宜停，待至三年定户日，一时团貌，仍令所司作条件处分。[5]

开元二十九年之前，每年团貌一次。朱雷认为，所谓“小团”可能是说这类团貌不过是按照旧籍“以转年为定”，而无须县令召集民众亲自过貌。[6]笔者也有不同理解。上引武周延载元年（694年）敕明确规定，“诸户口计年将入丁、老疾应免课役及给侍者”皆需县令亲貌形状，事实上每年都会涌现出一批符合这类条件的民众，所以小团也应当是由县令亲自貌阅。如若仅是由官府自行取旧籍推算，无须过貌民众，就不存在唐玄宗所说“于民非便”的弊端了。就前文所列表9-1看，10例貌定中，仅3例发生在定户日的“大团”，

---

1 《说文解字注》篇12下《女部》“孃”字，段玉裁注：“按《广韵》‘孃，女良切，母称；娘亦女良切，少女之号’。唐人此二字分用画然，故‘耶孃’字断无有作‘娘’者，今人乃罕知之矣。”

2 “团日”一语，也见于《册府元龟》卷63《帝王部·发号令》玄宗开元九年（721年）十月诏。针对当时地方存在死亡兵士仍要承担差科的现象，唐玄宗下诏：“令今年团日勘责同行火队，的知实死，即与破除。”

3 （宋）王溥撰：《唐会要》卷68《刺史上》，第1416页。

4 （汉）许慎撰，（清）段玉裁注：《说文解字注》篇12上《手部》，第604页下栏。

5 （宋）王溥撰：《唐会要》卷85《团貌》，第1843—1844页。

6 朱雷：《唐代“手实”制度杂识——唐代籍帐制度考察》，见武汉大学历史系魏晋南北朝隋唐史研究室编《魏晋南北朝隋唐史资料》（第5期）。

其余 7 例都是小团时发现的。这就可以理解为什么玄宗开元二十九年下令改为三年一团貌，但根据上引天宝九载（750 年）敕，不到十年就又恢复为每年一团了。[1]貌阅与定户等是县令亲自抓的工作，这两项工作的地点又都是在乡里，所以定户年时，定户等和貌阅就集中在同一天进行。《唐六典》卷 3“户部郎中、员外郎”条谓，“每定户以仲年（子、卯、午、酉），造籍以季年（丑、辰、未、戌）”[2]。阿斯塔那 509 号墓出土的《唐开元二十一年（733 年）西州蒲昌县定户等案卷》记载，蒲昌县当年定户等的日期是在十二月十五日[3]，则县令也应该在当天组织了貌阅。《入乡巡貌事》说县令下乡貌阅的具体时间是十一月十七日，如果我们能确证“小团”都是在每年二三月举行，就可以判断这次貌阅也是在定户年，是为来年造籍做准备工作。

唐人谓“籍者，所以编户口、计租税耳”[4]，除了租税，当然还有兵役和徭役。唐朝统治者为了保证作为户籍编制基础的手实上的资料准确性，县令需要亲自对民户申报的重要事项逐一进行核实。《入乡巡貌事》列举的 80 个人的貌阅名单中，无一不是与“五九”“三疾”之类涉及赋役征免事项有关的人。文书提出要严惩“将小替代”“影名假代”“虚挂籍帐”等作弊行为，其目的也是防范脱免赋役事件的发生。吐鲁番出土的这件貌阅文书，使我们对唐代的貌阅制度，以及官府与民众之间围绕貌阅展开的博弈有了具体而真切的了解。

1　前引天宝四载（745 年）七月二十日敕云：“今载诸郡，因团貌宜便定户。”但此年并非定户等之年，看来，很可能天宝四载就已恢复每年一团了。

2　（唐）李林甫等撰：《唐六典》卷 3，陈仲夫点校，第 74 页。

3　中国文物研究所等编：《吐鲁番出土文书[肆]》（图录本），第 311—312 页。

4　（清）董诰等编：《全唐文》卷 373《与吏部孙员外书》，中华书局，1983，第 3789 页。

第三编　课役与身分

第十章
“小”“大”之间
——战国至西晋课役身分的演进

中国古代的丁中制度，起源于西晋。根据《晋书・食货志》记载，晋武帝制定了“小”“次丁”“丁”“老”一整套丁中制度。这套丁中制度是如何演变来的？要回答这一问题，我们必须对战国以降的课役身分做一番历时性的考察。从清代沈家本撰述《丁年考》[1]开始，尤其是20世纪70年代以来随着睡虎地秦简、张家山汉简的出土，学界对战国秦汉时期的课役身分展开了持续而深入的讨论。[2]但不是说，这方面的研究已题无剩义，在一些关键问题上，如战国后期秦国的课役标准究竟是按身高还是年龄，张家山汉简提到的“小未傅”指什么，汉代的课役身分体系有哪些，汉代与战国的“大”“小”身分在年龄范围和性质上有何不同等，学者仍众说纷纭。本章在前人研究基础上，对上述问题再做深入探考，并试图就战国至西晋课役身分的演进路径做出一番合理的解释。

一　问题的提出

西晋时期出现一整套丁中制度，《晋书・食货志》载晋武帝平吴后，又制

1 （清）沈家本撰：《历代刑法考》，邓经元、骈宇骞点校，中华书局，1985，第1331—1341页。

2 代表性的论著有张金光：《秦自商鞅变法后的租赋徭役制度》，《文史哲》1983年第1期；〔日〕山田勝芳：《秦漢財政収入の研究》，汲古書院，1993；郑学檬主编：《中国赋役制度史》第三章“秦汉的租、赋与力役制度”（陈明光撰写），上海人民出版社，2000，第24—75页；凌文超：《秦汉魏晋“丁中制”之衍生》，《历史研究》2010年第2期。

户调之式：

> 丁男之户，岁输绢三匹，绵三斤，女及次丁男为户者半输……其外丁男课田五十亩，丁女二十亩，次丁男半之，女则不课。男女年十六已上至六十为正丁，十五已下至十三、六十一已上至六十五为次丁，十二已下六十六已上为老小，不事。[1]

前半部分规定了不同丁中身分的课役负担，后半部分对民众丁中身分做了年龄上的划分。根据《晋书·刑法志》及《唐六典》卷6“刑部郎中员外郎”条记载，晋武帝泰始四年（268年）颁布的《晋令》40卷中有“户调令”。学界普遍认为，《晋书》这段史料不过是在原《晋令》的基础上，又斟酌了平吴之后的新制。[2]

《晋书》规定丁中名目有丁、次丁、老、小四项，湖南郴州苏仙桥出土西晋简的记载不太一样，我们见到“•凡丁男二千六百七”（简1-21）、“口二千一百九十六丁女”（简1-51）等内容外，还有以下统计：

（1）其口二百六十二老男　（简1-11）
口二百卌八年六十一以上六十五以还老男　（简2-33）
（2）口五千五百六十三小男　（简2-96）
口六百卅四年十三以上十五以还小男　（简2-139）
（3）口三千六小女　（简1-57）
口二千一百廿一小女　（简2-221）
（4）口二百九十二老女　（简2-352）
口一百卌六老女　（简2-327）[3]

（1）（2）资料中的“老男”“小男”各自被分成了两类：径称“老男”“小

---

1 《晋书》卷26《食货志》，第790页。

2 有关户调式制定时间的讨论，张学锋做过详细梳理，参见其《西晋占田、课田、租调制再研究》，《汉唐考古与历史研究》，第178—211页。

3 本章所引郴州简材料，主要见于湖南省文物考古研究所、郴州市文物处：《湖南郴州苏仙桥遗址发掘简报》，见湖南省文物考古研究所编《湖南考古辑刊》（第8集），第93—117页；个别材料系笔者参加“纪念走马楼三国吴简发现二十周年长沙简帛研究国际学术研讨会”（2016年8月26—29日，长沙）时，承蒙张春龙先生提示并补充，谨致谢意！

男”者，指的是户调式中“老”和“小”的身分；“六十一以上六十五以还老男”和“十三以上十五以还小男”，对应的实际上是分别介于“丁”与“老”、“小”与“丁”之间的“次丁男”。（3）（4）未对“小女”“老女”做进一步划分，并非简牍残缺失载所致。按照户调式的规定，当时民众的课役负担是“丁男之户，岁输绢三匹，绵三斤，女及次丁男为户者半输”“丁男课田五十亩，丁女二十亩，次丁男半之，女则不课”，前一个“女”指丁女，后一个“女”指“次丁女”。次丁女没有课田的义务，即使做户主也无须缴纳户调，这就和老女、小女一样，属于“不事”的人群。所以简文只对“小女”“老女”做了笼统统计，没有再细分出“十三以上十五以还小女”和“六十一以上六十五以还老女”来。类似的现象也反映在对奴婢的统计上，郴州简中有“口七百八十三老小奴”（简 2-130）、“三百九十八老小奴”（简 2-376）等记载，对不承担国家义务的奴婢索性连“老”“小”都不分了。

郴州简为什么没有使用“次丁男”这个法定称谓，反而采用了在老男（小男）前加诸年龄限定的烦琐表述呢？凌文超从《晋书》编撰的背景考虑，怀疑整个两晋时期都没有“次丁”的名目，“次丁”称谓是在刘宋王弘上书之后才定型的。[1]这种推测没有什么道理。即使不考虑《晋书》这段史料的来源，上引户调式中连续三次出现了有关“次丁男”的令文：（1）“十五已下至十三、六十一已上至六十五为次丁”，（2）“次丁男为户者半输”，（3）“次丁男（课田）半之”。很难想象在当时的法令中，只对“老”“小”“丁”做出专门规定，提到“次丁”时，都用 13—15 岁或 61—65 岁者来代替。更何况，第（1）条本身就是规定名目的。事实上，我们在吐鲁番出土的《西凉建初十二年（416 年）正月敦煌郡敦煌县西宕乡高昌里籍》[2]尤其是《前秦建元二十年（384 年）三月高昌郡高宁县都乡安邑里籍》[3]（以下简称《前秦建元二十年籍》）中，也见到了《晋书》记载的包括次丁男在内的整套丁中名目。从《前秦建元二十年籍》登录的年龄范围看，当时的次丁标准很可能与西晋规定的一

---

1 参见凌文超：《汉晋赋役制度识小》，见武汉大学简帛研究中心主办《简帛》（第 6 辑），第 487—489 页。

2 录文详见〔日〕池田温：《中国古代籍帐研究・录文》，龚泽铣译，第 3—5 页。

3 原录文详见荣新江、李肖、孟宪实主编：《新获吐鲁番出土文献》，第 176—179 页；笔者录文修订见本书第二编第七章中的补论“有关《前秦建元二十年籍》的录文问题”。

致[1]，前秦和西凉的丁中名目沿承的只能是西晋制度。

如何看待郴州简对“次丁男”的独特表述呢？西晋公布的一整套课役身分中，相对于“丁”“老”“小”这些由民间称谓转化来的法定名目，“次丁”是政府创设的新身分。郴州简记载的最早年号是太康五年（284 年），最晚是太安二年（303 年）[2]；前者是西晋刚刚占领吴地不久，后者距离西晋占领吴地的时间也不过 20 余年。了解这批简牍的时代背景后，再联系简文对“老女”“小女”的处理方式，我们认为，原吴地的官吏在不影响赋税征纳的前提下，基于传统的认知习惯，将“次丁男”按实际情况分别写作“六十一以上六十五以还老男”“十三以上十五以还小男”也是可以理解的。[3]

郴州简将“次丁”分别视作“老”“小”之下的二级名目，民众的课役身分因此被划成了“老”“丁”“小”三大类，这种做法实际上是战国以来的传统。

二　课役身分从“二分”到“三分”

古代课役身分的名目，绝大多数是从民间称谓转化而来。上古时期先民在不知纪年的情况下，只能根据一些外在表征判断人的生长阶段。被认为是周代礼制文章汇编的《礼记·曲礼下》记载了这样一段话：

> 问天子之年，对曰：“闻之，始服衣若干尺矣。”问国君之年，长，曰“能从宗庙、社稷之事矣”；幼，曰“未能从宗庙、社稷之事也”。问大夫之子，长，曰“能御矣”；幼，曰“未能御也”。问士之子，长，曰“能典谒矣”；幼，曰“未能典谒也”。问庶人之子，长，曰“能负薪

1　可参本书第二编第七章“《前秦建元二十年籍》与汉唐间籍帐制度的变化”。

2　如简 2-293：“邸阁督湛晏，守监文阳、雷弨领大（太）康五年、六年、七年。”简 1-19：“大（太）安二年六月十日计吏持还并诸侯由帛羨支相连在内。”

3　事实上，与“老”“丁”“小”这些身分唯一、课役明确的概念不同，“次丁”本身是一个含义不明确的术语，其不仅涵指了“小”与“丁”、“丁”与“老”之间这两种身分，人们仅从名称上也很难判明其应当承担的赋役义务。所以刘宋时期根据“次丁”的服役特点，有时将其称为“半丁”或“半役”（《宋书》卷 42《王弘传》，第 1321 页）。但“半役”（半丁）的叫法更不准确，它不是一个表示年龄段的词语，而且按服役轻重命名也体现不出其与一些群体如残疾人的区别。北齐将其改易为具有年龄意义的“中”，并限定仅指从“小”到“丁”之间的这段年龄（《通典》卷 7《食货·丁中》）后，这一身分才固定下来。

矣”；幼，曰“未能负薪也”。

清人解释这段话时认为“凡问人之长幼，皆不斥言其年者，敬也”。[1]吕思勉指出，这其实反映的是古者不知纪年的遗俗。[2]在上述回答中，除天子的情况有点特殊外，对包括国君、大夫、士及庶人之子在内的各类人等，实际上都是以是否具备与之身分相应的劳动能力为标准，将其划分成了“长”“幼”，也就是成年、未成年两个阶段。《礼记》的说法比较含蓄，考虑到身高是年龄以外判断劳动能力最直接、有效的标准，当时民间的普遍做法就是以身高为依据，将民众分为成年与未成年，只不过使用的并非“长”“幼”，而是“大”“小”称谓。

古人的年龄意识出现得很早。我们在商代甲骨文中，已经能见到诸如“小”“幼”“大”“老”“耋”等与年龄相关的称谓。《礼记·曲礼上》对时人一生的各个年龄段做过概括：“人生十年曰幼，学；二十曰弱，冠；三十曰壮，有室；四十曰强，而仕；五十曰艾，服官政；六十曰耆，指使；七十曰老，而传；八十、九十曰耄。”[3]《礼记》成书时间较晚，不清楚周代是否会出现这么一整套严密而有系统的年龄称谓。不过，从现有史料看，至少春秋时期的人已经有强烈的年龄意识。《春秋左传》卷40“襄公三十年”记载过一个故事：

三月癸未，晋悼夫人食舆人之城杞者。绛县人或年长矣，无子，而往与于食。有与疑年，使之年。曰：“臣小人也，不知纪年。臣生之岁，正月甲子朔，四百有四十五甲子矣，其季于今三之一也。”吏走问诸朝，师旷曰：“鲁叔仲惠伯会郤成子于承匡之岁也。是岁也，狄伐鲁。叔孙庄叔于是乎败狄于咸，获长狄侨如及虺也、豹也，而皆以名其子。七十三年矣。”[4]

“绛县老人疑年”的典故后来成为一道著名的数学题。这个故事的真实性暂不置论，但我们可以据此了解当时人的年龄观念。绛县老人自称不知道年龄，

1 （清）孙希旦撰：《礼记集解》卷6，沈啸寰、王星贤点校，中华书局，1989，第149页。

2 吕思勉：《吕思勉读史札记》，第266页。

3 （汉）郑玄注，（唐）孔颖达疏：《礼记注疏》卷1《曲礼上》，见（清）阮元校刻《十三经注疏》，第2665页下栏、2666页上栏。

4 （晋）杜预注，（唐）孔颖达疏：《春秋左传正义》卷40“襄公三十年”，见（清）阮元校刻《十三经注疏》，第4367页下栏、第4368页上栏。

却清楚地记得自己的出生日期及在世间生活的天数，最后精通历法的师旷帮他算了出来。绛县老人记不住年龄的事毕竟是个例，从众人纷纷询问他年龄这一细节看，可以肯定当时的庶民也普遍有了年龄概念。

《礼记》划分的年龄段过于繁复，春秋战国典籍中经常见到的是将民众划分为幼年、壮年、老年三个阶段。例如，《国语·鲁语下》记载孔子对冉有说："先王制土，籍田以力，而砥其远迩；赋里以入，而量其有无；任力以夫，而议其老幼。""夫"就是"丈夫"或"丁夫"，壮年男子承担官府徭役，老人和小孩都是免役的。这里说的是国家征役情况，所以只提到男子的分类。成书于战国时期的《商君书·去强》篇强调统治者要管理好国家，必须掌握一些基本数据：

强国知十三数：竟内仓口之数，壮男壮女之数，老弱之数，官士之数，以言说取食者之数，利民之数，马牛刍稿之数。

"仓口"，蒋礼鸿疑作"仓府"[1]；"利民"，高亨解释为"靠营取利润以谋生的人，指商人及手工业者"[2]。"利民""官士""以言说取食者"，是政府对各种职业人群的统计。正常的民众统计，就是分为老、壮、弱三类。同属秦人作品的《墨子》"兵守""号令"诸篇多次提到了守城三军，"壮男为一军，壮女为一军，男女之老弱者为一军"，其中"壮女"又被称作"丁女子"[3]，"弱"被称为"小"。成年人无论男女，身体发育成熟后，身高通常都不会再有大的变化，故"丁（壮）"和"老"的界限无法用身高衡量，只能以年龄来判断。与以前纯粹采用身高制划分的"小""大"相比，春秋战国时期出现的"小""丁""老"三分法，就以年龄为标准的"老""丁（壮）"两种身分取代了原来泛指成年人名目的"大"。

学界通常认为，古代官府划分课役身分的标准经历了身高—身高与年龄并用—年龄的转换。这种说法也并非绝无可疑。官府在不掌握年龄的情况下，遵用民间习俗，以身高衡量民众是否达到成年服役的标准确是简单易行

1　蒋礼鸿撰：《商君书锥指》卷1《去强》，第34页。

2　参见高亨注译：《商君书注译》，中华书局，1974，第50页注释第45。

3　"丁""壮"同义，《释名》谓"丁，壮也，物体皆丁壮也"，《史记·律书》谓"丁者，言万物之丁壮也"。

的办法，但用身高只能将民众分成“小”（未成年）、“大”（成年），而无法分出“老”来。我们无法想象，在单一按身高划定课役身分的时代，官府征发民众赋役尤其是兵役时，怎样剔除那些年老体衰者？无论如何，我们最早见到的战国史料中，就是以身高与年龄相结合的方式征发课役。《周礼·地官》载乡大夫职掌：“国中自七尺以及六十，野自六尺以及六十有五，皆征之。”[1]起役即成年标准用身高，免役即老的标准用年龄。《战国策·楚策》楚襄王使昭常守东地，昭常应齐使曰：“我典主东地，且与死生，悉五尺至六十，三十余万，弊甲钝兵，愿承下尘。”[2]“五尺”和“六十”，分别是楚国能够征发士兵的最低身高和最大年龄。即如治史者熟知的睡虎地秦简《秦律十八种·仓律》：

隶臣、城旦高不盈六尺五寸，隶妾、舂高不盈六尺二寸，皆为小；高五尺二寸，皆作之。（简51—52）[3]

小隶臣妾以八月傅为大隶臣妾，以十月益食。（简53）

傅是成年服役的标志。[4]不仅刑徒，当时的百姓也是按身高标准划分“大”“小”。表面上看，这里承袭的是身高制下的“大”“小”二分法；但实际上，睡虎地秦简中不乏刑徒、百姓称“老”的例子。《行书律》规定传送文书时，“隶臣妾老弱及不可诚仁者勿令”（简184—185）；《仓律》要求赎免隶臣，“其老当免老、小高五尺以下及隶妾欲以丁粼（龄）者一人赎，许之”（简61）。这两例说的是刑徒[5]，平民的例子则有《法律答问》“免老告人以为不孝，谒杀，当三环之不？”（简102）下引《傅律》中也提到了有关百姓“老”的规定。

这里就有一个问题。秦国掌握百姓的年龄是从秦王政十六年（前231年）“初令男子书年”[6]开始，睡虎地秦简记载的秦律时代下限约在秦昭王晚期，最

1 （汉）郑玄注，（唐）贾公彦疏：《周礼注疏》卷12《地官·乡大夫》，见（清）阮元校刻《十三经注疏》，第1543页上栏。

2 何建章注释：《战国策注释》卷15《楚策二·楚襄王为太子之时章》，中华书局，1990，第545页。

3 睡虎地秦墓竹简整理小组编：《睡虎地秦墓竹简》，“释文·注释”，第33、32页。本章所引睡虎地秦简，皆出此书，后文不再出注。

4 《汉书》卷1上《高帝纪上》颜师古注：“傅，著也。言著名籍，给公家徭役也。”（第38页）

5 当时刑徒中有一类身分称为“仗（丈）城旦”，详见睡虎地《秦律十八种·司空律》及里耶秦简8-686、8-801等简文，参见陈伟主编：《里耶秦简牍校释》（第1卷），第203、229页。“仗（丈）城旦”也就是老年城旦。

6 《史记》卷6《秦始皇本纪》，第232页。

早甚至可追溯到秦孝公时期。[1]在官府“书年”之前，有可能制定百姓入“老”免役的措施吗？我们再看一下绛县老人的例子。《左传》记载师旷算出绛县老人的年龄是73岁，接着说：

> 赵孟问其县大夫，则其属也。召之，而谢过焉，曰：“武不才，任君之大事，以晋国之多虞，不能由吾子，使吾子辱在泥涂久矣，武之罪也。敢谢不才。”遂仕之，使助为政。辞以老。与之田，使为君复陶，以为绛县师，而废其舆尉。

服虔云：“舆尉，军尉，主发众使民。”[2]就这件事的原委看，绛县老人因为不知道自己的年龄，才被官府征发去修城；而小吏因为不懂历法无法计算出绛县老人的年龄，最后不得不求助于师旷。种种迹象表明，当时官府并没有记载老人年龄的档案。舆尉最后被撤职，是因他役使孤老，这说明早在春秋时期就有禁止役及老人的规定。结合上引《周礼·地官》的记载，我们可以推知当时国人61岁、野人66岁以上免役的结论。那么，官府在不掌握年龄的情况下，又该如何判定民众是否到了免役阶段呢？《秦律杂抄·傅律》提到当时百姓有“请老”的制度：

> 匿敖童，及占瘁（癃）不审，典、老赎耐，·百姓不当老，至老时不用请，敢为酢（诈）伪者，赀二甲；典、老弗告，赀各一甲；伍人，户一盾，皆䙴（迁）之。（简32—33）

与小吏手拿尺绳直接测量民众身高以确定其“大”“小”身分不同，百姓到了“老”的年龄，首先要向官府“请老”亦即进行申报，再由官吏审核确认。对百姓年龄最了解的，除了其家人，就是周围邻居，所以百姓未属实申报，还要罪及什伍组织。

秦简整理者认为上引《傅律》中的“老”就是“免老”，笔者认为这里的“老”指更宽泛的阶段，包括但不限于“免老”。上引《周礼·地官》谓“国中自七尺以及六十，野自六尺以及六十有五，皆征之”，这就以是否服兵役或徭役为标准将国人、野人分成了三个阶段：

---

1 黄盛璋：《云梦秦简辨正》，《考古学报》1979年第1期。

2 （晋）杜预注，（唐）孔颖达疏：《春秋左传正义》卷40“襄公三十年”孔颖达疏引，见（清）阮元校刻《十三经注疏》，第4368页下栏、4369页上栏。

国人：7尺以下　　　　7尺以上且60岁以下　　　　61岁以上

野人：6尺以下　　　　6尺以上且65岁以下　　　　66岁以上

封建城邦时代，国人与野人承担的国家义务不同，随着春秋晚期各国将兵役扩大到野人，两者起役标准也就趋向一致。上引第三个免除兵役的阶段显然就是后世的“老”，从年龄范围上看，应当涵盖了下引《田法》《汉书·食货志》所说60—69岁的“半作”和70岁以上的“食于上”。睡虎地秦简有两处明确提到“免老”的律文，除上引《法律答问》“免老告人以为不孝”的案例外，《秦律十八种·仓律》还有一条：

> 隶臣欲以人丁粼（龄）者二人赎，许之。其老当免老、小高五尺以下及隶妾欲以丁粼（龄）者一人赎，许之。（简61）

“当”是符合的意思，“其老当免老”与下文分析的岳麓秦简“老如免老”及张家山汉简“老如睆老”的表述如出一辙。应该同样说的是，“免老”只是“老”身分中的一种。这里也可以提供一个佐证。岳麓秦简《徭律》中，除“免老”之外，还提到了“睆老”：

> 繇（徭）律曰：补缮邑院、除田道桥、穿汲〈波（陂）〉池、渐（堑）奴苑，皆县黔首利殹（也），自不更以下及都官及诸除有为殹（也），及八更，其睆老而皆不直（值）更者，皆为之，冗宦及冗官者，勿与。（简151—152）[1]

这里的“睆老”要从事“补缮邑院、除田道桥、穿陂池、堑奴苑”等劳作，显然属于“免老”之前的课役身分。岳麓秦简反映的时代大致在嬴政在位期间，“睆老”一词应当出现得更早。我们有理由相信，睡虎地秦简所说的“老”实际上包括了“睆老”和“免老”两个阶段。

睡虎地秦简表明，秦国因应征免课役的需要，在“小”“大”名目之外，还设有“老”的身分；而这个“老”只能是附丽于“大”之下。为什么当时的官府没有接纳民间“丁”或“壮”的概念，从而使“老”摆脱“大”的束缚，成为一级独立的课役身分呢？笔者认为，这不仅是因为当时的傅籍标准

1　陈松长主编：《岳麓书院藏秦简[肆]》，第118页。

仍采用身高制，更在于秦国傅籍身高相对应的年龄（17 岁，详下）还达不到民间称“丁”或“壮”（20 岁）[1]的阶段。前引睡虎地《傅律》提到“匿敖童”“典、老赎耐”，《法律答问》解释“可（何）谓‘匿户’及‘敖童弗傅’”时说，“匿户弗繇（徭）、使，弗令出户赋之谓殹（也）”（简 165），“匿敖童”和“敖童弗傅”都是官府要打击的逃役行为。当然，这并非说“敖童”全部要傅籍，只是说新傅籍者尚处于民间眼中的“敖童”阶段。[2]所以《秦律十八种·内史杂律》规定：“除佐必当壮以上，毋除士五（伍）新傅。”（简 190）说明当时人很清楚“傅”是有别于“壮”的。缘于此，睡虎地秦简的课役身分仍以“小男（女）”“大男（女）”名之，“老”不过是“大”之下的二级名目。[3]

关于战国后期秦的课役身分，睡虎地《仓律》记载官府廪食刑徒的标准时，有一段比较完整的表述：

> 隶臣妾其从事公，隶臣月禾二石，隶妾一石半；其不从事，勿禀。小城旦、隶臣作者，月禾一石半石；未能作者，月禾一石。小妾、舂作者，月禾一石二斗半斗；未能作者，月禾一石。婴儿之毋（无）母者各半石；虽有母而与其母冗居公者，亦禀之，禾月半石。隶臣田者，以二月月禀二石半石，到九月尽而止其半石。舂，月一石半石。隶臣、城旦高不盈六尺五寸，隶妾、舂高不盈六尺二寸，皆为小；高五尺二寸，皆作之。
>
> （简 49—52）[4]

给廪中没有列出“免老”的情况，也应该包含在“隶臣妾”亦即“大”的标准内。除“小”“大”身分外，这里提到“小”之下又分“能作”和“未能

---

1 古人对丁或壮的年龄有不同说法，但战国秦汉时期的人通常认为是 20 岁。如《礼记·曲礼上》“男子二十冠而字”，郑玄注“成人矣，敬其名”；《盐铁论·未通篇》云：“古者，十五入大学，与小役；二十冠而成人，与戎事。”

2 “童”是对未成年人的泛称。《周易》卷 1《蒙卦》“童蒙”，郑玄注“童，未冠之称”；《毛诗注疏》卷 3“芄兰序”，孔颖达疏“童者，未成人之称，年十九以下皆是也”。“敖”训“豪”，有大、壮之意，“敖童”应是儿童年龄段中的大者。

3 里耶秦简也有六七十岁的人为“大男”或“大女”的例子，如简 8-894“故邯郸韩审里大男子吴骚，为人黄皙色，隋（椭）面，长七尺三寸☐　年至今可六十三、四岁”、简 8-2098“丹子大女子巍（魏）婴姽，一名☐　年可七十岁，故居巍（魏）箕李☐”。参见陈伟主编：《里耶秦简牍校释》（第 1 卷），第 244、429 页。

4 睡虎地秦墓竹简整理小组编：《睡虎地秦墓竹简》，“释文·注释”，第 32 页。

作”两个阶段。《仓律》规定男女刑徒大小的标准，是否也适用于庶民百姓？陈明光注意到睡虎地秦简有“人丁龄”之语，推测当时的官府已经掌握庶民的年龄，进而认为庶民与隶臣妾的傅籍标准有别，前者用年龄，后者用身高。[1]但“丁龄”与“免老”一样，只能反映出当时官府已经具备了通过某种途径掌握百姓年龄的能力，并不能因此就得出官府已经建立了登记民众甚至刑徒年龄的制度，遑论采用以年龄作为傅籍标准。睡虎地秦简提到庶民以身高区分大小的材料有两条：其一是《封诊式·封守》记载查封某的家口中，“子小男子某，高六尺五寸”（简 10）；其二是《法律答问》提到的案例，“甲盗牛，盗牛时高六尺，毄（系）一岁，复丈，高六尺七寸，问甲可（何）论？当完城旦”（简 6）。身高“六尺五寸”仍被称为“小”，但到“六尺七寸”就是成年人了。张金光由此认为，庶民的傅籍标准比隶臣的六尺五寸高，可能是六尺六寸。[2]秦制一尺约今 23.1 厘米，六尺五寸和六尺六寸相差不过 2.31 厘米。在古代测量工具简陋、观察结果误差大的情况下[3]，官府能否做出这么细微差异的规定，非常值得怀疑。我们不妨分析一下《封守》记载的被查封子女的情况：

子大女子某，未有夫。（简 9）

子小男子某，高六尺五寸。（简 10）

对比大女子与小男子的记载，可以看出身高并非爰书著录的必备项目。那么，小男子的身高是在什么样的情况下被著录的呢？爰书没有登录女子的身高，但是指出其“未有夫”。古代女子通常 15 岁就要出嫁，先秦典籍如《韩非子·外储说右下》《墨子·节用上》《孔子家语·本命解》等对此都有明确记载，汉惠帝时甚至出台了“女子年十五以上至三十不嫁，五算”[4]的惩罚措施。女子某已经是“大”的身分，早就到了出嫁的年龄，但仍没有出嫁，所以爰书特别注明了这一情况。同样，爰书记载的“高六尺五寸”也应该看作是对小男子的特殊说明。正常情况下，这样的身高不应该称“小男子”。笔者

1 郑学檬主编：《中国赋役制度史》第三章“秦汉的租、赋与力役制度”（陈明光撰写），第 36 页。

2 张金光：《秦制研究》第四章“租赋徭役制度”，第 221 页。

3 例如，战国一尺长 23.1 厘米是学界根据“商鞅量尺”的长度得出的结论。但中国历史博物馆现存两把被认为是战国时期的尺子，其中的骨尺长 23.05 厘米，铜尺长 22.52 厘米；而 1986 年甘肃天水放马滩墓地出土的秦尺长 24 厘米，比“商鞅量尺”长近 1 厘米。有关资料参见丘光明编著：《中国历代度量衡考》，科学出版社，1992，第 8 页。

4 《汉书》卷 2《惠帝纪》，第 91 页。

曾指出秦汉时期官方的增年标准是以八月著籍为定，《封守》篇中某高“六尺五寸”之所以被称为“小”，应该是其未到傅籍时间的缘故。[1]按照当时身高与年龄的大致对应关系，六尺五寸相当于十六七岁[2]，这与我们根据《编年记》推算出来的“喜”十七岁傅籍的结果一致。

睡虎地《仓律》记载的官府廪粮标准，是根据男女刑徒不同的身体成长阶段制定的。根据《仓律》的说法，成年男刑徒每月廪食数额是禾两石，里耶秦简也记载了廪给戍卒的口粮标准：

> 丙廥粟米二石。令史扁视平。卅一年十月乙酉，仓守妃、佐富、稟人援出稟屯戍士五（伍）孱陵咸阴敝臣。富手。（简 8-1545）
>
> 径廥粟米四石。卅一年七月辛亥朔朔日，田官守敬、佐壬、稟人娙出稟罚戍公卒襄城武宜都胠、长利士五（伍）甗。令史逐视平。壬手。[3]（简 8-2246）

睡虎地秦简说的是禾，这里记载的是粟米；石是容量单位，粮食品种的差异对其影响不大。秦国廪给戍卒的口粮与隶臣的数额完全一样，也是每月二石[4]，这暗示了庶民与刑徒傅籍标准的一致性。因此，以上《仓律》的记载不仅是对刑徒，也应视作对庶民课役身分的规定。[5]我们可以据此并结合前面对“老”的分析，将战国后期秦的课役身分制成表 10-1。

表 10-1　战国后期秦的课役身分体系

<table>
<tr><td rowspan="3">男</td><td colspan="2">小（<六尺五寸）</td><td colspan="3">大（≥六尺五寸）</td></tr>
<tr><td rowspan="2">未能作（<五尺二寸）</td><td rowspan="2">作者（≥五尺二寸）</td><td rowspan="2">？（身高、年龄并用）</td><td colspan="2">老（年龄）</td></tr>
<tr><td>睆老</td><td>免老</td></tr>
</table>

1　参见本书第一编第二章“从‘岁尽增年’到‘岁初增年’——中国中古官方计龄方式的演变”。

2　一般而言，身高与年龄有一种约定俗成的对应关系，《周礼·地官·乡大夫》贾公彦疏“七尺谓年二十”“六尺谓年十五”。《后汉书·班超传》“古者十五受兵，六十还之”句，李贤注亦同（《后汉书》卷 47，第 1585 页）。

3　参见陈伟主编：《里耶秦简牍校释》（第 1 卷），第 354—355、450 页。

4　不仅戍卒，吏佐廪给标准也是每月二石。里耶秦简 8-1550：“稻三石泰半斗。卅一年七月辛亥朔己卯，启陵乡守带、佐冣、稟人小出稟佐蒲、就七月各廿三日食。令史气视平。冣。”参见陈伟主编：《里耶秦简牍校释》（第 1 卷），第 356 页。两个人 23 天廪稻 $30\frac{2}{3}$ 斗，计算下来，每人日给 $\frac{2}{3}$ 斗，合每月 2 石。

5　根据张家山汉简，汉代初年民众的傅籍年龄视爵位而定，但在以身高划定课役身分的战国时期，不可能做出如此细密的划分。

续表

<table>
<tr><td rowspan="3">女</td><td colspan="2">小（<六尺二寸）</td><td colspan="3">大（≥六尺二寸）</td></tr>
<tr><td rowspan="2">未能作（<五尺二寸）</td><td rowspan="2">作者（≥五尺二寸）</td><td rowspan="2">？（身高、年龄并用）</td><td colspan="2">老（年龄）</td></tr>
<tr><td>睆老</td><td>免老</td></tr>
</table>

注：起役用身高，止役用年龄

与年龄制相比，身高制还有一个明显优点，就是其更能直接反映出个人的身体发育程度和健康状况。[1]所以秦国在有条件掌握民众年龄的前提下，仍保留了很长一段时间以身高作为起役的标准。到了制定睡虎地秦律的时期，秦国在征派徭役的过程中，越来越关注年龄因素。前引《仓律》规定，两名“丁龄”的自由民可以赎回一名成年隶臣；一名“丁龄”的自由民能够赎一名“免老”的隶臣，或者一名五尺以下的小隶臣或隶妾。律文特别标出“丁龄者”，无疑看重的是其年龄背后蕴藏的实际劳动能力。

山东六国应当比秦国更早进入全面按照年龄标准征发劳役的阶段。山东临沂银雀山汉墓出土的《守法》《守令》十三篇，被认为是战国诸子百家之言。其《田法》谓：

> □□□以上、年十三岁以下，皆食于上。年六十[以上]与年十六以至十四，皆为半作。（简930—932）[2]

整理者推测起首二字为“年七十”。按《田法》所载，年70以上、13以下“食于上”，60—69岁、14—16岁“半作”，推知17—59岁“全作”。《汉书·食货志》追述井田制下的课役身分：“民年二十受田，六十归田。七十以上，上所养也；十岁以下，上所长也；十一以上，上所强也。”[3]这种说法出自后世儒家的想象，但其虚拟的课役身分结构与《田法》大致相同。两者都将民众的课役年龄分为五个阶段，仅具体划分的年龄段、名目有所差异。不过，《田法》《汉

1 刘宋王弘上疏中就提到体质与年龄不相称的问题，“体有强弱，不皆称年”（《宋书》卷42《王弘传》，第1321页）。事实上，即使在战国以后单一按年龄划分课役身分的时代，也并非完全不考虑民众个人的身体健康状况，《二年律令·傅律》简363就规定：“当傅，高不盈六尺二寸以下，及天乌者，以为罢瘁（癃）。”参见张家山二四七号汉墓竹简整理小组编著：《张家山汉墓竹简[二四七号墓]》（释文修订本），第58页。伤病造成的残疾更不用说了。日本古代的明法家曾就体质严重不达标情况下，在户籍上如何标注丁中身分专门做过讨论，参见〔日〕黑板勝美、国史大系編修会编：《令集解》卷9《戸令》，第285页。

2 银雀山汉墓竹简整理小组编：《银雀山汉墓竹简[壹]》，文物出版社，1985，“释文·注释”，第145页。

3 《汉书》卷24上《食货志上》，第1120页。

书·食货志》中的“全作”“半作”“食于上”云云，都不能算是法定名目。

表面上看，《田法》《汉书·食货志》将民众的课役年龄分成五个阶段，但《田法》除“全作”外，每种课役身分包含两个年龄段。《汉书·食货志》记载每个年龄段的课役身分似乎不一样，但“长谓畜养也”[1]，10岁以下的“上所长”和70岁以上的“上所养”含义相同。笔者怀疑61—69岁也是如11—19岁“上所强”类似的表述。这样，《田法》《汉书·食货志》按照课役身分分类如表10-2、表10-3所示：

表10-2 《田法》所见课役阶段

课役身分	年龄段
食于上	1—13岁
	70岁以上
半作	14—16岁
	60—69岁
全作	17—59岁

表10-3 《汉书·食货志》所见课役阶段

课役身分	年龄段
上所长（上所养）	1—10岁
	70岁以上
上所强（？）	11—19岁
	60—69岁
？	20—59岁

同样是分成三个阶段，但这种分法不是按照传统的“老”“小”“壮”年龄段而是根据承担课役的程度划分的。与睡虎地秦简反映的课役身分体系相比，《田法》《汉书·食货志》最明显的差别就是，后者完全摒弃了按身高划分“小”“大”的做法，通过采用统一的年龄标准，最终构建了一套可以并容“老”“小”的新型课役身分体系。

年龄制取代身高制，不仅是官府减少操作麻烦、追求行政效率的结果，更反映了统治者最大限度控制劳动人手的意图。年龄制不仅比身高制更为准确，同时也在很大程度上减少了吏民弄虚作假、逃避劳役的空间。《史记·秦始皇本纪》将秦国“初令男子书年”的时间系于秦王政十六年（前231年）九月，而这正是秦国全面发动统一战争的前夜。“书年”首先从男子开始，揭示出政府通过掌握民众年龄以达到扩充兵员的目的。相信此后不久，秦国就全面进入了按年龄划分课役身分的时代。

1 《汉书》卷51《贾山传》颜师古注，第2338页。

三 汉代的课役身分体系

史籍有关秦代课役身分的记载不多，随着张家山汉简的公布，我们对汉代初年的课役尤其是徭役[1]身分有了比较清楚的了解。《二年律令·傅律》有云：

> 不更以下子年廿岁，大夫以上至五大夫子及小爵不更以下至上造年廿二岁，卿以上子及小爵大夫以上年廿四岁，皆傅之。公士、公卒及士五（伍）、司寇、隐官子，皆为士五（伍）。（简 364—365）
>
> 不更年五十八，簪袅五十九，上造六十，公士六十一，公卒、士五（伍）六十二，皆为睆老。（简 357）
>
> 大夫以上年五十八，不更六十二，簪袅六十三，上造六十四，公士六十五，公卒以下六十六，皆为免老。（简 356）[2]

“免老”是免除全部徭役，“睆老”“半其爵徭”，也就是半役。需要说明的是，这些征发标准都是针对男子而言，并不包括女子。[3]根据简文的记载，汉初徭役身分至少可以划分为四个阶段，但能确定名目的只有“免老”和“睆老”；“傅”作为成年服役的标志，傅籍之前及傅籍后到“睆老”之间这两段名目叫什么？律文没有明言。但《二年律令·徭律》提到一个“小未傅”的称谓：

> 发传送，县官车牛不足，令大夫以下有訾（赀）者，以赀共出车牛及益，令其毋訾（赀）者与共出牛食、约、载具。吏及宦皇帝者不与给传送。事委输传送，重车重负日行五十里，空车七十里，徒行八十里。免老、小未傅者、女子及诸有除者，县道勿敢繇（徭）使。节（即）载

1 这里说的徭役是广义的概念，包括兵役在内。

2 张家山二四七号汉墓竹简整理小组编著：《张家山汉墓竹简[二四七号墓]》（释文修订本），第 58、57 页。

3 并不是说秦及汉初的女子不服役。岳麓秦简《亡律》简 058 说：“免老⌞、小未傅⌞、女子未有夫而皆不居偿日者，不用此律。”张家山汉简《亡律》则谓“吏民亡，盈卒岁，耐；不盈卒岁，毄（系）城旦舂；公士、公士妻以上作官府，皆偿亡日”，联系“女子比夫爵”的相关规定，颇疑秦及汉初女子的服役年龄也是根据丈夫的爵位而定。汉景帝之后男子一律按照年龄征发徭役，大概此后女子就只服半役了。

粟，乃发公大夫以下子未傅年十五以上者。[1]（简 411—413）

委输传送是傅籍男子服行的正役，所以律文规定，不得征及“免老、小未傅者、女子及诸有除者”。笔者以前鉴于汉代“小”指代的年龄范围，提出“小未傅”应该包括“小”和“未傅”两种徭役身分[2]，但最近随着几批西北汉简的公布，看法有了变化。2009 年出土的悬泉汉简有两例“小未傅”的记载：

效谷甘井骑置一所，第二，马三匹，吏一人，小未傅三人。

（简Ⅱ 90 DXT0115③：32）

效谷平望骑置一所，第四，马三匹，吏一人，小未傅三人。

（简Ⅱ 90 DXT0216②：341）[3]

张经久、张俊民指出，《居延新简》E.P.T58：30“·□□荣小未传为译骑，皆小家子，贫急不能自给实☐”的“传”实际上也是“傅”字。[4]以上简文中的“小未傅”或许还可以解释成几个不同身分的人，《肩水金关汉简［肆］》73EJT33：41A 就不同了：

黄龙元年六月辛未朔壬辰，南乡佐乐敢言之，杨里公乘泠□年廿岁，小未傅，为家私市居延，乏彭祖，告移过所县道毋苛留/六月壬辰，洛阳守丞殷移过所毋苛留，如律令/掾良令史阳。[5]

“泠□”的个人身分就是“小未傅”。笔者现在同意一些学者的看法，“小”“未傅”之间不能断开。但“小未傅”究竟是指什么身分，它与汉代的“小”有什么关系？我们知道，汉代 14 岁以下称“小”，“小”下又分“使”（7—14 岁）与“未使”（1—6 岁）两个阶段。徐世虹从汉代“小”的概念入手，提出“小未傅”就是 15 岁（实为 14 岁）以下者。[6]凌文超认为“小未傅”与“使小

1 张家山二四七号汉墓竹简整理小组编著：《张家山汉墓竹简［二四七号墓］》（释文修订本），第 64 页。根据文义，标点略有改动。

2 参见张荣强：《〈二年律令〉与汉代课役身分》。

3 录文详见郝树声、张德芳：《悬泉汉简研究》第一章第三节“悬泉汉简中的悬泉置”，甘肃文化出版社，2009，第 30 页。

4 张经久、张俊民：《敦煌汉代悬泉置遗址出土的“骑置”简》，《敦煌学辑刊》2008 年第 2 期。

5 甘肃简牍博物馆等编：《肩水金关汉简［肆］》中册，第 6 页。

6 徐世虹：《汉律中有关行为能力及责任年龄用语考述》，见卜宪群、杨振红主编《简帛研究 二〇〇四》，第 210—223 页。

男”“使小女”等构词法相同，意指“小未傅”即为“未傅中的小者”。[1]两人的说法实际上大同小异，但“小未傅”的含义恐非如此。

上引《二年律令·徭律》提到官府不得征用“免老、小未傅者”从事委输之役，但接着说“节（即）载粟，乃发公大夫以下子未傅年十五以上者”，如果遇到运输粮食等特殊事务，就可以征发公大夫以下年 15 岁以上的未傅子。这就说明，“小未傅者”包括 15 岁以上的男子，上引悬泉汉简中从事杂役及居延新简担任译骑的“小未傅”照例不会是在 14 岁以下，而《肩水金关汉简[肆]》73EJT33：41A 中“泠□”的年龄就是 20 岁。故无论如何，都不能将“小未傅”理解为“未傅”中的“小”者。事实上，“小未傅”并非汉代创设的身分用语，岳麓秦简就有一条“小未傅”的材料：

> 免老∟、小未傅∟、女子未有夫而皆不居偿日者，不用此律。
>
> （肆·058）[2]

“此律”指的是《亡律》。考虑到岳麓秦简的时代，这里的“小”显然是沿用战国旧称。前引睡虎地秦简《仓律》“小隶臣妾以八月傅为大隶臣妾”，“小”就是未达到傅籍标准的身分。岳麓秦简有“小男子年未盈十八岁”一语，也可以为证。除“小未傅”外，《二年律令》中还有“小”沿用战国旧称的例证。上引《傅律》记载汉代初年的傅籍标准有两个系列，除根据父辈爵级傅籍之外，还可以按“小爵”即自身爵级傅籍。所谓“小爵”，整理者解释是“指有爵的青年”，刘敏理解成“未傅籍成人者占有的爵位”[3]，王子今进而修订为“未成年人所有的爵位”[4]。学者表述的准确性略有差异，但都是将“小”理解为未达到傅籍标准的未成年人。[5]

实际上，汉代史籍有一个和“小未傅”同义的词。《史记·项羽本纪》载汉高祖二年（前 205 年），“萧何亦发关中老弱未傅悉诣荥阳”，如淳注：

---

1 参见凌文超：《汉晋赋役制度识小》，见武汉大学简帛研究中心主办《简帛》（第 6 辑），第 476 页。

2 陈松长主编：《岳麓书院藏秦简[肆]》，第 58 页。

3 刘敏：《张家山汉简“小爵”臆释》，《中国史研究》2004 年第 3 期。

4 王子今：《里耶户籍简所见“小上造”“小女子”》，《秦汉称谓研究》，中国社会科学出版社，2014，第 92 页。

5 《岳麓书院藏秦简[肆]》中如简 136、简 210 已见“小爵”之称，汉初律令自然也是沿袭旧称。

《律》，年二十三傅之畴官，各从其父畴内学之。高不满六尺二寸以下为罢癃。《汉仪注》“民年二十三为正，一岁为卫士，一岁为材官骑士，习射御骑驰战阵”。又曰“年五十六衰老，乃得免为庶民，就田里”。今老弱未尝傅者皆发之。未二十三为弱，过五十六为老。[1]

汉昭帝以后男子的傅籍年龄是23岁。按照如淳的说法，“老弱未尝傅”实际包括两类人：一类是56岁以上的老年男性；另一类是不足23岁即尚未到傅籍年龄的男子。所以这里的“老”“弱未尝傅”之间也应该断开。“弱”“小”是一个意思，“弱未傅”其实就是“小未傅”，如淳也把它解释为未傅籍的男子。

行文至此，我们似乎可以得出“小”和“未傅”是同义复指，“小未傅”就是泛指未达到傅籍年龄的男子的结论。问题是，既然“小未傅”和“小”最初的含义完全一致，秦律在用“小”这个法定名目的同时，为什么还要新造一个同义的“小未傅”呢？笔者认为，“小未傅”作为一种课役身分，可能还有具体所指。上引《二年律令·徭律》规定官府不得征用免老、小未傅者从事委输，岳麓秦简与之对照的相关律文是：

凡免老及敖童未傅者，县勿敢倳（使），节载粟乃发敖童年十五岁以上，史子未傅先觉（学）觉（学）室，令与粟事，敖童当行粟而寡子独与老父老母居，老如免老，若独与瘗（癃）病母居者，皆勿行。

（肆·157—159）[2]

汉初的“小未傅”“未傅年十五以上”，在秦律中原本写作“敖童未傅”“敖童年十五岁以上”。这实际上就对“未傅”做了限定。同样，岳麓秦简提到在学室学习且可以被征发运粟的未傅史子，年龄也应该与敖童相当。[3]敖童即成童，指15岁以上的未成年人。这样说来，“小未傅”并非泛指未成年男子，而是指其中有一定劳动能力的人。当然，我们可以认为汉初法令的规定比秦律全面，如《二年律令》提到“县道勿敢繇（徭）”的还有“女子及诸有除者”，岳麓秦简就没有。但如果联系肩水金关简、悬泉汉简及居延新简记载

1 《史记》卷7《项羽本纪》，第324页。

2 陈松长主编：《岳麓书院藏秦简[肆]》，第120页。

3 《二年律令·史律》简474规定，“史、卜子年十七岁学”，参见张家山二四七号汉墓竹简整理小组编著：《张家山汉墓竹简[二四七号墓]》（释文修订本），第80页。

的“小未傅”情况，再考虑到萧何征发的从军者不可能役及毫无战斗力的儿童，秦汉时期的“小未傅”就应该特指 15 岁以上具有一定劳动能力的未傅籍男子。[1]

银雀山汉简《田法》《汉书·食货志》记载“半作”有两个年龄段，但《二年律令》只提到了超出丁龄的“晥老”，“小未傅”就应当是傅籍之前的另一个“半役”阶段。当然，这个半役阶段的起役年龄最初也与爵位有关，大概在汉景帝二年（前 155 年）后，就统一成 15 岁了。

上引“小未傅”的几枚汉简中，肩水金关简记载的黄龙是汉宣帝年号，居延新简和悬泉汉简的时代主要集中在西汉昭宣至东汉初年，看来整个西汉时期一直在沿用“小未傅”这个徭役身分。但因其不见史籍记载，很难说是法定名目。

汉代将傅籍之前的半役阶段称作“小未傅”，傅籍以后到“晥老”之间的成年男子叫什么？张家山汉简记载汉初的傅籍标准视爵位而定，“不更以下子年廿岁”，最低的傅籍年龄也达到了时人心目中的丁壮阶段。所以在张家山汉简中就有把这一年龄段的人称作“丁”的例子。[2]两汉史籍中将服兵役和更卒之役的人称为“丁”的事例就更多了，《史记·平津侯主父列传》记秦始皇“发天下丁男以守北河”，《汉书·贾捐之传》说汉孝文帝行仁政“民赋四十，丁男三年而一事”。东汉史游《急就篇》有“长乐无极老复丁”一语，颜师古注：“老复丁者，家有高年，则蠲其子孙，免赋役也。”[3]但汉代史籍同时能见到“丁男被甲，丁女转输”之类的记载[4]，傅籍本来只是男子的事，女子称“丁”的现象说明两汉时期的“丁”仍是习惯称呼，并非法定的课役身分。

战国时期的“小”本来指未傅籍前的身分，但汉代的“小”专指 14 岁以下。这样，汉代傅籍以前的身分就被分成了“小”“小未傅”两个阶段。从字

1 岳麓秦简除了将“小未傅”称作“敖童未傅”，同出《徭律》还有不可擅使“小敖童”的说法。“小敖童”和“小未傅”构词方式相同，含义也应该一致。

2 《二年律令·复律》有“丁女子”一称，整理组注：“成年女子。西汉时期成年的规定，请参阅《傅律》。”见张家山二四七号汉墓竹简整理小组编著：《张家山汉墓竹简［二四七号墓］》（释文修订本），第 47 页。

3 （汉）史游撰：《急就篇》卷 4，曾仲珊校点，岳麓书社影印本，1989，第 321 页。

4 《史记》卷 112《平津侯主父列传》，第 2958 页；《汉书》卷 64 下《严安传》，第 2812 页。

面上看，“睆老”与“免老”也应该是“老”下面的两个阶段。张家山汉简有这方面的证据，《二年律令·徭律》简408：

诸当行粟，独与若父母居老如睆老，若其父母罢痒（癃）者，皆勿行。[1]

父母“居老如睆老”或者“罢癃”的情况下，不能征发家中的单丁。“居老如睆老”，整理者解释为“居老，当指免老；如，或”，意思是包括父母“免老”或“睆老”两种情形。这种理解值得讨论：其一，我们找不到语言学上将“居老”解释成“免老”的证据；其二，“睆老”是“免老”前的徭役身分，律文既然说父母只要达到“睆老”的条件就可放免单丁，似无须再提标准更高的“免老”。前引岳麓秦简也有与此类似的律文：

敖童当行粟而寡子独与老父老母居，老如免老，若独与庠（癃）病母居者，皆勿行。（肆·158—159）

此处“居”“老”断开，“居”作同居解，“如”可解释为“当也”[2]。同样是“寡子独与父母居”这一免役条件，岳麓秦简要求同居的父母必须达到“免老”的年龄，张家山汉简则放宽到“睆老”的年龄。显然，汉初的规定要较秦宽松。“老如免老”“老如睆老”，说明“免老”与“睆老”都属于“老”下面的一个阶段。[3]

由此看来，汉初的徭役身分实际上也分为三个大的阶段：傅籍以前、“丁”（民间称谓）、“老”。其中，傅籍以前下设“小”“小未傅”两个阶段，“老”下则有“免老”和“睆老”。

汉初徭役身分与爵位有关，但随着此后爵位走向轻滥，徭役身分就不再

1　张家山二四七号汉墓竹简整理小组编著：《张家山汉墓竹简［二四七号墓］》（释文修订本），第64页。

2　（汉）高诱注：《战国策》卷32《宋卫策》“夫宋之不足如梁也”，商务印书馆，1958，第86页。

3　青岛土山屯汉墓出土的《堂邑元寿二年（前1年）要具簿》记载了该县的一组服役人员数据：“凡卒二万一千六百廿九，多前五十一；罢癃、皖（睆）老卒二千九十五，见甲卒万九千五百卌四，卒复除繇使千四百卌一，定更卒万七千三百八十三。”（青岛市文物保护考古研究所、黄岛区博物馆：《山东青岛土山屯墓群四号封土与墓葬的发掘》，《考古学报》2019年第3期，第427页）这里的“卒”指符合服役年龄的全部成年男子，用汉昭帝及其以后的标准，就是23—60岁的成年男子，其中也包括不能服役的“罢癃不可事”，以及服轻役的“罢癃可事”“睆老”。“卒”这一称谓是官府以是否承担徭役这一标准做的划分，其与战国以来就形成的半役、全役并列的课役身分体系不同，不能就此认为睆老是从“丁”的身分析分出来的。

考虑爵位因素。《史记·孝景本纪》云“二年春……男子二十而得傅”[1]，即言“天下男子”，则此后傅籍不再因爵而异，一律视年龄而定了。这里说的是傅籍，相信“免老”“睆老”等标准也会如是变化。此后，汉昭帝把傅籍的标准提高到23岁，笔者讨论过汉昭帝之后男子“免老”“睆老”的年龄标准[2]，兹将这一时期徭役身分与年龄的对应关系列成表10-4。

表10-4 汉代徭役身分体系（汉昭帝之后）

徭役身分		年龄段
傅籍前	小	1—14岁
	小未傅	15—22岁
丁（？）		23—55岁
老	睆老	56—60岁
	免老	61岁以上

汉代除徭役外，基于人身缴纳的还有口算赋。赋的起源很早，最初指兵役，以后逐渐演变成军事费用。《周礼·天官·太宰》曰：“以九赋敛财贿。”郑玄注：“赋，口率出泉也。今之筭泉，民或谓之赋，此其旧名与？”[3]认为按口征赋始于战国时期。秦代的人头税情况不详，汉政权开征口算赋始于汉王四年（前207年）。卫宏《汉旧仪》记载：

> 算民，年七岁以至十四岁出口钱，人二十三。二十钱，以食天子。其三钱者，武帝加口钱，以补车骑马。又令民男女年十五以上至五十六出赋钱，人百二十，为一算，以给车马。[4]

卫宏是东汉光武帝时期的人，《汉旧仪》这种不考虑爵位、完全按照年龄征收口算赋的记载，或许和徭役一样，是西汉景帝之后的事。笔者曾根据贾公彦注引郑玄的说法及吴简缴纳算赋的实例，怀疑汉代民众缴纳算赋的截止年龄是60岁，而非56岁。[5]这样，民众缴纳口算赋的年龄也被分成了四个阶段：

1 《史记》卷11《孝景本纪》，第439页。

2 参见张荣强：《〈二年律令〉与汉代课役身分》。

3 （汉）郑玄注，（唐）贾公彦疏：《周礼注疏》卷2《天官·太宰》，见（清）阮元校刻《十三经注疏》，第1493页下栏、1494页上栏。

4 （清）孙星衍等辑：《汉官六种》，周天游点校，中华书局，1990，第50页。

5 参见张荣强：《〈二年律令〉与汉代课役身分》。

1—6 岁、7—14 岁、15—60 岁及 61 岁以上。汉代称 15 岁以上为“大”，14 岁以下为“小”，“小”下又分 7—14 岁的“使”和 1—6 岁的“未使”，61 岁以上就是徭役中的“免老”身分，它同样被包含在“大”之内。我们将汉代的口算身分列成表 10-5。

表 10-5　汉代口算身分体系

口算身分		年龄段
小	未使	（男、女）1—6 岁
	使	（男、女）7—14 岁
大	？	（男、女）15—60 岁
	免老	（男、女）61 岁以上

对比就会发现，汉代因征纳口算而制定的课役身分，无论名目还是结构，基本上仍承袭的是秦国的课役身分体系。这样一来，自汉初以来，官府就存在两套课役身分系统：一套是徭役身分，由未傅前、“丁”（？）、“老”构成，仅指男子；一套是口算身分，由“小”“大”构成，包括男、女。需要说明的是，这两套课役身分有二处重合：1—14 岁的“小”和 61 岁以上的“免老”既是口算身分，也是徭役身分。三国时期，曹操率先以户调代替口算，口算身分从曹魏的课役身分体系中消失了。江南情况不太一样。从走马楼吴简可以看出，孙吴一直在征收口算钱，其户籍简中标注的民众身分仍为“小”“大”。大概到西晋统一后，作为口算身分的“小”“大”才完全退出了历史舞台。

对照西晋的课役身分与汉代的徭役身分，西晋除了新设“次丁”名目以命名半役阶段，调整的不过是各名目对应的年龄范围罢了。

四　从课役身分到户籍身分

战国时期，在兼用身高、年龄为标准划分课役身分的情况下，“小”“大”作为一级课役身分出现，官方制作的旨在征发赋役和统计人口的户籍上，登录民众时应注明或表示出“小”“大”身分。我们目前所见最早的户籍实物，是 2005 年湖南里耶北护城壕出土的秦代户版。这批户版没有登载年龄、身高等信息，但我们可以透过其分栏方式推测出民众的课役身分。这批户版通常以墨线分为五栏，整理者从家庭成员与户主的关系入手，对五栏的内容做了归纳。[1]笔者前文根据户主与家庭成员的爵位、身分注记及婚姻情况等，指出这五栏应该是按大男、大女、小男、小女等课役身分排列。[2]《管子·度地》篇记载齐国户籍制度，谓“常以秋岁末之时，阅其民，案家人比地，定什伍口数，别男女大小”，里耶户版的书写格式完全符合“别男女大小”的说法。里耶户版没有家口集计内容，但我们在里耶一号井所出简牍中见到了同一时期的家庭人口统计。简 9-1530：

（1）☐伍长

（2）大女二人

小男一人

小女一人

（3）四人

简 9-2295：

南里户人官大夫布☐

口数六人☐

大男子一人☐

大女子一人☐

小男子三人☐[3]

官府也会在每户家庭集计的基础上，再逐级做出里、乡乃至县的户口统计。江陵松柏汉墓出土的 48 号木牍，记载了汉武帝早期江陵县西乡某年的户口簿：“大男九百九十一人，小男千卌五人，大女千六百九十五人，小女六百卌二人……·凡口四千三百七十三人。”同出 53 号木牍则有南郡下辖各县的户口统计，“江陵，使大男四千七百廿一人，大女六千七百六十一人，小男五千三百一十五人，小女二千九百卅八人”，“宜成，使大男四千六百七十二人，大女七千六百九十五人，小男六千四百五十四人，小女三千九百卅八人”，

1 湖南省文物考古研究所编著：《里耶发掘报告》第二章第四节，第 208—209 页。

2 参见本书第二编第三章“湖南里耶所出‘秦代迁陵县南阳里户版’研究”。

3 陈伟主编：《里耶秦简牍校释》（第 2 卷），第 322—323、465 页。

“临沮，使大男二千三百六十人，大女四千廿六人，小男二千四百一十一人，小女千九百七人”等。[1]

里耶户版的著录格式反映了民众的课役身分，从前揭松柏汉简的户口统计看，汉代户籍上也会登录民众“大”“小”身分。湖北荆州高台汉墓出土过一件模仿现实户籍的木牍 M18：35-丙：

新安户人大女燕，关内侯寡

大奴甲

大奴乙

大婢妨。家优，不筭不顾[2]

户主和奴婢的身分都注明了“大”。户籍上既然要标明“大”，自然也会注出“小”。东汉时期的户籍资料不多，但《耿勋碑》说耿勋为武都太守，“发荒田耕种，赋与寡独王佳、小男杨孝等三百（余）户”[3]，长沙东牌楼简有“中部督邮掾治所檄曰：民大男李建自言大男精张、精昔等”（简 5）[4]，五一广场简也有“妻以元所有大婢婴送纳”（简 CWJ1③：325-4-25）[5]等记载。这些都是官府的正式公文，说明当时的户籍仍在使用这些课役身分。长沙走马楼出土的孙吴户籍简也可以证实这一点。

汉代和战国后期的“小”“大”是一回事吗？现代学者往往不加论证，就将二者等同起来。王子今认为，居延汉简资料所见“小男”“小女”，应当与里耶简的“小上造”“小女子”（或“小女”）相对应。[6]彭卫等人也说，按照汉代政府对各个年龄层所赋予的责任，大男和大女属于成年人，小男和小女属于未成年人。[7]前引刘敏探讨张家山汉简的“小爵”时，一方面指出其是指未成年人的爵位；另一方面又认为这里的“小”就是指 14 岁以下。[8]事实上，汉代的

1　朱江松：《罕见的松柏汉代木牍》，图版，见荆州博物馆编著《荆州重要考古发现》，第 211 页。录文依据彭浩：《读松柏出土的四枚西汉木牍》，见武汉大学简帛研究中心主办《简帛》（第 4 辑），上海古籍出版社，2009，第 336、338—339 页。

2　湖北省荆州博物馆编著：《荆州高台秦汉墓——宜黄公路荆州段田野考古报告之一》，第 223—224 页。

3　高文：《汉碑集释》（修订本），河南大学出版社，1997，第 403 页。

4　长沙市文物考古研究所、中国文物研究所编：《长沙东牌楼东汉简牍》，“释文”，第 73 页。

5　长沙市文物考古研究所等编：《长沙五一广场东汉简牍选释》，中西书局，2015，第 167 页。

6　王子今：《秦汉称谓研究》，第 90 页。

7　彭卫、杨振红：《中国风俗通史》（秦汉卷），上海文艺出版社，2002，第 354 页。

8　刘敏：《张家山汉简“小爵”臆释》，《中国史研究》2004 年第 3 期。

“小”指14岁以下，“大”为15岁以上；但战国时期“小”“大”是以男子身高六尺五寸（约150厘米）、女子身高六尺二寸（约143厘米），相当于标准年龄的17岁为界限。明确了汉代与战国“大”“小”起始年龄上的差异，我们再来看两者的性质。战国时期的“小”“大”以傅籍为标准，达到“大”的标准就要服行正式的徭役和兵役，因此这一时期的“大”是国家法定的成年人，“小”属于未成年人。汉代的傅籍标准经过一系列变化，但无论从汉初最低20岁傅籍，还是经汉景帝统一成20岁再到昭帝提高至23岁傅籍，都远远高于汉代“大”的起始年龄15岁，这一时期的“大”不再是国家法定的成年人。在汉代人心目中，15岁不过是刚刚进入“成童”的阶段。[1]分析至此，我们就会知道，从战国到汉代，虽然户籍上的标注和分类统计同样是以“大”“小”名之，但含义大不相同。

前辈学者讨论过“使男”“使女”之“使”的含义。陈槃认为，“使”字和使役有关；夏鼐主张“使”虽源于使役，然已成为当时户籍中之专门名词。[2]但无论是在战国还是汉代户籍中，民众的身分都只标注“大”“小”，并不详注“使男（使女）”“未使男（未使女）”。“大”“小”皆是因课役身分而成为户籍身分，但无论是在战国时期的课役身分系统还是汉代的口算身分系统中，“大”“小”都不过是一级课役名目，实际上与是否承担课役并无直接关系。如战国时期的“小”包含了“能作”者，“大”身分中也有年老免役者；而汉代“小”之下的“使男”要交口钱，“大”之下的“免老”却不纳算赋。正因为“小”“大”不具有区分课役的功能，户籍上标注“小”“大”并据此进行户口统计的做法也就逐渐失去了实际意义。我们注意到，前揭松柏汉简的户口统计还在区分“小”“大”，但到西汉后期东海郡《集簿》登载的户口数中，统计的只有“男子七十万六千六十四（？）人、女子六十八万八千一百卅二人”[3]，似乎就不再关注“小”“大”了。至少走马楼孙吴户籍简中，每户结计简记载的是“右某家×人男×人女×人”，明确不再分“大男”“大女”“小男”“小女”。明乎此，我们就可以理解孙吴户籍简标注“大”“小”的

1　《礼记·内则》“成童舞象”，郑注“成童，十五以上”；《四民月令》“正月旦”条云“命成童以上入太学，学五经”，文中自注“谓年十五以上至二十也”，参见（汉）崔寔撰，石声汉校注：《四民月令校注》，第9页。

2　陈槃：《汉晋遗简偶述》，《汉晋遗简识小七种》，上海古籍出版社，2009，第53—59页。文末附有夏鼐的意见。

3　连云港市博物馆等编：《尹湾汉墓简牍》，“释文”，第78页。

现象为什么比较混乱了。[1]西晋颁布新的丁中制度后，户籍就随之改以“丁”“次丁”“老”“小”等名目标注民众课役身分，并据此进行家口分类统计。

由于文献资料的缺乏与记载零散，我们很难对西晋之前的课役身分做详尽分析，这里只是就前人聚讼纷纭或者笔者认为比较重要的问题提出一些不太成熟的看法，同时尝试梳理战国至汉晋课役身分演进的轨迹。中国古代的主要课役身分，无论是战国时期的“小”“大”，还是从西晋开始成为法定名目的“丁”，最初都来源于民间称谓。在上古时期不知纪年的情况下，民间最普遍的做法是按照身高，将民众分成“小”“大”两个年龄段。随着年龄意识的普及，战国典籍中出现将民众划分为“小”“丁”“老”三个年龄段的做法。睡虎地秦简揭示出秦国的课役身分表面上是采用按身高划分的“小”“大”，实际上，“大”之下尚设有以年龄为标准划分的“老”的阶段。随着战国末年官府全面采用年龄划分的标准，“老”最终摆脱了对“大”的依附，成为独立的一级课役身分。从张家山汉简《二年律令》可以看出，汉初的课役身分实际上有五种，除了“小”“免老”“睆老”等法定名目，还有“小未傅”“丁”这两种与课役身分相关的称谓。西晋出现的“小”“次丁”“丁”“老”等一整套法定名目，都可以在汉代找到相应的阶段和称谓。

无论在战国还是汉代的课役身分系统下，“小”“大”作为一级课役身分，本身都不具有区分课役的功能。这一时期户籍中原本作为课役身分标注的“小”“大”，事实上就成了单纯的户口统计用语。到西汉后期，官方的户口统计大概就不再区分“大男”“大女”“小男”“小女”了。而在孙吴时期的户籍简中，不仅见不到“大”“小”的分类统计，甚至“大”“小”身分注记也变得混乱起来。西晋建立后，作为户籍注记的“小”“大”逐渐被新的丁中身分所取代。

1　一些学者注意到吴简中“大”“小”身分与年龄不符的问题，并试图做出各种解释。参见徐畅：《走马楼简中的成年待嫁女和未成年已嫁女》，见卜宪群、杨振红主编《简帛研究 二〇〇七》，第 262—276 页；韩树峰：《走马楼吴简“大”“小”“老”性质解析》，《文史》2011 年第 1 期；等等。

第十一章

魏晋时期的吏户与吏籍

春秋时期产生并发展起来的四民分业思想，魏晋时期一定程度上被付诸实践。面对战乱频繁造成的人口锐减、民众逃移流徙严重的情况，当时统治者为了稳定社会秩序，更为了与豪强大族争夺劳动力，将治下编户划分为多种人户并使之固定下来，驱使他们承担不同的国家义务。学界对魏晋时期存在诸如郡县民、屯田户、兵户等人户没有疑义，但对是否有专门的吏户群体争论激烈。1957 年，唐长孺分析《三国志》记载的孙吴户口数据，尤其是孙休永安元年（258 年）诏令，指出“孙吴时期，吏是像兵一样和一般人户分开的”，“一当兵、吏便是终身服役”，实际上提出了吏户概念。[1]1988 年，他发表《魏晋南北朝时期的吏役》一文，专门讨论吏户的产生和发展过程，强调魏晋南朝时期的吏与兵一样，都是“空户从役，名籍固定，是隶属官府的特殊户口”[2]。此后很长一段时间，除个别学者外[3]，中古史学界普遍赞同并接受“吏户说”，曹文柱、张泽咸、高敏等进一步对唐先生的观点加以发挥，认为这一时期吏户有单独编制的户籍。[4]20 世纪 90 年代长沙走马楼吴简陆续公布后，王素、高敏、蒋福亚等也在承认“吏户说”的前提下，讨论孙吴户籍简

---

1 唐长孺：《三至六世纪江南大土地所有制的发展》，上海人民出版社，1957，第 41、30 页。

2 唐长孺：《魏晋南北朝时期的吏役》，《江汉论坛》1988 年第 8 期，第 65 页。

3 汪征鲁曾对“吏户”说提出异议，见其著《魏晋南北朝选官体制研究》第二章“‘吏’之研究”，福建人民出版社，1995，第 85—109 页。

4 曹文柱：《略论东晋南朝时期的“吏”民》，《北京师范学院学报（社会科学版）》1982 年第 2 期；张泽咸：《六朝的徭役制度》，见《社会科学战线》编辑部编《中国古史论集》，吉林人民出版社，1981，第 210—246 页；高敏主编：《魏晋南北朝经济史》（下），上海人民出版社，1996，第 548 页。

所见的户口分类和帐簿编连问题。[1]进入 21 世纪，黎虎先后发表了一系列文章，对“吏户说”提出疑问，认为从公布的吴简看，孙吴时期的吏与民同为基层编户，并无专门独立的户籍，进而分析魏晋南朝史籍中吏与军吏的含义，否认吏具有世袭性和卑贱性的特点，得出这一时期并不存在吏户的结论。[2]孟彦弘则回应，吏户的本质特征是其身分的世袭性，是否单独编籍及地位的高低与吏户没有必然联系。[3]蒋福亚承认走马楼吴简中吏户与民户混合编籍的同时，指出当时还存在针对吏户编制的专门簿籍。[4]黎虎、李文才对这些回应又进行了反驳。[5]

《长沙走马楼三国吴简·竹简[壹]》《长沙走马楼三国吴简·竹简[贰]》公布后，笔者在标题为“南乡谨列嘉禾四年吏民户数（？）口食人名年纪簿”（壹·9088）、“☐小武陵乡□嘉禾四年吏民人名妻子年纪簿”（壹·10153）等户籍簿中，发现户主前标注有“吏”“民”“卒”等身分的人户；在一些属于里的结计简中，也能见到诸如若干户郡吏、若干户县卒的分项统计。所以笔者撰文指出：“据前引孙吴户籍简的乡里集计，吏民总户数之下分列吏户、民户，既表示吏户、民户性质有别，又说明其二者是统一造籍。吴简所见多是嘉禾年间的情况，但我们推测吏户、民户合籍的形式甚至延续到孙吴末年。”[6]由于当时见到的资料不多，这一表述现在看来有些问题，但笔者的意思比较明确，即吏户与民户的户籍混编在一起，但并不影响我们对吏户、民户不同

1 王素、宋少华、罗新：《长沙走马楼简牍整理的新收获》，《文物》1999 年第 5 期；高敏：《从〈嘉禾吏民田家莂〉中的“诸吏”状况看吏役制的形成与演变——读〈嘉禾吏民田家莂〉札记》，《郑州大学学报（哲学社会科学版）》2001 年第 1 期；蒋福亚：《〈嘉禾吏民田家莂〉中的诸吏》，《文史哲》2002 年第 1 期。

2 黎虎：《“吏户”献疑——从长沙走马楼吴简谈起》，《历史研究》2005 年第 3 期；《魏晋南北朝“吏户”问题再献疑——“吏”与“军吏”辨析》，《史学月刊》2007 年第 3 期；《魏晋南北朝“吏户”问题三献疑》，《史学集刊》2006 年第 4 期。

3 孟彦弘：《吴简所见的“子弟”与孙吴的吏户制——兼论魏晋的以户为役之制》，见武汉大学中国三至九世纪研究所编《魏晋南北朝隋唐史资料》（第 24 辑），武汉大学出版社，2008，第 1—22 页。

4 蒋福亚：《再论走马楼吴简中的诸吏》，《史学月刊》2013 年第 1 期。

5 黎虎：《魏晋南北朝“吏户”问题四献疑》，《宜春学院学报》2016 年第 10 期。李文才：《评长沙走马楼吴简“吏民”问题研究及其学术乱象——兼论大陆史学界“吏户”问题研究 60 年》，《陕西师范大学学报（哲学社会科学版）》2018 年第 2 期；《吴简“吏户”“吏民”问题研究 20 年及其学术省思》，见中国魏晋南北朝史学会主编《史料、视角与方法：魏晋南北朝史专题研讨会论文集》（青岛，2021 年 4 月 10—11 日）。

6 张荣强：《孙吴简中的户籍文书》，《历史研究》2006 年第 4 期，第 18 页；后收入《汉唐籍帐制度研究》，第 119—120 页。

性质的判定。

魏晋时期到底存不存在像“士家”一样专门的吏户身分？如果存在，如何理解当时吏户与民户在户籍中混编的事实，吏户原则上是否需要全家服役，其身分地位如何？正反观点的激烈交锋促使我们深入思考这些问题。现在走马楼吴简公布殆尽，更多有关吏户的资料披露出来，笔者想围绕双方争论的核心问题谈一些不太成熟的看法。需要说明的是，争论双方多数是笔者熟悉的师友，有的还与笔者有很深的学术渊源，下面的行文将尽量采用正面叙述的方式，但有时也不得不对双方的观点进行评论。理解不对或言语不周的地方，请各位师友批判。

一 关键史料的解读

与魏晋充斥着“兵户”、“军户”或“营户”的记载相比，这一时期的史籍中很少见到吏户或与之相近的说法，所以持肯定论者在讨论吏户问题时，不可避免会拿其与兵户做比较，唐先生的文章也是如此。学者以往讨论吏户的材料主要有两条。

第一条材料是《三国志》卷48《吴书·孙晧传》裴注引《晋阳秋》，说晋武帝太康元年（280年）平吴：

> （王）濬收其图籍，领州四，郡四十三，县三百一十三，户五十二万三千，吏三万二千，兵二十三万，男女口二百三十万。[1]

与20世纪50年代的说法相比，唐先生晚年对这条史料解释得很谨慎：“吏、兵似不算在‘五十二万三千’‘正户’之内。按兵、吏以后在东晋南朝亦属特殊户口，一般是不列于正式户口的。三国时代之吏分立于民籍之外，不只是吴国，蜀汉也是如此，而且有迹象表明，魏晋同样如此。但据上引，兵、吏都有口数，无户数，又似不列于户籍之外。”[2]黎先生否认吏户的存在，将孙吴图籍中的“吏”解释成从中央到地方各级机构的官吏，认为这些吏员数必然

1 《三国志》卷48《吴书·孙晧传》，第1177页。

2 唐长孺：《魏晋南北朝隋唐史三论——中国封建社会的形成和前期的变化》，第27页。

是当时全国户口总数内的数字，而非另外的“吏户”。[1]

这里涉及两个问题：一是孙吴图籍中记载的“吏”及与之并列的“兵”到底是户数还是口数？二是统计的吏、兵户口数是否包含在总的户口数内？对于第一个问题，黎先生和唐先生的看法一致，认为这里记载的吏、兵都是口数。他们做此判断，恐怕是受到蜀汉户口统计方式的影响。《三国志》卷 33《蜀书・后主传》注引王隐《蜀记》记载刘禅投降曹魏后：

> 又遣尚书郎李虎送士民簿，领户二十八万，男女口九十四万，带甲将士十万二千，吏四万人。[2]

蜀汉士民簿中记载的“吏”明确是“人”，带甲将士显然也是指现役士兵。但孙吴图籍的户口登记方式与蜀汉不同。孙吴记载“兵”未言带甲将士，而且“兵”与“吏”的统计是置于户数和男女口数之间，而非像蜀汉那样放在男女口数之后。从书写方式来看，孙吴“户五十二万三千，吏三万二千，兵二十三万，男女口二百三十万”，如果认为吏、兵数与前面的户数发生联系，可以有两种解释：一是户 52.3 万与吏 3.2 万、兵 23 万并列；二是户 52.3 万中包括吏 3.2 万、兵 23 万。但如果将吏、兵数与后面的男女口数联系起来，在吏数与兵数之和不等于男女口数的情况下，只能将吏数、兵数与男女口数作并列理解；如果吏、兵数作为总口数的一部分，其应该是将吏、兵数写在总口数后面，作“男女口二百三十万，吏三万二千，兵二十三万”。问题是，吏、兵数能否与男女口数并列呢？笔者以前讨论过中国古代的户口统计方式，指出秦汉乃至三国时期官方的户口数是按照男、女分项统计。[3]可以参考走马楼吴简的各级户口统计：

（1）右有家口食八人　男五女三　（肆・1717）

右铚家口食六人　男四女二　（肆・1731）

右郡家口食五人　男三女二　（肆・1734）

（2）・集凡五唐里魁周□领吏民五十户口食二百八十九人　（肆・380）

1　黎虎：《“吏户”献疑——从长沙走马楼吴简谈起》，《历史研究》2005 年第 3 期。

2　《三国志》卷 33《蜀书・后主传》，第 901 页。

3　参见本书第三编第十三章“从户下奴婢到在籍贱民——中国古代奴婢身分的演变与良贱身分制的形成”。

其一百[六]十二人男 （肆·379）

其一百廿七人女 （肆·378）

其四户县吏 （肆·377）

其二户郡吏 （肆·376）

其□户州吏 （肆·374）

其五户给新吏 （肆·373）

其一户县卒 （肆·372）

其一户佃帅 （肆·371）[1]

第（1）类简是孙吴的家庭人口结计，不分郡县吏、卒还是民户，一家口数都是按男、女分别统计，其口食数就是家内男、女人口的总数。第（2）类简是里的户口集计，无论是郡吏、县吏还是县卒的家口数，都被包括在一里的男、女口数中。家庭、里的集计如是，在其基础上汇总而成的全国总户数自然也是如此，《晋书·地理志》记载了孙吴赤乌五年（242年）的户口数：

孙权赤乌五年，亦取中州嘉号封建诸王。其户五十二万三千，男女口二百四十万。[2]

与上引《孙皓传》裴注引《晋阳秋》记载的数字对比，户数完全一致，男女口数有“二十万”“四十万”之别，应当是数字讹误。[3]表明孙吴亡国前的52.3万户、230万口，乃是其境内的总户口数，包括兵、吏数在内。既然吏、兵数不能与男女口数并列，就意味着孙吴图籍中记载的吏、兵数只能解释为户数。[4]《续汉书·郡国志》刘昭补注引皇甫谧《帝王世记》记载曹魏正始五年（244年），“扬威将军朱照日所上吴之所领兵户凡十三万二千”[5]，说的也是户

1 走马楼简牍整理组编著：《长沙走马楼三国吴简·竹简[肆]》，第662、630、629页。

2 《晋书》卷14《地理志上》，第414页。

3 唐先生指出：赤乌五年和孙皓时的户口数相同，可以解释为长期不修版籍之故。参见其《三至六世纪江南大土地所有制的发展》，第21页。

4 唐先生也意识到将“吏三万二千”解释成吏的总人数，显然数量过少。参见其文《魏晋南北朝时期的吏役》（《江汉论坛》1988年第8期）。孙吴时期的总兵力，据《吴书·诸葛恪传》载，建兴二年（224年）诸葛恪攻魏，“大发州郡二十余万众”，陶元珍就此指出：“合留守者计之，东吴之众，当不下三十万矣。”（陶元珍：《三国吴兵考》，《燕京学报》第13期，1933）即使按最保守的数字估计，孙吴的总兵力也在30万以上。

5 《续汉书·郡国志一》，见《后汉书》，第3388页。

数，而非口数。

以往学者讨论吏户问题时，除常常将孙吴图籍“户五十二万三千，吏三万二千，兵二十三万，男女口二百三十万”与蜀汉士民簿“领户二十八万，男女口九十四万，带甲将士十万二千，吏四万人”相提并论外，还经常提到西晋南乡太守郛休碑阴“户万七千百卅，职散吏三百廿人，兵三千人”的记载。实际上，这三组数字都来自当时的上计簿，但三者记载的项目并不相同。古代官吏和军队作为国家机器的重要组成部分，与户口数一样，都是上计簿的重要内容。青岛土山屯汉墓出土的《堂邑元寿二年（前1年）要具簿》分上下两栏，正面上栏第2—3行载“户二万五千七，多前二百卌七，口十三万二千一百四”，背面上栏第3—5行载“吏员百一十三人，三老官属员五十三人，楼船士四百一十四人”[1]，这里的“楼船士”就是士卒。西汉后期东海郡《集簿》正面第6—9行详细列举了该郡吏员数，接下来第10—11行记载了全郡户口数，但没有著录兵额。[2]郴州苏仙桥晋简作为晋惠帝时期桂阳郡的上计材料，除著录郡县户口数外，还可以见到诸如便县“领员吏一百六一人，卒十三人”、晋宁县“领员吏一百廿五人，卒十二人”的记载。[3]从以上三件帐簿尤其是《堂邑元寿二年（前1年）要具簿》著录的位置可以看出，户口数与吏员数属于并列的两个项目；而从当时的吏员构成上看，两晋不像汉代那样对郡县长吏有严格的籍贯限制[4]，但地方官吏中外籍者必然不少，反映出上计簿记载的户口数与吏员数并非包含与被包含的关系。也就是说，蜀汉士民簿、郛休碑阴著录的是包括户口数、官吏数和士兵数在内的三项数据[5]；孙吴图籍的记载方式不同，孙吴总户数与总口数之间统计的吏、兵数明显属于户口数

1　青岛市文物保护考古研究所、黄岛区博物馆：《山东青岛土山屯墓群四号封土与墓葬的发掘》，《考古学报》2019年第3期，第427、428页。

2　连云港市博物馆等编：《尹湾汉墓简牍》，第77页。

3　湖南省文物考古研究所、郴州市文物处：《湖南郴州苏仙桥遗址发掘简报》，见湖南省文物考古研究所编《湖南考古辑刊》（第8集），第98、99页。

4　严耕望：《中国地方行政制度史》甲部《秦汉地方行政制度》，第345—350页；廖伯源：《简牍与制度——尹湾汉墓简牍官文书考证》（增订版）卷3《汉代地方官吏之籍贯限制补证》，广西师范大学出版社，2005，第71—74页。

5　稍有不同的是，蜀汉“士民簿”记载的是西蜀全部吏员数，郛休碑著录的职散吏是太守府而非全郡的员吏。同样，下引郴州晋简记载的便县、晋宁县吏、卒数也是县署机构的员吏和士卒。

的一部分，并不涉及孙吴的吏员和兵额。

第二条材料是孙休永安元年（258年）十一月壬子诏：

> 诸吏家有五人，三人兼重为役，父兄在都，子弟给郡县吏，既出限米，军出又从，至于家事无经护者，朕甚愍之。其有五人，三人为役，听其父兄所欲留，为留一人，除其米限，军出不从。[1]

唐先生分析说：

> 这种“家有五人，三人兼重为役”，似是五丁抽三，也即征发兵士时常见的“三五发卒”。但下文又说“家事无经护者”，显然一家丁男（可能五人中包括次丁男）全被征发。诏书说“朕甚悯之”，要改变这种情况，却是“听留一人”，家有五人，三人从役，家中应有二人，只留下一人，还有一人怎样呢？诏书很不明白。总之，原先是那些吏家空户从役，经过“宽恤”，准许留下一人。所谓“限米”，不知如何征收，应当是有异于一般田租的额外征税，即使全家从役的吏家原先也不能免。[2]

唐先生将“家有五人，三人兼重为役”比作“三五发卒”，依据显然来自晋武帝咸宁五年（279年）伐吴诏“今调诸士，家有二丁三丁取一人，四丁取二人，六丁以上三人”[3]，以及宋元嘉二十七年（450年）文帝欲大举北伐，“悉发青、冀、徐、豫、二兖六州三五民丁”等记载。胡三省对“三五发丁”有两种解释：一是“三丁发二，五丁发三”；二是“三丁发其一，五丁发其二”。[4]张泽咸认同第一种解释。[5]在郴州西晋简中，也可以见到“其一千七百九十六人家一丁”（简1-12）、“三人家四丁”（简1-46）、“一人家五丁”（简1-28）此类对每户丁男数的专项统计。[6]但黎先生对孙休的诏书有不同理解：

> 这个诏书是由前后相关的两段话组成，以“朕甚悯之”一句为其分界。第一段是指出存在的问题。其所指出的问题有二：一是诸吏中的五

---

1 《三国志》卷48《吴书·孙休传》，第1157页。引文标点视文义，略有调整。

2 唐长孺：《魏晋南北朝时期的吏役》，《江汉论坛》1988年第8期，第63页。

3 （唐）许敬宗编，罗国威整理：《日藏弘仁本文馆词林校证》，第221页。

4 《资治通鉴》卷97“晋成帝咸康八年”条及卷125“宋文帝元嘉二十七年七月”条，胡三省注，第3052、3947页。

5 张泽咸：《六朝的徭役制度》，见《社会科学战线》编辑部编《中国史论集》，第220页。

6 湖南省文物考古研究所、郴州市文物处：《湖南郴州苏仙桥遗址发掘简报》，见湖南省文物考古研究所编《湖南考古辑刊》（第8集），第99页。

口之家有三人从役（即“父兄在都，子弟给郡县吏”）的情况；二是“既出限米，军出又从”。以上二者导致的结果是“家事无经护者”（因为丁男或半丁男都已征发，只剩下妇孺）。后一段是针对以上存在问题提出的纠正措施。其措施亦有二：一是如果五口之家有三人从役，则三人中听留一人，改为二人从役；二是改为“除其米限，军出不从”。通过这样两项措施才能改变“家事无经护者”的状况（由吏家自主选择，则可将最为有利于“经护”“家事”之人丁留下）。并非在继续坚持三人从役的前提下，只是将家中二人留下一人。按照唐先生那样的解释，自然就会产生“还有一人怎样呢？诏书很不明白”的情况，而且那样也是不可能改变原来“家事无经护者”状况的。[1]

黎先生将诏书提到的“家有五人”理解为汉代流行的五口之家。所谓五口之家，据《春秋公羊传·宣公十五年》何休注“是故圣人制井田之法而口分之，一夫一妇受田百亩，以养父母妻子，五口为一家”[2]，《后汉书·循吏·刘宠传》李贤注引《春秋井田记》“人年三十，受田百亩，以食五口。五口为一户，父母妻子也”[3]，通常指包括自己及父母、妻子在内的五口人。五口之家中是否会出现三人服役的情形？荀悦《汉纪》载晁错上书文帝时说：“今农夫五口之家，其服作者不过二人。”[4]《汉书·食货志》引作“其服役者不下二人”，颜师古注：“服，事也，给公事之役也。”[5]两个服役者是什么样的人呢？被认为成书于战国时期的《周礼·地官·小司徒》记载：“上地家七人，可任也者家三人；中地家六人，可任也者二家五人；下地家五人，可任也者家二人。”东汉郑玄作注说：

可任，谓丁强任力役之事者。出老者一人，其余男女强弱相半，其大数。[6]

---

1 黎虎：《“吏户”献疑——从长沙走马楼吴简谈起》，《历史研究》2005年第3期，第64—65页。

2 （汉）何休注，（唐）徐彦疏：《春秋公羊传注疏》卷16，见（清）阮元校刻《十三经注疏》，第4965页上栏。

3 《后汉书》卷76《循吏·刘宠传》，第2478页。

4 （汉）荀悦、（晋）袁宏：《汉纪》，张烈点校，中华书局，2002，第96页。

5 《汉书》卷24上《食货志上》，第1132页。

6 （汉）郑玄注，（唐）贾公彦疏：《周礼注疏》卷11《地官·小司徒》，见（清）阮元校刻《十三经注疏》，第1532页下栏。

一家五口中，除去老、小之外，能够承应国家劳役的不过一对壮年男女。这还是汉初及以前的情况。汉代初年的成年女子要服徭役，《汉书·惠帝纪》就记载了官府两次征发“长安六百里内男女”十余万人筑长安城。汉景帝废除女子服役后，五口之家通常服役的就不到两个人了。[1]

笔者也不同意唐先生对吏家几乎空户从役的分析。[2]上引孙休诏中说一家五名丁男中，三人被派往都城、郡县服役，在此前提下，“既出限米，军出又从者”只能指家中剩下的两名丁男；从诏书最终规定“为留一人，除其米限，军出不从”看，也可以说明缴纳限米和随军出征是留下的丁男的义务。家有五名丁男，三人在官府承担吏役；剩下在家的两个人既要种田缴纳限米，遇有大规模战事爆发，还要从军出征。这样，所有丁男都背负了繁重的任务，从而导致“家事无经护者”。所以孙休颁下恩诏，在“三五发丁”的前提下，允许家长根据自己的意愿，从剩余的两名丁男中指定一人不承担任何国家义务，专事

1　学者对“家有五人，三人兼重为役”一语还有不同理解。葛剑雄认为这句话无非两种解释：一是指吏户一家五口中有三口在服役；二是指吏户家庭凡有三口至五口服役者（《中国人口史》第 1 卷《导论、先秦至南北朝时期》，复旦大学出版社，2002，第 445 页）。第一种解释与黎虎的说法相同。吴金华从语言学角度对葛剑雄第二种解释做了进一步发挥，认为“五人三人”与近现代汉语中的“三五人”“三五里”一样，是一个约数，详参其文《历史学界误读的“五人三人”》，见复旦大学汉语言文字学科《语言研究集刊》编委会编《语言研究集刊》（第 6 辑），上海辞书出版社，2009，第 229—230 页。王素在批评吴金华说法的同时，也做出了异于唐长孺、黎虎的解释。他说：“‘诸吏家有五人’是个总数。其中，两人为父兄，年纪老大，不能给吏从军，就‘在都’也就是在家劳作，缴纳限米；三人为子弟，年轻更辛苦，‘兼重’有加倍之意，不仅给郡县吏，还要从军服役。这样，就造成了‘空户’劳作，家事无人经护。”（《长沙走马楼三国吴简时代特征新论》，《文物》2015 年第 12 期，第 65 页）王先生理解的“五人”是包括年老不能服役者在内的五个成年男子，兼重为役的三个人则指其中年轻力壮的子弟。这种分析是基于永安元年（258 年）诏书所下对象仅限于京师地区这一假设展开的，孙休颁布的诏书是面向全国还是特定地区，可以讨论。蒋福亚在肯定诏书所说的“人”主要指丁男、最多涉及次丁男的同时，认为这句话应该理解成：无论该户有多少个成年男性，是五人也罢，三人也好，甚至更多几个或少一两个，都必须“兼重为役”（《再论走马楼吴简中的诸吏》，《史学月刊》2013 年第 1 期）。这就和吴金华一样，把五人三人理解成虚指了。实际上，孙吴诏书中的“三人”与“兼重”是同义复指。我们不清楚当时拥有 5 名丁男的家庭有多大普遍性，但料想官府规定了吏户、兵户征发的原则，也一定会采取严禁吏户、兵户家庭分异的措施。

2　赞成或反对“吏户说”的学者对“空户从役”的判断标准也有不同见解。按“空户从役”一语见于《宋书》卷 2《武帝纪中》，刘裕平定江陵后，下令曰：“此州积弊，事故相仍，民疲田芜，杼轴空匮。加以旧章乖昧，事役频苦，童耄夺养，老稚服戎，空户从役，或越绋应召。”接着下令：“荆、雍二州，西局、蛮府吏及军人年十二以还，六十以上，及扶养孤幼，单丁大艰，悉仰遣之。”（第 35 页）晋制，12 岁以下为小，66 岁以上为老，刘裕诏书说“老稚服戎，空户从役”，同时指出当时服役者有“十二岁以还”“六十以上”，显然已经役及老男和小男。唐先生所谓“空户从役”一语，是指吏户家庭中符合条件的丁男（甚至包括次丁男）全部被官府征发服役；以后学者往往将“空户从役”机械理解成吏户全家的人被征发。

照顾家庭。在统治者看来，承担吏役的只是被派到官府的三名丁男，剩下两名在家的丁男承应各种杂使，但并不算在被征发服役的范围内。

孙休诏中提到的“限米”也屡见于走马楼吴简，如“领二年邮卒田六顷五十亩，亇收限米二斛，合为吴平斛米一千三百斛”（壹・1635）、“领二年佃（？）卒（？）卫士田七十五亩，亇收限米二斛，合为吴平斛米一百五十斛”（壹・1669）等[1]。吴简中缴纳限米者有吏、卒、私学、卫士、叛士、吏帅客、金民及屯田兵（民）等，缴纳标准是每亩 2 斛，远高于一般民众缴纳的每亩 1.2 斛的税米。曹魏的屯田租率通常采用对半或四六分成，西晋初年的士家屯田一度改为“官得八分，士得二分”[2]。孙吴水稻亩产量大约是 3 斛米[3]，亩纳限米 2 斛，分租比率和西晋初年差不多。不过，按照《吴书・贺邵传》的说法，与曹魏和西晋初期不同，孙吴的士兵屯田并非以收获物分成，而是以缴纳赋税的名目出现的[4]，这恰恰和吴简中作为固定税率的“限米”性质一致。临湘侯国诸乡制作的具有田租簿性质的《嘉禾吏民田家莂》中，吏、卒户等与耕种私土地的普通民户一样，向官府缴纳被称为“租米”“税米”的田租。吏、卒等特定人户缴纳的“限米”实际上来源于他们耕种的官府“限田”，州、军吏父兄子弟人名年纪簿多次提到吏户家属被派发“给限佃客”“给子弟佃帅，为宫限佃”，可见“限米”应该是吏、卒等特殊人户家属被官府集中起来从事限田缴纳的税物。[5]吴简中吏卒缴纳的“限米”又被称为“子弟限米”，

1　走马楼简牍整理组编著：《长沙走马楼三国吴简・竹简[壹]》，第 927—928 页。

2 《晋书》卷 47《傅玄传》载传主泰始四年（268 年）上疏陈便宜五事，其中有“旧兵持官牛者，官得六分，士得四分；自持私牛者，与官中分，施行来久，众心安之。今一朝减持官牛者，官得八分，士得二分；持私牛及无牛者，官得七分，士得三分，人失其所，必不欢乐”（第 1321 页）。西晋一度将士家屯田的分成方式从四六分成改为二八分成。

3 《三国志・吴书・钟离牧传》记载，传主种稻 20 余亩，得米 60 斛，亩产量约 3 斛。《晋书・食货志》说东晋成帝“始度百姓田，取十分之一，率亩税米三升”，此“升”为“斗”之误，依此标准，亩产量也是 3 斛。

4 《三国志》卷 65《吴书・贺邵传》载传主劝谏孙晧时指出：“江边戍兵，远当以拓土广境，近当以守界备难，宜特优育，以待有事，而征发赋调，烟至云集，衣不全裋褐，食不赡朝夕，出当锋镝之难，入抱无聊之戚。”（第 1458 页）

5　早在 20 世纪 80 年代，黄惠贤就讨论过兵户家属屯田的问题，详参《试论曹魏西晋时期军屯的两种类型》，《武汉大学学报（哲学社会科学版）》1980 年第 4 期。学界对吴简中的“限米”讨论很多，于振波指出“限米”是吏卒等特殊人户耕种屯田的缴纳物，参见《走马楼吴简中的限米与屯田》，《中国社会科学院研究生院学报》2004 年第 1 期。有关“限米”研究的学术史，参见王素《长沙走马楼三国吴简时代特征新论》。

都被送至吏、卒户籍所在地的官仓，这也表明实际种田者不是现任吏、卒，而是吏、卒户的在家丁男。[1]

除以上所举孙吴图籍与孙休诏书外，前几年公布的郴州西晋简也有两条反映吏户的重要材料，惜未引起争论双方的注意：

定丁男一千九百八十九军将州郡县吏民士卒家丁　（简 1-35）

定丁男八百三军将郡县吏民士卒家丁　（简 3-402）[2]

这是晋惠帝时期桂阳郡的上计内容。秦汉时期的"吏民"泛指编户齐民，吴简将登载包括士卒、吏、民在内的户口簿称为"吏民簿"，也是沿用这一说法。郴州简的表述显然不一样，其称桂阳郡治下民众为"军将州郡县吏民士卒家"，军将身分比较特殊，郡县管理的民众主要是"吏民士卒家"，这一称谓本身就意味着"吏家"、"民家"与"士卒家"分列[3]，与孙休诏书"诸吏家"的用语完全一致。

二　古代户籍编制原则与吏、民合籍

"吏户说"争论的一个焦点是，吏户是否有单独的户籍。唐长孺讨论吏户的特征时，只是说吏与一般郡县民不同，有特殊的户口[4]；后继者引申唐先生的观点，认为吏户类似兵户，有单独的吏籍，与郡县民不同。事实上，特殊户籍不等同于单独户籍，是否构成与郡县民不同的人户，也不以这些人户单立户籍为前提。中国古代对郡县民以外的人户进行户籍管理的方式有二：一是针对集中居住、接受专门机构管理的人户单独编制户籍，如魏晋时期的屯田户、魏晋南朝时期的营居兵户、明清时期的卫所军户；二是对于居住在州

1　走马楼吴简经常见到入某乡"邮卒限米""州吏限米""卫士限米"等记载，指的是该户即邮卒户、州吏户等缴纳的限米，而不是说邮卒、州吏本人缴纳的限米。

2　第一条简文参见湖南省文物考古研究所、郴州市文物处：《湖南郴州苏仙桥遗址发掘简报》，见湖南省文物考古研究所编《湖南考古辑刊》（第 8 集），第 99 页。第二条简文由整理者提供。

3　陈寿《三国志》中也经常记载"将吏士民"的说法，如卷 2《魏书・文帝纪》载黄初五年（224 年）七月，魏文帝诏"扬州界将吏士民，犯五岁刑已下，皆原除之"；卷 3《魏书・明帝纪》记景初元年（237 年）七月，公孙渊反，"诏辽东将吏士民为渊所胁略不得降者，一切赦之"等。但这里的"将吏士民"是指民众的个人职业，而非户籍类型。

4　唐先生晚年也有吏户"户籍另行编制"之类表述，参见《魏晋南北朝隋唐史三论——中国封建社会的形成和前期的变化》，第 94 页。

县、受地方行政与专门机构双重管理的人户，往往将这些人户与郡县民一起编入当地户籍，只是利用籍注对不同人户做出相应区分。后一种方式更为常见，如明代有民户、军户、匠户、灶户等各类人户，《大明律·户役》明确“人户以籍为定”[1]，但乡里编造的赋役黄册不只登录民户，而是包括军户、匠户、灶户在内的各种人户，所谓“黄册备载天下户口、田粮，军民灶匠之区别，民生物产之登耗，皆系于此”[2]。嘉靖《海宁县志》说得更明确：

> 国朝定制，凡府县都里，每十年一造赋役黄册，分豁上、中、下人户三等户。三等人户内不拣军、民、灶、匠等籍，但一百一十户定为一里。[3]

现存明代赋役黄册原件不多，最近发现的原南京后湖黄册库所藏的赋役黄册进呈本，学者缀合复原的“明正德七年（1512 年）直隶扬州府泰州宁海乡二十五都第一里”黄册中，登载有包括“一户李富故弟李宥，系直隶扬州府泰州宁海乡二十五都第一里民户，充正德十六年甲首”，“一户张移安，系直隶扬州府泰州宁海乡二十五都第一里军户，充正德十四年甲首”，“一户许江故侄喜儿即许连，系直隶扬州府泰州宁海乡二十五都第一图民籍，充正德十五年里长”等在内的各类人户。[4]明代配户当差的制度来自元代，元代湖州路户籍文书中也著录了包括民户、儒户、军户、匠户、站户等在内的各类人户。[5]

魏晋与元明时代相距遥远，但户籍管理方式有类似之处。魏晋南朝不仅有按役种划分的各类人户，也存在严格区分等级的士族与庶族。东晋及以后的统治者为了保障士族拥有的政治、经济特权，强调“士庶之际，实自天隔”[6]，“士庶区别，国之章也”[7]，《晋书·苻坚载记》和《资治通鉴》“晋孝

---

1 （明）刘惟谦等撰：《大明律》卷 4《户律·户役·人户以籍为定》，《续修四库全书》第 862 册，上海古籍出版社，2002，第 444 页。

2 （明）赵官等编纂：《后湖志》卷 10，南京出版社，2011，第 173 页。

3 《重刊嘉靖海宁县志》卷 2《田赋志·徭役》，国家图书馆馆藏清光绪二十四年（1898 年）刻本，第 9 叶。

4 张春兰：《〈乐府诗集〉纸背明代扬州府泰州宁海乡赋役黄册户头散页缀合复原》，“第八届中国古文书学学术研讨会”论文，河北邯郸，2019 年 10 月。

5 王晓欣、郑旭东、魏亦乐编著：《元代湖州路户籍文书——元公文纸印本〈增修互注礼部韵略〉纸背公文资料》，中华书局，2021，“前言”，第 15—28 页。

6 《宋书》卷 42《王弘传》，第 1318 页。

7 《南史》卷 23《王惠传附王球传》，中华书局，1975，第 630 页。

武帝太元二十一年六月”条中也多次提到“士籍”[1]。表明在时人眼中，户籍有士籍与庶籍的区别，学者也一度认为这一时期士族与庶族的户籍是分开的。[2]但唐长孺、中村圭尔指出，东晋南朝无论士族还是庶族都统一在黄籍上著录，形式上编在一起，二者户籍之别主要体现在籍注上；否则就不存在《南齐书·虞玩之传》所谓庶人利用篡改籍注的方式跻身士人队伍的问题了。[3]

中国古代的户籍制度不仅是人口登记制度，也是居住地管理制度。在唐后期两税法承认客户合法性之前，户籍著录的对象只是土著民。传世典籍对户籍的最早记载见于《史记·秦始皇本纪》载秦献公十年（前375年）“为户籍相伍”，官府按五家连保的方式对民户进行管理，必然要求按民户居住地相邻原则编制户籍。秦国的政治、经济制度比较落后，“户籍相伍”的措施很可能是效仿山东六国。《管子·度地》篇引用战国时期齐国的一条造籍法令：“常以秋岁末之时，阅其民，案家人比地，定什伍口数。”“比地”也就是比地为伍。汉代初年的《二年律令·户律》简305载：“自五大夫以下，比地为伍，以辨券为信，居处相察，出入相司。”[4]汉昭帝始元六年（前81年）举行的盐铁会议上，御史指出：“今自关内侯以下，比地于伍，居家相察，出入相司。”[5]这不是说五大夫或关内侯以上就不与普通民户一起著录户籍，而是说这些贵族享受政治特权，不受什伍制度约束。

南朝刘宋时期就士族是否押符的问题有一场著名争论：尚书令王弘最先抛出话题：“同伍犯法，无士人不罪之科，然每至诘谪，辄有请诉。若垂恩宥，则法废不可行；依事纠责，则物以为苦怨。宜更为其制，使得优苦之衷

1 《晋书·苻坚载记》说苻坚“复魏晋士籍，使役有常闻”（第2895页），《资治通鉴》卷108，“晋孝武帝太元二十一年六月”条，记载“燕主（慕容）宝定士族旧籍，分辨清浊”（第3428页）。

2 〔日〕越智重明：《魏晋南朝の政治と社会》第3编第2章《戸籍制度と役》，吉川弘文館，1963，第400—445页。

3 唐长孺：《南朝寒人的兴起》，《魏晋南北朝史论丛续编》，第93—123页；唐长孺：《士人荫族特权和士族队伍的扩大》，《魏晋南北朝史论拾遗》，中华书局，1983，第64—78页；〔日〕中村圭尔：《关于南朝户籍的两个问题》，陶雪译，《文史哲》1993年第3期。

4 张家山二四七号汉墓竹简整理小组编著：《张家山汉墓竹简〔二四七号墓〕》（释文修订本），第51页。

5 （汉）桓宽撰，王利器校注：《盐铁论校注》卷10《周秦》，中华书局，1992，第584页。战国秦制，“故爵五大夫，皆有赐邑三百家，有赐税三百家”，参见蒋礼鸿撰：《商君书锥指》卷5《境内》，第117页。五大夫以上即为享有封邑的贵族，汉初“五大夫以下比地为伍”应当是沿承秦制，此后关内侯以上始赐封邑，就改为“关内侯以下，比地为伍”了。不过，睡虎地秦简《法律答问》简156说“大夫寡，当伍及人不当？不当”（睡虎地秦墓竹简整理小组编：《睡虎地秦墓竹简》，“注释”，第129页），战国时期的秦国一度也出现过大夫及其以上不受什伍约束的情况。

也。”尚书左丞江奥、右丞孔默之、尚书王准之及殿中郎谢元、吏部郎何尚之纷纷就同伍犯罪究竟是罪及士人还是罪及奴客提出意见，最后王弘定议“士人可不受同伍之谪耳，罪其奴客”，“无奴客，可令输赎”。[1]如果士人不被纳入什伍组织，这场争论完全就是空穴来风，更无须确定最终的处理意见了。北魏洛阳令拓跋志与御史中尉李彪争路时，曾放言：“普天之下谁不编户？”[2]拓跋志的底气来自京师百官通常在都城洛阳著籍，在他眼中，即便对方官位再高，也不过是其治下的编户而已。最后孝文帝准许拓跋志与李彪分路而行，实际上认可了拓跋志的说法。无论皇亲国戚还是贩夫走卒，都要按居地比邻原则编入当地户籍，这是中国古代户籍制度的一项基本原则。[3]

中国古代前期的户籍实物中也可以发现什伍编制的标记。秦代迁陵县南阳里户版是目前所见最早的户籍实物，其 K27、K42/46 及 K36 木牍标有“伍长”的备注[4]；长沙东牌楼出土的几枚东汉灵帝时期的户籍类简中，简 83 也有“右五户同伍”的记载[5]。直到唐德宗建中元年（780 年）实行两税法，规定“户无主客，以见居为簿；人无丁中，以贫富为差”[6]，这种按民户居地比邻原则编制户籍的方式才发生变化。

了解中国古代前期户籍编制的原则，就可以理解走马楼孙吴户籍简中吏户与民户在一起混编的现象。我们注意到，临湘侯国编制的户籍中不仅包括在州县居住、受地方行政机构管理的吏户，也著录了居住在州县、户役特征最明显的兵户。以往谈到魏晋时期的兵户，首先想到的就是与民分治、不列州县户版的营居兵户，但事实上，当时还有一部分兵户尤其是州郡兵散居于地方郡县。[7]我们前面曾举《晋书》中的《刘卞传》《王尼传》《赵至传》为例

1 《宋书》卷 42《王弘传》，第 1317—1318、1321 页。

2 《魏书》卷 14《拓跋志传》，第 363 页；《唐律疏议》卷 12《户婚律》中也有一句话类似，“率土黔庶，皆有籍书”（刘俊文撰：《唐律疏议笺解》，第 915 页）。

3 西晋的孙楚曾建议将地方长官与中正合二为一，“今可令长守为小大中正，各自品其编户也”，参见（宋）李昉等撰：《太平御览》卷 265《职官部 • 中正》引《孙楚集》，第 1243 页下栏。

4 湖南省文物考古研究所编著：《里耶发掘报告》，第 203—210 页。

5 长沙市文物考古研究所、中国文物研究所编：《长沙东牌楼东汉简牍》，“释文”，第 108 页。

6 《新唐书》卷 145《杨炎传》，第 4724 页。

7 营居兵户与州县兵户是两种完全不同的群体，还是如明代的卫所军户与原籍军户一样有密切关系，目前尚不清楚。

做过详细分析[1]，孙吴时期也是如此。陈玉屏、何兹全讨论过孙吴兵户家属随营居住的问题。但从传世文献看，当时州郡兵也有散居民间的迹象。《三国志·吴书·黄盖传》记载："武陵蛮夷反乱，攻守城邑，乃以盖领太守。时郡兵才五百人，自以不敌，因开城门，贼半入，乃击之，斩首数百，余皆奔走，尽归邑落。"[2]黄盖所领武陵一郡的守兵不可能仅有500人，扬州"休使"的士兵亦非普通休假，推测当时的州郡兵采取了上番驻守城防、下番回乡耕作的方式，这才导致情况突发时，出现守军兵力不足的问题。长沙走马楼孙吴户籍简中，可以见到户主身分前标注"州卒""郡卒""县卒"，里结计中有"多少户给县卒"的记载，如梨下里吏民簿中就有"其一户给州卒"（肆·294）、"其二户给县卒"（肆·297）等。[3]说明孙吴除了营居兵户，还有大量郡县士卒住在原籍地，这些人的户籍也是与民籍统编在一起。

走马楼吴简中有两份标注"黄簿"字样的户籍簿，崔启龙根据《长沙走马楼三国吴简·竹简[陆]》所附揭剥图15，对"嘉禾五年春平里黄簿民户口食人名簿"做了复原，其拟定属于里结计简的统计项目有：

集凡春平里魁唐升领吏民〇〇户口食〇〇人

其〇〇户县吏 〇品

其〇〇户郡县卒 〇品

……

定应役民〇〇户[4]

与县吏、郡县卒等并列的应役民，就是承担赋役的郡县民。[5]汉代即有簿、籍不分的现象[6]，走马楼吴简中的"黄簿"实际上就是后代的"黄籍"。从上举

1 参见本书第二编第八章"《西凉建初籍》与魏晋时期的职役户籍"。

2 《三国志》卷55《吴书·黄盖传》，第1285页。

3 走马楼简牍整理组编著：《长沙走马楼三国吴简·竹简[肆]》，第628页。《三国志》卷48《吴书·孙休传》注引《襄阳记》说，李衡"本襄阳卒家子"（第1156页）；同卷《吴书·孙晧传》引《江表传》记张俶父亲为会稽山阴县卒，张俶也在军府服役（第1172页）。此处的郡、县卒皆是兵户。

4 崔启龙：《走马楼吴简所见"黄簿民"与"新占民"再探——以嘉禾五年春平里相关籍簿的整理为中心》，见中国文化遗产研究院编《出土文献研究》（第18辑）。

5 参见本书第二编第五章"长沙吴简中两类户籍簿的功能与性质"。

6 （汉）许慎撰，（清）段玉裁注：《说文解字注》篇5上《竹部》，"籍，簿也"，第190页下栏。

春平里黄簿可以看出，其不仅著录郡县民户，还包括郡县吏户、郡县卒户等各类人户。

长沙走马楼吴简记载了孙吴时期的情况，《太平御览》卷 606《文部·札》引《晋令》是目前仅见的一条西晋造籍的重要史料：

郡国诸户口黄籍，籍皆用一尺二寸札，已在官役者载名。[1]

以前学界对这条史料关注不够，也存在模糊认识，笔者最近对此做过专文分析。[2]此处既然说郡国，就排除了不贯郡县的营居兵户[3]；所谓“诸户口”云云，明确指出居住在当地的除郡县民外，还有多种人户，这些人户的户籍由地方行政机构统一编制。当时主要有哪些种类的人户？前引郴州简提到“军将州郡县吏民士卒家”，“军将”似乎被排除在地方行政管辖之外，桂阳郡掌握的人户主要就是郡县民、州郡县兵家和州郡县吏家三类，这些人户的户籍都统编在一起。明乎此，笔者前引《孙吴简中的户籍文书》一文说吏户与民户身分有别，户籍在一起混编就好理解了。[4]

一些学者注意到孙吴时期存在着专门针对吏户编制的簿籍。长沙吴简中可以见到诸如“☑□□□□军吏父兄子弟人名年纪簿”（贰·7091）、“☑模乡谨列军吏父兄人名年纪为簿”（叁·3814）、“集凡南乡领军吏父兄弟合十九人中”（叁·464）等标题简[5]，同时发现嘉禾四年（235 年）广成乡平乐里吏民

1 （宋）李昉等撰：《太平御览》卷 606《文部·札》，第 2726 页下栏。

2 参本书第四编第十四章“西晋黄籍考——以《太平御览·文部·札》引《晋令》为中心”。

3 根据《晋书》卷 30《刑法志》的记载，《晋令》编定于泰始三年（267 年），第二年颁布实行；而晋武帝泰始二年（266 年）“罢农官为郡县”（《晋书》卷 3《武帝纪》，第 55 页），此后就不存在专门的屯田户了。

4 吴简所见广成乡的户籍文书与黄簿不同，其著录的人户是以“吏”“民”等职役身分而非以“里名+爵位”的方式开头。侯旭东复原的“嘉禾六年广成里吏民人名年纪口食簿”是按照民先吏后的身分编排，参见《长沙走马楼吴简〈竹简〉［贰］“吏民人名年纪口食簿”复原的初步研究》，《中华文史论丛》2009 年第 1 期。崔启龙复原的“嘉禾五年平乐里吏民户数品中人名年纪簿”的顺序则是先吏卒户、后民户，参见《走马楼吴简“嘉禾五年平乐里吏民户数品中人名年纪簿”的整理与解析》，见邬文玲、戴卫红主编《简帛研究 二〇二〇》（春夏卷）。这种编排方式更体现出孙吴时期吏、民户籍混编，但身分有别的特点。

5 走马楼简牍整理组编著：《长沙走马楼三国吴简·竹简［贰］》，第 862 页；《长沙走马楼三国吴简·竹简［叁］》，第 808、728 页。

人名年纪口食簿[1]，以及嘉禾四年（235 年）八月二十六日广成乡劝农掾条列军吏父兄子弟人名、年纪的帐簿[2]。下文列举了这一天东乡、广成乡、南乡等劝农掾条列乡界州吏父兄子弟人名、年纪簿的例子。官府制作这些帐簿的目的，显然是加强对散布于民间的吏户、兵户等特殊人户的管理和控制，特别是为征发吏役、兵役提供方便。但州吏、军吏户口簿与真正的户籍有很大不同：一是这些户口簿登载的只是州、军吏户内男性家庭成员，而非全部家口；二是其著录的对象不限于当地土著，还包括寄寓人口。当然，这并不意味着著录军吏、州吏家庭成员的户口簿以后不会演变为专门的职役户籍。[3]

前引《太平御览·文部·札》所引《晋令》，有学者根据"籍皆用一尺二寸札"的"皆"字，怀疑当时的黄籍不止一种。[4]《晋令》此处标举"郡国"，自然不涉及营居兵户的单独户籍；而两晋南朝史籍中作为"民之大纪，国之治端"的黄籍无一不是指登载全部编户民的基础户籍[5]，不包括各种专门的户口帐簿。如何理解"皆"字？秦汉的户籍在乡编造，西晋时期出现由县廷负责编造的迹象。[6]作为类书，《太平御览》征引的《晋令》很可能只是节文，这句话的本意应该是朝廷对各地造籍材料长短不一的情况做出统一规定，要求地方官府编造的户籍长度都是一尺二寸。"皆"字应当是针对郡国所辖各县户籍而言，并非针对所谓黄籍种类。

1　相关简文如"嘉禾四年平乐里户人公乘侯□年廿筭一"（肆·1973）、"嘉禾四年平乐里户人公乘邓□年卅二腹心病"（肆·1974）、"嘉禾四年平乐里户人公乘谷皃九十二☐"（肆·2720）等，参见走马楼简牍整理组编著：《长沙走马楼三国吴简·竹简[肆]》，第 668、686 页。

2　长沙简牍博物馆编著：《长沙简牍博物馆藏长沙走马楼吴简书法研究》，第 29—32 页。我们目前见到的只是乡吏的呈文，但该呈文前也无疑附有著录军吏相关家庭成员的户口簿。

3　笔者讨论过敦煌所出《西凉建初十二年（416 年）正月敦煌郡敦煌县西宕乡高昌里籍》（S.113）的性质，认为其应该是敦煌行政机构在攒造包括各类人户的基本户籍之外，专门编制的载录居住在本地的兵户户籍（参见本书第二编第八章"《西凉建初籍》与魏晋时期的职役户籍"）。一如明代在十年大造包括各类人户在内的赋役黄册时，还要将其中所载的军户、匠户、灶户等特殊人户摘出，分类编造军黄册、匠册、灶（盐）册等专门职役户籍。

4　韩树峰：《汉晋时期的黄簿与黄籍》，《史学月刊》2016 年第 9 期。

5　《南齐书》卷 34《虞玩之传》，第 608 页。

6　参见本书第四编第十四章"西晋黄籍考——以《太平御览·文部·札》引《晋令》为中心"。

三　吏户的义务、身分与地位

根据孙休诏书，吏户的主要义务是承担中央和地方各级官府机构的吏役，未补入现役的丁男还常常被征调屯田，遇到大规模军事行动，也要到军府承应各种杂役。[1]走马楼吴简进一步揭示，吏户与普通郡县民一样，要按户品纳钱、按户缴财用钱，种地要向官府缴田租，不服现役者也要缴纳人头税。官府为了保障吏户的家庭生计和人口再生产，也会给他们一些优惠政策，比如据吴简记载，州吏每亩熟田向官府缴租米 0.586 斛，郡县吏缴租米 0.756 斛，数额都低于普通郡县民的 1.2 斛。但随着时间推移，优惠政策逐渐消失。嘉禾四年（235 年），郡县吏已经不再享受田租优免，而到嘉禾五年（236 年），州吏也只有部分土地可以享有缴纳较低租米的优惠。[2]吏户受到的剥削程度比普通民户要重得多。中国古代至少从秦朝开始，官府在征发赋役时都需要考虑民户的经济状况[3]，而有能力负担如此繁重官役的吏户，不会是贫困户。下引走马楼吴简多次提到吏户在家中无人应役的情况下，要“以下户民自代”，透露出吏户群体主要来自上户和中户。所谓“自代”也就是允许私下雇人代役，我们甚至看到一些吏户让男奴代替自己服役的事例。[4]

除孙休诏书外，传世典籍中再看不到吏户家庭状况的记载。走马楼吴简保存了几件临湘侯国调查吏户父兄子弟的文书：

第一件：

（1）‖⋈东乡劝农掾殷连，被书条列州吏父兄人名年纪为簿，辄料核

1　孙休诏书中说的“军出又从”，应该是指在军府承担各种杂役，而非参军作战。

2　蒋福亚：《再论走马楼吴简中的诸吏》，《史学月刊》2013 年第 1 期。

3　如根据岳麓秦简记载的“识劫婉案”，战国时期的秦就有按户赀征税的记载（朱汉民、陈松长主编：《岳麓书院藏秦简[叁]》，第 153—162 页）。秦统一后的《徭律》也规定：“节（即）发繇（徭），乡啬夫必身与典以券行之。田时先行富有贤人，以闲时行贫者。”（参见陈松长主编：《岳麓书院藏秦简[肆]》，第 149 页）

4　如简伍・3446“☑武陵郡吏羊茂奴文自代□尹☑”，简伍・3104“二人郡县吏兄弟前假依自代[细]小还奴入钱人卌万”等（走马楼简牍整理组编著：《长沙走马楼三国吴简・竹简[伍]》，第 801、793 页）。后一枚简说，出身吏户的两名男子让男奴代替自己服役，但官府以身体不合规定为由将男奴退回，转而要求每名男子向官府缴纳 40 万钱代役。《嘉禾吏民田家莂》记载的钱、米折算标准大致是 1 斗米 150 钱，许迪盗米案中“米斛直钱一千五百”（捌・4019，见走马楼简牍整理组编著：《长沙走马楼三国吴简・竹简[捌]》，第 749 页），40 万钱约合 267 斛米，雇人服役的费用是非常高的。

乡界州吏二人，父

（2）‖✕兄二人，刑踵叛走，以下户民自代。谨列年纪以审实，无有遗脱，若有他官所觉，连

（3）‖✕自坐。嘉（禾）四年八月廿六日破莂保据。　（简 J22-2543）

第二件：

（1）‖✕广成乡劝农掾区光言：被书条列州吏父兄子弟状处人名年纪为簿，辄隐核乡

（2）‖✕界州吏七人，父兄子弟合廿三人：其四人刑踵聋欧病；一人被病物故；四人真身已送及，

（3）‖✕随本主在宫；十二人细小；一人限佃；一人先出给县吏。隐核人名年纪相应，无有遗脱，

（4）‖✕若后为他官所觉，光自坐。嘉禾四年八月廿六日破莂保据。

（简 J22-2546）[1]

第三件：

（1）‖✕南乡劝农掾谢韶，被书条列乡界州吏父兄子弟年一以上状处为簿，辄部岁伍潘祇、谢

（2）‖✕黄、巨力、谢琕、陈鲁等，条乡领州吏父兄子弟合十二人：其二人被病物故，一人先给郡吏，一人老

（3）‖✕钝刑盲，七人细小。谨破莂保据，无有遗脱年纪虚欺，为他官所觉，韶自坐。嘉禾四年

（4）‖✕八月廿六日破莂保据。　（捌・3342-1）[2]

上述文书末尾标注的时间都是八月二十六日。从内容上看，这是各乡应临湘侯国统一要求调查界内吏户男性家属的现存人数、身体状况，以及服役与否的呈文。女子不服吏役，所以只调查男性。当时与木牍编连在一起的，还有记载这些州吏男性家属的具体名籍：

州吏邓忠　（叁・1804）

1　长沙市文物考古研究所等：《长沙走马楼二十二号井发掘报告》，《长沙走马楼三国吴简・嘉禾吏民田家莂》，第 32 页。标点符号据文义改。

2　走马楼简牍整理组编著：《长沙走马楼三国吴简・竹简[捌]》，第 732 页。标点符号据文义改。

忠子男仲年十五任给吏　　（叁 • 1805）
州吏樊嵩　　（叁 • 1815）
□嵩子男成年十四细小随嵩移居湘西县　　（叁 • 3038）
嵩男弟盛年七岁细小与嵩移居湘西县烝口　　（叁 • 1631）
嵩祖父华年七十六老钝　　（叁 • 1772）
嵩男弟晖年十一细小　　（叁 • 1790）
嵩男弟恭年十九先给州吏　　（叁 • 1807）[1]

官府详细掌握吏户男性家庭成员的情况，除统计服行吏役或从事佃田者的人数外，还重点关注其他人的身体是否健康（细小、老钝、刑踵等），以及能否承担吏役（“任给吏”）等，其目的显然是保证吏役征发。简文中多次提到“以下户民自代”，即如果吏户无法满足吏役要求，需要自行雇人而且必须是从下品户中雇人代役[2]；官府对此不管不顾，只是将吏役摊派到吏户头上。

吏户家中的丁男都有服吏役的义务，至于家中有几人服现役，什么时候服役，由国家根据需要而定。孙休诏书提到吏户的征发原则与兵户一样，也是三五发丁，这就意味着吏户在满足官府吏役需索的情况下，剩下的丁男可以从事其他职业。我们不妨仍以士家情况作为参考。前面提到晋武帝咸宁五年（279 年）曾在全国范围内大举征兵伐吴，根据《文馆词林》卷 662《晋武帝伐吴诏》记载：

> 今调诸士，家有二丁三丁取一人，四丁取二人，六丁以上三人，限年十七以上，至五十以还，先取有妻息者。[3]

按照诏书发布的征兵原则，官府不征发单丁，同时保证拥有两名以上丁男的兵户中除了服兵役者，至少还能留一名丁男在家。留在家中的丁男可以从事农业生产[4]、入学读书，甚至还能出仕做官。唐长孺曾以《晋书 • 赵至传》为例，深入刻画了魏晋士家群体的悲惨境遇；但如果因此说士家“绝无仕进可

1　凌文超对名籍做了一定程度的复原，参见其文《走马楼吴简隐核州、军吏父兄子弟簿整理与研究——兼论孙吴吏、民分籍及在籍人口》，《中国史研究》2017 年第 2 期。

2　吴简中，郡县治下的人户分上、中、下三品，其下品中又有“不任调役”的“下品之下”者。官府特别规定吏户只能从“下户民”中找人代役，显然是为了保证官府正常赋役的征发。

3　（唐）许敬宗编，罗国威整理：《日藏弘仁本文馆词林校证》，第 221—222 页。

4　孙吴《嘉禾吏民田家莂》中就有大量士卒佃种土地，向国家缴纳租税的记载。

能”，恐怕未必。[1]陈玉屏最早关注到魏晋士家仍有仕宦的机会[2]，但学者对此少有措意，我们有必要再做一番论述。陈寿撰《三国志》赞扬曹魏的杨俊有识人之能，说：“同郡审固、陈留卫恂本皆出自兵伍，俊资拔奖致，咸作佳士；后固历位郡守，恂御史、县令，其明鉴行义多此类也。”[3]兵户出身的审固、卫恂因缘际会，最终得以晋身宦途。前引西晋刘卞就是典型代表，不妨再看《晋书》本传：

> 本兵家子，质直少言。少为县小吏，功曹夜醉如厕，使卞执烛，不从，功曹衔之，以他事补亭子。有祖秀才者，于亭中与刺史笺，久不成，卞教之数言，卓荦有大致。秀才谓县令曰：“卞，公府掾之精者，卿云何以为亭子？”令即召为门下史，百事疏简，不能周密。令问卞：“能学不？”答曰：“愿之。”即使就学。无几，卞兄为太子长兵，既死，兵例须代，功曹请以卞代兄役。令曰：“祖秀才有言。”遂不听。卞后从令至洛，得入太学，试经为台四品吏。[4]

刘卞出身士家，其兄长所任太子长兵应当是宿卫东宫、隶属太子卫率的兵士，刘卞本人先后在本县做过各种小吏。刘卞兄长死后，县功曹就想挟私报复，利用补代的机会征发刘卞服兵役。可以想象，如果刘卞兄长在役，功曹没有征他服兵役的理由。最后刘卞在县令的庇护下，躲过兵役进入太学，又通过经学考试跻身仕途，最终官至四品轻车将军、雍州刺史。[5]魏晋时期对兵户管理非常严格，本传没有记载皇帝下诏放免他的兵户身分，刘卞可能终其一生都属于兵户。前引《晋书·王尼传》记载兵户出身的传主一开始被征发为护军府军士，中护军免除其现役后，司马腾准备辟召他为车骑府舍人。不仅曹魏、西

1 《晋书》卷 92《赵至传》就有这方面的反映。本传记载赵至与母亲观看缑氏令上任时有段对话：“母曰：‘汝先世本非微贱，世乱流离，遂为士伍耳。尔后能如此不？’至感母言，诣师受业。”（第 2377 页）作为《晋书·赵至传》史料来源的《世说新语·言语》引嵇绍《赵至叙》记载这段话：“母曰：‘汝先世非微贱家也，汝后能如此不？’至曰：‘可尔耳。’归便就师诵书。”参见（南朝宋）刘义庆著，（南朝梁）刘孝标注，余嘉锡笺疏：《世说新语笺疏》卷上之上《言语》，第 88 页。从母子二人的对话可以看出，赵至出身士家，虽然希望渺茫，但也不是完全没有改变个人命运的机会。

2 陈玉屏：《魏晋南北朝兵户制度研究》，巴蜀书社，1988，第 91—92 页。

3 《三国志》卷 23《魏书·杨俊传》，第 664 页。

4 《晋书》卷 36《张华传附刘卞传》，第 1077—1078 页。

5 《通典·职官·秩品》记西晋官品，第四品中有“州刺史领兵者”。见（唐）杜佑撰：《通典》卷 37，王文锦等点校，第 1004 页。

晋如此，孙皓时期的兵家子张俶因告密有功，“累迁为司直中郎将，封侯”[1]。

类似刘卞的例子毕竟是凤毛麟角，随着征战频繁、官府役使日趋繁重，无论兵户还是吏户，改变自身命运的机会都更加渺茫。官府虽然规定了征发士家或吏户的标准，但如果有大规模战事爆发或者统治者认为其他有必要的场合，随时会征发所有符合甚至未达到服役年龄的人丁尽数服役。史书中类似的记载很多。东晋王敦发动叛乱后，晋明帝下诏揭露其罪状：

> 敦之将士，从敦弥年，怨旷日久，或父母陨没，或妻子丧亡，不得奔赴，衔哀从役，朕甚愍之，希不凄怆。其单丁在军无有兼重者，皆遣归家，终身不调，其余皆与假三年，休讫还台，当与宿卫同例三番。[2]

刘裕平定江陵后，下令：“荆、雍二州，西局、蛮府吏及军人年十二以还，六十以上，及扶养孤幼，单丁大艰，悉仰遣之。穷独不能存者，给其长赈。”[3]沈亮上宋文帝陈府事中，甚至提到“伏见西府兵士，或年几八十，而犹伏隶，或年始七岁，而已从役”[4]。由于战事频仍，州镇军队不仅征发单丁兵吏，甚至连家中年近 80 岁的老人和刚满 7 岁的小孩也不放过。

吏户的情况也差不多。唐长孺指出，吏役之重始于孙吴。[5]从上举孙吴嘉禾四年（235年）的文书看，临湘侯国吏户的男性家庭成员除老小及身体残疾者外，合乎服役标准的人几乎全部被征发吏役和耕种限田，导致吏户纷纷逃亡。

魏晋时期按职业划分户籍的做法来自春秋的四民分业思想，但管仲首创并经后世思想家不断提议的四民“世袭其业”，其目的主要是稳定统治秩序，提高生产效率。魏晋统治者出于控制人口及与豪强大族争夺劳动人手的需要，将治下编户分成多种人户并固定下来，目的只是让其承担官府不同的义务，并不存在分别高低贵贱的意图。学界习惯认为兵户地位卑贱，但这显然不是出自统治者创设制度的本意，也非制度初创时就如此，出现这种情形，实际上是社会现实发展及随之产生的观念歧视造成的。以往学者将魏晋时期

---

1 《三国志》卷 48《吴书·孙皓传》，第 1172 页。

2 《晋书》卷 98《王敦传》，第 2562—2563 页。

3 《宋书》卷 2《武帝纪中》，第 35 页。

4 《宋书》卷 100《自序》，第 2450 页。

5 唐长孺：《魏晋南北朝时期的吏役》，《江汉论坛》1988 年第 8 期，第 63 页。

实行的士家制视作士兵贱民身分固化的标志。[1]魏晋南朝的士家职业世袭，地位低下，甚至只有经放免才能进入普通民籍，但这表现的只是官府对兵户的特殊管理方式和社会上对他们的看法，并不表示这类人户是法定的贱民。郴州西晋简著录的人口统计中，作为贱民的只有奴婢，兵士仍被计入自由民的男子数。[2]《世说新语·贤媛》记载王济本欲将其妹嫁予兵家子，只是担心此人寿命不长才放弃此念，就很好地说明了这一点。学界通常以刘宋时期严格限制士卒服饰的材料来论证士家的贱民身分。《宋书·礼志五》："骑士卒百工人，加不得服大绛紫襈、假结、真珠珰珥、犀、玳瑁、越叠、以银饰器物、张帐、乘犊车，履色无过绿、青、白。奴婢衣食客，加不得服白帻、蒨、绛、金黄银叉、镮、铃、鏑、铒，履色无过纯青。"[3]此处虽然提到奴婢，但对奴婢和士卒服色的要求不同，奴婢只能穿青色衣服[4]，士卒可以穿青、绿、白色衣服。汉成帝永始四年（前 13 年）诏："青绿民所常服，且勿止。"颜师古注："然则禁红紫之属。"[5]在汉代，青色和绿色是平民的常用服色，而"白衣"本来就是庶民百姓的代称。[6]颜师古说汉代禁止庶人服用红紫色，西晋王宏"太康中，代刘毅为司隶校尉，于是检察士庶，使车服异制，庶人不得衣紫绛及绮绣锦缋"[7]，可见士卒百工"不得服大绛紫襈"云云，仍属对庶人服饰的要求。兵户身分低贱，主要是指其社会地位；若就法律身分而言，终魏

1　李天石：《中国中古良贱身份制度研究》，南京师范大学出版社，2004，第 104—118 页。

2　此类简文有 2-86：

一岁死五百二人	其二百五十六人男	廿五人奴
	一百九十五人女	廿六人人婢

参见湖南省文物考古研究所、郴州市文物处：《湖南郴州苏仙桥遗址发掘简报》，见湖南省文物考古研究所编《湖南考古辑刊》（第 8 集），第 100 页。

3　《宋书》卷 18《礼志五》，第 518 页。

4　"履色"并非指鞋子的颜色，南朝普通民众穿的芒履是用芒草织就的。"履"有行用的意思，《吕氏春秋·孝行》云"礼者，履此者也"，高诱注"履，行"。参见许维遹撰：《吕氏春秋集释》卷 14《孝行览》，梁运华整理，中华书局，2009，第 309 页。

5　《汉书》卷 10《成帝纪》，第 325 页。

6　古代普通民众穿的衣服都由麻布制成，麻布的本色就是白色，所以百姓也被称为"布衣""白衣"。如汉代的公孙弘出身平民，因治春秋学得到武帝赏识，最终得以封侯拜相，司马迁说他"以春秋白衣为天子三公，封以平津侯"（《史记》卷 121《儒林·公孙弘传》，第 3118 页）。根据甘肃武威出土的王杖诏令册统计，汉成帝时有七人因不遵守朝廷养老诏令，殴辱王杖主而被处死，其中有"亭长二人，乡啬（夫）二人，白衣民三人"（武威县博物馆：《武威新出土王杖诏令册》，见甘肃省文物工作队、甘肃省博物馆编《汉简研究文集》，第 37 页）。

7　《晋书》卷 90《良吏·王宏传》，第 2333 页。

晋南朝一世，兵士与普通民户同属庶人阶层，并非贱民。以往动辄以郡县民为本位，将屯田户、兵户及吏户称作国家依附人口的说法，有失公允。《晋令》谓“郡国诸户口黄籍，籍皆用一尺二寸札，已在官役者载名”，地方郡县管理的诸种人户都必须著录在黄籍上，各自承担官府相应的役使。吴简所见临湘侯国诸乡编制的黄簿中，吏户、兵户等也与普通民户统编在一起，这些人户都是郡县领民，亦即国家正户。[1]

魏晋时期的吏户问题非常复杂，对吏户究竟是指何种人群，学者也有不同意见。唐长孺认为汉魏时期的吏分为长吏、少吏两种，吏户主要来源于汉代百石以下的官府少吏。实际上，这一时期在官府服务者，除长吏征辟从事行政或事业性工作的掾属外，还有大量以吏的名义从民间征发来供官府或官吏驱使劳作的平民。[2]秦汉时期吏员秩级最低者为斗食、佐史[3]，西汉末期东海郡吏员簿中著录的秩级也止于官佐、乡佐、亭长此类。但在这一等级之下还存在着书佐、小史、干、修行等众多没有秩级的卑吏，据说东汉时期的洛阳县有“官掾史、干、小史二百五十人，书佐九十人，(循)〔修〕行二百六十人”[4]。汉代皇帝赏赐吏民爵位或财物时，也经常划分不同等级，如汉宣帝元康元年（前65年）三月，“赐勤事吏中二千石以下至六百石爵，自中郎吏至五大夫，佐史以上二级，民一级”[5]；东汉明帝永平十五年（72年）三月，“赐天下男子爵，人三级；郎、从官〔视事〕二十岁已上帛百匹，十岁已上二十

1 王素揭示的《劝农掾黄原白为索箽为私学文书》中有：

1. 广成乡劝农掾黄原叩头死罪白：被曹敕，摄录私学索箽诣廷言。案文书：箽

2. 名专。与州卒潘止同居共户，本乡领民，不应给私学，愿乞列言。原诚惶诚恐叩头死

3. 罪死罪。

录文转引自王素、宋少华：《长沙走马楼三国吴简的新材料与旧问题——以邸阁、许迪案、私学身份为中心》，《中华文史论丛》2009年第1期，第16页。州卒作为乡领民，也就是正户。

2 《周礼》记载诸司职事有府史、胥徒，郑玄注：“府治藏，史掌书者，凡府史皆其官长所自辟除。”注释胥徒，“此民给徭役者，若今卫士矣”。参见（汉）郑玄注，（唐）贾公彦疏：《周礼注疏》卷1《天官·冢宰》，见（清）阮元校刻《十三经注疏》，第1375页下栏、1376页上栏。

3 《汉书》卷19上《百官公卿表上》谓“百石以下有斗食、佐史之秩，是为少吏”，又说“吏员自佐史至丞相，十二万二百八十五人”。（第742、743页）

4 《续汉书·百官志五》，见《后汉书》，第3624页。

5 《汉书》卷8《宣帝纪》，第254页。

匹，十岁已下十匹，官府吏五匹，书佐、小史三匹”[1]。书佐、小史及其下的干、修行并非正式的“官府吏”，身分仍属于民的范畴。

除这些小吏外，《续汉书·舆服志上》还记载汉代“武官伍伯，文官辟车。铃下、侍阁、门兰、部署、街里走卒，皆有程品，多少随所典领”[2]。名目繁多的吏卒也是由民众担任，如果他们不亲身服役，则需要缴纳走卒钱。[3]东汉皇帝颁布的诏书中，走卒甚至与奴婢并列，被视为地位卑贱之人。[4]东汉末年的徐幹提出限奴措施，说：“今自斗食、佐史以上，至诸侯王，皆治民人者也，宜畜奴婢。农工商及给趋走使令者，皆劳力躬作，治于人者也，宜不得畜。”[5]被纳入官吏系统内最低等级的斗食、佐史也是享有俸禄的国家正式吏员，属于统治阶层；诸如书佐以下、在官府“趋走使令者”，与普通民众一样，是受剥削的对象。

由此可见，魏晋时期的吏户不排除有个别来自汉代官府的属吏，但主要是从官府服役的人群发展而来。我们不清楚民众服吏役具体有什么好处，料想除了免除部分赋役尤其是兵役，还能获得官府发放的廪食甚至微薄的禄米。若如此，投充吏役就成了人们避役的途径，也不排除有人试图利用在官府服役的有利条件获得上升机会。充任官府小吏，理应需要基本的阅读和书写能力，符合条件者大多为富民而非贫苦百姓。明乎此，就能理解处于吏户形成时期的走马楼吴简中，吏户缴纳的户赀数额和佃种土地的数量往往多于普通民户这一现象。[6]与兵户一样，不同阶段的吏户服役程度和社会地位也有差异，吏户“身分卑贱”“空户从役”的说法不能一概而论。按照官府本来的意图，吏户不过是魏晋时期国家正户中的一种，其身分属于庶民，在满足官

1 《后汉书》卷2《明帝纪》，第119页。

2 《续汉书·舆服志上》，见《后汉书》，第3651页。

3 《后汉书》卷58《虞诩传》，第1872页。

4 《后汉书》卷5《安帝纪》载元初五年（118年）七月丙子诏，第228页。

5 （魏）徐幹撰，孙启治解诂：《中论解诂·佚篇二》，第388页。

6 唐代建中元年（780年）八月，杨炎上疏谈到当下赋役制度混乱时说：“凡富人多丁，率为官为僧，以色役免；贫人无所入则丁存，故课免于上而赋增于下。”（《唐会要》卷83《租税上》，第1819—1820页）这说的是唐代安史之乱后的情况，实际上各个朝代大致都是这样。唐代大部分色役也是渊源于汉代的铃下、侍阁、门兰、部署、街里走卒，南北朝的僮干、吏力、杂任役等，很少来自汉代官僚系统的少吏。

府役使的情况下，吏户还可以从事他业甚至入仕，与士兵能凭军功晋身乃至封侯一样，服吏役者可因受长官赏识而被提拔为国家正式官吏。凡此种种，为我们甄别吏户的身分增加了难度。

结　语

古代统治者征发徭役有力役、兵役和职役等形式，其实质是无偿占有民众的剩余劳动。与筑城、修路等临时随事征调的力役相比，驻守巡防的兵役和受官吏驱使的职役都有固定期限，前引郑玄解释《周礼》中的“胥徒”，“此民给徭役者，若今卫士矣”，就注意到两者有一致之处。面对战乱导致人口逃徙且豪强大族竞相瓜分劳动力的现实，魏晋时期统治者为保证赋役征发，最有效的方式就是直接控制一部分民户并使其固定承担相应役使，屯田户、兵户、吏户等人户就应运而生。魏晋时期虽然实行户役制，但除营居兵户和集中居住的屯田民有单独户籍外，地方官府按照居地比邻原则编制的基础册籍——黄簿（籍）中，除了普通郡县民，还著录散布民间的州县兵户、吏户等各类人户。官府设置吏户的目的，是让他们承担各级行政乃至军事机构的各种杂使。吏户承担专门的吏役，可以获得部分赋役蠲免。但实际情况是，他们除了承担国家法定义务，还常常被派发包括耕种限田在内的各种役使，受到的剥削非常沉重，本应享受的优惠政策也逐渐丧失。在职业世袭、身分固定、官府征发日益繁重的现实情况下，吏户的家庭生计乃至繁衍生息都成了问题。但这说的是经济乃至社会地位，不能就此认为吏户的法定身分就比郡县民低。兵户也是如此。以往学界习惯举赵至为例来说明兵户的身分地位卑贱，实际上，《晋书·赵至传》主要史料来源于嵇绍的《赵至叙》，而后者基本上依据的是赵至与嵇康及其家人交往时的自述。我们对魏晋时期兵户身分性质的认识，很大程度上与统治者对军队的严格管控，以及这一群体内文人对宦学立名艰辛的渲染有关。

本书无意否认魏晋时期具有强烈的人身依附关系色彩，但这是针对包括郡县民在内的所有人户而言，非独兵户、吏户为然。各类人户因管理方式及承担的义务不同，受到国家超经济强制的程度或有所不同，但并无实质区别。纵观人类社会发展史，人身依附关系产生的常见途径，或是来自生产资料所有者对生产资料尤其是土地的垄断，以及由此产生的对占有者或使用者的人身占有，或是统治者利用武力或军事征服，实现对特定区域内各种人群的人身占有。现实社会中，两种途径往往交织在一起，很难区分。唐长孺指出，曹魏士家制度和孙吴世袭领兵制，是对大姓豪门家兵部曲的模拟，魏、吴共同实行的屯田制度是对封建大土地经营方式的模拟。[1]回顾曹魏时期作为户役之始的兵户和屯田户的形成过程，可以看出，统治者对这些人户的划分和管控，实际上就是从曹操镇压农民起义尤其是收编青州黄巾军开始的。实行迥异于秦汉编户齐民的户役制，以及随之呈现出的严重人身依附关系，是魏晋时期生产关系的显著特征。

1 唐长孺:《魏晋南北朝隋唐史三论——中国封建社会的形成和前期的变化》，第 60 页。

第十二章
唐代敦煌籍的成年“中女”与吐鲁番籍的“丁女”

唐代敦煌籍与吐鲁番籍在细节上有很多差异，池田温列举了十一个方面加以说明，并认为这些差异实际属于书式上的不同，是地域差别的反映。这一结论大抵是对的，但两地户籍最显著的差异之一即对成年在室女子的不同称谓，显然不能归结为这一层面的问题，它实际上是两晋南朝与北朝之课役身分差异在唐朝户籍中的遗存。

一　唐代敦煌籍的成年“中女”并非书写疏误

在课役身分中，“丁”是成年人的意思。根据《唐六典》《通典》《唐会要》诸书的记载，唐代前期的成丁年龄有过变化，大致是武德七年（624年）定令21岁称丁，玄宗天宝三载（744年）后提高到23岁为丁。上述史籍谈及当时的丁中制度时，开首泛称“民”或“男女”如何，从这些表述看，唐代的“丁”似乎是包括男、女的。所以吐鲁番籍中，将出嫁的女子称为“丁妻”或“丁寡”，将在室的成年女子（包括未婚女子和归宗母家的妇女）称作“丁女”。但同处西北敦煌的户籍与此不同，其除有与吐鲁番籍注记相同的“丁妻”“丁寡”外，却无一例外地将成年在室女子称为“中女”。

池田温最早关注到这种差异，并在《中国古代籍帐研究》第三章“古代籍帐制度的完成与崩溃”中详细比较了西州吐鲁番籍与沙州敦煌籍的书式，指出二者在“丁中记载”方面的差异：

> 沙州写作“寡”或“老寡”，相反，西州则写作“丁寡”和“老寡”。沙州只有“中女”，西州则分为“中女”及“丁女”两种，而且可

以见到唯有西州给女户主冠以“大女”二字。沙州将奴婢只是作为“丁”；而在西州则记载为“丁奴”、“老奴”及“丁婢”，至于部曲亦记为“丁部曲”或“中部曲”。[1]

所谓“沙州只有‘中女’，西州则分为‘中女’及‘丁女’两种”，说的就是两地户籍对成年在室女子的不同称谓。池田氏比较后得出结论说“西州籍曾经全部详细地记明其类别”，言外之意是敦煌籍记载得不够具体、严格。这种判断显然和上述对唐代丁中制度的传统认识有关。就敦煌籍与吐鲁番籍对“寡妇”“奴婢”身分注记的详略而言，这一结论大抵是对的；但用它来说明两地户籍中“丁女”“中女”的差异，恐怕有问题。在中国古代的丁中系统中，“中”“丁”两种身分不仅是成年更是承担课役与否的分界线，因而有着最严格的区分。敦煌籍如此“混淆丁中”，显然不是登载疏误的问题。而称成年在室女子为“中女”的现象也不限于敦煌，还可以举出甘州（今甘肃张掖）的例子，《唐开元二十三年（735年）甘州张掖县□□乡籍》载：

11. ＿＿＿亮容年贰拾壹岁　中女空[2]

开元时期21岁成丁，“亮容”到了成丁的年龄，同样被注为“中女”。

唐代妇女不纳课役，是不是会导致一些地区对女子的“丁中”记载比较含混呢？这种解释恐怕也有问题。因为除我们讨论的对象外，敦煌籍对其他在室女子课役身分的登录还是非常严格的。如天宝三载（744年）到广德元年（763年）之间，唐代的丁中标准分别是：1—3岁为黄，4—17岁为小，18—22岁为中。[3]而在这一段时期的敦煌籍中，女子3岁被注为“黄”的有：

5.女黑子载叁岁　　黄女天宝四载帐后附空

6.女尚子载叁岁　　黄女天宝四载帐后附空［《天宝六载（747年）敦煌郡敦煌县效谷乡□□里籍》“□仁明”户，第160页］

63. 女妃妃载叁岁　　黄女天宝四载帐后附空［《天宝六载（747年）敦煌郡敦煌县龙勒乡都乡里籍》“程思楚”户，第171页］

---

1 〔日〕池田温：《中国古代籍帐研究》，龚泽铣译，第95页。

2 Yamamoto Tatsuro，Dohi Yoshikazu. *Tun-huang and Turfan Documents，Concerning Social and Economic History，Vol. II，Census Registers（A），Introduction& Texts*，p.96.

3 参据《通典》卷7《食货・丁中》的记载：武德七年（624年）定令“男女始生为黄，四岁为小，十六为中，二十一为丁”，天宝三载后提高为“百姓宜以十八以上为中男，二十三以上成丁”。

186. 女心心载叁岁　　黄女天宝四载帐后附空

187. 女僧娘载叁岁　　黄女天宝四载帐后附空［《天宝六载（747年）敦煌郡敦煌县龙勒乡都乡里籍》“程智意”户，第181页］

17岁仍称“小女”的有：

13. 女妙仙载壹拾柒岁 小女空［《天宝六载（747年）敦煌郡敦煌县龙勒乡都乡里籍》“曹思礼”户，第165页］

62. 女仙儿载壹拾柒岁 小女空［《天宝六载（747年）敦煌郡敦煌县龙勒乡都乡里籍》“程思楚”户，第171页］

142. 妹王王载壹拾柒岁　小女空［《天宝六载（747年）敦煌郡敦煌县龙勒乡都乡里籍》“程大忠”户，第177页］

到18岁即被注为“中女”的则有：

181. 女好娘载壹拾捌岁　中女空［《天宝六载（747年）敦煌郡敦煌县龙勒乡都乡里籍》“程智意”户，第180页］

113. 女真真年壹拾捌岁　中女永泰二年帐后勘责逃走限满除［《大历四年（769年）沙州敦煌县悬泉乡宜禾里手实》“令狐进尧”户，第197页］[1]

没有发现女子4岁的例证。但这些事例足以证明，无论是“黄女”与“小女”还是“小女”与“中女”的分野，都严格遵循唐代的法令。照理说，女子的“黄”“小”“中”更是不纳课役了，敦煌籍却没有见到“黄”“小”或“小”“中”不分的例子。

事实上，敦煌籍称成年在室女子为“中女”的做法并不是唐代才出现的。堀敏一在探讨北魏均田制时，曾提示《天宝六载（747年）敦煌郡敦煌县龙勒乡都乡里籍》“以未婚的成年女子众多而出名，这些成年女人都被称作‘中女’”，“可能是因袭北朝”。[2]堀氏举出的例证就是《西魏大统十三年（547年）瓜州效榖郡（？）户籍》（以下简称《西魏大统十三年户籍》）中的“王皮乱”户：

30. 息女女亲辛丑生年两拾柒　　中女出嫁受（寿）昌郡民泣陵申安

31. 息女丑婢丙辰生年拾两　　　中女出嫁效谷县斛斯己奴党王奴子[3]

1　以上所引文书皆参见唐耕耦、陆宏基编：《敦煌社会经济文献真迹释录》（第1辑）。括号中标出了具体页码。

2〔日〕堀敏一：《均田制的研究》，韩国磐等译，福建人民出版社，1984，第153页。

3　唐耕耦、陆宏基编：《敦煌社会经济文献真迹释录》（第1辑），第117页。

从这件文书反映的情况看，男子 10—17 岁称“中男”，18 岁以上称“丁男”。王皮乱的两个女儿中，“丑婢”12 岁注“中女”没有问题；但“女亲”早过了成丁的年龄，也被注成了“中女”。最早公布这件文书的山本达郎就怀疑，这是因为“女亲”没有出嫁的缘故。[1]池田温此后梳理《西魏大统十三年户籍》反映的丁中制度，就索性不以年龄而将结婚与否视作女子成丁的标准。[2]“王皮乱”户的“女亲”可能是未婚的成年女子，也可能是丧夫归宗的妇女。这就提示我们，要探讨唐代敦煌籍的成年“中女”问题，必须从北朝的课役身分入手。

二　“丁从课役”与北朝系统下女子的“丁中”

北朝的课役身分是怎样的情形？《隋书》卷 24《食货志》记载的隋代丁中制度为我们提供了一些线索：“男女三岁已下为黄，十岁已下为小，十七已下为中，十八已上为丁。丁从课役，六十为老，乃免。”[3]这里的“丁”是否包括男、女，下文讨论。值得注意的是“丁从课役”这句话，它说明在古代课役身分中，“丁”不仅代表成年，更是承担课役的标志。[4]反过来就是说，不承担课役的人群原则上是不能称为丁的。

这就牵涉女子是否受田纳课的问题。根据《隋书》卷 24《食货志》的记载，隋炀帝时废除女子授田、纳课的制度；而在此之前，北朝的均田制有这方面的明确规定。《魏书》卷 110《食货志》载北魏均田制：“诸男夫十五以上，受露田四十亩，妇人二十亩。”与之配套的租调制度是：“其民调，一夫一妇帛一匹，粟二石。民年十五以上未娶者，四人出一夫一妇之调。”[5]有学者业已指出，“十五岁”是北魏男子的成丁年龄，这里的“妇人”也仅限已婚妇女。[6]根据法令规定，北魏的妇女依附男子受田，不单独受田；其赋课是以一

---

1 〔日〕山本达郎：《敦煌发现计帐式的文书残简（上）——大英博物馆所藏斯坦因带来汉文文书六一三号》，谭两宜译，见武汉大学历史系魏晋南北朝隋唐史研究室编《魏晋南北朝隋唐史资料》（第 3 期），1981，内部交流，第 41—71 页。

2 〔日〕池田温：《中国古代籍帐研究》，龚泽铣译，第 59 页。

3 《隋书》卷 24《食货志》，第 680 页。

4 北魏均田制甚至将受田纳课的牛称为“丁牛”。

5 《魏书》卷 110《食货志》，第 2853、2855 页。

6 日本方面的研究史，参见〔日〕堀敏一：《均田制的研究》，韩国磐等译，第 150 页。国内学者的有关论著请参见杨际平：《北朝隋唐“均田制”新探》，岳麓书社，2003，第 33 页；武建国：《均田制研究》，第 229—230 页。

对夫妇为标准，成丁的未婚男子承担夫妇的 1/4。这里仅提到成丁“未娶”者，未说未嫁者，表明未婚的成年女子因为不受田，也无须缴纳赋税。均田制中还有“寡妇守志者虽免课亦受妇田”的条文[1]，这一规定与其说是政府为表彰寡妇守志而授田，倒不如解释成寡妇在丈夫死后仍得以保留自己的受田，政府给予其免课的优待。由此可知，所谓寡妇受田的规定，反过来就是对丧夫归宗的妇女是要收回原受或不予授田的。所以在北魏均田制下，未婚的成年女子和丧夫归宗的妇女都属于“不受（田）”“不课”的人群。上引《西魏大统十三年户籍》A 卷的“王皮乱”户既无“丑婢”的受田记录，也无“女亲”的受田记录，该户的家口集计则称二人为“不课中女”；B 卷某户口集团的赋役集计中，无论是受田还是课输口数，都未将成年的在室女子计算在内。

这是北魏、西魏的情况。此后的北周、北齐，成年在室女子也不受田，不纳赋税。例如，北周的均田令规定“有室者，田百四十亩，丁者田百亩”，赋役令规定“有室者，岁不过绢一匹，绵八两，粟五斛；丁者半之。其非桑土，有室者，布一匹，麻十斤；丁者又半之”；北齐也是“未娶者输半床租调”。这里说的“丁”显然就是“未娶者”，单指未婚的成年男子。所以北齐河清三年（564 年）令明确说“男子十八以上、六十五已下为丁”[2]，并不及女子。在整个北朝时期女子与“丁”相联系的，只有出嫁后所称的“丁妻”或“丁寡”，在室成年女性不能称为“丁”。

但北朝的出土文献中也出现了“丁女”的说法。前引《西魏大统十三年户籍》的 B 卷为 33 户的赋役、受田记录，其在列举 6 户受田已足之后：

76.　　户六三分未足
77.　　　　　　　　┌口十一丁男
78.　　　　口廿良 ┤
79.　　　　　　　　└口九丁女
　　　　……
85.　　户十三二分未足

1 《魏书》卷 110《食货志》，第 2854 页。
2 《隋书》卷 24《食货志》，第 679、676、677 页。

86. 口十八丁
87. 口十九男
88. 口卅五良 口一癃老
89. 口十五丁女

……

96. 户七一分未足
97. 口八丁男
98. 口十四良
99. 口六丁女

这里统计的口数都是受田口，第 79 行文书已残，“口九丁女”几个字是整理者依据格式推补出来的。文书第 89、99 行明确记载了“丁女”的口数。这里的“丁女”作为全部的受田女子，除正常受田的丁妻外，还包括因守志而受田的寡妇。B 卷文书所载的“丁女”总数为 30 人，正好是该户口集团“课见输”的“口两拾件妻妾”与受田不课输的“口五寡妻年六十四已下”之和。也就是说，《西魏大统十三年户籍》的“丁女”是包括身分注记为“丁妻”和“丁寡”在内的已婚妇女的统称，并非独立的丁中名目，更不是指在室的成年女子。

问题是，在隋代尤其是唐代史籍中，“丁”似乎包括男女。除上举《隋书·食货志》外，《旧唐书》卷 48《食货志》载唐代的丁中制度：

> 武德七年，始定律令。……男女始生者为黄，四岁为小，十六为中，二十一为丁，六十为老。……至天宝三年，又降优制，以十八为中男，二十三为丁。……广德元年七月，诏：“……天下男子，宜二十五成丁，五十八为老。”[1]

武德七年（624 年）确立丁中后，除中宗有短期改作外，唐代大规模调整丁中标准主要有两次：天宝三载（744 年）和广德元年（763 年）。所以史书载录唐代的丁中制度时，一般均在详细介绍武德七年标准的基础上，再叙述后两次

1 《旧唐书》卷 48《食货志上》，第 2088—2091 页。原文部分数字有明显讹误，如记天宝三载“二十二为丁”，此“二十二”当作“二十三”；广德元年“二十三成丁”，此“二十三”当作“二十五”，这两处径改。

的变化。仔细分析起来，诸种史书对天宝三载（744 年）之前的丁中记载有两类表述。第一类除上举的《旧唐书·食货志》外，还有《唐六典》卷 3“户部郎中员外郎”条、《通典》卷 7《食货·丁中》、《旧唐书》卷 48《食货志》、《新唐书》卷 51《食货志》、《唐会要》卷 85《团貌》、《册府元龟》卷 486《邦计部·户籍》等。此类表述的共同点就是对男、女“丁中”一体记载，不加任何区别。如上引《旧唐书》《唐六典》《通典》《新唐书》开首就载“男女”或“民”多少岁为“中”、多少岁为“丁”；《唐会要》《册府元龟》未点出主语，但从行文上看，说的也是男女同制。第二类表述则以《宋刑统》卷 12《户婚》“脱漏增减户口”条为代表：

准《户令》：诸男女三岁以下为黄，十五以下为小，二十以下为中。其男年二十一为丁，六十为老。无夫者，为寡妻妾。[1]

《宋刑统》在讲“黄”“小”“中”时包括男女，但谈“成丁”时却仅指男子。学界以往习惯上以第一类表述为根据来说明唐代的丁中不分男、女，完全以年龄进行划分。[2]但是仁井田陞参据日本《养老令》的体例指出，《宋刑统》所载条文应当是唐代开元二十五年（737 年）令的原文。[3]我们再来看唐代两次对丁中的调整情况。有关天宝三载这次，包括第一类表述在内的各种文献所记稍有不同，但内容都是说“民（百姓）十八以上为中男，二十三以上成丁”[4]，实际上说的都是男子；而广德元年（763 年）这次，诸文献记载的语句基本一致。对照《唐大诏令集》所收《广德元年册尊号赦》原文：“天下男子宜二十五成丁，五十五入老。”[5]可见，唐代的成丁确实仅指男子，不及女子。《唐六典》诸书所载丁中制度并不准确，应以《宋刑统》所引《户令》为准。

唐代的女子和北朝一样，未出嫁时不能称“丁”；但嫁给丁男后无论年龄

---

1 （宋）窦仪等撰：《宋刑统》，薛梅卿点校，法律出版社，1999，第 214—215 页。

2 如张国刚、蒋爱花就认为，“不独男子、女子的年龄分组均称丁、中、小、黄，而且似乎年龄划分也整齐如一”（《唐代男女婚嫁年龄考略》，《中国史研究》2004 年第 2 期，第 66 页）。

3 〔日〕仁井田陞：《唐令拾遗》，栗劲、霍存福、王占通，等编译，第 135 页。

4 两《唐书》、《通典》等中华书局点校本都是在“中男”后点断，《宋刑统》法律出版社点校本是从“中”“男”之间断开，后者显然更符合唐制。

5 （宋）宋敏求编：《唐大诏令集》卷 9，中华书局，2008，第 58 页。

大小，都可以称“丁妻”或“丁寡”。敦煌籍中多有这方面的例证，《唐开元四年（716 年）沙州敦煌县慈惠乡籍》第 3 片：

11. 户主王妙智年伍拾陆岁　寡先天二年籍后出嫁，入县内敦煌乡临池里户主张有仁为妻

12. 　女杨王年壹拾捌岁　中女开元三年帐后出嫁，入里内户主余善意孙男伏保为妻

13. 户主余善意年捌拾壹岁　老男下中户课户见输

14. 　孙男伏保年贰拾壹岁　白丁

15. 　保妻杨年壹拾捌岁　丁妻开元三年帐后，娶里内户主王妙智女杨王王为妻[1]

开元年间 21 岁成丁，18 岁的“杨王”本身属于“中女”，在母家时户籍上也是这样注的；但当年嫁入余家，籍注即变更为“丁妻”。敦煌籍中，诸如杨王这样未成年被称为“丁妻”的例子很多。

成年在室女子称“中女”，出嫁女子称“丁妻”或“丁寡”，有唐一代的传世文献尤其是法律条文中也没有“丁女”的身分。[2]宋代《天圣令》所附唐代《田令》有云：“诸黄、小、中男女及老男、笃疾、废疾、寡妻妾当户者，各给永业田二十亩、口分田三十亩。”[3]这里列举女子当户的各种场合，包括“黄”“小”“中”女，以及“寡妻妾”，唯独没有提到“丁女”。罗彤华对此有不同看法。他认为此乃当时未婚成年女子不多见，所以没有必要将“丁女”列入法律条文。[4]这种说法恐欠推敲。从内容上看，这条令文是对当户授田的原则性规定，立法者不可能有意或无意忽略某种适用的对象；而且从目前见到的户籍实例看，成年在室女子当户的现象也比黄女、小女常见。事实上，唐代规定只有家中无男子的情况下，女子才能立户，这样丁妻（妾）就被排

1　唐耕耦、陆宏基编：《敦煌社会经济文献真迹释录》（第 1 辑），第 142 页。

2　不排除史籍中有“丁女”泛指成年女子之例，如《旧唐书》卷 193《列女・邹保英妻奚氏传》载万岁通天年间（696—697 年），契丹寇平州，“奚氏乃率家僮及城内女丁相助固守”，这里所说的“女丁”并不是课役身分。先秦著作《墨子》一书中的《备城门》《号令》诸篇就提到“丁女（子）”守城之事，《玉篇・丁部》“丁，强也，壮也”，此处的“女丁”或“丁女子”都是泛指壮年女子。

3　天一阁博物馆等校证：《天一阁藏明钞本天圣令校证：附唐令复原研究》，第 254 页。在《天圣令》公布之前，可以见到《通典》卷 2《食货・田制下》载开元二十五年（737 年）令：“黄、小、中、丁男女及老男、笃疾、废疾、寡妻妾当户者，各给永业田二十亩，口分田二十亩。”（第 29 页。《册府元龟》卷 495《邦计部・田制》载同）但这里规定的是不课口当户的情况，“男”之前的“丁”显然是衍文。

4　罗彤华：《丁女当户给田吗？——以唐〈田令〉“当户给田”条为中心》，见荣新江主编《唐研究》（第 14 卷），北京大学出版社，2008，第 150—151 页。

除在立户之外；而唐代法令上的“中女”本身就包含年龄处于“中”的阶段的女子和成年的在室女子。所以《田令》的规定实际上已囊括女子立户的各种情形，不存在遗漏的问题。不唯《田令》如此，《天圣令》所附唐《仓库令》第 7 条记载了官府按年龄段给粮的标准，女子的年龄段细分为“妻妾”、“中女（谓年十八以上者）”、“中女（谓年十七以下者）”、“小女（谓年十五以下）”及“小女年六岁以下”[1]，也不存在“丁女”的说法。

由此可见，包括隋唐在内的整个北朝系统下，女子在结婚前只有“黄”“小”“中”此类称谓，出嫁后方可称为“丁妻”或“丁寡”，敦煌籍称成年在室女子为“中女”的做法显然符合唐制。

三　西晋及东晋南朝的“丁女”称谓与吐鲁番籍中的遗存

高昌籍为什么会有“丁女”的称谓呢？

“丁女”作为“丁中”的名目，始见于西晋。《晋书》卷 26《食货志》载西晋平吴后，又制户调之式：

> 丁男之户，岁输绢三匹，绵三斤，女及次丁男为户者半输……男子一人占田七十亩，女子三十亩。其外丁男课田五十亩，丁女二十亩，次丁男半之，女则不课。男女年十六已上至六十为正丁，十五已下至十三、六十一已上至六十五为次丁，十二已下六十六已上为老小，不事。[2]

中日学界对占田与课田的关系有很多争论。[3]对照课田对象包括的丁男、次丁男、丁女甚至特别提及不课的次丁女（“女则不课”句），身为占田的“男

1　天一阁博物馆等校证：《天一阁藏明钞本天圣令校证：附唐令复原研究》，第 282 页；并参李锦绣：《唐开元二十五年〈仓库令〉所载给粮标准考——兼论唐代的年龄划分》，见上海社会科学院《传统中国研究集刊》编辑委员会编《传统中国研究集刊》（第 4 辑），上海人民出版社，2008，第 304—316 页，后收入黄正建主编《〈天圣令〉与唐宋制度研究》，中国社会科学出版社，2011，第 213—233 页。

2 《晋书》卷 26《食货志》，第 790 页。

3　日本学界将有关争论概括为两类学说、四种观点，参见〔日〕伊藤敏雄：《占田・課田制に関する諸研究》，《東洋史論》（3），1982；张学锋：《20 世纪日本的魏晋南北朝经济史研究》第二部分“西晋占田、课田制的研究”，见胡阿祥主编《江南社会经济研究・六朝隋唐卷》，中国农业出版社，2006，第 451—465 页。国内学者对占田、课田的对象没有太大争论，但对两者的关系也有“课田在占田之外”“课田在占田之内”等不同观点。

子”“女子”只能理解为户内的男性、女性成员，而不限于成丁或已婚者。[1]从占田的系统来讲，西晋的女子不分老幼都可以占田；从课田的系统来讲，女子到成丁之年即称“丁女”，就必须“课田”，也就是要缴纳课赋。这显然和北朝的均田、赋役制度有很大差异。

上引《晋书·食货志》说“男女年十六已上至六十为正丁”，但前文指出唐代《户令》“男女”多少岁为丁的说法，其实针对的仅是男子；《晋书》是唐人编修，这里的“男女”是否也仅指男子而不包括女子呢？这种怀疑也不是没有道理。即如下引《隋书·食货志》就说南朝后期“男女年十六已上至六十，为丁”，但实际上当时女子有不同的两种成丁标准：一是“女以嫁者为丁”；二是“若在室者，年二十乃为丁”。此前的西晋会不会也有类似规定呢？笔者认为可能性不大。这不仅是因为在《晋书·食货志》中并没有另外述及丁女的标准问题，而且在《晋书·范汪传附范宁传》《宋书·王弘传》中，传主抨击当时课役年龄过低、建言提高课役年龄时也没有提到男女标准不同的事[2]；再联系下文吐鲁番所出唐代贞观年间的户籍称已婚未成年女性为“中女”的现象看，笔者倾向于认为西晋女子与男子的成丁标准一致，都是按照统一的年龄划分的。[3]大概到南朝后期，女子的成丁标准发生了一些变化，《隋书》卷24《食货志》载：

> 其课，丁男调布绢各二丈，丝三两，绵八两，禄绢八尺，禄绵三两二分，租米五石，禄米二石。丁女并半之。男女年十六已上至六十，为丁。男年十六，亦半课，年十八正课，六十六免课。女以嫁者为丁，若

1　陈连庆将西晋的占田制理解为“计口占田”，参见其著《〈晋书·食货志〉校注》，东北师范大学出版社，1999，第145—146页。

2　《晋书》卷75《范汪传附范宁传》载传主上疏：“今以十六为全丁，则备成人之役矣。以十三为半丁，所任非复童幼之事矣。岂可伤天理，违经典，困苦万姓，乃至此乎！今宜修礼文，以二十为全丁，十六至十九为半丁，则人无夭折，生长滋繁矣。”《宋书》卷42《王弘传》传主建言：“旧制，民年十三半役，十六全役。当以十三以上，能自营私及公，故以充役……十五至十六，宜为半丁，十七为全丁。”当然这两人尤其王弘重点关注的是年少役重的问题，但成丁除徭役之外还有课赋；如果真的“男女有别”，二人提议改制时不可能仅考虑男子，全不及女子。

3　此前汉代课役身分中的“大”“小”，就是不分男女统一按年龄划分。

在室者，年二十乃为丁。[1]

虽然说“女以嫁者为丁”，但如果女子不出嫁，20 岁后也要以“丁女”的身分纳课。这说明即使到南朝后期，官府仍然不是以女子出嫁作为丁女的必要条件。

在整个两晋南朝，女子到一定年龄不论婚否都要作为成丁纳课；这一时期的史籍中也经常将“丁女”称为“女丁”，与“男丁”相对。如《晋书》卷 121《李雄载记》载成汉的赋税制度“男丁岁谷三斛，女丁半之，户调绢不过数丈，绵数两”，这显然是仿照西晋户调式，不过剥削程度要轻；《梁书》卷 53《良吏・沈瑀传》传主南齐永泰元年（498 年）为建德令，“教民一丁种十五株桑、四株柿及梨栗，女丁半之”；同书卷 3《武帝纪下》载大同七年（541 年）“十一月丙子诏”，梁武帝甚至提到当时有役及女丁之举。

我们再来看敦煌吐鲁番地区的情况。

永嘉乱后，河西地区先后历经前凉、前秦、后凉、段氏北凉、西凉、沮渠氏北凉六个割据政权的统治，承继的基本上是西晋的丁中制度。我们目前所见十六国时期的户籍实物有三件，其中为学界熟知的 S.113《西凉建初十二年（416 年）正月敦煌郡敦煌县西宕乡高昌里籍》（以下简称《西凉建初籍》）是一件兵户籍。[2]该籍只有男子按丁中分为“丁男”“次男”“小男”等，女子不分丁中，笼统称为“女口”。年代最早的是 2006 年吐鲁番洋海赵货墓地出土的《前

---

1 《隋书》卷 24《食货志》，第 674 页。中外学界对上述赋税制度的年代有不同认识，如曾我部静雄认为是在宋元嘉年间（424—453 年）以后，参见《均田法とその税役制度》，講談社，1953，第 34、64 页；古贺登主张是梁武帝天监元年（502 年）以后，参见《南朝租調攷》，《史学雜誌》第 68 卷第 9 号，1959；越智重明提出是梁武帝大同四年（538年）之后，参见《南朝の租調》，《史淵》80，1959，后收入其著《魏晋南朝の政治と社会》。有关日本学者的观点，可参见〔日〕堀敏一：《均田制的研究》，韩国磐等译，第 153 页注。国内的学者鉴于《隋书・食货志》本为“五代史志”的内容，通常将其理解为梁陈时期的制度；郑学檬主编的《中国赋役制度史》（第 107 页）则认为此制不限于梁、陈，亦可追溯到刘宋或宋齐之际。

2 关于《西凉建初籍》的性质，浜口重国理解为兵户籍（《秦漢隋唐史の研究（上）》，第 447—454 页），池田温主张是郡县掌握的普通民户籍（《中国古代籍帐研究・概观》，第 52 页）；国内学者如杨际平（《敦煌吐鲁番出土经济文书杂考（三题）》，《中国社会经济史研究》1987 年第 1 期）、王永兴（《王永兴学述》，第 228—234 页）等认为是不包括一般民户的兵吏籍。笔者在本书第二编第八章指出，该籍是敦煌地方行政机构编制的居住在郡县的兵户户籍。作为兵户户籍，《西凉建初籍》关注的重点是男子服兵役的问题，所以要详注男子的丁中身分；而女子不服役，所以就忽略不注。

秦建元二十年（384年）三月高昌郡高宁县都乡安邑里籍》（以下简称《前秦建元二十年籍》），该籍登载了五户人家，保存最为完整的是张晏一户：

6.	高昌郡高宁县都乡安邑里民张晏年廿三		
7.	叔聪年卅五物故	奴女弟想年九	桑三亩半
8.	母荆年五十三	晏妻辛年廿新上	城南常田十一亩入李规
9.	叔妻刘年卌六	丁男一	得张崇桑一亩
10.	晏女弟婢年廿物故	丁女三	沙车城下道北田二亩
11.	婢男弟隆年十五	次丁男三	率加田五亩
12.	隆男弟驹[年　]	[小女二]	[舍一区]
13.	驹女弟[□年　]	凡口九	[建元廿年三月籍]
14.	聪息男[奴年　][1]		

该籍分三栏，第一栏登录该户的家庭成员情况，第二栏是对家口丁中的分类统计，第三栏记载家庭的主要赀产。张晏户家庭成员较多，第一栏容纳不下，“想”“辛”就写在了第二栏。在该户的丁中统计中，“丁男一”人无疑是指23岁的户主张晏，“次丁男三”分别指年15岁的“隆”及15岁之下但又不知具体年龄的男弟“驹”和“奴”。此处15岁作为“次丁男”的上限，也与上引《晋书·食货志》的规定一致。需要注意“丁女”的统计。籍载张晏户有“丁女三”，具体应是指年53岁的“母荆”、46岁的“叔妻刘”及20岁的“晏妻辛”。从户籍登录的情形看，张晏父亲和叔叔均已故去，如果按照北朝系统的称谓，“母荆”和“叔妻刘”应称“丁寡”，“晏妻辛”则作“丁妻”，但《前秦建元二十年籍》却统一称为“丁女”。问题是，前文说过《西魏大统十三年户籍》有将丁寡、丁妻合称为“丁女”的现象，这里的“丁女”会不会也是统称，而非具体的丁中名目呢？显然不是。前面提到，《西魏大统十三年户籍》的“丁女”仅出现在B卷，即以某一户口集团为单位的授田、赋役总计中；而在其A卷每户之后类似《前秦建元二十年籍》的家口统计中，都是

1　原录文参见荣新江、李肖、孟宪实主编：《新获吐鲁番出土文献》，第176—179页；笔者录文修订见本书第二编第七章中的补论“有关《前秦建元二十年籍》的录文问题”。

严格按照“丁妻”之类的丁中身分来统计，不存在类称。[1]《前秦建元二十年籍》的第二栏作为丁中统计，这里的“丁女”也与“丁男”、“次丁男”等身分并列，显然只能理解为法定的丁中名目。前引《晋书·食货志》谓当时的丁中名目有“丁女”“次丁女”云云，其“丁女”显然涵盖所有成年女性。《前秦建元二十年籍》的成年寡妇和成年妻子被注记为“丁女”的现象恰恰反映了其对西晋制度的沿袭。[2]年代最晚也最为残破的是写在德藏吐鲁番文书Ch.6001残片背面的《北凉承阳二年（426年）十一月籍》，保存下来的只有几户人家的第二栏亦即丁中统计栏，如：

6. ＿＿＿＿＿＿＿ 丁男一

7. ＿＿＿＿＿＿＿ 丁女一

8. ＿＿＿＿＿＿＿ 小女二

9. ＿＿＿＿＿＿＿ 凡口四

10. ＿＿＿＿＿＿＿ 承阳二年十一月籍[3]

这里的“丁女”也只能是丁中名目。

北魏太武帝灭沮渠氏北凉之后，敦煌和吐鲁番走上了不同的发展道路。敦煌在归属北魏后直到唐天宝年间，基本上都是处于中原政权的有效管理下。上举《西魏大统十三年户籍》反映出，当时的敦煌也在推行与中原相同的均田、丁中制度。吐鲁番的情况不同。这一地区在沮渠氏北凉灭亡之后，

---

1 《敦煌社会经济文献真迹释录》录“刘文成”户的家口统计中，有“一丁女”的记载。仔细核对图版，“丁”下之字下面为“女”，上面依稀可辨为“⺕”。最初公布这件文书的山本达郎（《敦煌发现计帐式的文书残简——大英博物馆所藏斯坦因带来的汉文书六一三号》），以及郝春文编著的《英藏敦煌社会历史文献释录》（第3卷）（社会科学文献出版社，2003，第330页）皆释为“丁妻”。

2 张晏户中，除3名已婚妇女外，同样属于“丁女”的本来还应该有20岁的在室女子“晏女弟婢”，但因为其已死去，就没有记入“丁女”的数字。我们注意到，日本正仓院保存的文武天皇《大宝二年（702年）御野国味蜂间郡春部里户籍》每户下同样也有丁中统计，如“中政户汉部目速户口十八　正丁一　少丁二　兵士二　小子一　并六　正女四　小女三　少女二　绿女二　并十一　正奴一”。稍有不同的是，男、女丁中统计分组排列。这里的4名“正女”，具体就是指42岁的户主妻“佐比部阿根卖”，36岁的户主妹“刀自卖”、27岁的“奈井卖”及42岁寡居的“秭虫卖”（〔日〕東京大学史料編纂所編：《大日本古文書》卷1，東京大学出版会，1982，第28—29页）。无论从称谓还是内涵来看，日本大宝二年户籍中的“正女”（“丁女”），很可能都沿袭自远承西晋的唐代初年吐鲁番籍。

3 Yamamoto Tatsuro et al. *Tun-huang and Turfan Documents, Concerning Social and Economic History, Supplemen:（A）Introduction& Texts*, p.9.

又历经阚爽政权、沮渠氏北凉流亡政权及高昌国的统治，至贞观十四年（640年）八月唐太宗灭高昌国，才结束了长达三百二十多年的割据局面。有一个问题，唐朝占领高昌后，是不是随即就在当地推行了新的丁中制度呢？唐长孺曾据贞观十四年手实残卷记载的“中男”年限，指出唐朝统一之后，高昌并未马上改变丁中制度，而是又持续了十余年的旧制。[1]我们不妨再看一下阿斯塔那78号墓出土的《唐贞观十四年（640年）西州高昌县李石住等户手实》第5片：

1. 妻张年肆拾　□□
2. 男阿呇奋年贰拾　[　　]
3. 妻曹年拾伍　中女
4. 男宁毗年拾陆　中男
5. 妻曹年拾贰　□□[2]

这些手实反映“中”的年限是10—16岁。第5行曹姓妻子12岁，参照第3行的注记，也应补为“中女”两字。该户手实中的两位曹姓女子皆为户主儿媳，但仍按实际年龄注“中女”不注“丁妻”，这显然与两晋端视年龄为成丁标准的做法比较一致。这种情形没有持续多久，此后不久的《唐贞观十八年（644年）西州某乡户口帐》[3]中就出现了“丁妻”的统计，而《永徽二年（651年）后某乡户口帐（草）》[4]中又出现了“丁寡”“丁妻”的分类统计。具体事例最早可见于阿斯塔那179号墓所出《唐总章元年（668年）帐后西州柳中县籍》第1片：

1. 弟守洛年贰拾贰岁　白丁终制
2. 洛妻孙年拾肆岁　丁妻总章元年帐后娶同县承礼乡弘教里孙隆住女为妻
3. 弟仁行年柒岁　小男

1　唐长孺：《贞观十四年（640）手实中的“合受田”》，见武汉大学历史系魏晋南北朝隋唐史研究室编《魏晋南北朝隋唐史资料》（第2期），1980，内部交流，第1—6页；唐长孺：《唐贞观十四年手实中的受田制度和丁中问题》，《敦煌吐鲁番文书初探》，第100—125页。

2　中国文物研究所等编：《吐鲁番出土文书[贰]》（图录本），第46页。

3　中国文物研究所等编：《吐鲁番出土文书[贰]》（图录本），第121页。

4　中国文物研究所等编：《吐鲁番出土文书[叁]》（图录本），第59页。

4. 弟仁才年陆岁　　　小男[1]

孙姓媳妇只有14岁，但仍按唐朝的制度注为“丁妻”。这印证了唐长孺西州旧制最多不过持续十几年的说法。但我们发现，西州籍将“丁女”的称谓保留了下来，与旧制泛指包括“丁妻”“丁寡”在内的成年女子不同，其仅是将这一称谓限定为成年的在室女子。唐代吐鲁番地区之所以能够这么做，最根本的原因应当是在隋代取消一般妇女的授田、纳课后，“丁女”的称谓已不会引发土地收授、赋役征发上的混乱；而其将“丁女”内涵重新给予限定的做法，恐怕也与北朝系统下的“丁妻”“丁寡”有特定含义，并不仅限于成年女性有关。

余　论

以上探讨了唐代户籍对成年在室女子的称谓问题。以往我们根据文献认为，唐代无论男女都是统一按照年龄来划分丁中，但实际上，在北朝及继之而来的隋唐时期，只有男子完全按照年龄划分丁中，而女子在结婚之前以年龄划分的只有“黄”“小”“中”，出嫁夫家后改称为“丁妻”或“丁寡”。这就涉及一个名和实的问题，所谓“丁妻”的“丁”究竟代表女子自身的年龄阶段呢，还是仅仅指她丈夫的丁中？[2]换句话说，北朝系统下的“丁妻”是指男子的成年妻子还是指成年男子的妻子？在敦煌吐鲁番出土的户籍中，我们不仅频繁发现诸如上举杨王、孙姓媳妇未成年因出嫁而被称为“丁妻”的例子，甚至还见到女子虽在壮年，但因丈夫入老而自身也被称为“老”的事例。如《唐大历四年（769年）沙州敦煌县悬泉乡宜禾里手实》载：

230. 户主王山子年捌拾柒岁　老男武骑尉乾元三年籍后死

231. 　妻张年肆拾岁　　老男妻乾元三年籍后死

1　中国文物研究所等编：《吐鲁番出土文书[叁]》（图录本），第361—362页。

2　丈夫死后，寡女称“丁”或“老”恐怕只能由自己的年龄决定了。上举《西魏大统十三年户籍》的B卷，统计丁妻（妾）记“口两拾仵妻妾”；而统计丁寡，则载“口五寡妻年六十四已下”，强调了年龄问题（当时65岁入“老”）。无论敦煌还是吐鲁番户籍，登载的“老寡”注记都符合入“老”的年龄，《唐大历四年（769年）沙州敦煌县悬泉乡宜禾里手实》甚至记载育有一女、年为64岁的户主张介介称“老女”的实例。

与之类似的，还有《唐开元四年（716 年）西州柳中县高宁乡籍》所载的“索住洛”户：

33. 户主索住洛年陆拾岁　老男　　下下户　不课户

34. 　　妻令狐年伍拾捌岁　老男妻[1]

大历年间 58 岁入老，开元年间 60 岁入老。以上两例中的妻子显然都未到入老的年龄，却被称为“老男妻”。张国刚、蒋爱花曾据出土墓志指出，唐代男子的成婚年龄多数是 17—25 岁[2]；但敦煌吐鲁番地区比较特殊，男子的结婚年龄通常要晚。除上举吐鲁番出土的《唐贞观十四年（640 年）西州高昌县李石住等户手实》外，我们没有在户籍中找到未成年男子结婚的明显事例，唯据《唐神龙三年（707 年）高昌县崇化乡点籍样》记载的康禄山户：

24. 户主康禄山年卌九　白丁

25. 　　口大小总九　丁男一　丁妻一　中妻一　小男一　小女一　黄男一　黄女一　中男一　丁妾一[3]

“中妻”的说法仅此一见，不知道是否即该户“中男”的妻子？此外，似乎还可以从《唐永徽二年（651 年）后某乡户口帐（草）》中窥见“中男妻”的迹象：

1. □三[　　　]　　寡
2. 口一十二　　□资妻
3. 口五十一　　丁寡
4. 口三百一十□　　丁妻
5. 口二　　丁妾
6. 口二　　笃疾妻
7. 口廿一　　□男妻
8. 口卌二　　□女
9. 口一百卅　　小女
10. 口七十[　　　]　　女

1 〔日〕池田温：《中国古代籍帐研究·录文》，龚泽铣译，第 102 页。
2 张国刚、蒋爱花：《唐代男女婚嫁年龄考略》。
3 中国文物研究所等编：《吐鲁番出土文书[叁]》（图录本），第 534—535 页。

11. □百[1]

以上各项都是对女口的分类统计，前 7 项对已婚女子，从第 8 项开始对未婚女子。而对已婚女子的具体分类中，依次条列（老）寡、职资妻、丁寡、丁妻（妾）及笃疾妻之后，第7项的“□男妻”符合条件的恐怕只有“中男妻”。这两件也是吐鲁番出土的文书，但从时代上看，已经是接受唐朝制度之后了。从“中男妻”尤其是“老男妻”的称谓本身也可看出，出嫁后的女子身分都是从属男子的丁中命名的。而这也和唐令仅规定男子“丁”“老”标准的情况一致。

看来，在北朝系统下，女子不仅是依附男子受田、纳课，婚后其身分也是完全附丽于丈夫的丁中称谓的。这显然和两晋南朝实行的主要以年龄来划分女子丁中的做法有很大不同。

1　中国文物研究所等编：《吐鲁番出土文书[叁]》（图录本），第 59 页。原件有圈涂，为排版方便，不录。

第十三章

从户下奴婢到在籍贱民

——中国古代奴婢身分的演变与良贱身分制的形成

奴婢作为一个卑贱阶层贯穿整个中国古代。学界对奴婢问题的关注，无论讨论时间之长还是投入研究力量之大，都可谓一时无两。从20世纪二三十年代的中国社会性质论战，一直到八九十年代的古史分期讨论，学界主要借鉴和运用马克思主义五种社会形态学说，围绕中国古代社会性质及奴隶社会与封建社会的分期问题，对秦汉魏晋时期奴隶的数量、来源、劳动形态、社会地位等进行过广泛讨论，由此形成包括西周封建说、战国封建说、魏晋封建说在内的十余种流派。[1]各种论说固然反映了学者对划分社会形态的标准、中国历史的独特性有不同认识，也与当时主要借助传世文献，可资利用的出土资料数量不多，学者对这些零散、个别性史料的解读存在较大歧异有关。20世纪90年代以后，古史学界的研究兴趣逐渐发生转移，有意识地回避经济结构、社会形态等宏大课题，注重利用睡虎地秦简并结合新出的张家山汉简、岳麓秦简等系列律文，讨论秦汉时期奴婢的法律地位，包括是否有人格权、财产权、婚姻权等具体问题。[2]

1　有关中国古史分期问题的学术史回顾，参见林甘泉、田人隆、李祖德：《中国古代史分期讨论五十年（1929—1979年）》，上海人民出版社，1982；罗新慧：《20世纪中国古史分期问题论辩》，百花洲文艺出版社，2004。

2　施伟青：《秦汉时期的私家奴婢新探》，《中国社会经济史研究》2003年第4期；王彦辉：《从张家山汉简看西汉时期私奴婢的社会地位》，《东北师大学报（哲学社会科学版）》2003年第2期；文霞：《简论秦汉奴婢的法律地位》，《学术论坛》2006年第2期；等等。

生产关系中的奴隶与法律规定的奴婢不完全一致。前者不仅包括法律身分上的奴婢，还包括在劳动形态、生活境遇，以及社会地位与奴婢相近，但法律上属于自由民身分的各类依附劳动者。豪强勋贵豢养的奴婢平日则仰仗主人权势，过着奢侈、骄横的生活。无论再卑贱的自由民还是再有权势的奴婢，他们的法律身分泾渭分明，这种身分也被明确标注在户籍上，成为官府行事的依据。[1]

社会经济范畴中的奴隶是包括法律身分上的奴婢在内的各种依附身分的复合体，在这个复合体中，奴婢居于核心地位，其劳动形态和生活境遇对于其他依附者具有典型意义，我们可以其为标尺界定各种依附关系在这个复合体中所处的位置。所以从户籍制度入手，分析战国迄唐代奴婢尤其是私奴婢身分的发展演变[2]，揭示中国古代不同发展阶段的特征，具有重要意义。

一　秦汉时期的户口统计与奴婢的附籍性质

20 世纪 80 年代，学者对秦汉时期的奴婢入不入籍、以什么身分入籍、官府统计的户口数包不包括奴婢等问题，展开过激烈争论。傅举有、朱绍侯主张这一时期的奴婢作为民赀登记在名籍上，国家统计的户口数不包括奴婢[3]；杨作龙、葛剑雄则提出，豪民、普通地主及商贾的奴婢都被列于编民户口“下

1　岳麓秦简记载了一起有名的“识劫娓案”，娓曾是大夫沛的“妾”即婢女，后来沛的妻子死去，娓为其育有子女，沛就放免了娓。沛死后，娓与沛曾经的隶识产生嫌隙，两人告到县廷。县廷在审理该案件时，专门就娓的身分究竟是沛的免妾还是妻子一事讯问了乡吏，“卿（乡）唐、佐更曰：沛免娓为庶人，即书户籍曰‘免妾’，沛后妻娓，不告唐、更，今籍为免妾，不智（知）它”（朱汉民、陈松长主编：《岳麓书院藏秦简[叁]》，第 159 页）。“免妾”是经主人放免但仍须依附主人、介于平民与奴婢之间的一种特定身分，这类人犯罪要按奴婢而非平民论处。但娓如果是沛的妻子，身分属于真正的自由民，犯罪的处罚就不同了。

2　本书主要讨论私奴婢。官奴婢的名籍归官府管理，身分性质与私奴婢基本相同；但私奴婢普遍从事生产劳动，官奴婢除少部分从事手工业生产外，绝大多数用于满足统治者的生活需要。

3　傅举有：《从奴婢不入户籍谈到汉代的人口数》，《中国史研究》1983 年第 4 期；《论汉代“民赀”的登记及有关问题——兼答杨作龙同志》，《中国史研究》1988 年第 3 期。朱绍侯：《秦汉土地制度与阶级关系》，中州古籍出版社，1985，第 213 页。王仲荦也认为北魏实施均田制后，奴婢才开始载入主人户，参见王仲荦：《奴婢上户籍始于北魏》，《峼华山馆丛稿》，中华书局，1987，第 77—78 页。

簿"，两汉所载民户口数中包括部分奴婢。[1]进入 21 世纪后，随着战国秦汉时期户籍或与户籍相关实物的陆续公布，除袁延胜[2]外，越来越多的学者赞同秦汉户籍登载奴婢、官府户口数也包括奴婢的说法。如杨际平指出，汉代奴婢确实登入户籍，其时郡国上报的户口数，自然也包括奴婢在内。[3]

我们目前见到秦汉时期户籍登载奴婢的材料，主要有三批。其一，里耶古城北护城壕发现一批"秦代迁陵县南阳里户版"，其中简 K27 有"臣曰聚"、简 K2/23 有"臣曰𧞤"的记载。[4]"臣"就是男奴。[5]其二，张家山汉简《奏谳书》提到汉代初年，一名叫"媚"的逃亡奴婢被原主人抓获后，再次以奴婢的身分被记入户籍。[6]其三，湖北荆州高台汉墓 M18 出土了一件模拟现实户籍制作的"名数"，除著录户主大女燕外，还登记了三名成年奴婢。[7]我们没有见到明确的汉代户籍实物，但承汉而来的孙吴户籍简亦登载了诸如"孙子男□年六岁　孙户下奴土长六尺"（壹·4141）、"□户下奴右长六尺　户下奴进长五尺"（壹·7637）等不少奴婢。[8]

秦汉史学界一般认为，奴婢是否登上户籍与其是否被计入户口数是一回事。陈爽、于振波、蒋福亚等吴简研究者相信，在走马楼孙吴户籍简中，奴婢是作为"户"的成员被统计在每户人口中。[9]但这种推论并不符合当时的户籍制度。

中国古代的户籍制度产生于春秋战国之际，《管子·度地》记载了一条早期的造籍法令：

令曰：常以秋岁末之时，阅其民，案家人比地，定什伍口数，别男

1　杨作龙：《汉代奴婢户籍问题商榷》，《中国史研究》1985 年第 2 期；葛剑雄：《西汉人口地理》，人民出版社，1986，第 14 页；详细论述见于葛剑雄：《中国人口史》（第 1 卷），第 319—320 页。

2　袁延胜：《论东汉的户籍问题》，《中国史研究》2005 年第 1 期。

3　杨际平：《秦汉户籍管理制度研究》，《中华文史论丛》2007 年第 1 期。

4　湖南省文物考古研究所编著：《里耶发掘报告》，第 203 页。

5　陈伟指出：秦简中"臣妾""奴婢"的使用年代存在差异，秦始皇二十八年（前 219 年）八月之前，只称臣妾，不称奴婢。参见陈伟：《秦简牍校读及所见制度考察》，武汉大学出版社，2017，第 16 页。

6　张家山二四七号汉墓竹简整理小组编著：《张家山汉墓竹简［二四七号墓］》（释文修订本），第 92 页。

7　湖北省荆州博物馆编著：《荆州高台秦汉墓——宜黄公路荆州段田野考古报告之一》，第 223—224 页。

8　走马楼简牍整理组编著：《长沙走马楼三国吴简·竹简［壹］》，第 980、1052 页。

9　陈爽：《走马楼吴简所见奴婢户籍及相关问题》，见北京吴简研讨班编《吴简研究》（第 1 辑），第 163 页；于振波：《略论走马楼吴简中的"户下奴婢"》，《船山学刊》2005 年第 3 期；蒋福亚：《长沙走马楼吴简所见奴婢杂议》，《首都师范大学学报（社会科学版）》2006 年第 6 期。

女大小。其不为用者辄免之。有锢病不可作者疾之，可省作者半事之。并行，以定甲士当被兵之数，上其都。[1]

学界对《管子·度地》的成书年代有所争论，现代学者多认为是战国时期的作品。令文"案家人比地"是古代将造籍称作案比的最早出处，"定什伍口数"指的是什伍编制，"别男女大小"是说户口数按男、女、大、小四项指标分类统计。秦国的政治、经济比较落后，《史记·秦始皇本纪》谓秦献公十年（前 375 年）"为户籍相伍"[2]，应是取法山东六国或者就是从齐国而来。除什伍编制外，秦国的户口统计方式也与齐国一致。笔者专门讨论过秦代迁陵县南阳里户版的著录格式，指出这批户版通常分为五栏，第一到第四栏依次是按大男、大女、小男、小女的课役身分排列。[3]里耶户版不见每户的口数统计，但里耶一号井出土了同时期的户口简：

第一枚：

（1）☐伍长

（2）大女二人

小男一人

小女一人

（3）四人　　（简 9-1530）

第二枚：

南里户人官大夫布☐

口数六人☐

大男子一人☐

大女子一人☐

小男子三人☐　　（简 9-2295）[4]

户内人口明显是按大男、大女、小男、小女分项统计。我们知道，"户口多少"是官员上计的关键内容，官府需要在每户家庭集计的基础上，逐级做出

1　黎翔凤撰：《管子校注》，梁运华整理，第 1059 页。

2　《史记》卷 6《秦始皇本纪》，第 289 页。

3　参见本书第三编第十章"'小''大'之间——战国至西晋课役身分的演进"。

4　陈伟主编：《里耶秦简牍校释》（第 2 卷），第 322—323、465 页。

里、乡、县、郡的户口统计，最后汇总为全国的户口数。我们也见到了汉代乡、县乃至郡的户口统计资料，江陵松柏汉墓出土的《西乡二年户口簿》载：

上栏：

户千一百九十六

息户七十

秏户卅五

相除定息卌五户

大男九百九十一人

小男千卌五人

大女千六百九十五人

小女六百卌二人

下栏：

息口八十六人

秏口卌三人

相除定息口卌三

•凡口四千三百七十三人[1]

"息户（口）""秏户（口）"分别指繁衍滋生和减耗的户（口）数，西乡大男、小男、大女、小女四项数字之和就是该乡的总口数。这是汉武帝时期江陵县西乡的统计，同出53号木牍也有南郡下辖各县的统计：

江陵，使大男四千七百廿一人，大女六千七百六十一人，小男五千三百一十五人，小女二千九百卌八人。•凡口万九千七百卌五人。延大男八百卅（？）九人，延大女二百八十九人，延小男四百卌三人，延小女三百六十八人，延口千九百卅（？）九人，其千五百卌七人外越。

宜成，使大男四千六百七十二人，大女七千六百九十五人，小男六千四百五十四人，小女三千九百卅八人。凡口二万二千七百五十九人……[2]

1　图版参见朱江松：《罕见的松柏汉代木牍》，见荆州博物馆编著《荆州重要考古发现》，第211页。

2　图版参见朱江松：《罕见的松柏汉代木牍》，见荆州博物馆编著《荆州重要考古发现》，第210页。

南郡境内除承担正式赋役的民户外，还有大量轻徭薄赋的归义蛮夷，所以这里将民户分成了“使”“延”两类，每类民户之下仍是按大男、大女、小男、小女统计。但西汉后期，尹湾汉简《集簿》记载的东海郡户口数据比较简略：

> 户廿六万六千二百九十多前二千六百廿九其户万一千六百六十二获流
>
> 口百卅九万七千三百卌三其（？）四万二千七百五十二获流
>
> ……
>
> 男子七十万六千六十四（？）人女子六十八万八千一百卅二人女子多前七千九百廿六[1]

一郡的户口数只分列男子、女子两项，不再详分大小。不清楚这是否是由于郡计簿记载的事项较多，官府为了节省篇幅有意采取了简化的方式。但我们知道，战国时期创设的“小”“大”课役身分，随着赋役制度愈加繁杂，到了汉代已经不具备区分课役的功能。[2]所以走马楼孙吴户籍简中，无论是最基础的家庭户口集计还是乡、里结计，就只分男女，不再分大小：

> 右有家口食八人　男五女三　（肆·1717）
>
> 右郡家口食五人　男三女二　（肆·1734）
>
> •集凡五唐里魁周□领吏民五十户口食二百八十九人　（肆·380）
>
> 其一百六十二人男　（肆·379）
>
> 其一百廿七人女　（肆·378）
>
> •集凡东扶里魁邓（？）□领吏民户五十五口食二百七十七人　（肆·428）
>
> 其一百五十二口男人　（肆·427）
>
> 其一百廿五口女人　（肆·426）[3]

简226至简533出土时原为一坨，根据揭剥图相对位置大致可以复原五唐里、东扶里的结计简。以上两里中男子、女子人数相加就是该里全部口食数。

---

1 连云港市博物馆等编：《尹湾汉墓简牍》，“图版”，第13页；“释文”，第77—78页。

2 参见本书第三编第十章“‘小’‘大’之间——战国至西晋课役身分的演进”。

3 走马楼简牍整理组编著：《长沙走马楼三国吴简·竹简[肆]》，第662、629—630页。

奴婢属于户口统计中的大男、大女、小男、小女，或者笼统说的男子、女子吗？

学者对秦汉时期奴婢是否具有人格权的问题，也是聚讼纷纭。[1]就我们掌握的资料看，这一时期的奴婢只是法律关系中的客体，不具备法律上的人格。睡虎地秦简《法律答问》简 106 说："'家人之论，父时家罪殹（也），父死而誧（甫）告之，勿听。'可（何）谓'家罪'？'家罪'者，父杀伤人及奴妾，父死而告之，勿治。"[2]"人及奴"的说法也见于《汉书·王子侯表》，汉武帝天汉元年（前 100 年），邵侯刘顺"坐杀人及奴凡十六人，以捕匈奴千骑，免"[3]。这里的"人""奴"是规范的法律用语，显然，奴不属于人。秦汉律文中"人""民"往往可以互换，这一时期的私奴婢通常被称为"人臣""人妾""人奴妾"，说明当时的"人"仅指作为主人的自由民而言。奴婢不是法律地位上的人，所以我们在秦汉简牍及传世典籍中，鲜见奴婢称男子、女子的例子；而在表示身分尤其是庶民与奴婢对举的场合中，男子、女子仅就庶民而言，奴婢只能称大奴（婢）、小奴（婢）。我们举几个有代表性的例子：

1. 隶妾及女子用箴（针）为缗绣它物，女子一人当男子一人。工人程

（《秦律十八种》简 110）

2. 女子为隶臣妻，有子焉，今隶臣死，女子北其子，以为非隶臣子殹（也），问女子论可（何）殹（也）？或黥颜頯为隶妾，或曰完，完之当殹（也）。（《法律答问》简 174）

3. 卅二年六月乙巳朔壬申，都乡守武爰书：高里士五（伍）武自言以大奴幸、甘多，大婢言、言子益等，牝马一匹予子小男子产。典私占。初手。（简 8-1443+8-1455）

1　多数学者持否定意见，如朱绍侯（《秦汉土地制度与阶级关系》，第 212 页）、彭年（《秦汉"同居"考辨》，《社会科学研究》1990 年第 6 期）。近来也有人强调秦汉时期的奴婢具有人的性质，如王彦辉（《从张家山汉简看西汉时期私奴婢的社会地位》）、文霞（《秦汉奴婢的法律地位》，社会科学文献出版社，2016，第 157—178 页）。

2　睡虎地秦墓竹简整理小组编：《睡虎地秦墓竹简》，第 118 页。本章所引睡虎地秦简皆出此书，不再出注。

3　《汉书》卷 15 上《王子侯表上》，第 453 页。

4. 卅五年七月戊子朔己酉，都乡守沈爰书：高里士五（伍）广自言，谒以大奴良、完，小奴嗙、饶，大婢阑、愿、多、□，禾稼、衣器、钱六万，尽以予子大女子阳里胡，凡十一物，同券齿。典弘占。

（简 8-1554）[1]

5. 延平元年十月乙巳朔八日壬子，兼狱史封、行丞事永叩头死罪敢言之。谨移案诊男子刘郎大奴官为亭长董种所格杀爰书、象人一读。

（简 2010CWJ1①：110）[2]

第 1、2 例中的“隶妾”“隶臣”是身分与官奴婢相当的刑徒，与之对举的女子则是指自由民。第 3、4 例是秦统一后都乡呈报迁陵县的分家爰书，承受家产者分别是“小男子”产和“大女子”胡，被分配的奴婢则称为“大奴”“大婢”“小奴”。第 5 例是东汉殇帝时期的官文书，内容涉及狱吏调查亭长格杀一名成年男奴的事，“男子刘郎”是“大奴官”的主人。这些都是法律文书，同属官文书的户籍也是如此。上举荆州高台汉墓出土的名数中，户主燕冠以“大女”，三名奴婢分别称为“大奴”“大婢”。不唯秦汉如此，如下文所论，魏晋时期奴婢被纳入贱民身分后，仍与自由民分别统计，不能称男子、女子。

讨论至此，我们也就可以回答秦汉时期的奴婢是否属于法律中的“同居”“室人”问题了。睡虎地秦简《法律答问》规定：

“盗及者（诸）它罪，同居所当坐。”可（何）谓“同居”？·户为“同居”，坐隶，隶不坐户谓殹（也）。（简 22）

“户为‘同居’”一句好理解：著录在同一户籍上的人称为“同居”，“同居”负有法律上的连坐责任。“坐隶，隶不坐户”涉及奴婢与“同居”的关系，学者解释完全不同。[3]仔细辨析这两句话的关系，就会产生这样的疑问：如果奴婢属于“同居”，又何须再对奴婢或家庭成员犯罪后彼此是否连坐这点做出进一步规定呢？《法律答问》还有一处对“同居”的解释：

---

1 陈伟主编：《里耶秦简牍校释》（第 1 卷），第 326、356—357 页。

2 长沙市文物考古研究所等编：《长沙五一广场东汉简牍[壹]》，第 119 页。

3 我们不应将此处的“隶”直接对应为里耶户版中的“隶”。在战国秦汉时期，法律认可的依附身分只有奴婢及奴婢向平民转化过程中产生的“私属”；通常以“某某的隶”形式出现在户籍及《奏谳书》中的“隶”，实际上是基于私人社会关系产生的具有自由民身分的依附人口，其性质与“私属”类似，没有专门的法律地位。我们注意到，在岳麓秦简中，私属逃亡受到的处罚与自由民类似，但到汉代初年，就等同于奴婢了。

> 可（何）谓“室人”？可（何）谓“同居”？“同居”，独户母之谓殹（也）。•“室人”者，一室，尽当坐罪人之谓殹（也）。（简 201）

这里只从户籍角度对“同居”做了说明，但联系前面“同居所当坐”之语，就可以看出“同居”与“室人”在犯罪受连坐这点上是一致的。许多学者赞成“同居”不包括奴婢，但认为“室人”的范围更大，包括“同居”和奴婢在内。[1]但问题是，近几年公布的岳麓秦简《亡律》有：

> 匿罪人当赀二甲以上到赎死，室人存而年十八岁以上者，赀各一甲，其奴婢弗坐，典、田典……主匿亡收、隶臣妾，耐为隶臣妾，其室人存而年十八岁者，各与其疑同法，其奴婢弗坐，典、田典、伍不告，赀一盾。（肆•1—4）[2]

除惩治藏匿犯人的主谋外，达到法定年龄的“室人”也要连坐，但奴婢不在其内。这说明奴婢并非“室人”，不因主人犯罪而受连坐。简牍整理者将“室人”解释为“同居之人”，这种表述是否准确姑置不论；但“同居”与“室人”皆是法律上受连坐之人，奴婢不是“室人”，自然也就不属于“同居”。

以上是对自由民造意的规定，如果奴婢造意，又该如何处理呢？岳麓秦简有一则令文专门提到了对舍匿“从人”的处罚：

> 敢有挟舍匿者，皆与同罪。同居、室人、典老、伍人见其挟舍匿之，及虽弗见∟，人或告之而弗捕告，皆与挟舍匿者同罪。其弗见及人莫告，同居、室人，罪减焉一等∟。典老、伍人皆赎耐∟，挟舍匿者人奴婢殹（也），其主坐之如典老、伍人∟。（伍•20—23）[3]

“从人”主要指秦统一后原六国贵族组成的反秦势力，所以官府专门派官员对他们进行搜捕、缉拿。[4]按令文所说，凡是藏匿从人者，与之同罪；视知情与否，对藏匿者的同居、室人乃至所在的里典、里老处以不同的惩罚。这里没

---

1 〔韩〕尹在硕：《睡虎地秦简〈日书〉所见“室”的结构与战国末期秦的家庭类型》，《中国史研究》1995 年第 3 期；〔日〕冨谷至：《秦汉刑罚制度研究》，柴生芳、朱恒晔译，广西师范大学出版社，2006，第 154 页。

2 陈松长主编：《岳麓书院藏秦简［肆］》，第 39—40 页。

3 陈松长主编：《岳麓书院藏秦简［伍］》，上海辞书出版社，2017，第 45—46 页。

4 参见李洪财：《秦简牍“从人”考》，《文物》2016 年第 12 期。

有提到奴婢，显然就是上面说的“奴婢弗坐”了。令文又特别说明，如果是奴婢藏匿人犯，主人受连坐，不罪及他人。[1]由此看来，法律对同居、室人的规定完全不适用于奴婢。奴婢与主人居住在一起，但既非同居，也非室人，并不属于户内的家庭人口。

奴婢作为法律上物的特征，学者讨论已多，不再重复。奴婢不属于家庭人口，为什么要被记入户籍，又是以什么性质记入户籍的？秦汉时期的奴婢在法律上具有物的性质，但毕竟是有生命权的自然人，官府禁止主人随意残杀奴婢，同时为了保障作为立国基石的自耕农经济，也不得不限制奴婢的数量。奴婢是主人的私有劳动力，但国家在特殊情况如财政吃紧或兵员匮乏时，也会向奴婢征收重赋甚至发奴为兵。凡此种种，都有必要将奴婢载入户籍以便官府掌控。我们注意到，两汉乃至三国时期，奴婢有一个特定的不见于后世的官方称谓，即“户下奴”或“户下婢”。西汉王褒《僮约》中订立买奴券的首句就是“神爵三年十五日，资中男子王子渊从成都安志里女子杨惠买亡夫时户下髯奴便（了）”[2]。沿承汉制而来的孙吴户籍简中，奴婢登记在每户最下方，几乎无一例外写作“户下奴”“户下婢”。“户下”的具体含义是什么呢？我们看秦代迁陵县南阳里户版中“臣”的书写位置：

K27：

（5）臣曰聚

伍长

K2/23：

（5）臣曰襦

前已指出，户版中第一到第四栏依次按大男、大女、小男、小女的课役身分排列。奴婢不能称为“人”，更不能与自由民混称“男子”“女子”，所以户版中的“臣”并非列在第一栏的大男或第三栏的小男，而是被记录到第五栏。这一栏除登载奴婢外，还以二次书写的形式备注了该户是否担任伍长、有无

1 罗彤华指出，秦汉时期奴婢与主人是一对一的身分关系，主人的父母妻子不是奴婢之主。所以奴婢犯罪只论及主人。参见罗彤华：《唐律的家主与主贱关系》，《同居共财——唐代家庭研究》，政大出版社，2015，第 108 页。

2 （宋）李昉等撰：《太平御览》卷 598《文部 • 契券》，第 2693 页。

住宅等情况。所谓“户下”就是指这一时期的奴婢并非以户内人的身分而是作为特定的财产性质附注在主人户籍的最下面。

了解奴婢的附籍性质后，我们就可以明确，秦汉时期以男子、女子为口径统计的户口数中并不包括奴婢。《汉书·地理志》载西汉元始二年（2 年）“民户千二百二十三万三千六十二，口五千九百五十九万四千九百七十八”[1]，这里泛言的口数中是否包括奴婢呢？从户口统计程序上看，全国户口数是基于民户的家口数，再经里、乡、县、郡逐级汇总编制而来，既然前面基层的户口数中不包括奴婢，全国总口数也应该未统计奴婢。我们不妨再看一下尹湾汉简《集簿》，西汉成帝时东海郡总共“户廿六万六千二百九十，口百卅九万七千三百卌三”，其中“男子七十万六千六十四（？）人，女子六十八万八千一百卅二人”。这里并没有提到奴婢的数量，男子与女子的合计也与郡总口数相差无几。[2]

不仅秦汉，到了三国时期，至少孙吴、蜀汉的户口统计中也不包括奴婢。走马楼孙吴户籍简中，有一类家庭结句简为“右某家口食若干/若干男 若干女”，这显然只统计自由民的男子和女子。除了家庭结计，我们也可以见到以里为单位的集计，《长沙走马楼三国吴简·竹简[肆]》公布了一组曼溲里的户口资料：

户下婢房年卅　（肆·581）

□家口食九人　户下婢有年廿五　（肆·570）

·集凡曼溲里魁□忽领吏民五十户口食二（？）百五十七人　（肆·568）

定见人二百五十五人　其一百卅五人男／一百廿人女　（肆·574）[3]

根据书中所附简册揭剥图，简肆·581、570 皆属曼溲里。曼溲里原有 50 户、

1　《汉书》卷 28 下《地理志》，第 1640 页。

2　根据以上数字计算，男女合计 1 394 196 人，与郡总口数（1 397 343）相差 3147 人。但西汉后期奴婢问题非常严重，这个差额偏小，不宜被视为奴婢数。墓葬中出土的简牍本身作为明器而非实用物，书手在抄录过程中出现错误而又不加纠正是常见的事。即便地方官府行用的帐簿中，数字加减错误的现象也比比皆是。

3　走马楼简牍整理组编著：《长沙走马楼三国吴简·竹简[肆]》，第 633 页。

257人，由于该年度有人死亡或迁徙、逃走，现存口数255人；其中男子135人、女子120人，男女合计与实际人数完全吻合。简肆·581、570登载的两名奴婢，显然未计入曼溲里的口数。魏晋史籍保留了孙吴时期的两组户口数据，《晋书·地理志》说：

孙权赤乌五年，亦取中州嘉号封建诸王。其户五十二万三千，男女口二百四十万。[1]

《三国志·吴书·孙皓传》注引《晋阳秋》称孙皓降时，王濬收其图籍：

户五十二万三千，吏三万二千，兵二十三万，男女口二百三十万。[2]

蜀汉的户口数据同样有两组：一是《晋书·地理志》谓刘备章武元年（221年），领"户二十万，男女口九十万"[3]；二是《三国志·蜀书·后主传》说刘禅炎兴元年（263年）投降邓艾，"遣尚书郎李虎送士民簿，领户二十八万，男女口九十四万，带甲将士十万二千，吏四万人"[4]。孙吴、蜀汉的户口总数既称男女，也不会包括奴婢在内。看来，战国以降直至三国的孙吴、蜀汉，官府户口统计的只是其控制的编户民人数，而非全部实际人口数。[5]

以上我们根据战国时期的造籍法令，并列举了里耶秦简、松柏汉简、尹湾汉简、走马楼吴简及《三国志》记载的孙吴与蜀汉户口统计方式，从制度层面指出这一时期的户口统计数据中不包括奴婢。但是制度规定与实践运行存在张力，加上古代中国地域的广阔性，以及这四五百年间历史发展的复杂性，不排除个别时段或个别地区也会采取与常制不同的举措。青岛土山屯汉墓出土的《堂邑元寿二年（前1年）要具簿》（以下简称《要具簿》）中，就有"户二万五千七，多前二百卌七；口十三万二千一百四其三百卅奴婢，少前千六百八。……凡筭六万八千五百六十八，其千七百七十九奴婢"的记载。[6]这

---

1 《晋书》卷14《地理志上》，第414页。

2 《三国志》卷48《吴书·孙皓传》，第1177页。

3 《晋书》卷14《地理志上》，第414页。

4 《三国志》卷33《蜀书·后主传》，第901页。

5 我们说当时官府统计的户口数中不包括奴婢，并不意味着不统计奴婢数量。事实上，为了限制奴婢人数，尤其是特殊时期还要向奴婢派征赋役，国家不可能不掌握奴婢数量，只是不将其与自由民不加区别地计入口数而已。

6 青岛市文物保护考古研究所、黄岛区博物馆：《山东青岛土山屯墓群四号封土与墓葬的发掘》，《考古学报》2019年第3期，第427页。

一统计方式比较独特：在统计总口数时，不像正常情况那样条列男子、女子人数，反而注明数量很少的奴婢口数；奴婢作为主人的私属，原则上不承担国家赋役，但《要具簿》统计算赋征收情况时却只强调奴婢而未及平民缴纳的算赋。除此之外，《要具簿》还记有“所收事它郡国民户百廿一口二百五十一卒”“逋二年所收事它郡国民口钱四百八十三”“逋二年所收事它郡国民更卒钱九千二百”等事项。[1]“它郡国民”就是流落到堂邑县的客，本来客不在当地著籍，也无须承担当地赋役，但堂邑县照样向他们征收各种赋筭和徭役。[2]从这一系列反常现象看，我们有理由怀疑《要具簿》是堂邑县内部掌握的具体数据，该县在统计全县口数时包括奴婢，并向奴婢和客这些本不承担赋役的人群征收赋役的做法，应该是地方私下行为，不会是国家常制。[3]

二　魏晋以降的户口统计与奴婢在籍身分

晋武帝太康元年（280 年）平吴后，制定了包括丁、次丁、老、小在内的一整套新的课役身分，湖南郴州苏仙桥出土的西晋简牍中也有充分反映。[4]需要注意的是，郴州晋简不仅有“凡丁男二千六百七”（简 1-21）、“口二千一百九十六丁女”（简 1-51）、“其口八百五十五老男”（简 2-25）、“口二百九十二老女”（简 2-352）等记载，还可以见到按课役身分对奴婢的分项统计：

1　青岛市文物保护考古研究所、黄岛区博物馆：《山东青岛土山屯墓群四号封土与墓葬的发掘》，《考古学报》2019 年第 3 期，第 427、428 页。

2　近来，王彦辉撰文推测这里的“它郡国民”已经在堂邑县著籍，并非流民（《瓶颈与突围：战国秦汉户籍制度研究的新进展》，《中国史研究动态》2022 年第 6 期）。汉代的流民与客有所区别，但流民既在当地著籍，自然就不能再称“它郡国民”。长沙走马楼吴简有一件《中乡劝农掾五慈白为列处男子龙攀是正户民事》木牍（长沙简牍博物馆编著：《长沙简牍博物馆藏长沙走马楼吴简书法研究》，第 24 页）：

1. 中乡劝农掾五慈叩头死罪白：被曹敕，列处男子龙攀是正户民
2. 与不，分别言。案文书，攀本乡民，过年占上户牒。谨列言。慈诚惶
3. 诚恐，叩头死罪死罪。
4. 　　　　　　　　　　　　　　　　诣功曹
5. 　　　　　　　　　　　　　　十一月廿二日庚戌白

龙攀去年在当地著籍后就成了本乡民，就不再是客的身分了。汉代对新招徕的流客有个特定称谓，叫“新占民”，强调的也是其不再是外来人这一点。

3　我们也不排除这些做法在地方上非常普遍，但普遍与是否合法不是一回事。

4　参见本书第三编第十章“‘小’‘大’之间——战国至西晋课役身分的演进”。

口七百八十三老小奴（简 2-130）

口一百六十丁奴（简 2-297）

口四百廿九婢（简 2-275）

口一千九百廿四婢（简 2-10）

奴婢不承担国家赋役，官府统计得就比较简略，比如将老奴和小奴合并，婢女甚至不分丁中。郴州简大部分内容是晋惠帝时期桂阳郡的上计簿，我们注意到其中一组户口数据：

领户九千七百五十六口三万二千二百四（简 2-60）

一岁死七百六十三人其｛三百卌二人男 卌七人奴
　　　　　　　　　　　三百一十一人 七十三人婢｝（简 2-51）

率计卌一人死一人余奇（奇）九百廿一人（简 2-97）[1]

《晋书·地理志》记载桂阳郡户数 11 300，这是晋武帝太康四年（283 年）的情况。由于统治集团内争尤其是八王之乱，晋惠帝时期不可避免会出现户口损耗，简 2-60 著录的 9756 户、32 204 口无疑是桂阳郡的总户口数。简 2-51 记载了某行政区一年的死亡数，根据简 2-97 注明的死亡率推算，763×41+921=32 204 人，正好是桂阳郡总口数。由此看来，这三枚简反映的是桂阳郡同期的户口数据，内容相互关联。我们重点分析一下简 2-51。该简统计的 763 名死者中，除自由民身分的男子、女子外，还记载了 47 名男奴和 73 名女婢。从该简著录格式和用语看，西晋时期的奴婢仍与秦汉一样不能称男、女，但已经不再被当作特定财产而是以人的身分著录在户籍中，并与自由民并列被计入死亡人数，进而反映在桂阳郡总口数中。

郴州简所见年号最早是太康五年（284 年），最晚是太安二年（303 年），这里的户口统计方式显然遵循的是太康元年（280 年）制度。我们也可以找到这方面的佐证，《晋书·地理志》开篇总括三国以降的户口情况，记录了三组

1 本章所引郴州简资料，主要参见湖南省文物考古研究所、郴州市文物处：《湖南郴州苏仙桥遗址发掘简报》，见湖南省文物考古研究所编《湖南考古辑刊》（第 8 集），第 98—102 页。

数据：

> 刘备章武元年，亦以郡国封建诸王，或遥采嘉名，不由检土地所出。其户二十万，男女口九十万。
>
> 孙权赤乌五年，亦取中州嘉号封建诸王，其户五十二万三千，男女口二百四十万。
>
> 太康元年，平吴，大凡户二百四十五万九千八百四十，口一千六百一十六万三千八百六十三。[1]

记蜀汉和孙吴的总口数时说“男女口”，到西晋太康元年（280年）笼统称“口”，两种不同的书写方式恐非史臣随意为之。我们再来看这三组数据中户与口的比率。蜀汉每户平均4.5口，孙吴平均4.59口，与汉代平均5口的数字十分接近[2]；太康元年的户口比率大幅度上升，每户高达6.57口。如果不是太康元年的统计口径发生变化，与蜀汉、孙吴的户口比率差距不可能这么大。[3]

我们没有见到曹魏的户口数据，不清楚其统计方式。但据《续汉书·郡国志》刘昭注引皇甫谧《帝王世纪》记载：

> 文帝（授）[受]禅，人众之损，万有一存。景元四年，与蜀通计民户九十四万三千四百二十三，口五百三十七万二千八百九十一人。[4]

曹魏景元四年（263年）也就是蜀汉炎兴元年。上引《三国志·蜀书·后主传》说刘禅投降时户28万、口94万，据此推算，曹魏灭蜀前境内户数663 423，口数4 432 891，每户平均6.68口，比率远远高于蜀汉和孙吴。杜佑《通典》也提到曹魏灭蜀后到晋武帝灭吴前十七年间，原来西晋疆域内增加的户口数：

> 蜀刘禅炎兴元年，则魏常道乡公景元四年，岁次癸未，是岁魏灭

1　《晋书》卷14《地理志上》，第414、415页。

2　参见杜正胜：《传统家族试论》，《大陆杂志》第65卷第2、3期，1982；后收入黄宽重、刘增贵主编《家族与社会》，中国大百科全书出版社，2005，第16页。

3　或许有人认为，太康元年户口比率增大，主要是口数中新增了注家籍的“客”的缘故。但从走马楼吴简看，嘉禾年间的孙吴户籍中已经著录客在内，故王素指出，西晋太康元年颁布的荫佃客、衣食客的规定承袭的是孙吴制度，参见王素：《长沙吴简中的佃客与衣食客——兼谈西晋户调式中的“南朝化”问题》，《中华文史论丛》2011年第1期。

4　《续汉书·郡国志》，见《后汉书》，第3388页。

蜀。至晋武帝太康元年岁次庚子，凡一十八年。户增九十八万六千三百八十一，口增八百四十九万九百八十二。[1]

这一组数字是根据曹魏灭蜀后的全国户口数（943 423 户、5 372 891 口）、孙吴投降时的户口数（523 000 户、2 300 000 口），以及西晋灭吴后的全国户口数（2 459 840 户、16 163 863 口）推算出来的，但计算结果有误，正确数字应是户增 993 417、口增 8 490 972。依此，太康元年（280 年）灭吴之前，西晋境内当有 1 936 840 户、13 863 863 口，每户平均 7.2 口。这是实行荫亲荫客制前的情况。从曹魏灭蜀到西晋统一全国之前，北方保持着甚至比太康元年统一后还高的户口比率，这让我们怀疑该时期的户口统计中已经包括奴婢在内。[2]

为稳妥起见，我们不妨把基于奴婢成为在籍人口引发的官方户口统计方式的变化笼统说成是在魏晋之际。

西晋灭亡后，黄河流域进入五胡十六国时期，这些政权在相当长的一段时间内仍保留了原来的生产关系。我们通过《前秦建元二十年（384 年）三月高昌郡高宁县都乡安邑里籍》（以下简称《前秦建元二十年籍》）也见到了这一时期的户口统计方式，如该籍第二片载：

（前缺）

1. □□	□□三	埽坞下□
2. 女々弟素年九新上	凡口八	得猛季常田四亩
3. 素女弟训年六新上		西塞奴益富年廿入李雪
		虏婢巧成年廿新上
4. 勋男弟明年三新上		舍一区
5. 明男弟平年一新上		建元廿年三月藉（籍）[3]

1　（唐）杜佑撰：《通典》卷 7《食货七》，王文锦等点校，第 145 页。

2　秦汉时期流行五口之家，这和商鞅变法推行小家庭的政策有关。三国时魏明帝不再强制父母生前分家析产，一定程度上会造成曹魏末年户内口数的增加。但魏明帝的诏令更可能只是承认东汉以来社会上很少再父子生分的现实而已。从走马楼孙吴户籍简看，当时孙吴境内不仅普遍存在着成年儿子与父母同居的情况，也有许多两名及以上成年弟兄共居一户的现象，但临湘侯国诸乡、里的平均口数远低于曹魏末年和西晋初年。

3　荣新江、李肖、孟宪实主编：《新获吐鲁番出土文献》，第 179 页。

《前秦建元二十年籍》分为三栏：第一栏登录民户的家庭人口，第二栏是该户丁中的分项统计，第三栏记载田宅、奴婢等赀产情况。上举不知名户曾先后有两名奴婢，男奴益富被卖给李雪，又买了一名婢女巧成。我们注意到，这两名奴婢尤其是巧成著籍后以“新上”的名义被著录在第三栏的赀产簿，而非如后世那样写在家口籍中。我们再看该户的丁中统计。《前秦建元二十年籍》基本上承袭了西晋的丁中名目和课役标准，其中张晏户有完整的丁中统计：

丁男一

丁女三

次丁男三

[小女二]

凡口九[1]

统计顺序依次应为丁男、丁女、次丁男、次丁女、小男、小女；如果有奴婢，也当在自由民之下，依次按丁、次丁等课役身分列出。上举不知名户第二栏仅存最后两行文字，数字“三”前名目缺失，但该户卖掉益富后，只剩一名成年婢女，从数量上看，此处记的不可能是奴婢。这表明，前秦又回到了秦汉时期将奴婢作为赀产而非“人”记入户籍的方式。

北魏早期情况不详，孝文帝太和九年（485 年）颁布均田令，规定奴婢与平民受田数额一样，但缴纳的租调要少得多。这一方面是为了照顾大土地所有者的利益；另一方面旨在使劳动者与生产资料充分结合，促进农业经济发展。我们没有见到北魏时期的户籍实物，但据《西魏大统十三年（547 年）瓜州效穀郡（？）户籍》（以下简称《西魏大统十三年户籍》）A卷第四片不知名户：

3. 息男众僧乙卯生年拾叁　　实年十八

4. 息男神和甲子生年肆　　小男

5. 婢来花己未生年究　　实年十八进丁

6. 息男黄口甲子生年两　　黄男　上

1　原释文有误，订正后的文字参见本书第二编第七章的补论“有关《前秦建元二十年籍》的录文问题”。

- 凡口六
  - 口二不课
    - 口一小男年四
    - 口一黄男年二
  - 口四课见［输］
    - 口三良
      - 二丁男
      - 一丁妻
    - 口一贱丁婢[1]

西魏实行的均田制、租调制与北魏略有差异，但主要内容一致。《西魏大统十三年户籍》A卷是各户别的家口、课役、田地记录，其中家口簿除著录各个家庭成员外，还有户口的丁中统计。上举某不知名户的家庭成员中著录了一名叫来花的成年婢女，其丁中统计严格遵循良贱有别的原则，将自由民与奴婢分别统计。《西魏大统十三年户籍》B卷是以里为单位的户口总集计，其中在“不课口”下有“口二贱小婢年九”，“课见输”下有“口一贱婢新”的记录。由此看来，西魏明确将奴婢作为在籍人口中的贱民计入家口数，进而被统计进国家的户口数。这应当沿袭的是北魏的制度。

唐代法律严格区分良贱身分，但作为贱民的奴婢与主人血亲成员一样，被称为“家人”[2]；凡是著录在同一户籍，不限良贱，都属于同籍之人[3]。法律明文规定，户主在造籍年申报手实时，须将家内所有人口不分良贱一一呈报，“脱口及增减年状以免课役者，一口徒一年，二口加一等，罪止徒三年”，对不承担课役的奴婢，“四口为一口，罪止徒一年半；即不满四口杖六十”。[4]唐代户籍是家口籍与土地簿合一，其中家口籍部分著录所有家庭人口，奴婢排在血亲成员后面。唐代户籍没有丁中分项统计，但仿照唐代户籍制度编制的日本《大宝二年（702年）御野国味蜂间郡春部里户籍》中，每户户主

1　唐耕耦、陆宏基编：《敦煌社会经济文献真迹释录》（第1辑），第120页。

2　刘俊文撰：《唐律疏议笺解》卷8《卫禁律》“不应度关而给过所”条：“若家人相冒，杖八十。”疏议曰：“家人不限良贱，但一家之人，相冒而度者，杖八十。”（第650页）

3　刘俊文撰：《唐律疏议笺解》卷28《捕亡律》“不言请辄捕”条，疏议曰：“言同籍之内，明是不限良贱亲疏。”（第1960页）

4　刘俊文撰：《唐律疏议笺解》卷12《户婚》，第915页。

下面按男、女、奴、婢逐一分列丁中口数。[1]我们在吐鲁番出土的《唐神龙三年（707年）高昌县崇化乡点籍样》中，也见到类似记载：

1. 户□

2. 口大小总六　一老寡　一中女　一丁女　二黄女　一贱口[2]

这里的"贱口"不知是奴婢还是部曲，但无论是哪种身分，都被统计在该户的人口数中。吐鲁番地区出土了十余件唐前期的乡户口帐，唐长孺指出其书写格式分简式、繁式两种[3]，朱雷复原的贞观年间简式户口帐格式如下：

1. 合当乡去年帐后已来新旧口若干
2. 　　若干口旧
3. 　　若干口新（云新附）
4. 若干杂任卫士及职资侍丁老小三疾等
5. 若干白丁见输
6. 若干老寡丁妻黄小女
7. 若干贱
8. 　　若干奴 若干新 若干旧
9. 　　若干婢 若干新 若干旧
10. 合当乡去年帐后已来户口新旧老小良贱见输白丁并皆依实后若漏妄连署之人依法罪谨牒[4]

全乡总人数按良口、贱口两部分统计，第4—6行列的是良口，第7—9行记贱口。杜佑《通典》记载唐代全盛时期的户口数：

（天宝）十四载，管户总八百九十一万四千七百九，应不课户三百五十六万五千五百一，应课户五百三十四万九千二百八十。管口总五千二百九十一万九千三百九，不课口四千四百七十万九百八十八，课口八百二十万八千三百二十一。[5]

全国总户数分课户、不课户，口数也分课口、不课口。"诸视流内九品以上官

1 〔日〕東京大学史料編纂所編：《大日本古文書》卷1，第1—24页。

2 中国文物研究所等编：《吐鲁番出土文书[叁]》（图录本），第540页。

3 唐长孺：《唐西州诸乡户口帐试释》，《敦煌吐鲁番文书初探》，第128—132页。

4 朱雷：《唐代"乡帐"与"计帐"制度初探——吐鲁番出土唐代"乡帐"文书复原研究》，《敦煌吐鲁番文书论丛》，第170页。

5 （唐）杜佑撰：《通典》卷7《食货七》，王文锦等点校，第153页。

及男年二十以上（下）、老男、废疾、妻妾、部曲、客女、奴婢皆为不课户（口）”[1]，奴婢无须缴纳课役，故列入不课口，全国总不课口 44 700 988 中也包含了各州县著籍的私奴婢。

三 秦汉奴婢的来源与身分变化

秦汉时期奴婢的主要来源有三：一是犯罪被罚没的刑徒；二是破产卖身的平民；三是被掠卖的人口。与古典时代的希腊、罗马不同，异族俘虏并非秦汉奴隶的主要来源。

战国以降至汉代早期，合法的奴婢主要来源于刑罚没官者。东汉许慎解释奴婢为“皆古罪人”，“男有罪曰奴，奴曰童，女曰妾”[2]；郑玄也说“今之为奴婢，古之罪人也”[3]。所以这一时期的奴婢也被称为臧、获，“臧者，被臧罪没入为官奴婢；获者，逃亡获得为奴婢也”[4]。战国时期的法律中随处可见籍没罪犯亲属为奴的内容，明人董说《七国考》转引李悝《法经》有“杀人者诛，籍其家，及其妻氏；杀二人及其母氏”，“盗符者诛，籍其家。盗玺者诛。议国法令者诛，籍其家，及其妻氏”。[5]商鞅在秦国实行严刑峻法，规定“匿奸与降敌同罚”，“事末利及怠而贫者，举以为收孥”。[6]降敌、匿奸者籍没全家，不事农业生产者的妻、儿也要被罚没为官奴婢。秦汉法律体系中专门设有《收律》，睡虎地秦简《法律答问》有多处涉及“收”的规定，《二年律令》简 175 记载了汉初适用《收律》的一般原则：

> 罪人完城旦舂、鬼薪以上，及坐奸府（腐）者，皆收其妻、子、财、田宅。其子有妻、夫，若为户、有爵，及年十七以上，若为人妻而

1 （唐）杜佑撰：《通典》卷 7《食货七》，王文锦等点校，第 155 页。

2 （汉）许慎撰，（清）段玉裁注：《说文解字注》篇 12 下《女部》，第 616 页下栏，篇 3 上《辛部》，第 102 页下栏。

3 （汉）郑玄注，（唐）贾公彦疏：《周礼注疏》卷 36《秋官 • 司厉》，见（清）阮元校刻《十三经注疏》，第 1906 页上栏。

4 （唐）徐坚等：《初学记》卷 19《人部下》，第 463 页。

5 （明）董说撰：《七国考》卷 12《魏刑法 • 法经》，中华书局，1956，第 366 页。关于董说所引《法经》的来源，学界看法不一。

6 《史记》卷 68《商君列传》，第 2230 页。

弃、寡者，皆勿收。坐奸、略妻及伤其妻以收，毋收其妻。[1]

《法律答问》也有完城旦收其妻、子的规定。按《二年律令》的用语，凡言某某罪名以上，包括本级罪。汉初劳役刑有耐司寇、耐隶臣妾、耐鬼薪白粲、完城旦舂及黥城旦舂五种，除前两种外，其余罪名都是被收的对象。籍没的场合如此广泛，民众动辄犯禁，随时都有可能沦落为官奴婢。官府主要通过赏赐、出卖等方式，将官奴婢变成私奴婢。我们在《汉书·霍光传》《汉书·毋将隆传》等史籍中，不难见到皇帝大量赏赐臣下奴婢的记载；里耶秦简中也有官府售卖奴婢的事例。[2]从西汉初年，门客孟舒、田叔等人"赭衣自髡钳"，以家奴身分随张敖入京[3]，淮阳周氏为了将季布打扮成奴婢，"乃髡钳布，衣褐"[4]等事例看，这一时期的私奴婢普遍具有刑徒的外形特征。奴婢不承担赋税徭役，平民大规模沦为奴婢势必严重危及国家的经济基础。汉文帝继位不久，就"尽除收帑相坐律令"[5]。此后，收帑罪的适用范围大大缩小，除谋反、叛逆等危害国家的罪行外，很少再见到籍没罪犯全家的做法，平民因犯罪而大量降为奴婢的现象得到有效遏制。

古代的人口贩卖大体有掠卖、和卖两种，前者系以非法手段强夺掳掠而来，后者是农民迫于生计，自愿出卖妻子儿女甚或自身。王莽指责秦代"奸虐之人因缘为利，至略卖人妻子，逆天心悖人伦"。实际上，掠卖作为严重的犯罪行为出现得很早，而且从一开始就是国家坚决打击的对象。和卖是随着个体家庭劳动的产生而出现的。春秋战国时期的文献如《管子·治国》《管子·八观》《韩非子·六反》中就有小农遇到天灾人祸，不得不鬻卖妻儿的记载。但战国至汉初实行国家授田制，一定程度上限制了土地私有制的发展和农民的贫富分化，和卖现象并不突出。汉文帝之后，在大土地所有者的压迫和商人高利贷的盘剥下，农民破产卖身为奴的现象增多。晁错描述农民一年四季辛苦劳作，经济上仍然入不敷出，遇到天灾再加上官府苛征，只能向商人借贷，"于是有卖田

1　张家山二四七号汉墓竹简整理小组编著：《张家山汉墓竹简[二四七号墓]》（释文修订本），第32页。

2　里耶秦简 8-154 载："卅三年二月壬寅朔朔日，迁陵守丞都敢言之：令曰恒以朔日上所买徒隶数。·问之，毋当令者，敢言之。"参见陈伟主编：《里耶秦简牍校释》（第1卷），第93页。古代"买""卖"通假，此"买"即"卖"字。这里的徒隶也就是指官奴婢。

3　《史记》卷104《田叔列传》，第2776页。

4　《汉书》卷37《季布传》，第1975页。

5　《汉书》卷4《文帝纪》，应劭注曰："秦法，一人有罪，并其室家。今除此律。"（第110、111页）。

宅鬻子孙以偿责者”[1]。平民卖身为奴成为一个严重的社会问题。

掠卖与和卖的社会危害性不同，统治者对二者的处罚方式也有很大差异，《二年律令·盗律》简 67 规定：

> 智（知）人略卖人而与贾，与同罪。不当卖而和为人卖，卖者皆黥为城旦舂；买者智（知）其请（情），与同罪。[2]

法律严惩一切形式的掠（略）卖行为，不但掠卖人有罪，知情而买者也与之同罪；但对和卖并未采取一刀切的方式，只处罚“不当卖而和为人卖”的行为。既然有不当卖的和卖，也就意味着有当卖的和卖。如贾谊上书汉文帝：

> 汉之为汉几四十年矣，公私之积犹可哀痛。失时不雨，民且狼顾；岁恶不入，请卖爵、子。[3]

爵位是皇帝所授，代表着一定的身分和待遇，卖爵必须通过官府批准[4]，卖子同样要向官府申请。这种经过官府同意的卖子行为，显然就属于上引《盗律》中当卖的情形。从国家立场上讲，统治者当然要保证承担赋役的自耕农数量，但破产农民在官府无力救济、走投无路的情况下，为了维持生存甚至应付国家赋役[5]，除卖掉妻、子之外，别无他途。所以贾捐之指出：“至嫁妻卖子，法不能禁，义不能止，此社稷之忧也。”[6]官府对民间卖身自救的行为，也只能采取默许的态度。我们从光武帝建武年间（25—55 年）颁布的一系列解放奴婢的诏令中，可以看出官府对掠卖、和卖态度的差异：

> 1.（二年五月）癸未，诏曰：“民有嫁妻卖子欲归父母者，恣听之。敢拘执，论如律。”

1 《汉书》卷 24 上《食货志上》，第 1132 页。

2 张家山二四七号汉墓竹简整理小组编著：《张家山汉墓竹简[二四七号墓]》（释文修订本），第 18 页。原释文为“不当卖而私为人卖”，彭浩等人将“私”隶定为“和”（彭浩、陈伟、〔日〕工藤元男主编：《二年律令与奏谳书——张家山二四七号汉墓出土法律文献释读》，第 117 页）。从文义上看，作“私”与作“和”都解释得通；今按图版，作“和”是。

3 《汉书》卷 24 上《食货志上》，第 1132、1128 页。

4 遭遇灾荒年景，汉代皇帝曾多次下诏允许民众卖爵自救，甚至明码标价，参见《汉书》卷 2《惠帝纪》、《史记》卷 10《孝文本纪》及《汉书》卷 10《成帝纪》等。

5 《淮南子》卷 8《本经训》：“末世之政，田渔重税，关市急征……赘妻鬻子，以给上求，犹弗能澹，愚夫蠢妇，皆有流连之心，凄怆之志。”参见何宁撰：《淮南子集释》，中华书局，1998，第 600—601 页。

6 《汉书》卷 64 下《贾捐之传》，第 2833 页。

2.（七年五月）甲寅，诏吏人遭饥乱及为青、徐贼所略为奴婢下妻，欲去留者，恣听之。敢拘制不还，以卖人法从事。

3.（十二年）三月癸酉，诏陇、蜀民被略为奴婢自讼者，及狱官未报，一切免为庶（民）[人]。

4.（十三年）冬十二月甲寅，诏益州民自八年以来被略为奴婢者，皆一切免为庶（民）[人]；或依托为人下妻，欲去者，恣听之；敢拘留者，比青、徐二州以略人法从事。

5.（十四年）十二癸卯，诏益、凉二州奴婢，自八年以来自讼在所官，一切免为庶（民）[人]，卖者无还直。[1]

第一条针对的是和卖为奴的人，这些人可自愿选择是否回家，官府对敢于扣留他们的人按罪论处。第二条所记比较简略，但可与第四条参看，这里针对的是掠卖与和卖两种行为，简要地说就是掠卖非法，全部免为庶民；和卖任其所愿，若有扣留者论罪。官府对拘执者处以何种刑罚呢？第一条笼统说"论如律"，第二条称按"卖人法"，第四条诏令则谓"略人法"，这三种表述实际上是一样的，说明当时的非法人口买卖主要指掠卖。第三条与第五条，则是鼓励奴婢向官府告发主人非法买卖，主要针对掠卖人口的行为。

统治者对和卖行为网开一面，东汉后期仍是如此。据《后汉书·梁统传附梁冀传》，梁冀飞扬跋扈，"又起别第于城西，以纳奸亡。或取良人，悉为奴婢，至数千人，名曰'自卖人'"[2]。梁冀为了逃避法律制裁，将强抢来的奴婢称为"自卖人"，这说明至少到汉桓帝时，自卖行为仍未被明令禁止。

官府禁止掠卖平民为奴，但事实上禁而不止；同时默许平民自卖为奴，所以两汉时期自由民纷纷沦为奴婢就成了一个严重的社会问题。后汉末年，徐幹批评时政说："今太守、令长得称'君'者，以庆赏刑威咸自己出也；民畜奴婢或至数百，庆赏刑威亦自己出，则与郡县长史又何以异？夫奴婢虽贱，俱含五常，本帝王良民，而使编户小人为己役，哀穷失所，犹无告诉，

1 《后汉书》卷 1 上《光武帝纪上》，第 30 页；《后汉书》卷 1 下《光武帝纪下》，第 52、59、63、64 页。

2 《后汉书》卷 34《梁统传附梁冀传》，第 1182 页。

岂不枉哉？”[1]秦及汉初私奴婢主要来源于官府籍没的刑徒，西汉中期以后私奴婢的来源发生变化，基本上是经非法或合法买卖来的破产农民。

中国自古就有“刑人非人”的思想，这里的“刑”主要指残损肢体的肉刑。《春秋·鲁襄公二十九年》记载了阍杀吴子余祭之事，《公羊传》评论道：“阍者何？门人也，刑人也。刑人则曷为谓之阍？刑人非其人也，君子不近刑人，近刑人则轻死之道也。”[2]班固《白虎通义·五刑》对“刑人非人”的理念有明确阐述：

> 古者刑残之人，公家不畜，大夫不养，士遇之路不与语，放诸硗埆不毛之地，与禽兽为伍。[3]

受刑之人不被当作社会的一员，他们的死活无人过问，社会地位和牛马无异。滋贺秀三指出，古代肉刑和放逐刑一样，其根本目的是将罪犯永久性地驱逐出社会共同体。[4]盐铁会议上，御史说：“《春秋》罪人无名号，谓之云盗。所以贱刑人而绝之人伦也。故君不臣，士不友，于闾里无所容。故民耻犯之。”文学则谓：“古者，君子不近刑人。刑人非人也，身放殛而辱后世，故无贤不肖莫不耻也。”[5]论战双方的御史、文学态度完全一致，都认为刑徒为社会所不容，不仅刑徒本人，连其后代都受到世人鄙视。滋贺秀三认为籍没为奴的刑罚与肉刑极其相似。[6]这不仅因为两者都是终身充任贱役，而且秦汉时期的官奴婢本身就是刑徒[7]，其被罚没时也往往被施加肉刑。汉末魏国大理钟繇说：

---

1 （魏）徐幹撰，孙启治解诂：《中论解诂·佚篇二》，第388页。

2 （汉）何休注，（唐）徐彦疏：《春秋公羊传注疏》卷21，见（清）阮元校刻《十三经注疏》，第5022页下栏。

3 （汉）郑玄注，（唐）孔颖达疏：《礼记注疏》卷3《曲礼上》注引，见（清）阮元校刻《十三经注疏》，第2705页上、下栏。

4 〔日〕滋贺秀三：《中国上古刑罚考——以盟誓为线索》，姚荣涛译，见杨一凡、〔日〕寺田浩明主编《日本学者中国法制史论著选·先秦秦汉卷》，中华书局，2016，第180页。

5 聂济冬：《盐铁论集解》卷10《周秦篇》，凤凰出版社，2018，第1109、1111页。王利器《盐铁论校注》引文作“《春秋》无名号”，脱“罪人”二字。（《盐铁论校注》，第584页）

6 〔日〕滋贺秀三：《刑罚的历史——东方》，徐世虹译，《中国上古刑罚考——以盟誓为线索》，姚荣涛译，见杨一凡、〔日〕寺田浩明主编《日本学者中国法制史论著选·先秦秦汉卷》，第64、181页。

7 《二年律令·金布律》简435：“诸收人，皆入以为隶臣妾。”参见张家山二四七号汉墓竹简整理小组编著：《张家山汉墓竹简〔二四七号墓〕》（释文修订本），第68页。

> 汉律，罪人妻子没为奴婢，黥面。汉法所行黥墨之刑，存于古典。今真奴婢祖先有罪，虽历百世，犹有黥面供官，一以宽良民之命，二以宥并罪之辜。[1]

与自由民买卖转化来的奴婢不同，官奴婢是没入官府的刑徒，他们是“真奴婢”即合法奴婢，如果不经官府放免，其世代都要被黥面，以奴婢身分在官府劳作。秦及汉初的奴婢主要从刑徒转化而来，自然不具有“人”的社会地位。

西汉中期以降，随着奴婢来源发生变化，统治者对奴婢身分的看法也在改变。《汉书·王莽传》载王莽批评秦的残暴：

> 又置奴婢之市，与牛马同兰，制于民臣，颛断其命。奸虐之人因缘为利，至略卖人妻子，逆天心，悖人伦，缪于“天地之性人为贵”之义。《书》曰“予则奴戮女”，唯不用命者，然后被此辜矣。……今更名天下田曰“王田”，奴婢曰“私属”，皆不得卖买。[2]

《尚书》中的《甘誓》《汤誓》皆有“予则孥戮汝”之语[3]，所谓“孥戮”，亦即籍没罪犯家口，或杀之或以为奴之意。王莽引用《尚书》之语，说明他只承认罪犯身分转化来的奴婢，故批评秦“略卖人妻子”的行为是“缪于‘天地之性人为贵’之义”。“天地之性人为贵”，语出《孝经·圣治》：“天地之性人为贵，人之行莫大于孝，孝莫大于严父。严父莫大于配天，则周公其人也。”[4]这里的“性”指德性，“人”指有社会道德的人，显然针对的只是被非法掠卖为奴的平民群体，而非来自刑徒身分的奴婢。王莽为解决破产农民成为奴婢主体这一社会问题，更名“奴婢曰‘私属’，皆不得卖买”。这不仅仅是改变名称，私属虽不能脱离主人，但身分已经是法律上的自由人，是被官府以男子或女子的身分统计、纳入国家管控的人口。王莽改私属之制不到两年就失败了，但这是统治者力图改变奴婢身分的最早尝试，对后世有深远影响。

东汉建国后，光武帝多次下诏禁止残害奴婢，在诏令中同样引用了“天

---

1 《三国志》卷12《魏书·毛玠传》，第376页。

2 《汉书》卷99中《王莽传中》，第4110—4111页。

3 （汉）孔安国传，（唐）孔颖达等正义：《尚书正义》卷7《甘誓》、卷8《汤誓》，见（清）阮元校刻《十三经注疏》，第328页下栏、338页下栏。

4 （唐）李隆基注，（宋）邢昺疏：《孝经注疏》卷9，见（清）阮元校刻《十三经注疏》，第5551页上栏。

地之性人为贵”的话，说明卖身平民成为奴婢主体已成为当时统治者的共识。奴婢来源的变化自然会导致奴婢地位有所提高，刘秀一系列保护奴婢的法令就是基于这一事实颁布的。我们再来看一下上引东汉末年徐幹的议论：

> 夫奴婢虽贱，俱含五常，本帝王良民，而使编户小人为己役，哀穷失所，犹无告诉，岂不枉哉？[1]

“五常”，也就是仁、义、礼、智、信这些社会应该遵循的道德标准。按照徐幹的说法，东汉时期的奴婢地位低下，但他们已经不再是非人的刑徒，而是从国家良民身分转化来、有着礼仪道德的人。《后汉书·刘宽传》记载传主反对客人骂奴婢为“畜产”，说：“此人也，骂言畜产，辱孰甚焉！”[2]说明奴婢是人而非物的观念已经深入人心。我们注意到，曹魏景初三年（239年）齐王芳即位诏中甚至将年过七十、身体残疾的官奴婢称为“天民之穷者”，要求将这些人免为“良民”。[3]这就是将刑徒出身的官奴婢也视为“人”了。

魏晋之际奴婢获得“人”的身分并被计入国家户口数，显然与奴婢身分来源的变化及社会由此对奴婢的态度发生转变有密切关系。

四　良贱身分制的形成与发展

唐代的法律明确规定了良民和贱民的身分地位，良民是自由民，贱民除奴婢外，还包括部曲。作为法律身分的部曲是北周后期才出现的，早期的良贱也就是良奴身分。中日学者对良奴身分制形成的时间认识不一。尾形勇考察秦汉以降良人身分的形成过程，认为“在汉代，作为身分的良人这一概念并未形成，良人一语始于三国，在北魏均田制的建立时期正式出现”，指出“将良奴制的形成放在北魏均田制成立的时期，是最妥当的”。[4]堀敏一分析

1 （魏）徐幹撰，孙启治解诂：《中论解诂·佚篇二》，第388页。

2 《后汉书》卷25《刘宽传》，第888页。

3 《三国志》卷4《魏书·齐王芳纪》，第121页。“天民之穷者”，本来是指需要官府赈济的鳏、寡、孤、独之人，详参（汉）郑玄注，（唐）贾公彦疏：《周礼注疏》卷10《大司徒》，见（清）阮元校刻《十三经注疏》，第1521页下栏。

4 〔日〕尾形勇：《良賤制の展開とその性格》，《岩波講座世界歷史》（第5卷），岩波書店，1970，第355页。

《后汉书》《三国志》中良人与奴婢对举的事例，提出“良民和奴婢这种身分制开始出现于东汉末三国时期”，这是根据专制国家力图确保帝王良民意图所制定的，“北魏均田制（不过）是使这一意图具体化的政策”。[1]与日本学者强调良、奴对立身分产生的时间不同，国内学者李天石关注“客”的身分变化，认为户调式规定了按贵贱品级高低荫客的标准，使长期以来就已存在的人身依附关系法典化、普遍化、公开化、固定化，可以看作中古良贱身分制形成的标志。[2]

李天石认为西晋太康元年（280 年）的荫亲荫客制，标志着客作为贱民身分的确立，这也是国内学者通常的看法。浜口重国、越智重明反对这种观点，认为魏晋时期的客仍是良人。[3]实际上，西晋的户调式及“客皆注家籍”的规定[4]，只是从法律上确认了豪强对客的庇护权和客的私属地位，并没有承认佃客就此沦为贱民身分。前已述及，晋惠帝时期郴州简的户口统计只有两类，除了自由民的丁中统计，还有丁奴、丁婢一类的统计，简 2-51：

一岁死七百六十三人其 { 三百卅二人男　卌七人奴 / 三百一十一人女　七十三人婢 }

口数统计中只分男女和奴婢，显然，依附于主人的客在法律上仍然是被计入男、女的自由民。这就和秦汉时期的私属身分一样。尾形勇、堀敏一过于强调史籍中良、贱用语出现的时间，很容易让我们困惑于这些词语究竟是宽泛的社会等级观念还是明确的身分制度，同时也无法说清秦汉时期庶奴身分与后世良贱身分的本质差异。事实上，制度往往落后于观念的产生。如以本章讨论的奴婢为例，至少王莽以后的统治者就有奴婢是“人”的观念，但直到魏晋之际，奴婢才被以“人”的身分纳入户口统计。从堀敏一所举曹芳即位诏“官奴婢六十以上免为良人”，以及正始七年（246 年）诏重申将官奴婢

---

1 〔日〕堀敏一：《均田制的研究》，韩国磐等译，第 334 页；并参其文《日本的中国古代身分制研究动向——以六朝隋唐为中心》，《中国史研究》1986 年第 3 期。

2 李天石：《中国中古良贱身份制度研究》，第 132 页。

3 〔日〕濱口重國：《唐の部曲・客女と前代の衣食客》，《唐王朝の賤人制度》，東洋史研究会，1966，第 476 页；〔日〕越智重明：《六朝の良・賤をめぐって》，《史学雜誌》第 89 卷第 9 号，1980。

4 《隋书》卷 24《食货志》，第 674 页。

“悉遣为良民”的例子看[1]，考虑到汉代已存在将编户民称作“良民”的事实[2]，我们很难据此判定当时就形成了良奴身分制。笔者认为，良奴身分制作为涵盖全体民众的身分体系，必然是以奴婢作为“人”被纳入国家身分秩序为前提，这就应该形成于奴婢成为在籍人口、最终获得社会成员身分的魏晋之际。

魏晋之际出现的良奴身分制，目的不仅仅是将原来属于主人私权下的奴婢纳入国家的正式统治秩序，更在于严格区分良、奴界限，防止自耕农不断沦为奴婢，保证承担国家赋役的良民数量。

王仲荦、吴荣曾关注过古代奴婢价格的变化，指出西汉到东汉早期，奴婢价格比较稳定，东汉晚期价格开始增高，曹魏时期又高于两汉。[3]奴婢价格一路走高，说明奴婢数量在大幅度下降。与汉代相比，曹魏时期奴婢的来源发生很大变化。魏明帝曾命陈群等人在修订汉律的基础上，制定《新律》十八篇，据《晋书·刑法志》所载《新律序》略曰：

> 《盗律》有劫略、恐猲、和卖买人，科有持质，皆非盗事，故分以为《劫略律》。[4]

“劫略”“恐猲”“持质”有一个共同特征，就是指用暴力手段取人财物，但曹魏《新律》将本来是自愿卖身为奴的“和卖买”也划归到《劫略律》，这表明统治者对和卖为奴的态度发生了很大变化。前已述及，汉代准许一定条件的和卖，但西晋明令禁止鬻妻卖子，应该是承袭了曹魏的规定。三国时期奴婢有一个极具时代特色的称谓——生口。《三国志·魏书》中的《华歆传》《王昶传》分别记载了朝廷赏赐大臣生口和民间买卖生口的事例，走马楼吴简中也有临湘侯国多次售卖生口的记录。汉代的“生口”本意指战争中俘获的人口，这一称谓也体现出三国时期奴婢来源的特点。在国家严格限制平民沦为奴婢的形势下，贵族官僚为了满足生产、生活需要，不得不到统治薄弱的偏

1 《三国志》卷4《魏书·齐王芳纪》，第121页。

2 《汉书》卷72《贡禹传》传主上疏：“诸官奴婢十万余人戏游亡事，税良民以给之，岁费五六巨万。”（第3076页）所谓“良民”也就是编户民。

3 王仲荦：《两汉奴隶社会说》，《峼华山馆丛稿》，第50—53页；吴荣曾：《试论秦汉奴隶劳动与农业生产的关系》，见吴廷璆等编《郑天挺纪念论文集》，中华书局，1990，第55—68页。

4 《晋书》卷30《刑法志》，第924页。

远地区求购奴婢。正始中，陈泰为并州刺史、护匈奴中郎将，“京邑贵人多寄宝货，因泰市奴婢”[1]。这些人舍近求远，也说明当时京城及周边地区已经不存在繁荣的奴婢市场。奴婢价格昂贵，使用奴婢从事农业生产没有多少利润可言，奴隶制生产方式逐渐被租佃制所取代。曹魏后期实行的给“租牛客户”及孙吴的复客制，都反映了这一时期社会生产方式的变化。随着奴婢数量减少尤其是来源发生变化，奴婢问题已经不再对作为国家基石的自耕农经济构成威胁。西晋太康年间，恬和上书武帝，提议仿效汉代限奴，结果李重以“王者之法不得制人之私也。人之田宅既无定限，则奴婢不宜偏制其数，惧徒为之法，实碎而难检”[2]为理由否定。此后，中国古代再未出现着眼于经济问题的限奴措施。

两晋时期水旱灾害频繁，统治者为了维护政局稳定，有时也不得不采取便宜措施，特许陷入困境的民众卖身自救。这样的情况我们见到两次：晋惠帝元康七年（297年）七月，雍州、梁州大旱，关中出现饥荒，“诏骨肉相卖者不禁”；东晋成帝时，“人饥谷贵，三吴尤甚。诏欲听相鬻卖，以拯一时之急”[3]，遭陶回上书劝阻。汉代不禁止农民在走投无路时卖身自救，但两晋则须得到皇帝特别下诏后，才允许民众自卖为奴。《太平御览》引《晋律》曰：“吏犯不孝，谋杀其国王侯伯子男官长、诬偷受财枉法及掠人和卖、诱藏亡奴婢，虽遇赦，皆除名为民”，“除免比三岁刑”。[4]官吏和卖人口与掠卖一样，被视为严重的犯罪行为，遇赦也要罢官为民。这和东汉后期梁冀的事例判然有别。西晋规定禁止和卖，这就在法律层面斩断了平民卖身为奴的途径。

西晋八王之乱后，北方陷入了长期的战乱，无论五胡十六国还是北魏前期的统治者，发动战争的主要目的都是争夺财物和人口[5]，并依照旧有习惯，将掳获的人口和战俘作为奴婢赏赐给官僚贵族。在战争与自然灾害的交互侵袭下，北方民众自卖为奴的现象再度抬头。北魏孝文帝继位后，颁布了一系

1 《三国志》卷22《魏书·陈群传附陈泰传》，第638页。

2 《晋书》卷46《李重传》，第1310—1311页。

3 《晋书》卷4《惠帝纪》，第94页；《晋书》卷78《陶回传》，第2065页。

4 （宋）李昉等撰：《太平御览》卷651《刑法部·除名》，第2909页。

5 刘宋盱眙太守王璞指责北魏入侵：“贼之残害，古今之未有，屠剥之刑，众所共见。其中有福者，不过得驱还北国作奴婢耳。”（《宋书》卷100《自序》，第2463页）

列加速汉化的改革措施。太和九年（485 年）颁布均田令规定，无论授给露田还是桑田、麻田，都是“奴婢依良”“奴各依良”[1]，这是北魏实行良奴身分制的确切记载。北魏统治者为了与豪强大族争夺劳动力，并不承认佃客的人身依附关系，这导致地方豪强竞相压良为贱，以佃客为奴婢广占田地，奴良诉讼案件大增。宣武帝为了解决人口买卖和压良为贱的问题，于延昌二年（513 年）闰二月癸卯，“定奴良之制，以景明为断”[2]。这一规定采纳了度支尚书李平的建议，据《魏书·李平传》：

> （延昌初）前来良贱之讼，多有积年不决，平奏不问真伪，一以景明年前为限，于是诤讼止息。[3]

李平建议采取简便有效的方式，对景明年间（500—503 年）及以前的旧事，不细究原委，一律以景明年间户籍上记载的身分为准。为什么以景明年间为分界线呢？景明是宣武帝的第一个年号，有学者推测这是在强调以宣武帝统治初年为准。[4]这种解释恐未达一间。北魏曾经多次编纂律令，宣武帝在景明四年的下一年即正始元年（504 年），进行过一次大规模的律令修订，史称《正始律》。也就是说，景明年间及之前用的是旧律，正始元年后包括延昌年间用的是新律。李平所谓“景明年前为限”实际上就是以颁布《正始律》为限，此前属历史遗留问题，以当时户籍记载为准，不再追究奴婢来源是否合法；其后就要按照新律规定，严厉惩治压良为奴的行为。《魏书·刑罚志》保留了《正始律·盗律》的部分条文：“掠人、掠卖人、和卖人为奴婢者，死”；如果买卖亲属，“卖子有一岁刑；卖五服内亲属，在尊长者死，期亲及妾与子妇流”。[5]相对于掠人、掠卖人来说，和卖人的社会危害性显然较轻[6]，但《正始律》不分掠卖、和卖，一律处以死刑，充分彰显了统治者为保证自

---

1 《魏书》卷 100《食货志》，第 2853、2854 页。

2 《魏书》卷 8《世宗纪》，第 213 页。

3 《魏书》卷 65《李平传》，第 1453 页。

4 〔日〕堀敏一：《均田制的研究》，韩国磐等译，第 334 页。

5 《魏书》卷 111《刑罚志》，第 2880、2881 页。

6 唐律规定，“和卖人”比“略卖人”减等处罚。《唐律疏议》卷 20《贼盗律》“略人略卖人”条：“诸略人、略卖人为奴婢者，绞……和诱者，各减一等。若和同相卖为奴婢者，皆流二千里。”参见刘俊文撰：《唐律疏议笺解》，第 1419—1420 页。掳掠为奴婢者处以绞刑，诱拐为奴婢者流三千里，和卖为奴婢者流二千里。

耕农数量，坚决打击买卖平民的力度和决心。宣武帝确定良奴之制的第二年亦即延昌三年（514 年），我们就看到了依据《正始律》惩处人口买卖的费羊皮卖女案。学界对此案有过广泛讨论。[1]笔者感兴趣的是，官府是如何看待因非法买卖而沦为奴婢这种人的身分的？在费羊皮卖女案中，费羊皮无钱埋葬自己的母亲，就把女儿卖给了张回，张回又将该女转手卖给了他人。在讨论如何处治张回时，提供解决良贱诉讼方案的李平指出："此女虽父卖为婢，体本是良。"虽然费羊皮的女儿被父亲卖为奴婢，但这是非法买卖，国家并不承认该女的奴婢身分，张回将其转卖就视同卖良。[2]此案最后判张回五年刑，就是按买卖良人罪减等处罚。从该案判决结果可以看出，政府不仅严禁平民买卖，甚至不承认非法买卖来的奴婢身分。

南朝在打击人口买卖方面也有新的举措。人身贩卖除典型的掠卖、和卖之外，还有一种变相的人身买卖方式——典身。典身者在规定期限内，以劳动充抵债务利息，到期还债赎身。典身还债古已有之，战国以降典籍中经常提到的"赘子"就属于典身行为。[3]典身并非永久性卖断，只是在抵押期间为主人服役，但到期如不能赎身，就会变成永久的奴婢。由于典身具有成为奴婢的潜在可能，秦律原则上禁止强行扣押债务人和债务人自愿抵押的行为，但成例上对自愿作人质者不予论罪。[4]汉初就只对强行扣押债务人的行为罚金四两，不再惩治自愿典身的行为了。[5]我们不清楚曹魏《新律》、北魏《正始律》"和卖人"律文中是否会涉及典身行为，但北魏在讨论费羊皮卖女案时，

1　代表者如〔日〕竹浪隆良：《北魏における人身売買と身分制支配—延昌三年（五一四）人身売買論議を中心として》，《史学雑誌》第 93 卷第 3 号，1984；〔日〕堀敏一：《六朝时期隶属民的诸形态——部曲、客女身分形成的前提》，韩昇译，见刘俊文主编《日本学者研究中国史论著选译》第 4 卷《六朝隋唐》，中华书局，1992，第 43—44 页。

2　《魏书》卷 111《刑罚志》，第 2881 页。

3　如淳解释说："淮南俗卖子与人作奴婢，名为赘子，三年不能赎，遂为奴婢。"（《汉书》卷 64 上《严助传》，第 2779 页）

4　睡虎地秦简《法律答问》简 148："'百姓有责（债），勿敢擅强质，擅强质及和受质者，皆赀二甲。'廷行事强质人者论，鼠（予）者不论；和受质者，鼠（予）者□（不？）论。"整理者未释倒数第二字，此处参考日本早稻田大学简帛研究会的释读意见，详参〔日〕早稲田大学簡帛研究会：《張家山二四七漢墓竹簡訳注—二年律令訳注（五）金布律訳注》，见〔日〕早稲田大学長江流域文化研究所編《長江流域文化研究所年報》第 5 号，2007，第 327 页。

5　《二年律令・杂律》简 187："诸有责（债）而敢强质者，罚金四两。"张家山二四七号汉墓竹简整理小组编著：《张家山汉墓竹简〔二四七号墓〕》（释文修订本），第 33 页。

廷尉少卿杨钧说："羊皮卖女为婢，不言追赎，张回真买，谓同家财。"指出带有追赎条件的典身与真正的和卖性质不同，似乎典身不在惩治之列。[1]刘宋时期的情况发生变化。据《宋书·何承天传》载，永初（420—422年）末年，何承天任南蛮府长史：

> 时有尹嘉者，家贫，母熊自以身贴钱，为嘉偿责。坐不孝当死。承天议曰："被府宣令，普议尹嘉大辟事，称法吏葛滕签，母告子不孝，欲杀者许之。法云，谓违犯教令，敬恭有亏，父母欲杀，皆许之。其所告惟取信于所求而许之。谨寻事原心，嘉母辞自求质钱，为子还责。嘉虽亏犯教义，而熊无请杀之辞。熊求所以生之而今杀之，非随所求之谓。始以不孝为劾，终于和卖结刑，倚旁两端，母子俱罪，滕签法文，为非其条。……愚以谓降嘉之死，以普春泽之恩；赦熊之愆，以明子隐之宜。"[2]

"以身贴钱""自求质钱"就是典身。根据何承天的说法，执法者针对尹嘉允许母亲典身还债的行为，最初提议按不孝罪论处，但因罪名与事实出入较大，故最后建议按和卖结案。这说明刘宋时期的法律本身并没有惩治典身行为的条文，所以官吏对尹嘉的罪名犹豫不定，大概考虑到典身存在沦为奴婢的风险，最后才确定按和卖定罪。但定和卖罪也有问题，按照唐代法律，和卖不仅要对卖者论罪，还要判处被卖者。[3]南朝应该也是如此，所以何承天说"终于和卖结刑，倚旁两端，母子俱罪"，提议"降嘉之死，以普春泽之恩；赦熊之愆，以明子隐之宜"。何承天认可典身有罪，但希望减免尹嘉死罪，赦免他的母亲。我们注意到，唐代法律对典身行为就是按和卖罪减三等处罚的。[4]至此，无论掠卖、和卖还是典身抵债，凡是导致或可能导致平民沦为奴婢的途径都被禁止了。

南朝良贱身分制度方面还有一个变化，就是贱民范畴的扩大。西晋时期

---

1 承袭北朝而来的唐代法律就把和买卖人、典押良人分别列入了《贼盗律》和《杂律》。

2 《宋书》卷64《何承天传》，第1702—1703页。

3 《唐律疏议》卷20《贼盗律》"略人略卖人"条："若同相卖为奴婢者，皆流二千里。"（刘俊文撰：《唐律疏议笺解》，第1420页）无论卖者与被卖者皆流二千里。

4 《唐律疏议》卷26《杂律》"以良人为奴婢质债"条："诸妄以良人为奴婢用质债者，各减自相卖罪三等；知情而取者，又减一等。仍计庸以当债直。"（刘俊文撰：《唐律疏议笺解》，第1809页）

的客无论是佃客还是衣食客，都是具有良人法律地位的依附人口，到了刘宋时期，客尤其是衣食客的地位进一步下降。《宋书·王弘传》记载尚书左丞江奥和殿中郎谢元在讨论什伍连坐是否罪及奴仆时，常常将“奴客”并称[1]，说明当时奴、客地位相当，不再加以区分。刘宋时期的统治者为强调身分秩序，对不同等级人的服饰有严格限制：“骑士卒百工人，加不得服大绛紫襈、假结、真珠珰珥、犀、玳瑁、越叠，以银饰器物、张帐、乘犊车，履色无过绿、青、白。奴婢、衣食客，加不得服白帻、蒨、绛、金黄银叉、镮、铃、镝、铒，履色无过纯青。”[2]魏晋南朝时期的百工尤其是士卒被划入特殊户籍，并且由于职业关系遭受世人歧视，兵户只有放免后才能进入一般户籍。但这表现的只是官府对这类人的特殊管理方式和社会上对他们的看法，并不表示这些人就是贱民。[3]从法律规定看，士卒、百工“不得服大绛紫襈”云云，仍属对庶人服饰的要求[4]；但衣食客就不同了，他们的穿戴与奴婢一样。这表明随着人身依附关系的发展，刘宋时期的衣食客已经沦为了贱民身分。北朝则在周武帝建德六年（577 年），从法律上确立了部曲、客女的贱民身分。

结　语

中国历史原本具有东方特殊性，古史分期更是一个反映整个社会经济结构变化的极其复杂又见仁见智的课题。本章无意检讨各种学说的得失，只是想从战国至隋唐时期的户口统计方式入手，分析这一时期奴婢的法律身分从“物”到“人”的变化轨迹，并在此基础上探讨良贱身分制的形成和发展过程。

---

1 《宋书》卷 42《王弘传》，第 1318—1319 页。

2 《宋书》卷 18《礼志五》，第 518 页。根据语义，标点符号略有修改。

3 李天石认为曹魏实行士家制，表明士的贱民身分已经固化，参见李天石：《中国中古良贱身份制度研究》，第 104—118 页。实际上，魏晋时期的屯田民、士家及百工虽然职业世袭、地位低下，但都不是法律身分上的贱民。以地位最低的兵户为例，孙晧投降时，孙吴有“户五十二万三千，吏三万二千，兵二十三万，男女口二百三十万”，士兵人数自然被统计入男子口数；郴州西晋简中的贱民只有奴婢，兵士被列入平民的男子。

4 《晋书》卷 90《良吏·王宏传》：“太康中，代刘毅为司隶校尉，于是检察士庶，使车服异制，庶人不得衣紫绛及绮绣锦缋。”（第 2333 页）普通百姓日常穿的衣服就是绿、青及白色，见本书第三编第十一章“魏晋时期的吏户与吏籍”。

近些年，有学者根据湖北、湖南等地出土的零散法律条文，试图从生命权、婚姻权、财产权等方面论证秦汉时期的奴婢具有法律上的人格权。但马克垚指出："奴隶是被剥夺到一无所有，本身也是别人的财产这个概念，是奴隶的共性，是其本质特征，是不容动摇的。……他在发展过程中会发生很多变化，表现出甚至是和定义相矛盾的特点，如组织家庭、具有财产等等。事实表明，即使是所谓'古典奴隶制'典型的罗马奴隶，也具有很多不合定义的变态。我们不宜把这些变态当成本质因素。"[1]即如论者常以秦汉时期无论官、私奴婢皆可以钱赎身为据，证明奴婢具有财产权；但西汉王褒所作《僮约》以戏谑的口吻描述主人为了惩治奸猾的奴婢，威胁"若有私钱，主给宾客"[2]，主人可以随意处置奴婢积蓄的钱财，奴婢的财产权并不受法律保护。与古代罗马的奴婢主要来源于异族战俘不同，秦汉早期的奴婢主要由罪犯罚没而来，但二者在被国家强制力剥夺社会成员身分这点上是一样的。

以往除魏晋封建说外，其余诸说均认为秦汉至隋唐时期处于相同性质的社会阶段，奴婢的法律地位没有什么差别；有学者对比秦汉与唐代有关奴婢待遇的律文，甚至得出了秦汉奴婢地位高于唐代的结论。[3]事实上，虽然魏晋以后的奴婢习惯上仍然被视为主人的财产，并且废除人身买卖后，合法奴婢只能来自战俘和罪犯，从而导致奴婢有些方面的权益有所减少。但这一时期的奴婢在国家层面作为在籍人口，在家庭层面作为"家人""同籍之人"，与秦汉时期的奴婢附著在户籍上称为"户下奴（婢）"、实则为主人特定财产的性质相比，有了很大变化。

秦汉时期的依附劳动者，除法律规定的典型奴婢之外，还有被法律承认为自由民的隶、私属和客，这些都是因劳动形态和生活境遇与奴婢类似而被社会视作奴婢的卑贱身分和雇佣劳动者。随着后者队伍的不断扩大，先是西晋统治者通过赐客制度，在法律上确认了客的私属地位；到了北周后期，又将各种形态的自由民依附劳动者统一规范为法律上的部曲，并确立了部曲作

---

1 马克垚：《罗马和汉代奴隶制比较研究》，《历史研究》1981 年第 3 期，第 44—45 页。

2 （宋）李昉等撰：《太平御览》卷 500《人事部・奴婢》，第 2289 页。

3 李天石：《从张家山汉简与唐律的比较看汉唐奴婢的异同》，《敦煌学辑刊》2005 年第 2 期，第 352—354 页；文霞：《秦汉奴婢的法律地位》，第 235—238 页。

为高级贱民的地位，从而完成了秦汉时期以奴婢为特征的依附劳动者向魏晋南北朝以部曲为特征的依附劳动者的转变。魏晋之际良贱身分制的形成正是这一转变中的关键环节，就依附劳动身分而言，魏晋南北朝与秦汉时期相比有着鲜明特征。

第四编　简纸更替与制度演进

第十四章
西晋黄籍考
——以《太平御览·文部·札》引《晋令》为中心

《太平御览》卷606《文部·札》引《晋令》曰：

郡国诸户口黄籍，籍皆用一尺二寸札，已在官役者载名。[1]

参诸《晋书》卷30《刑法志》、《唐六典》卷6“刑部郎中员外郎”条的记载，咸熙元年（264年），晋王司马昭命贾充、郑冲等十四人增损汉魏旧制，编撰新的律令；泰始三年（267年），贾充向晋武帝司马炎上呈《律》20卷、《令》40卷、《故事》30卷，第二年颁布实行。《唐六典》保存了《晋令》40篇的篇名，第一篇就是《户令》，《太平御览》所引这条《晋令》显然出于《户令》。这条令文字数不多，却是目前所见魏晋南北朝时期唯一一条造籍的法令，也是研究中古时期户籍制度演变的关键史料。长期以来，关于《晋令》所记户籍的书写材料、黄籍的性质，以及黄籍登录的对象等问题，众说纷纭，有必要专门进行探讨。

一　黄籍是简还是纸？

《晋令》谓黄籍“一尺二寸札”，显然沿承的是汉代旧说。《汉书·元帝纪》颜师古注引应劭“籍者，为二尺竹牒，记其年纪名字物色”[2]，据晋崔豹

---

1 （宋）李昉等撰：《太平御览》卷606《文部·札》，第2726页下栏。

2 《汉书》卷9《元帝纪》，第286页。

《古今注》，此“二尺”当为“尺二”之倒。学者通常根据许慎“札，牒也”的释义[1]，推测西晋的户籍与汉代一样使用简册著录[2]。但语言的变化往往比物质的变化要慢得多。纸张取代简牍后，人们仍在沿用“札”的旧称，如《梁书·庾肩吾传》称“纸札无情，任其摇襞”，《南史·垣护之传附张兴世传》称“檄板不供，由是有黄纸札”，《南史·江夏王萧锋传》称“张家无纸札，乃倚井栏为书”等，《陈书·徐陵传》则径称“黄纸”为“黄札”。[3]纸张前缀以尺寸，也是古人常见做法。西晋中书令荀勖《上穆天子传序》称“谨以二尺黄纸写上”[4]，“二尺”显然是纸的直高。宋人所作《文房四谱》征引的《晋令》明确规定了当时纸张的尺寸：

> 诸作纸：大纸一尺三分，长一尺八分，听参作广一尺四寸。小纸广九寸五分，长一尺四寸。[5]

西晋1尺24.4厘米，较秦汉23.1厘米略长。当时常用的大纸直高一尺三分，合今25.1厘米；小纸直高九寸五分，合今23.18厘米。秦汉时期的简牍形制多样，其中最常见的是一尺简；为示尊贵，皇帝诏书则用尺一简。从形制上看，西晋大纸显然是仿照汉代尺一，小纸仿照汉代一尺简而来。同样是一尺二寸，西晋长29.6厘米，比秦汉的27.7厘米长出一截。为什么西晋户籍不像大、小纸那样通过减小数值的方式以符合汉代的长度标准，而是采取形式上尺寸不变，实际上改变了汉代原来的长度呢？

---

1 （汉）许慎撰，（清）段玉裁注：《说文解字注》篇6上《木部》，第265页下栏。

2 王国维：《简牍检署考》，见谢维扬、房鑫亮主编《王国维全集》第2卷，浙江教育出版社，2010，第497页；〔日〕池田温：《中国古代籍帐研究》，龚泽铣译，第42页；方北辰：《晋代“黄籍”书写材料的变化》，《文献》1999年第2期。

3 《梁书》卷49《文学上·庾肩吾传》，中华书局点校本，1973，第691页；《南史》卷25《垣护之传附张兴世传》、卷43《江夏王萧锋传》，第690、1088页；《陈书》卷26《徐陵传》，中华书局点校本，1972，第333页。傅克辉据此认为用“札”代指纸张，是南朝以后的事（《魏晋南北朝籍帐研究》，第2页）。我们不能将史籍的最早记载与事物出现的时间混为一谈。从逻辑上说，纸沿用“札”的旧称应当是从纸取代“札”的功能，用作书写材料时就开始了，不会晚至南朝。

4 （晋）荀勖：《上穆天子传序》，见（清）严可均校辑《全上古三代秦汉三国六朝文·全晋文》卷31，中华书局，1958，第1637页。

5 （宋）苏易简等：《文房四谱：外十七种》卷3《纸谱·叙事》，朱学博整理校点，上海书店出版社，2015，第55页。

要回答这个问题，先要了解西晋及其前代户籍的形制与书写格式。学界目前所见最早的户籍实物是秦统一前后的秦国迁陵县南阳里户版，其显著特征是一户所有人口全部著录在一枚木版上，我们推测其是民户自占的名数。[1]承汉而来的孙吴户籍简根据结句简可以分为两类：第Ⅰ类结句简作“右某家口食若干/若干男　若干女”；第Ⅱ类结句简作“凡口若干事若干/算若干事若干”。这两类户籍简著录的是同一类人群，只是统计的事项各有侧重，前者注重统计家庭的人口数，后者强调民户需要缴纳口算的情况。[2]这两类简形制相差不大，都是长22.7—23.6厘米、宽0.6—1.2厘米；其书写通常分为三栏，户主登载在第一栏，家庭成员占第二、三栏。可以举复原后的一户家庭，并列成表14-1、表14-2，以见其格式：

例1：

平阳里户人公乘烝[平]年卌□　筭一　踵两足　（叁·4275）

平[母]大女委年七十　平妻大女取年廿八筭一　（叁·4274）

平子男右年四岁　□侄子男枳年七岁一名喜　（叁·4273）

右平家口食五人　其三人男 二人女　（叁·4278）[3]

表14-1　孙吴户籍简（第Ⅰ类）分栏表

身分或性质	第1栏	第2栏	第3栏	简号
户主	平阳里户人公乘烝[平]年卌□ 筭一 踵两足*			叁·4275
家庭成员		平[母]大女委年七十	平妻大女取年廿八筭一	叁·4274
		平子男右年四岁	□侄子男枳年七岁一名喜	叁·4273
结句简	右平家口食五人		其三人男 二人女	叁·4278

* 该简文字内容较多，“踵两足”越过第一栏写到了第二栏。下引第二类户主“烝平”简也是如此

例2：

平阳里户人公乘烝平年卅二筭一肿两足　（壹·10480）

1　参见本书第二编第三章“湖南里耶所出‘秦代迁陵县南阳里户版’研究”。

2　参见本书第二编第七章“《前秦建元二十年籍》与汉唐间籍帐制度的变化”。

3　走马楼简牍整理组编著：《长沙走马楼三国吴简·竹简［叁］》，第817页。

平母大女妾年七十　　（壹・10479）

平妻大女取年廿八筭一　　（壹・10481）

平子男各年七岁　　（壹・10488）

凡口五事 筭二事 訾　五　十　　（壹・10489）[1]

表 14-2　孙吴户籍简（第Ⅱ类）分栏表

身分或性质	第1栏	第2栏	第3栏	简号
户主	平阳里户人公乘烝平年卅二筭一肿两足			壹・10480
家庭成员		平母大女妾年七十		壹・10479
		平妻大女取年廿八筭一		壹・10481
		平子男各年七岁		壹・10488
结句简	凡口五事	筭二事	訾五十	壹・10489

实际上，第Ⅰ类简中一枚简登载两名家庭成员的现象并不常见，更多的情况是一人一简。如果一人一简，家庭成员就都登载在第二栏。

我们借助近几年的考古发现，对西晋户籍记录的内容有所了解。甘肃临泽出土的《西晋建兴元年（313 年）临泽县孙氏兄弟争讼田坞案》提到了黄籍方面的信息，该案原告孙香诉称堂兄孙发侵吞了他城西的坞田，孙发对此断然否认：

> 发当与香共中分城西坞田。祖母以香年小，乍胜田，二分，以发所得田分少，割今龙田六十亩益发，坞与香中分。临稾坞各别开门，居山作坝塘，种桑榆杏棕，今皆茂盛。注列黄籍，从来卌余年。[2]

根据孙发的说法，孙香、孙发的祖母当年在世时就为二人分好了家产，这些析分的田宅已经在“黄籍”上著录了四十余年。孙氏兄弟争讼案发生在建兴元年（313 年）底，上推四十多年，正好是泰始四年（268 年）《晋令》颁行之后。孙发视黄籍为其合法拥有田宅的基本依据，再加上魏晋南朝史籍提到的“黄籍”无一例外指户籍，临泽晋简中的“黄籍”显然就是《晋令》说的“诸

1　走马楼简牍整理组编著：《长沙走马楼三国吴简・竹简〔壹〕》，第 1110 页。

2　张荣强：《甘肃临泽新出西晋简册考释》，见武汉大学中国三至九世纪研究所编《魏晋南北朝隋唐史资料》（第 32 辑），第 189 页。

户口黄籍”。孙发称析分田宅“注列黄籍”，表明西晋时期的户籍除家口外，还登录田宅等赀产。

西晋户籍增加了赀产部分，这一时期如果仍用竹木简编造户籍，就需要增加一栏书写。如果按照汉代户籍三栏一尺二寸即27.6厘米为标准测算，西晋户籍书写四栏需要36.8厘米；即使以孙吴户籍长24厘米计，也要32厘米，这就超出了西晋户籍29.6厘米的实际长度。但时代去西晋不远的《前秦建元二十年（384年）三月高昌郡高宁县都乡安邑里籍》（以下简称《前秦建元二十年籍》）的书写格式如下：

6. 高昌郡高宁县都乡安邑里民张晏年廿三

7.	叔聪年卅五物故	奴女弟想年九	桑三亩半
8.	母荆年五十三	晏妻辛年廿新上	城南常田十一亩入李规
9.	叔妻刘年卌六	丁男一	得张崇桑一亩
10.	晏女弟婢年廿物故	丁女三	沙车城下道北田二亩
11.	婢男弟隆年十五	次丁男三	率加田五亩
12.	隆男弟驹[年　]	[小女二]	[舍一区]
13.	驹女弟[□年　]	凡口九	[建元廿年三月籍]
14.	聪息男[奴年　][1]		

这是目前所见最早的纸本户籍。《前秦建元二十年籍》的著录内容完全沿承西晋，同样分为三栏而非四栏，第一栏著录家庭人口，第二栏是家口丁中分类统计，第三栏登记田宅等主要赀产。但其第一栏著录了包括户主在内的全部家庭人口，只是为突出户主的身分，采取了将户主顶格、家庭成员退近十格的方式书写[2]，并未将户主单列一栏。这样的书写方式比另用一栏节省更多空间。孙吴户籍简除了极少数家庭成员连记简，基本上是一简一人，这种用退格区分户主与家庭成员的处理方式，只有在以纸张为书写材料的情况下才能实现。[3]

1　录文见本书第二编第七章“《前秦建元二十年籍》与汉唐间籍帐制度的变化”。

2　说明：为排版方便，本书中该简文相关条目采用退两格的方式书写。

3　西晋规定户籍长一尺二寸，即今29.6厘米，大概此后至少到唐代，户籍形制就没有变过。《前秦建元二十年籍》首尾被裁剪过，现存纸高25.2厘米；《西凉建初十二年（416年）敦煌郡敦煌县西宕乡高昌里籍》裁剪得更多，现存纸高24.6厘米；《西魏大统十三年（547年）瓜州效穀郡（？）户籍》纸高28.5厘除增加赀产栏以外，西晋户籍的家口统计部分也有变化。秦汉时期的户籍身分只有“小”“大”之分，户籍的家口统计不过“大男”“小男”“大女”“小女”四项；孙吴户籍简只简单统计“男子”“女子”两项。[1]但西晋太康元年（280 年），晋武帝在颁行占田课田令的同时，颁布了包括“老”“小”“丁”“次丁”在内一整套新的课役身分。郴州苏仙桥出土晋惠帝时期的计簿反映了当时的户口分类统计方式：

1. 其口二百六十二老男（简 1-11）
2. 口二百卌八年六十一以上六十五以还老男（简 2-33）
3. 凡丁男二千六百七（简 1-21）
4. 口六百卅四年十三以上十五以还小男（简 2-139）
5. 口五千五百六十三小男（简 2-96）[2]

这里的“六十一以上六十五以还老男”与“十三以上十五以还小男”，实际上就是“次丁男”。不唯男子，女子甚至奴婢也按这种丁中分类统计。与秦汉时期相比，西晋家口分类统计要复杂得多。这一点，从上引《前秦建元二十年籍》可以看得非常清楚。

孙吴户籍简在著录的格式上，包括户主在内的家庭成员基本上一人一简，家庭人口统计同样占一简。侯旭东对嘉禾六年（237 年）广成乡广成里“吏民人名年纪口食簿”做了复原，推算制作该里 50 户的口食簿最少用简 233 枚，册书展开后长 2.3 米左右。[3]这一长度已经达到甚至超过了简册所能允许的

米。敦煌吐鲁番文书中保存的唐代完整户籍高 29—30 厘米。明代初期黄册样式大小不一，嘉靖三年（1524 年）十一月南京吏科给事中汝寔等奏准，“今后大造黄册，总（纵）横各不过一尺二寸”，参见（明）赵官等编纂：《后湖志》卷 10，第 111 页。此后不仅赋役黄册，就连诸如军底册、类卫册、类姓册等，也是“每县每册各造一样四本，三本存各司府州县，一本送兵部备照，册高阔各止一尺二寸，不许宽大，以致吏书作弊”，参见（明）李东阳等撰，（明）申时行等重修：《大明会典》卷 155《兵部》，明万历十五年（1587 年）内府刊本，第 34 页。但明代一尺 32 厘米，一尺二寸合 38.4 厘米；上海图书馆藏嘉靖四十一年（1562 年）严州府遂安县十八都下一图六甲黄册原本，版框纵 38.5 厘米、横 39 厘米，完全符合规制。

1 参见本书第三编第十章“‘小’‘大’之间——战国至西晋课役身分的演进”。

2 本章所引郴州简资料，主要参考湖南省文物考古研究所、郴州市文物处：《湖南郴州苏仙桥遗址发掘简报》，见湖南省文物考古研究所编《湖南考古辑刊》（第 8 集），第 93—117 页。除特殊注明外，下文所引郴州简，皆出自此简报。

3 侯旭东：《长沙走马楼吴简〈竹简〉［贰］“吏民人名年纪口食簿”复原的初步研究》，《中华文史论丛》2009 年第 1 期。

最大限度。[1]根据《晋书·职官志》记载，西晋一里50—100户，规模超过了孙吴一里的户数；再加上西晋户籍相较前代增加了赀产一栏，丁中统计内容也复杂了不少；如果西晋户籍仍用简册编造，200多枚简无论如何也容纳不下这一时期一里户籍承载的内容。[2]

由于简牍形制的笨重和庞大，秦汉时期的户籍只能在乡编造，正本保存在乡，副本上呈县廷，县以上的官府机构不存放户籍实物。有迹象表明，西晋时期的户籍不再归乡而是由县廷负责编造。《晋书·华廙传》记载传主被牵连进袁毅贪污案：

> 初，（华）表有赐客在鬲，使廙因县令袁毅录名，三客各代以奴。及毅以货赇致罪，狱辞迷谬，不复显以奴代客，直言送三奴与廙……[3]

曹魏后期朝廷把租牛客户赏赐给官僚贵族的制度，西晋立国初期仍在实行。这项旨在赏赐豪强大族田客的制度，本身也有限制他们占有客户数量的目的。华表为了规避这一限制，通过华廙请托，让鬲县县令袁毅负责编造户籍时，把华表鬲县的佃客写成华表的奴隶。“录名”的“名”与史籍中“属名”“私相置名”一样，都是指“名数”，亦即户籍，“录名”也就是著入户籍的意思。《晋令》谓“郡国诸户口黄籍”，表明西晋的户籍除县之外，至少还要上

1　邢义田指出，从实用角度看，百简左右编连为一篇，可说已是合宜长度的极限（《汉代简牍的体积、重量和使用——以“中研院”史语所藏居延汉简为例》，《地不爱宝：汉代的简牍》，中华书局，2011，第23页）。

2　古代户籍作为官府掌控人口、征发赋役的基础帐簿，并非存而不用之物；恰恰相反，官府尤其是基层行政机构为了施政治民，要不时地翻检、查阅户籍。如睡虎地秦简《封诊式·有鞫》记载，县廷在审讯罪犯时，首先要求户籍所在地的乡吏“定名事里，所坐论云可（何），可（何）罪赦，或覆问毋（无）有”，参见睡虎地秦墓竹简整理小组编：《睡虎地秦墓竹简》，“释文·注释”，第148页。岳麓秦简记载的“识劫娓案”中，县廷就原告娓的身分究竟是沛的免妾还是妻子一事讯问乡吏，“卿（乡）唐、佐更曰：沛免娓为庶人，即书户籍曰‘免妾’，沛后妻娓，不告唐、更。今籍为免妾。不智（知）它”，参见朱汉民、陈松长主编：《岳麓书院藏秦简[叁]》，第159页。秦汉时期民众外出取传，需要由乡吏向县廷做出“户籍在乡”“无官狱征事”等保证。这些显然都要求乡吏在查询户籍后做出回复。即使上级机构保存的户籍副本，也不是一封了之。汉初《二年律令》简332规定对县廷保存的户籍，“节（即）有当治为者，令史、吏主者完封奏（凑）令若丞印，啬夫发，即杂治为”，参见张家山二四七号汉墓竹简整理小组编著：《张家山汉墓竹简[二四七号墓]》（释文修订本），第54页。东晋南朝为了纠正户籍伪滥的弊端，甚至在中央设立了专门的校籍官。

3　《晋书》卷44《华廙传》，第1260—1261页。

呈郡级机构，这与简牍时代户籍最高只保存于县级机构明显不同。[1]

我们目前未见西晋户籍实物，但楼兰出土过泰始年间（265—274 年）与户籍性质类似的家口簿。[2]《晋令》所谓“籍皆用一尺二寸札”，从其描述的户籍长度再结合对西晋户籍的著录内容、编造制度的考查，西晋的户籍应该是县廷编造并至少上呈郡国的纸本户籍。[3]

二　“诸户口黄籍”

《晋令》开头谓“郡国诸户口黄籍”是史籍有关黄籍的最早记载。此处将户口与黄籍联系起来，再加上东晋南朝史书中多次出现的黄籍都是指户籍，所以学界无一例外将《晋令》中的黄籍理解为户籍。最近韩树峰提出不同意见，为避免曲解原意，这里详细引述他的说法：

> 黄籍如果是户籍，自然以记录户口为主要内容，不书“户口”，其义自明，而《晋令》却增加“户口”两字，不仅遣词拖沓，而且语意重叠，给人以画蛇添足之感。“户籍”作为一个概念，自秦代以来就已出现，在西晋继续存在是毫无疑问的，这意味着，晋人可以把“户口黄籍”替换为“户口户籍”，这样就不仅是语意而且用字也颇为重叠。如此表达方式无须说对遣词用字特别讲究的晋人感觉不佳，即使今人也会感觉相当不畅。……
>
> “户口黄籍”导致语意重叠，仅是形式问题，对理解户籍尚构不成根本性的障碍，但令文将“诸”置于“户口黄籍”之前，问题就比较突出了。倘若黄籍为户籍，“郡国诸户口黄籍”即“郡国诸种（或各种）户口户籍”之意，这意味着西晋郡国掌管的户籍不止一种。同时，“籍皆用一

1　“郡国诸户口黄籍”一语也有值得深思之处，其是指当时的户籍除在县廷保存外，也会上呈郡国一份，还是说县廷造籍时要赴郡国，在郡国监督下编造？无论哪种解释，都表明西晋时期的郡级机构已经掌握了户籍。

2　侯灿、杨代欣编著：《楼兰汉文简纸文书集成》，天地出版社，1999，第 556—557 页。

3　湖南郴州苏仙桥出土的数百枚简牍主要是晋惠帝时期桂阳郡的上计簿，根据《太平御览》卷 605《文部·纸》引《桓玄伪事》中桓玄的说法，“古无纸，故用简，非主于敬也”（第 2724 页上栏）；反过来就是说，在简纸并用时期，由于造纸技术比较落后，官府正式尤其是重要的上行文书仍主要使用简牍，郡国每年呈报中央的上计簿用简而非纸是很自然的事。但户籍与上计簿不同，前者作为管控人口和征发赋役的基础帐簿主要保存在郡县机构，再加上编造户籍因其工作时间紧、任务重且一式几份，更有使用纸质材料的必要性和紧迫性。

尺二寸札”之“皆”字也说明，黄籍至少包含两种以上的户籍。

……

即使承认西晋有多种形式的户籍，将黄籍视为户籍仍存在很大的问题。照此理解，黄籍既可以指这种户籍，也可以指那种户籍，如此一来，黄籍就成为广义上的户籍，这时是否还有以“诸”修饰的必要？令文加“诸”字，是否有自找麻烦之嫌？……

《晋令》条文语意重叠、扞格难通，是在将黄籍视为户籍的前提条件下产生的。面对这种窘境，承认前提条件的错误，大概是解决问题的唯一途径。黄籍不是户籍，又是什么簿籍呢？答案如字面所示，黄籍即黄色的簿籍。如前所论，黄色简牍用以书写重要文书，与户口有关的一些文书无疑是重要的，因此要写在黄色简牍之上。照此理解，令文之意就基本畅通无阻了，即：郡国的各种户口簿籍均以一尺二寸长的简札书写，在官府服役者的名字应记录于户口簿籍之上。如果追求更准确的说法，该令文中的黄籍并不包括户籍，而是指户籍以外的其他各种户口文书，因为在简牍时代，郡国本不典藏户籍，户籍也不著录徭役，而该令文的规定却恰好与此相反。[1]

韩树峰反对将《晋令》中的黄籍解释成户籍，其中一个前提就是将用于书写户籍的“札”理解为简牍。韩先生重点围绕“郡国诸户口黄籍”尤其是其中的“诸”字展开了细致推理，提出黄籍并非户籍。那么，这句话该如何理解呢？

“郡国诸户口黄籍”一语中，“诸”明显修饰“户口”，“诸户口”也就是多种户口、人户的意思。与汉代编户齐民承担同样的赋役相比，魏晋时期明显具有“户役”的特征。在历经战乱造成的人口锐减、民众频繁逃移流徙的情况下，当时的统治者为保证稳定的劳动力供给和社会稳定，将治下编户划分为多种人户，让他们承担不同的国家义务。除郡县民之外，我们熟知的人户还有屯田户、士家等。其中，屯田户隶属于典农官，耕种国有土地，向官府缴纳五成或六成的高额地租；士家集中居住在军营，父子相继为兵，执戈

1　韩树峰：《汉晋时期的黄簿与黄籍》，《史学月刊》2016年第9期，第29—30页。

征伐戍守。与郡县民不同，屯田户与营居兵户隶属于不同的机构，各自单独编籍。西晋泰始二年（266 年）晋武帝下诏“罢农官为郡县”[1]，作为单独人户的屯田民就在历史上消失了；到泰始四年（268 年）颁布《晋律》时，与郡县民分治的人户大概就只有兵户了。

事实上，除了与民分治的屯田民、兵户，魏晋时期郡县行政也管辖有多种人户。郴州苏仙桥西晋简有以下记载：

> 定丁男一千九百八十九军将州郡县吏民士卒家丁　　（简 1-35）
>
> 定丁男八百三军将郡县吏民士卒家丁　　（简 3-402）[2]

这是晋惠帝时期的上计资料。秦汉时期的“吏民”泛指编户齐民，吴简中仍可以见到这样的用法；但此处既称“军将（州）郡县吏民士卒家”，也就意味着“吏家”“民家”与“军将家”“士卒家”分列。尽管晋武帝太康三年（282 年）“罢州郡兵”，但惠帝元康元年（291 年）之后就恢复了地方武装。[3]同出郴州简也有便县“卒十三人”、晋宁县“卒十二人”的记载。按上引郴州简的说法，当时桂阳郡掌握的人户中除郡县民外，还有军将户、兵户和吏户，其户籍也是由当地官府管理。

史籍对军将户的记载很少，晋武帝咸宁五年（279 年）伐吴诏中提到了对将家的征发：

> 今调诸士，家有二丁三丁取一人，四丁取二人，六丁以上三人，限年十七以上，至五十以还，先取有妻息者，其武勇散将家亦取如此，比随才署武勇掾史，乐市马为骑者署都尉司马。[4]

这里的“散”应是指在军中未有实际职掌。将家同样按兵户的比例抽调，子弟入伍后担任掾史之类僚属。这些人通常被史籍称为军吏或将吏。《三国志·吴书·张温传》说选曹郎暨艳“弹射百僚，核选三署，率皆贬高就下，降损数等，其守故者十未能一，其居位贪鄙，志节污卑者，皆以为军吏，置

---

1 《晋书》卷 3《武帝纪》，第 55 页。

2 第一条简文见湖南省文物考古研究所、郴州市文物处：《湖南郴州苏仙桥遗址发掘简报》，见湖南省文物考古研究所编《湖南考古辑刊》（第 8 集），第 99 页。第二条简文由整理者提供。

3 唐长孺：《魏晋州郡兵的设置和废罢》，《魏晋南北朝史论拾遗》，第 149 页。

4 （唐）许敬宗编，罗国威整理：《日藏弘仁本文馆词林校证》，第 221—222 页。

营府以处之”[1]，说明军吏与兵户一样，携带家属随营居住。义熙十一年（415年）三月，刘裕平定司马休之后下令：“荆、雍二州，西局、蛮府吏及军人年十二以还，六十以上，及扶养孤幼，单丁大艰，悉仰遣之。穷独不能存者，给其长赈。府州久勤将吏，依劳铨序。”[2]对普通兵、吏的优抚措施与将吏不同，前者给予恩免，后者加职进阶。不过，史籍很多时候也将“将吏”或者“军吏”泛称为兵。[3]长沙走马楼吴简中就有乡劝农掾受命隐核乡界军吏父兄子弟人名、年纪的文书[4]，其性质、内容与隐核吏户的情况大致一样。

以往研究军事史尤其是人口史的学者通常根据《宋书·州郡志》《宋书·刘劭传》所载朝廷免军户、置郡县的措施[5]，强调魏晋时期实行兵民分治，兵户携带家属随营居住，不属郡县管理。事实上，两晋时期并非所有兵户都是随营居住，仍有一部分（尤其是州郡县兵户）住在原籍，隶属当地行政管理。我们前面曾列举《晋书》中的《刘卞传》《王尼传》《赵至传》等具体实例，说明这一点。[6]东晋后期士兵逃亡严重，王羲之给尚书仆射谢安上书说：

> 自军兴以来，征役及充运死亡叛散不反者众，虚耗至此，而补代循常，所在凋困，莫知所出。上命所差，上道多叛，则吏及叛者席卷同去。又有常制，辄令其家及同伍课捕。课捕不擒，家及同伍寻复亡叛。百姓流亡，户口日减，其源在此。又有百工医寺，死亡绝没，家户空尽，差代无所，上命不绝，事起或十年、十五年，弹举获罪无懈息，而无益实事，何以堪之！谓自今诸死罪原轻者及五岁刑，可以充此，其减死者，可长充兵役，五岁者，可充杂工医寺，皆令移其家以实都邑。都

1　《三国志》卷57《吴书·张温传》，第1330—1331页。又如《三国志》卷48《吴书·孙晧传》裴松之注引《吴录》就记载孟仁“初为骠骑将军朱据军吏，将母在营”（第1169页）。

2　《宋书》卷2《武帝纪中》，第35页。

3　南齐时王敬则反，张环“遣将吏三千人迎拒于松江”（《南齐书》卷24《张环传》，第455页），《南史·张环传》载此事，则曰“遣兵迎拒于松江”（《南史》卷31《张环传》，第814页）。

4　相关简文及研究成果参见王素：《长沙吴简劝农掾条列军州吏等人名年纪三文书新探》，见武汉大学中国三至九世纪研究所编《魏晋南北朝隋唐史资料》（第25辑），第1—18页。

5　《宋书·州郡志一》“南徐州”条：“蕃令，义旗初，免军户立遂诚县，武帝永初元年，改从旧名。薛令，义旗初，免军户为建熙县，永初元年，改从旧名。”（《宋书》卷35《州郡志一》，第1043页）《宋书·刘劭传》记刘劭杀父后，为平定四方义兵，下令“自永初元年以前，相国府入斋、传教、给使，免军户，属南彭城薛县”，“焚京都军籍，置立郡县，悉属司隶为民”。（《宋书》卷99《刘劭传》，第2428、2433页）

6　参本书第二编第八章“《西凉建初籍》与魏晋时期的职役户籍”。

邑既实，是政之本，又可绝其亡叛。不移其家，逃亡之患复如初耳。今除罪而充杂役，尽移其家，小人愚迷，或以为重于杀戮，可以绝奸。刑名虽轻，惩肃实重，岂非适时之宜邪！[1]

王羲之时任会稽内史，他提到当时法律规定，士兵叛亡，同家及同伍之人皆有抓捕的义务，如果不能擒获，就要受到惩处。这些士兵显然住在州县，与民户一起编入当地户籍，纳入什伍组织。所以他建议谪发罪犯为兵，并将他们的家属迁送都邑以便加强控制。南齐东昏侯永元二年（500 年），长史萧颖胄奉萧宝融举义，萧宝融为笼络军心，下教曰："所领内系囚见徒，罪无轻重，殊死已下，皆原遣。先有位署，即复本职。将吏转一阶。从征身有家口停镇，给廪食。"[2]从教令的语气看，携带家属赴军镇的只是一部分士兵。

学界对魏晋时期是否存在专门的吏户争论得非常激烈，形成了两种针锋相对的观点。笔者前文肯定吏户这一群体的存在，同时也指出其和郡县兵户一样，与普通民户混编，著录在当地户籍中。[3]

当然，笔者无意否认郡县在编制包括各类人户在内的基本户籍的同时，为了加强对普通民户以外其他重点人户的管理和控制，也会编造各类专门的户口簿籍。吴简中除记载上述著录各类人户的黄簿外，还有"☑□□□□军吏父兄子弟人名年纪簿"（贰·7091）、"☑ 模 乡谨列军吏父兄人名年纪为簿"（叁·3814）、"集凡南乡领军吏父兄弟合十九人　中"（叁·464）等简文。[4]我们可以见到嘉禾四年（235 年）八月二十六日诸乡呈报辖区州吏父兄子弟人名、年纪簿的实例：

例 1：

1. ‖⁐东乡劝农掾殷连，被书条列州吏父兄人名年纪为簿，辄料核乡界州吏二人，父

2. ‖⁐兄二人，刑踵叛走，以下户民自代。谨列年纪以审实，无有遗

1 《晋书》卷 80《王羲之传》，第 2098 页。

2 《南齐书》卷 8《和帝纪》，第 111 页。

3 参见本书第三编第十一章"魏晋时期的吏户与吏籍"。

4 走马楼简牍整理组编著：《长沙走马楼三国吴简·竹简[贰]》，第 862 页；《长沙走马楼三国吴简·竹简[叁]》，第 808、728 页。

脱，若有他官所觉，连

3. ‖Ж自坐。嘉（禾）四年八月廿六日破莂保据。　　（简 J22-2543）

例 2：

1. ‖Ж广成乡劝农掾区光言：被书条列州吏父兄子弟状处人名年纪为簿，辄隐核乡

2. ‖Ж界州吏七人，父兄子弟合廿三人：其四人刑踵聋欧病；一人被病物故；四人真身已送及，

3. ‖Ж随本主在宫；十二人细小；一人限佃；一人先出给县吏。隐核人名年纪相应，无有遗脱，

4. ‖Ж若后为他官所觉，光自坐。嘉禾四年八月廿六日破莂保据。

（简 J22-2546）[1]

例 3：

1. ‖Ж南乡劝农掾谢韶，被书条列乡界州吏父兄子弟年一以上状处为簿，辄部岁伍潘祇、谢

2. ‖Ж黄、巨力、谢琕、陈鲁等，条乡领州吏父兄子弟合十二人：其二人被病物故，一人先给郡吏，一人老

3. ‖Ж钝刑盲，七人细小。谨破莂保据，无有遗脱年纪虚欺，为他官所觉，韶自坐。嘉禾四年

4. ‖Ж八月廿六日破莂保据。　　（捌·3342-1）[2]

从文末标注的时间可以看出，这是东乡、广成乡、南乡应临湘侯国统一要求调查界内吏户男性家属的人数、身体状况及服役的呈文。与军吏父兄子弟簿一样，因为女子不服吏役，所以只调查男性。与木牍编连在一起的，还有记载这些州吏男性家属的具体名籍：

州吏邓忠　　（叁·1804）

忠子男仲年十五　任给吏　　（叁·1805）

州吏樊嵩　　（叁·1815）

1　长沙市文物考古研究所等：《长沙走马楼二十二号井发掘报告》，见走马楼简牍整理组编著《长沙走马楼三国吴简·嘉禾吏民田家莂》，第 32 页。标点符号据文义改。

2　走马楼简牍整理组编著：《长沙走马楼三国吴简·竹简［捌］》，第 732 页。标点符号据文义改。

〼嵩子男成年十四细小随嵩移居湘西县（叁·3038）
嵩男弟盛年七岁细小　与嵩移居湘西县烝口（叁·1631）
嵩祖父华年七十六老钝（叁·1772）
嵩男弟晖年十一细小（叁·1790）
嵩男弟恭年十九先给州吏（叁·1807）[1]

这些帐簿著录的只是军吏、州吏家庭中的男性成员。我们在出土简牍中，也可以见到登载特殊人户全部家庭成员的专门册籍。拥有专业技能的工匠向来是官府管控的重点群体，吴简就记有专门的师佐户，如“其一户给锻佐下品之下”（壹·5429）、“领锻佐一户下品”（贰·836）等。[2]韩树峰、沈刚、凌文超复原了吴简中所见的两套“作部工师簿”[3]，从其编造程序看，这两套尤其是《长沙走马楼三国吴简·竹简[壹]》中收录的工师簿，是各县先编造好专门登载师佐家庭的簿籍，再按照派役的需要，在簿籍上分别注明“见”“留”“别使”“屯将行”等，最后上报郡府。[4]敦煌出土的《西凉建初十二年（416年）正月敦煌郡敦煌县西宕乡高昌里籍》（以下简称《西凉建初籍》）中，著录了8户完整或基本完整的家庭，计有“兵”3户、“散”4户及“大府吏”1户。学界对该籍的性质展开过激烈争论，笔者通过分析“大府吏”“散”的含义，并结合户主身分和其标注的籍贯，认为《西凉建初籍》应该是敦煌地方行政机构编造的居住在郡县的兵户户籍。[5]

中国古代户籍制度不仅是对人口、赀产的登记制度，也是对民户居住地进行管理的制度。户籍制度从春秋战国时期确立开始，就与什伍制度联系在

1　凌文超对此做了一定程度的复原，参见《走马楼吴简隐核州、军吏父兄子弟簿整理与研究——兼论孙吴吏、民分籍及在籍人口》，《中国史研究》2017年第2期。

2　走马楼简牍整理组编著：《长沙走马楼三国吴简·竹简[壹]》，第1007页；《长沙走马楼三国吴简·竹简[贰]》，第735页。

3　韩树峰：《长沙走马楼三国吴简所见师佐籍考》，见北京吴简研讨班编《吴简研究》（第1辑），第167—189页；沈刚：《〈长沙走马楼三国吴简（竹简[壹]）〉所见师佐籍格式复原及相关问题探讨》，《人文杂志》2008年第6期，第152—157页；凌文超：《走马楼吴简两套作部工师簿比对复原整理与研究》，见卜宪群、杨振红主编《简帛研究 二〇〇九》，第162—237页。

4　这种操作和上引《晋书·刘卞传》《王尼传》反映的征兵程序差不多，《南齐书·百官志》说大凡“兵士百工补役死叛考代年老疾病解遣”等事宜均由尚书右丞负责（《南齐书》卷16《百官志》，第321页）。

5　参见本书第二编第八章“《西凉建初籍》与魏晋时期的职役户籍”。

一起。无论是《管子·度地》篇保存的最早造籍法令中提到“定什伍口数”[1]，还是秦献公十年（前375年）“为户籍相伍”[2]，都是说将民户按居住地相邻原则编入户籍。吴简中有“岁伍”调查户口的记录[3]，甘肃玉门花海出土的《晋律注》保存有“□同伍罪二等”“其将吏□伍长不能捕得罚？金？”等有关《捕律》的条文[4]，上引《晋书·王羲之传》也提到兵士逃亡，同伍有课捕的义务，说明魏晋时期仍实行什伍制度。这意味着当时除部分营居兵户外，住在郡县的人户都是按照居地比邻的原则著录到户籍上的。《晋令》“郡国诸户口黄籍”，是说居住在当地包括民户、兵户、吏户等在内的各种人户都著录在郡县编制的户籍上；所谓“籍皆用一尺二寸札”，也应当是针对全国各地的户籍而言，并非说的黄籍种类。[5]

三　黄籍与正户

《晋令》谓黄籍“已在官役者载名”，唐长孺对此有所疑问：“……而所谓‘已在官役者载名’却不好解释。这是说已在官役者方在黄籍上登记呢，还是在已在官役者的姓名下注明呢？”[6]实际上，这句话仍是针对户而非人说的，“官役者”亦即向国家承担义务的人户，“已在官役者载名”就是说承担国家义务、受官府驱使的人户都著录在黄籍上。[7]这和《商君书·境内》“丈夫女子皆有名于上”[8]的意思相近。西晋及以前，著录在官府户籍上的民户被称作正户，编入户籍意味着要向国家履行赋役义务。[9]与正户相对，脱离户籍控制、

1　黎翔凤撰：《管子校注》卷18《度地》，梁运华整理，第1059页。

2　《史记》卷6《秦始皇本纪》，第289页。

3　如肆·4523（走马楼简牍整理组编著：《长沙走马楼三国吴简·竹简［肆］》，第730页）、捌·3342（走马楼简牍整理组编著：《长沙走马楼三国吴简·竹简［捌］》，第732页）。

4　曹旅宁、张俊民：《玉门花海所出〈晋律注〉初步研究》，《法学研究》2010年第4期，第186、187页。

5　参见本书第三编第十一章“魏晋时期的吏户与吏籍”。

6　唐长孺：《三至六世纪江南大土地所有制的发展》，第93页。

7　《魏书·食货志》：“魏初不立三长，故民多荫附。荫附者皆无官役，豪强征敛，倍于公赋。”（《魏书》卷110《食货志》，第2855页）这里的役不限于徭役，泛指赋役。

8　蒋礼鸿撰：《商君书锥指》卷5《境内》，第114页。

9　《汉书·成帝纪》成帝下诏有“避水它郡国，在所冗食之”一语，注引文颖曰：“冗，散也。散廪食使生活，不占著户给役使也。”（《汉书》卷10《成帝纪》，第311页）著户也就意味着承担官府役使。

不承担官府义务的，就是所谓的流民、游民、客民等。《管子·国蓄》反对官府法外征敛，说："以六畜籍，谓之止生。以田亩籍，谓之禁耕。以正人籍，谓之离情。以正户籍，谓之养赢。"唐尹知章注："赢，谓大贾畜家也。正数之户，既避其籍，则至浮浪，为大贾蓄家之所役属，增其利耳。"[1]在籍人口一旦流亡，往往会成为豪族荫庇的私属，不向国家纳赋服役。《逸周书·允文》谓："人知不弃，爰守正户。"孔晁注："于守正户，言不逃亡。"[2]《韩非子·亡征》也有"公家虚而大臣实，正户贫而寄寓富"[3]之语。这里的正户都是与脱离户籍的逃户、流客相对而言。在统治阶层看来，整个社会就是由接受国家统治的编户齐民和脱离国家控制体系的流民寓客两部分人群组成。[4]

从长沙走马楼吴简保存的临湘侯国调查私学身分的官府文书中，可以看出黄籍（簿）与官役、正户，以及正户与流民的关系：

例1：

1. 东乡劝农掾番琬叩头死罪白：被曹敕，发遣吏陈晶所举私学番

2. 倚诣廷言。案文书：倚一名文。文父广奏辞：本乡正户民，不为遗脱。辄

3. 操黄簿审实，不应为私学。乞曹列言府。琬诚惶诚恐叩头死罪

1 黎翔凤撰：《管子校注》卷22《国蓄》，梁运华整理，第1272页。

2 黄怀信、张懋镕、田旭东撰：《逸周书汇校集注》卷2《允文解》，上海古籍出版社，1995，第109页。

3 （清）王先慎撰：《韩非子集解》卷5《亡征》，钟哲点校，第112页。

4 在编户民内部，还有一类已经被纳入王朝政治体系，但受到的控制程度不同，因而也不承担正式赋役的特殊人群，即史籍中经常提到的"归义蛮夷"。2008年江陵松柏汉墓出土了一批汉武帝时期的户口资料（朱江松：《罕见的松柏汉代木牍》），将郡县民分成了"使""延"两类，每类民户之下又按大男、大女、小男、小女统计。"使"即"使役"，"延"有招引、招徕之意，此处主要指官府招徕的归附蛮夷。古代统治者对蛮夷的管理方式与汉民不同（《汉书》卷44《淮南王刘长传》，第2139页），汉民著籍于乡，蛮夷则归县直接管理，走马楼西汉简《都乡七年垦田租簿》有"临湘蛮夷归义民田不出租"的记载，在蛮夷前特别冠以县名。统治者除采取因俗而治的方式外，赋役征发上也常常给予蛮夷优免政策（《后汉书》卷86《南蛮西南夷传》，第2842、2831页；《晋书》卷26《食货志》，第790页等）。史籍往往将这些少数族视作与正式编户不同的人群，如《晋书》卷97《匈奴传》记匈奴降附东汉后，"其部落随所居郡县，使宰牧之，与编户大同，而不输贡赋，多历年所"，《南齐书》卷15《州郡志下》谓宁州"道远土瘠，蛮夷众多，齐民甚少，诸爨、氐强族，恃远擅命，故数有土反之虞"，《宋书》卷97《夷蛮传》记荆雍诸州"蛮民顺附者，一户输谷数斛，其余无杂调，而宋民赋役严苦，贫者不复堪命，多逃亡入蛮，蛮无徭役，强者又不供官税"等。实际上，这强调的只是两者管理方式上的差异，而并非说归附的少数族不属于国家控制的编户。

4. 死罪。

5. 诣功曹

6. 十二月十五日庚午白（简 J22-2695）[1]

例 2：

1. 小武陵乡劝农掾文腾叩头死罪白：戊戌记曰：各以何日被壬寅书，发遣州所

2. 白私学烝阳诣廷，并隐核人名户籍与不，从来积久，素无到者，隐核知有户籍，

3. 皆会月十五日言。案文书：辄部岁伍谢𨂂隐核阳。今𨂂关言：阳，本乡政户民，单

4. 身，与妻汝俱居乡宪坪丘，素不遗脱，当录阳送诣廷。阳为家私使，

5. 以负税米诣州中仓，输入未还，尽力绞促。𨂂须阳还，送诣廷复言。腾诚

6. 惶诚恐叩头死罪死罪。诣功曹。

7. 十一月廿□日甲□白（简 J22-2616）[2]

例 3：

模乡劝农掾鉏霸叩头死罪白：被辛丑书，曰发遣州所举私学陈风……风本乡常领正户民，岁岁随官调役，又不晓书画，愿曹列言府，留风复民役。（牍·223）[3]

例 4：

1. 南乡劝农掾番琬叩头死罪白：被曹敕，摄召私学刘银将送诣廷言。

2. ……“正户民，不为收散。”愿曹

3. 列言府。琬诚惶诚恐叩头死罪死罪。

1　走马楼简牍整理组编著：《长沙走马楼三国吴简·嘉禾吏民田家莂》，第 33—34 页。

2　简牍未正式公布，伊藤敏雄最早公布释文，此处转引自徐畅：《走马楼吴简竹木牍的刊布及相关研究述评》，见武汉大学中国三至九世纪研究所编《魏晋南北朝隋唐史资料》（第 31 辑），第 33 页。

3　录文转引自王素：《长沙走马楼三国吴简时代特征新论》，《文物》2015 年第 12 期。

4.　　　　　　　　　　诣功曹

5.　　　　　　　　　　十一月廿四日庚戌白（伍·3726）[1]

例5：

户曹言□遣私学谢达本正户民不应□遗脱□□事

□月八日领户曹……白　　　　　　　　（柒·1464）[2]

学者围绕吴简中私学的来源、性质等问题，有过激烈的争论。[3]汉代有簿、籍不分的现象[4]，所以走马楼吴简将“黄籍”称作“黄簿”。例1记载临湘侯国功曹下书东乡，要求乡吏核查番倚的私学身分；番琬通过查询黄簿后，确认番倚属于当地著籍人口，不是流民，不应被征发。例2与例1性质类似，就县廷下文核实烝阳是否在户籍著录、著录了多久一事，小武陵乡查询后回复说，烝阳是本地“政（正）户”，从没有逃亡过。所谓乡吏“案文书”，应该就是指其手中掌握的户籍，亦即黄簿。例3陈风被州举为私学，但他自称是在本地著籍的正户，年年承担官府的赋役，故请求免掉私学的役使，恢复郡县

1　走马楼简牍整理组编著：《长沙走马楼三国吴简·竹简［伍］》，第806页。

2　走马楼简牍整理组编著：《长沙走马楼三国吴简·竹简［柒］》，第762页。

3　讨论私学身分的文章很多，如胡平生《长沙走马楼三国孙吴简牍三文书考证》（《文物》1999年第5期）；王素《长沙走马楼三国孙吴简牍三文书新探》（《文物》1999年第9期），《“私学”及“私学弟子”均由逃亡户口产生——长沙走马楼简牍研究辨误（二）》（《光明日报》2000年7月21日，第3版）；王素、宋少华《长沙走马楼三国吴简的新材料与旧问题——以邸阁、许迪案、私学身份为中心》（《中华文史论丛》2009年第1期）；侯旭东《长沙三国吴简所见“私学”考——兼论孙吴的占募与领客制》（见李学勤、谢桂华主编《简帛研究 二〇〇一》，第514—522页）；李迎春《走马楼简牍所见“私学”身份探析》（《考古与文物》2010年第4期）；凌文超《走马楼吴简举私学簿整理与研究——兼论孙吴的占募》（《文史》2014年第2辑）等。与此前秦汉及之后的两晋史籍记载一样，孙吴时期的私学、私学弟子也应该指与官学机构相对，在私人名下读书求学的人。孙权建国后很长时间未兴办官学，孙休永安元年（258年）十一月始设五经博士，“科见吏之中及将吏子弟有志好者，各令就业。一岁课试，差其品第，加以位赏”（《三国志》卷48《吴书·孙休传》，第1158页）。在此之前，官僚队伍应当主要从私学系统中补充。从春秋战国之际创设户籍制度开始，古代官府为了严格管控民众，禁止百姓离开原籍随意流动，但对包括私学、商人在内的一些特殊职业群体网开一面，允许他们在接受官府管理的前提下，往来各地。睡虎地秦简提到的“游士符”，就应当是官府发给游学之人的身分凭证。走马楼吴简所见私学身分作为特殊人户有两种：一种为本地的私学，他们是著录在当地户籍上、被官府纳入编户齐民体制的“正户”；一种是寄居临湘的外地私学，他们不在本地著籍，但也被置于当地官府管理之下。孙吴嘉禾年间，官府为了加强对外来人口的管理、增加劳动力供应，下令让流亡当地的“比郡县及方远客人”就地著籍的同时，又让官吏举荐合乎规定的寓居当地的私学到官府乃至军事机构任职服役。官吏为了隐藏带有依附人口性质的私学，又要完成官府下达的指标，就出现了举在籍正户为私学试图蒙混过关的行为。在吴简中见到的乡吏核查发现被举者“为正户民，不应为私学”，此类简牍，应该就是这一情况的反映。

4　“籍，簿书也。”参见（汉）许慎撰，（清）段玉裁注：《说文解字注》篇5上《竹部》，第190页下栏。

民的赋役。“岁岁随官调役”与“复民役”的“役”也就是《晋令》说的“官役”。例 4、例 5 与上述简一样，也说明相对于作为“收散”“遗脱”的流亡人口而言，“正户民”就是官府控制的编户民，亦即“黄簿民”。

古代统治者解决流民问题的方式不外乎两种，最常见的是遣送他们返回原籍；如果起不到效果或遇到流民反抗，也会允许流民就地入籍。汉代史籍最常见的是第一种方式，如汉和帝一再要求沿途郡县为返乡流民提供食宿、医药救助，并给予他们“复一岁田租、更赋”的优复措施。[1]但根据《汉书·王成传》记载传主招徕流民的事迹，并从汉和帝永元十五年（103 年）诏书谓流民“不欲还归者，勿强”[2]，以及东汉诸帝频频颁布“流民欲占（籍）者人一级”的诏书看[3]，汉代也在一定情况下允许不愿回原籍的流民就地占籍。长沙五一广场东汉简收录的“连道奇乡受占南乡民逢定本事”简册，记载了流民在现居地重新占籍的具体事例：

1. 连道奇乡受占南乡民逢定本事　　　（简 2010CWJ1③：152A/B）

2. 本县奇乡民，前流客，留占著，以十三年案筭后还归本乡，与男子蔡羽、石放等相比。当以诏书随人在所占。忠叩头死罪死罪，得闳、豊、径移　　　（简 2010CWJ1③：198-6）

3. 书辄逐召定考问。辞：本县奇乡民，前流客，占属临湘南乡乐成里。今□还本乡，执不复还归临湘，愿以诏书随人在所占。谨听受占定西　　　（简 2010CWJ1①：85）

4. 七月一日庚子，连道长均、守丞叩头移，临湘写移，书御，唯令史白长吏部其乡吏，明削除　　　（简 2010CWJ1③：200-2A）

5. 定名数，无令重。叩头叩头，如诏书律令。

七月七日开　掾虑、助史昆著

（简 2010CWJ1③：200-5A）[4]

---

1 《后汉书》卷 4《和帝纪》“永元六年三月庚寅诏”，第 178 页。

2 《后汉书》卷 4《和帝纪》，第 191 页。

3 《后汉书》卷 5《安帝纪》“永初三年正月诏”，第 212 页；《后汉书》卷 6《顺帝纪》“永建元年正月诏”，第 252 页。另有《后汉书》卷 5《安帝纪》“永初三年正月诏”（第 212 页）等。

4 张荣强、张俊毅：《五一广场东汉简“连道奇乡受占南乡民逢定本事”文书的复原与研究》，见邬文玲、戴卫红主编《简帛研究 二〇二〇》（秋冬卷），第 305—315 页。与原文相比，标点符号略有变化。

这份简册有缺简，但简文意思大致清楚：逢定原本是连道奇乡民，因故流落到了临湘县，并在南乡入籍；过了一段时间后，逢定再次返回连道，提出要重新在原籍落籍。连道县廷就向奇乡下发了“当以诏书随人在所占”的指示，乡吏忠接到县廷的行文后，详细询问了逢定的现状，在此基础上做出接受逢定占籍的决定，并把结果汇报给了连道县廷。为了不使逢定的名数重复，连道行文临湘县廷，要求削除逢定在临湘的名数。[1]汉代不仅对返回原籍的流民给予赋税优免，对就地入籍的流民也是如此。汉灵帝时潘乾任溧阳长，“远人聆声景附，乐受一廛。既来安之，复役三年”[2]，免除新占籍的流民三年赋役。地方官府为了博取政绩而竞相招徕流民占籍的做法并非特例。就逢定在连道、临湘之间反复占籍的事例看，他最初在临湘占籍是流民新占，回归连道后，又属于流民返回原籍，不排除他是看到了地方政策漏洞，以频繁占籍的方式实现制度套利。[3]

汉末丧乱，北方民众纷纷渡江南迁，地处交通要冲的临湘侯国接受了大量流民。嘉禾二年（233 年），留守武昌的太常府下达“丁卯书”，要求荆州境内将“诸郡生子□受居比郡县者及方远客人”就地占上户籍（肆·4483）。[4]长沙吴简中也可以见到大量流民占籍的记录，如嘉禾五年（236 年）春平里吏民口食簿中就有：

右一户口食三人湘西县民以嘉禾二年移来部界佃种过年十二月廿一日占上户牒　　（陆·1386）

右一户口食四人本罗县界民以过嘉禾三年移来部界佃种过年十二月

1　官府不允许一人有双重户籍，逢定在连道重新入籍后，他在临湘县的户籍就被削除。需要说明的是，秦汉时期民众迁移时，要赴户籍所在地将户籍迁出，再入籍现居地。逢定在连道的占籍实际上是返回原籍，连道没有要求临湘迁出逢定户籍，而是直接让临湘削籍了事，推测连道县在逢定流亡后仍保留着他的户籍。人口增减是汉代考课的重要指标，地方官员为了博取政绩，往往故意不删除逃亡者的户籍。殇帝延平元年（106 年）七月诏就指责郡国“不揣流亡，竞增户口”（《后汉书》卷 4《殇帝纪》，第 198 页），“揣”当作“椯”，亦即刊削、删除之义。

2　毛远明校注：《汉魏六朝碑刻校注》，第 2 册，第 35 页。

3　唐代后期，州县官吏为增加境内人口，“迭行小惠，竞诱奸甿，以倾夺邻境为智能，以招萃逋逃为理化”，从而导致有民户“舍彼适此者，既谓新收而获宥；倏忽往来者，又以复业而见优”，钻政策空子，逃避赋税征发。参见（唐）陆贽撰：《陆贽集》卷 22《均节赋税恤百姓六条·其三论长吏以增户加税辟田为课绩》，王素点校，中华书局，2006，第 755 页。

4　走马楼简牍整理组编著：《长沙走马楼三国吴简·竹简[肆]》，第 729 页。

廿一日占上户牒　　（陆·1424）

右一户口食四人刘阳县民以嘉禾三年中移来部界佃种过年十二月廿一日占上户牒　　（陆·1635）[1]

这些流民都是集中在嘉禾四年（235年）十二月二十一日登上户籍的。流民占籍后，就与原居民一起编入官府的正式户籍。上文提到吴简中有标注"黄簿"字样的户籍帐簿。根据连先用、崔启龙的复原结果，富贵里、春平里的吏民口食簿由两部分构成，前部分称作"黄簿民户数口食人名簿"，后部分称为"新占民户数口食人名簿"。[2]我们可以拟定出此类户口簿的大致结构和格式：

1. ○年○里吏民人名年纪口食簿
2. 　　里魁谨列所主黄簿民户数口食人名簿
3. 　　（以下列任调役之黄簿民）
4. 　　（以下列不任调役之黄簿民）
5. 　　里魁所领黄簿民○户
6. 　　里魁谨列所主新占民户数口食人名簿
7. 　　（以下分户列新占民）
8. 　　里魁所主里新占民合○户口食○人
9. 　　　　其○人男
10. 　　　　其○人女
11. 集凡里魁领吏民○户口食○人
12. 　　　　其○户县吏 ○品
13. 　　　　其○户郡县卒 ○品
14. 　　　　……
15. 　　　　定应役民○户

一里的民户按黄簿民、新占民分别统计，最后汇总出一里的总户口数。所谓新占民，是指新入籍的流民。上举吏民簿中将新占民与黄簿民并列，不是说

1　走马楼简牍整理组编著：《长沙走马楼三国吴简·竹简[陆]》，第759、760、764页。

2　连先用：《试论吴简所见的"黄簿民"与"新占民"》，《文史》2017年第4期；崔启龙：《走马楼吴简所见"黄簿民"与"新占民"再探——以嘉禾五年春平里相关籍簿的整理为中心》，见中国文化遗产研究院编《出土文献研究》（第18辑）。

当时的户籍除黄籍外，还有另外的新占民籍；而是旨在注明此次造籍与上一次造籍期间发生的人口变动，同时说明官府对新占民的管理方式与本地原有著录居民有所不同。与汉代一样，吴简中的新占民不过是短期享有赋役优免的标志[1]，流民一旦在当地著籍，就成为正式编户。《中乡劝农掾五苾白为列处男子龙攀是正户民事》木牍有载：

1. 中乡劝农掾五苾叩头死罪白：被曹敕，列处男子龙攀是正户民
2. 与不，分别言。案文书，攀本乡民，过年占上户牒。谨列言。苾诚惶
3. 诚恐叩头死罪死罪。
4. 诣功曹
5. 十一月廿二日庚戌白[2]

这里没有说明龙攀的身分，但以往在吴简中见到功曹要求乡吏核实的对象，其身分都是私学。五苾说得很清楚，龙攀去年在中乡占了籍，也就成了本地正户，不再是流客，所以称他为本乡民。同样，出现在嘉禾五年（236 年）春平里“新占民户数口食人名簿”中的周成、伍兵、潘有、问皮等户，在后来的春平里籍簿中的著录格式已与其他民户没有区别，也注记了赀算情况。[3]东晋以前，不存在寄籍的说法，流民在现居地著籍后，就与土著民一起编入正式户籍，虽然可能会享受一定程度的赋役减免，但法律上已经成了承担赋役的正户民，从社会观念看也就成了本乡民。

从吴简所见临湘侯国诸乡编制的黄簿可以看出，不只民户，登录其上的包括吏户、兵户在内的各类人户，都是郡县正户。[4]以往学界认为兵户、吏户

---

1 崔启龙注意到该吏民口食簿中，黄簿民成年男女普遍有“算一”的注记，新占民没有这方面记载，推测孙吴时期的新占民享有一年的算赋优免政策。参见崔启龙：《走马楼吴简所见“黄簿民”与“新占民”再探——以嘉禾五年春平里相关籍簿的整理为中心》。

2 长沙简牍博物馆编著：《长沙简牍博物馆藏长沙走马楼吴简书法研究》，第 24 页。

3 崔启龙：《走马楼吴简户籍类文书相关问题研究——以竹简[陆]为中心》，北京师范大学硕士学位论文，2018，第 90 页。

4 《劝农掾黄原白为索簟为私学文书》中也有：

1. 广成乡劝农掾黄原叩头死罪白：被曹敕，摄录私学索簟诣廷言。案文书：簟
2. 名专。与州卒潘止同居共户，本乡领民，不应给私学，愿乞列言。原诚惶诚恐叩头死
3. 罪死罪。

（录文转引自王素、宋少华：《长沙走马楼三国吴简的新材料与旧问题——以邸阁、许迪案、私学身份为中心》，《中华文史论丛》2009 年第 1 期，第 16 页）其中州卒作为乡领民，也就是正户。

不在郡县著籍，故把兵户、吏户排除在外，只将郡县民视为正户的说法，显然是不对的。至于在军营居住的兵户，他们不在郡县著籍，不属于地方正户，但其同样承担国家义务。[1]

魏晋户籍制度的相关史料很少，以上主要根据《太平御览》卷606所引《晋令》并结合出土简牍和传世典籍的零星记载，对这一时期户籍的书写材质、编排方式及若干专有名词做了探讨。魏晋时期处于简纸更替阶段，随着统治者的大力提倡和造纸技术的不断进步，西晋官府用纸的领域已经非常广泛，而编造户籍因其工作时间紧、任务重且一式几份，更有使用纸质材料的必要性和紧迫性。与秦汉时期相比，西晋户籍的著录内容更为繁复，编制机构也从原来的乡上移到了县廷，造好后至少还要上呈郡国。如果这一时期仍用形体庞大且笨重的竹册制作，显然不可思议。魏晋时期统治者为了保证劳动力供给，改变了以往编户齐民承担相同赋役的方式，转而将民众分为郡县民户、兵户、屯田户、吏户等各类人户，不同人户承担不同的国家义务。除了集中居住在军营的兵户及受专门管理的屯田户，其他各类人户都著录在郡县户籍也就是黄籍上，都属于郡县正户。由于承担不同的义务及社会形势的变化，各类人户的社会地位不尽相同，但无论兵户还是吏户，都是法律上的自由民，而非贱民。

学者对户籍缘何被称为“黄籍”的原因解释不一，有人提出是使用黄纸书写之故，也有人认为是从男女“始生为黄”引申而来。[2]现在看来，“黄籍”一语显然承自孙吴乃至秦汉时期的“黄簿”。[3]韩树峰指出，简牍时代的书写材料同样有黄、白之分，其中黄色的竹简或者是经过涂胶处理、使颜色呈黄色的木简用来书写重要文书，普通的白色木质简牍书写一般文书。[4]事实上，除了竹、

1　魏晋南朝官府认可的客户、荫户似乎不属于国家正户。《三国志·吴书·陈表传》记孙权赏赐传主“复人”即客二百家，陈表推辞不受，“辄料取以充部伍。所在以闻，权甚嘉之。下郡县，料正户羸民以补其处”。（第1290页）与正户相对的“客”只向主人而不向国家承担义务，他们“皆注家籍”（《隋书》卷24《食货志》，第674页），即著录在主人的户籍上。

2　雷震：《黄、白籍问题与“土断”》，《汉中师院学报（哲学社会科学版）》1992年第1期；傅克辉：《魏晋南北朝籍帐研究》，第4页。

3　秦汉简牍未见“黄簿”一说，但长沙五一广场东汉简发现一枚封泥匣，上写“回黄牒七百枚诣左贼曹/兼北部贼捕掾辰修叩头死罪白”（长沙市文物考古研究所等编：《长沙五一广场东汉简牍[壹]》，第160页），推测北部贼捕掾向临湘县左贼曹呈报的“黄牒”与法律案件有关。吴简中的“黄簿”亦当是沿承前代。

4　韩树峰：《汉晋时期的黄簿与黄籍》，《史学月刊》2016年第9期。

木简颜色上的差异，简牍形制与书写文书的重要程度关系更为密切。西晋杜预《春秋左氏传序》就说，“大事书之于策，小事简牍而已”[1]。东晋初年，太常询问分封宗室的告庙祝文用竹册还是白简，书写字体用篆书还是隶书时，博士孙毓回答：“今封建诸王，裂土树藩，为册告庙，篆书竹册，执册以祝，讫，藏于庙。及封王之日，又以册告所封之王。册文不同。前以言告庙祝文，当竹册篆书，以为告庙册，册之文即祝词也。旧告封王、告改年号，故事，事讫皆当藏于庙，以皆为册书。四时享祀祝文，事讫不藏，故但礼称祝文尺一，白简隶书而已。”[2]诸如分封诸王、更改年号这样的大事，告庙祝文要用竹册篆书；而如四时享祀此类常规祝文，就用白简隶书。之所以有“竹册”“白简”之别，孙毓解释得很清楚，“事讫皆当藏于庙，以皆为册书”，而“事讫不藏”，“白简隶书而已”。需要长期保存的文件用册书，事毕就扔掉的用“白简”。“白简”具体是指什么呢？孙毓提及封王用册书属于“故事”，据蔡邕《独断》记载：汉代册封诸侯王、三公时所用册书，“其制长二尺，短者半之，其次一长一短；两编，下附篆书”；如果罢免三公，“亦赐策，文体如上策而隶书，以一尺木两行”。[3]看来，孙毓所说与竹册相对的“白简”，实际上指的就是单独的木简或者可以直接谓之木牍。[4]由此我们得出一个结论：在简牍时代，竹册的规格高于木牍，书写在竹册上的文书比书写在木牍上的重要。

正如根据书写内容的重要程度，分别将祝文写在黄色竹册和白色木牍上一样，户籍被称为“黄簿”恐怕也只有存在与之相对的“白簿”这一说法时才有意义。如果秦汉时期被称为“黄簿”的户籍是写在竹册上，而黄、白簿也是成对出现的概念，那么当时是否存在书写于木牍上或者与之相关的户籍类帐簿呢？古代除了纳入国家正式统治的编户齐民，还有大量脱离国家正常秩序的流民、寓客。前引《晋令》黄籍“凡在官役者载名”，著录的是承担赋

1 （晋）杜预：《春秋左氏传序》，见（清）严可均校辑《全上古三代秦汉三国六朝文・全晋文》卷43，第1702页。

2 （唐）杜佑撰：《通典》卷55《礼・吉礼》，王文锦等点校，第1539—1540页。

3 （汉）蔡邕撰：《独断》卷上，《景印文渊阁四库全书》第850册，第78页。

4 王国维读为“尺一木”（《简牍检署考》，见谢维扬、房鑫亮主编《王国维全集》第2卷，第494页）；陈梦家指出：“两行乃写诏书的尺一，《独断》所谓‘而隶书以尺一木两行’，以其长度称之为‘尺一’；以其可容两行，称之为‘两行’；以其为两行木牍，称之为‘木两行’，即木牍，而《论衡・效力篇》又有所谓‘五行之牍’，更宽于此。”（陈梦家：《由实物所见汉代简册制度》，《汉简缀述》，中华书局，1980，第298页）

役的土著民，官府是不是就对逃避赋役的流民完全放任不管呢？当然不是。我们从西北汉简尤其是青岛土山屯汉简可以看出，地方官府对居住在辖区内的流民也有一定程度的管理，甚至还向他们征收赋役。[1]这就意味着当地官府一定掌握有登记外来人口的帐簿[2]，这种帐簿应该来源于伍符。被认为记载管仲言论、最晚成书于汉代的《管子·七法》篇指出，统治者必须切实掌握符、籍，“符籍不审则奸民胜”[3]。东汉末年百姓流亡严重，仲长统提出要“明版籍以相数阅，审什伍以相连持”[4]，这里的“籍”“版籍”指户籍，“符”“什伍”也就是伍符。与户籍著录的对象不同，伍符登记的是现居地的全部人口，除在籍民外，还包括当地的流动人口。伍符与户籍相辅相成，同样是登记和管控人口的重要工具，但伍符与户籍形制有很大不同。《二年律令·户律》简305谓：“自五大夫以下，比地为伍，以辨券为信，居处相察，出入相司。”[5]伍符是符券的一种，作为可以勘合的凭证，其必然是以木牍而非简册做成。西北居延地区就出土过许多这样的士卒家属符。官府登记寄寓人口的帐簿是在伍符基础上制作的。户籍用竹简编制，其著录的对象是被称作正户的本地居民（土著）。土和正的含义皆与“黄”有关，户籍被称为“黄簿”可以理解。与之相对，登记寄寓人口的帐簿源自木牍制作的伍符，寄寓属于临时居住人口，这也与“白”具有临时的意义相合，此种帐簿可能因此被称为“白簿”。如果从文书保管制度来看，秦汉时期的户籍一年一造，但户籍作为国家管控人口、征发民众赋役的基础台帐，必须长期保存起来，以备日后查核；而寄寓人口流徙不定，官府登录这些人的帐簿也要随之不断调整，没有必要长期保存。这也和前引东晋孙毓所说使用简册和木牍的区别一致。

1　青岛土山屯汉墓出土的《堂邑元寿二年（前1年）要具簿》载：“所收事它郡国民户百廿一口二百五十一卒卌……逋二年所收事它郡国民秋赋钱八百，逋二年所收事它郡国民口钱四百八十三，逋二年所收事它郡国民更卒钱九千二百，逋二年所收事它郡国民冬赋钱四百。”（青岛市文物保护考古研究所、黄岛区博物馆：《山东青岛土山屯墓群四号封土与墓葬的发掘》，《考古学报》2019年第3期）“它郡国民”就是流落到堂邑县的客，堂邑县照样向他们征收各种口钱、赋算和徭役。

2　唐肃宗时代的史臣柳芳谈到唐前期的情况，说“浮寄于闾里，县收其名，谓之客户”，（宋）李昉等编：《文苑英华》卷747《食货论》，中华书局，1966，第3907页。现在看来，地方这种做法至少始于汉代。

3　黎翔凤撰：《管子校注》卷2《七法》，梁运华整理，第111页。

4　《后汉书》卷49《仲长统传》，第1653页。

5　张家山二四七号汉墓竹简整理小组编著：《张家山汉墓竹简[二四七号墓]》（释文修订本），第51页。

第十五章
中国古代书写载体与户籍制度的演变

中国古代的户籍制度作为帝国控制人口、征调赋役的基本手段，历来受到统治者的高度重视。汉末徐幹《中论·民数》说："庶功兴在事役均，事役均在民数周，民数周，为国之本也。""民数"指的就是户籍，南朝齐高帝萧道成称户籍为"民之大纪，国之治端"[1]。从 1919 年王国维撰写《唐写本敦煌县户籍跋》[2]一文算起，现代学者对中国古代户籍制度的研究已走过 100 年的历程。据不完全统计，最近三四十年间，中外学界出版的以古代户籍或籍帐为主题的专著就有三十余部，发表的专题论文更不计其数。以往的研究或致力于户籍文书的复原与性质的判定，或具体讨论不同时期的户籍种类、著录内容、编造制度，或从长时段分析户籍制度的发展流变，或着力探讨户籍制度与土地制度、赋役制度、身分制度，以及地方基层行政组织的关系，等等。

日本学者冨谷至注意到书写材料与行政制度之间的关系，指出"在简牍的基础上展开的汉帝国的行政，与纸张时代的唐代的政治之间，必然是有区别的"[3]。除了口头文书，一切书面文书都有承载其的物质形态，物质载体或者说书写载体对文书的形式、内容、编造方式及运行实态都有重要影响，进而会影响到古代的行政管理体制和权力运作模式。本章拟全面考察因书写载体的演变而引发的中国古代户籍制度的变化，并由此揭示统治者因应技术进步逐步加强中央集权制的过程。

1 《南齐书》卷 34《虞玩之传》，第 608 页。

2 此文撰写于 1919 年 7 月，收入《观堂集林》卷 17《史林九》，最初由密韵楼 1923 年出版。《观堂集林》有多个版本，此据《王国维手定观堂集林》，黄爱梅点校，浙江教育出版社，2014，第 428—431 页。

3 〔日〕冨谷至：《木简竹简述说的古代中国——书写材料的文化史》，刘恒武译，黄留珠校，人民出版社，2007，第 138 页。

一　“简”“牍”之别与以简代牍

提及中国古代书写载体的演变，多数人想到的只是从简牍到纸张的转换；事实上，在某些公文书领域，还存在一个竹简代替木牍的过程。

有关“简”“牍”的区别，林沄曾说过一段有代表性的话：“简和牍的根本区别，不在于质料，而在于形状。简是狭长的薄片，可以编连成册。牍是宽厚的版，宜于单件使用。简在起源上很可能是先有竹简，因为竹子容易加工成狭长的薄片。后来才有用木仿制的。”[1]简、牍宽窄的界限如何判定呢？有学者从书写行数的维度进行考察，认为书写两行以下的称简，三行以上谓之牍；陈梦家、李零和李解民则提出，只有书写一行的才是简，两行及以上的都叫牍。[2]岳麓秦简公布的“卒令丙”对此有明确说明：

> 用牍者，一牍毋过五行，五行者，牍广一寸九分寸八，四行者，牍广一寸泰半寸；•三行者，牍广一寸半寸。•皆谨调讙〈护〉好浮书之，尺二寸牍一行毋过廿六字。•尺牍一行毋过廿二字。书过一章者，章□之∟。辤（辞）所当止皆腏之，以别易〈易〉智（知）为故。……不从令及牍广不中过十分寸一，皆赀二甲。请：自今以来诸县官上对、请书者，牍厚毋下十分寸一∟，二行牒厚毋下十五分寸一，厚过程者，毋得各过其厚之半。为程，牍牒各一∟。不从令者，赀一甲∟。（伍•115—121）[3]

“请”，是臣下的请诏，张家山汉简《二年律令•津关令》中收录了多篇相国、御史大夫以请诏的方式得到皇帝批准后形成的令文。上引“卒令”没有如《津关令》中皇帝“制曰可”的内容，显然是书手抄录时省略了。令文谓“五行者，牍广一寸九分寸八；四行者，牍广一寸泰半寸；•三行者，牍广一寸半寸”，秦汉时期一尺约23.1厘米，以此标准计，其宽度依次为4.36厘米、3.85厘米及3.47厘米。请诏中提到与牍并列的“二行牒”，也就是简。[4]结合以

1　林沄：《古代的简牍》，《中国典籍与文化》1994年第1期，第45页。

2　陈梦家：《由实物所见汉代简册制度》，见《汉简缀述》；李零：《简帛的形制与使用》，《中国典籍与文化》2003年第3期；李解民：《中国日用类简牍形制的几个有关问题》，见卜宪群、杨振红主编《简帛研究 二〇〇七》，第181—193页。

3　陈松长主编：《岳麓书院藏秦简[伍]》，第106—108页。

4　《说文•竹》云“简，牒也”，《汉书》卷51《路温舒传》颜师古注：“小简曰牒，编连次之。”

上“卒令”的信息，可以看出秦对公文简、牍书写行数的规定，即简最多写两行，牍可以写三行以上，但不能超过五行。东汉蔡邕《独断》卷上说“文多用编两行，文少以五行”，木牍以“五行”为限，超过这一标准就要用两行简编成的简册。看来，两汉的官文书制度也是沿承秦代。

岳麓秦简抄录的律令大致在嬴政在位期间，下限不晚于秦始皇三十五年（前 212 年）。[1]里耶秦简与岳麓秦简的时代大致相当，但其反映的实际情况要较“卒令”复杂。《里耶秦简[壹]》收录了一些自名为“牍”的文书，如 8-1517 正文载：

1. 卅五年三月庚寅朔辛亥，仓衔敢言之：疏书吏、徒上事尉府

2. 者牍北（背），食皆尽三月，迁陵田能自食。谒告过所县，以县乡次续

3. 食如律。雨留不能投宿赍。当腾腾。来复传。敢言之。

牍背载：

1. 令佐温。

2. 更戍士五城父阳翟执。

3. 更戍士五城父西中痤。

4. 臂手。[2]

这是迁陵县仓吏请求沿途为赴郡尉府服役的吏徒提供廪食的呈文，牍背附列的是相关吏徒的名籍。木牍正面书写三行，背面四行，牍宽 3.7 厘米，与秦令“四行者，牍广一寸泰半寸”的差距不大。与此类似，8-1566、8-487+8-2004 两枚木牍也有帐簿书于“牍北”的字样，但 8-1566 背面书写三行，牍宽 1.7 厘米；8-487+8-2004 背面四行，牍宽 2.3 厘米。这两枚木牍宽度就比令文规定的窄很多。我们甚至发现里耶简中存在“牍”“牒”不分的现象，仍以呈报作徒簿的简牍为例，经缀合而成的 8-1069+8-1434+8-1520 木牍正面载：

1. 卅二年五月丙子朔庚子，库武作徒薄（簿）：受司空城旦九人、鬼薪一人、舂三人；受仓隶臣二人。• 凡十五人。

2. 其十二人为蕈：奖、庆忌、㪇、㪇、船、何、冣、交、頡、徐、娃、聚。

1 陈伟：《论岳麓秦简法律文献的史料价值》，《武汉大学学报（哲学社会科学版）》2019 年第 2 期。
2 陈伟主编：《里耶秦简牍校释》（第 1 卷），第 344—345 页。

3. 一人絨：窜。

4. 二人捕羽：亥、罗。

牍背载：

1. 卅二年五月丙子朔庚子，库武敢言之：疏书作徒日薄（簿）一牒。敢言之。横手。

2. 五月庚子日中时，佐横以来。/圂发。[1]

与 8-1517、8-1566 及 8-487+8-2004 不同，这里的“作徒簿”写在了正面。该木牍分四行书写，但自称为“牒”。称“牍”为“牒”的现象，并非只有这一例。8-686+8-973 是秦始皇二十九年（前 218 年）八月库守悍呈报迁陵县廷的公文，背面同样著录了四行的“作徒簿”，木牍正面的文字却说“疏书作徒薄（簿）牒北（背）”[2]。9-2352 作为启陵乡上呈县廷验看马匹死亡的爰书，正面书写四行，其中有“上诊一牒”的文字。[3]从形制上看，8-1069+8-1434+8-1520 宽 2.8—2.9 厘米，8-686+8-973 宽 1.9 厘米，9-2352 宽 3.1 厘米。如果说这三件文书因达不到牍相应的宽度而被称为“牒”，那我们无法解释 8-487+8-2004 尤其是 8-1566 形制更窄却被称为牍的现象。

当然，我们在讨论简牍形制时，不应该忽视这些文书的性质属于正本、抄本还是草稿的问题。上文所列的简牍中，根据收文记录的笔迹和墨色浓淡，可以判定木牍 8-1566、8-1069+8-1434+8-1520 是正本；而 9-2352 正面是启陵乡的上书，背面是迁陵县的批示，从该文书被发现于收件地点且正文与批示笔迹一样的情况看，9-2352 应该是抄本。其他诸简因为缺少收、发文记录，很可能是未发送出去的稿本。就木牍的制作成本而言，形制越宽通常意味着造价越高；即使 8-1069+8-1434+8-1520、8-686+8-973 与 9-2352 一样，都不是正本，其正本的形制也不会比我们现在见到的窄。

事实上，讨论简牍的形制涉及两个不同的维度，形制的宽窄与书写的行数也并非完全正相关。我们在各地出土的秦汉简牍中，经常见到形制较宽的简牍上书写的行数反而不及窄者的情形。上引请诏开头说“自令以来诸县官上对、请书者”，似乎说这些形制的规定主要针对的是地方上呈中央的文书，

1　陈伟主编：《里耶秦简牍校释》（第 1 卷），第 272—273 页。

2　陈伟主编：《里耶秦简牍校释》（第 1 卷），第 203 页。

3　里耶秦简博物馆等编著：《里耶秦简博物馆藏秦简》，第 127 页。

对其他机构之间尤其是地方基层往来的文书不做严格要求。看来，我们不能把秦汉时期简牍形制的规定看得太死板，不同级别的公文书执行规定的力度势必有很大差异，大致说来，行政机构级别越高执行就越严格。

林沄说简可以编连成册，言外之意，牍是单独使用的。这也是学界的共识。角谷常子甚至提出“牍的本质为单独使用，即不编缀的简”[1]，认为简和牍的根本区别在于编连而不在形制。这一说法或许有些片面，但编连与否的确是判断简、牍的重要标准。战国时期的文献《仪礼·聘礼》说：“百名以上书于策，不及百名书于方。”郑玄注：“名，书文也，今谓之字；策，简也；方，板（版）也。”贾公彦疏：“方若今祝版，不假连编之策，一板书尽，故言方板也。”[2]“策”是竹简编成的册书，“方”“版”也就是木牍。[3]《聘礼》提出木牍以百字为限，与其形制有关。战国时期文字修长，字与字的间距较大，100 个字通常要书写五行[4]，而这正是秦令规定木牍所能容纳的最多行数。无论《聘礼》“百名以上书于策，不及百名书于方”还是上引《独断》“文多用编两行，文少以五行”，都是将简册和木牍对比，说明一枚木牍本身就是一份完整的文件，不需要编连。[5]

1 〔日〕角谷常子：《论里耶秦简的单独简》，见武汉大学简帛研究中心主办《简帛》（第8辑），第162页。

2 （汉）郑玄注，（唐）贾公彦疏：《仪礼注疏》卷 24《聘礼》，见（清）阮元校刻《十三经注疏》，第2318页上栏。

3 （汉）许慎撰，（清）段玉裁注：《说文解字注》篇 7 上《片部》：“牍专谓用于书者，然则《周礼》之版、《礼经》之方，皆牍也。”（第 318 页下栏）

4 荀勖《上穆天子传序》记古本《穆天子传》曰：“简长二尺四寸，以墨书，一简四十字。”参见（清）严可均校辑：《全上古三代秦汉三国六朝文·全晋文》，第 1637 页下栏。一尺长单行简不过写 20 个字左右。贾连翔对目前所见战国竹书的容字情况做过统计，27 厘米长的竹简标准容字 23 个、小字 30 个，参见《战国竹书文字布局小识》，见清华大学出土文献研究与保护中心编，李学勤主编《出土文献》（第 7 辑），中西书局，2015，第 187—192 页。上引秦令也说“尺牍一行毋过廿二字”。

5 木牍作为单独的文件不用编连，但是为了方便文书传递，尤其是便于文件归档后作为档案保存，有时也会将内容相关或性质类似的多枚木牍缠缚甚至编连起来。木牍缠缚的例子见于江陵高台汉墓出土的编号为 M：18-35 的木牍，其中 M：18-35 乙是现实官吏为死者迁往冥世所发的文书，M：18-35 丙是作为附件迁徙的名数。两枚木牍出土时正面相向叠置，两牍的背面均有丝绸捆缚的痕迹。此外，邢义田根据里耶秦简 9-1 至 9-12 简中存在的反印文，推断它们被投入井之前也呈叠压保存状态。详参《湖南龙山里耶 J1（8）157 和 J1（9）1—12 号秦牍的文书构成、笔迹和原档存放形式》，见武汉大学简帛研究中心主办《简帛》（第 1 辑），上海古籍出版社，2006，第 275—296 页。木牍编连的例子比较少见，长沙走马楼出土的孙吴《嘉禾吏民田家莂》是临湘侯国各户缴纳官府钱米布的租税簿，它们原本各自是一份单独的文件，只是乡里要汇总上呈县廷才把它们编连了起来。不过，这里的编连是出于同一类文件的归档、集中，以便利用，与为了保证同一份文件的完整性，以免散佚进行的编连有本质不同。籾山明也揭示过简牍在传递时性质和功能发生变化这一事实，详参〔日〕籾山明：《日本居延汉简研究的回顾与展望——以古文书学研究为中心》，顾其莎译，见徐世虹主编《中国古代法律文献研究》（第 9 辑），社会科学文献出版社，2015，第 154—243 页。

与木牍相比，竹简作为书写载体有许多优点。当时制作工具比较原始，没有架锯、刨子，只能用𨱲刮削，竹子比木材更容易加工成书写材料。木牍适用的领域比较狭窄，只适宜书写内容不太长的文字；而竹简通过编连成册，书写的内容理论上可以无限展开。还有一点需要指出，木材质地比较疏松，做成片状容易折断；所以制作书写材料时，即使在宽度、长度相同的情况下，木简也比竹简厚。长沙五一广场出土的东汉简中，竹简长 22—23.5 厘米、宽 0.5—1.6 厘米，厚度为 0.05—0.12 厘米，长宽相近的木简厚度则是 0.2—0.4 厘米。[1]厚度增加，重量也会加大。根据邢义田对居延汉简测量的结果，竹简平均厚 0.211 厘米、重 2.616 克，木简平均厚 0.346 厘米、重 4.035 克，木简厚度约是竹简的 1.64 倍，重量约是竹简的 1.54 倍。[2]如果换作形制宽大的木牍，厚度和重量就远远大于这一比例。所以书写同样内容的公文，使用木牍无论在重量还是体积方面都要比简册笨重；加上由于木简的厚度，以及视书写内容而定的宽窄变化，很难对其进行编连，这些都造成木牍在保管尤其是传输上的不便。所以除了一些特定的公文书领域，后世以简册逐渐取代木牍是必然的结果。[3]

但与竹简相比，木牍有一个最大的优点，就是基于当时的公文书写规则，一枚单独的木牍便是一份完整的文书，因此不会发生简册常有的脱简、错简现象。

在简牍起源上，林沄认为可能是先有竹简、后有木牍。钱存训也说：“木牍可能是竹简的代用品，为汉代在公元前后通行的书写材料。”[4]这种判断显然受制于当时所能见到的出土实物。从竹子的生长环境看，汉代竹林大面积生长的最北区域也不过在东经 100°—120°、北纬 39°—40°[5]，广袤的北方尤其是

1　参见长沙市文物考古研究所：《湖南长沙五一广场东汉简牍发掘简报》，《文物》2013 年第 6 期。

2　邢义田：《汉代简牍的体积、重量和使用——以“中研院”史语所藏居延汉简为例》，《地不爱宝：汉代的简牍》，第 21—40 页。

3　高村武幸推测，牍作为公文书使用在西汉后半期开始明显减少，参见《秦漢時代の牘について》，《人文論叢：三重大学人文学部文化学科研究紀要》（30），2013。但中国古代墓葬中随葬品清单的书写载体，经历了一个相反的过程，战国至西汉初年普遍使用简册，随着随葬品数量的减少，西汉中期以后逐渐用木牍来代替。

4　钱存训：《书于竹帛：中国古代的文字记录》，上海书店出版社，2006，第 65 页。

5　参见何业恒：《古代黄河流域的竹林》，《中南林学院学报》1981 年第 2 期；竺可桢：《中国近五千年来气候变迁的初步研究》，《考古学报》1972 年第 1 期。

西北地区不可能大规模使用竹简。而就我们目前掌握的情况来看，早期使用木牍的现象可能比后期更普遍。睡虎地秦简《秦律十八种・司空律》专门提到了用木牍书写公文的情况："令县及都官取柳及木楘（柔）可用书者，方之以书；毋（无）方者乃用版。"（简 132）2004 年，湖南里耶出土的 38 000 余枚秦简中，木牍占了相当大的比重。角谷常子专门讨论过里耶秦简多用木牍的现象，她对比里耶秦简所见木牍与居延汉简同类性质的简册后指出，在早期文书制度、官僚制度不成熟的情况下，为了保证文书的安全、准确性，使用木牍是当时最好的办法。[1]有关里耶秦简的问题，我们下文还要讨论，但角谷氏提出中国古代早期多用木牍的观点，值得学界重视。我们注意到，战国以降户籍的书写载体也有一个从木牍向简册变化的过程。

二　从"户版"到"户籍"

中国古代的户籍制度形成于春秋战国之际。由于文献阙略，我们对先秦时期户籍制度的认识主要借助《周礼》的记载。学者对《周礼》成书时间有不同看法，但大体认为其反映了春秋战国之际周王室和各诸侯国的制度。按照该书的说法，当时无论是记录个人的集体名籍还是以家庭为单位的户籍，都是书写在木版上的，《周礼》卷 35《秋官》记司民之职：

> 司民掌登万民之数，自生齿以上，皆书于版；辨其国中，与其都鄙，及其郊野。异其男女，岁登下其死生。

郑玄注曰：

> 版，今户籍也。

同书卷 3《天官・宫伯》有"掌王宫之士庶子，凡在版者"之语，郑众注曰：

> 版，名籍也，以版为之。今时乡户籍谓之户版。[2]

所谓"版"，《说文・片部》曰："版，判也。牍，书版也。"细究起来，版指的是书写前的木牍形态；泛言之，版、牍意思一样，故《管子・宙合》篇唐

1　参见〔日〕角谷常子：《论里耶秦简的单独简》，见武汉大学简帛研究中心主办《简帛》（第 8 辑）。

2　（汉）郑玄注，（唐）贾公彦疏：《周礼注疏》卷 35《秋官・司民》、卷 3《天官・宫伯》，见（清）阮元校刻《十三经注疏》，第 1897 页下栏、1415 页下栏。

人尹知章注："版，牍也。"户籍制度是古代官府统治民众的基本手段，早期的户籍形制使用木牍而非简册，显然也和当时文书制度不成熟及官府对户籍要求的准确性有关。《周礼》记载战国的户籍用版制作，参诸郑玄尤其是郑众的注说，东汉时期的民众仍然把乡户籍称作"户版"，这进一步说明了历史上用木牍制作户籍的普遍性。

我们可以利用秦国迁陵县南阳里户版探讨战国时期户版的形制和著录方式。[1]这批户版的最大特征就是，一户内的全部家口都登载在一枚木版上。举两个例子，K1/25/50载：

（1）南阳户人荆不更黄得
（2）妻曰嗛
（3）子小上造台
子小上造宁
子小上造定
（4）子小女虖
子小女移
子小女平
（5）五长

K2/23载：

（1）南阳户人荆不更宋午
弟不更熊
弟不更卫
（2）熊妻曰□□
卫妻曰有
（3）子小上造传
子小上造逐
□子小上造□
熊子小上造剽

1　有关里耶户版的性质，详见本书第二编第三章"湖南里耶所出'秦代迁陵县南阳里户版'研究"。

（4）熊子小女子阿

（5）臣曰褟[1]

通常情况下，户版以墨线划分为5栏。笔者根据户主与家庭成员的爵位、身分注记及婚姻情况等，提出前四栏实际上是按大男、大女、小男、小女等课役身分排列，第五栏登记的是奴婢及毋室、伍长之类的备注项目。[2]这种划分课役身分的方式，完全符合战国乃至秦汉时期官府对户口的分类统计。

我们主要关注户版的著录方式。杜正胜认为，探讨户籍是以版还是简册制作的意义不大，重要的是资料的内容。[3]事实上，户籍的书写材质与记载方式有着密切关系。户版将一户所有家口集中著录在一枚木版上，整个家庭的人口数据因此不会出现散乱。所以在最为常见的核心或主干家庭中，每位家庭成员的称谓都是以户主为中心书写，家庭成员前面无须再标注户主的名字。以K1/25/50为例，除第一栏登录户主“黄得”的名字外，其余诸栏只是写作“妻某”“子某”，不云“（黄）得妻某”“得子某”。[4]最醒目的是黄得子女的书写方式：黄得有三个儿子、三个女儿，户版在著录这些子女时径自写作“子某”，表述的是其与户主黄得的关系，而不关注这些子女之间的称谓。这种书写方式与后世以简册为载体的户籍不同，但和唐代纸本户籍颇为一致，如《唐开元十年（722年）沙州敦煌县悬泉乡籍》第二片载：

11　户主郭玄昉年伍拾陆岁　　白丁
12　　妻 李 年伍拾 岁　　丁妻
13　　男思宗年贰拾贰岁　　卫士
14　　男思楚年壹拾柒岁　　中男
15　　女伏力年壹拾玖岁　　中女
16　　女无上年　玖 岁　　小女
17　　女小小年壹拾肆岁　　小女

1　湖南省文物考古研究所编著：《里耶发掘报告》，第203、205页。

2　参见本书第三编第十章“‘小’‘大’之间——战国至西晋课役身分的演进”。

3　杜正胜：《编户齐民——传统政治社会结构之形成》，第2页。

4　而如K2/23这样的联合家庭中，由于户主宋午之外还存在着宋熊、宋卫两个核心家庭，在著录这两个人的配偶及其子女时，就要分别标出宋熊、宋卫的名字。

18　　女娘　　娘年玖岁　　　小女[1]

从形式上看，纸本户籍的写法似乎是在向户版回归，实则是由于两种户籍书写载体，即牍和纸在单位面积上均可容纳较多信息，可避免编简易于散乱，从而采用了相同的书写方式。

前引郑众解释“版”，“今之乡户籍谓之户版”。唐人孔颖达为《周礼》作疏，进一步引申说：

汉之户籍皆以版书之，故以汉法况云。

认为汉代的户籍仍在沿袭战国形制，都是以版而非简册制作。名词的变化往往要比物质的变化慢得多。即以“版”为例，自从战国时期“版”具有户籍的含义后，历代典籍就一直使用“版籍”这个词，直到今天我们仍在用“版图”指代国家管理的疆域。汉代的人称户籍为户版，究竟是指实还是沿用旧称呢？众所周知，汉代典籍如《淮南子·齐俗训》《史记·货殖列传》《汉书·高帝纪下》《汉书·食货志下》等经常有“编户齐民”“编户民”之语。所谓“编户”，颜师古注“言列次名籍也”[2]，本意就是指按照一定的顺序将各家户籍编连起来。这种在制度上编连成册的户籍显然和本质上不编连的木牍不同。东汉应劭对汉代“籍”的形制做过说明：“籍者，为尺二竹牒，记其年纪名字物色，悬之宫门，案省相应，乃得入也。”[3]这里说的是门籍，推测普通的户籍也是如此。西晋初年制定的《晋令》谓“郡国诸户口黄籍，籍皆用一尺二寸札”[4]，这一规定显然是沿承汉制而来。我们目前没有见到汉代的户籍实物，但长沙走马楼出土了数万枚孙吴时期的户籍简，都是长 22—24 厘米、宽 0.6—1.2 厘米，原本编连成卷的简册。此外，当时的官府文书中多次提到令方远居民占上“户籍”或“户牒”[5]。

不仅汉代的户籍，有迹象表明，战国中后期的户籍已经采用竹木制作的

1　唐耕耦、陆宏基编：《敦煌社会经济文献真迹释录》（第 1 辑），第 146 页。

2　《汉书》卷 1 下《高帝纪下》，第 80 页。

3　《汉书》卷 9《元帝纪》颜师古注引应劭，第 286 页。原文为“二尺竹牒”，据晋崔豹《古今注》，“二尺”实为“尺二”之倒。

4　（宋）李昉等撰：《太平御览》卷 606 引《晋令》，第 2726 页下栏。

5　如“☑□牒列乡界方远聚居民占上户牒成别☑”（肆·4474）、“☑诸郡生子受居比郡县者[及]方远客人皆应上户籍”（肆·4490），参见走马楼简牍整理组编著：《长沙走马楼三国吴简·竹简[肆]》，第 729 页。

简册形式。《史记·秦始皇本纪》记载，秦献公十年（前 375 年）“为户籍相伍”，这是传世典籍对户籍有确切纪年的最早记载。“籍”从竹，所谓“为户籍相伍”，不是说这一年秦国才制定了户籍制度，而是说从此时开始，官府按五家连保的方式对民户进行编制管理，其结果自然要求将一伍的户籍编连在一起。秦国的政治、经济制度比较落后，“户籍相伍”的措施很可能是效仿山东六国。《管子·度地》篇引用过齐国的一条造籍法令：“常以秋岁末之时，阅其民，案家人比地，定什伍口数。”这是目前所见“案比”一词的最早来源，所谓“比地”也就是比地为伍的意思。我们不知道这条造籍法令颁布的具体时间，但齐国户籍采用简册形式应该比秦国早。包山楚简提到当时县里保管的名籍称作“典”，《说文·丌部》释“典”，“从册在丌上，尊阁之也”，战国中后期[1]楚国的名籍已经采用简册，户籍也当如是。

或许有学者提出，汉代的户籍不止一份，不排除其他机构保管的户籍是简册，乡存放的户籍仍是用版制作。这种推测也不能成立。我们知道，汉代的户籍确实分正、副两本。张家山汉简《二年律令·户律》简 328 载：“恒以八月令乡部啬夫、吏、令史相杂案户，户籍副臧（藏）其廷。”[2]联系居延汉简“户籍藏乡”之语，可以推知汉代的户籍都是编造两本，正本放乡，副本呈县。既然乡户籍与县户籍称正、副本，书写方式至少是一致的。但户籍简册与户版的书写方式有很大差异。户版的书写情况已见上述，现在以长沙走马楼孙吴户籍简为例，看一下简册户籍的书写方式。孙吴户籍简种类很多，如果按照结句简粗略划分，大致可以分为“右某家口食若干”和“凡口若干事若干/算若干事若干”两类。这两类简分栏格式基本一致，通常分为三栏，每栏书写一行。如果是家口连记简，即一枚简分写 2—3 名家庭人口时，户主写在第一栏，家庭成员分占第二、三栏；更多情况下是一人一简，如果不是户主，家庭成员只能写在第二栏。崔启龙复原过一个较为完整的家庭：

民张腾年五十　　（陆·806）

1　包山楚简共涉及七个具体的年代，据学者考证，最早的为公元前 322 年，最晚的为公元前 316 年，参见陈伟：《包山楚简初探》，第 19 页。

2　张家山二四七号汉墓竹简整理小组编著：《张家山汉墓竹简[二四七号墓]》（释文修订本），第 54 页。

腾妻沙年五十　腾子男邓年八岁腹心病　　（陆·807）

邓男弟解年五岁　　（陆·808）[1]

这是“右某家口食”类简，“凡口若干”类简的书写方式也一样。成卷的户籍简是以里为单位，二三百枚简编在一起。为了防止简册脱落，户籍简在著录户主以外的家庭成员时，通常需要在其前面标注户主名，以及与户主的称谓关系；而当家庭内存在与户主有同样称谓关系的复数人口时，就要注明这些复数人口之间的上下关系。如上举“张腾”户，在登录该户的家庭成员时，并非像户版那样简单记作“妻沙”“子男邓”，而是要标注成“腾妻沙”“腾子男邓”。“张腾”有两个儿子：八岁的“邓”和五岁的“解”，户籍简与户版在记载第二个儿子的方式上有很大不同，前者记作“邓男弟解”，后者则会写作“子男解”。

走马楼吴简中能够有效复原出的完整家庭不多，“张腾”户家庭成员较少，作为简册户籍的特征或许不太明显。我们不妨再看一下《前秦建元二十年（384 年）高昌郡高宁县都乡安邑里籍》（以下简称《前秦建元二十年籍》）记载的家口部分：

5　高昌郡高宁县都乡安邑里民崔奣[年　]

6　　弟平年[　]

7　　奣妻□年[　]

8　　平妻郭年卅[　]

9　　奣息女颜年廿一从夫

10　　颜男弟仕年十四

11　　仕女弟训年十二

12　　平息男生年三新上

13　　生男弟麴（？）年一新上[2]

这是目前所见最早的纸本户籍。魏晋时期正处于简纸变革的转折期，故《前秦

1　崔启龙：《走马楼吴简户籍类文书相关问题研究——以竹简[陆]为中心》，北京师范大学硕士学位论文，2018，第 31 页。

2　荣新江、李肖、孟宪实主编：《新获吐鲁番出土文献》，第 177 页。

建元二十年籍》在很大程度上保留了原来简册户籍的写法。[1]该籍第 9—11 行分别记载了户主崔奣的三个子女，如果按照户版的写作方式，就应该转录为：

（奣）息女颜年廿一从夫

（奣）息男仕年十四

（奣）息女训年十二

崔奣户是一个联合家庭，除户主外，其弟崔平也已成婚并育有子女；与前引 K2/23 一样，户版在书写各自的配偶及子女时，要分别注出这两个人的名字。同样，第 13 行也应该写作“平息男麴（？）年一新上”。仿照户籍简而来的《前秦建元二十年籍》与户版最大的不同就是，前者在记载与户主具有同样称谓关系的复数家庭成员时，从第二个开始，强调的是其与上一个家庭成员而非与户主的称谓关系。[2]这种书写方式显然是针对简册设计的，目的是便于编绳断绝后有效复原简册次序。

简册户籍与户版的书写方式不同，两种不同的材质不可能形成正副本关系。秦汉时期无论存放在乡还是县里的户籍，都只能是简册，而非户版。如何理解郑众所谓“今之乡户籍谓之户版”这句话呢？笔者认为有两种可能。其一，汉代称乡户籍为户版，不过是沿用战国以来的旧称。除前引《天官·宫伯》条，郑众在《宗伯·大胥》中还有一条注释：“版，籍也。今时乡户籍世谓之户版。”相较《天官·宫伯》条的注释，多了一个“世”字。“世谓之”，就是当时人习称的意思。有一个与之相关的问题是：汉代存放于乡和县的户籍是正、副本关系，二者无论在形制还是书式上都应该完全一致，郑众为什么特别强调只有乡户籍称为户版呢？我们前面分析《管子·度地》篇征引的战国造籍法令并结合里耶秦简 J1（16）9A，指出当时的户籍由乡负

1 我们不能机械地认为，纸本户籍取代简牍户籍，书写方式马上就会发生改变。这种变化更应该是在实际操作中，为了简便起见逐渐调整的结果。就目前发现的纸本户籍实物看，《前秦建元二十年籍》与《西凉建初籍》仍保留着简册户籍的书写方式，到《西魏大统十三年（547 年）瓜州效穀郡（？）户籍》时已发生了变化。

2 长沙东牌楼东汉简《光和六年（183 年）自相和从书》中，李升在介绍自己的家庭情况时说：“升[娉]取（精）张同产兄宗女娅为妻，产女替，替弟建，建弟颜，颜女弟条。”列举子女的方式与户籍著录的格式完全相同。参见长沙东牌楼东汉简牍研读班：《〈长沙东牌楼东汉简牍〉释文校订稿》，见卜宪群、杨振红主编《简帛研究 二〇〇五》。

责编造，县廷不参与造籍，也不掌握户籍副本[1]；《二年律令》规定县廷主导造籍，户籍有正、副本的说法至少是秦统一之后的事了。换句话说，在战国用版制作户籍的时期，户版只保存在乡级机构，县户籍没有“户版”这段历史。

其二，郑众说的“乡户籍”并非指官府编制的正式户籍，而是乡、里攒造的民户自占的名数。前引《二年律令·户律》载：“令乡部啬夫、吏、令史相杂案户籍，副臧（藏）其廷。”汉代的户籍虽然在乡编造，但法令特别强调县廷是造籍的主导机构，《续汉书·礼仪志中》就说“仲秋之月，县道皆案户比民”[2]。这种情况下，能否将存放于乡级机构的官府户籍称作乡户籍？这点并非没有疑问。乡有两层含义，除指郡、县、乡、里这种具体的行政机构外，也可泛指与城市相对的乡村、乡间。古代官府造籍首先来源于民众自占，从出土简牍看，秦汉时民户自占的名数通常用木牍制作，里正经初步审核后呈交乡的也应当是木牍，“乡户籍”可能是指乡或里攒造的为正式造籍服务的民户名数。唐代是县令携手实、计帐等材料赴州编造户籍，但史籍有“里正之任，掌案比户口，收手实，造籍书”的说法[3]，这里的“造籍书”就是指攒造里手实。

无论“乡户籍谓之户版”是沿用战国旧称还是指乡里攒造的民户名数，我们都不能据此得出汉代官府的户籍是用木版制作的结论。试想一下，户籍作为统治者管控民众的基本手段，也是普通民众缴纳赋役、证明自己身分的基本依据，汉代的人对其可谓再熟悉不过；如果当时的户籍仍用版制作，郑玄有必要大费周章，做出“版，今户籍也”的注释吗？

战国后期以简册代替木牍，是造籍材料的一大变革。前面说过，使用木牍相较简册更为笨重，如果书写内容较少也无须远距离输送时，差异不太明显，而一旦需要处理大规模资料并且向上级呈报时，这一弊端就充分暴露出来。这大概是战国时期户版仅放在乡一级的主要原因。户籍取代户版不只是材质较为轻便的结果，更为国家强化对地方的控制提供了技术条件。在户版

1　参见本书第二编第三章“湖南里耶所出‘秦代迁陵县南阳里户版’研究”。

2　《续汉书·礼仪志中》，见《后汉书》，第 3124 页。

3　刘俊文撰：《唐律疏议笺解》卷 12《户婚律》“里正不觉脱漏增减”条，第 920 页。

时代，乡的上级机构所能掌握的不过是一些简单、笼统的户口数据，无法深入了解民众的具体情况。使用形制相对轻便的简册造籍后，虽然正本放在乡里，但县廷掌握了户籍的副本。《二年律令·户律》对以户籍为代表的各种基础帐簿副本的存放和保管做了专门要求：

民宅园户籍、年细籍、田比地籍、田命籍、田租籍，谨副上县廷，皆以箧若匣匮盛，缄闭，以令若丞、官啬夫印封，独别为府，封府户；节（即）有当治为者，令史、吏主者完封奏（凑）令若丞印，啬夫发，即杂治为；臧（藏）府已，辄复缄闭封臧（藏），不从律者罚金各四两。其或为詐（诈）伪，有增减也，而弗能得，赎耐。官恒先计雠，□籍□不相（？）复者，毄（系）劾论之。（简 331—334）[1]

这里提到的“官啬夫”实际上就是乡啬夫。[2]按照律文的说法，县廷接受包括户籍在内的各种帐籍副本后，要把它们封缄起来，上面钤盖县令（丞）和乡啬夫的印章，放在专门的档案室保管。需要修订这些帐籍时，县吏、乡吏要一起到场，确认印章完整无缺后，再在县吏监督下，由乡啬夫完成修订工作。县廷掌握了这些资料，就可以据此对辖乡的日常工作进行指导和考核监管。长沙走马楼出土的西汉简中，保存了临湘县纠正都乡户计的一个实例：

五年九月丙辰朔壬申，都乡胜敢言之，狱移劾曰：复移五年计□口四千二百廿七，案阅实四千二百七十四，其卌九口计后。[3]

所谓“五年计”，即五年的都乡户口统计。里耶秦简 8-988 载县廷户曹“凡有七计”，第一项就是“乡户计”。秦汉时代的劾，是由被举劾者所属的机构做出后再移交至狱实施[4]；故上简中狱发出的劾文实际上是由都乡上级机构县廷制作的。都乡上报的五年户口数是 4227 人，但临湘县经核查发现是 4274 人，其中有 49 人[5]应列入下一财政年度。临湘县能够对都乡的户口数字了如指掌，

1　张家山二四七号汉墓竹简整理小组编著：《张家山汉墓竹简[二四七号墓]》（释文修订本），第 54 页。

2　可参考本书第四编第十六章“简纸更替与中国古代基层统治重心的上移”。

3　〔日〕西林昭一：《簡牘名蹟選》2《湖南篇二》；释文并参胡平生：《新出汉简户口簿籍研究》。

4　唐俊峰：《甲渠候官第 68 号探方出土劾状简册的复原与研究》，见西北师范大学历史文化学院、甘肃简牍博物馆编《简牍学研究》（第 5 辑），甘肃人民出版社，2014，第 38—58 页。

5　此处原文计算有误，二者相差实际只有 47 人。

没有户籍副本在手是不可想象的。

三　简纸替代与中古造籍制度的演进

东汉蔡伦改进造纸术后，纸张作为书写材料得到推广。根据《通典》卷 3《食货・乡党》的说法，梁武帝时尚书令沈约还能见到东晋咸和三年（328 年）的纸本户籍；种种迹象表明，纸本户籍出现的时间应当更早。我们目前可以见到早期的三件纸本户籍：2007 年公布的 2006TSYIM4：5（1-2）《前秦建元二十年籍》、编号为 S.113 的《西凉建初十二年（416 年）正月敦煌郡敦煌县西宕乡高昌里籍》（以下简称《西凉建初籍》），以及写在德藏吐鲁番文书 Ch.6001 残片背面的《北凉承阳二年（426 年）十一月籍》（以下简称《北凉承阳籍》）。接下来，我们利用这几件纸本户籍对照近年陆续公布的秦汉尤其是走马楼孙吴户籍简，探讨书写材料变革前后，中古时期造籍制度发生的重要变化。

我们注意到，《前秦建元二十年籍》户主籍贯写作：

高昌郡高宁县都乡安邑里

《西凉建初籍》中，户主籍贯写作：

敦煌郡敦煌县西宕乡高昌里

《北凉承阳籍》残缺严重，不见户主的籍贯。这种一一注明郡、县、乡、里的做法，与战国秦汉时期简牍户籍明显不同。湖南里耶出土的秦代户版中，户主的籍贯写作“南阳里”。[1]长沙东牌楼所出东汉灵帝（168—189 年）时期的几枚户籍残简，籍贯已知的是“益成里”。[2]走马楼出土的大批孙吴户籍简中，户主籍贯标注的也只是里名，如：

富贵里户人公乘胡礼年六十踵两足　（壹・14）

绪中里[户][人][公][乘]□□☐　（壹・473）

1　湖南省文物考古研究所编著：《里耶发掘报告》，第 203—208 页。相关研究，可参见本书第二编第三章“湖南里耶所出‘秦代迁陵县南阳里户版’研究”。

2　长沙市文物考古研究所、中国文物研究所编：《长沙东牌楼东汉简牍》，“释文”，第 107—108 页。相关研究，参见王素：《长沙东牌楼东汉简牍选释》，《文物》2005 年第 12 期。

祐乐里户人公乘□□年十七刑右足　　（壹·951）[1]

无一注出郡、县、乡之名。这种户主籍贯仅标出里名的做法，是由当时书写载体及其相应的造籍制度决定的。有关汉代的造籍制度，《二年律令·户律》有较为详细的规定：

恒以八月令乡部啬夫、吏、令史相杂案户，户籍副臧（藏）其廷……民宅园户籍、年细籍、田比地籍、田命籍、田租籍，谨副上县廷。（简 328—331）

这显然是沿袭秦制。按照《户律》的说法，秦汉时代的户籍在乡案比编造，一式两份，正本留乡，副本呈县。这里没有提到县级之上如郡、州等行政机构掌握户籍。是否有可能县廷接受各乡呈报的户籍后，再汇总起来攒造县户籍，上呈郡，郡、州也如法制作，最后上至中央呢？我们知道，唐代的户籍是由县赴州依式勘造，"总写三通……一通送尚书省，州县各留一通"[2]，也就是说，是由制作单位一式三份同时编制再分别呈送的。汉代虽然是在乡编造，但只能是几份同时完成。那种依次攒造的猜测，在纸本时代尚不可能，遑论简牍时代。秦汉时期县以上的行政机构不掌握户籍的事实[3]，固然是中央对地方控制力较弱的体现，但这种现象的形成，更和简牍的书写不便以及体积笨重、运输困难有直接关系。

既然是在乡造籍，造籍对象都是一乡之人，若仅考虑到户籍保存在乡这一点，民户的籍贯确实标明所在里名就可以了。问题是，除乡之外，户籍副本还要上呈县廷，民户的籍贯固然无须标注县廷，但为什么不注明乡呢？笔者以前曾循"名县爵里"的思路做过分析，认为既然一县之内不存在重名的里，而这一时期户籍存放的最高机构不过是县，户主的籍贯注明其所在的里

1　走马楼简牍整理组编著：《长沙走马楼三国吴简·竹简[壹]》，第 895、904、914 页。

2　（宋）王溥撰：《唐会要》卷 85《籍帐》，第 1848 页；（宋）王钦若等编：《册府元龟》卷 486《邦计部·户籍》，第 5811 页上栏。

3　秦汉时期县级以上乃至中央机构掌握的各种户口数字，应该是通过上计方式获得的。需要指出的是，早在 20 世纪 30 年代，吕思勉就根据《礼记·内则》中"闾史书（名籍）为二，其一藏诸闾府，其一献诸州史"的记载，指出当时全国民籍仅藏于州、闾之府；进而推测秦汉时，户籍"亦当在乡亭，其都数当上之郡县耳"（《论中国户口册籍之法》，原刊《光华大学半月刊》第 4 卷第 5 期，1935；后收入其著《中国社会史》第 12 章附录，上海古籍出版社，2007，第 380—383 页）。吕氏所论与事实小有出入，但亦堪称卓识。

完全就可以了。这种解释显然有些迂曲。其实从正副本的角度考虑，这个问题就变得简单了：战国时期户版保存在乡，自然不需要注乡；到了秦汉时期，户籍虽说要上呈县，但户籍编造是在乡进行，正本也是由乡保管；县户籍作为副本系据正本誊抄复制而成，自然也就不注乡了。

学者对走马楼吴简中是否存在严格意义上的户籍实物，有不同意见。不过，从相关记载看，孙吴时期的户籍仍是保存在乡、县两级机构。王素命名为《劝农掾番琬白为吏陈晶举番倚为私学事》的一件文书，涉及当时乡里保存户籍的事：

1. 东乡劝农掾番琬叩头死罪白：被曹敕，发遣吏陈晶所举私学番

2. 倚诣廷言。案文书：倚一名文。文父广奏辞："本乡正户民，不为遗脱。"辄

3. 操黄簿审实，不应为私学。乞曹列言府。琬诚惶诚恐叩头死罪

4. 死罪。　　　　诣　功　曹

5. 　　　　十二月十五日庚午白（简 J22-2695）[1]

吴简中有多处"举私学"的例子，这一时期的私学主要是从逃户中产生。东乡劝农掾查阅乡里保存的黄簿后，证实番倚是辖下正式编户，不应充任私学。《释名》谓"簿，籍也"，这里提到的"黄簿"，也就是东晋南朝常说的"黄籍"。吴简中也出现了"户籍"一词，简 J22-2695 记载临湘功曹要求小武陵乡"发遣州所白私学烝阳诣廷，并隐核人名户籍与不"，该乡劝农掾"案文书：辄部岁伍谢䴈隐核阳。今䴈关言：阳，本乡政户民"。[2]我们无法确知劝农掾所案"文书"是否就是户籍，但从功曹下令乡吏"隐核人名户籍与不"，仍可看出当时乡掌握着户籍。

纸张作为书写材料得到普及后，造籍制度也随之发生变化。史籍明确记载的纸本户籍出现在东晋，实际产生时间应当更早。《太平御览》卷 606 引《晋令》谓"郡国诸户口黄籍，籍皆用一尺二寸札。已在官役者载名"[3]，学者

1　王素：《长沙走马楼三国孙吴简牍三文书新探》，《文物》1999 年第 9 期。

2　相关简文参见徐畅：《走马楼吴简竹木牍的刊布及相关研究述评》，见武汉大学中国三至九世纪研究所编《魏晋南北朝隋唐史资料》（第 31 辑），第 33 页。

3　（宋）李昉等撰：《太平御览》卷 606，第 2726 页下栏。

通常根据“札”字，认为西晋的户籍仍使用简册。问题是，简牍时代的户籍只呈县，不上郡级机构。笔者前章曾推测《晋令》所说的“札”不过是沿用汉代旧称，并根据西晋黄籍的著录事项、造籍制度等，推测当时的户籍已经改用纸张。东晋的情况比较清楚，《通典》卷3《食货·乡党》录有梁武帝时尚书令沈约的一段上疏：

> 晋咸和初，苏峻作乱，版籍焚烧。此后起咸和三年以至乎宋，并皆详实，朱笔隐注，纸连悉缝。而尚书上省库籍，唯有宋元嘉中以来，以为宜检之日，即事所须故也。晋代旧籍，并在下省左人曹，谓之晋籍，有东西二库，既不系寻检，主者不复经怀，狗牵鼠啮，雨湿沾烂，解散于地，又无扃縢。此籍精详，实宜保惜。[1]

南朝尚书台分上、下两省，上省为八座、丞、郎集中议事之处，下省是诸曹尚书的办公机构。梁代尚书上省保存了时间较近的宋齐户籍，下省左民曹存放着东晋成帝咸和三年（328年）的纸本旧籍，更早的在苏峻叛乱时被烧掉了。据《晋书·苏峻传》记载，咸和三年二月苏峻攻破建康后，“率众因风放火，台省及诸营寺署一时荡尽”。我们知道，简牍时代的户籍不入中央保存，苏峻在中央官署烧毁的也只能是纸本户籍。[2]

中央保存的户籍是地方基层机构编造好后一级级呈报上去的。《南齐书》卷34《虞玩之传》谈到南朝户籍伪滥的原因时说：

> 宋元嘉二十七年八条取人，孝建元年书籍，众巧之所始也。元嘉中，故光禄大夫傅隆，年出七十[3]，犹手自书籍，躬加隐校。……古之共治天下，唯良二千石，今欲求治取正，其在勤明令长。凡受籍，县不加检合，但封送州，州检得实，方却归县。吏贪其赂，民肆其奸，奸弥深而却弥多，赂愈厚而答愈缓。自泰始三年至元徽四年，扬州等九郡四号黄籍，共

1 （唐）杜佑撰：《通典》卷3，王文锦等点校，第59页。

2 我们不能仅据“苏峻作乱，版籍焚烧”，就认为当时的户籍仍用简牍编造；实际上，版籍在战国之后已经成为称呼户籍的常用语，如下引《南齐书》虞玩之上疏中就说“今户口多少，不减元嘉，而板籍顿阙”，此处之“板籍”自然是指南齐的纸本户籍。

3 按《宋书》傅隆本传，光禄大夫实际为傅隆致仕后的赠官。傅隆卒于元嘉二十八年（451年），时年83岁。依此推算，其“年出七十”校籍之事，当发生在元嘉十五年（438年）后，这也和虞玩之所说的“元嘉中”相合；但据《宋书·乐志一》，傅隆至少在元嘉十三年（436年）就已去左民尚书职，改任太常，不再担负掌管户籍之责。看来，虞玩之追忆的细节稍有疏误，傅隆躬校户籍之事，当在元嘉十三年之前，其时尚不到70岁。

却七万一千余户。……愚谓宜以元嘉二十七年籍为正。民惰法既久，今建元元年书籍，宜更立明科，一听首悔，迷而不反，依制必戮。使官长审自检校，必令明洗，然后上州，永以为正。若有虚昧，州县同咎。[1]

唐长孺详细探讨过当时户籍假冒弄巧的问题。[2]值得注意的是，虞玩之将户籍造假主要归结为地方尤其是县司检校不力，“凡受籍，县不加检合，但封送州，州检得实，方却归县”，这里提到了攒造户籍的整个过程，意思是乡里先编造户籍草稿，经县、州审核查实后，再返回来由县正式造籍。[3]所以虞玩之强调今后造籍，“使官长审自检校，必令明洗，然后上州”，县令长必须落实主体责任，亲自负责造籍事宜。虞玩之上疏中提到了州在造籍中的作用，县廷编定户籍前，要呈州审查，“若有虚昧，州县同咎”。这里之所以提州不提郡，是因为郡只是地方行政机构，而南朝的州具有监察之责。我们在《南齐书·王僧虔传》中也可以见到州检籍的实例。晋武帝时期的《晋令》说“郡国诸户口黄籍”，虞玩之上疏称“扬州等九郡四号黄籍”，再联系东晋尚书省保存户籍的事，东晋南朝的户籍至少要一式四份，县、郡、州、中央各留一份。

北朝记载户籍的史料很少。根据《魏书·薛野賭传》记载，传主在文成帝时任给事中，“典民籍事，校计户口”，说明至少此时的中央机构就已掌控各地的户籍。这自然也是由基层机构攒造后逐级上呈来的。这一点，也可以为后世的《西魏大统十三年（547 年）瓜州效穀郡（？）户籍》（S. 0613 背）纸缝中残存的朱文方印[4]，以及户主省略籍贯的书写方式所证实。北齐的情况非常清楚。《隋书·礼仪志》记北齐度支省左户（民）曹负责天下计帐、户籍，当时宫中藏有一枚刻着“督摄万机”四个字的木印，专门用来盖在户籍的骑缝处，“用则左户郎中、度支尚书奏取，印讫输内”[5]。北朝户籍制度与东晋南朝一样，应该也是由县负责编造，再逐一上呈并保存在郡、州直至中央政府。

简牍时代，以户籍为代表的各种基础帐簿仅上呈县廷，中央掌握的有关国

1 《南齐书》卷 34《虞玩之传》，第 608—609 页。

2 唐长孺：《南朝寒人的兴起》，《魏晋南北朝史论丛续编》，第 110—117 页。

3 或许有学者认为，所谓“凡受籍，县不加检合”云云，仍是指乡里造籍。但我们知道，东晋南朝乡级机构弱化，我们在史籍中甚至看不到专门乡吏的存在，这一时期的乡不可能承担如此繁重的造籍任务。再者，户籍伪滥，监督、审核机构固有责任，但造籍机构责任更大，此处不对造籍机构提出要求，显然不合情理。

4 文书钤印情况的详细介绍，见〔日〕池田温：《中国古代籍帐研究·概观》，龚泽铣译，第 56—57 页。

5 《隋书》卷 11《礼仪志》，第 239 页。

计民生的各种数据主要依靠上计得来。地方为了应对考课，“择便巧史书习于计簿能欺上府者，以为右职”[1]，中央明知当时上报的数据造假严重，但苦于无基础帐簿可供稽核，皇帝也只能无奈地发出“上计簿，具文而已，务为欺谩”[2]的感叹。尹湾汉简东海郡《集簿》记载的户口数字严重失实，就是显证。[3]随着纸张取代简册成为户籍的书写载体，造籍制度发生变化，中央掌握了最具基础台帐功能的户籍后，可以更深入掌握地方的情况，发现问题也可以随时查核，即使地方官员不断生出新的欺骗花样，也无法像以往那样肆无忌惮了。

随着简纸更替带来户籍编造方式上的变化，保存户籍正、副本的机构也出现了反转。官府编造户籍时，正本和副本同时制作，内容完全相同，但两者的法律效力显然不同。正本是原件，副本作为抄件必须服从于正本，并且随着户籍正本内容的变更随时做出调整。在简册时期，乡掌握的是户籍正本，这就确立了户籍的决定权在乡。理论上讲，县司主要是根据保管的户籍副本对辖乡各项经办事务进行监督，如果发现户籍数据不实的问题，也需交由乡吏进行整改。所以前引《二年律令》规定，改动县里户籍副本时，乡啬夫必须到场。也正由于各种帐簿的正本放在乡，县里的副本仅作留存并备核查，官府需要调查民众的相关信息时，照例是由乡司而非县廷提供。[4]东晋南朝的户籍正本放在什么机构呢？上引《南齐书·虞玩之传》提到刘宋元嘉年间傅隆曾在中央负责检籍工作，齐高帝在中央专门设立了检籍官，此后虽历经唐寓之大规模的反却籍暴动，但南朝检籍工作一直没有停止。显然，这一时期虽是县编造户籍，但户籍的最终审核权是在中央。换言之，中央掌握的才是户籍正本。唐代的情况比较明显，宋家钰根据日本《养老令》复原的唐《户令》规定：

1 《汉书》卷72《贡禹传》，第3077页。

2 《汉书》卷8《宣帝纪》，第273页。

3 相关论述，参见高大伦：《尹湾汉墓木牍〈集簿〉中户口统计资料研究》，《历史研究》1998年第5期。

4 睡虎地秦简《封诊式·有鞫》中，县廷在审讯罪犯时，首先要求户籍所在地的乡吏“定名事里，所坐论云可（何），可（何）罪赦，或覆问毋（无）有”（《睡虎地秦墓竹简》，第148、150页）。岳麓秦简记载的“识劫娩案”中，县廷就本案原告娩的身分究竟是沛的免妾还是妻子一事讯问了乡吏，“卿（乡）唐、佐更曰：沛免娩为庶人，即书户籍曰‘免妾’，沛后妻娩，不告唐、更，今籍为免妾，不智（知）它”（朱汉民、陈松长主编：《岳麓书院藏秦简[叁]》，第159页）。这显然是乡吏查询户籍正本后做出的回复。秦汉时期民众外出取传时，也需要由乡吏向县廷做出“户籍在乡”“无官狱征事”等保证。

诸户籍三年一造，起正月上旬，县司责里正收所部手实，具注家口、年纪、田地。若全户不在乡者，即依旧籍转写，并显不在所由。收讫依式勘造，乡别为卷，总写三通，其缝皆注某州、某县、某乡、某年籍。州名用州印，县名用县印，三月三十日纳讫。并装潢一通送尚书省，州县各留一通。……其籍至省，并即先纳后勘。若有增减隐没不同，随状下推，州县承错失，即于省籍具注事由，州县亦注帐籍。[1]

唐代实行州县两级制，编造户籍时一式三份，州、县各留一份，另一份送交尚书省。[2]尚书户部接收户籍后首先进行勘检，一旦发现年龄增减、人口隐没等问题，就要逐一调查核实，最后将纠正的情况标注在中央户籍上，并下令州县户籍随之做出调整。在朝廷眼中，地方编造的户籍没有经过户部覆核前不过是草本，户籍的最终审核权被牢牢控制在中央手中。[3]

与前代相比，因为东晋南朝的户籍正本最终要上报至中央政府，原来那种籍贯只注明里的做法显然已不合要求，为了准确判定民户的身分，户主的籍贯必须写明其所在的州、郡、县乃至乡、里。明乎此，我们就可以理解《前秦建元二十年籍》《西凉建初籍》中籍贯的写法了。唐代对造籍的监控进一步加强，根据开元十八年（730 年）十一月敕文，县司在收到辖乡呈报的手实、计帐后，要携带这些造籍材料赴州造籍，州、县各留一份，送交户部一份。但唐代户籍采取了更简便的方式，“其缝皆注某州某县某年籍”[4]，只在纸张接缝处注明民户所属的州、县、乡甚至里名，所以正文中每户的籍贯就省略不记[5]。五代宋之后，书籍的装帧形式发生变化，户籍由原来的卷轴装改为册页装，为了防止纸页散落，标注每户籍贯的必要性再次凸显出来。不过这一时期

1　宋家钰：《唐朝户籍法与均田制研究》，第 46—47 页。

2　唐玄宗时一度改为一式四本，送中央两本，其中东京、西京各一本。

3　明代在全国首次推行黄册制度时，就明确规定：“册成，一本进户部，布政司及府州县各存一本。”（正德《大明会典》卷 21《户部・户口・攒造黄册》）其呈交户部者为正本，用黄纸面；留存布政司及府州县者是副本，用青纸面。

4　（宋）王溥撰：《唐会要》卷 85《籍帐》，第 1848 页。

5　池田温观察到《西凉建初籍》原纸左右两端有切除的现象，推测纸张的接缝处背面原本有郡县等注记（《中国古代籍帐研究・概观》，第 50 页），这种说法显然有以后制比附前制之嫌。附带说明的是：《前秦建元二十年籍》和《西凉建初籍》在每家户籍之后都标注了造籍年、月，唐代规定正月造籍，故仅在籍缝中注明造籍年份，不再注月了。

的籍贯不像秦汉那样标于户主姓名之前，而是注在它的后面了。[1]

中国古代户籍的书写载体经过两次大的变化，一是战国中期以简册代替木牍，二是魏晋之际以纸张代替简册，这两次变化在不同程度上为古代户籍编制、管控权的上移创造了条件。简纸转换是古代户籍管理权限上移的关键环节。我们不是说，简纸变革必然会带来户籍管理权限的上移，但户籍管理权限的上移必定以简纸变革为前提。秦汉时期，由于简册书写不便，更因形体繁重，运输保管不易，户籍只能在乡制作，副本仅呈报至县。魏晋之际纸张代替简册后，户籍上移至县廷制作，造好的户籍需要上报郡、州，直至中央户部。正、副本关系也从原来乡掌握正本，变为中央机构对户籍拥有最终审核权。这一系列户籍制度变化的背后，反映的是统治集团因应技术进步，强化中央集权所做的不懈努力。除户籍之外，秦汉时期乡级机构编造并掌握的帐簿中，还包括田籍在内的一系列基础帐簿。这些基础帐簿作为乡吏征发赋役、管控户口的基本工具，也是乡级行政运作的基石。魏晋之际纸简更替后，以户籍为代表的基础帐簿编造权逐渐集中到县，帝国的基层统治重心亦随之由乡司上移县廷，中国古代基层统治方式就此进入了一个新的阶段，并由此架构了此后1500多年的基本格局。

1　如王晓欣发现的元代湖州路户籍册，就有“一户王万四，元系湖州路安吉县浮玉乡六管施村人氏”“一户卢千石，元系湖州路安吉县浮玉乡陆管东卢村人氏”等，参见王晓欣、郑旭东：《元湖州路户籍册初探——宋刊元印本〈增修互注礼部韵略〉第一册纸背公文纸资料整理与研究》，《文史》2015年第1辑。明清时期户主籍贯的写法亦是如此。

第十六章
简纸更替与中国古代基层统治重心的上移

魏晋时期，纸张取代简牍成为主要的书写载体，这是众所周知的事。但对这一变化的意义及带来的影响，人们的认识有一个逐渐深化的过程。西晋时期的文人傅咸写过一篇《纸赋》，重点描写了纸张质地轻薄柔软、书写传播便利这些显见的优点。[1]清代学者章学诚敏锐地观察到简纸更替带来了文风上的变化，指出简牍时代载体空间狭小和书写不便，写的文章篇幅短小，语言简质；纸本时代文本容量扩大且书写便利舒适，文辞就变得冗长枝蔓。[2]现代学者查屏球、李壮鹰等继承并发挥了章学诚的观点，进一步考察了简纸变革对当时文学体裁及文学观念的影响。[3]

近些年，历史学界的研究取向也在发生变化，从原来重点讨论纸张的出现对文字字体、书写工具、书籍制度乃至学术风气等方面的影响[4]，转而开始关注书写载体与行政制度之间的关系。冨谷至提出了简牍文书行政的概念，指出："在简牍的基础上展开的汉帝国的行政，与纸张时代的唐代的政治之间，必然是有区别。"[5]笔者上一章专门就简纸演变对中古造籍制度的影响做过讨论。在此基础上，本章进一步考察中国古代由简纸替代引发的地方权力运

---

1 （唐）欧阳询撰：《艺文类聚》卷 58《杂文部·纸》，汪绍楹校，上海古籍出版社，1999，第 1053 页。

2 （清）章学诚撰：《乙卯札记》，冯惠民点校，中华书局，2006，第 194 页。

3 查屏球：《纸简替代与汉魏晋初文学新变》，《中国社会科学》2005 年第 5 期；李壮鹰：《纸与诗》，《北京师范大学学报（社会科学版）》2014 年第 4 期。

4 代表性论著有〔日〕藤枝晃：《北朝写経の字すがた》，《墨美》（119），1962；〔日〕飯島太千雄：《書体大百科字典》，雄山閣，1996；〔日〕清水茂：《紙の発明と後漢の学風》，《東方学》（79），1990。

5 〔日〕冨谷至：《木简竹简述说的古代中国——书写材料的文化史》，刘恒武译，黄留珠校，第 138 页。

作与行政管理上的变化。

一 简牍时代的帐簿编造与正、副本关系

《论衡·别通》谓“萧何入秦，收拾文书，汉所以能制九州者，文书之力也”[1]，对照《史记·萧相国世家》，这里的文书指包括帐簿在内的“律令图籍”。对于地方基层机构来说，以户籍、田籍为代表的基础帐簿因具有征发赋役、管控民众的职能而成为其行政运作的基石。张家山汉简《二年律令·户律》详细记载了西汉初年乡级行政机构制定并掌握的各种帐簿：

恒以八月令乡部啬夫、吏、令史相杂案户，户籍副臧（藏）其廷。有移徙者，辄移户及年籍爵紬徙所，并封。（简 328）

民宅园户籍、年紬籍、田比地籍、田命籍、田租籍，谨副上县廷，皆以箧若匣匮盛，缄闭，以令若丞、官啬夫印封，独别为府，封府户；节（即）有当治为者，令史、吏主者完封奏（凑）令若丞印，啬夫发，即杂治为；臧（藏）府已，辄复缄闭封臧（藏），不从律者罚金各四两。其或为詐（诈）伪，有增减也，而弗能得，赎耐。官恒先计雠，□籍□不相（？）复者，毄（系）劾论之。（简 331—334）[2]

汉代八月造籍的规定源于战国时期，我们经常引用的《管子·度地》篇就说“常以秋岁末之时，阅其民，案家人比地”，“秋岁末之时”也就是指八月。不过，根据《管子·度地》篇的记载并参考里耶秦简 J1（16）9A 迁陵县不掌握辖乡是否有年籍的情况看，战国时期的户籍完全由乡编造，造好的户籍也无须呈报县廷。这种情况后来发生了变化。上引《二年律令·户律》谓“恒以八月令乡部啬夫、吏、令史相杂案户，户籍副臧（藏）其廷”，能够指令县吏与乡吏一起案比造籍的当然是县廷；从“户籍副臧（藏）其廷”并联系居延汉简“户籍藏乡”之语，可以推知秦汉时期的户籍在乡编造两本，正本放

1 黄晖撰：《论衡校释》卷 13《别通》，中华书局，1990，第 591 页。

2 张家山二四七号汉墓竹简整理小组编著：《张家山汉墓竹简［二四七号墓］》（释文修订本），第 54 页。个别文字参考邬文玲《张家山汉简〈二年律令〉释文补遗》（见卜宪群、杨振红主编《简帛研究 二〇〇四》）、陈剑《读秦汉简札记三篇》意见改。

乡，副本呈县。《户律》列举的五种籍簿大致分为两个系列，“民宅园户籍、年细籍”属于户籍，“田比地籍、田命籍、田租籍”属于田籍，这和《管子·禁藏》篇“户籍田细者，所以知贫富之不訾也”[1]的说法一致。

《户律》介绍包括户籍在内各种基础帐簿的制作、保管及修订时，涉及一系列官职，“令”“丞”“令史”“乡部啬夫”等无须多做解释，我们重点考查一下“官啬夫”“吏”“吏主者”的身分。律文规定县廷在保管各种帐簿副本时，必须盖上县令（县丞）、官啬夫的印章。王彦辉认为“官啬夫”指户曹[2]，但这里说的帐簿除户籍外，还包括田籍，后者显然不是户曹管理的范围[3]。秦汉地方官府通常设有稗官、列曹两类机构，稗官是如乡、仓、库等具有一定职能性质的部门，列曹则是设于官署内辅助长吏处理文书的机构。[4]列曹的负责人称掾、史或泛称令史，稗官的负责人才称官啬夫。列曹皆无官印[5]，官啬夫至少乡啬夫有半章印或称小印。从职能上看，这里的“官啬夫”及后面提到修订户籍的“啬夫”只能是指乡啬夫。[6]

户籍由乡啬夫、吏和令史共同编造。邢义田推测此处的“吏”指县吏[7]，但县廷中除了律文提到的令史，还会有哪些掾属参与造籍呢？《户律》排列这三个职官时，将“吏”置于乡啬夫之后。我们目前见到的秦代律文中，紧随官啬夫其后的“吏”往往是指官啬夫的下属。睡虎地秦简《内史杂》规定：“毋敢以火入臧（藏）府、书府中。吏已收臧（藏），官啬夫及吏夜更行官。

1　黎翔凤撰：《管子校注》卷17《禁藏》，梁运华整理，第1025页。传世本原作“结”，陈剑认为当作“细”，参见《读秦汉简札记三篇》。

2　王彦辉：《秦汉户籍管理与赋役制度研究》，第39页。

3　里耶秦简8-488载“户曹计录”凡七，与土地有关的只有“田提封计”，参见陈伟主编：《里耶秦简牍校释》（第1卷），第167页。这指的是县境内的疆域面积而非耕地。

4　参见郭洪伯：《稗官与诸曹——秦汉基层机构的部门设置》，见卜宪群、杨振红主编《简帛研究 二〇一三》，广西师范大学出版社，2014，第101—127页；孙闻博：《秦县的列曹与诸官——从〈洪范五行传〉一则佚文说起》，见武汉大学简帛研究中心主办《简帛》（第11辑），上海古籍出版社，2015，第75—88页。

5　里耶秦简中，列曹所发文书用令或丞印，如简8-1155“狱东曹书一封，丞印”，简8-1225“尉曹书二封，迁陵印”等，参见陈伟主编：《里耶秦简牍校释》（第1卷），第285、295页。

6　如果是田籍，就可能是田啬夫，但西汉中期田啬夫被裁撤后，职能就被并入了乡啬夫。出土文献如里耶秦简8-1555、8-297+8-1600中也可以找到乡啬夫称官啬夫的证据。

7　邢义田：《张家山汉简〈二年律令〉读记》，《地不爱宝：汉代的简牍》，第158页。

毋火，乃闭门户。令令史循其廷府。”[1]（简 197）令史是县廷防火责任人，与官啬夫一起的“吏”负责防范稗官火灾。岳麓秦简藏《金布律》《司空律》中，提到百姓赴外乡或外县买卖牛、羊、奴婢，“弗为书，官啬夫、吏主者，赀各二甲，丞、令、令史弗得，赀各一甲”（肆·199）；民众居赀赎债，“当居弗居者，赀官啬夫、吏各一甲，丞、令、令[史]各一盾”（肆·258—259）[2]。秦律记载当时 1 甲合钱 1344，1 盾合钱 384。[3]“官啬夫”“吏”（“吏主者”）作为主管或具体承办官吏，对事件负有直接责任，故惩罚较重；包括丞、令及令史在内的县廷官吏负指导、监督责任，处理就轻得多。[4]以上例证中的“吏”指的都是官啬夫的属吏，而非县廷僚属。笔者更倾向于认为上引《户律》参与造籍的“吏”是乡啬夫的下属。[5]所谓“乡部啬夫、吏、令史相杂案户”，秦汉时期的县通常有四五个乡，但一县署理户曹的令史不过一二人，造籍工作集中在八九月进行，时间紧、任务重，令史人手有限，不可能深入各乡全程参与造籍事宜。令史在其中主要担负什么职责呢？《续汉书·礼仪志》《后汉书·江革传》都有县“案比”的说法，县只是“案比”的负责机构，并非“案比”的地点。[6]李贤指出汉代的案比如同唐代的貌阅[7]，是对影响到赋役征免的特定人群的审核。秦汉时期编造户籍之前，也有一个民户自占即自行申报户籍资料的环节；但官府并非全以民户自占为依据，而是要对民户申报的重点内容如“罢癃”“新傅”“免老”“给侍”等特定身分和年龄的人群进行案验，这项工作应当就是县廷派令史分赴各乡与乡吏共同完成的。由此看来，在秦汉时期，乡部啬夫及其属吏才是造籍的主要责任人，县令史代表上级机构

1 睡虎地秦墓竹简整理小组编：《睡虎地秦墓竹简》，“释文·注释”，第 64 页。

2 陈松长主编：《岳麓书院藏秦简[肆]》，第 134、153—154 页。

3 朱汉民、陈松长主编：《岳麓书院藏秦简[贰]》，上海辞书出版社，2011，第 13 页。

4 龙岗秦简 152 有“部主者各二甲，令、丞、令史各一甲”之语（中国文物研究所、湖北省文物考古研究所编：《龙岗秦简》，第 124 页），秦律对部主、监临官的处罚就有明确区别了。

5 秦汉乡级行政机构设“佐”“小史”等，“佐”比较熟悉；“小史”也屡见于出土简牍中，如里耶简 8-1562 提到启陵乡“小史适”，五一广场东汉简 CWJ1①：94 有“阳、陶前各给桑乡小史”之语（长沙市文物考古研究所等编：《长沙五一广场东汉简牍选释》，第 4 页）。

6 邢义田：《汉代案比在县或在乡？》，见《“中央研究院”历史语言研究所集刊》第 60 本第 2 分，1989。

7 《后汉书》卷 39《江革传》李贤注，第 1302 页。

更多的是起监督、审查作用。所以《三国志·魏书·崔琰传》记载东汉末年，崔琰“年二十三，乡移为正”，就直接说是乡将崔琰傅籍为正卒。户籍如此，田籍的情况怎么样呢？张家山汉简《户律》简 322 说“代户、贸卖田宅，乡部、田啬夫、吏留弗为定籍，盈一日，罚金各二两”[1]，“代户”涉及户籍变更，贸卖田地需要调整田籍，如果以上事项发生变动，就要由乡吏及时反映到相应的帐籍上。前引《户律》称“田比地籍、田命籍、田租籍，谨副上县廷”，看来田籍与户籍一样，也是以乡为主体制作并由乡掌握正本。

《户律》提到与令史一起订正帐簿的“吏主者”，笔者怀疑就是上面编造帐簿时的乡吏。《岳麓书院藏秦简［陆］》简 230—232 规定文书传递中，“书下官，官当遣徒而留弗遣，留盈一日，官啬夫、吏主者，赀各一甲”，“过一日到二日，官啬夫、吏赀各☐”，“过二日到三日，官啬夫、吏赎耐”，“过三日，官啬夫、吏耐”。[2]前面说“吏主者”，后面泛称“吏”，实际上就是官啬夫手下具体经办相关事务的人员。《岳麓书院藏秦简［肆］》简 054—057 提到民户逃亡，“乡部吏弗能得……卅人以上，赀乡部啬夫一甲，令、丞谇，乡部吏主者，与乡部啬夫同罪”。这里径称“乡部吏主者”，也显然是乡啬夫手下追捕逃亡的小吏。

从以上分析可以看出，秦汉时期包括户籍在内的各种基础帐簿，无论前期编造还是后期修订，都由乡吏具体负责，县吏参与其中，主要起监督、审核作用。

律文特别提到帐簿分正、副本，并对正、副本存放的相应机构做了明确要求。古人对正、副本的效力问题早有认识，《周礼·天官·小宰》载：“执邦之九贡、九赋、九式之贰，以均财节邦用。”孙诒让解释说：“此亦治法之副贰，大宰修其正本，小宰执其副本，与司会、司书为官联也。”[3]《汉书·魏相传》记汉代臣民上书皆为二封，副本由领尚书事审查，若无问题再将正本上

1　张家山二四七号汉墓竹简整理小组编著：《张家山汉墓竹简［二四七号墓］》（释文修订本），第 53 页。
2　陈松长主编：《岳麓书院藏秦简［陆］》，上海辞书出版社，2020，第 172—173 页。
3　（清）孙诒让撰：《周礼正义》，王文锦、陈玉霞点校，中华书局，1987，第 159 页。

呈皇帝。[1]官府在编造帐簿时，虽然正本和副本同时制作，内容完全相同，但两者的法律效力明显不同。正本是原件，副本作为抄件必须服从于正本，并且随着正本内容的变更适时做出调整。《户律》明确规定，秦汉时期乡掌握帐簿正本，这就确立了帐簿的决定权在乡，如果县廷根据保管的副本发现帐簿资料不实，也需由乡吏出面进行整改。因而律文规定“节（即）有当治为者，令史、吏主者完封奏（凑）令若丞印，啬夫发，即杂治为”，改动县里的户籍副本时，乡啬夫必须到场。也正由于各种帐簿正本放在乡，县里的副本仅作留存并备核查，秦汉时期官府需要调查民众的相关信息时，照例是由乡司而非县廷提供。

这不是说副本就可有可无。事实上，县廷掌握的这些帐簿副本，恰恰是其对辖乡各项工作进行日常指导和考核监管的依据。长沙走马楼出土的西汉简中，保存了临湘县纠正都乡户计的一个实例：

> 五年九月丙辰朔壬申，都乡胜敢言之，狱移劾曰：复移五年计□口四千二百廿七，案阅实四千二百七十四，其卌九口计后。[2]

根据秦汉时期的司法程序，临湘县狱发出的劾文实际上是由临湘县廷制作并移交狱实施。[3]简文记载都乡上报的五年户口数是 4227 人，但临湘县户曹核查后发现是 4274 人，其中有 49 人[4]应被列入下一财政年度。临湘县廷对都乡的户口数据了如指掌，没有户籍副本在手是不可想象的。

秦汉时期基础帐簿在乡编造，一式两份，正本留乡，副本呈县，没有提到县之上如郡、州等行政机构掌握帐簿的情况。是否有可能县司接受各乡呈报的帐簿后，汇总起来攒造县帐簿，再上呈郡，郡、州也如法制作，最后上至中央呢？答案是否定的。我们知道，唐代的户籍是县赴州依式勘造，“总写三通……并装潢一通，送尚书省，州县各留一通”[5]，由制作单位一式三份同

---

1 《史记》卷 130《太史公自序》裴骃《集解》引如淳曰：“天下计书先上太史公，副上丞相。”（第 3287 页）镰田重雄指出，计书正本实际是在每年的岁首元会上，通过太史令之手呈送皇帝的。参见〔日〕镰田重雄：《秦漢政治制度の研究》第 10 章《郡国の上計》，第 384—386 页。

2 释文参见胡平生：《新出汉简户口簿籍研究》，见中国文化遗产研究院编《出土文献研究》（第 10 辑）。

3 参见唐俊峰：《甲渠候官第 68 号探方出土劾状简册的复原与研究》，见西北师范大学历史文化学院、甘肃简牍博物馆编《简牍学研究》（第 5 辑）。

4 此处原文计算有误，二者相差实际只有 47 人。

5 （宋）王溥撰：《唐会要》卷 85《籍帐》，第 1848 页；（宋）王钦若等编：《册府元龟》卷 486《邦计部・户籍》，第 5811 页上栏。

时编制，再分别呈送。秦汉时期户籍虽然在乡编造，但只能是几份同时做成；那种依次攒造的猜测，在纸质时代尚不可能，遑论简牍时代。秦汉时期以乡为主体编造帐簿及帐簿最高保存在县级机构的事实，固然可以说是中央控制力较弱的体现，但这种现象的形成，和简牍书写不便及体积笨重、运输困难有直接关系。

《户律》列举的户籍、田籍等基础帐簿，是秦汉帝国维持其政治、经济统治的基本工具，也是乡级机构实现征调赋役、管控人口、受理诉讼等行政职能的基石。

二　秦汉时期乡吏统揽基层事务

秦统一六国后，乡级机构成为中国古代稳定的基层组织。学界就秦汉时期乡的性质存在一些争议，大多数学者如王毓铨、张金光等将乡视作帝国的基层政权[1]；严耕望、余行迈强调乡是县的派出机关，不能算是一级行政单位[2]。这两种看似矛盾的说法并非不可调和。根据现代行政学理论，县级以上地方政府经有权机关批准，在特定行政区划内设立的行使政府管理职权的派出机关，如 20 世纪省级政府设立的地区行署、县级政府设立的区公所，以及现在市辖区设立的街道办事处，都具有一级地方政府的地位和作用。秦汉时期的乡作为县的派出机关，管辖一定的地域范围、一定数量的人口，有固定的行政机构，俨然具备了一级地方行政组织的性质。这也符合当时人的认识。秦及汉初的简牍中，就将县廷派驻在乡任职的吏员称为“乡官”[3]“乡部吏”[4]，后世“乡吏”“乡官部吏”的说法就更多了。《汉书·百官公卿表》记载汉平帝元始

1　王毓铨：《汉代“亭”与“乡”“里”不同性质不同行政系统说——“十里一亭……十亭一乡”辨正》，《历史研究》1954 年第 2 期；张金光：《秦乡官制度及乡、亭、里关系》，《历史研究》1997 年第 6 期。

2　严耕望：《中国地方行政制度史》甲部《秦汉地方行政制度》，第 57 页；余行迈：《汉代乡亭部吏考略》，《苏州大学学报（哲学社会科学版）》1992 年第 1 期。

3　里耶秦简 8-198+8-213+8-2013 载：“·不当令乡官别书军吏，军吏及乡官弗当听。”参见陈伟主编：《里耶秦简牍校释》（第 1 卷），第 109 页。张家山汉简《二年律令》简 101 载：“诸欲告罪人……皆得告所在乡，乡官谨听。”参见张家山二四七号汉墓竹简整理小组编著：《张家山汉墓竹简［二四七号墓］》（释文修订本），第 22 页。

4　陈松长主编：《岳麓书院藏秦简［肆］》，第 42 页。

年间，有“县、道、国、邑千五百八十七，乡六千六百二十二”；汉代介绍民众籍贯时标明某县某乡的例子也为数不少。[1]这显然都是将乡视作县之下的行政机构。不过，秦汉时期乡级行政的权力确实分散在几个机构，除主管乡政的乡啬夫、乡佐之外，秦及汉初有与乡部平行设立的田部系统；田部裁撤后，仍存在不属乡吏系统专司治安捕盗的游徼、亭长等。借用周振鹤的说法，这一时期的乡只能算作虚的一级政区。[2]

《汉书·百官公卿表》尤其是《续汉书·郡国志》中，详细记载了秦汉时期乡吏的职掌。现代学者如张金光、王彦辉全面梳理了这一时期乡级政权的行政、经济、教化、治安等职能[3]，卜宪群、苏卫国也从文书行政的角度对乡制的运作情况做过讨论[4]。笔者这里除了做些查漏补缺的工作，重点想考察秦汉时期县、乡两级行政组织主民施政的具体方式。

秦汉乡级政权的核心任务是征发赋税和徭役。《汉书·百官公卿表》记乡啬夫“职听讼，收赋税”，《风俗通》解释说：“啬者，省也。夫，赋也。言消息百姓，均其役赋。”[5]征调赋役是乡啬夫的基本职责。秦汉时期的赋税主要有口算赋和田租。江陵凤凰山 10 号汉墓 5 号木牍记载了乡吏派里正挨家挨户征收口算赋，汇总后再交到乡啬夫和乡佐手中[6]；居延汉简 45·1 记有荥阳东利里父老会同西乡有秩、乡佐一起征收算赋的事[7]。东汉延熹元年（158 年），宗正刘柜上奏中，也提到多起乡啬夫、乡佐非法征敛刘姓宗室口算赋的案件。[8]

乡吏征纳田租的情况不明晰。邹水杰、苏卫国参考吴简缴纳租税的事例，陈明光根据《汉书·兒宽传》的记载，均认为汉代的民众直接向官仓输

---

1 长沙五一广场东汉简 J1③：201-30 公布的临湘县罪犯名单中，四名人犯籍贯都注明了县、乡、里，参见长沙市文物考古研究所：《湖南长沙五一广场东汉简牍发掘简报》，《文物》2013 年第 6 期。

2 周振鹤：《行政区划史研究的基本概念与学术用语刍议》，《复旦学报（社会科学版）》2001 年第 3 期。

3 张金光：《秦乡官制度及乡、亭、里关系》，《历史研究》1997 年第 6 期；王彦辉：《汉代豪民研究》，东北师范大学出版社，2001。

4 卜宪群：《从简帛看秦汉乡里的文书问题》，《文史哲》2007 年第 6 期；苏卫国：《秦汉乡亭制度研究——以乡亭格局的重释为中心》，黑龙江人民出版社，2010，第 81—103 页。

5 《续汉书·百官志五》注引，见《后汉书》，第 3624 页。

6 湖北省文物考古研究所编：《江陵凤凰山西汉简牍》，第 98—100 页。

7 简牍整理小组编：《居延汉简［壹］》，“中央研究院”历史语言研究所，2014，第 146 页。

8 张学正：《甘谷汉简考释》，见甘肃省文物工作队、甘肃省博物馆编《汉简研究文集》，第 85—141 页。

纳税粮。[1]我们不能用后世的制度讨论前代的情况。《兒宽传》记载的是一起特殊事件，民众到仓库补缴租粮是官府结束收租后的行为，很难判断正常缴纳租粮的程序就是如此。根据里耶和岳麓秦简公布的材料并综合彭浩、于振波等的研究，秦及西汉前期主要实行“税田”制，其基本程序是：官府从民户田地总面积中划出一部分（通常是十分之一）土地作为“税田”，在每年的五月，根据农作物的长势估算出“税田”的全部产量，以之作为民户秋收后缴纳的田租额。[2]在计算田租的整个过程中，包括税田划定、根据作物长势取成再到最后测算田租总额，全部由乡吏操作完成。岳麓秦简《为吏治官及黔首》所谓“部佐行田，度稼得租”[3]，就是这个意思[4]。乡吏测算完田租后，再制作一乡的租券（壹・10—11）[5]，通知各户需要缴纳的田租额[6]。

种种迹象表明，乡吏也负责田租的征收工作。武威旱滩坡东汉墓出土的律文提到“乡吏常以五月度田，七月举畜害，匿田三亩以上坐⊠”（简14）[7]，睡虎地《法律答问》对“匿田”的解释是：“部佐匿者（诸）民田，者（诸）民弗智（知），当论不当？部佐为匿田，且可（何）为？已租者（诸）民，弗言，为匿田；未租，不论○○为匿田。”[8]（简157）乡吏收取民众田租后不上报，属于匿田；未征收民户田租，不以匿田论处。判断乡吏是否属于“匿田”，关键是其有无贪污田租的行为。如果民众直接把租粮交到仓库，乡吏怎

1　邹水杰：《两汉县行政研究》，湖南人民出版社，2008，第133页；苏卫国：《秦汉乡亭制度研究——以乡亭格局的重释为中心》，第99页；陈明光：《中国古代的纳税与应役》，商务印书馆，2013，第187页。

2　彭浩：《谈秦汉数书中的“舆田”及相关问题》，见武汉大学简帛研究中心主办《简帛》（第6辑）；于振波：《秦简所见田租的征收》，《湖南大学学报（社会科学版）》2012年第5期。

3　朱汉民、陈松长主编：《岳麓书院藏秦简[壹]》，上海辞书出版社，2010，第112—113页。

4　部佐本来是田啬夫的佐吏，汉武帝裁撤田部系统后，这些工作就落在乡啬夫的头上。五一广场东汉简CWJ1③：264-294就记载了沮乡别治掾率部吏度田时手下人被刺伤的一个案件（长沙市文物考古研究所：《湖南长沙五一广场东汉简牍发掘简报》）。别治掾也就是乡啬夫。

5　长沙东牌楼出土一枚东汉签牌，其背面就有“南山乡啬夫租券本也”的记载，详参庄小霞：《东牌楼简“中仓租券签牌”考释》，见武汉大学简帛研究中心主办《简帛》（第5辑），上海古籍出版社，2010，第415—428页。

6　龙岗秦简有“租者且出以律，告典、田典，典、田典令黔首皆智（知）之”的话，参见中国文物研究所、湖北省文物考古研究所编：《龙岗秦简》，第122页。

7　武威地区博物馆：《甘肃武威旱滩坡东汉墓》，《文物》1993年第10期。

8　睡虎地秦墓竹简整理小组编：《睡虎地秦墓竹简》，“释文・注释”，第130页。

么能将田租中饱私囊呢？《秦律十八种·田律》规定："禾、刍稿彻（撤）木、荐，辄上石数县廷。"（简 10）"刍自黄䅧及䕖束以上皆受之，入刍稿，相输度。"（简 8—9）根据鲁西奇的解释，前者是说民众入禾、刍稿时，要另行缴纳贮存粮草所用的木材和草垫，再由乡将禾、刍稿石数上报县廷；后者是说乡负责接受编户按照受田之数缴纳的禾、刍稿，并负责禾、刍稿的输送与计量。[1]由此看来，民户缴纳田租时，首先将禾、刍稿交至乡，再由乡根据县廷的支度计划输送，未输送者就放在乡储存。江陵凤凰山 10 号汉墓的墓主人做过市阳里所在西乡的啬夫，我们在简牍中除见到征收口算赋的记录外，还发现市阳里在缴纳田租时，分别折以"稾""麦""秏""黄白□"等不同谷物的记载。[2]田租以里为单位征收，并在此基础上实行各种折纳，说明乡吏不仅负责征收田租，也在一定程度上掌握着分配田租的权力。

《风俗通》称乡啬夫"均其役赋"，《续汉书·百官志五》谓乡啬夫主"为役先后"。[3]我们可以举出许多以乡为单位征派徭役的例子：里耶秦简 8-1539 记载秦王政二十五年（前 222 年）末贰春乡向迁陵县上呈徭计，简 8-651 启陵乡呈报的劾文中提到船人十二月践更的事，江陵凤凰山 10 号乡啬夫张偃墓中也出土了文景时期南郡江陵县西乡的据算派役簿。[4]《岳麓书院藏秦简［肆］》提到了乡派遣徭役的具体程序和原则：

> 繇（徭）律曰：岁兴繇（徭）徒，人为三尺券一，书其厚焉。节（即）发繇（徭），乡啬夫必身与典以券行之。田时先行富有贤人，以闲时行贫者，皆月券书其行月及所为日数，而署其都发及县请（情）。其当行而病及不存，署于券，后有繇（徭）而聂（蹑）行之。节（即）券繇（徭），令典各操其里繇（徭）徒券来与券以畀繇（徭）徒，勿征赘，勿令费日。其移徙者，辄移其行繇（徭）数徙所，尽岁而更为券，各取其当聂

1 鲁西奇：《中国古代乡里制度研究》第二章"秦汉乡里制度及其实行"，北京大学出版社，2021，第 128 页。

2 湖北省文物考古研究所编：《江陵凤凰山西汉简牍》，第 105 页。

3 《续汉书·百官志五》，见《后汉书》，第 3624 页。

4 杨际平：《凤凰山十号汉墓据"算"派役文书研究》，《历史研究》2009 年第 6 期。

（蹑）及有赢者日数，皆署新券以聂（蹑）。　　　　（肆・244—247）[1]

归纳起来，乡吏征发徭役时的具体职责有：（1）每年根据派役原则制作征发徭役的券书，然后亲自与属下的里典手持券书征发应役民众；（2）每月汇总民众服役的情况，在券书上注明民众实际服役的天数，或者因疾病、死亡、逃跑等脱免徭役的原因；（3）如果民众迁徙他地，负责将其服役记录转到迁入地。《徭律》也涉及对乡吏在征发徭役过程中不法行为的处罚：没有如实记录民众的服役情况，以及把不应算为徭役的记到券书上，乡啬夫及经办吏员作为主体责任人罚赀一甲，县廷官吏监督不力要连带罚赀一盾；擅自征发"人属弟子、人复复子、小敖童、弩"等人服役，主管乡吏及具体经办人罚赀二甲，相关县吏知情不报，与之同罪；如果不知情，负连带责任，罚赀一甲。

由此可以看出，法令只是规定了徭役征发的原则、程序、范围，以及对违法行为的惩罚，并明确了其中县廷的监督责任；而在具体的征发环节上，大到征发什么人、如何征发，小到民众服役档案的登记和管理，完全由乡吏负责。里耶秦简 J1（16）6 也为我们了解县、乡两级机构在征发徭役时的相应职责提供了一个实例。木牍正文称：秦始皇二十七年（前 220 年）二月十五日，洞庭郡发文，要求辖县根据相关法律及郡的规定传输甲兵；郡卒史、属等官吏负责核查各县的征发工作，一旦发现基层有违反命令者要移交县审理，由县依法判决并上报郡。木牍背面的收发记录如下：

三月庚戌，迁陵守丞敦狐敢告尉："告乡、司空、仓主，听书从事。尉别书都乡、司空，[司空]传仓；都乡别启陵、贰春，皆勿留脱。它如律令。"/釦手。庚戌水下□刻，走袑行尉。

三月戊午，迁陵丞欧敢言之：写上。敢言之。/釦手。己未旦，令史犯行。

[三]月戊申夕，士五（伍）巫下里闻令以来。/庆半。如手。[2]

迁陵县三月戊申（三日）接到郡守命令后，三月庚戌（五日）就转给了县

1　陈松长主编：《岳麓书院藏秦简[肆]》，第 149—150 页。

2　释文主要参考杨振红、单印飞：《里耶秦简 J1（16）5、J1（16）6 的释读与文书的制作、传递》，《浙江学刊》2014 年第 3 期，第 20 页。

尉，由县尉传书都乡，再由都乡传书其他乡，要求他们严格按照郡的命令行事。整个事件中，县廷不过是将郡的命令传达给乡并监督乡执行，征发徭役的具体实施是在乡一级。

《汉书·百官公卿表》说乡啬夫的首要职责是“听讼”。在汉代人的观念中，讼、狱有不同含义，审讯定罪的刑事案件称为“狱”，不涉及刑罚的民事纠纷谓之“讼”。[1]东汉王充说，“卿（乡）决疑讼，狱定嫌罪”，“狱当嫌辜，卿（乡）决疑事”。[2]民事诉讼由乡吏负责，刑狱案件由县丞掌管。王符讨论过民众赴乡诉讼不成、逐级上告的现象，“中才以上，足议曲直，乡亭部吏，亦有任决断者，而类多枉曲，盖有故焉”[3]，指出主要原因是乡吏贪图贿赂，不秉公执法。徐世虹对王符这句话有不同解释，认为汉代乡亭的职能是传讯当事人听取陈诉，做出爰书报告县廷，“有任决断者”当属越权行为；一般情况下，大多数民事案件应当是在县终审结案。[4]这其实误解了“任”的意思，此处的“任”当作“能任、堪任”而非“任意”或“任性”解。长沙五一广场东汉简记载了一起由乡吏决讼的案件：

> 谭所讼辞讼事在乡，当为治决。请以谭、泛属[南]乡有秩明等治决，处言。□□勤职事留迟无状，惶恐叩头死罪死罪敢言之。
>
> （简 CWJ1③：325-2-1）[5]

我们不了解案情原委，但文书说得很清楚：当事人谭所述案件应交由乡处理，故县廷下令“[南]乡有秩明等治决，处言”。“决”，“断也”[6]，亦即此案归南乡啬夫审理判决，最终结果向县廷汇报即可。[7]

《二年律令·户律》规定民众迁徙外地，必须到乡吏处办理迁籍手续。湖

---

1 《周礼·秋官·大司寇》郑玄注：“讼，谓以财货相告者”，“狱，谓相告以罪名者”。参见（汉）郑玄注，（唐）贾公彦疏：《周礼注疏》卷 34，见（清）阮元校刻《十三经注疏》，1880 页上栏。

2 黄晖撰：《论衡校释》卷 29《案书》、卷 30《自纪》，第 1172、1196 页。裘锡圭指出“卿”即“乡”字，参见《〈论衡〉札记》，《古代文史研究新探》，江苏古籍出版社，1992，第 111—112 页。

3 《后汉书》卷 49《王符传》，第 1640 页。

4 徐世虹：《汉代民事诉讼程序考述》，《政法论坛》2001 年第 6 期。

5 长沙市文物考古研究所等编：《长沙五一广场东汉简牍选释》，第 162 页。

6 刘文典撰：《淮南鸿烈集解》卷 5《时则训》，冯逸、乔华点校，中华书局，1989，第 175 页。

7 中国古代的民间诉讼十有八九是由邻里乃至亲属的田宅纠纷引起的，秦汉时期乡级机构掌握户籍、田簿及先令等基础资料，也就为乡吏裁决民事案件提供了依据。

北荆州高台18号汉墓出土的M18：35-乙木牍，就是模仿现实制度，以乡吏口吻为死者迁徙冥世开具的介绍信。[1]民众因事外出，也要向官府申请传书才能出入关津。我们透过肩水金关出土的传文书，可以了解汉代民众请传的整个过程：民众首先向乡报告外出的目的、地点及随行人员，乡吏核查外出者无犯罪在查事项、赋役已经完纳、符合取传的规定后，再汇报给上级，由县廷发放传书。刘欣宁根据传书经常提到“谨案户籍藏乡者”“谨以乡书案”等语，指出乡吏审核取传资格的方式为书面审核，依据的也是乡所藏的户籍及其他各种帐簿。[2]

整个取传过程中，乡吏负责听取民众的汇报、审核民众取传的资格，最后提交给传的建议，县廷所做的不过是认可乡的意见、下发传书而已。《岳麓书院藏秦简[肆]》公布的《金布律》规定：民众为赴外地买卖牲口、奴婢申请传书，官府刁难不给，乡吏要罚赀二甲，县廷主管官吏罚赀一甲。法律处罚的轻重程度也说明，乡吏在是否发放传书的问题上起着决定性的作用，县吏不过是审核程序罢了。附带指出，《龙岗秦简》有“取传书乡部稗官”[3]一语，联系岳麓秦简《金布律》“县皆为传”（肆·200）的规定看，民众并非亲自赴县而是到乡里取回县廷发放的传书。在民众外出取传这件事上，完全是乡一手操作，民众并不与县廷打交道。

黎明钊、唐俊峰从计、课文书的制作与定本过程入手，讨论了秦代县廷所设稗官与列曹的不同职能，提出稗官负责制作计、课文书，列曹则负责对稗官上呈县廷的计、课执行校计、定课和整合。[4]这也大致符合乡与县两级行政机构职责的分野。秦汉时期，诸如户籍与土地管理、赋役征发及差派、社会治安和民事诉讼等实际政务均是由乡吏主管，县廷不过是日常指导、行政监督、考课成效而已。是故《续汉书·百官志五》记载当时的县道与郡国一

1　湖北省荆州博物馆编著：《荆州高台秦汉墓——宜黄公路荆州段田野考古报告之一》，第222页。

2　刘欣宁：《汉代“传”中的父老与里正》，《早期中国史研究》第8卷第2期，2016。

3　中国文物研究所、湖北省文物考古研究所编：《龙岗秦简》，第74页。

4　黎明钊、唐俊峰：《里耶秦简所见秦代县官、曹组织的职能分野与行政互动——以计、课为中心》，见武汉大学简帛研究中心主办《简帛》（第13辑），上海古籍出版社，2016，第131—158页。

样，除负责教化百姓、审理狱讼外，几乎不承担具体的民政事务。[1]因此，秦汉时期的史籍称乡吏为“亲民之吏”“主民之吏”[2]，当时也有一批乡啬夫因能做到“平徭赋”“省徭赋”而深受民众爱戴。这与魏晋以后县令掌握县内庶务、乡吏只是奉令执行的情况迥然不同。

乡吏处在国家与社会的交接点上。秦汉时期的乡吏是郡县所署，并非中央任命，他们在代表国家行使权力的同时，不可避免受到民间势力的影响。同时，由于乡吏处在整个帝国统治链条的末端，政治上没有多大升迁空间，经济上又俸禄微薄，他们平日难免会有私派加征、盘剥百姓的行为。随着东汉以降社会结构的变化，统治者对照例由民间有势力者充任的乡吏愈益不信任，认为他们无法承担国家赋予的治民重任，只知道谋取个人私利。整个乡吏阶层进一步被污名化，根据王充《论衡》的说法，当时社会上甚至流传着乡吏是农田害虫化身的奇谈怪论。元初四年（117 年）京师及周边雨水成灾，汉安帝认为是“人怨之所致”，下令“乡吏因公生奸，为百姓所患苦者，有司显明其罚”。[3]安帝寄希望于以严刑峻法杜绝乡吏危害百姓的做法，显然行不通，左雄上书建议说：

> 乡官部吏，职斯禄薄，车马衣服，一出于民，廉者取足，贪者充家，特选横调，纷纷不绝，送迎烦费，损政伤民。和气未洽，灾眚不消，咎皆在此……乡部亲民之吏，皆用儒生清白任从政者，宽其负筭，增其秩禄，吏职满岁，宰府州郡乃得辟举。[4]

左雄没有将乡吏的贪污简单归结为整个群体的素质问题，他建议朝廷通过增加俸禄、为其提供政治出路的方式，解决乡吏因地位低下而产生的贪腐问题。除汉初一段短暂时间外，汉代乡啬夫的秩级不过百石，百石往上，就进入中央任命的正式官吏系统了。左雄提议朝廷选用儒生为乡吏，并为乡吏

1 《续汉书·百官志五》“凡郡国皆掌治民，进贤劝功，决讼检奸。常以春行所主县，劝民农桑，振救乏绝。秋冬遣无害吏案讯诸囚，平其罪法，论课殿最”，县道之职也是“显善劝义，禁奸罚恶，理讼平贼，恤民时务，秋冬集课，上计于所署郡国”。（《后汉书》，第 3621、3622—3623 页）

2 《后汉书》卷 61《左雄传》，第 2018 页；（隋）虞世南撰：《北堂书钞》卷 79《设官部·啬夫》引黄义恭《交州记》，第 327 页上栏。

3 《后汉书》卷 5《安帝纪》，第 227 页。

4 《后汉书》卷 61《左雄传》，第 2017—2018 页。

“增其秩禄”，根本目的就是想改变乡吏的政治身分。针对左雄的建议，史籍说“宦竖擅权，终不能用”。如何解决乡政弊端、稳定王朝的统治，终东汉之世，始终是统治者棘手而又亟待解决的难题。

三　简纸替代与县、乡行政机构的变化

纸张替代简牍是文字书写史上一场划时代的革命。与简牍相比，纸张有三大优点：一是体积轻便、易于携带；二是幅面宽阔、容字量大；三是表面平滑、书写快捷。根据邢义田的测量结果，一部竹木简牍不含三家注的《史记》重 43.7—48.1 千克，是现代纸本的 54—60 倍；体积达 284 310 立方厘米，是现代纸本的 225 倍。[1]若以魏晋时期的纸张规格、容字数作比较，可测算出当时书写 400—500 字即一张纸的容字量，所需纸张的体积只是秦汉简册的 3%，重量不过是简册的 9%。[2]纸张去除了简牍表面粗糙的纹理，运笔的流畅性、受墨性大为改进；容字量增大，节省了每写一行就要换简的时间，从而极大提升了书写的速度。

从公元 105 年东汉蔡伦改进造纸术到 404 年东晋桓玄下诏彻底废除公文用简，是一个相当缓慢的过程。东汉后期造纸技术还比较落后，当时的纸张主要用于抄写典籍和私人书信。汉末三国，随着技术不断改进及统治者大力推动，纸张开始进入公文书领域。建安十年（205 年），曹操发布《掾属进得失令》，鼓励僚属上书使用纸张；《三国志》卷 14《魏书・刘放传》记载了魏明帝时，中书监刘放用黄纸起草诏书的事。出土文献中也有孙吴官府用纸的情况。孙吴前期的江西南昌高荣墓中出土了两方遣册，上面记载有“书刀一枚……官纸百枚”[3]，长沙走马楼吴简中，也见“草白差调诸乡出纸（？）四百枚□☐”（柒・4670）等记载[4]。西晋时期，史籍谈到公文用纸的领域就更

1　邢义田：《汉代简牍的体积、重量和使用——以“中研院”史语所藏居延汉简为例》，《地不爱宝：汉代的简牍》，第 21—40 页。邢先生未对比竹木简牍与现代纸本的重量，但他指出司马迁撰写的《史记》总字数与中华书局点校平装本 3 册《周书》相近，我们称重《周书》约 805 克。

2　推算过程详见本书第四编第十五章“中国古代书写载体与户籍制度的演变”。

3　江西省历史博物馆：《江西南昌市东吴高荣墓的发掘》，《考古》1980 年第 3 期。

4　走马楼简牍整理组编著：《长走马楼三国吴简・竹简［柒］》，第 844 页。

多了。

编造基础帐簿因其工作时间紧、任务重且一式几份，更有使用纸质材料的必要性和紧迫性。随着征税原则和赋税体制发生变化，魏晋时期的帐簿体系也有很大不同。由于缺少《二年律令·户律》那样的记载，我们只能借助史籍知道，这一时期地方官府编制的基础帐簿中，除台帐性质的户籍外，还有赀簿。笔者前面讨论过魏晋时期户籍书写材料的变革，认为西晋时期的户籍已经是由县廷编造的纸本户籍。刘宋史籍正式提到“赀簿”，但其作为官府评定户等、征收户调的依据，至少东汉末年就出现了。与户籍不同，赀簿作为新兴事物，不存在历史的惯性依赖，可能一经产生就采用了纸质材料。我们知道，曹操颁布户调令是在建安九年（204 年）平冀州之后，但开始征收户调的时间更早。根据《三国志·魏书·曹洪传》，当时官府为征发户调而进行的评定民户赀产是由县令亲自负责的。下引《晋书·刘超传》记载村民申报的赀产情况被直接送交县，亦可视为县廷编造赀簿的明证。汉代计赀范围有土地、房屋、奴婢、牲口、车辆等，南朝计赀甚至还包括桑树。我们现在见到的北凉赀簿中，只著录了各类田园及相应的计赀标准，但记载的内容并不比户籍少。秦汉时期简册帐簿在乡编制，曹魏县廷制作的赀簿应该是纸质的。[1]

纸质时代的到来，为统治者解决乡政弊端、加强中央集权提供了技术条件。简牍时代，以户籍为代表的基础帐簿只能在乡编制，乡吏在掌握帐簿正本的同时，也就操控了处理日常行政事务的权力。各种基础帐簿的副本最高仅上呈县廷，中央掌握的有关国计民生的各种数据主要依靠上计得来。地方为了应对考课，“择便巧史书习于计簿能欺上府者，以为右职”[2]，中央政府明知上计数据造假严重，但苦于无基础帐簿可供稽核，皇帝也只能无奈地发出“上计簿，具文而已，务为欺谩”[3]的感叹。随着纸张代替简册成为书写载体，基础帐簿摆脱了只能在乡级行政机构编制的限制，转而由国家控制力更强的

---

1 当然，我们也不能忽视魏晋时期户口减耗对帐簿编造机构上移的影响，但这方面的影响也不应夸大。这一时期仍然存在如武平、山阳、邺县、洛阳、成都等一批万户以上的县，如果当时用简册编造帐簿，这些县是无法履行这一基本职能的。

2 《汉书》卷 72《贡禹传》，第 3077 页。

3 《汉书》卷 8《宣帝纪》，第 273 页。

县廷负责制作，保存帐簿的机构也不再限于乡、县机构，而是一式多份，由县上报郡、州，直至中央政府。[1]中央据此就可以更深入地掌握实际情况，发现地方弄虚作假，也可以利用同一时期的相关簿籍或前后不同时期的同类簿籍进行查核。南朝宋齐之际，中央政府发起大规模“检籍”“却籍”行动，充分说明了这一点。

与帐簿编造机构从乡转移到县相伴而来的，是魏晋之际县衙组织的大幅度扩张和乡级机构职能的弱化。《晋书·职官志》记西晋县制：

> 县大者置令，小者置长。有主簿、录事史、主记室史、门下书佐、幹、游徼、议生、循行功曹史、小史、廷掾、功曹史、小史书佐幹、户曹掾史幹、法曹门幹、金仓贼曹掾史、兵曹史、吏曹史、狱小史、狱门亭长、都亭长、贼捕掾等员。户不满三百以下，职吏十八人，散吏四人；三百以上，职吏二十八人，散吏六人；五百以上，职吏四十人，散吏八人；千以上，职吏五十三人，散吏十二人；千五百以上，职吏六十八人，散吏一十八人；三千以上，职吏八十八人，散吏二十六人。[2]

同样基于这段史料，宫崎市定与唐长孺得出了截然相反的结论。宫崎氏指出，西晋县廷掾属名目繁多且成套出现，较诸汉代，县级机构规模明显扩大。[3]但唐先生就《晋书》这段记载与东汉情况进行对比后，指出：“西晋郡县置吏远少于东汉……晋代各级地方置吏数额少于汉代是无疑的。”[4]按理说，西晋县衙机构大规模扩张，吏员总额应该增加，为什么《晋书》记载的人数看起来不升反降呢？这实际上是由于汉代与西晋郡县吏员统计口径不同，给我们造成了错觉。唐先生讨论汉代县吏的规模，主要依据《汉官》对东汉洛阳县的记载：

> 洛阳令秩千石，丞三人四百石，孝廉左尉四百石，孝廉右尉四百石。员吏七百九十六人，十三人四百石。乡有秩、狱史五十六人，佐史、乡佐七十七人，斗食、令史、啬夫、假五十人，官掾史、幹、小史

1　东晋南朝的纸本户籍是一式四份，除县保存一份外，再呈郡、州、中央各一份；唐代废郡后，县、州、中央各一份，而且中央保存的才是正本。

2　《晋书》卷 24《职官志》，第 746 页。

3　〔日〕宫崎市定：《読史箚記：漢代の郷制》，《宮崎市定全集》17《中国文明》，岩波書店，1993。

4　唐长孺：《魏晋南北朝时期的吏役》，《江汉论坛》1988 年第 8 期，第 64 页。

二百五十人，书佐九十人，修行二百六十人。[1]

东汉洛阳是国都所在，事务繁剧，但与西汉末年东海郡辖县吏员数最多100余人相比，即使考虑到后代吏员数额增加的因素，洛阳796人的规模还是大得惊人。对照尹湾汉简就会看出，西汉时期吏员的统计范围仅限于斗食、佐史以上，并不包括幹、小史、书佐、修行之类杂役。[2]如果减去上述人等，东汉洛阳县的吏员不过300多人，这一数字就比较容易接受了。两汉统计县吏的口径也有一致的地方，最明显就是将县之下的在乡吏员都算进去了。上引洛阳县吏员中列举有“乡有秩”“乡佐”“啬夫”，但不清楚具体人数。我们知道东海郡下辖38个县级机构吏员的详细情况：海西县吏员总数107人，其中乡有秩4人、乡啬夫10人、乡佐9人，再加上不属于乡吏但也是县吏出部在乡的游徼4人、亭长54人，在乡吏员合计共81人，几占全县吏员总数的75%，县署吏员只有26人；下邳吏员107人中，在乡吏员72人，几占全县吏员数的67%，县署吏员不过35人。[3]依此比例推算，东汉洛阳县署吏员也只有100人左右。东海郡下辖“县邑侯国卅八”，“户廿六万六千二百九十”，每县平均7000余户；各县县署吏员平均20多人，最多者下邳为35人，最少者平曲18人。《晋书·职官志》记载大县“三千（户）以上，职吏八十八人，散吏二十六人”，吏员合计114人[4]，而这只是县署吏员的数额，并不包括乡吏。两相比较，西晋县衙置吏额已是西汉末年的5倍。

魏晋以降，乡级机构甚至存在被架空的迹象。《晋书·职官志》《宋书·百官志》记载了当时的乡里组织及其系统，但学者普遍持怀疑态度。[5]《晋书·职官志》记载的乡里制度，可能更多反映的是西晋平吴前的情况，

1 《续汉书·百官志五》注引《汉官》，见《后汉书》，第3623—3624页。

2 《汉书》卷19上《百官公卿表上》载：“吏员自佐史至丞相，十二万二百八十五人。”（第743页）《后汉书》卷2《明帝纪》永平十五年（72年）四月诏，提到赐官吏布匹时说：“郎、从官（视事）二十岁已上帛百匹……官府吏五匹，书佐、小史三匹。”（第119页）也将“书佐”“小史”划到“官府吏”之外。

3 连云港市博物馆等编：《尹湾汉墓简牍》，“释文”，第79—81页。

4 《晋书》卷24《职官志》反映的置吏标准不过是太康元年（280年）的规定，此后官吏规模在不断增加。郴州西晋简记载桂阳郡便县“领员吏一百六十一人”，晋宁县“领员吏一百廿五人”，“员吏”是法定的吏员数。郴州简是晋惠帝时期的资料，简文中这两个县的吏员数额已经超过了《职官志》最大县的规模。

5 周一良：《南朝境内之各种人及政府对待之政策》，《魏晋南北朝史论集》，北京大学出版社，1997，第93—94页；鲁西奇：《人群·聚落·地域社会：中古南方史地初探》，厦门大学出版社，2011，第263页。

“乡置啬夫一人”的说法也显然是沿承魏制而来。[1]江南情况不太一样。湖南长沙走马楼出土的数万件孙吴临湘侯国官府档案中，除一枚文字待考简提到“乡啬夫”外[2]，几乎看不到乡吏存在。临湘侯国各乡日常事务诸如查核户口、编制户籍、催交赋税、度量田亩等，都是由临湘侯国分部派遣劝农掾或典田掾负责。这也不限于孙吴一时、临湘一地的情况。从束晳《劝农赋》可以看到，西晋时的劝农掾除了春季劝民耕作，还负责核查田亩、计算田租、征纳赋税，和孙吴时期一样担负了乡里主要工作；而从“专一里之权，擅百家之势”“录社长、召闾师”[3]等话语看，这一时期劝农掾俨然是里的直接上司。在东晋南朝的史籍中，也几乎见不到乡吏具体活动的记录。

北魏孝文帝接受给事中李冲的建议，仿效《周礼》乡约原则，建立了不同于汉魏乡里组织的三长制。三长由民间有势力者担任，待遇不过是免除家内一到三人的兵役。整个北朝期间，虽然邻、里、党的编制有过多次调整，但三长身为民众的性质没有变化。三长既非国家正式官吏，又没有下属，主要承担案比民户[4]、恤养孤老、督劝农耕等具体事务，没有治民施政的权力。

四　魏晋隋唐时期县司亲理庶务

黄宽重提到中国古代基层行政组织职能的变化时说：“就行政建置而言，先秦出现了乡里；到隋唐时，乡官制已逐渐遭到破坏。及至宋代，乡里虚级化正式确立，与国计民生关系密切的刑名钱谷，都在县衙办理，县衙成为统揽基层事务的枢纽。”[5]黄先生观察到古代管理基层事务的机构有一个从乡到县的发展过程，但他将这一变化置于唐宋之际，值得讨论。西晋时期傅玄就指

1 （唐）杜佑撰：《通典》卷 36《职官・秩品二》列举的曹魏八、九品中，有“诸乡有秩、三老”“诸乡有秩”的记载。

2 简叁・6982 谓“□□都乡啬夫□……”，参见走马楼简牍整理组编著：《长沙走马楼三国吴简・竹简[叁]》，第 873 页。

3 （唐）欧阳询撰：《艺文类聚》卷 65《产业部・农》，汪绍楹校，第 1157 页。“社长”“闾师”，古代之乡官名，亦即里正。

4 这里“案比民户”并非指汉代的造籍，而是如唐代里正“案比户口”一样，不过是负责征收民户手实，再汇总上报。

5 黄宽重：《宋代基层社会的权力结构与运作——以县为主的考察》，见《中国史新论・基层社会分册》，“中央研究院”、联经出版事业股份有限公司，2009，第 283 页。

出“亲民授业，平理百事，猛以威吏，宽以容民者，令长之职也”，称县令长为“最亲民之吏，百姓之命”。[1]时代稍后的葛洪也说：“烦剧所钟，其唯百里。众役于是乎出，诛（调）求之所丛赴”，“令长不堪，则国事不举，万机有阙”。[2]“百里”是县令长的代称。说明至少从西晋开始，县廷就负责包括征调赋役在内的大小事务了。而从史籍记载的具体事例看，魏晋之际已经出现了县衙直接治理民众、处理基层事务的趋势。

汉代已有计赀定赋的传统，《续汉书·百官志五》说乡啬夫“知民贫富，为赋多少，平其差品”，意为乡吏一定程度上拥有根据民户的贫富程度，在一乡的范围内调节民众税赋的权力。从曹魏实行户调制开始，计赀定课的权力就收归到县令手中。《三国志·魏书·曹洪传》注引《魏略》曰：“初，太祖为司空时，以己率下，每岁发调，使本县平赀。于时谯令平洪赀财与公家等，太祖曰：‘我家赀那得如子廉耶！’”[3]曹操任司空在建安元年至建安十三年（196—208年）。曹魏颁布户调令在建安九年（204年）平冀州之后，但这种征税办法此前就在兖、豫等地实行了。曹操是沛国谯县人，当地为征发户调而进行的评定民户赀产的工作是由谯县县令亲自负责的。从“每岁发调，使本县平赀”一语看，当时县令评赀似乎已成定制。《初学记》卷27引《晋故事》称西晋沿承曹魏户调制，“书为公赋，九品相通，皆输入于官”[4]。所谓“九品相通”，是说朝廷下发按户征收的定额只是一个平均标准，地方官府实际征发时，根据民户的贫富程度，采用富户多纳、贫户少纳甚至不纳的办法，计算下来，每户缴纳的平均数达到这个定额就可以了。这里说的地方官府就是县廷，九品相通的原则是由县令具体掌握的。《晋书·刘超传》记载了东晋元帝时，传主评定民户赀产的做法：

寻出补句容令，推诚于物，为百姓所怀。常年赋税，主者常自四出结评百姓家赀。至超，但作大函，村别付之，使各自书家产，投函中

---

1 （唐）魏徵等：《群书治要》卷49《傅子》，见《丛书集成初编》第204册，商务印书馆，1937，第873页。

2 杨明照撰：《抱朴子外篇校笺》卷28《百里》，中华书局，1997，第49页。

3 《三国志》卷9《魏书·曹洪传》，第278页。

4 （唐）徐坚等：《初学记》卷27《宝器部·绢》，第658页。

讫，送还县。百姓依实投上，课输所入，有逾常年。[1]

这里提到按赀产征收的赋税就是户调。当时通行做法是县令每年亲赴乡村逐一评定民户赀产，在此基础上再确定各户的缴纳额，刘超听凭民户自书家产送县的做法是特例。北魏继承了魏晋九品混通的征调原则。太延元年（435年）十二月，拓跋焘诏书中提到县令计赀定课的具体做法："若有发调，县宰集乡邑三老计赀定课，裒多益寡，九品混通，不得纵富督贫，避强侵弱。太守覆检能否，核其殿最，列言属州。"[2]为准确了解民间情况，县令所到之处要召集乡邑三老一起划分户等，确定税额。拓跋焘指出北魏计赀时有"纵富督贫，避强侵弱"的行为，萧子良也抨击南齐计赀，"守宰相继，务在裒克，围桑品屋，以准赀课。致令斩树发瓦，以充重赋"[3]，郡不过是上级管理机构，具体计赀的仍是县级官吏。

与汉代乡吏征收租赋不同，从长沙走马楼出土的吏民田家莂及缴纳租税的竹简看，孙吴民众要自行将田租、口算赋缴到官府指定的仓库。曹魏政权也有民众直接向仓库缴纳租赋的迹象。《三国志·魏书·司马芝传》传主上奏曹明帝，指出"运输租赋"已经成了农民的沉重负担。黄初年间颜斐为京兆太守，"课民当输租时，车牛各因便致薪两束，为（郡学）冬寒冰炙笔砚"[4]，可见当时有的民众要直接向长安缴纳租赋。北魏迁都洛阳前，每年要从各地调拨大量租调入代，太仓尚书李䜣"用范檦、陈端等计，令千里之外，户别转运，诣仓输之"，造成"远近大为困弊"。[5]献文帝为此改革了民户运送租粮的方式："遂因民贫富，为租输三等九品之制。千里内纳粟，千里外纳米；上三品户入京师，中三品入他州要仓，下三品入本州。"[6]按照财富多寡，民户被划分为上、中、下三等，等级不同输租地点也不同，上等户运到距离最远的京城，中等户送至邻近州，下等户输纳当地。北齐"垦租皆依贫富为三枭"，

1 《晋书》卷 70《刘超传》，第 1875 页。
2 《魏书》卷 4《太武帝纪》，第 86 页。
3 《南齐书》卷 40《竟陵王子良传》，第 696 页。
4 《三国志》卷 16《魏书·仓慈传》引《魏略》，第 513 页。
5 《魏书》卷 46《李䜣传》，第 1041 页。
6 《魏书》卷 110《食货志》，第 2852 页。

“上枭输远处，中枭输次远，下枭输当州仓，三年一校焉”，延续了北魏政策。[1]按照制度的本来设计，民户将租赋直接缴纳到官府指定的地点，但在实际执行中，不排除也会采取一些变通措施，比如民户可以缴纳不同数额的运费，再由官府统一组织配送，这就和唐代的情况一样了。

唐代的乡仍是一级地方行政组织，只不过贞观十五年（641年）废除乡长后，其财务行政转由“承符”即当值里正负责。李锦绣提出唐代租税征收需要经过三道程序，第一道是里正征收民众租税[2]，但据《通典》引开元二十五年（737年）令：“每里置正一人……掌按比户口，课植农桑，检察非违，催驱赋役。”[3]《唐六典》卷3“户部郎中员外郎”条、《唐律疏议》卷11《职制》“监临之官家人有犯”条及卷30《断狱》“监临自以杖捶人”条，都有类似说法。律令再三声明，里正征税过程中主要负责催督、稽核、追欠等工作，而非直接经手租税。[4]唐代在继承北朝租调制度的同时，也延续了民户直接向官府缴纳租赋的做法。当时民户输纳租庸调的方式可以分为缴纳本州、上解京师和配送他州三种[5]，唐令谓“其赋役轻重、送纳远近，皆依此（九等簿）以为等差”[6]，官府也是根据贫富程度分配输纳地点的远近。《通典》卷6《食货·赋税下》说输庸调时“其运脚出庸调之家，任和雇送达”，《赋役令》也有“诸租须运送，脚出有租之家。如欲自送及雇运水陆，并任情愿”一语。[7]民户可以自行或者以个体身分雇人解运，但最常见的做法是民户按户等缴纳数额不一的脚钱，再由官府组织人力统一运到指派的地点。

《新唐书·食货志》谓“凡税敛之数，书于县门、村坊，与众知之”，县廷每年将各户应纳赋税的情况张榜公布，民户再根据缴税数额直接将赋税交

1 《隋书》卷24《食货志》，第678页。

2 李锦绣：《唐代财政史稿》（上卷），第113—114页。

3 （唐）杜佑撰：《通典》卷3《食货·乡党》，王文锦等点校，第63页。

4 孙吴时期的民户自行赴仓库缴纳租赋，负责行政事务的乡劝农掾也不过行督促之职，吴简中甚至有劝农掾因未能督促民户按时完纳赋税而被鞭杖的记录。

5 张荣强：《“租输三分制”与唐前期财赋格局特点》，见武汉大学中国三至九世纪研究所编《魏晋南北朝隋唐史资料》（第17辑），武汉大学出版社，2000。

6 天一阁博物馆等校证：《天一阁藏明钞本天圣令校证：附唐令复原研究》，第476页。

7 天一阁博物馆等校证：《天一阁藏明钞本天圣令校证：附唐令复原研究》，第475页。

给州、县官仓[1]，这就减少了赋税征收的中间环节，在一定程度上杜绝了胥吏私派加征的现象。无论上解京师还是配送他州，都是民户将租赋缴纳州、县仓后，再由州级官府按国用支度计划，组织州县官吏充任纲典，统一配送京师或外州。

魏晋南北朝时期有关力役的记载零散而隐晦。《三国志·魏书·司马芝传》记载传主任菅县长时，不顾掾属劝阻，坚持征发当地大族刘节的宾客服兵役；《晋书·刘卞传》称士家出身的刘卞在兄长死后，“兵例须代，功曹请以卞代兄役”，“县令不听”。说明这一时期的兵役不再像汉代那样“乡移为正”，而是掌握在县令手中。徭役的情况也是如此，《晋书·窦允传》称传主西晋初年任浩亹长，因能做到“平均调役”而深受百姓爱戴。《晋书·王裒传》记载王裒拒绝替门生向县令求情，但通过亲自送门生赴县服役的举动，迫使县令放免了该生的徭役。

唐代的情况比较清楚。上引《通典》《唐六典》《唐律疏议》只提到了里正“催驱赋役”，李锦绣据《天圣令·赋役令》复原的“唐令”说得非常详细：

> 诸县令须亲知所部富贫、丁中多少、人身强弱。每因收手实之际，即作九等定簿，连署印记。若遭灾蝗旱涝之处，任随贫富为等级。差科、赋役，皆据此簿。（凡差科，先富强，后贫弱；先多丁，后少丁。凡丁分番上役者，家有兼丁者，要月；家贫单身者，闲月）其赋役轻重、送纳远近，皆依此以为等差，豫为次第，务令均济。簿定以后，依次差科。若有增减，随即注记。里正唯得依符催督，不得干豫差科。若县令不在，佐官亦准此法。[2]

“九等定簿”亦即户等簿，唐代的户等簿，以及据此而来的差科簿皆由县令亲自制定。唐代“差科”一词含义广泛，但前期主要是指徭役。县令要按照贫富强弱、丁中多少的原则，同时考虑农时，在差科簿上依次注明民户只应徭役的先后顺序，遇有临时征发，依次派遣。里正所做的不过是按照官府下发的名单催促应役者及时赴役而已，法令严禁其有操纵徭役征发的行为。从

1　张弓指出，唐代州仓、县仓互不重置，州治所在地只设州仓不设县仓，州治所在地的民众输州仓即可。参见张弓：《唐朝仓廪制度初探》，中华书局，1986，第5页。

2　天一阁博物馆等校证：《天一阁藏明钞本天圣令校证：附唐令复原研究》，第476页。

《太平广记》记载的“山东佐史”故事看，唐前期的县令不仅亲自注定差科簿，还负责确定征发差科的名单和先后顺序。[1]当然，无论制度规定如何严格，都难以避免地方官员假权胥吏或者胥吏在实际操作中贪墨舞弊的行为。隋末唐初的诗人王梵志写道：“佐史非台补，任官州县上。……有事检案追，出帖付里正。……钱多早发遣，物少被颉颃。解写除却名，揩赤将头放。”[2]本来胥吏只是协助县令拟定差科名单，但他们往往收受贿赂，采取涂改征发名单的方式帮助富人逃避徭役。正因如此，法令才特别规定里正“不得干预差科”。

前引《晋书·职官志》列举的县吏中有游徼，宫崎市定就此认为，西晋的乡啬夫在失去警察权的同时也丧失了裁判权。[3]汉代的游徼并非乡啬夫的属吏，但我们确实看不到西晋乡啬夫负责调停民事纠纷的迹象。西晋建兴元年（313 年），临泽县孙发、孙香兄弟为争夺祖母死后留下的家产告到县廷，县令在审理这一民事案件时，除征询过宗长的意见外，整个案件中全然不见乡吏的影子。[4]东晋葛洪指出，当时县令所选非人“或有不省辞讼，而刑狱乱者矣”[5]，此处“讼”“狱”并举，是说县令不仅负责刑事案件，也调停民事纠纷。隋开皇年间，朝臣就是否恢复乡正审理民事案件有过激烈争论：

> 苏威奏置五百家乡正，令理人间词讼。李德林以为：“本废乡官判事，为其里闾亲识，剖断不平，今令乡正专理五百家，恐为害更甚。”……然高颎同威之议，遂置之。十年，虞庆则等于关东诸道巡省使还，并奏云：“五百家乡正专理词讼，不便于人，党与爱憎，公行货贿。”乃废之。[6]

---

1 （宋）李昉等撰：《太平广记》卷 252《诙谐·山东佐史》，中华书局，1961，第 1957 页。故事出自《启颜录》，张鸿勋指出该书结集成书时间最迟在开元十一年（723 年）八月以前。参见张鸿勋：《敦煌本〈启颜录〉的发现及其文献价值》，见柳存仁等《庆祝潘石禅先生九秩华诞敦煌学特刊》，文津出版社，1996，第 133—159 页。

2 （唐）王梵志著，项楚校注：《王梵志诗校注》（增订本）卷 2《佐史非台补》，上海古籍出版社，2010，第 99—100 页。

3 〔日〕宫崎市定：《読史箚記：漢代の郷制》，《宮崎市定全集》17《中国文明》。

4 张荣强：《甘肃临泽新出西晋简册考释》，见武汉大学中国三至九世纪研究所编《魏晋南北朝隋唐史资料》（第 32 辑）。

5 杨明照撰：《抱朴子外篇校笺》卷 28《百里》，第 54 页。

6 （唐）杜佑撰：《通典》卷 3《食货·乡党》，王文锦等点校，第 63 页。

“乡官”与“乡正”本来是两类不同的群体，“乡官”指魏晋以来州郡自行辟署的僚佐，他们是地方豪族势力的代表，李德林将“乡正”与“乡官”相提并论，意在说明出身民间的乡正也与地方势力有密切关系。李德林、虞庆则拿乡吏身分说事，认为这些人往往为民间势力所左右，不能严格贯彻法令，负责民事诉讼会影响到国家的统治。《资治通鉴》将苏威与李德林的论争置于开皇九年（589 年），汪篯赞成这一说法。[1]如此，开皇九年复置乡正，开皇十年（590 年）再次被废，乡正审理词讼的现象不过昙花一现。从此，乡吏审判民事案件的做法就成了历史。《唐六典》“京畿及天下诸县令之职”条及《旧唐书・职官志》，皆记载唐代的县令“审察冤屈，躬亲狱讼”，无论刑事还是民事案件，皆由县令负责审问。

魏晋隋唐，民众通行关津的凭证称为“过所”。程喜霖推测魏晋时期的过所已改由郡签发，并根据《唐六典》卷 6“刑部司门郎中、员外郎”条的记载，总结了唐代申请过所的程序：“无论是尚书司门勘给过所，还是州府、都护府、节度使衙判给过所，一般都要经请过所者向本县呈牒申请、请得保人、向里正交待出行目的以及离乡后赋役由谁代承、县司质询并向州府呈牒、州府户曹司户参军依过所式勘查判给等五个步骤。”[2]阿斯塔那 509 号墓所出《唐西州天山县申西州户曹状为张无玚请往北庭请兄禄事》中，申请人张无玚首先向县司呈牒，说明其出行事由及随行的人畜情况；天山县接到牒文后，询问了张无玚所在地的里正、保人，得到上述人的证实和担保后，向西州行文，请州户曹发放过所。如果州户曹勘查县司的牒文时发现问题，也会下符询问，要求县司再次调查。509 号墓同出的《高昌县状为申麴嘉琰请过所事》，西州下符要求进一步勘问申请过所者麴嘉琰“去后何人代承户徭？并勘作人是何等色？”高昌县就此再次展开调查，在逐一询问了保人麴忠诚等、里正赵德宗、麴嘉琰本人及作人王贞子、骆敬仙后，向州府做了回复。[3]由此可以看出，诸如调查、审核申请人所述理由是否属实，随行人畜是否合法，

1 汪篯：《汪篯隋唐史论稿》，中国社会科学出版社，1981，第 34—35 页。
2 程喜霖：《唐代过所研究》，中华书局，2000，第 88 页。
3 中国文物研究所等编：《吐鲁番出土文书[肆]》（图文本），第 286—287 页。

身后赋役由谁应承，以及判断申请人是否符合领取过所资格等事宜，在唐代则是县司的责任，汉代都是乡啬夫一体负责。

魏晋以降，随着县司渐次掌握赋役征发、诉讼审判、民政管理等权力，乡吏失去了负责和管理基层事务的职能，平日不过是跑腿办事、完成县廷指派的各项任务而已。这一时期的史籍不再将乡吏与“亲民”联系起来，代之而来称县令为“亲民之主”“亲民之要”“亲民要职”[1]的说法不绝于耳。前引葛洪所谓“令长不堪，则国事不举，万机有阙”之语，不仅强调了县令职责的重要性，同时也成了六朝隋唐时期统治者的共识。

按照唐朝法令，县令执掌一县之政，负责土地、户口、赋役、治安、狱讼、教化、民政等，诸如编制户籍、注定差科、收授田地、审理狱讼等重要事务甚至需要县令亲自承担。实际上，县令作为行政机构的长官更多是发号施令，“县宰下于乡吏，乡吏传于村胥，然后至于人焉”[2]，具体事宜则交付县衙和乡里的胥吏办理。唐代的县令通常是科举入仕，行政能力参差不一；加上他们异地为官，任期较短，难免对地方事务不熟，故县令处理行政事务时假权胥吏，或胥吏侵夺长官权力的现象时有发生。唐肃宗曾下诏指出，县令“或有案牍之间，曾未闲于令式，征赋之际，或委任于胥徒，由是吏转生奸，遂为蠹政，人不堪命，流而失业”[3]。基层胥吏因为地位低、役使重，执行县廷交派的任务时，经常有不依法办事、蠹害乡里的行为。唐后期社会形势尤其是税法役制改变后，复杂的计赀环节为乡吏上下其手提供了更大空间。唐德宗时的宰相陆贽称道租庸调制说：“不校阅而众寡可知，是故一丁之授田，决不可令输两丁之赋。非若两税，乡司能开阖走弄于其间也。”[4]由于监督措施不完善和信息不对称，唐后期的乡里胥吏凭借处于县廷与民众交接的枢纽地位，实际上操控了乡村的日常事务。

1 《宋书》卷5《文帝纪》元嘉八年（431年）闰六月庚子诏“县宰亲民之主”（第80页）。《南齐书》卷3《武帝纪》永明三年（485年）正月诏“守宰亲民之要”等（第50页）。

2 （唐）白居易著，朱金城笺校：《白居易集笺校》卷63《人之困穷由君之奢欲》，第3473页。

3 （宋）宋敏求编：《唐大诏令集》卷104《察访刺史县令诏》，第533页；并参见（宋）王钦若等编：《册府元龟》卷69《帝王部·审官门》“乾元二年九月诏”，第779页上栏。

4 （元）马端临撰：《文献通考》卷3《田赋考·历代田赋之制》引“沙随程氏曰”，中华书局，1986，第45页。

唐宋之际，地方胥吏的身分也发生了变化。唐初对拣选里正有严格要求，当时民众还热衷于担任这一职务；随着役使不断加重，尤其是里正催交不上租赋时要负赔偿之责，担任里正被视为畏途。大中九年（855年），唐宣宗下诏以“州县差役不均，自今每县据人贫富及役轻重作差科簿，送刺史检署讫，锁于令厅，每有役事委令，据簿定差”，胡三省谓“今之差役簿始此”。[1]马端临说“观大中九年之诏，然后知乡职之不易为，故有轮差之举”[2]，认为从此里正由原来的县廷选任转为向豪民富户轮流差派。到了宋代，诸如户长、乡书手、甲长等主要乡吏均由乡村富豪轮流担任，中国古代的乡官制最终完成了向职役制度的蜕变。

余　论

包括户籍、田籍在内的基础帐簿是古代帝国征发赋役、管控民众的基本工具，也是地方基层机构行政运作的基石。秦汉时期，由于简册书写不便，更因形体繁重，运输保管不易，户籍等各类基础帐簿只能在乡制作，这些文书所负载的管控民众、征发赋役的基层行政功能，也主要是在国家权力末端的乡一级机构展开。但乡吏介于官、民之间的政治身分，以及鱼肉百姓的贪腐行为，向来为统治者所诟病，随着东汉以降地方社会结构的变化，统治者对于照例由民间有势力者充任的乡吏阶层愈益不信任。魏晋时期的简纸更替，为帐簿的编造权从乡上移到县创造了条件，在帝国试图解决乡政弊端及强化中央集权体制的内在驱动下，县逐渐取代乡成为统揽基层事务的枢纽。当然，导致这一时期地方行政运作方式产生变化的因素有许多，如战乱频繁造成的户口锐减、乡里组织体系的破坏、中央对基层控制力削弱等。但就制度运行条件而言，简纸替变的影响更为深远。否则我们就无法解释，在国家权力重振、管控户口数量达到新高的隋唐帝国，为什么会彻底废除乡吏、继续强化以县廷为中心的治民方式了。

1 （宋）司马光编著，（元）胡三省音注：《资治通鉴》卷249“大中九年闰四月”条，第8056页。

2 （元）马端临撰：《文献通考》卷13《职役考·历代乡党版籍职役》，第140页。

简纸更替并非基层统治重心上移的原因，而是为这一转变提供了技术前提和物质条件。也就是说，简纸更替并不必然会引起基层统治重心的上移，但基层统治重心的上移必定以简纸更替为前提。中国古代基层统治重心上移的背后，实际上反映的是统治集团因应技术进步，为强化中央集权所做的不懈努力。[1]魏晋隋唐时期，县司包揽了地方各项事务，但以县令为首的县廷不可能直接面对分散的个体小农，具体工作仍旧是由乡里胥吏承担。只不过这一时期的乡里社会，在所谓“门阀贵族政权”的六朝，地方大族势力雄厚；在天下重归一统、郡县属吏品官化的隋唐，中央集权力图渗透到末端，基层胥吏并不能武断乡里。随着中唐后由人丁到赀产的税制变化，唐末五代地方新兴势力的成长，国家权力对基层的渗透力逐步转弱，官府对乡里胥吏的依赖增强，特别是乡官向乡役的转变，使士绅阶层和宗族组织登上了乡村政治的舞台。如果我们将整个魏晋南北朝隋唐时期视为中间阶段，那么中国古代基层的行政运作就呈现出前后两种完全不同的状态。费孝通认为，中国传统政治实行的是双轨制，皇帝的统治基本局限在县一级，县以下的行政管理和乡村治理则由乡绅主导。[2]温铁军讨论中国古代社会的基层管理模式时，也提出了“皇权不下县”的观点。[3]相较于秦汉时期国家权力直接渗透到基层，皇帝力图实现个别人身支配而言，这些说法显然更适合宋代之后的情况。傅衣凌分析乡绅阶层之所以能够支配乡村时，指出：高度集权的中央政权实际上无法完成其名义上承担的各种社会责任，其对基层社会的控制只能由一个双重身分的社会阶层来完成，而基层社会也期待着有这样一个阶层代表它与高高在上的国家政权打交道。[4]赞成“皇权不下县”观点的学者，也将这一局面

1　魏晋与宋以后情况有很大不同。魏晋时期社会地方势力并没有出现结构性成长，这一时期基层统治重心的上移实际上是统治者借助简牍文书向纸质文书的转变，主动把原来乡吏的权力全部收到以县令为首的县廷；宋之后则是随着乡绅阶层和宗族组织的兴起及朝廷为了降低统治成本，统治阶层不得不让渡部分权力给民间势力。

2　费孝通：《基层行政的僵化》《再论双轨政治》，见费孝通著，刘豪兴编《乡土中国》（修订本），上海人民出版社，2013，第275—293页。

3　温铁军：《半个世纪的农村制度变迁》，《战略与管理》1999年第6期。

4　傅衣凌：《中国传统社会：多元的结构》，《中国社会经济史研究》1988年第3期。

的出现归结为国家无力在基层社会建立起有效的官僚系统。宋代以后基层官员面对的社会问题、承担的行政事务远较以前复杂，这是不争的事实；但如果追根溯源，我们就会发现，县廷掌握直接治民权在前，乡绅全面控制乡村社会在后。这种基层统治结构的转变，历经魏晋隋唐间数百年的曲折演化，其最终完成不得不说是统治集团致力于强化中央集权却又事与愿违的结果。

结论

战国以降户籍制度的形成与发展

唐德宗建中元年（780 年）实行两税法，规定“户无土客，以见居为簿”[1]，改变了以往官府编制户籍只著录土著民、不著录寄寓人户的做法。这是中国古代户籍制度史上划阶段的重大变化。中国古代户籍制度据此可以分为前后两个时期，本书标举的“战国以降”，讨论的就是中国古代前期的户籍制度。

本书各章在专题基础上撰写而成，这样做的好处是可以使讨论的主题更集中、深入，但也存在线索不够明晰的缺陷。这里有必要对中国古代前期户籍制度本身的发展演变轨迹做一番集中梳理。

一

我们目前见到早期的造籍法令有两条。一是传世典籍《管子·度地》篇征引战国时期法令：“常以秋岁末之时，阅其民，案家人比地，定什伍口数，别男女大小。其不为用者辄免之。有锢病不可作者疾之，可省作者半事之。并行，以定甲士当被兵之数，上其都。”二是张家山汉简《二年律令·户律》简 328—331：“恒以八月令乡部啬夫、吏、令史相杂案户籍，副臧（藏）其廷。……民宅园户籍、年细籍、田比地籍、田命籍、田租籍，谨副上县廷。”与战国时期相比，汉代的造籍制度有沿承也有变革。

《管子·度地》篇所谓“秋岁末”，也就是《二年律令·户律》说的“八月”。战国秦汉时期之所以固定在八月造籍，与当时的财政年度有密切关系。

1 （宋）王溥撰：《唐会要》卷 83《租税上》，第 1820 页。

传统史家将秦汉时期“计断九月”归因于秦及汉初以十月为岁首，现代学者往往承袭此说。实际上，“计断九月”是随着战国上计制度的产生而出现的，是由当时居于政治统治重心、经济重心地位的黄河流域的主谷生产，也就是粟的成熟时间决定的。粟七月成熟，官府经过两个月的时间，到九月底将田租全部征收上来后，才能据此分配来年国用，所以重在反映一年财政收支状况的上计簿登载的各项数据就要截止到九月底。财政年度规范了全国经济活动的实施。汉代胡广介绍上计簿著录的主要内容是“户口垦田，钱谷入出，盗贼多少”[1]，贾谊说“受计之礼，主所亲拜者二：闻生民之数则拜之，闻登谷则拜之”[2]。户口数据作为计簿登载的重要项目，官府必须在计簿制作前完成造籍工作；同时为了保证户口数据的准确性，造籍工作也不能提前太早。编制户籍需要经过民户自占、县乡案比、编定户籍等一系列流程，官府八月案比，整个造籍工作在九月底结束，正好将统计的户口数据登载到当年的计簿上。

《管子·度地》篇没有提到户籍种类，张家山汉简《二年律令·户律》列举了“宅园户籍、年细籍、田比地籍、田命籍、田租籍”五种基础籍簿，其中符合“户籍相伍”特征的只有“宅园户籍”和“年细籍”，这两种籍也被称为“名数”。学者对“宅园户籍”著录哪些内容争议很大。从名称上看，“宅园户籍”除著录家口外，还应该登记宅园。古代官府授予民户的“宅园”是一种特殊的土地形式，既可以指民户定居点的宅基地，也可以指修建作为土地附属物的田舍的地块。从《西魏大统十三年（547年）瓜州效穀郡（？）户籍》（以下简称《西魏大统十三年户籍》）的记载看，北朝均田制下授予民户的“园宅地”主要指后者。[3]《二年律令》提到“宅园”的地方仅见于“宅园户籍”，在其他律条中更常见的是“田宅”一词，考虑到“宅园”的性质及其与田地的关系，笔者怀疑战国至汉初的“宅园户籍”中也著录田地内容。这种推测的理由有二：其一，古代常以“案比”指代官府造籍，此语源于《管

1 《续汉书·百官志五》注引“胡广曰”，见《后汉书》，第3623页。
2 （汉）贾谊撰，阎振益、钟夏校注：《新书校注》卷6《礼》，中华书局，2000，第216页。
3 〔日〕池田温：《中国古代籍帐制度研究·概观》，龚泽铣译，第70页。

子·度地》篇“案家人比地”。《管子·度地》篇讲的是对土地的规划和安排，“比地”就是核查土地，唐代尹知章解释“案人比地”说“有十口五口之数，当受地若干”。“案家人比地”只是说官府造籍时要核查民户的土地情况，未见得就是指将土地著录到户籍上；但《管子·禁藏》篇说“户籍田结者，所以知贫富之不訾也”[1]，邢义田指出“结”有抽取的意思[2]，“田结”应当是从户籍中抽取田地内容制成的专门簿籍。其二，汉初仍在一定程度上推行“名田宅制”，官府按照户主的爵位授予民户田宅，民户拥有田宅必须以单独立户为前提。张家山汉简《二年律令·户律》简 335 规定，如果民户的田宅发生变动，“不为户，得有之，至八月书户”，到了八月造籍时才能将田宅的异动情况著录到户籍上。此外，《周礼·天官·小宰》记载统治者治理国家的八种手段，“三曰听闾里以版图”，东汉郑众解释说：“版，户籍；图，地图也。听人讼地者，以版图决之。”户籍只有登载了土地，才能与地籍配合使用，解决土地纠纷。

“宅园户籍”记载田宅至少包括宅园在内的赀产内容，这就决定了其来源于户主申报。秦汉时期，民户的家庭财产归户主所有而非家庭成员共有，《二年律令·户律》规定：“孙为户，与大父母居，养之不善，令孙且外居，令大父母居其室，食其田，使其奴婢，勿贸卖。”（简 337—338）孙子为户主，与其同居的祖父母居住的房屋、耕种的田地及役使的奴婢归孙子所有。在此情况下，“宅园户籍”无疑由户主向官府申报。岳麓秦简“识劫㛂案”的起因就是㛂的儿子也是户主的“义”年龄尚小，㛂代替他申报赀产不实引起的。不唯赀产，官府对户籍中家庭成员身分的确定，也是基于户主的申报。“识劫㛂案”在讨论㛂的身分时，“卿（乡）唐、佐更曰：‘沛免㛂为庶人，即书户籍曰：免妾。’沛后妻㛂，不告唐、更。今籍为免妾。不智（知）它”。

相较于战国时期就出现的“宅园户籍”，“年结籍”是秦王政十六年（前 231 年）“令男子书年”的产物。《二年律令》称“年结籍”为“年籍爵结”，

1　黎翔凤撰：《管子校注》卷 17，梁运华整理，第 1025 页。

2　邢义田：《“结其计”臆解——读岳麓书院藏秦简札记之一》，《今尘集——秦汉时代的简牍、画像与文化流播》，第 333 页。

说明这种籍重点记载民众的年龄、爵位情况。里耶秦简 J1（16）9A 记载迁陵县启陵乡没有“年籍”，“毋以智（知）劾等初产至今年数”，透露出“年籍”除了著录民众当时的年龄，还登记其生年。长沙走马楼西汉简 0109 记载了“南”的“年籍”：“北平大女南。母姊占：定王四年产，尽今五年年廿八。”民众的年龄原则上由本人向官府申报，我们不清楚“南”的姐姐代其占年的背景。秦汉时期的女性通常没有爵位，这里只记载了“南”的年龄情况。但 2022 年刊布的乌程汉简收录一枚木牍（简 011）：

故士五（伍），永光二年袭父后蛮莫（夷）冬可左庶长。

☐可左席（庶）长乌程羡里茎上。

元康二年年一，　尽阳朔三年年卌三。[1]

木牍上部分著录了茎上的名县爵里，下部分分为两项，分别著录了茎上傅籍时的爵位、现爵位的赐予时间及其生年、现今年龄，比较符合“年籍爵细”的特征。

按照秦汉律法，民众的年龄须由本人申报。秦王政十六年“初令男子书年”，睡虎地秦墓主人喜在《编年记》此年下注明“自占年”。《二年律令·户律》简 325 说：“诸（？）民皆自占年。小未能自占，而毋父母、同产为占者，吏以□比定其年。”除“小未能自占”的特殊情况外，民众个人必须向官府申报年龄，申报不实，要给予处罚。我们不能机械地认为“年细籍”就是指“南”“上”这种个人身分资料，前引里耶秦简 J1（16）9A 都乡指责启陵乡“渚里不☐劾等十七户徙都乡，皆不移年籍”，说明年籍也是以户为单位。笔者理解“年细籍”来自个人申报，然后再由乡里吏将其以户为单位抄录或编连在一起。

《二年律令·户律》有时将“宅园户籍”省称户籍，笔者以为汉代狭义的户籍就是指“宅园户籍”，广义的户籍也包括“年细籍”在内。

《管子·度地》篇指出户籍的功能主要有二：统计户口、征发基于人身的赋役。战国时期尚未出现人头税性质的口算赋，这里只提到了徭役。从我们

1　中国美术学院汉字文化研究所编：《乌程汉简》，第 17 页。

目前掌握的资料看，这两类功能分别由不同的户籍簿承担。《二年律令》提到了“宅园户籍”和“年籍”，东汉时的郑众注释《周礼》时也提到了两种籍。《周礼》卷3《天官·小宰》记载“以官府之八成经邦治”，“八成”也就是八种文书，“一曰听政役以比居”“三曰听闾里以版图”，郑众说“比居”就是伍籍，用“伍籍”派发“政役”，用“版”即户籍调停民户土地纠纷。郑玄解释“政役”为赋役，唐人贾公彦指出郑玄说的“赋”就是人头税，汉代的人头税主要是口算赋。在秦汉赋役体系中，口算赋及徭役占据的地位最重要，但上举《二年律令》中提到了“田租籍”，似乎看不到征发口算赋及徭役的簿籍。年龄和爵位是秦汉时期征发赋役的直接依据，秦国最初掌握民众的年龄也是从“男子书年”开始的，这显然也是为了最大限度地征发包括兵役在内的徭役。笔者怀疑“年籍”就与征发赋役有关。《二年律令·户律》提到民众迁徙时，随同移走的“名数”中包括“宅园户籍”和“年籍”；荆州高台墓出土了汉文帝七年（前173年）“燕”的冥世名数，最引人注目的就是其末尾所书的“不筭不顾”，也就是无须缴纳口算和服徭役。死者入葬后前往另一个世界，迁徙的自然只有其个人名数，笔者怀疑“燕”的名数就是“年籍”。

“宅园户籍”的线索很少。西北悬泉汉简Ⅴ1210③：96载：“骊靬武都里户人大女高者君自实占家当乘物□。□□年廿七□□、次女□□□□□……”户主自占内容包括家庭人口和作为“家当乘物”的赀产状况，不知道其是否与编制“宅园户籍”有关。南朝陆修静《陆先生道科门略》中提到汉魏之际的奉道民户将自占的名数称为“宅录”，这一名称应当与“宅园户籍”有承袭关系；“宅录”著录的内容主要是男女口数，这不仅与吴简中的“右某家口食”类户籍簿，也与《前秦建元二十年籍》的丁中统计栏类似。

长沙走马楼吴简出土的“凡口若干事若干/算若干事若干”类簿籍，功能主要是征发口算赋兼及更赋。这类户籍簿中不见征发徭役的记载，但长沙东牌楼所出汉灵帝时期的户籍簿中标注有“算卒”字样，其结计简也有“甲卒一人”的统计。我们有理由相信，“凡口若干”类户籍簿原本是用于征发口算赋和徭役，只是孙吴情况发生变化，户籍簿就不再标注也不统计徭役了。从青岛土山屯《堂邑元寿二年（前1年）要具簿》记载的复口、事口及复算、事算数据，再联系江陵松柏汉墓出土汉武帝时期的“复事算簿”及荆州高台汉墓“燕”的名数末尾“不算不顾”一语看，“凡口若干”类户籍簿西汉前期就存在了。这类户籍簿应该与《二年律令》中的“年细籍”、郑众提到的“伍籍”有密切关系。[1]

吴简中的“右某家口食”类户籍簿著录的是里内所有人户，其结计简统计一里的总户数和总口数。从这类账簿重点统计男、女口及户口总数入手，我们也可以追溯到松柏汉墓出土的西陵乡、南郡各县户口簿乃至湖南里耶一号井出土的秦代家口籍。从学者复原的结果看，孙吴“右某家口食”简是临湘乡里组织在旧有户籍基础上，通过增添新的人口异动注记方式，编制的用于统计现有户口数的簿籍。这类簿籍在编制单位、攒造程序上与秦汉户籍制度有一定差异，但也承担着户籍户口统计这一基本功能。

“年细籍”是秦汉统治者强化民众个别人身支配的产物。官府编制以个人名义申报的“年细籍”，无非强调其本人要对这些数据的真实性承担法律责任，借此征发民众的口算赋和徭役。到了东汉末年，人头税性质的口算赋为户调所取代，户主的责任进一步强化，“年细籍”逐渐就消失了。

学者对战国秦汉时期户籍的编造年限也有不同意见。《周礼》所载战国时期的制度有很多构想成分，其《地官·小司徒》提到当时造籍有“岁时入其数”和“三年大比”之分，郑玄将前者比作“四时言事”，后者释为“八月案比”，实际上就否认了汉代三年造籍的说法。《管子·度地》篇开头说“常以秋岁末之时”，《二年律令·户律》谓“恒以八月”，“常”“恒”暗示当时户籍应该是一年一造。《二年律令·户律》简 335 规定“所分田宅，不为户，得有之，至八月书户”，每年造籍时才能改定田宅事项。“右某家口食”“凡口若干”两类户籍簿的产生时间不晚于西汉前期，考虑到每年的户口和赋役征调数据都会有变化，同时有证据表明孙吴时期这两类户籍簿都是每年更造，这也可以进一步确认战国秦汉时期的户籍每年更造。

战国秦汉时期户籍的编造、保存机构发生过变化。《管子·度地》篇只是

1　长沙东牌楼出土 6 枚与户口簿籍有关的简牍，除我们探讨的“凡口若干”类简外，简 83 有“右五户同伍”，简 84 有“文后家今又六户”的记载。

说“阅其民，案家人比地”，没有指明户籍的编造机构，但后面说“以定甲士当被兵之数，上其都”，“都”是县廷的代称，说明战国时期的户籍也是在乡编造。《管子・度地》篇不见县参与造籍的迹象，只是说乡造完籍后将甲卒数呈报给县廷，没有提到呈报户籍。前引里耶秦简 J1（16）9A 记载迁陵县要求启陵乡移送民户“年籍”，启陵乡称本乡没有“年籍”，请都乡自行查问移民的年龄。这一事例说明迁陵县廷没有保存辖乡户籍，也不掌握辖乡是否造籍的情况。由此推测，战国时期的户籍完全由乡负责攒造，造好的户籍只存放在乡。大概秦统一后，造籍制度有了变化。《二年律令・户律》说：“令乡部啬夫、吏、令史相杂案户，户籍副臧（藏）其廷。”能够命令乡吏、令史案比造籍的只能是县廷，《续汉书・礼仪志中》也说“仲秋之月，县道皆案户比民”[1]。在县廷的主导下，县令每年派令史分赴各乡与乡吏一起案比民户，编造好的户籍一式两份，正本放乡，副本呈报县廷。

《管子・度地》和《二年律令・户律》记载的是官府造籍程序，在官府案比之前，首先有一个民户自占环节。如前所述，“宅园户籍”与“年细籍”自占的主体不同，前者由户主申报，后者系个人自占。唐代民户手实是写在一张单独的纸上，为了保证资料的准确性和安全性，秦汉时期户主和民众个人自占的名数也是写在一枚单独的简或木牍上。官府并非完全以民户自占为依据，需要对民户申报的重点内容如“罢癃”“新傅”“免老”“给侍”等特定身分和年龄的人群进行案验。战国晚期的《秦律杂抄・傅律》、汉初的《二年律令・户律》明确规定，发现民户申报不实，不仅申报者，里吏、同伍之人也会受到严厉处罚。[2]湖南里耶出土的南阳里户版中注有“伍长”“毋室”等二次书写的字样，若非乡吏，就是里吏核实后标注的。长沙东牌楼及以后尚德街、五一广场出土的零散“户籍简”涉及各种享受赋役减免的身分和事项，这几枚简均采用一户一简的形制，简中注有“复”及二次书写的朱笔“中”字，推测其性质应当是官吏在乡完成案比后呈报给县廷的帐簿，这些帐簿应该是利用民众自占的名数制成的。

1　《续汉书・礼仪志中》，见《后汉书》，第 3124 页。

2　睡虎地秦墓竹简整理小组编：《睡虎地秦墓竹简》，“释文・注释”，第 87 页。

二

目前所见魏晋南北朝时期唯一一条造籍法令，是《太平御览》卷606《文部·札》引《晋令》："郡国诸户口黄籍，籍皆用一尺二寸札，已在官役者载名。"唐代保存下来的造籍法令很多，最具代表性的当数《唐会要》卷85《籍帐》引"开元十八年十一月敕"："诸户籍三年一造，起正月上旬，县司责手实、计帐，赴州依式勘造。乡别为卷，总写三通，其缝皆注某州某县某年籍，州名用州印，县名用县印。三月三十日纳讫，并装潢一通，送尚书省，州县各留一通。"

有迹象表明，孙吴时期的造籍日期已经发生变动。秦汉"计断九月"不适合稻作生产方式，水稻成熟时间比粟晚，睡虎地《仓律》简35规定"稻后禾孰（熟），计稻后年"，南方广大地区的田租收入只能记录到下一财政年度。作为江南"六朝"之首的孙吴政权出于财政需要，并且为树立自身的正统地位，创设了适应水稻生产方式的历年制，即以正月初一至十二月底作为一财政年度。西晋恢复短暂统一后，放弃汉魏旧制，改用孙吴新制，这除了与后者能容纳黄河流域的粟作收获时间，更与当时江南社会经济的发展及财政预算体制的初步确立有关。官府造籍日期随着财政年度的变化而调整，我们从长沙走马楼吴简也可以看到嘉禾年间临湘侯国十二月搜括流民，以及邻县民众十二月占上户牒的实例。《前秦建元二十年（384年）三月高昌郡高宁县都乡安邑里籍》（以下简称《前秦建元二十年籍》）、《西凉建初十二年（416年）正月敦煌郡敦煌县西宕乡高昌里籍》《北凉承阳二年（426年）十一月籍》表明，十六国时期的户籍编制也是在岁末年初这段时间。东晋政府的历次土断，也主要在三四月实行。朝臣对北魏孝文帝将造籍日期定在二月的做法提出不少意见，此后均田制下土地的还授时间从正月提前到前一年的十月，官府编造户籍的日期势必也会调整。最迟到隋文帝时期，官府造籍的日期就固定在了正月。[1]

1 《隋书》卷24《食货志》，第681页。

《晋令》谓“郡国诸户口黄籍，籍皆用一尺二寸札”，学者通常将“札”直接解释为简册，但分析西晋一尺二寸的长度并结合户籍的著录内容、编造制度看，这一时期的户籍很可能是县廷编造并至少上呈郡国的纸本户籍。伴随造籍材料的变革，户籍编造和保存机构发生了很大变化。统治者为了加强对地方的管控，将户籍从原来的一式两本只保存于乡、县，改为一式多本，除县廷外，还要逐级呈报郡、州乃至中央政府，由此也会花费大量的人力、物力。[1]可能是为了节省成本，南朝的造籍年限出现调整，刘宋基本上是三年一造籍。《前秦建元二十年籍》与上次造籍之间至少隔了 6 年，考虑到十六国时期的政治形势，其反映的造籍周期不可视为常态。作为基础台帐的户籍数年一造，背后一定存在着每年更造、旨在征发赋役的帐簿。[2]

学者对西魏大统十三年（547 年）文书的性质争论了半个多世纪，有户籍、计帐、户籍计帐等各种说法。根据《周书·苏绰传》记载，“绰始制文案程式，朱出墨入，及计帐、户籍之法”，数年后宇文泰下令“其牧守令长，非通六条及计帐者，不得居官”。说明户籍与计帐是两种不同性质的文书，户籍计帐之说不能成立。西魏大统十三年文书由 A、B 两卷组成，B 卷明显具有计帐性质，属于一年更造；从著录的出嫁、死亡及新生等户口异动记录看，A 卷也是一年一造。[3]一些学者之所以判定西魏大统十三年文书为计帐，主要原因就是其与后世三年一造的户籍不同，而与每年编造的计帐特征一致。但上引《周书·苏绰传》暗示传主改革户籍制度的方向就是剥离此前户籍中的赋役集计，实现户籍与计帐的分离，苏绰改制之前的户籍既然包含后世计帐的内

1 唐代对造籍耗费的时间和财力有过记载：“诸造籍起正月，毕三月，所须纸笔、装潢、轴帙皆出当户内，口别一钱。”（《唐六典》卷 3“户部郎中、员外郎”条，第 74 页）即使从县令正月赴州勘造算起，整个造籍过程也需要三个月时间；以唐玄宗天宝十三载（754 年）户口最鼎盛时期计，全国为此要花费 52 880 488 钱。（《旧唐书》卷 9《玄宗纪下》，第 229 页）

2 前引《唐六典》卷 3“户部郎中、员外郎”条，造籍“口别一钱。计帐所须，户别一钱”（第 74 页），编造计帐花费的时间、财力就比编造户籍少得多。

3 西魏大统十三年文书 A 卷标注出嫁 3 例、死亡 2 例，年代都指向了丁卯年（547 年）。新生 2 例中，虽然生年存在误记的情况，但都是 2 岁“新上”。北魏孝文帝制度初创时，编造户籍的时间是在二月，至少北魏后期就改为了正月（参见本书第二编第七章“《前秦建元二十年籍》与汉唐间籍帐制度的变化”）。如果此时与唐代一样，民众岁末报来年手实，当然新生儿就是 2 岁入籍（参见本书第一编第二章“从‘岁尽增年’到‘岁初增年’——中国中古官方计龄方式的演变”）。

容，便只能和秦汉时期一样是一年更造。从著录的内容看，大统十三年（547 年）文书除反映出土地、课役制度的时代差异外，仍主要承袭了战国以降户籍统计户口和征发赋役的功能。只不过在简牍时代，这两种功能分别由不同的籍簿承担；而在纸本时代，这两种籍簿合而为一了。户籍、计帐最大的区别就是编造方式不同。户籍由造籍机构一次编制数本，如简牍时代乡编造户籍正副两本，纸本时代县廷同时编造户籍四本。无论计帐还是其前身的计簿都是采用逐级编制的方式，用唐代的话说，就是“乡呈县、县呈州、州呈户部”，乡将户口数据呈报县，县汇总一县数据上报州，州汇总后再上至中央政府。西魏大统十三年文书如何编造？据目睹过原件的山本达郎、仁井田陞、池田温等介绍，这件文书残存两种官印，小印为县印，稍大点的应该是郡印。[1]前引《唐会要》卷 85《籍帐》载“开元十八年十一月敕”：“县司责手实、计帐，赴州依式勘造。乡别为卷，总写三通，其缝皆注某州某县某年籍，州名用州印，县名用县印。”县令赴州造籍时可能随身携带县印，故户籍同时能钤盖州、县印。逐级编制、依次上呈的计帐只能钤本级编制机构的印章，不可能同时盖上级或下级机构的印章。从存留的印章情况看，西魏大统十三年文书属于户籍，推测其是县携带造籍材料在郡级机构编造，故盖有郡印、县印。苏绰大统二年（536 年）提出户籍改革方案，大统十年（544 年）后，宇文泰还在推行计帐之法，作为一种新兴事物，计帐为地方尤其边陲接受是个缓慢过程。《西魏大统十三年籍》本身兼具统计户口、征发赋役的功能，明显具有苏绰改制之前户籍与计帐合一、每年更造的特点。宇文泰强力推行一段时间后，计帐就从户籍中彻底分离出来。

唐代的户籍体系主要由手实、计帐、户籍三种文书构成。户籍作为基础台帐三年一造，旨在征发课役的计帐每年一造，手实是编造户籍及计帐的基础，因而民户的手实也是一年一报。[2]在造籍年，户主要提前在上年年末向里正呈报手实，如实申报本户的人口和土地情况。里正经过初步审核后，将民

1　相关情况，详见〔日〕池田温：《中国古代籍帐研究·概观》，龚泽铣译，第 56—57 页。

2　张荣强：《〈新唐书·食货志〉所载“手实”、“乡帐（计帐）”关系考》，《史学史研究》2009 年第 4 期。后以《唐代“手实”与“计帐”关系考——以朱雷、宋家钰的争论为中心》为题，收入《汉唐籍帐制度研究》一书。

户手实粘连起来或重新抄录一份呈报给县廷。接下来，县令负责对民户手实中登载诸如“三疾”“五九”等影响赋役征发的重点群体亲自貌阅，吐鲁番出土的《唐开元年间西州交河县帖盐城为令入乡巡貌事》记载了交河县令拟于十一月赴盐城乡貌阅的事。县令在赴乡貌阅的同时，还要根据民户赀产确定民户户等。这两项工作结束后，县令在造籍年年初携带貌阅后的手实和计帐赴州正式造籍。简单地说，唐代造籍的整个程序就是：民户手实→里正案比→县令貌阅、定户等→赴州造籍。在非造籍年，民户在当年年初向里正申报手实，同样经过里正案比、县令赴乡貌阅后，由乡据核实后的手实编造乡帐，经过逐级编造，造好的州计帐最后上呈中央户部。简单图示就是：民户手实→里正案比→县令貌阅→乡造计帐。从编造程序来看，户籍和计帐只是最后环节不同，这也印证了户籍和计帐自产生之日起就有着密切关系及此后因功能不同而相异的演进路径。

三

影响中国古代前期户籍制度发展变化的原因有很多，最直接也最明显的应该是赋役制度的变化，“年细籍”的出现和消失就是这方面的例证。除此之外，至少还要考虑两个方面。

书写材料变化是推动这一时期户籍制度变革的外部动因。中国古代户籍的书写载体经过两次大的变化，一是战国中期以简册代替木牍，二是魏晋之际以纸张代替简册，尤以后者影响为巨。简牍时代，因为造籍材料的体积庞大、运输笨重且书写不便，户籍只能在乡制作，最高只能放在县廷保管。纸本时代，户籍由乡收归县编造，东晋南朝的户籍至少一式四份，县、郡、州、中央各留一份。北朝记载户籍的史料很少，但《魏书·薛野賭传》说传主在文成帝时任给事中，“典民籍事，校计户口”；《隋书·礼仪志》也记载北齐皇宫藏有一枚镌刻“督摄万机”四字的木印，专门用来盖在户籍的骑缝处。看来，北朝户籍制度与东晋南朝一样，也是由县负责编造，逐一上呈并保存在郡、州直至中央政府。唐代对造籍的监控进一步加强，县司在造籍年要携带手实、计帐等造籍材料赴州造籍。这一系列户籍制度变化的背后，反映的是统治集团因应技术进步，强化中央集权所做的不懈努力。

简纸转换是古代户籍管理权限上移的关键环节。不是说，简纸变革必然会带来户籍管理权限的上移，但户籍管理权限的上移必定以简纸变革为前提。简牍时代，以户籍为代表的各种基础帐簿仅上呈县廷，中央掌握的有关国计民生的各种数据主要依靠上计得来。中央明知地方上报的数据造假严重，但苦于无基础帐簿可供稽核。户籍书写载体及造籍制度发生变革后，中央掌握了具有基础台帐功能的户籍，就可以深入掌握地方的详细情况。为了治理户籍伪滥的问题，刘宋元嘉年间曾派傅隆负责检籍工作，齐高帝时甚至专门设立了检籍官，这表明虽是县编造户籍，但户籍的最终审核权在中央。除户籍之外，秦汉时期乡级机构编造并掌握的帐簿中，还有包括田籍在内的一系列基础帐簿。这些基础帐簿作为乡吏征发赋役、管控户口的基本工具，也是乡级行政运作的基石。魏晋之际简纸更替后，以户籍为代表的基础帐簿编造权逐渐集中到县，帝国的基层统治重心亦随之由乡司上移县廷，中国古代基层统治方式就此进入了一个新的阶段。

人口流动是中国古代户籍制度变革的深层次原因。中国古代户籍制度的本质是通过控制民户居住地的方式，实现对人口的管理。在唐代两税法承认客户合法性之前，中国古代户籍著录的对象只是土著民，并通过建立什伍组织，将土著民按照五家为伍的方式编连起来。《史记·秦始皇本纪》载秦献公十年（前 375 年）“为户籍相伍”，官府按五家连保的方式对民户进行管理，其结果必然要求按民户居地相邻原则编制户籍。战国秦汉时期的传世典籍及出土文献中有一些诸如大夫“不当”伍、关内侯“不为”伍的记载，不是说这些高爵者就不与普通民户一起著录户籍，而是说他们享受政治特权，不受什伍制度约束。南朝刘宋时期开展过一次关于士人是否押符的大讨论，就是以士人被纳入什伍组织为前提。北魏洛阳令拓跋志说“普天之下谁不编户”，《唐律疏议·户婚律》也有“率土黔庶，皆有籍书”的表述，无论皇亲国戚还是贩夫走卒，都要按居地相邻原则编入当地户籍，这是中国古代前期户籍制度的一项基本原则。明白这一点，就会知道唐代以前传世或出土文献中记载的诸如宗室籍、宦籍、商籍、子弟籍、游士籍等，不过是官府对某些特殊群体予以优待或者为了加强管理和控制而编造的专门册籍，这些都不是户籍。即使在户役特征最明显的魏晋南北朝时期，除单独居住不纳入郡县管理的营居军户、屯田户之外，那些居住在郡县的兵户、吏户，以及其他人户也是按照居地相邻原则与普通郡县民统编在一起，只是在籍注中标明身分而已。

汉末魏晋时期的大规模人口流动对户籍制度造成了巨大冲击，并由此引发了基层地方行政组织的调整。吕思勉指出，魏晋南北朝时期"其大成就有四"："一曰士庶等级之平夷；二曰地方畛域之破除；三曰山间异族之同化；四曰长江流域之开辟"，此"皆与民族之动荡移徙有关，故民族之移徙，实此时代中最大之事也"。[1]面对战乱频繁造成的人口锐减、民众逃移流徙严重的情况，统治者为了稳定社会秩序，更为了与豪强大族争夺足够的劳动力，便将治下编户划分为多种人户，让他们承担不同的国家义务。相较于战国秦汉普罗大众被统一纳入乡里、承担相同赋役的编户齐民体制，魏晋南北朝时期无论单独编籍的屯田户、营居兵户，还是与郡县民混编的郡县兵户、吏户、匠户乃至杂营户[2]等，都呈现出明显的户役制特征。为加强对散布民间的特殊人户的管理和控制，官府专门编制的籍簿中已经出现了不分土客、一体编籍的倾向。近几年，中古史学者开始反思宫崎市定提出的"都市国家论"，根据出土的简牍资料接连发表一系列文章，不断将农村聚落出现的时间提前。实际上，我们很难判明城市与农村这两种聚落形式在历史上出现的先后顺序，战国秦汉史籍中之所以不见农村聚落，主要是因为统治者完全凭借乡里这套户籍行政体制管理民众，并未将客观存在的农村纳入统治视野。传世典籍中乡官里吏穿梭于政治舞台的身影，与出土资料中以丘或聚命名的自然聚落遍布大河南北的情景，不过是历史展现的不同面相而已。魏晋时期人口锐减，除了战争造成人口大量死亡，更重要的原因是民众大规模逃离国家的统治成为

1 吕思勉：《两晋南北朝史》，上海古籍出版社，1983，第5页。

2 《魏书》卷94《阉官·仇洛齐传》载："魏初禁网疏阔，民户隐匿漏脱者多。东州既平，绫罗户民乐葵因是请采漏户，供为纶绵。自后逃户占为细茧罗縠者非一。于是杂、营户帅遍于天下，不属守宰，发赋轻易，民多私附，户口错乱，不可检括。"（第2013—2014页）这里的"杂、营户"，《魏书·食货志》作"杂营户"，指的是与普通郡县民不同、专门供应绢棉纺织品的人户。

流民。为了加强对人口尤其是流动人口的管控，统治者在重建乡里秩序的同时，也开始发挥村作为地域组织的政治作用。这一时期南方的村、北方的坞堡都承担了维护治安、征发赋役的职能。唐代后期，随着基于丁身的均田制和租庸调制瓦解，民众流动不再受到限制，官府户籍管理体制随之由联户组织的乡里向地域组织的乡村转变。

唐代两税法以前，著录在户籍上的民户称作正户，也就是被纳入统治秩序、承担官府赋役的人户。与之相对，那些脱离户籍控制、不承担官府义务的人，就是所谓的流民、游民、客户等。古代统治者解决后者的方式不外乎两种，最常见的就是遣送他们返回原籍；如果起不到效果或者遇到反抗，也会允许这些人就地入籍。这两种方式的目的就是让流民重新占籍，成为土著民。唐德宗建中元年（780 年）实行两税法，规定“户无主（土）客，以见居为簿。人无丁中，以贫富为差”[1]，正式承认了客户的合法地位。此后承担官府赋役的民众也就是两税户的主体变成了有赀产的土户和客户，居住在当地的无赀客户无须承担两税，承担赋役的人户并非全部居住在当地，由此形成了按物力高低编排的赋役征调和按居地相邻原则编排的户口统计两套管理系统，中国古代户籍制度就此进入了一个新的阶段。

1 《旧唐书》卷 48《食货志上》，第 2093 页。陈乐素指出：这里的“主户”应该作“土户”，《旧唐书》以当代用语改之，是“很大的错误”。见其著《求是集》（第 2 集），广东人民出版社，1984，第 68—74 页。

主要参考文献

一　传世典籍

（清）阮元校刻：《十三经注疏》，中华书局影印本，2009。

黄怀信、张懋镕、田旭东撰：《逸周书汇校集注》，上海古籍出版社，1995。

（清）孙诒让撰：《周礼正义》，王文锦、陈玉霞点校，中华书局，1987。

（清）孙希旦撰：《礼记集解》，沈啸寰、王星贤点校，中华书局，1989。

（汉）史游撰：《急就篇》，曾仲珊校点，岳麓书社，1989。

（汉）许慎撰，（清）段玉裁注：《说文解字注》，上海古籍出版社，1981。

（清）王引之：《经传释词》，岳麓书社，1984。

（清）吴昌莹：《经词衍释》，中华书局，1956。

（汉）司马迁撰：《史记》，中华书局点校本，1959。

（汉）班固撰：《汉书》，中华书局点校本，1962。

（南朝宋）范晔撰，（唐）李贤等注：《后汉书》，中华书局点校本，1965。

（晋）陈寿撰，（南朝宋）裴松之注：《三国志》，中华书局点校本，1959。

（唐）房玄龄等撰：《晋书》，中华书局点校本，1974。

（南朝梁）沈约撰：《宋书》，中华书局点校本，1974。

（南朝梁）萧子显撰：《南齐书》，中华书局点校本，1972。

（唐）姚思廉撰：《梁书》，中华书局点校本，1973。

（唐）姚思廉撰：《陈书》，中华书局点校本，1972。

（北齐）魏收撰:《魏书》，中华书局点校本，1974。

（唐）令狐德棻等撰:《周书》，中华书局点校本，1971。

（唐）魏徵、令狐德棻撰:《隋书》，中华书局点校本，1973。

（唐）李延寿撰:《南史》，中华书局点校本，1975。

（后晋）刘昫等撰:《旧唐书》，中华书局点校本，1975。

（宋）欧阳修、宋祁撰:《新唐书》，中华书局点校本，1975。

（元）脱脱等撰:《金史》，中华书局点校本，1975。

（清）梁玉绳撰:《史记志疑》，中华书局，1981。

（清）王先谦:《汉书补注》，顾廷龙主编《续修四库全书》第 268 册，上海古籍出版社，2001。

（宋）司马光编著，（元）胡三省音注:《资治通鉴》，中华书局点校本，1956。

（汉）刘珍等撰，吴树平校注:《东观汉记校注》，中州古籍出版社，1987。

（汉）高诱注:《战国策》，商务印书馆，1958。

（明）董说撰:《七国考》，中华书局，1956。

（清）孙星衍等辑:《汉官六种》，周天游点校，中华书局，1990。

（宋）宋敏求编:《唐大诏令集》，中华书局，2008。

（唐）李林甫等撰:《唐六典》，陈仲夫点校，中华书局，1992。

（唐）杜佑撰:《通典》，王文锦等点校，中华书局，1988。

（宋）王溥撰:《唐会要》，上海古籍出版社，2006。

（明）李东阳等撰，（明）申时行等重修:《大明会典》，明万历十五年（1587 年）内府刊本。

刘俊文撰:《唐律疏议笺解》，中华书局，1996。

〔日〕仁井田陞:《唐令拾遗》，栗劲、霍存福、王占通，等编译，长春出版社，1989。

〔日〕黑板勝美、國史大系編修会编:《令集解》，吉川弘文館，1982。

〔日〕虎尾俊哉编:《延喜式》，集英社，2007。

（宋）窦仪等撰：《宋刑统》，薛梅卿点校，法律出版社，1999。

（清）沈家本撰：《历代刑法考》，邓经元、骈宇骞点校，中华书局，1985。

（宋）陈元靓：《岁时广记》，王云五主编《丛书集成初编》第179册，商务印书馆，1985。

（清）孔尚任：《节序同风录》，《四库全书存目丛书》史部第165册，齐鲁书社影印本，1996。

（北魏）郦道元著，杨守敬、熊会贞疏：《水经注疏》，段熙仲点校，陈桥驿复校，江苏古籍出版社，1989。

中国社会科学院历史研究所藏：《嘉靖海宁县志》，嘉靖三十六年（1557年）修光绪重刊本。

（明）赵官等编纂：《后湖志》，南京出版社，2011。

（宋）洪适撰：《隶释·隶续》，中华书局影印本，1985。

（明）顾鼎臣、顾祖训撰：《明状元图考》，汉阳叶氏平安馆藏本。

（宋）苏易简等：《文房四谱：外十七种》，朱学博整理校点，上海书店出版社，2015。

黎翔凤撰：《管子校注》，梁运华整理，中华书局，2004。

蒋礼鸿撰：《商君书锥指》，中华书局，1986。

朱师辙：《商君书解诂定本》，古籍出版社，1956。

高亨注译：《商君书注译》，中华书局，1974。

（清）王先慎撰：《韩非子集解》，钟哲点校，中华书局，1998。

许维遹撰：《吕氏春秋集释》，梁运华整理，中华书局，2009。

何宁撰：《淮南子集释》，中华书局，1998。

王利器撰：《颜氏家训集解》（增补本），中华书局，1993。

（汉）桓宽撰，王利器校注：《盐铁论校注》，中华书局，1992。

聂济冬：《盐铁论集解》，凤凰出版社，2018。

（汉）崔寔撰，石声汉校注：《四民月令校注》，中华书局，2013。

（汉）应劭撰，王利器校注：《风俗通义校注》，中华书局，1981。

（汉）蔡邕撰：《独断》，《景印文渊阁四库全书》第850册，台湾商务印书馆，1986。

（魏）徐幹撰，孙启治解诂：《中论解诂》，中华书局，2014。

（宋）黄震撰：《黄氏日抄》，《景印文渊阁四库全书》第708册，台湾商务印书馆，1986。

（宋）叶寘撰：《爱日斋丛抄》，孔凡礼点校，中华书局，2010。

（清）顾炎武著，（清）黄汝成集释：《日知录集释》，栾保群、吕宗力校点，上海古籍出版社，2006。

（清）何焯：《义门读书记》，中华书局，2007。

（清）钱大昕：《十驾斋养新录》，陈文和、孙显军校点，江苏古籍出版社，2000。

（清）俞樾：《九九消夏录》，崔高维点校，中华书局，1995。

（清）文廷式：《纯常子枝语》，《续修四库全书》第1165册，上海古籍出版社，1996。

（唐）徐坚等：《初学记》，中华书局，2004。

（唐）白居易：《白氏六帖事类集》，民国二十二年（1933年）吴兴张氏影傅增湘藏宋刻本。

（宋）李昉等撰：《太平御览》，中华书局影印本，1960。

（宋）王钦若等编：《册府元龟》，中华书局影印本，1960。

中国社会科学院历史研究所宋辽金元史研究室点校：《名公书判清明集》，中华书局，1987。

（南朝宋）刘义庆著，（南朝梁）刘孝标注，余嘉锡笺疏：《世说新语笺疏》，周祖谟、余淑宜、周士琦整理，中华书局，2007。

（北周）甄鸾：《算书十经·五经算术》，钱宝琮点校，中华书局，1963。

（明）朱橚等编：《普济方》，人民卫生出版社，1958。

（北周）庾信撰，（清）倪璠注：《庾子山集注》，许逸民校点，中华书局，1980。

（唐）陆贽撰：《陆贽集》，王素点校，中华书局，2006。

（唐）白居易著，朱金城笺校：《白居易集笺校》，上海古籍出版社，1988。

（唐）李商隐撰，（清）冯浩注：《樊南文集详注》，乾隆德聚堂刻本。

（唐）李商隐撰，（清）徐树穀笺，（清）徐炯注：《李义山文集笺注》，《景印文渊阁四库全书》第1082册，台湾商务印书馆，1986。

（明）邓原岳：《西楼全集》，明崇祯元年（1628年）邓庆采刻本。

（清）陈澧：《陈澧集》，黄国声主编，上海古籍出版社，2008。

（唐）许敬宗编，罗国威整理：《日藏弘仁本文馆词林校证》，中华书局，2001。

（清）严可均校辑：《全上古三代秦汉三国六朝文》，中华书局影印本，1958。

二 考古资料

北京大学图书馆、上海古籍出版社编：《北京大学图书馆藏敦煌文献②》，上海古籍出版社，1995。

陈松长：《岳麓书院所藏秦简综述》，《文物》2009年第3期。

陈松长主编：《岳麓书院藏秦简[肆]》，上海辞书出版社，2015。

陈松长主编：《岳麓书院藏秦简[伍]》，上海辞书出版社，2017。

陈松长主编：《岳麓书院藏秦简[陆]》，上海辞书出版社，2020。

长沙简牍博物馆、中国文化遗产研究院、北京大学历史学系“走马楼简牍整理组”编著：《长沙走马楼三国吴简·竹简[肆]》，文物出版社，2011。

长沙简牍博物馆、中国文化遗产研究院、北京大学历史学系“走马楼简牍整理组”编著：《长沙走马楼三国吴简·竹简[伍]》，文物出版社，2018。

长沙简牍博物馆、中国文化遗产研究院、北京大学历史学系“走马楼简牍整理组”编著：《长沙走马楼三国吴简·竹简[陆]》，文物出版社，2017。

长沙简牍博物馆、中国文化遗产研究院、北京大学历史学系、故宫研究院古文献研究所“走马楼简牍整理组”编著：《长沙走马楼三国吴简·竹简

[柒]》，文物出版社，2013。

长沙简牍博物馆、中国文化遗产研究院、北京大学历史学系、故宫研究院古文献研究所“走马楼简牍整理组”编著：《长沙走马楼三国吴简·竹简[捌]》，文物出版社，2015。

长沙简牍博物馆、中国文物研究所、北京大学历史学系“走马楼简牍整理组”编著：《长沙走马楼三国吴简·竹简[贰]》，文物出版社，2007。

长沙简牍博物馆、中国文物研究所、北京大学历史学系“走马楼简牍整理组”编著：《长沙走马楼三国吴简·竹简[叁]》，文物出版社，2008。

长沙市文物工作队、长治市文物考古研究所：《长沙走马楼 J22 发掘简报》，《文物》1999 年第 5 期。

长沙市文物考古研究所：《湖南长沙五一广场东汉简牍发掘简报》，《文物》2013 年第 6 期。

长沙市文物考古研究所、中国文物研究所、北京大学历史学系“走马楼简牍整理组”编著：《长沙走马楼三国吴简·嘉禾吏民田家莂》，文物出版社，1999。

长沙市文物考古研究所、中国文物研究所、北京大学历史学系“走马楼简牍整理组”编著：《长沙走马楼三国吴简·竹简[壹]》，文物出版社，2003。

长沙市文物考古研究所、中国文物研究所编：《长沙东牌楼东汉简牍》，文物出版社，2006。

长沙市文物考古研究所等编：《长沙五一广场东汉简牍选释》，中西书局，2015。

长沙市文物考古研究所等编：《长沙五一广场东汉简牍[壹]》，中西书局，2018。

长沙市文物考古研究所等编：《长沙五一广场东汉简牍[陆]》，中西书局，2021。

敦煌研究院编：《敦煌莫高窟供养人题记》，文物出版社，1986。

甘肃简牍博物馆等编：《肩水金关汉简[叁]》，中西书局，2013。

甘肃简牍博物馆等编：《肩水金关汉简[肆]》，中西书局，2015。

甘肃省文物考古研究所等编：《居延新简——甲渠候官》，中华书局，1994。

高文：《汉碑集释》(修订本)，河南大学出版社，1997。

郝春文编著：《英藏敦煌社会历史文献释录》第 3 卷，社会科学文献出版社，2003。

郝春文等编著：《英藏敦煌社会历史文献释录》(修订本)第1卷，社会科学文献出版社，2018。

侯灿、杨代欣编著：《楼兰汉文简纸文书集成》，天地出版社，1999。

湖北省荆州博物馆编著：《荆州高台秦汉墓——宜黄公路荆州段田野考古报告之一》，科学出版社，2000。

湖南省文物考古研究所、郴州市文物处：《湖南郴州苏仙桥遗址发掘简报》，湖南省文物考古研究所编《湖南考古辑刊》(第 8 集)，岳麓书社，2009。

湖南省文物考古研究所、湘西土家族苗族自治州文物处：《湘西里耶秦代简牍选释》，《中国历史文物》2003 年第 1 期。

湖南省文物考古研究所、湘西土家族苗族自治州文物处、龙山县文物管理所：《湖南龙山里耶战国——秦代古城一号井发掘简报》，《文物》2003 年第 1 期。

湖南省文物考古研究所编著：《里耶发掘报告》，岳麓书社，2007。

湖南省文物考古研究所编著：《里耶秦简[壹]》，文物出版社，2012。

荆州博物馆：《湖北荆州纪南松柏汉墓发掘简报》，《文物》2008 年第 4 期。

荆州博物馆编，彭浩主编：《张家山汉墓竹简[三三六号墓]》，文物出版社，2022。

里耶秦简博物馆、出土文献与中国古代文明研究协同创新中心中国人民大学中心编著：《里耶秦简博物馆藏秦简》，中西书局，2016。

连云港市博物馆等编：《尹湾汉墓简牍》，中华书局，1997。

青岛市文物保护考古研究所、黄岛区博物馆：《山东青岛土山屯墓群四号封土与墓葬的发掘》,《考古学报》2019年第3期。

荣新江、李肖、孟宪实主编:《新获吐鲁番出土文献》,中华书局,2008。

睡虎地秦墓竹简整理小组编:《睡虎地秦墓竹简》,文物出版社,1990。

唐耕耦、陆宏基编:《敦煌社会经济文献真迹释录》(第1辑),书目文献出版社,1986。

天长市文物管理所、天长市博物馆:《安徽天长西汉墓发掘简报》,《文物》2006年第11期。

谢桂华、李均明、朱国炤:《居延汉简释文合校》,文物出版社,1987。

扬州博物馆:《江苏仪征胥浦101号西汉墓》,《文物》1987年第1期。

银雀山汉墓竹简整理小组编:《银雀山汉墓竹简[壹]》,文物出版社,1985。

张家山二四七号汉墓竹简整理小组编著:《张家山汉墓竹简[二四七号墓]》(释文修订本),文物出版社,2006。

中国文物研究所、湖北省文物考古研究所编:《龙岗秦简》,中华书局,2001。

中国文物研究所等编:《吐鲁番出土文书》(图录本)第1至4册,文物出版社,1992—1996。

朱汉民、陈松长主编:《岳麓书院藏秦简[叁]》,上海辞书出版社,2013。

Yamamoto Tatsuro, Dohi Yoshikazu. *Tun-huang and Turfan Documents, Concerning Social and Economic History, Vol. II, Census Registers: (A) Introduction & Texts*, The Toyo Bunko, 1985.

Yamamoto Tatsuro et al. *Tun-huang and Turfan Documents, Concerning Social and Economic History, Supplement: (A) Introduction & Texts,* The Toyo Bunko, 2001.

〔日〕東京大学史料編纂所編:《大日本古文書》,東京大学出版会,1982。

〔日〕西林昭一：《簡牘名蹟選》2《湖南篇二》，二玄社，2009。
〔日〕永田英正编：《漢代石刻集成「図版·釈文篇」》，同朋舍，1994。

三 今人著作

长沙简牍博物馆编著：《长沙简牍博物馆藏长沙走马楼吴简书法研究》，西泠印社出版社，2019。

陈连庆：《〈晋书·食货志〉校注》，东北师范大学出版社，1999。

陈伟：《包山楚简初探》，武汉大学出版社，1996。

陈伟：《秦简牍校读及所见制度考察》，武汉大学出版社，2017。

陈伟主编：《里耶秦简牍校释》（第1卷），武汉大学出版社，2012。

陈伟主编：《里耶秦简牍校释》（第2卷），武汉大学出版社，2018。

陈玉屏：《魏晋南北朝兵户制度研究》，巴蜀书社，1988。

冻国栋：《唐代人口问题研究》，武汉大学出版社，1993。

杜正胜：《编户齐民——传统政治社会结构之形成》，联经出版事业股份有限公司，1990。

傅克辉：《魏晋南北朝籍帐研究》，齐鲁书社，2001。

甘肃省文物工作队、甘肃省博物馆编：《汉简研究文集》，甘肃人民出版社，1984。

高敏主编：《魏晋南北朝经济史》，上海人民出版社，1996。

葛剑雄：《西汉人口地理》，人民出版社，1986。

葛剑雄：《中国人口史》（第1卷），复旦大学出版社，2002。

韩国磐：《北朝隋唐的均田制度》，上海人民出版社，1984。

郝树声、张德芳：《悬泉汉简研究》，甘肃文化出版社，2009。

胡家聪：《管子新探》，中国社会科学出版社，2003。

姜亮夫纂定：《历代人物年里碑传综表》，陶秋英校，中华书局，1959。

李开元：《汉帝国的建立与刘邦集团——军功受益阶层研究》，生活·读书·新知三联书店，2000。

李天石：《中国中古良贱身份制度研究》，南京师范大学出版社，2004。

廖伯源：《简牍与制度——尹湾汉墓简牍官文书考证》（增订版），广西师范大学出版社，2005。

林甘泉、田人隆、李祖德：《中国古代史分期讨论五十年（1929—1979年）》，上海人民出版社，1982。

凌文超：《走马楼吴简采集簿书复原整理与研究》，广西师范大学出版社，2015。

柳洪亮：《新出吐鲁番文书及其研究》，新疆人民出版社，1997。

栾成显：《明代黄册研究》，中国社会科学出版社，1998。

罗根泽：《诸子探索·管子探源》，人民出版社，1958。

罗彤华：《同居共财——唐代家庭研究》，政大出版社，2015。

罗新慧：《20世纪中国古史分期问题论辩》，百花洲文艺出版社，2004。

吕思勉：《吕思勉读史札记》，上海古籍出版社，1982。

毛远明校注：《汉魏六朝碑刻校注》，线装书局，2008。

缪钺：《读史存稿》，生活·读书·新知三联书店，1963。

潘吉星：《中国造纸史》，上海人民出版社，2009。

彭浩、陈伟、〔日〕工藤元男主编：《二年律令与奏谳书——张家山二四七号汉墓出土法律文献释读》，上海古籍出版社，2007。

彭卫：《汉代婚姻形态》，三秦出版社，1988。

彭卫、杨振红：《中国风俗通史》（秦汉卷），上海文艺出版社，2002。

漆侠等：《秦汉农民战争史》，生活·读书·新知三联书店，1962。

钱存训：《书于竹帛：中国古代的文字记录》，上海书店出版社，2006。

钱穆：《先秦诸子系年》，中华书局，1985。

丘光明编著：《中国历代度量衡考》，科学出版社，1992。

裘锡圭：《古代文史研究新探》，江苏古籍出版社，1992。

宋家钰：《唐朝户籍法与均田制研究》，中州古籍出版社，1988。

唐长孺：《魏晋南北朝史论丛续编》，生活·读书·新知三联书店，1959。

唐长孺：《山居存稿》，中华书局，1989。

唐长孺：《三至六世纪江南大土地所有制的发展》，上海人民出版社，1957。

唐长孺：《魏晋南北朝史论拾遗》，中华书局，1983。

唐长孺主编：《敦煌吐鲁番文书初探》，武汉大学出版社，1983。

唐长孺：《魏晋南北朝隋唐史三论——中国封建社会的形成和前期的变化》，武汉大学出版社，1992。

唐长孺：《魏晋南北朝史论丛（外一种）》，河北教育出版社，2000。

天一阁博物馆、中国社会科学院历史研究所天圣令整理课题组校证：《天一阁藏明钞本天圣令校证：附唐令复原研究》，中华书局，2006。

汪征鲁：《魏晋南北朝选官体制研究》，福建人民出版社，1995。

王国维：《王国维手定观堂集林》，黄爱梅点校，浙江教育出版社，2014。

王素：《高昌史稿（统治编）》，文物出版社，1998。

王文涛：《秦汉社会保障研究——以灾害救助为中心的考察》，中华书局，2007。

王晓欣、郑旭东、魏亦乐：《元代湖州路户籍文书——元公文纸印本〈增修互注礼部韵略〉纸背公文资料》，中华书局，2021。

王彦辉：《秦汉户籍管理与赋役制度研究》，中华书局，2016。

王永兴：《王永兴学述》，浙江人民出版社，1999。

王子今：《秦汉称谓研究》，中国社会科学出版社，2014。

文霞：《秦汉奴婢的法律地位》，社会科学文献出版社，2016。

武建国：《均田制研究》，云南人民出版社，1992。

谢维扬、房鑫亮主编：《王国维全集》（第2卷），浙江教育出版社，2009。

邢铁：《家产继承史论》，云南大学出版社，2000。

邢铁：《唐宋分家制度》，商务印书馆，2010。

熊铁基：《秦汉军事制度史》，广西人民出版社，1990。

徐复:《后读书杂志》，上海古籍出版社，1996。

严耕望:《中国地方行政制度史》甲部《秦汉地方行政制度》，“中央研究院”历史语言研究所，1997。

杨际平:《北朝隋唐“均田制”新探》，岳麓书社，2003。

于振波:《走马楼吴简初探》，文津出版社，2004。

于振波:《走马楼吴简续探》，文津出版社，2007。

张金光:《秦制研究》，上海古籍出版社，2004。

张晋藩、张希坡、曾宪义编著:《中国法制史》(第1卷)，中国人民大学出版社，1981。

张舜徽主编:《二十五史三编》，岳麓书社，1994。

张学锋:《汉唐考古与历史研究》，生活·读书·新知三联书店，2013。

郑学檬主编:《中国赋役制度史》，上海人民出版社，2000。

朱大渭等:《魏晋南北朝社会生活史》，中国社会科学出版社，1998。

朱绍侯:《秦汉土地制度与阶级关系》，中州古籍出版社，1985。

〔英〕鲁惟一:《汉代行政记录》，于振波、车今花译，广西师范大学出版社，2005。

〔德〕马克思、恩格斯:《马克思恩格斯全集》(第4卷)，中共中央马克思恩格斯列宁斯大林著作编译局译，人民出版社，1965。

〔日〕濱口重國:《秦漢隋唐史の研究(上)》，東京大学出版会，1966。

〔日〕池田温:《中国古代籍帐研究》，龚泽铣译，中华书局，2007。

〔日〕飯島太千雄:《書体大百科字典》，雄山閣，1996。

〔日〕冨谷至编:《江陵張家山二四七號墓出土漢律令の研究(訳注篇)》，朋友書店，2006。

〔日〕冨谷至:《木简竹简述说的古代中国——书写材料的文化史》，刘恒武译，黄留珠校，人民出版社，2007。

〔日〕冨谷至:《秦汉刑罚制度研究》，柴生芳、朱恒晔译，广西师范大学出版社，2006。

〔日〕堀敏一:《均田制的研究》，韩国磐等译，福建人民出版社，1984。

〔日〕山田勝芳：《秦漢財政収入の研究》，汲古書院，1993。

〔日〕尾形勇：《中国古代的“家”与国家》，张鹤泉译，中华书局，2010。

〔日〕西脇常記：《ベルリン・トルファン・コレクション漢語文書研究》，京都大学総合人間学部国際文化学科日本・中国文化・社会論講座西脇研究室，1997。

〔日〕西嶋定生：《中国古代帝国的形成与结构——二十等爵制研究》，武尚清译，中华书局，2004。

〔日〕越智重明：《魏晋南朝の政治と社会》，吉川弘文館，1963。

〔日〕曽我部静雄：《均田法とその税役制度》，講談社，1953。

〔日〕滋贺秀三：《中国家族法原理》，张建国、李力译，商务印书馆，2013。

四 报刊文章

毕宝魁：《孔子生年生日详考》，《辽宁大学学报（哲学社会科学版）》2011年第2期。

曹旅宁、张俊民：《玉门花海所出〈晋律注〉初步研究》，《法学研究》2010年第4期。

曹文柱：《略论东晋南朝时期的“吏”民》，《北京师范学院学报（社会科学版）》1982年第2期。

长沙东牌楼东汉简牍研读班：《〈长沙东牌楼东汉简牍〉释文校订稿》，见卜宪群、杨振红主编《简帛研究 二〇〇五》，广西师范大学出版社，2008。

陈剑：《读秦汉简札记三篇》，见刘钊主编《出土文献与古文字研究》（第4辑），上海古籍出版社，2011。

陈梦家：《由实物所见汉代简册制度》，见《汉简缀述》，中华书局，1980。

陈槃：《汉晋遗简偶述》，见《汉晋遗简识小七种》，上海古籍出版社，

2009。

陈爽：《走马楼吴简所见奴婢户籍及相关问题》，见北京吴简研讨班编《吴简研究》（第1辑），崇文书局，2004。

陈伟：《新见简牍与秦及西汉早期的傅籍制度》，《“中央研究院”历史语言研究所集刊》第93本第4分，2022。

陈伟：《岳麓书院秦简考校》，《文物》2009年第10期。

陈垣：《跋西凉户籍残卷》，《北京师范大学学报（社会科学版）》1963年第2期。

崔启龙：《走马楼吴简所见“黄簿民”与“新占民”再探——以嘉禾五年春平里相关籍簿的整理为中心》，见中国文化遗产研究院编《出土文献研究》（第18辑），中西书局，2019。

冻国栋：《关于唐代前期的丁口“虚挂”——以敦煌吐鲁番文书为中心》，见武汉大学魏晋南北朝隋唐史研究室编《魏晋南北朝隋唐史资料》（第16辑），武汉大学出版社，1998。

杜正胜：《传统家族试论》，见黄宽重、刘增贵主编《家族与社会》，中国大百科全书出版社，2005。

方北辰：《晋代“黄籍”书写材料的变化》，《文献》1999年第2期。

傅举有：《从奴婢不入户籍谈到汉代的人口数》，《中国史研究》1983年第4期。

傅举有：《论汉代“民赀”的登记及有关问题——兼答杨作龙同志》，《中国史研究》1988年第3期。

高大伦：《尹湾汉墓木牍〈集簿〉中户口统计资料研究》，《历史研究》1998年第5期。

高恒：《秦简中的私人奴婢问题》，见中华书局编辑部编《云梦秦简研究》，中华书局，1981。

高敏：《从〈嘉禾吏民田家莂〉中的“诸吏”状况看吏役制的形成与演变——读〈嘉禾吏民田家莂〉札记》，《郑州大学学报（哲学社会科学版）》2001年第1期。

高敏：《从张家山汉简〈二年律令〉看西汉前期的土地制度——读〈张家山汉墓竹简〉札记之三》，《中国经济史研究》2003年第3期。

高敏：《读长沙走马楼简牍札记之一》，《郑州大学学报（哲学社会科学版）》2000年第3期。

高敏：《关于秦时服役者年龄问题的探讨——读〈云梦秦简〉札记》，见《云梦秦简初探》，河南人民出版社，1979。

高敏：《长沙走马楼吴简中所见“调”的含义——兼与王素同志商榷》，《中华文史论丛》2007年第1期。

高明士：《唐代的籍年与貌定》，见荣新江主编《唐研究》（第20卷），北京大学出版社，2014。

韩树峰：《汉晋时期的黄簿与黄籍》，《史学月刊》2016年第9期。

韩树峰：《论汉魏时期户籍文书的著录内容》，见杨振红、邬文玲主编《简帛研究 二〇一四》，广西师范大学出版社，2014。

韩树峰：《论吴简所见的州郡县吏》，见长沙市简牍博物馆、北京吴简研讨班编《吴简研究》（第2辑），崇文书局，2006。

韩树峰：《长沙走马楼三国吴简所见师佐籍考》，见北京吴简研讨班编《吴简研究》（第1辑），崇文书局，2004。

韩树峰：《走马楼吴简“大”、“小”、“老”性质解析》，《文史》2011年第1期。

何业恒：《古代黄河流域的竹林》，《中南林学院学报》1981年第2期。

何兹全：《孙吴的兵制》，《中国史研究》1984年第3期。

贺昌群：《东汉更役戍役制度的废止》，《历史研究》1962年第5期。

弘一：《江陵凤凰山十号汉墓简牍初探》，《文物》1974年第6期。

侯旭东：《秦汉六朝的生日记忆与生日称庆》，《中华文史论丛》2011年第4期。

侯旭东：《长沙三国吴简所见“私学”考——兼论孙吴的占募与领客制》，见李学勤、谢桂华主编《简帛研究 二〇〇一》，广西师范大学出版社，2001。

侯旭东：《长沙走马楼吴简〈竹简〉[贰]“吏民人名年纪口食簿”复原的初步研究》，《中华文史论丛》2009年第1期。

侯旭东：《长沙走马楼吴简“嘉禾六年（广成乡）弦里吏民人名年纪口食簿”集成研究——三世纪初江南乡里管理一瞥》，见邢义田、刘增贵主编《第四届国际汉学会议论文集——古代庶民社会》，“中央研究院”，2013。

胡平生：《〈长沙走马楼三国吴简〉第二卷释文校证》，见中国文物研究所编《出土文献研究》（第7辑），上海古籍出版社，2005。

胡平生：《从走马楼简“刱（创）”字的释读谈到户籍的认定》，《中国历史文物》2002年第2期。

胡平生：《新出汉简户口簿籍研究》，见中国文化遗产研究院编《出土文献研究》（第10辑），中华书局，2011。

胡平生：《长沙走马楼三国孙吴简牍三文书考证》，《文物》1999年第5期。

黄惠贤：《试论曹魏西晋时期军屯的两种类型》，《武汉大学学报（哲学社会科学版）》1980年第4期。

黄今言：《秦代租赋徭役制度初探》，见中国秦汉史研究会编《秦汉史论丛》（第1辑），陕西人民出版社，1981。

黄盛璋：《江陵凤凰山汉墓简牍及其在历史地理研究上的价值》，《文物》1974年第6期。

黄盛璋：《云梦秦简辨正》，《考古学报》1979年第1期。

贾连翔：《战国竹书文字布局小识》，见清华大学出土文献研究与保护中心编，李学勤主编《出土文献》（第7辑），中西书局，2015。

蒋福亚：《〈嘉禾吏民田家莂〉中的诸吏》，《文史哲》2002年第1期。

蒋福亚：《再论走马楼吴简中的诸吏》，《史学月刊》2013年第1期。

蒋福亚：《长沙走马楼吴简所见奴婢杂议》，《首都师范大学学报（社会科学版）》2006年第6期。

劳榦：《汉代兵制及汉简中的兵制》，《历史语言研究所集刊》（第10册），中华书局，1987。

雷震：《黄、白籍问题与“土断”》，《汉中师院学报（哲学社会科学版）》

1992年第1期。

黎虎：《“吏户”献疑——从长沙走马楼吴简谈起》，《历史研究》2005年第3期。

黎虎：《魏晋南北朝“吏户”问题三献疑》，《史学集刊》2006年第4期。

黎虎：《魏晋南北朝“吏户”问题四献疑》，《宜春学院学报》2016年第10期。

黎虎：《魏晋南北朝“吏户”问题再献疑——“吏”与“军吏”辨析》，《史学月刊》2007年第3期。

李根蟠：《从秦汉家庭论及家庭结构的动态变化》，《中国史研究》2006年第1期。

李洪财：《秦简牍“从人”考》，《文物》2016年第12期。

李解民：《中国日用类简牍形制的几个有关问题》，见卜宪群、杨振红主编《简帛研究 二〇〇七》，广西师范大学出版社，2010。

李均明、宋少华：《〈长沙走马楼三国吴简〉·竹简[四]内容解析八则》，见中国文物研究所编《出土文献研究》（第8辑），上海古籍出版社，2007。

李零：《简帛的形制与使用》，《中国典籍与文化》2003年第3期。

李天石：《从张家山汉简与唐律的比较看汉唐奴婢的异同》，《敦煌学辑刊》2005年第2期。

李文才：《评长沙走马楼吴简“吏民”问题研究及其学术乱象——兼论大陆史学界“吏户”问题研究60年》，《陕西师范大学学报（哲学社会科学版）》2018年第2期。

李学勤：《初读里耶秦简》，《文物》2003年第1期。

李迎春：《走马楼简牍所见“私学”身份探析》，《考古与文物》2010年第4期。

李忠林：《秦至汉初（前246至前104）历法研究——以出土历简为中心》，《中国史研究》2012年第2期。

连先用：《试论吴简所见的“黄簿民”与“新占民”》，《文史》2017年第4期。

林沄:《古代的简牍》,《中国典籍与文化》1994年第1期。

凌文超:《汉晋赋役制度识小》，见武汉大学简帛研究中心主办《简帛》(第6辑)，上海古籍出版社，2011。

凌文超:《秦汉魏晋“丁中制”之衍生》,《历史研究》2010年第2期。

凌文超:《走马楼吴简采集简“户籍簿”复原整理与研究——兼论吴简“户籍簿”的类型与功能》，见长沙简牍博物馆、北京大学中国古代史研究中心、北京吴简研讨班编《吴简研究》(第3辑)，中华书局，2011。

凌文超:《走马楼吴简举私学簿整理与研究——兼论孙吴的占募》,《文史》2014年第2辑。

凌文超:《走马楼吴简两套作部工师簿比对复原整理与研究》，见卜宪群、杨振红主编《简帛研究 二〇〇九》，广西师范大学出版社，2011。

凌文超:《走马楼吴简隐核州、军吏父兄子弟簿整理与研究——兼论孙吴吏、民分籍及在籍人口》,《中国史研究》2017年第2期。

刘敏:《张家山汉简“小爵”臆释》,《中国史研究》2004年第3期。

罗彤华:《丁女当户给田吗?——以唐〈田令〉“当户给田”条为中心》，见荣新江主编《唐研究》(第14卷)，北京大学出版社，2008。

吕思勉:《论中国户口册籍之法》,《光华大学半月刊》第4卷第5期，1935。

马克垚:《罗马和汉代奴隶制比较研究》,《历史研究》1981年第3期。

马新:《编户齐民与两汉王朝的人口控制》,《东岳论丛》1996年第5期。

马怡:《里耶秦简选校》，见中国社会科学院历史研究所学刊编委会编辑《中国社会科学院历史研究所学刊》(第4集)，商务印书馆，2007。

孟宪实:《论唐朝的佛教管理——以僧籍的编造为中心》,《北京大学学报(哲学社会科学版)》2009年第3期。

孟宪实:《吐鲁番新发现的〈唐龙朔二年西州高昌县思恩寺僧籍〉》,《文物》2007年第2期。

孟彦弘:《吴简所见“事”义臆说——从“事”到“课”》，见长沙市简牍博物馆、北京吴简研讨班编《吴简研究》(第2辑)，崇文书局，2006。

孟彦弘：《吴简所见的“子弟”与孙吴的吏户制——兼论魏晋的以户为役之制》，见武汉大学中国三至九世纪研究所编《魏晋南北朝隋唐史资料》（第24辑），武汉大学出版社，2008。

梦幻：《论各督抚电商预算年度问题》，《大公报》1911年5月29日，第1版。

民国教育部：《就旧历虚岁推算国历实足年龄用表》，《浙江教育行政周刊》1930年第36期。

彭浩：《读松柏出土的四枚西汉木牍》，见武汉大学简帛研究中心主办《简帛》（第4辑），上海古籍出版社，2009。

彭年：《秦汉“同居”考辨》，《社会科学研究》1990年第6期。

钱剑夫：《汉代“案比”制度的渊源及其流演》，《历史研究》1988年第3期。

邱仲麟：《诞日称觞——明清社会的庆寿文化》，《新史学》第11卷第3期，2000。

裘锡圭：《湖北江陵凤凰山十号汉墓出土简牍考释》，《文物》1974年第7期。

荣新江：《〈唐开元二十九年西州天山县南平乡籍〉残卷研究》，《西域研究》1995年第1期。

荣新江：《吐鲁番新出〈前秦建元二十年籍〉研究》，《中华文史论丛》2007年第4期。

沈刚：《〈长沙走马楼三国吴简（竹简[壹]）〉所见师佐籍格式复原及相关问题探讨》，《人文杂志》2008年第6期。

施伟青：《秦汉时期的私家奴婢新探》，《中国社会经济史研究》2003年第4期。

孙筱：《秦汉户籍制度考述》，《中国史研究》1992年第4期。

唐俊峰：《甲渠候官第68号探方出土劾状简册的复原与研究》，见西北师范大学历史文化学院、甘肃简牍博物馆编《简牍学研究》（第5辑），甘肃人民出版社，2014。

唐长孺:《魏晋南北朝时期的吏役》,《江汉论坛》1988年第8期。

唐长孺:《贞观十四年(640)手实中的“合受田”》,见武汉大学历史系魏晋南北朝隋唐史研究室编《魏晋南北朝隋唐史资料》(第2期),1980,内部交流。

陶元珍:《三国吴兵考》,《燕京学报》第13期,1933。

田余庆:《说张楚——关于“亡秦必楚”问题的探讨》,《历史研究》1989年第2期。

汪桂海:《汉简丛考(一)》,见李学勤、谢桂华主编《简帛研究 二〇〇一》,广西师范大学出版社,2001。

王佳伟:《古人年龄都是以虚岁算的?》,《阅读与写作》2011年第1期。

王克孝、阎廷亮:《从敦煌吐鲁番文书看唐代手实文书的编制与类型》,见《2000年敦煌学国际学术讨论会文集·历史文化卷上——纪念敦煌藏经洞发现暨敦煌学百年》,甘肃民族出版社,2003。

王素:《“私学”及“私学弟子”均由逃亡户口产生——长沙走马楼简牍研究辨误(二)》,《光明日报》2000年7月21日,第3版。

王素:《荣新江、李肖、孟宪实:〈新获吐鲁番出土文献〉》,见中国敦煌吐鲁番学会等编《敦煌吐鲁番研究》(第11卷),上海古籍出版社,2009。

王素:《说“吏民”——读长沙走马楼三国吴简札记(一)》,《中国文物报》2002年9月27日,第7版。

王素:《吐鲁番出土北凉赀簿补说》,《文物》1996年第7期。

王素:《吐鲁番新获高昌郡文书的断代与研究——以〈新获吐鲁番出土文献〉为中心》,见郑欣淼主编《故宫学刊》(第5辑),紫禁城出版社,2010。

王素:《吴简所见“调”应是“户调”》,《历史研究》2001年第4期。

王素:《长沙东牌楼东汉简牍选释》,《文物》2005年第12期。

王素:《长沙吴简劝农掾条列军州吏等人名年纪三文书新探》,见武汉大学中国三至九世纪研究所编《魏晋南北朝隋唐史资料》(第25辑),武汉大学出版社,2009。

王素:《长沙吴简中的佃客与衣食客——兼谈西晋户调式中的“南朝化”

问题》,《中华文史论丛》2011年第1期。

王素:《长沙走马楼三国孙吴简牍三文书新探》,《文物》1999年第9期。

王素:《长沙走马楼三国吴简时代特征新论》,《文物》2015年第12期。

王素:《中日长沙吴简研究述评》,见故宫博物院编《故宫学刊》(第3辑),紫禁城出版社,2007。

王素、宋少华:《长沙走马楼三国吴简的新材料与旧问题——以邸阁、许迪案、私学身份为中心》,《中华文史论丛》2009年第1期。

王素、宋少华、罗新:《长沙走马楼简牍整理的新收获》,《文物》1999年第5期。

王晓欣、郑旭东:《元湖州路户籍册初探——宋刊元印本〈增修互注礼部韵略〉第一册纸背公文纸资料整理与研究》,《文史》2015年第1辑。

王彦辉:《出土秦汉户籍简的类别及登记内容的演变》,《史学集刊》2013年第3期。

王彦辉:《从张家山汉简看西汉时期私奴婢的社会地位》,《东北师大学报(哲学社会科学版)》2003年第2期。

王彦辉:《从张家山汉简看西汉私奴婢的社会地位》,见中国秦汉史研究会编《秦汉史论丛》(第9辑),三秦出版社,2004年。

王永兴:《读敦煌吐鲁番文书札记》,《北京大学学报(哲学社会科学版)》1994年第1期。

王仲荦:《两汉奴隶社会说》,见《峼华山馆丛稿》,中华书局,1987。

王仲荦:《奴婢上户籍始于北魏》,见《峼华山馆丛稿》,中华书局,1987。

王子今:《论走马楼简所见“小妻”——兼说两汉三国社会的多妻现象》,《学术月刊》2004年第10期。

王子今:《走马楼“凡口若干事若干”简例试解读》,见《长沙简牍研究》,中国社会科学出版社,2017。

文霞:《简论秦汉奴婢的法律地位》,《学术论坛》2006年第2期。

邬文玲:《张家山汉简〈二年律令〉释文补遗》,见卜宪群、杨振红主编

《简帛研究 二〇〇四》，广西师范大学出版社，2006。

吴金华：《历史学界误读的“五人三人”》，见复旦大学汉语言文字学科《语言研究集刊》编委会编《语言研究集刊》（第 6 辑），上海辞书出版社，2009。

吴荣曾：《试论秦汉奴隶劳动与农业生产的关系》，见吴廷璆等编《郑天挺纪念论文集》，中华书局，1990。

吴震：《吐鲁番文书中的若干年号及相关问题》，《文物》1983 年第 1 期。

邢义田：《“結其计”臆解——读岳麓书院藏秦简札记之一》，见《今尘集——秦汉时代的简牍、画像与文化流播》，中西书局，2019。

邢义田：《汉代案比在县或在乡？》，《“中央研究院”历史语言研究所集刊》第 60 本第 2 分，1989。

邢义田：《汉代简牍的体积、重量和使用——以“中研院”史语所藏居延汉简为例》，《古今论衡》2007 年第 17 期。

邢义田：《湖南龙山里耶 J1（8）157 和 J1（9）1—12 号秦牍的文书构成、笔迹和原档存放形式》，见武汉大学简帛研究中心主办《简帛》（第 1 辑），上海古籍出版社，2006。

邢义田：《张家山汉简〈二年律令〉读记》，《燕京学报》新 15 期，北京大学出版社，2003；后收入其著《地不爱宝：汉代的简牍》，中华书局，2011。

徐畅：《走马楼简中的成年待嫁女和未成年已嫁女》，见卜宪群、杨振红主编《简帛研究 二〇〇七》，广西师范大学出版社，2010。

徐畅：《走马楼吴简竹木牍的刊布及相关研究述评》，见武汉大学中国三至九世纪研究所编《魏晋南北朝隋唐史资料》（第 31 辑），上海古籍出版社，2015。

徐世虹：《汉律中有关行为能力及责任年龄用语考述》，见卜宪群、杨振红主编《简帛研究 二〇〇四》，广西师范大学出版社，2006。

杨国誉：《“田产争讼爰书”所展示的汉晋经济研究新视角——甘肃临泽县新出西晋简册释读与初探》，《中国经济史研究》2012 年第 1 期。

杨际平：《敦煌吐鲁番出土经济文书杂考（三题）》，《中国社会经济史研究》1987年第1期。

杨际平：《评〈汉唐籍帐制度研究〉》，《中国史研究》2011年第4期。

杨际平：《秦汉户籍管理制度研究》，《中华文史论丛》2007年第1期。

杨际平：《析长沙走马楼三国吴简中的“调”——兼谈户调制的起源》，《历史研究》2006年第3期。

杨振红：《从出土“算”、“事”简看两汉三国吴时期的赋役结构——“算赋”非单一税目辨》，《中华文史论丛》2011年第1期。

杨振红：《龙岗秦简诸“田”、“租”简释义补正——结合张家山汉简看名田宅制的土地管理和田租征收》，见卜宪群、杨振红主编《简帛研究 二〇〇四》，广西师范大学出版社，2006。

杨振红：《秦汉“名田宅制”说——从张家山汉简看战国秦汉的土地制度》，《中国史研究》2003年第3期。

杨振红：《月令与秦汉政治再探讨——兼论月令源流》，《历史研究》2004年第3期。

杨振红、〔韩〕尹在硕：《韩半岛出土简牍与韩国庆州、扶余木简释文补正》，见卜宪群、杨振红主编《简帛研究 二〇〇七》，广西师范大学出版社，2010。

杨作龙：《汉代奴婢户籍问题商榷》，《中国史研究》1985年第2期。

友于：《管子度地篇探微》，见中国农业科学院、南京农学院中国农业遗产研究室编辑《农史研究集刊》（第1册），科学出版社，1959。

于豪亮：《秦简中的奴隶》，见中华书局编辑部编《云梦秦简研究》，中华书局，1981。

于振波：《“算”与“事”——走马楼户籍简所反映的算赋和徭役》，《汉学研究》第22卷第2期，2004；后收入其著《走马楼吴简续探》，文津出版社，2007。

于振波：《略论走马楼吴简中的“户下奴婢”》，《船山学刊》2005年第3期。

于振波：《略说走马楼吴简中的“老”》，《史学月刊》2007年第5期。

于振波：《走马楼吴简中的限米与屯田》，《中国社会科学院研究生院学报》2004年第1期。

袁延胜：《论东汉的户籍问题》，《中国史研究》2005年第1期。

袁延胜：《天长纪庄木牍〈算簿〉与汉代算赋问题》，《中国史研究》2008年第2期。

臧知非：《论刘秀罢兵的几个问题》，《南都学坛（社会科学版）》1989年第1期。

臧知非：《秦汉“傅籍”制度与社会结构的变迁——以张家山汉简〈二年律令〉为中心》，《人文杂志》2005年第1期。

张春龙：《里耶秦简所见的户籍和人口管理》，见中国社会科学院考古研究所等编《里耶古城·秦简与秦文化研究——中国里耶古城·秦简与秦文化国际学术研讨会论文集》，科学出版社，2009。

张国刚、蒋爱花：《唐代男女婚嫁年龄考略》，《中国史研究》2004年第2期。

张金光：《秦自商鞅变法后的租赋徭役制度》，《文史哲》1983年第1期。

张经久、张俊民：《敦煌汉代悬泉置遗址出土的“骑置”简》，《敦煌学辑刊》2008年第2期。

张俊民：《敦煌悬泉置出土汉简所见人名综述（一）》，《陇右文博》2006年第2期。

张铭心：《敦煌学：吐鲁番学研究新资料》，《光明日报》2010年12月16日，第11版。

张铭心、凌妙丹：《中央民族大学收藏吐鲁番出土文书初探》，《中央民族大学学报（哲学社会科学版）》2013年第6期。

张培瑜：《关于历史年代计数的规范化问题》，《历史研究》1991年第4期。

张荣强：《“小”“大”之间——战国至西晋课役身分的演进》，《历史研究》2017年第2期。

张荣强：《〈二年律令〉与汉代课役身分》，《中国史研究》2005年第2期。

张荣强：《〈前秦建元籍〉与汉唐间籍帐制度的变化》，《历史研究》2009

年第 3 期。

张荣强：《〈西凉建初籍〉与魏晋时期的职役户籍》，《中华文史论丛》2021 年第 2 期。

张荣强：《从“岁尽增年”到“岁初增年”——中国中古官方计龄方式的演变》，《历史研究》2015 年第 2 期。

张荣强：《从户下奴婢到在籍贱民身分转变的考察》，《历史研究》2020 年第 4 期。

张荣强：《从计断九月到岁终为断——汉唐间财政年度的演变》，《北京师范大学学报（社会科学版）》2005 年第 1 期。

张荣强：《读岳麓秦简论秦汉户籍制度》，《晋阳学刊》2013 年第 4 期。

张荣强：《甘肃临泽晋简中的家产继承与户籍制度——兼论两晋十六国户籍的著录内容》，《中国史研究》2017 年第 3 期。

张荣强：《甘肃临泽新出西晋简册考释》，见武汉大学中国三至九世纪研究所编《魏晋南北朝隋唐史资料》（第 32 辑），上海古籍出版社，2015。

张荣强：《湖南里耶所出“秦代迁陵县南阳里户版”研究》，《北京师范大学学报（社会科学版）》2008 年第 4 期。

张荣强：《简纸更替与中国古代基层统治重心的上移》，《中国社会科学》2019 年第 9 期。

张荣强：《说“罚估”——吴简所见免役资料试释》，《文物》2004 年第 12 期。

张荣强：《说孙吴户籍简中的“事”》，见北京吴简研讨班编《吴简研究》（第 1 辑），崇文书局，2004。

张荣强：《孙吴简中的户籍文书》，《历史研究》2006 年第 4 期。

张荣强：《〈新唐书·食货志〉所载“手实”、“乡帐（计帐）”关系考》，《史学史研究》2009 年第 4 期。

张荣强：《唐代造籍日期辨正》，《河北学刊》2010 年第 1 期。

张荣强：《吴简中的“户品”问题》，见北京吴简研讨班编《吴简研究》（第 1 辑），崇文书局，2004。

张荣强：《西晋户籍制度再考——以〈太平御览·文部·札〉引〈晋令〉为中心》，见高翔主编《中国历史研究院集刊》(2021年第1辑)，社会科学文献出版社，2021。

张荣强：《再论孙吴简中的户籍文书——以结计简为中心的讨论》，《北京师范大学学报(社会科学版)》2014年第5期。

张荣强：《再谈〈前秦建元二十年籍〉录文问题》，《史学史研究》2015年第3期。

张荣强：《长沙东牌楼东汉“户籍简”补说》，《中国史研究》2008年第4期。

张荣强：《走马楼户籍简的“中”字注记》，《中国历史文物》2009年第5期。

张荣强、张俊毅：《五一广场东汉简“连道奇乡受占南乡民逄定本事”文书的复原与研究》，见邬文玲、戴卫红主编《简帛研究 二〇二〇》(秋冬卷)，广西师范大学出版社，2021。

张学锋：《20世纪日本的魏晋南北朝经济史研究》，见范金民等主编《江南社会经济研究》，中国农业出版社，2006。

张泽咸：《六朝的徭役制度》，见《社会科学战线》编辑部编《中国古史论集》，吉林人民出版社，1981。

周国林：《古代计岁法略说》，《历史档案》1988年第4期。

朱江松：《罕见的松柏汉代木牍》，见荆州博物馆编著《荆州重要考古发现》，文物出版社，2009。

朱雷：《唐代“手实”制度杂识——唐代籍帐制度考察》，见武汉大学历史系魏晋南北朝隋唐史研究室编《魏晋南北朝隋唐史资料》(第5期)，1983，内部交流。

朱雷：《唐代“乡帐”与“计帐”制度初探——吐鲁番出土唐代“乡帐”文书复原研究》，“国际敦煌吐鲁番学术研讨会”，香港中文大学，1987年；后收入其著《敦煌吐鲁番文书论丛》，甘肃人民出版社，2000。

朱雷：《吐鲁番出土北凉赀簿考释》，《武汉大学学报(哲学社会科学版)》1980 年第 4 期。

朱绍侯：《论汉代的名田（受田）制及其破坏》，《河南大学学报（社会科学版)》2004 年第 1 期。

竺可桢：《中国近五千年来气候变迁的初步研究》，《考古学报》1972 年第 1 期。

〔英〕齐尔士：《千五百年前之敦煌户口册与中国史籍上户口数之比率》，王庸译，《东方杂志》第 25 卷第 4 号，1928。

〔日〕阿部幸信：《长沙走马楼吴简所见的“调”——以出纳记录的检讨为中心》，见长沙简牍博物馆、北京大学中国古代史研究中心、北京吴简研讨班编《吴简研究》(第 3 辑)，中华书局，2011。

〔日〕安部聪一郎：《试论走马楼吴简所见名籍之体式》，见长沙市简牍博物馆、北京吴简研讨班编《吴简研究》(第 2 辑)，崇文书局，2006。

〔日〕安部聡一郎：《長沙呉簡にみえる名籍の初歩的検討》，見長沙呉簡研究会編《長沙呉簡研究報告（第 2 集)》，長沙吳簡研究会，2004。

〔日〕濱口重國：《唐の部曲・客女と前代の衣食客》，《唐王朝の賤人制度》，東洋史研究会，1966。

〔日〕池田温：《中国歴代墓券略考》，《東洋文化研究所紀要》(86)，1981。

〔日〕池田雄一：《秦漢時代の戸籍について》，见東洋文庫中国古代地域史研究編《張家山漢簡『二年律令』の研究》(東洋文庫論叢 77)，東洋文庫，2014。

〔日〕高村武幸：《秦漢時代の牘について》，《人文論叢：三重大学人文学部文化学科研究紀要》(30)，2013。

〔日〕古賀登：《南朝租調攷》，《史学雜誌》第 68 卷第 9 号，1959。

〔日〕谷口建速：《竹簡の大きさについて》，收入《長沙走馬楼出土呉簡に関する比較史料学的研究とそのデータベース化》(平成 16 年度—平成 18 年度科学研究費補助金〈基盤研究 B〉研究成果報告書)，2007。

〔日〕関尾史郎：《“白雀”臆説—「吐魯番出土文書」箚記補遺》，《上智史学》（32），1987。

〔日〕関尾史郎：《"承陽" 備忘—「吐魯番出土文書」剳記再補》，《東洋史苑》（大谷光瑞師五十回忌記念号），1998。

〔日〕関尾史郎：《長沙呉簡中の名籍について—史料群としての長沙呉簡・試論（2）》，《唐代史研究》（9），2006。

〔日〕関尾史郎：《从吐鲁番带出的"五胡"时期户籍残卷两件——柏林收藏的"Ch6001v"与圣彼得堡收藏的"Дx08519v"》，见新疆吐鲁番地区文物局编《吐鲁番学研究——第二届吐鲁番学国际学术研讨会论文集》，上海辞书出版社，2006。

〔日〕関尾史郎：《トゥルファン新出「前秦建元廿（384）年三月高昌郡高寧縣都鄉安邑里戸籍」試論》，《人文科学研究》（123），2008。

〔日〕関尾史郎：《"五胡"时代户籍制度初探——以对敦煌・吐鲁番出土汉文文书的分析为中心》，见饶宗颐主编《敦煌吐鲁番研究》（第14卷），上海古籍出版社，2014。

〔日〕関尾史郎：《「前秦建元廿（三八四）年三月高昌郡高寧縣都鄉安邑里戸籍」新釈》，《東方学》（127），2014。

〔日〕角谷常子：《论里耶秦简的单独简》，见武汉大学简帛研究中心主办《简帛》（第8辑），上海古籍出版社，2013。

〔日〕金井之忠：《隋の高熲の政術と通典の食貨典》，《文化》第3卷第4号，1936。

〔日〕堀敏一：《日本的中国古代身分制研究动向——以六朝隋唐为中心》，《中国史研究》1986年第3期。

〔日〕堀敏一：《六朝时期隶属民的诸形态——部曲、客女身分形成的前提》，韩昇译，见刘俊文主编《日本学者研究中国史论著选译》第4卷《六朝隋唐》，中华书局，1992。

〔日〕礪波護：《隋の貌閲と唐初の食実封》，《東方学報》（37），1966。

〔日〕籾山明：《日本居延汉简研究的回顾与展望——以古文书学研究为中心》，顾其莎译，见徐世虹主编《中国古代法律文献研究》（第9辑），社会科学文献出版社，2015。

〔日〕清水茂：《紙の発明と後漢の学風》，《東方学》(79)，1990。

〔日〕山本达郎：《敦煌发现计帐式的文书残简——大英博物馆所藏斯坦因带来汉文文书六一三号》，谭两宜译，见武汉大学历史系魏晋南北朝隋唐史研究室编《魏晋南北朝隋唐史资料》(第3期)，1981，内部交流。

〔日〕藤枝晃：《釈「見署用穀」ほか—「長城のまもり」訂誤》，《東洋史研究》第14卷第1、2号合刊，1955。

〔日〕藤枝晃：《北朝写経の字すがた》，《墨美》(119)，1962。

〔日〕尾形勇：《良賤制の展開とその性格》，《岩波講座世界歷史》(第5卷)，岩波書店，1970。

〔日〕伊藤敏雄：《占田・課田制に関する諸研究》，《東洋史論》(3)，1982。

〔日〕永田英正：《禮忠簡と徐宗簡について—平中氏の算賦申告書説の再検討》，《東洋史研究》第28卷第2、3号，1969。

〔日〕越智重明：《南朝の租調》，《史淵》(80)，1959。

〔日〕越智重明：《六朝の良・賤をめぐって》，《史学雜誌》第89卷第9号，1980。

〔日〕早稲田大学簡帛研究会：《張家山二四七漢墓竹簡訳注—二年律令訳注（五）金布律訳注》，早稲田大学長江流域文化研究所編《長江流域文化研究所年報》第5号，2007。

〔日〕志田不動麿：《北朝時代の鄉党制》，《史潮》第5卷第2号，1936。

〔日〕中村圭尔：《关于南朝户籍的两个问题》，陶雪译，《文史哲》1993年第3期。

〔日〕竹浪隆良：《北魏における人身売買と身分制支配—延昌三年（五一四）人身売買論議を中心として》，《史学雜誌》第93卷第3号，1984。

〔日〕滋贺秀三：《刑罚的历史——东方》，徐世虹译，见杨一凡、〔日〕寺田浩明主编《日本学者中国法制史论著选・先秦秦汉卷》，中华书局，2016。

〔日〕滋贺秀三:《中国上古刑罚考——以盟誓为线索》,姚荣涛译,见杨一凡、〔日〕寺田浩明主编《日本学者中国法制史论著选·先秦秦汉卷》,中华书局,2016。

〔日〕佐藤武敏:《漢代の戸口調査》,《集刊東洋学》(18),1967。

〔韩〕尹龙九:《平壤出土〈乐浪郡初元四年县别户口簿〉研究》,《木簡與文字》(韩国)第3号,2009。

〔韩〕尹在硕:《睡虎地秦简〈日书〉所见“室”的结构与战国末期秦的家族类型》,《中国史研究》1995年第3期。

五 其他

崔启龙:《长沙吴简出米帐研究——以州中仓为中心》,北京师范大学博士学位论文,2022。

崔启龙:《走马楼吴简户籍类文书相关问题研究——以竹简[陆]为中心》,北京师范大学硕士学位论文,2018。

胡平生:《天长安乐汉简〈户口簿〉“垣雍”考》,http://www.bsm.org.cn/?hanjian/5413.html,2010年2月3日。

李文才:《吴简“吏户”“吏民”问题研究20年及其学术省思》,见中国魏晋南北朝史学会主编《史料、视角与方法:魏晋南北史专题研讨会论文集》,青岛,2021。

刘国胜:《江陵毛家园一号汉墓〈告地书〉牍补议》,http://www.bsm.org.cn/?hanjian/5092.html,2008年10月27日。

彭浩:《读松柏出土的西汉木牍(二)》,http://www.bsm.org.cn/?hanjian/5215.html,2009年4月4日。

汪小烜:《走马楼简“吏民簿”研究》,北京大学硕士学位论文,2001。

邢义田:《龙山里耶秦迁陵县城遗址出土某乡南阳里户籍简试探》,http://www.bsm.org.cn/?qinjian/4954.html,2007年11月3日。

张春兰:《〈乐府诗集〉纸背明代扬州府泰州宁海乡赋役黄册户头散页缀

合复原》，见《第八届中国古文书学学术研讨会论文集》，邯郸学院，2019 年 10 月 25—27 日。

张春龙：《里耶秦简校券和户籍简》，2006 年 11 月“中国简帛学国际论坛 2006”提交会议论文。

张朵：《走马楼吴简吏民籍的复原与研究》，北京师范大学硕士学位论文，2011。

〔日〕广濑薰雄：《里耶秦简户籍简刍议》，2007 年 10 月“中国里耶古城·秦简与秦文化国际学术研讨会”提交会议论文。

索　引

F

G

H

后　记

书稿即将付梓之际，匆匆写几段话，权作后记。

这部书稿是在杨静女史督促下完成的。我一直对出版著作抱有畏难心理，这与高校现行考核体制无关，主要是自己有个偏执的想法，总认为如果对以前发表的论文不满意或有新的材料补充，随时可以撰写新文修订；但著作再版周期很长，想及时修订相关内容就不现实了。所以 2022 年 3 月初，杨女史动员我申报《国家哲学社会科学成果文库》时，我起初并未认真考虑。在她不断督促下，我最终还是决定静下心来，认真对待这项工作。11 月，书稿侥幸通过评审，紧接着就是全国范围的疫情暴发。大概我是最早“中招”的一批，事后看新冠后遗症对我的身体影响不大，但当时因为缺乏心理准备，还是经历了一场惊心动魄的斗争。

书稿的一些章节撰写时间较早，如“湖南里耶所出‘秦代迁陵县南阳里户版’研究”和“长沙东牌楼东汉‘户籍简’补说”原发表于 2008 年，15 年过去了，现在我的观点也发生了变化。所以对这两章修改较多，有的地方甚至是重写。书稿是在论文基础上撰写成的，不同章节难免存在内容重复的现象，我对此尽量做了删削，但有时为保证文章的完整性，也不得不保留原来的面貌。

书稿写作过程中，得到了许多朋友的帮助。侯树栋、王东平两位老师对书稿的编排体例、修改方案提供了一些宝贵建议，孙闻博、曲柄睿对书稿的注释规范、参考文献的排列顺序提出了不少好的意见，我的许多学生参与了引文核对和书稿校对工作，在此一并致谢！

李治安先生是享誉海内外的著名历史学家，感谢他拨冗为书稿赐序。孙继民先生是我读硕士研究生时的老师，在二十年的读书和工作中，他无时无刻不关注和鼓励我的成长。这部书稿的主要内容来自以前发表的论文，我有一个好习惯，论文投稿前，通常会呈请王素、牟发松、马怡等先生把关，请他们提一些批评意见。

另外，许多师友发短信或者通过其他方式询问我最近的工作情况。这里向大家简单做一介绍。2021 年 12 月底，我从北京师范大学办完手续，正式调入南开大学。我现在基本上仍住在北京，需要上课或开会时，通常搭乘同事的私家车，有时也乘坐公共交通工具去学校。对于后一种出行，我已经摸索出一套“无缝衔接”的乘车模式：早晨 6:50 出门；7:02 坐上地铁四号线，7:23 到北京南站；8:02 搭乘 C2009，8:32 到天津站；再换乘出租车，9:15 左右到南开大学津南校区西门。这样，我 9:20 就可以准时坐在校园餐厅，一边享用简单的早餐，一边安心等着 10:00 上课。路上确实会花费一些时间，但我享受现在宽松、自由的工作氛围。

就以这部书稿作为我新征程的开始。

张荣强

2023 年 6 月 23 日

补记：本书第六章“甘肃临泽晋简中的家产继承与户籍制度——兼论两晋十六国户籍的著录内容”引用的临泽简册系笔者 2015 年在《魏晋南北朝隋唐史资料》（第 32 辑）上发表的《甘肃临泽新出西晋简册考释》一文的释读结果，近见文物出版社 2023 年 7 月出版的《临泽黄家湾滩汉晋墓发掘报告》一书中，杨国誉公布的简文与其最初所释简文有出入，而与本人的释文几无二致，特此说明。